Teoria Geral da Administração

Volume II

Teoria Geral da Administração

ABORDAGENS DESCRITIVAS E EXPLICATIVAS

Volume II

7ª Edição

Idalberto Chiavenato

Mestre (MBA) e Doutor (PhD) em Administração
de Empresas pela City University of Los Angeles, Califórnia

Manole

Copyright © 2014 Editora Manole Ltda., por meio de contrato com o autor.

Editor gestor: Walter Luiz Coutinho
Editora: Karin Gutz Inglez
Produção editorial: Juliana Morais, Cristiana Gonzaga S. Corrêa e Janicéia Pereira
Projeto gráfico: Lira Editorial
Editoração eletrônica: Texto & Arte Serviços Editoriais e Sopros Design
Capa: Rafael Zemantauskas

Dados Internacionais de Catalogação na Publicação (CIP)
(Câmara Brasileira do Livro, SP, Brasil)

Chiavenato, Idalberto
  Teoria geral da administração : abordagens descritivas e explicativas, volume II / Idalberto Chiavenato. -- 7. ed. -- Barueri, SP : Manole, 2014.

  Bibliografia.
  ISBN 978-85-204-3668-4

  1. Administração 2. Administração - Teoria I. Título.

13-10954   CDD-658.001-

Índices para catálogo sistemático:
1. Administração : Teoria 658.001

Todos os direitos reservados.
Nenhuma parte deste livro poderá ser reproduzida,
por qualquer processo, sem a permissão expressa dos editores.
É proibida a reprodução por xerox.

A Editora Manole é filiada à ABDR – Associação Brasileira de Direitos Reprográficos.

7ª edição – 2014

Direitos adquiridos pela:
Editora Manole Ltda.
Avenida Ceci, 672 – Tamboré
06460-120 – Barueri – SP – Brasil
Tel.: (11) 4196-6000 – Fax: (11) 4196-6021
www.manole.com.br
info@manole.com.br

Impresso no Brasil/*Printed in Brazil*

Este livro contempla as regras do Acordo Ortográfico da Língua Portuguesa de 1990, que entrou em vigor no Brasil em 2009.

São de responsabilidade do autor as informações contidas nesta obra.

À Rita

Em cada pensamento, em cada palavra, em cada frase, em cada livro, faço sempre uma dedicatória a você. É porque você está sempre presente em tudo o que faço em minha vida.

PREFÁCIO

Vivemos em uma era de mudanças, incertezas e perplexidade. A Era da Informação está trazendo novos desafios para as organizações e, sobretudo, para sua administração. Nunca, como agora, a teoria administrativa se tornou tão imprescindível para o sucesso do administrador e das organizações. A constante necessidade de inovação e renovação, a busca da flexibilidade para proporcionar mudança e transformação, a adoção de novas ideias e conceitos parecem hoje aspectos essenciais para o sucesso organizacional. Além do mais, é oportuno salientar que a teoria administrativa formula suas proposições em função de duas condicionantes básicas: o tempo (história) e o espaço (distância), razão pela qual nos preocupamos em oferecer uma visão das organizações e do seu contexto ao longo deste livro.

Este livro, quase um manual introdutório, quase uma antologia pela sua própria natureza, é destinado tanto aos estudantes de Administração como a todos aqueles que necessitam de uma base conceitual e teórica indispensável à prática administrativa. Dizer que estamos em uma época de mudança e de instabilidade pode parecer redundância ou afirmação prosaica. Contudo, o que importa é que, à medida que o ambiente se torna mais instável e turbulento – como está acontecendo no mundo de hoje –, maior a necessidade de opções diferentes para a solução dos problemas e situações que se alteram e se diferenciam de maneira crescentemente diversa. À medida que o profissional que se dedica à Administração cresce e se desloca dos trabalhos meramente operacionais e orientados para o *campo da ação e da operação* –

em que utiliza as habilidades práticas e concretas de como fazer e executar certas coisas de maneira correta e eficiente – para atividades administrativas orientadas para o *campo do diagnóstico e da decisão* – em que utiliza suas habilidades conceituais de perceber e definir situações e equacionar estratégicas de ação adequadas e eficazes para aquelas situações – maior a necessidade de se fundamentar em conceitos, ideias, teorias e valores que lhe permitam a orientação e o balizamento do seu comportamento, o qual obviamente influenciará poderosamente o comportamento de todos aqueles que trabalham sob sua direção e orientação.

Neste sentido, a Teoria Geral da Administração é uma disciplina eminentemente orientadora do comportamento profissional de Administração. Em vez de se preocupar em ensinar a executar ou fazer coisas certas – *o como* –, ela busca ensinar o que deve ser feito em determinadas circunstâncias ou ambientes – *o porquê*. A TGA não visa a formar um profissional prático que sai da escola pronto e acabado para executar tarefas, quaisquer que sejam as situações ou circunstâncias que o envolvam. Pelo contrário, a TGA procura ensinar o futuro profissional a pensar e, sobretudo, a raciocinar a partir de uma bagagem de conceitos e ideias que traz como ferramentas de trabalho. Aliás, o que diferencia o administrador de um simples executor de tarefas é o fato de que, enquanto o segundo sabe fazer e executar coisas que aprendeu mecanicamente (desenhar organogramas e fluxogramas, compor orçamentos, operar lançamentos e registros, montar previsões de vendas, etc.), de maneira prática, concreta e imediatista, o primeiro *sabe analisar e resolver situações problemáticas variadas e complexas*, pois aprendeu a pensar, raciocinar, avaliar e ponderar em termos abstratos, estratégicos, conceituais e teóricos. Enquanto o segundo é *um mero agente de execução e de operação* que segue ordens superiores, o primeiro é *um agente de mudanças e de inovação*, pois adquire habilidade de perceber e diagnosticar situações que o segundo sequer imagina existirem. Quanto maior a mudança e a instabilidade, tanto maior a necessidade de habilidades conceituais para proporcionar a inovação dentro das organizações.

Eis o papel da TGA: para que o administrador tenha condições pessoais de sucesso em qualquer organização – independentemente do nível hierárquico ou da área de atuação profissional – além do seu *know-how*, precisa, principalmente, de habilidades pessoais de diagnóstico e de avaliação situacional, para ajudá-lo a discernir o que fazer diante de situações diferentes e imprecisas. Nesse sentido, vale a pena lembrar a frase de Kurt Lewin de que "nada é mais prático do que uma boa teoria". E, embora seja uma teoria, a TGA é terrivelmente instrumental. Ela fornece ao administrador a arma mais poderosa: a sua habilidade conceitual. Saber pensar e saber diagnosticar. Criar e inovar. Melhorar sempre. O talento funciona ao redor dessas competências básicas.

Esta nova edição foi totalmente revista, ampliada e atualizada. Faço votos de que este livro seja bastante útil na formação e atualização dos administradores de hoje e de amanhã e na condução dos negócios rumo a excelência, competitividade e sustentabilidade.

Idalberto Chiavenato
www.chiavenato.com

SUMÁRIO

Parte VI – Abordagem estruturalista da administração

13. Modelo Burocrático de Organização 7
14. Teoria Estruturalista da Administração 59

Parte VII – Abordagem comportamental da administração

15. Teoria Comportamental da Administração 125
16. Teoria do Desenvolvimento Organizacional 197

Parte VIII – Abordagem sistêmica da administração

17. Tecnologia e Administração..265
18. Teoria Matemática da Administração......................................319
19. Teoria de Sistemas..365

Parte IX – Abordagem contingencial da administração

20. Teoria da Contingência 407

Parte X – Novas abordagens da administração

21. Para onde vai a TGA? 545

Parte VI
ABORDAGEM ESTRUTURALISTA DA ADMINISTRAÇÃO

No início do século XX, o sociólogo alemão Max Weber, publicou um livro a respeito das grandes organizações da sua época, as quais deu o nome de *burocracia,* e passou a considerar o século XX como o século das burocracias, pois achava que estas eram as organizações típicas de uma nova época, plena de novos valores e de novas exigências. O aparecimento das burocracias coincidiu com o despontar do *capitalismo* graças a inúmeros fatores, dentre os quais a economia do tipo monetário, o mercado de mão de obra, o surgimento do estado-nação centralizado e a divulgação da ética protestante (que enfatizava o trabalho como um dom de Deus e a poupança como forma de evitar a vaidade e a ostentação).

As burocracias surgiram a partir da Era Vitoriana como decorrência da necessidade que as organizações sentiram de ordem e exatidão e em função das reivindicações dos trabalhadores por um tratamento justo e imparcial. O modelo burocrático de organização surgiu como uma reação à crueldade, ao nepotismo e aos julgamentos tendenciosos e parcialistas típicos das práticas administrativas desumanas e injustas do início da Revolução Industrial. Na verdade, a burocracia foi uma invenção social aperfeiçoada no decorrer da Revolução Industrial, embora tenha suas raízes na Antiguidade histórica, com a finalidade de organizar detalhadamente e dirigir rigidamente as atividades das empresas com a maior eficiência possível. Rapidamente, a forma burocrática de Administração alastrou-se por todos os tipos de organizações humanas, como indústrias, empresas de prestação de serviços, repartições públicas e órgãos governamentais, organizações educacionais, militares, religiosas, filantrópicas, etc., em uma crescente burocratização da sociedade. O século XX representa o século da burocracia. A organização burocrática é monocrática e está sustentada no direito de propriedade privada. Os dirigentes das organizações burocráticas – sejam proprietários ou não – possuem um poder muito grande e elevado *status* social e econômico. Passaram a constituir uma poderosa classe social.

A respeito dessa nova classe de dirigentes, Burnham[1] parte do princípio de que nem o capitalismo nem o socialismo terão longa duração. O sistema do futuro será o gerencialismo (*managerialism*) e a nova classe dirigente do mundo serão os administradores. O capitalismo, no sentido de propriedade, está ultrapassado e tende a desaparecer, constituindo apenas uma pequena fração no tempo da história humana. A classe dos gerentes conduzirá a uma Revolução Gerencial e, com ela, a uma sociedade dirigida por gerentes, isto é, por administradores profissionais. Segundo ele, o capitalismo está com seus dias contados graças à sua incapacidade de resolver os grandes problemas da humanidade, como o endividamento público e privado, o desemprego em massa, a depressão econômica, a precária distribuição da riqueza, etc. Também o socialismo estaria falido e prestes a desaparecer. A classe operária estaria se esvaziando e se tornando classe média. Os países socialistas estariam dominados por uma classe dominante, divorciada dos interesses do povo: os burocratas. Para Burnham, no futuro, os gerentes seriam a nova classe dominante: a política seria dominada pela administração e pela economia, as cidades e as posições-chave seriam ocupadas por gerentes profissionais. Uma nova ideologia seria desenvolvida: maior ênfase no planejamento em detrimento da liberdade individual, mais responsabilidades e ordem do que direitos naturais. Neste sentido, Burnham não ficou muito longe de George Orwell em seu livro *1984*, que vislumbrava uma sociedade tecnológica e avançada, mas totalmente desumanizada pela servidão do indivíduo ao sistema político e de poder.

Ideologias à parte, o importante é que Burnham retrata o início de uma nova era: a visão de uma nova sociedade de organizações. O primeiro teórico das organizações foi, incontestavelmente, Max Weber (1864-1920). Weber estudou as organizações sob um ponto de vista estruturalista, preocupando-se com sua racionalidade, isto é, com a relação entre os meios e recursos utilizados e os objetivos a serem alcançados. A organização por excelência, para Weber, é a burocracia.

Com o aparecimento, o crescimento e a proliferação das burocracias, a teoria administrativa – até então introspectiva e voltada apenas aos fenômenos internos da organização – ganhou uma nova dimensão a partir da abordagem estruturalista: além do enfoque intraorganizacional, surgiu também o enfoque interorganizacional. A visão estreita e restrita aos aspectos internos da organização passou a ser ampliada e substituída por uma visão mais ampla, envolvendo a organização e suas relações com outras organizações dentro de uma sociedade maior. A partir daí, a abordagem estruturalista se impõe definitivamente sobre a Abordagem Clássica e a Abordagem Humanística. Embora predomine a ênfase na estrutura, a visão teórica ganha novas dimensões, novas variáveis e novas abordagens. A complexidade torna-se evidente.

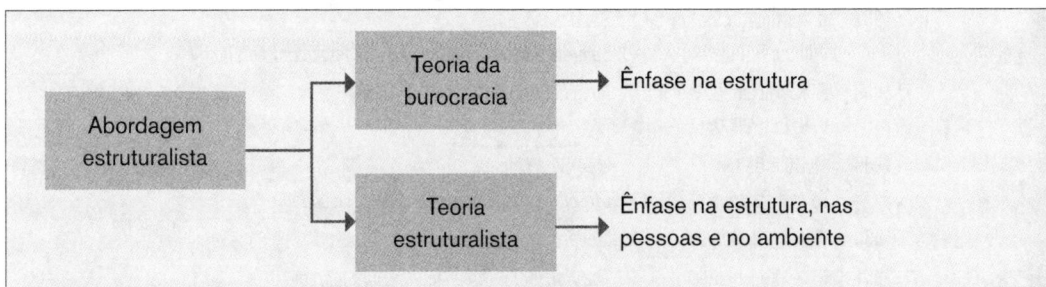

Figura VI.1. Os desdobramentos da abordagem estruturalista.

A Abordagem Estruturalista será estudada por meio da Teoria da Burocracia e da Teoria Estruturalista, que lhe deram continuidade, nos dois próximos capítulos.

CRONOLOGIA DOS PRINCIPAIS EVENTOS DA ABORDAGEM ESTRUTURALISTA

Ano	Autores	Livros
1930	Max Weber	*The Protestant Ethic and the Spirit of Capitalism* (tradução inglesa)
	Émile Durkheim	*On the Division of the Labor in Society* (tradução inglesa)
	Talcott Parsons	*The Structure of Social Action*
1937	Karl Mannheim	*Man and Society in an Age of Reconstruction*
1940	James Burnham	*The Managerial Revolution*
1941	Philip Selznick	*TVA and the Grass Roots*
1946	William F. White	*Industry and Society*
	H. H. Gerth & Wright Mills	*From Max Weber: Essays in Sociology*
	Max Weber	*The Theory of Social and Economic Organization* (tradução inglesa)
1947	Robert Michels	*Political Parties*
1949	Talcott Parsons	*The Social System*
1951	Talcott Parsons	*Toward A General Theory of Action*
1952	Kenneth Boulding	*The Organizational Revolution*
1953	J. Pfiffner & R. V. Presthus	*Public Administration*
	Alvin W. Gouldner	*Patterns of Industrial Bureaucracy*
1954	Peter M. Blau	*The Dynamics of Bureaucracy*
1955	W. F. Whyte, Jr.	*The Organization Man*
1956	Talcott Parsons	*Suggestions for a Sociological Approach to the Theory of Organizations*
	Philip Selznick	*Leadership in Administration*
1957	C. Northcotte Parkinson	*Parkinson's Law*
	William R. Dill	*Environment as an Influence on Managerial Autonomy*
1958	R. K. Merton, L. Broom & L. S. Cottrell, Jr.	*Sociology Today*
1959	Melville Dalton	*Men Who Manage*
	Talcott Parsons	*Structure and Process in Modern Society*
1960	Victor A. Thompson	*Modern Organization*
1961	H. A. Landsberger	*The Horizontal Dimension in Bureaucracy*
	S. Levine & P. E. White	*Exchange as a Conceptual Framework for the Study of Interorganizational Relationships*
	Reinhard Bendix	*Max Weber: An Intellectual Portrait*
1962	Amitai Etzioni	*A Comparative Analysis of Complex Organizations*
	P. M. Blau & W. R. Scott	*Formal Organizations*
	Robert Presthus	*The Organizational Society*
	Richard H. Hall	*The Concept of Bureaucracy*
	Joseph A. Litterer	*Organizations: Structure and Behavior*

(continua)

(continuação)

Ano	Autores	Livros
1963	Michel Crozier	The Bureaucratic Phenomenon
	Amitai Etzioni	Modern Organizations
1964	William M. Evan	The Organization-Set: Toward a Theory of Interorganizational Relations
1966	James D. Thompson	Organizations in Action
	Charles Perrow	Organizational Analysis: A Sociological View
1967	Antony Jay	Macchiavelli and Management
	Robert K. Merton	Social Theory and Social Structure
	Amitai Etzioni	The Active Society
1968	Nicos P. Mouzelis	Organization and Bureaucracy
	J. D. Thompson & W. J. McEwen	Organizational Goals and Environment
1969	Victor A. Thompson	Bureaucracy and Innovation
	Amitai Etzioni	Readings on Modern Organizations
	L. J. Peter & R. Hull	The Peter Principle
1970	R. Townsend	Up the Organization
1971	Richard H. Hall	Organizations: Structure and Process
1972	Charles Perrow	Complex Organizations: A Critical Essay
1973	J. E. Haas & T. E. Drabek	Complex Organizations: A Sociological Perspective

REFERÊNCIA

1. BURNHAM, J. *The managerial revolution*. New York: Day Company, 1941.

CAPÍTULO 13
Modelo Burocrático de Organização

OBJETIVOS DESTE CAPÍTULO

- Identificar as origens da Teoria da Burocracia na teoria administrativa.
- Mostrar as características do modelo burocrático proposto por Weber.
- Definir a racionalidade burocrática e os dilemas da burocracia.
- Identificar e definir as disfunções da burocracia.
- Analisar como a burocracia interage com o ambiente externo.
- Descrever os diferentes graus de burocratização.
- Proporcionar uma apreciação crítica acerca da Teoria da Burocracia.

A partir da década de 1940, as críticas feitas tanto à Teoria Clássica – pelo seu mecanicismo – como à Teoria das Relações Humanas – pelo seu romantismo ingênuo – revelaram a falta de uma teoria da organização sólida e abrangente e que servisse de orientação para o trabalho do administrador. Alguns estudiosos foram buscar nas obras de um economista e sociólogo alemão, Max Weber (1864-1920),[1] a inspiração para essa nova teoria da organização. Surgiu, assim, a Teoria da Burocracia na Administração.

ORIGENS DA TEORIA DA BUROCRACIA

A Teoria da Burocracia teve início na Administração ao redor da década de 1940, em função dos seguintes aspectos:

- *A fragilidade e a parcialidade da Teoria Clássica e da Teoria das Relações Humanas*: ambas oponentes e contraditórias, mas sem permitirem uma abordagem global, integrada e envolvente dos problemas organizacionais. Ambas revelam dois pontos de vista extremistas e incompletos sobre a organização, gerando a necessidade de um enfoque mais amplo e completo, tanto da *estrutura* como dos *participantes* da organização.
- *A necessidade de um modelo de organização racional*: capaz de envolver todas as variáveis estruturais, bem como o comportamento dos membros dela participantes, e aplicável não apenas à fábrica, mas a todas as formas de organização humana e, principalmente, às empresas.
- *Os crescentes tamanho e complexidade das empresas*: passou a exigir modelos organizacionais mais complexos e bem definidos. As grandes empresas dependem basicamente de sua organização, da administração e de um grande número de pessoas com diferentes habilidades realizando tarefas específicas e diferentes. Milhares de pessoas devem ser colocadas em diferentes setores de produção e em diferentes níveis hierárquicos. Tudo isso deve ser feito de maneira integrada e coordenada.[2] Tanto a Teoria Clássica como a Teoria das Relações Humanas mostraram-se insuficientes para responder a essa nova situação.
- *O ressurgimento da Sociologia da Burocracia*: a partir da descoberta dos trabalhos de Max Weber,[3] seu criador. A Sociologia da Burocracia propõe um modelo integrado de organização, e as empresas não tardaram em tentar aplicá-lo na prática em sua estrutura organizacional. A partir daí, surge a Teoria da Burocracia na Administração.[4]

ORIGENS DA BUROCRACIA

A burocracia é uma forma de organização humana que se baseia na racionalidade, isto é, na adequação dos meios aos objetivos (fins) pretendidos, a fim de garantir a máxima eficiência possível no alcance desses objetivos. As origens da burocracia – como forma de organização humana – remontam à época da Antiguidade.[5] Contudo, a burocracia – tal como ela existe hoje, como a base do moderno sistema de produção – teve sua origem nas mudanças religiosas verificadas após o Renascimento. Weber salienta que o sistema moderno de produção, racional e capitalista não se originou das mudanças tecnológicas nem das relações de propriedade, como afirmava Karl Marx, mas de um novo conjunto de normas sociais morais, às quais denominou "ética protestante":[6] o trabalho duro e árduo como dádiva de Deus, a poupança e o ascetismo que proporcionaram a reaplicação das rendas excedentes, em vez do seu dispêndio e consumo em símbolos materiais e improdutivos de vaidade e prestígio. Verificou que o capitalismo, a burocracia (como forma de organização) e a ciência moderna constituem três formas de racionalidade que surgiram a partir dessas mudanças religiosas ocorridas nos países protestantes, e não em países católicos. As semelhanças entre o protestante (principalmente o calvinista) e o comportamento capitalista são impressionantes. Essas três formas de racionalidade apoiaram-se mutuamente nas mudanças religiosas.[7] Para melhor compreender a burocracia, Weber estudou os tipos de sociedade e os tipos de autoridade.

TIPOS DE SOCIEDADE E DE AUTORIDADE

Weber distingue três tipos de sociedade:

- *Sociedade tradicional*: na qual predominam características patriarcais e patrimonialistas, como a família, o clã, a sociedade medieval, etc.
- *Sociedade carismática*: na qual predominam características místicas, arbitrárias e personalísticas, como nos grupos revolucionários, nos partidos políticos, nas nações em revolução, etc.
- *Sociedade legal, racional* ou *burocrática*: na qual predominam normas impessoais e racionalidade na escolha dos meios e dos fins, como nas grandes empresas, nos estados modernos, nos exércitos, etc.

A cada tipo de sociedade corresponde, para Weber, um tipo de autoridade. "Autoridade significa a probabilidade de que um comando ou ordem específica seja obedecido".[8] A autoridade representa o poder institucionalizado e oficializado. Poder implica potencial para exercer influência sobre as outras pessoas. Poder significa, para Weber, a probabilidade de impor a própria vontade dentro de uma relação social, mesmo contra qualquer forma de resistência e qualquer que seja o fundamento dessa probabilidade.[9] O poder, portanto, é a possibilidade de imposição de arbítrio por parte de uma pessoa sobre a conduta das outras. A autoridade proporciona o poder: ter autoridade é ter poder. A recíproca nem sempre é verdadeira, pois ter poder nem sempre significa ter autoridade. A autoridade – e o poder dela decorrente – depende da legitimidade, que é a capacidade de justificar seu exercício. A legitimidade é o motivo que explica por que um determinado número de pessoas obedece às ordens de alguém, conferindo-lhe poder. Essa aceitação, essa justificação do poder, é chamada legitimação. A autoridade é legítima quando é aceita. Se a autoridade proporciona poder, o poder conduz à dominação. Dominação significa que a vontade manifesta (ordem) do dominador influencia a conduta dos outros (dominados) de tal forma que o conteúdo da ordem, por si mesma, transforma-se em norma de conduta (obediência) para os subordinados. A dominação é uma relação de poder na qual o governante (ou dominador) – ou a pessoa que impõe seu arbítrio sobre as demais – acredita ter o direito de exercer o poder, e os governados (dominados) consideram como sua obrigação obedecer-lhe as ordens. As crenças que legitimam o exercício do poder existem tanto na mente do líder como na dos subordinados e determinam a relativa estabilidade da dominação. Weber estabelece uma tipologia de autoridade, baseando-se não nos tipos de poder utilizados, mas nas fontes e nos tipos de legitimidade aplicados.[10]

A dominação requer um aparato administrativo,[11] isto é, a dominação, principalmente quando exercida sobre um grande número de pessoas e um vasto território, necessita de um pessoal administrativo para executar as ordens e servir como ponto de ligação entre o governo e os governados. Para Mouzelis,[12] a legitimação e o aparato administrativo constituem os dois principais critérios para a tipologia weberiana que passaremos a discutir.

Weber aponta três tipos de autoridade legítima:[13] autoridade tradicional, autoridade carismática e autoridade racional, legal ou burocrática.

Autoridade tradicional

Quando os subordinados aceitam as ordens dos superiores como justificadas, porque essa sempre foi a maneira pela qual as coisas foram feitas. O domínio patriarcal típico do pai de família, do chefe do clã e do despotismo real representa apenas o tipo mais puro de autoridade tradicional. O poder tradicional não é racional, pode ser transmitido por herança e é extremamente conservador. Toda mudança social implica rompimento mais ou menos violento das tradições. Também ocorre em certos tipos de empresas familiares mais fechadas.[14]

A legitimação do poder na dominação tradicional provém da crença no passado eterno, na justiça e na maneira tradicional de agir. O líder tradicional é o senhor que comanda em virtude de seu *status* de herdeiro ou sucessor. Suas ordens são pessoais e arbitrárias, seus limites são fixados pelos costumes e hábitos e seus súditos obedecem-no por respeito ao seu *status* tradicional.

A dominação tradicional – típica da sociedade patriarcal –, quando envolve grande número de pessoas e um vasto território, pode assumir duas formas de aparato administrativo para garantir sua sobrevivência:[15]

- *Forma patrimonial*: na qual os funcionários que preservam a *dominação tradicional* são os servidores pessoais do senhor – parentes, favoritos, empregados, etc. – e são, em geral, dependentes economicamente dele.
- *Forma feudal*: na qual o *aparato administrativo* apresenta maior grau de autonomia com relação ao senhor. Os funcionários – vassalos ou suseranos – são aliados do senhor e prestam-lhe um juramento de fidelidade. Em virtude desse contrato, os vassalos exercem uma jurisdição independente, dispõem de seus próprios domínios administrativos e não dependem do senhor no que tange a remuneração e subsistência.

Autoridade carismática

Quando os subordinados aceitam as ordens do superior como justificadas, por causa da influência da personalidade e da liderança do superior com o qual se identificam. Carisma é um termo usado anteriormente com sentido religioso, significando o dom gratuito de Deus, estado de graça, etc. Weber usou o termo com o sentido de uma qualidade extraordinária e indefinível de uma pessoa. A palavra pode ser aplicável a líderes políticos, como Gandhi, Churchill, Kennedy, etc., capitães de indústria, como Matarazzo, Ford, etc. O poder carismático é um poder sem base racional, é instável e adquire facilmente características revolucionárias. Não pode ser delegado nem recebido em herança, como o tradicional.

As sociedades em períodos revolucionários, como a Rússia em 1917 ou a Alemanha nazista em 1933, e os partidos políticos revolucionários ou líderes políticos, como Jânio Quadros ou Getúlio Vargas, são exemplos de autoridades carismáticas. O líder impõe por possuir habilidades mágicas, revelações de heroísmo ou poder mental de locução, e por causa de sua posição ou hierarquia. É a autoridade baseada na devoção afetiva e pessoal e no arrebatamento emocional dos seguidores em relação à sua pessoa.

A legitimação da autoridade carismática provém das características pessoais carismáticas do líder e da devoção e do arrebatamento que impõe aos seguidores.

O aparato administrativo na dominação carismática envolve um grande número de seguidores, discípulos e subordinados leais e devotados, que desempenham o papel de intermediários entre o líder carismático e a massa. Esse aparato administrativo é inconstante e instável. O pessoal administrativo é escolhido e selecionado segundo a confiança que o líder deposita nos subordinados. A seleção não se baseia na qualificação pessoal nem na capacidade técnica, mas na devoção, na autenticidade e na confiabilidade no subordinado. Se o subordinado deixa de merecer a confiança, ele passa a ser substituído por outro subordinado mais confiável. Daí a inconstância e a instabilidade do aparato administrativo na dominação carismática.

Autoridade legal, racional ou burocrática

Quando os subordinados aceitam as ordens dos superiores como justificadas, porque concordam com um conjunto de preceitos ou normas que consideram legítimos e dos quais deriva o comando. É o tipo de autoridade técnica, meritocrática e administrada. Baseia-se na promulgação. A ideia básica fundamenta-se no fato de que as leis podem ser promulgadas e regulamentadas livremente por procedimentos formais e corretos. O conjunto governante é eleito e exerce o comando de autoridade sobre seus comandos, seguindo certas normas e leis. A obediência não é devida a alguma pessoa em si, seja por suas qualidades pessoais excepcionais ou pela tradição, mas a um conjunto de regras e regulamentos legais previamente estabelecidos.[16]

A legitimidade do poder racional e legal baseia-se em normas legais racionalmente definidas. Na dominação legal, a crença na justiça da lei é o sustentáculo da legitimação. O povo obedece às leis porque acredita que elas são decretadas por um procedimento escolhido pelos governados e pelos governantes.

O aparato administrativo que corresponde à dominação legal é a burocracia. Tem seu fundamento nas leis e na ordem legal. A posição dos funcionários (burocratas) e suas relações com o governante, os governados e colegas burocratas são definidas por regras impessoais e escritas, que delineiam de forma racional a hierarquia do aparato administrativo, os direitos e deveres inerentes a cada posição, métodos de recrutamento e seleção, etc. A burocracia é a organização típica da sociedade moderna democrática e das grandes empresas e existe na moderna estrutura do Estado, nas organizações não estatais e nas grandes empresas. Por meio do contrato ou instrumento representativo da relação de autoridade dentro da empresa capitalista, as relações de hierarquia passam a constituir esquemas de autoridade legal.

TABELA 13.1. TIPOLOGIA DE SOCIEDADE E TIPOLOGIA DE AUTORIDADE

Tipos de sociedade	Características	Exemplos	Tipos de autoridade	Características	Legitimação	Aparato administrativo
Tradicional	Patriarcal e patrimonialista Conservador	Clã, tribo, família, sociedade medieval	Tradicional	Não é racional, poder herdado ou delegado Baseada no senhor	Tradições, hábitos, usos e costumes	Não é racional, poder herdado ou delegado Baseado no senhor
Carismática	Personalista, mística e arbitrária Revolucionária	Grupos revolucionários, partidos políticos Nações em revolução	Carismática	Não é racional, herdada nem delegável Baseada no carisma	Características pessoais (heroísmo, magia, poder mental) Carisma do líder	Inconstante e instável. Escolhido conforme lealdade e devoção ao líder, e não por qualificações técnicas
Legal, racional ou burocrática	Racionalidade dos meios e objetivos	Estados modernos, grandes empresas, exércitos	Legal, racional ou burocrática	Legal, racional, impessoal, formal Burocrática	Justiça da lei Promulgação e regulamentação de normas legais previamente definidas	Burocracia

Embora tenham existido organizações burocráticas na Antiguidade, foi com a emergência do Estado Moderno – tipo legal de dominação – que a burocracia passou a prevalecer em larga escala. A burocratização não se limita apenas à organização estatal ou militar. O conceito de burocracia de

Weber é abrangente e engloba todas as instituições sociais, além da administração pública. Weber notou a proliferação de organizações de grande porte no domínio religioso (a Igreja), no educacional (a Universidade) e no econômico (as grandes empresas), que adotaram o tipo burocrático de organização, concentrando os meios de administração no topo da hierarquia e utilizando regras racionais e impessoais, visando à máxima eficiência.

Weber identifica três fatores principais que favoreceram o aparecimento da moderna burocracia:[17]

- *O desenvolvimento de uma economia monetária*: pois a moeda não apenas facilita, mas racionaliza as transações econômicas. Na *burocracia*, a moeda assume o lugar da remuneração em espécie para os funcionários, permitindo a centralização da autoridade e o fortalecimento da administração burocrática.
- *O crescimento quantitativo e qualitativo das tarefas administrativas do Estado Moderno*: apenas o tipo burocrático de organização pode arcar com as enormes complexidade e tamanho de tais tarefas.
- *A superioridade técnica – em termos de eficiência – do tipo burocrático de administração*: serviu como uma força autônoma para impor sua prevalência. A razão decisiva da superioridade da organização burocrática sempre foi unicamente sua superioridade técnica sobre qualquer outra forma de organização.

O desenvolvimento tecnológico fez as tarefas administrativas tenderem ao aperfeiçoamento para acompanhá-lo. Assim, os sistemas sociais cresceram em demasia e as grandes empresas passaram a produzir em massa. Além disso, nas grandes empresas há uma necessidade crescente de obter um controle e uma maior previsibilidade do seu funcionamento. O modelo concebido com antecipação por Weber foi utilizado pela maioria das grandes organizações modernas, como General Motors, Philips, Sears Roebuck, Ford, IBM, etc.

> **EXERCÍCIO**
>
> **A PROTEUS**
> Alexandre é o proprietário da Proteus, uma conhecida empresa do ramo imobiliário. Depois de décadas de atividade, a Proteus precisa deslanchar para abrir novos mercados. Durante todo esse tempo, Alexandre havia assumido uma autoridade tipicamente carismática e que agora precisa ser modificada para permitir o crescimento da empresa. Quais são as alternativas para ele?

CARACTERÍSTICAS DA BUROCRACIA SEGUNDO WEBER

Segundo o conceito popular, a burocracia é entendida erroneamente como uma empresa ou organização em que a rotina é demorada e o papelório se multiplica e se avoluma, impedindo soluções rápidas ou eficientes. O termo também é empregado com o sentido de apego dos funcionários aos regulamentos e procedimentos, causando ineficiência à organização. O leigo passou a dar o nome de burocracia aos defeitos do sistema (disfunções), e não ao sistema em si. O conceito de burocracia para Max Weber é exatamente o contrário. Para ele, a burocracia é a organização eficiente por excelência. Segundo Weber, a burocracia apresenta as seguintes características:[18]

- Caráter legal das normas e regulamentos.
- Caráter formal das comunicações.
- Caráter racional e divisão do trabalho.
- Impessoalidade nas relações entre as pessoas.
- Hierarquia da autoridade.
- Rotinas e procedimentos padronizados.
- Competência técnica e meritocracia.
- Especialização da administração que é separada da propriedade.
- Profissionalização dos participantes.
- Completa previsibilidade do funcionamento.

Vejamos cada uma das características da burocracia.

Caráter legal das normas e regulamentos

A burocracia é uma organização ligada por normas e regulamentos previamente estabelecidos por escrito. Em outros termos, é uma organização baseada em uma legislação própria (como a Constituição para o Estado ou os estatutos para a empresa privada) que define antecipadamente como a organização burocrática deverá funcionar. Essas normas e esses regulamentos são escritos. Também são exaustivos, uma vez que cobrem todas as áreas da organização para prever todas as ocorrências e enquadrá-las dentro de um esquema capaz de regular tudo o que ocorre dentro da organização. As normas e os regulamentos são legais porque conferem às pessoas investidas de autoridade um poder de coação sobre os subordinados e os meios coercitivos capazes de impor a disciplina. Nesse sentido, a burocracia é uma estrutura social legalmente organizada.

Caráter formal das comunicações
A burocracia é uma organização ligada por comunicações escritas. As regras, decisões e ações administrativas são formuladas e registradas por escrito. Daí o caráter formal da burocracia: todas as ações e procedimentos são feitos para proporcionar comprovação e documentação adequadas, bem como assegurar a interpretação unívoca das comunicações. Como as comunicações são feitas repetitiva e constantemente, a burocracia lança mão de rotinas para facilitá-las e formulários para rotinizar seus preenchimento e formalização. Assim, a burocracia é uma estrutura social formalmente organizada.

Caráter racional e divisão do trabalho
A burocracia é uma organização que se caracteriza por uma sistemática divisão do trabalho. A divisão do trabalho atende a uma racionalidade, isto é, ela é adequada aos objetivos a serem atingidos: a eficiência da organização. Daí o aspecto racional da burocracia. Há uma divisão sistemática do trabalho e do poder, estabelecendo as atribuições de cada participante. Cada participante tem um cargo específico, funções específicas e uma esfera de competência e responsabilidade. Cada participante deve saber qual a sua tarefa, qual é a sua capacidade de comando sobre os outros e, sobretudo, quais são os limites de sua tarefa, seus direito e poder, para não ultrapassar esses limites, não interferir na competência alheia nem prejudicar o sistema existente. Assim, a burocracia é uma estrutura social racionalmente organizada, porque é coerente com os objetivos visados.

Impessoalidade nas relações entre as pessoas
A distribuição das atividades é feita impessoalmente, ou seja, em termos de cargos e funções, e não de pessoas envolvidas. Daí o caráter impessoal da burocracia. A administração da burocracia é realizada sem considerar as pessoas como pessoas, mas como ocupantes de cargos e de funções. O poder de cada pessoa é impessoal e deriva do cargo que ocupa. A obediência prestada pelo subordinado ao superior também é impessoal. Ele obedece ao superior, não por consideração à sua pessoa, mas ao cargo que o superior ocupa. A burocracia precisa garantir a sua continuidade ao longo do tempo: as pessoas vêm e vão, os cargos e funções permanecem ao longo do tempo. Assim, a burocracia é uma estrutura social impessoalmente organizada.

Hierarquia da autoridade

A burocracia é uma organização que estabelece os cargos segundo o princípio da hierarquia. Cada cargo inferior deve estar sob controle e supervisão de um posto superior. Nenhum cargo fica sem controle ou supervisão. Daí a necessidade da hierarquia da autoridade para definir as chefias nos vários escalões de autoridade. Todos os cargos estão dispostos em uma estrutura hierárquica que encerra privilégios e obrigações, definidos por regras específicas. A autoridade – o poder de controle resultante de uma posição – é inerente ao cargo, e não ao indivíduo que desempenha o papel oficial. A distribuição de autoridade serve para reduzir ao mínimo o atrito, por via do contato (oficial) restritivo, em relação às maneiras definidas pelas regras da organização. Dessa forma, o subordinado está protegido da ação arbitrária do seu superior, pois as ações de ambos processam-se dentro de um conjunto mutuamente reconhecido de regras.[19] Assim, a burocracia é uma estrutura social hierarquicamente organizada.

Rotinas e procedimentos padronizados

A burocracia é uma organização que fixa as regras e normas técnicas para o desempenho de cada cargo. O ocupante de um cargo – o funcionário – não faz o que quer, mas o que a burocracia impõe que ele faça. As regras e normas técnicas regulam a conduta do ocupante de cada cargo, cujas atividades são executadas de acordo com as rotinas e procedimentos. A disciplina no trabalho e o desempenho no cargo são assegurados por um conjunto de regras e normas que ajustam o funcionário às exigências do cargo e às exigências da organização: a máxima produtividade. Essa racionalização do trabalho encontrou sua forma mais extremada na Administração Científica, com o condicionamento e o treinamento racionais do desempenho no trabalho.[20] As atividades de cada cargo são desempenhadas segundo padrões definidos, nos quais cada conjunto de ações está relacionado com os objetivos da organização. Os padrões facilitam a avaliação do desempenho de cada participante.

Competência técnica e meritocracia

A burocracia é uma organização na qual a escolha das pessoas é baseada no mérito e na competência técnica, e não em preferências pessoais. Admissão, transferência e promoção dos funcionários são baseadas em critérios válidos para toda a organização, de avaliação e classificação, e não em critérios particulares e arbitrários. Esses critérios universais são racionais e levam em conta a competência, o mérito e a capacidade do funcionário em relação ao cargo ou função. Daí a necessidade de exames, concursos, testes, teses e títulos para admissão e promoção dos funcionários.

Especialização da administração que é separada da propriedade

A burocracia é uma organização que se baseia na separação entre a propriedade e a administração. Os membros do corpo administrativo estão separados da propriedade dos meios de produção. Em outros termos, os administradores da burocracia não são seus donos ou proprietários. O dirigente não é necessariamente o dono do negócio ou um grande acionista da organização, mas um profissional especializado na sua administração. Com a burocracia surge o profissional que se especializa em gerir a organização. Daí o afastamento do capitalista da gestão dos negócios, que passa a diversificar suas aplicações financeiras de capital. Os meios de produção, isto é, os recursos necessários para desempenhar as tarefas da organização, não são propriedade dos burocratas. O funcionário não pode vender, comprar ou herdar sua posição ou cargo, e sua posição e cargo não podem ser apropriados e integrados ao seu patrimônio privado. A estrita separação entre os rendimentos e bens privados e públicos é a característica específica da burocracia e que a distingue dos tipos patrimonial e feudal de administração.[21] "Existe um princípio de completa separação entre a propriedade que pertence à organização e a propriedade pessoal do funcionário."[22]

Profissionalização dos participantes

A burocracia é uma organização que se caracteriza pela profissionalização dos participantes. Cada funcionário da burocracia é um profissional, pois:

- *É um especialista*: cada funcionário é especializado nas tarefas do seu cargo. Sua especialização varia conforme o nível hierárquico: os que ocupam posições no topo da organização são generalistas e vão se tornando gradativamente mais especialistas na medida em que se desce nos escalões hierárquicos.
- *É assalariado*: os funcionários da burocracia participam da organização e, para tanto, recebem salários correspondentes ao cargo que ocupam. Quanto mais elevado o cargo na escala hierárquica, maior o salário e, obviamente, o poder. Os funcionários são recompensados exclusivamente por salários e não devem receber pagamentos de clientes, a fim

de preservar sua orientação para a organização. O trabalho na *burocracia* representa a principal ou única fonte de renda do funcionário.

- *É ocupante de cargo*: o funcionário da *burocracia* é um ocupante de cargo, e seu cargo é a sua principal atividade dentro da organização, tomando todo o seu tempo de permanência nela. O funcionário não ocupa um cargo por vaidade ou honraria, mas porque é o seu meio de vida, o seu ganha-pão.
- *É nomeado pelo superior hierárquico*: o funcionário é um profissional selecionado e escolhido por sua competência e capacidade, nomeado (admitido), assalariado, promovido ou demitido da organização pelo seu superior hierárquico. O superior hierárquico tem plena autoridade (autoridade de linha) sobre seus subordinados. Em outros termos, é o superior quem toma decisões a respeito de seus subordinados.
- *Seu mandato é por tempo indeterminado*: quando um funcionário ocupa um cargo dentro da burocracia, o tempo de permanência no cargo é indefinido e indeterminado. Não que o cargo seja vitalício, mas não existe uma norma ou regra que determine previamente o tempo de permanência de um funcionário, seja no cargo, seja na organização.
- *Segue carreira dentro da organização*: à medida que um funcionário demonstre mérito, capacidade e competência, ele pode ser promovido para outros cargos superiores. Em outros termos, o funcionário na burocracia também é recompensado por uma sistemática promoção por meio de uma carreira dentro da organização. O funcionário é um profissional que faz do trabalho a sua carreira, ao longo de sua vida.
- *Não possui a propriedade dos meios de produção e administração*: o administrador administra a organização em nome dos proprietários, enquanto o funcionário, para trabalhar, precisa das máquinas e equipamentos fornecidos pela organização. Como as máquinas e equipamentos vão-se tornando sofisticados pela tecnologia e, portanto, mais caros, somente as organizações têm condições financeiras de adquiri-los. Daí as organizações assumirem o monopólio dos meios de produção. O administrador administra a organização, mas não é o proprietário dos meios de produção. O funcionário utiliza as máquinas e equipamentos, mas não é o dono delas.
- *É fiel ao cargo e identifica-se com os objetivos da empresa*: o funcionário passa a defender os interesses do cargo e da organização, em detrimento dos demais interesses envolvidos.
- *O administrador profissional tende a controlar cada vez mais as burocracias*: as burocracias são dirigidas e controladas por administradores profissionais pelas seguintes razões:

- Aumento do número de acionistas das grandes organizações, ocasionando dispersão e fragmentação da propriedade das suas ações.
- Os proprietários, em função de sua riqueza, passam a dispersar o risco do seu investimento em muitas organizações. Em decorrência disso, hoje em dia o controle acionário é subdividido e diminuído com o crescimento do número de acionistas.
- Os administradores profissionais, por meio de sua carreira na organização, chegam a posições de comando e controle, sem exercer propriedade sobre a coisa comandada e controlada. Um administrador pode ter mais poder sobre a organização do que um grande acionista.

Completa previsibilidade do funcionamento

A consequência desejada da burocracia é a previsibilidade do comportamento dos seus membros. O modelo burocrático de Weber parte da pressuposição de que o comportamento dos membros da organização é perfeitamente previsível: todos os funcionários deverão comportar-se de acordo com as normas e regulamentos da organização, a fim de que esta atinja a máxima eficiência possível. Tudo na burocracia é estabelecido no sentido de prever antecipadamente todas as ocorrências e padronizar e rotinizar sua execução, para que a máxima eficiência do sistema seja plenamente alcançada.

Weber não previu nenhuma variação no comportamento humano dentro da organização. Antes, pelo contrário, a burocracia assenta-se em uma visão padronizada do comportamento humano. Weber ignora a organização informal. Na verdade, a organização informal não é prevista por Weber e não está considerada nas consequências desejadas das organizações. A organização informal aparece como fator de imprevisibilidade das burocracias, pois o sistema social racional puro de Weber pressupõe que as reações e o comportamento humano sejam perfeitamente previsíveis, uma vez que tudo estará sob o controle de normas racionais e legais, escritas e exaustivas. A organização informal surge como uma consequência imprevista da impossibilidade prática de se bitolar e padronizar o comportamento humano nas organizações.[23]

Modelo Burocrático de Organização

TABELA 13.2. CARACTERÍSTICAS DA BUROCRACIA, SEGUNDO WEBER		
A burocracia é baseada em:	Consequências previstas	Objetivo
1. Caráter legal das normas 2. Caráter formal das comunicações 3. Divisão do trabalho 4. Impessoalidade no relacionamento 5. Hierarquização da autoridade 6. Rotinas e procedimentos 7. Competência técnica e meritocracia 8. Especialização da Administração 9. Profissionalização dos participantes 10. Previsibilidade do funcionamento	Previsibilidade do comportamento humano e padronização do desempenho dos participantes	Máxima eficiência da organização

EXERCÍCIO

A Organização da Movibrás

Após rigoroso e exaustivo processo seletivo, Jorge conseguiu um emprego como supervisor de tesouraria na Movibrás, uma grande empresa produtora de artigos de consumo. Nos seus primeiros dias na empresa, Jorge passou por um programa de integração para melhor conhecer as características da organização. Recebeu vários manuais contendo regras, regulamentos, rotinas, descrição do seu cargo, deveres e responsabilidades como funcionário, etc. Ficou impressionado com o alto grau de organização e de padronização existente na empresa. Mas isso seria realmente uma característica positiva da organização? Não seria demasiado organizada e pouco espontânea?

VANTAGENS DA BUROCRACIA

Weber identificou inúmeras razões para explicar o avanço da burocracia sobre as outras formas de associação. Para ele, as vantagens da burocracia são:

- *Precisão na definição do cargo e na operação*, pelo conhecimento exato dos deveres.
- *Rapidez nas decisões*, pois cada um conhece o que deve ser feito e por quem, e ordens e papéis tramitam por meio de canais preestabelecidos.
- *Univocidade de interpretação,* garantida pela regulamentação específica e escrita. Por outro lado, a informação é discreta, pois é fornecida apenas a quem deve recebê-la.
- *Uniformidade de rotinas e procedimentos*, o que favorece a padronização, a redução de custos e de erros, pois as rotinas são definidas por escrito.
- *Continuidade da organização,* por meio da substituição do pessoal que é afastado. Além disso, os critérios de seleção e escolha do pessoal baseiam-se na capacidade e na competência técnica.

- *Redução do atrito entre as pessoas*, pois cada funcionário conhece o que é exigido dele e quais os limites entre suas responsabilidades e as dos outros.
- *Constância*, pois os mesmos tipos de decisão devem ser tomados nas mesmas circunstâncias.
- *Confiabilidade*, pois o negócio é conduzido por meio de regras conhecidas e os casos similares são metodicamente tratados dentro da mesma maneira sistemática. As decisões são previsíveis e o processo decisório, por ser despersonalizado no sentido de excluir sentimentos irracionais, como amor, raiva, preferências pessoais, elimina a discriminação pessoal.
- *Benefícios para as pessoas* na organização, pois a hierarquia é formalizada, o trabalho é dividido entre as pessoas de maneira ordenada e as pessoas são treinadas para se tornarem especialistas, podendo encarreirar-se na organização em função de seus mérito pessoal e competência técnica.

Além disso, o trabalho é profissionalizado, evita o nepotismo e as condições de trabalho favorecem a moralidade econômica e dificultam a corrupção.[24] Há equidade das normas burocráticas, sempre baseadas em padrões universais de justiça e tratamento igualitário.[25] A burocracia tem a virtude de assegurar cooperação entre grande número de pessoas, sem que elas se sintam necessariamente cooperadoras.[26] As pessoas cumprem as regras porque os fins desejados pela organização são valorizados e cada qual deve fazer a sua própria parte para que o objetivo global seja alcançado.

RACIONALIDADE BUROCRÁTICA

Um conceito muito ligado à burocracia é o de racionalidade. No sentido weberiano, a racionalidade implica adequação dos meios aos fins. No contexto burocrático, isso significa eficiência.[27] Uma organização é racional se os meios mais eficientes são escolhidos para a implementação das metas. No entanto, são as metas coletivas da organização, e não as dos seus membros individuais, que são levadas em consideração. Desse modo, o fato de uma organização ser racional não implica necessariamente que seus membros ajam racionalmente no que concerne às suas próprias metas e aspirações. Muito pelo contrário, quanto mais racional e burocrática torna-se a organização, mais as pessoas tornam-se engrenagens de uma máquina, ignorando o propósito e o significado do seu comportamento.[28] Este é o tipo de racionalidade que Mannheim[29] denomina racionalidade funcional. Para Weber, a racionalidade funcional é alcançada pela elaboração – baseada no conhecimento científico – de regras que servem para dirigir, partindo de cima, todo comportamento ao encontro da eficiência. É essa concepção de racionalidade que fundamenta a teoria de Administração Científica, que almeja a descoberta e a aplicação da melhor maneira de desempenho e de trabalho industrial.[30]

Weber usa o termo burocratização em um sentido mais amplo. Ele refere-se também às formas de agir e de pensar que existem não somente no contexto organizacional, mas que permeiam toda a vida social. O termo burocratização usado por Weber coincide mais ou menos com o conceito de racionalização.[31] O racionalismo para Weber tanto pode referir-se aos meios racionais e sua adequação ou inadequação para chegar a uma finalidade (atividade racional da organização burocrática), como também pode referir-se à visão racional do mundo com base em conceitos cada vez mais precisos, desenvolvidos inclusive pela ciência, que rejeitam toda religião e os valores metafísicos ou tradicionais (desmistificação do próprio mundo).

Na visão de Weber, a dosagem ideal para organizar uma empresa deve envolver precisão, velocidade, ausência de ambiguidade, conhecimento de arquivos, continuidade, discrição, unidade, subordinação rigorosa, redução de atritos e de custos materiais e pessoais. Parece mais um ideal do que uma realidade provável. Embora considerasse a burocracia a mais eficiente forma de organização criada pelo homem, Weber temia os resultados advindos da crescente burocratização do mundo moderno, como uma ameaça à liberdade individual e às instituições democráticas das sociedades ocidentais.[32] É o que George Orwell previu em seu livro *1984*. Aliás, o conceito de homem organizacional inaugurado pela abordagem estruturalista, como veremos adiante, mostra nitidamente a profunda influência da organização sobre o comportamento das pessoas. Isso lembra o *Leviatã* que Thomas Hobbes (1588-1679) havia imaginado na filosofia dos tempos do absolutismo.

DILEMAS DA BUROCRACIA

Weber notou a fragilidade da estrutura burocrática diante de um dilema típico: de um lado, existem pressões de forças exteriores para encorajar o burocrata a seguir outras normas diferentes das da organização e, de outro lado, o compromisso dos subordinados com as regras burocráticas tende a enfraquecer-se gradativamente. Para ser eficiente, a organização exige um tipo especial de legitimidade, racionalidade, disciplina e limitação de alcance.

Etzioni lembra que a capacidade para aceitar ordens e regras como legítimas, principalmente quando repugnam os desejos da pessoa, exige um nível de renúncia que é difícil de manter. Assim, as organizações burocráticas apresentam uma tendência a se desfazer, seja na direção carismática, seja na tradicional, em que as relações disciplinares são mais "naturais" e "afetuosas" e menos separadas das outras. Além do mais, a capacidade de renúncia exigida pela organização racional não pode se desenvolver no seu interior, pois depende de relações sociais mais amplas, que existem na família tradicional ou no grupo carismático. Assim, a racionalidade da estrutura racional é frágil e precisa ser constantemente protegida contra pressões externas, a fim de ser dirigida para os seus objetivos, e não para outros.[33]

Os burocratas são pessoas que formam o corpo administrativo da hierarquia e a estrutura da organização, devidamente indicadas, que seguem as regras impostas e servem aos objetivos da organização. Contudo, Weber lembra a existência de chefes não burocráticos, que indicam e nomeiam os subordinados, estabelecem regras, resolvem os objetivos que deverão ser atingidos e geralmente são eleitos ou herdam sua posição, como, por exemplo, reis, presidentes, políticos e diretores de organizações. Esses chefes (não burocráticos) da organização desempenham o papel de estimular a ligação emocional e mesmo irracional dos participantes com a racionalidade, pois a identificação com uma pessoa, um líder ou com um chefe da organização influi psicologicamente, reforçando o compromisso abstrato com as regras da organização.

Na organização burocrática, as identificações referem-se à posição, e não ao ocupante. Se os indivíduos ausentam-se, afastam-se, morrem ou aposentam-se, são substituídos por outros pelo critério de qualificação técnica, para que a eficiência da organização não seja prejudicada. Porém, a ausência ou morte de um chefe não burocrático da organização – único indivíduo perante o qual as identificações são pessoais, e não burocráticas –, provoca uma crise de sucessão, que é acompanhada de um período de instabilidade. Alega Weber que a crise de sucessão é mais evidente nos estados totalitários, mas também as empresas, igrejas, exércitos ou outras organizações podem estar sujeitas a ela.[34]

> **EXERCÍCIO**
>
> COMO IMPRIMIR RACIONALIDADE À @LERT?
> Feliciano Alpert fundou a @lert há alguns anos e imprimiu nela todo o seu carisma pessoal. Agora que acabou o impulso inicial e a empresa cresceu o suficiente, Feliciano pretende organizar e burocratizar sua empresa para imprimir racionalidade, no sentido de evitar perdas e desperdícios decorrentes da improvisação e da falta de planejamento. Mas como tornar a sua empresa um verdadeiro modelo burocrático?

DISFUNÇÕES DA BUROCRACIA

Para Weber, a burocracia é uma organização cujas consequências desejadas resumem-se à previsibilidade do seu funcionamento no sentido de obter a maior eficiência da organização. Essa previsibilidade foi profundamente criticada pelos autores estruturalistas. Ao estudar as consequências previstas (ou desejadas) da burocracia que a conduzem à máxima eficiência, Merton[35] notou a presença de consequências imprevistas (ou indesejadas) e que a levam à ineficiência e às imperfeições. A essas consequências imprevistas Merton deu o nome de disfunções da burocracia, para designar as anomalias de funcionamento responsáveis pelo sentido pejorativo que o termo burocracia adquiriu junto aos leigos no assunto. Merton salienta que diversos autores têm dado muita ênfase aos resultados positivos e às funções da organização burocrática, descuidando-se das tensões internas de tais estruturas, enquanto o leigo, ao contrário, tem exagerado as imperfeições da burocracia.

Segundo Merton, o ser humano (excluído dos estudos de Max Weber, que descreveu um sistema social desumano e mecanicista) quando participa da burocracia, faz com que toda a previsibilidade do comportamento – que deveria ser a maior consequência da organização – escape ao modelo preestabelecido. Verifica-se, então, o que Merton chamou de disfunções da burocracia,[36] isto é, anomalias e imperfeições no funcionamento da burocracia. Cada disfunção é o resultado de algum desvio ou exagero em cada uma das características do modelo burocrático explicado por Weber. Cada disfunção é uma consequência não prevista pelo modelo weberiano. As disfunções da burocracia estão alinhadas na Figura 13.1.

Características da burocracia	Disfunções da burocracia
1. Caráter legal das normas 2. Caráter formal das comunicações 3. Divisão do trabalho 4. Impessoalidade no relacionamento 5. Hierarquização da autoridade 6. Rotinas e procedimentos 7. Competência técnica e meritocracia 8. Especialização da Administração 9. Profissionalização dos participantes	1. Internalização das normas 2. Excesso de formalismo e papelório 3. Resistência às mudanças 4. Despersonalização do relacionamento 5. Categorização do processo decisório 6. Superconformidade 7. Exibição de sinais de autoridade 8. Dificuldades com clientes
Previsibilidade do funcionamento	Imprevisibilidade do funcionamento

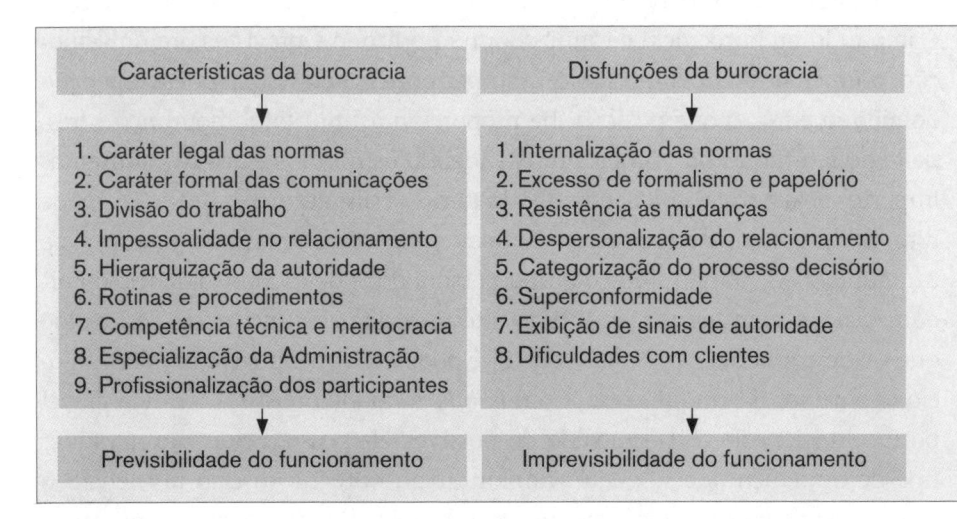

Figura 13.1. Características e disfunções da burocracia.

Vejamos cada uma das disfunções da burocracia.

Internalização das regras e apego aos regulamentos

As diretrizes burocráticas emanadas pelas normas e pelos regulamentos para atingir os objetivos da organização tendem a adquirir um valor positivo, próprio e importante, independentemente daqueles objetivos, passando a substituí-los gradativamente. As normas e regulamentos passam a se transformar de meios em objetivos. Passam a ser absolutos e prioritários: o funcionário adquire "viseiras" e se esquece de que a flexibilidade é uma das principais características de qualquer atividade racional. Com isso, o funcionário burocrata torna-se um especialista, não por possuir conhecimento de suas tarefas, mas por conhecer perfeitamente as normas e os regulamentos que dizem respeito ao seu cargo ou função. Os regulamentos, de meios, passam a ser os principais objetivos do burocrata.

Excesso de formalismo e de papelório

A necessidade de documentar e de formalizar todas as comunicações dentro da burocracia a fim de que tudo possa ser devidamente documentado e testemunhado por escrito pode conduzir à tendência ao excesso de formalismo, de documentação e, consequentemente, de papelório. Aliás, o papelório constitui uma das mais gritantes disfunções da burocracia, o que leva o leigo, muitas vezes, a imaginar que toda burocracia tem necessariamente um volume inusitado de papelório e de vias adicionais de formulários.

Resistência às mudanças

Como tudo na burocracia é rotinizado, padronizado e previsto com antecipação, o funcionário acostuma-se a uma permanência, estabilidade e repetição daquilo que faz, o que passa a lhe proporcionar uma total segurança a respeito de seu futuro na burocracia. Atendendo às normas e aos regulamentos impostos pela burocracia, o funcionário torna-se simplesmente um executor de rotinas e procedimentos, os quais ele passa a dominar com plena segurança e tranquilidade. Quando surge alguma possibilidade de mudança dentro da organização, essa mudança tende a ser interpretada pelo funcionário como algo que ele desconhece, e, portanto, algo que pode trazer perigo a suas permanência, segurança e tranquilidade. Com isso, a mudança passa a ser indesejável para o funcionário. E, na medida do possível, ele passa a resistir a qualquer tipo de mudança que se queira implantar na burocracia. Essa resistência à mudança pode ser passiva e quieta, como pode ser ativa e agressiva por meio de comportamentos de reclamação, tumultos e greves.

Despersonalização do relacionamento entre as pessoas

Uma das características da burocracia é a impessoalidade no relacionamento entre os funcionários. As pessoas trabalham como ocupantes de cargos. Daí o seu caráter impessoal, pois ela enfatiza os cargos, e não as pessoas que os ocupam. Isto leva a uma diminuição das relações personalizadas entre os membros da organização: diante dos demais funcionários e colegas, o burocrata não os toma mais como pessoas, mas como ocupantes de cargos, com direitos e deveres previamente especificados. Daí a despersonalização gradativa do relacionamento entre os funcionários da burocracia. Os funcionários passam a conhecer os colegas não pelos seus nomes pessoais, mas pelos títulos dos cargos que ocupam. Algumas vezes, o conhecimento é feito pelo número do registro do colega ou por qualquer outra forma de identificação das pessoas imposta pela organização.

Categorização como base do processo decisório

A burocracia assenta-se em uma rígida hierarquização da autoridade. Quem toma decisões em qualquer situação é aquele que detém a mais elevada categoria hierárquica, independentemente do seu conhecimento sobre o assunto. Quem decide é sempre aquele que ocupa a posição hierárquica mais alta, mesmo que nada saiba a respeito do problema a ser resolvido. Além disso, as decisões são estereotipadas e rotineiras para reduzir a procura de alternativas diferentes de solução dos problemas. Categorizar significa classificar as coisas estereotipadamente, a fim de lidar com elas com mais facilidade.

Superconformidade às rotinas e aos procedimentos

A burocracia baseia-se em rotinas e procedimentos, como meio de garantir que as pessoas façam exatamente aquilo que delas se espera. Como a burocracia eficaz exige devoção estrita a normas e regulamentos, essa devoção conduz à sua transformação em coisas absolutas: as regras e rotinas não mais são consideradas relativas a um conjunto de objetivos, mas passam a ser absolutas. Com o tempo, as regras e as rotinas tornam-se sagradas para o funcionário. O impacto dessas exigências burocráticas sobre a pessoa provoca profunda limitação em suas liberdade e espontaneidade pessoais, além da crescente incapacidade de compreender o significado de suas próprias tarefas e atividades dentro da organização como um todo. O efeito da estrutura burocrática sobre a personalidade dos indivíduos é tão forte que leva à "incapacidade treinada" (no conceito de Veblen)[37], à "deformação profissional" (no conceito de Warnotte) ou, ainda, à "psicose ocupacional" (segundo Dewey): o funcionário burocrata trabalha em função dos regulamentos e rotinas, e não em função dos objetivos organizacionais que foram estabelecidos.[38] Essa superconformidade a regras, regulamentos, rotinas e procedimentos conduz a uma rigidez no comportamento do burocrata: o funcionário passa a fazer o estritamente estabelecido em normas, regras, regulamentos, rotinas e procedimentos impostos pela organização. Ele perde iniciativa, criatividade e inovação. A organização perde toda a sua flexibilidade, pois o funcionário restringe-se ao desempenho mínimo.

Exibição de sinais de autoridade

Como a burocracia enfatiza a hierarquia de autoridade, torna-se necessário um sistema capaz de indicar, aos olhos de todos, quem detém o poder. Daí surge a tendência à utilização intensiva de símbolos ou de sinais de *status* para demonstrar a posição hierárquica dos funcionários, como o uniforme, a localização da sala, do banheiro, do estacionamento, do refeitório, o tipo de mesa, etc., como meios de identificar quais são os principais chefes da organização. Em algumas organizações – como o exército, a Igreja, etc. –, o uniforme e a indumentária constituem um dos principais sinais de autoridade.

Dificuldade no atendimento a clientes e conflitos com o público

O funcionário está voltado para dentro da organização, para suas normas e regulamentos internos, para suas rotinas e procedimentos e para o seu superior hierárquico, que avalia o seu desempenho. Essa atuação interiorizada para a organização o leva a criar conflitos com os clientes da organização. Todos os clientes são atendidos de forma padronizada, estritamente de acordo com regulamentos e rotinas internos, fazendo com que o público se irrite com a pouca atenção e o descaso para com os seus problemas particulares e pessoais. As pressões do público, que pretende soluções personalizadas, mas que a burocracia padroniza, fazem com que o funcionário perceba essas pressões como ameaças à sua própria segurança e aos seus interesses pessoais. Daí a tendência à defesa contra pressões externas à burocracia, o chamado corporativismo. Com essas disfunções, a burocracia torna-se esclerosada, fecha-se ao cliente, que é o seu próprio objetivo, e impede a mudança, a inovação e a criatividade.

Em resumo, as disfunções decorrem do fato de que a burocracia não leva em conta a organização informal nem se preocupa com a variabilidade humana (diferenças individuais entre as pessoas) que introduz variações no desempenho das atividades organizacionais. A exigência de controle é que provoca o aparecimento de consequências imprevistas da burocracia.

Modelo Burocrático de Organização

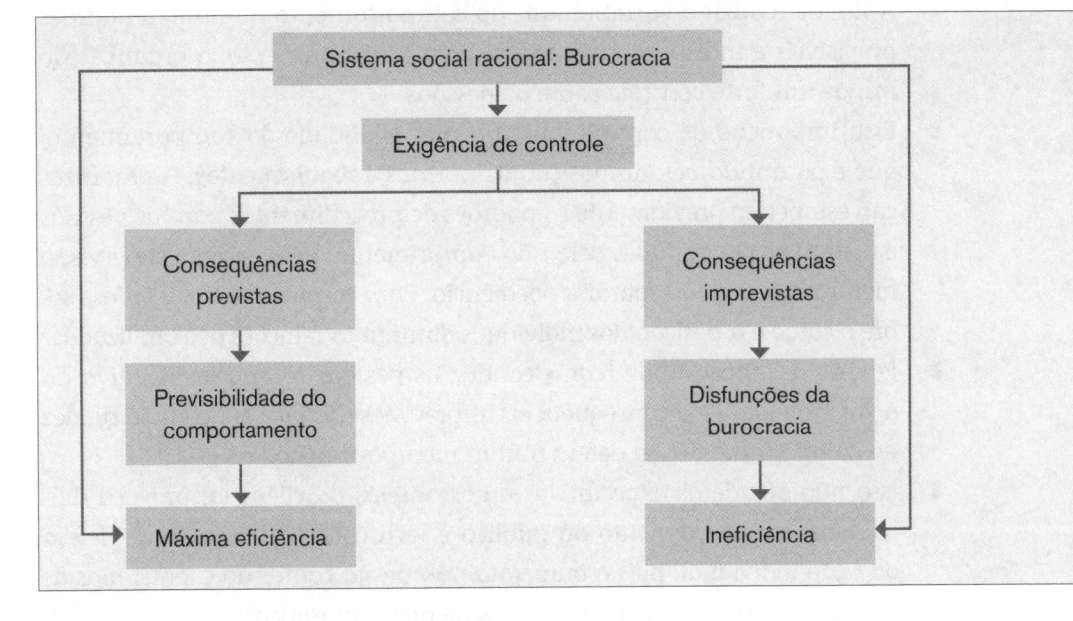

Figura 13.2. O modelo burocrático de Weber.

> **AS DISFUNÇÕES DA EXCELSA**
>
> A Excelsa é uma empresa que tem tudo para dar certo. Mas tudo sai errado. Ela adotou um caráter legal e formal, definiu cargos e posições hierárquicas, elaborou rotinas e procedimentos e profissionalizou a diretoria e seus participantes. Nada mais correto. Contudo, o resultado está decepcionando: as pessoas apenas seguem as normas e os procedimentos, o formalismo é total e o papelório, uma loucura. As pessoas resistem às mudanças, o relacionamento entre os funcionários é precário e superficial, os chefes abusam das suas mordomias e se afastam dos subordinados, e os clientes vivem reclamando da falta de atenção aos seus problemas. Se você fosse diretor da Excelsa, o que faria?
>
> EXERCÍCIO

MODELO BUROCRÁTICO DE MERTON

O modelo burocrático de Weber foi intensamente discutido e revirado do avesso. Alguns autores procuraram abordá-lo sob diferentes ângulos. Merton procura representar a burocracia de uma maneira mais ampla por meio de um conjunto de relações entre um número grande de variáveis. O modelo de Merton baseia-se nas consequências não previstas – isto é, nas disfunções da burocracia – de organizar de acordo com os princípios da máquina (sistema fechado), a saber:[39]

- A fim de reduzir a variabilidade do comportamento humano a padrões previsíveis e indispensáveis ao seu bom funcionamento, a organização impõe um forte controle sobre as pessoas.
- Essa imposição de controle busca a previsibilidade do comportamento, que é garantida pela imposição de normas e regulamentos. A organização estabelece previamente os padrões de procedimentos para as pessoas e institui as penalidades pelo não cumprimento, bem como a supervisão hierárquica para assegurar a obediência. Para complementar, a ênfase sobre o cargo e a posição dos indivíduos diminui as relações personalizadas.
- Porém, a imposição de regras conduz as pessoas a uma justificativa da ação individual e a consequências imprevistas (*disfunções*), como a rigidez no comportamento e a defesa mútua na organização.
- Isso não atende às expectativas e aos anseios da clientela; provoca dificuldades no atendimento ao público e leva a um sentimento de defesa da ação individual, pois o burocrata não presta contas ao cliente, mas às regras da sua organização e ao seu superior hierárquico.

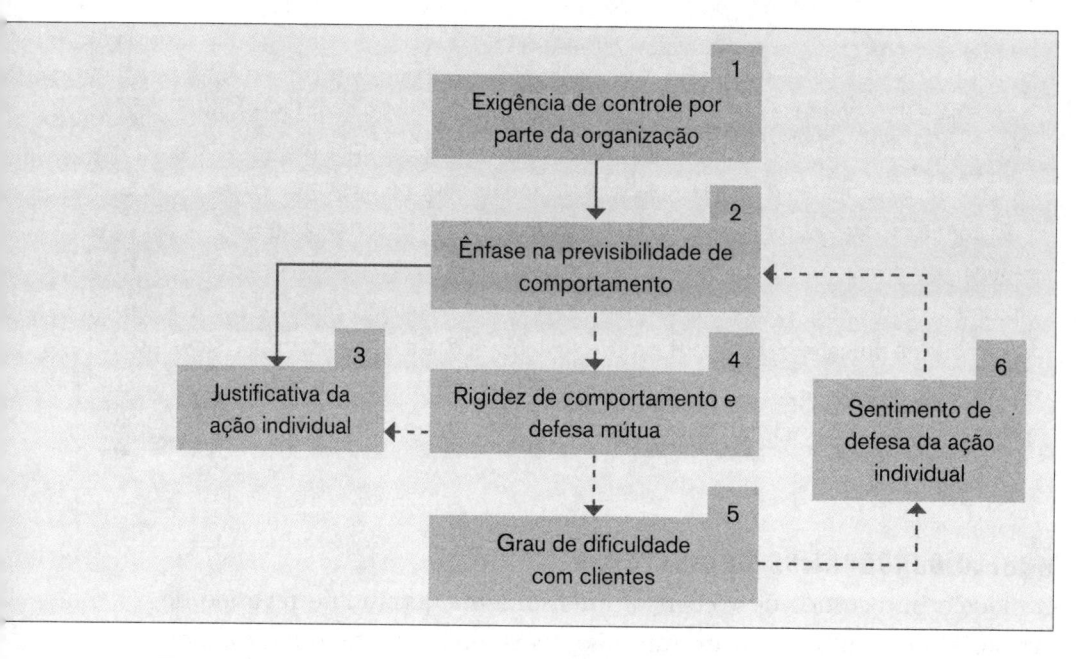

Figura 13.3. O modelo burocrático de Merton.[40]

A rigidez reduz a eficácia organizacional e põe em risco o apoio da clientela.[41] Enquanto houver qualquer pressão externa, o funcionário atende estritamente às regras internas da organização e não se preocupa com o problema do cliente, mas com a defesa e a justificação do seu próprio comportamento na organização, pois é a ela que deve prestar contas.

Merton conclui que a burocracia é uma estrutura grupal secundária destinada a desempenhar determinadas atividades que não podem ser cumpridas satisfatoriamente por critérios grupais primários.[42] Na sua visão pessimista, a burocracia não é tão eficiente como salienta Weber, mas apresenta, na prática, uma série de distorções (disfunções) que prejudicam o seu funcionamento e a levam à ineficiência.

INTERAÇÃO DA BUROCRACIA COM O AMBIENTE

Ao formular o modelo burocrático de organização, Weber não previu a possibilidade de flexibilidade da burocracia para atender a duas circunstâncias críticas:

- A adaptação da burocracia às exigências externas dos clientes.
- A adaptação da burocracia às exigências internas dos participantes.

Philip Selznick realizou uma pesquisa sobre a organização da T.V.A. (Tennessee Valley Authority),[43] na qual procurou demonstrar a flexibilidade e o ajustamento da burocracia às duas demandas acima referidas. Com base nessa pesquisa, Selznick propõe uma nova abordagem da Sociologia da Burocracia e um modelo burocrático diferente do weberiano. De um modo geral, as conclusões de Selznick são as seguintes:[44]

1. A T.V.A. era uma organização responsável pela aplicação de verbas federais para incentivar o desenvolvimento econômico de uma região que abrangia seis estados norte-americanos em situação econômica precária. A T.V.A. era formada por divisões operacionais e por divisões de serviço. As divisões de serviço tinham agentes agrícolas que visitavam os fazendeiros e efetuavam contatos que se envolviam em problemas e injunções políticas locais, as quais visavam sempre a atender aos seus próprios interesses.
2. Os compromissos que a T.V.A. desenvolveu, por meio dos agentes agrícolas com os poderes locais, exigiam concessões de caráter político-ideológico, mas, em contrapartida, asseguravam o apoio dos políticos locais no congresso. Houve uma interação entre a organização (que planejava instalações de fábricas, distribuição de energia elétrica, melhorias ambientais, etc.) e o meio ambiente (interesses políticos locais dos fazendeiros, sua influência política no Congresso e as vantagens dela decorrentes, como votação e aprovação de verbas extras à T.V.A.).

3. A partir dessa interação, a T.V.A. foi assumindo outros compromissos ideológicos e transformou o seu objetivo inicial (agência de recuperação econômica de uma região empobrecida, atuando nos moldes do *New Deal* americano), passando a delegar o programa agrícola às instituições locais. Progressivamente, a T.V.A. modificou sua figura de agência de reconstrução e de conservação, graças ao seu ajustamento paulatino às facções locais. Uma série de consequências não antecipadas (isto é, não previstas) modificou o seu papel no cenário nacional americano. É o que Selznick denominou *Grass Roots Policy* (política do enraizamento).
4. Com base nessa pesquisa, Selznick salienta suas conclusões sobre a organização formal, isto é, a burocracia:[45]
    - *A organização burocrática é uma estrutura social adaptativa*. Todas as organizações formais estão sujeitas às pressões do ambiente e necessitam se ajustar e modificar seus objetivos continuamente. As organizações formais são moldadas por forças exteriores à sua estrutura racional e aos seus objetivos.
    - *Dentro da organização formal desenvolve-se uma estrutura informal* que gera as atitudes espontâneas dos indivíduos e subgrupos para controlar as condições de sua existência.
    - Essa estrutura informal torna-se indispensável e paralela ao próprio sistema formal de delegação e controle.
    - A burocracia deve ser compreendida sob o duplo ponto de vista estrutural e funcional – análise estrutural e funcional da organização –, e não apenas sob o ponto de vista de um sistema fechado e estável, como no modelo weberiano.
    - Essa análise deve envolver os aspectos do comportamento interno, bem como os sistemas de manutenção da organização formal.
    - Tensões e dilemas da organização são esclarecidos por meio das restrições ambientais e da limitação das alternativas de comportamento.
5. Para atingir os seus objetivos (malgrado os compromissos externos), a organização lança mão de dois mecanismos de defesa:
    - *Ideologia*: conjunto de crenças e ideias desenvolvidas pela organização e que serve de justificativa ou de barreira racional para as ações da empresa.
    - *Cooptação*: processo de absorção de pessoas vindas de outras organizações do ambiente externo e que ingressam na estrutura de decisão

da organização como um meio de evitar ameaça à sua estabilidade. A cooptação ocorre quando uma organização, para obter apoio de outra, admite pessoas dessa outra organização em seus quadros. A cooptação traz novas soluções, muitas vezes inconsistentes com aquelas vigentes, mas apresenta a vantagem de ser menos dramática que a confrontação com a outra organização, podendo surtir o mesmo efeito da resolução do conflito sem precipitar qualquer tipo de mudança estrutural.[46]
A cooptação aumenta a certeza de apoio futuro por parte da empresa cooptante. É o caso de aceitação de representantes de instituições financeiras no quadro da diretoria de uma empresa para aumentar a possibilidade de acesso a empréstimos ou aos recursos financeiros enquanto durar o acordo de cooptação.

6. Ao impor o controle sobre seus participantes, a burocracia gera uma série de consequências não previstas. Da mesma forma que Merton, Selznick demonstra que essas consequências não previstas são decorrentes da organização informal.

O modelo de Selznick pode ser assim explicado:

- O modelo começa com a exigência de controle por parte da alta administração.
- Como resultado dessa exigência, institui-se uma progressiva delegação de autoridade para que os chefes cuidem do controle.
- Assim, cada subunidade procura adaptar a sua política à doutrina oficial da organização produzindo subobjetivos.
- Com a influência da rotina diária, reforça-se a internalização de subobjetivos nos participantes.
- Além disso, as decisões são tomadas com base em critérios operacionais estabelecidos pela organização e que agem como reforço adicional aos subobjetivos.
- Estes são reforçados, ainda, pelo grau de treinamento do pessoal em assuntos especializados em cada subunidade.
- Evidentemente, a internalização de subobjetivos depende, em grande parte, da operacionalidade dos objetivos da organização. Qualquer variação na operacionalidade dos objetivos da organização afeta o sentido e o conteúdo das decisões diárias, modificando-os gradativamente.

Por aí se verifica que a delegação de autoridade traz consequências funcionais e disfuncionais para a realização dos objetivos da organização.

```
┌─────────────────────────────────────────────────────────┐
│         Exigência de controle por parte da organização  1│
│                            │                             │
│                            ▼                             │
│              Delegação de autoridade    2 ─────────────┐ │
│         ┌──────┬───────────┤                           │ │
│         ▼      ▼           ▼                           │ │
│  Grau de treinamento em  8   Estabelecimento de        │ │
│  assuntos especializados     subobjetivos  3           │ │
│                              pelos participantes       │ │
│                                    │                   │ │
│                                    ▼                   │ │
│                         Internalização de subobjetivos │ │
│                         pelos participantes     4      │ │
│                                    │                   │ │
│                                    ▼                   │ │
│                              Teor das decisões  5 ◄────┘ │
│                              ▲            ▲             │
│                              │            │             │
│                   Internalização dos   Operacionalidade │
│                   objetivos da organiz. dos objetivos da│
│                   pelos participantes 6  organização  7 │
└─────────────────────────────────────────────────────────┘
```

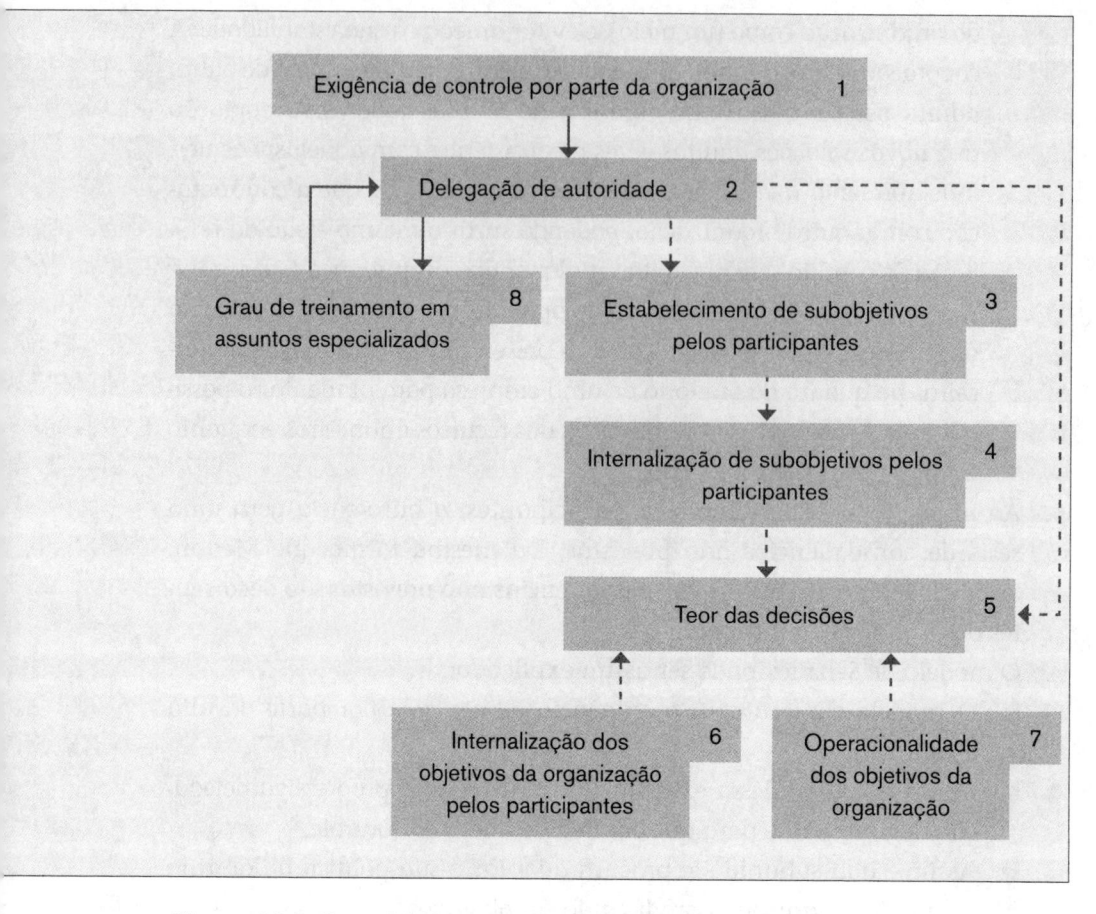

Figura 13.4. O modelo burocrático de Selznick.[47]

Em resumo, para Selznick, a burocracia não é rígida nem estática, como afirmava Weber, mas adaptativa e dinâmica, interagindo com o ambiente externo e adaptando-se a ele.[48] O estudo de Selznick é um exemplo do efeito que surge quando os resultados de uma organização não são aceitos pelo meio ambiente. A T.V.A. teve de alterar drasticamente a sua atividade e a sua estrutura para poder alcançar a aceitação local. Quando o produto ou serviço de uma organização não é aceito pelo meio ambiente, a organização deixa de existir, a não ser que modifique o produto ou serviço ou receba subsídios de outra organização. Com isso, a estrutura burocrática pode absorver mudanças sem modificar sua estrutura, porém com uma eficiência menor.[49] "A burocratizaçao é útil até o ponto em que traz eficiência, mas nem sempre essa eficiência compensa a rigidez a que ela está associada".[50]

Toda organização defronta-se com o problema de adaptação a mudanças externas: os eventos podem ser planejados e transformados em rotina, como quando ocorrem mudanças de modelos na indústria automobilística ou, então, quando ocorrem mudanças de tempos em tempos. É o que Selznick conta a respeito de uma crise na Ford americana entre 1926 e 1927, na época em que houve o abandono do modelo T por novos modelos de automóveis.[51]

GRAUS DE BUROCRATIZAÇÃO NAS ORGANIZAÇÕES

Alvin W. Goulder realizou uma pesquisa que lhe permitiu concluir que não há um único tipo ou modelo de burocracia, mas uma enorme variedade de graus diferentes de burocratização. A pesquisa de Gouldner[52] foi realizada entre 1948 e 1951 em uma fábrica e mina de gesso (sulfato de cálcio hidratado) cujo nome fictício é General Gypsum Co. A mina extraía a matéria-prima e uma fábrica localizada na superfície a transformava em chapas de revestimento de paredes. Havia um escritório central que cuidava da administração da empresa. O trabalho na mina implicava grande risco de acidentes pessoais e exigia auxílio recíproco entre os mineiros, independentemente de atribuição de tarefas ou diferenças de *status*. Havia muita insegurança no trabalho (como colocar postes de segurança nos túneis ou sustentar o teto das galerias subterrâneas). Mediante os riscos que corriam e à dureza do trabalho, os mineiros costumavam desabafar nas horas de folga. O nível de absenteísmo era elevado, mas mesmo assim eram pagos de acordo com a produção, e as faltas ao serviço não interferiam na produtividade. Informalmente, eles estabeleciam acordos entre si para proteger o companheiro ausente, resultando ineficazes as medidas para punir os faltosos.

A pesquisa de Gouldner pode ser assim resumida:

1. Durante longos anos, a empresa foi administrada de maneira informal, com intervalos amplos de almoço, horários de entrada e saída folgados, permissão aos empregados para utilizar material da companhia (como dinamite e chapas de revestimento) para uso próprio, política de não demitir ninguém e de somente admitir novos empregados considerando laços de família e de amizade e residência na comunidade semirrural em que se situava a empresa. O padrão de atitudes do pessoal para com a fábrica era favorável e positivo. Os operários consideravam as normas disciplinares da fábrica como "lenientes", suaves e orientadas para os objetivos da produção, e seu comportamento caracterizava-se por atitudes e sentimentos positivos e pela confiança nos seus superiores. Essa postura criava satisfação no trabalho, cumprimento dos papéis, dedicação e lealdade à companhia. Apesar das precárias condições ambientais de trabalho e dos riscos de mor-

te por soterramento nas minas de gesso, o moral do trabalhador era elevado em razão dos laços de amizade e de informalidade. Em contrapartida, a administração adotava um *"padrão de indulgência"* caracterizado por:
- A administração controlava com suavidade e sem muita frequência o comportamento dos operários.
- As regras formais eram ignoradas e os compromissos tornavam-se puramente pessoais.
- As infrações eram punidas brandamente e os infratores sempre tinham novas oportunidades para repeti-las.
- Havia pouca pressão para produzir.
- Em decorrência, havia uma atitude favorável e positiva dos operários e o ambiente era amistoso.

2. Em 1948, o antigo gerente foi substituído por um novo (Peele), que veio alterar essa situação. Peele era apoiado pelos executivos do escritório central, que criticavam a tolerância excessiva do seu antecessor e o pressionavam a organizar a fábrica e melhorar a produção.

3. Peele começou a aplicar as regras formais da fábrica com maior rigidez, implementando relatórios e controles de produção diários e semanais e cortando os favores pessoais, em contraposição à maneira de administrar do seu antecessor, que era tolerante e avesso ao papelório. Os novos relatórios e controles requeriam trabalho suplementar dos supervisores.

4. A introdução dos métodos burocráticos passou a ser sentida como violação das antigas regras e dos padrões informais e uma provocação aos mineiros. O súbito processo de burocratização imposto por Peele passou a encontrar três barreiras:
- O sistema de crenças e expectativas dos mineiros.
- Os perigos e ameaças de riscos físicos nas minas.
- A solidariedade informal dos operários.

5. O novo gerente passou a sofrer duas formas de pressão opostas e contraditórias: de um lado, os executivos do Escritório Central exigiam-lhe um endurecimento e, de outro lado, os supervisores, seus antigos conhecidos, solicitavam-lhe favores especiais. Para não ceder, Peele resolveu endurecer e encaixar os velhos supervisores nas normas formais, tendo em vista as expectativas da direção sobre o seu trabalho. Não se preocupou com as expectativas dos supervisores e operários nem com os seus antecedentes.

6. O controle do gerente sobre os supervisores tornou mais cerrado o controle sobre os operários. Estes passaram a modificar suas atitudes para com a organização. A supervisão fechada desenvolvida por Peele conduziu a administração a um círculo vicioso:

- O supervisor exerce supervisão cerrada e sob pressão sobre o operário.
- O supervisor passa a perceber o operário não motivado (baixa motivação) para o trabalho.
- O supervisor passa a vigiar e pressionar mais o operário (*supervisão cerrada*) para obter dele maior rendimento.
- Esse cerco e essa pressão despertam o rancor ou a apatia no operário que reduz seu rendimento (reforço do baixo desempenho).
- O supervisor passa a perceber cada vez mais o operário como não motivado (realimentação do processo) para o trabalho. E assim por diante, em uma tensão crescente.

7. Os supervisores e os operários reagiram passando a desafiar a legitimidade do novo gerente e a rejeitá-lo, colocando-o fora do "tecido social" da fábrica e isolando-o das comunicações informais.
8. Isolado por essa barreira, Peele começou a suspeitar do que estava ocorrendo nos níveis inferiores. Fez substituições estratégicas, passou a controlar mais rigidamente a supervisão e ganhou a lealdade de alguns supervisores. Passou a adotar um elevado padrão burocrático de conduta, impondo normas e regulamentos, controles, relatórios, documentos, etc.

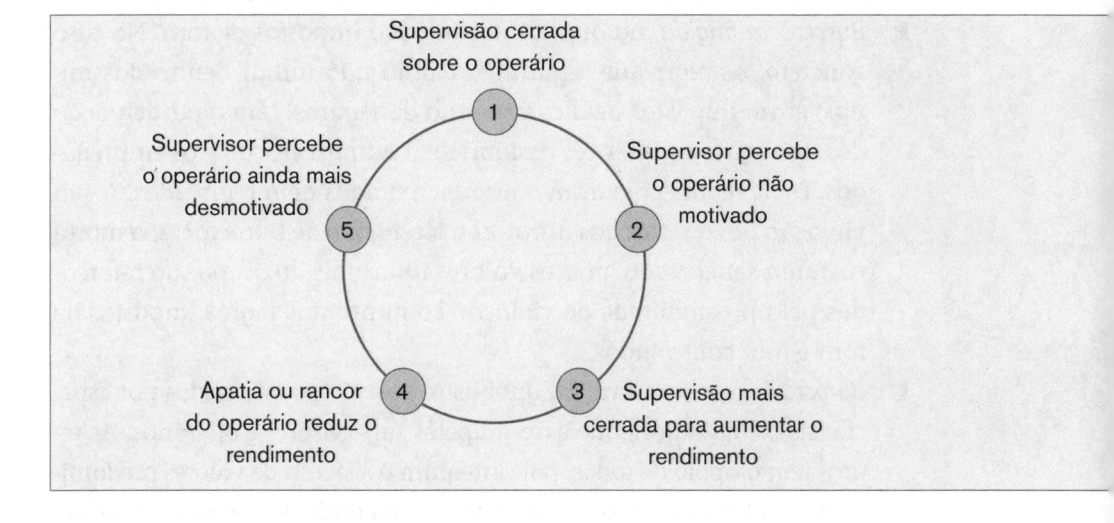

Figura 13.5. O círculo vicioso da supervisão fechada.

Gouldner chegou às seguintes conclusões:

1. A sua hipótese central é a de que a supervisão cerrada deteriora as relações entre superior e subordinado e viola as normas informais do grupo. A excessiva formulação de regras burocráticas funciona como um símbolo

de desconfiança nas pessoas e nas suas intenções, pois elas representam uma tentativa de conseguir as coisas sem o consentimento das pessoas.
2. Para Gouldner, as regras burocráticas têm várias funções, a saber:
- As regras representam um equipamento funcional da supervisão cerrada na forma de comunicação dirigida para as pessoas percebidas como desejosas de fugir às responsabilidades, evitar obrigações e não desempenhar satisfatoriamente as suas tarefas. Também oferecem um substituto para a repetição pessoal de ordens pelo superior, livrando este da necessidade de continuamente dar ordens aos subordinados.
- As regras burocráticas apoiam o respeito à autoridade, sem necessidade de utilização de métodos violentos e repressivos de legitimação. Permitem ao empregado que aceite ordens sem sentir-se submetido a uma pessoa, evitando o sentimento de desigualdade e inferioridade pessoal.
- Legitimam o castigo e as sanções. As regras constituem um aviso formal antecipado das consequências das infrações às normas formalmente estabelecidas e legalizam e legitimam as medidas punitivas.
- As regras especificam um nível mínimo de desempenho aceitável.
3. Gouldner distingue três tipos de comportamento burocrático:
- *Burocracia fingida*, na qual as normas são impostas de fora. No caso concreto, as regras de segurança (como não fumar dentro das minas) eram impostas pela companhia de seguros, sem a participação dos dois partidos internos da fábrica: a administração e os empregados. Essas regras passaram a não ser exigidas nem reforçadas. A sua violação dava *status* aos infratores. Neste tipo de burocracia, o moral costuma ser elevado, pois os valores informais do grupo são reforçados pela possibilidade de violação conjunta das regras impostas de fora e mal controladas.
- *Burocracia representativa*, na qual as regras são promulgadas por especialistas, cuja autoridade é aceita pelos supervisores e operários. As regras têm o apoio de todos, pois integram o sistema de valores predominante na fábrica. No caso concreto, a qualidade do trabalho esperada tanto pelos supervisores como pelos colegas confere prestígio, porquanto os valores são compartilhados por todos os membros, originando uma atitude de solidariedade e de exortação aos infratores.
- *Burocracia punitiva*, na qual as regras são impostas pelas pressões da administração ou dos empregados, na tentativa de coagir a outra parte. No caso concreto, a administração introduziu horários, relógios de

ponto e controles severos sobre a produção. A autoridade e o comando são fortemente realçados e a infração às regras é severamente punida.

Esses três tipos de burocracia podem coexistir em diferentes graus em uma mesma organização, formando uma situação complexa e um tipo misto de burocracia. Weber analisara a burocracia sob o ponto de vista puramente mecânico e não político, preocupando-se em mostrar como as normas e leis são estabelecidas e obedecidas. Weber não considerou os aspectos subjetivos e informais da aceitação dessas normas e da legitimação da autoridade nem a reação formal da organização perante a falta de consentimento dos subordinados.

4. Gouldner salienta que o modelo burocrático leva fatalmente às consequências não previstas por Max Weber.

O modelo de Gouldner pode ser assim explicado:

- A exigência de controle por parte da organização conduz à imposição de regras burocráticas. Quanto maior a exigência de controle, tanto mais regras burocráticas.
- As regras burocráticas visam à adoção de diretrizes gerais e impessoais que definem o que é permitido e o que não é permitido e estabelecem um padrão de comportamento mínimo aceitável. Este passa a ser considerado o nível de comportamento que a organização espera de cada empregado (item 5).
- Isso faz que os participantes tenham maior visibilidade das relações de poder, uma vez que as normas gerais e impessoais servem para regular as relações de trabalho.
- Essas normas provocam um aumento do nível de tensão no relacionamento interpessoal, graças à adoção de diretrizes gerais e impessoais, o que reduz a motivação de produzir.
- A adoção de diretrizes gerais e impessoais induz ao conhecimento dos padrões mínimos aceitáveis. Daí o comportamento padrão definido pela organização informal como defesa de seus interesses.
- Ao verificar a diferença entre os objetivos da organização e sua efetiva realização na prática em virtude do comportamento-padrão, a organização reage e impõe maior rigor na supervisão, na tentativa de forçar as pessoas a trabalharem mais. Em outros termos, a organização intensifica a *burocracia punitiva*, o que aumenta a visibilidade das relações de poder.
- Reinicia-se o processo, isto é, o círculo vicioso da supervisão fechada.

O modelo burocrático de Gouldner está graficamente representado na Figura 13.6.

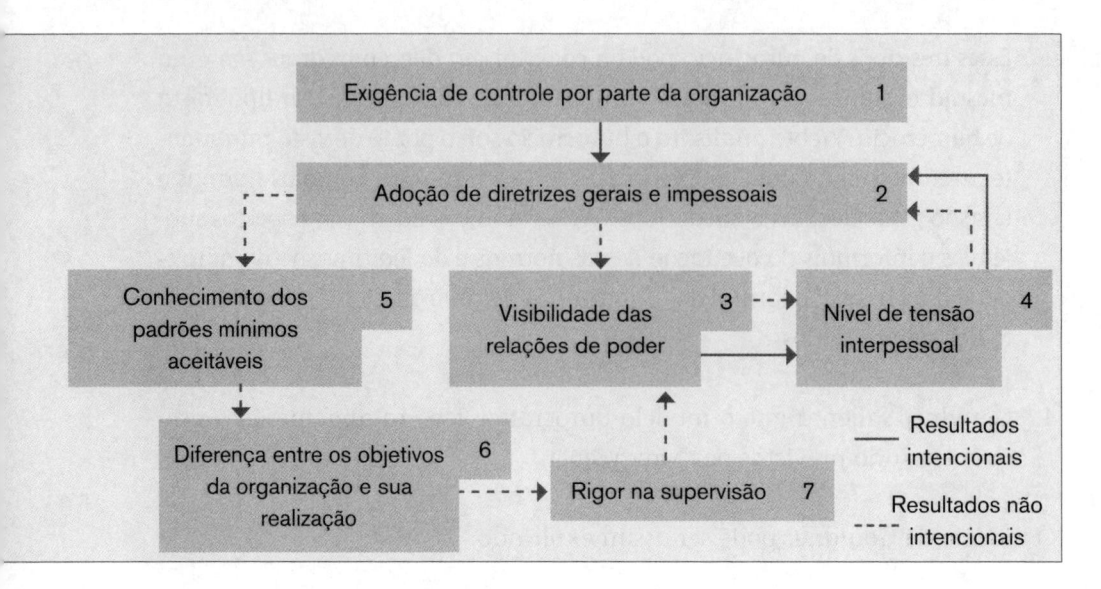

Figura 13.6. O modelo burocrático de Gouldner.⁵³

No modelo de Gouldner, o processo burocrático constitui um ciclo instável, provocando tensões e conflitos interpessoais, mas buscando sempre a estabilidade e o equilíbrio. A organização é visualizada como um sistema instável. Para ele, não há um tipo único de burocracia, mas uma infinidade de tipos, variando de um *continuum*, que vai desde o excesso de burocratização (em um extremo) até a ausência quase completa de burocracia (no extremo oposto):⁵⁴

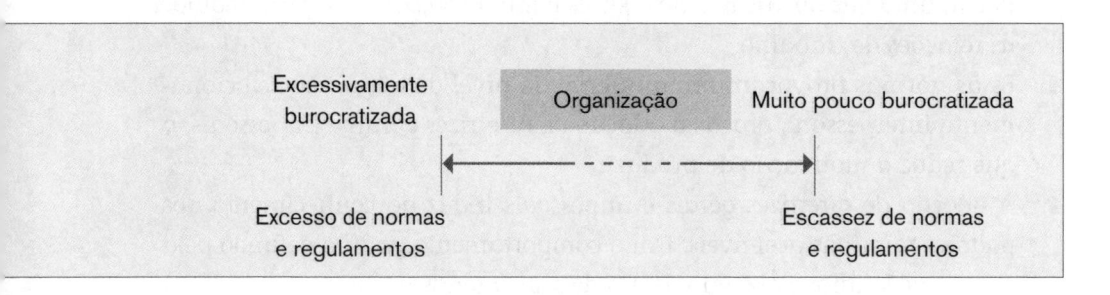

Figura 13.7. O *continuum* dos graus de burocratização.

A constatação de Gouldner de que não há uma burocracia, mas diversos graus de burocratização das organizações, levou os autores estruturalistas a analisar as dimensões da burocracia.⁵⁵

DIMENSÕES DA BUROCRACIA

Verificou-se posteriormente que não há um tipo único de burocracia, mas graus variados de burocratização. A burocracia passou a ser entendida como um *continuum*, e não uma entidade absoluta com características presentes ou ausentes.[56] Não se considera uma organização totalmente burocrática ou não burocrática, mas apresentando graus variados de burocratização. Um *continuum* é uma série de situações dentro de uma amplitude de variação. O grau variável de burocratização é determinado pelas dimensões da burocracia, ou seja, o conceito de burocracia como uma série de dimensões, cada qual variando em um *continuum*. Hall selecionou seis dimensões da burocracia:[57]

- Divisão do trabalho baseado na especialização funcional.
- Hierarquia de autoridade.
- Sistema de regras e regulamentos.
- Formalização das comunicações.
- Impessoalidade no relacionamento entre as pessoas.
- Seleção e promoção baseadas na competência técnica.

Escassez de burocratização		Excesso de burocratização
Falta de especialização Bagunça, confusão	Divisão do trabalho	Superespecialização Compartimentos estanques
Falta de autoridade	Hierarquia	Autoridade forte Autocracia Imposição
Liberdade excessiva	Regras e regulamentos	Ordem e disciplina rigorosa
Ausência de documentos Informalidade	Formalização das comunicações	Excesso de papelório Formalismo exagerado
Nenhuma concentração das decisões Descentralização excessiva	Centralização	Concentração das decisões Centralização excessiva
Ênfase nas pessoas	Impessoalidade	Ênfase nos cargos
Desordem	Eficiência	Rigidez

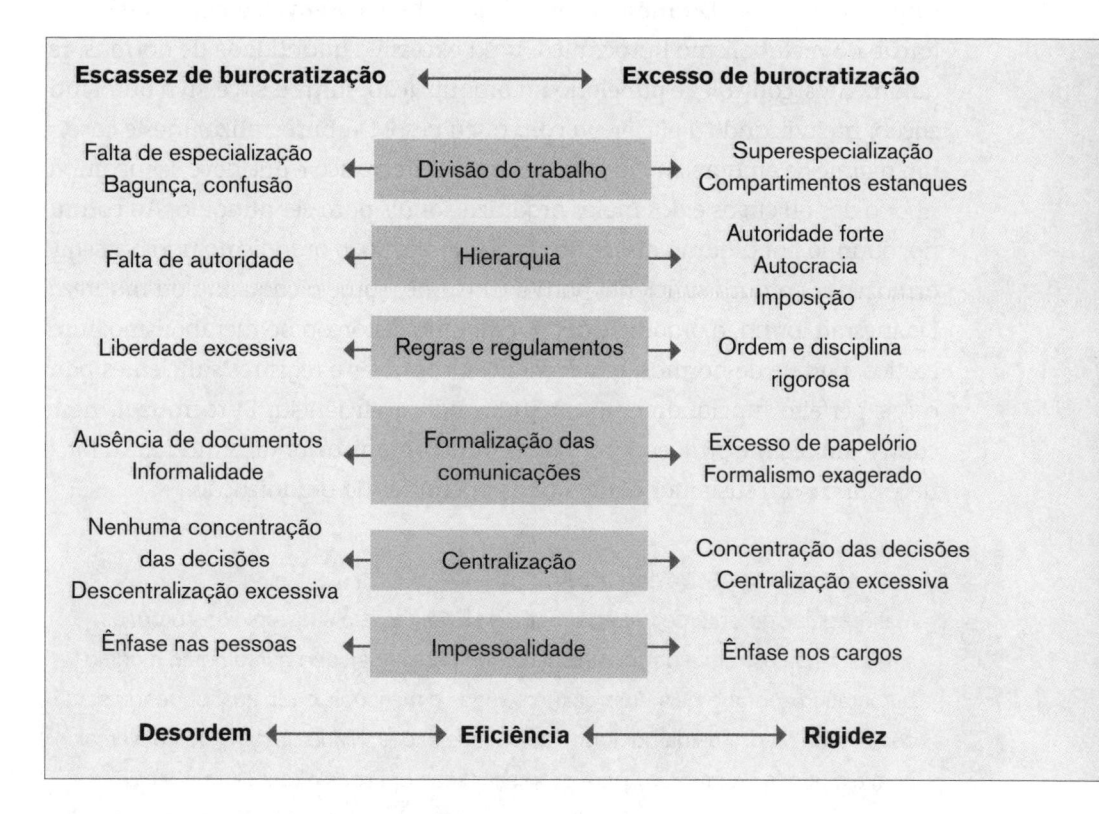

Figura 13.8. Os graus de burocratização.[58]

Hall mediu cada dimensão por meio de questionários e verificou que essas dimensões existem em alto grau no tipo ideal de burocracia e em graus mais baixos em organizações menos burocráticas. As dimensões constituem variáveis contínuas.[59] Segundo ele, as organizações são portadoras de características do modelo burocrático em diversos graus conforme as dimensões da burocracia e que variam independentemente. Uma organização pode ser muito burocratizada quanto às regras e regulamentos, ao mesmo tempo em que está pouco burocratizada quanto à sua divisão do trabalho.[60]

Tudo, portanto, é uma questão de dosagem: nem demais (excessiva burocratização conduzindo a uma rigidez e inflexibilidade), nem de menos (burocratização insuficiente conduzindo à desorganização e à indisciplina). Uma analogia grosseira pode ser estabelecida entre o grau de burocratização em uma organização e a quantidade de gordura no organismo humano. Este precisa de uma quantidade adequada de gordura para formar o revestimento protetor do sistema nervoso e uma reserva alimentar e energética para ser utilizada em algumas situações. Quando, por alguma distorção do metabolismo, o organismo armazena gordura em excesso, mais do que a consome, surge a obesidade. Da mesma forma, quando se desenvolve por alguma distorção do metabolismo burocrático, uma excessiva quantidade de normas, regulamentos, controles e papelório na organização, surge a excessiva burocratização, prejudicando a eficiência com o seu peso. Desburocratizar, neste caso, é um regime de emagrecimento da estrutura burocrática e que deve ser acompanhado dos objetivos e dos meios organizacionais para ser atingido. Ao contrário, quando por alguma distorção do metabolismo, o organismo não consegue armazenar gordura suficiente para o consumo, surge a caquexia ou magreza. Da mesma forma, a organização, por alguma distorção no metabolismo burocrático, padece de normas, regulamentos, controles e registros suficientes para o seu perfeito funcionamento, prejudicando a eficiência. Burocratizar, neste caso, é um regime para engordar a estrutura organizacional, dando-lhe a força necessária para sustentar e integrar as operações da organização.

EXERCÍCIO

AS ALTERNATIVAS DA EXCELSA

Mário Aguiar, gerente de departamento da Excelsa, tem suas opiniões próprias a respeito da estrutura organizacional da empresa. Ele sabe que o rígido modelo burocrático adotado pela empresa tem várias dimensões, cada qual podendo ser aumentada ou diminuída conforme as necessidades. Mário gostaria de conversar com a diretoria da empresa para expressar suas opiniões a respeito de uma estrutura organizacional melhor. Se você estivesse no lugar de Mário, o que faria?

APRECIAÇÃO CRÍTICA DA TEORIA DA BUROCRACIA

A burocracia representa uma maneira racional de organizar pessoas e atividades no sentido de alcançar objetivos específicos. A burocracia tem defensores e adversários. Perrow mostra-se advogado da burocracia:

> Após anos de estudos das organizações complexas, cheguei a duas conclusões que colidem com muita coisa da literatura organizacional. A primeira é que os erros atribuídos à burocracia não são erros do conceito, mas são consequências do fracasso em burocratizar adequadamente. Eu defendo a burocracia como o princípio dominante de organização nas grandes e complexas organizações. A segunda conclusão é que a preocupação com reforma, 'humanização' e descentralização das burocracias, enquanto salutares, apenas obscurecem a verdadeira natureza da burocracia dos teoristas organizacionais e nos desviam do seu impacto sobre a sociedade. O impacto sobre a sociedade é mais importante do que o impacto sobre os membros de uma organização.[61]

Perrow acrescenta que as burocracias não são adequadamente avaliadas, pois elas representam uma opção superior a todas as outras alternativas de organização: "a burocracia é uma forma de organização superior a todas as demais que conhecemos ou que esperamos alcançar em futuro próximo; as chances de mudá-la são inexistentes no século XX".[62] Perrow insiste:

> não concordo em ter como origem da burocracia funcionários nervosos, inseguros, mesquinhos, ocupados apenas em manter o *status quo* a todo custo, ou em aumentar sua força e influência pessoal. Tampouco encontramos situações em que as organizações menos burocráticas (ou não burocráticas) possam encarnar o espírito democrático, a autonomia pessoal, o bom relacionamento humano e a coexistência sem temores. Ao contrário, insistimos em que a forma burocrática resulta de uma tentativa bem-sucedida de atingir o que todas as organizações buscam: diminuir o impacto de influências externas sobre seus membros; proporcionar alto grau de especialização para garantir eficiência e competência e controlar as inseguranças e variabilidade do ambiente.[63]

O problema é que nem todos pensam assim.

Excessivo racionalismo da burocracia

Katz e Kahn salientam que a organização burocrática é super-racionalizada e não leva em conta as condições circunjacentes do ambiente. As vantagens da burocracia têm sido exageradas. O sistema burocrático sobrevive e é eficiente somente quando:

1. As tarefas individuais são mínimas em requisitos criativos, de modo que basta a submissão à autoridade legítima, e não há necessidade de identificação com as metas organizacionais.
2. As exigências do ambiente sobre a organização são claras, de modo que a informação é redundante e a organização não precisa utilizar todos os processadores de informação entre seus membros.
3. A rapidez na tomada de decisão é importante, de modo que cada pessoa envolvida no processo decisorial representa custos e riscos organizacionais.
4. O modelo se aproxima do sistema fechado, com requisitos mínimos de mudança do meio ambiente.[64]

Perrow[65] chama a teoria burocrática de visão "instrumental" das organizações. Estas são vistas como arranjos conscientes e racionais dos meios para alcançar determinados fins. Para Perrow a burocratização envolve:

- Especialização.
- Necessidade de controlar as influências dos fatores externos sobre os componentes internos da organização.
- Necessidade de lidar com um ambiente externo imutável e estável.

Mecanicismo e as limitações da "Teoria da Máquina"

A Teoria Tradicional – cujos três modelos clássicos são os de Taylor (Administração Científica), Fayol (Teoria Clássica) e de Weber (Modelo Burocrático) – focalizou as estruturas internas, abordando os problemas organizacionais em termos de sistemas fechados. O termo "teoria da máquina" (proposto por Worthy em 1950) é aplicável aos três modelos que abordam a organização, embora constituída por pessoas, como uma máquina construída para cumprir uma tarefa. Katz e Kahn explicam que alguns dos conceitos explícitos ou implícitos da teoria da máquina são:[66]

- *Especialização das tarefas*: para obter eficiência com a subdivisão das operações em seus elementos básicos.
- *Padronização do desempenho da função*: para garantir ausência de erros.
- *Unidade de comando e centralização da tomada de decisão*: embora concebida como uma máquina, a organização não é necessariamente autodirigida. Para manter a coordenação do todo, as decisões são centralizadas em um só comando com unidade de comando por meio da responsabi-

lidade de homem para homem dentro da cadeia escalar. Além disso, a *amplitude de controle* é limitada para reforçar a *unidade de comando*.
- *A uniformidade de práticas institucionalizadas* e a padronização das tarefas conduzem a maneiras uniformes de lidar com as pessoas para cada nível.
- *Não duplicação de função*, a fim de garantir a centralização.

Katz e Kahn[67] salientam as fraquezas da teoria da máquina, a saber:

- Pouca importância do intercâmbio do sistema com seu ambiente e as influências do meio em constante mudança e que exige modificação constante da organização.
- Limitação no intercâmbio com o ambiente. As *entradas* restringem-se a matérias-primas e mão de obra, omitindo-se valores e necessidades das pessoas e o apoio social da comunidade e do público. As *saídas* restringem-se ao produto que a organização coloca no ambiente.
- Pouca atenção aos subsistemas da organização, com sua dinâmica e intercâmbio dentro da organização.
- Negligência quanto à *organização informal*.
- Concepção da organização como um arranjo rígido e estático de órgãos.
- Em suma, o modelo weberiano é mecanicista e tem mais coisas em comum com os teóricos clássicos que com os autores estruturalistas posteriores a partir do modelo burocrático.[68]

Conservantismo da burocracia
Bennis aponta as seguintes críticas à burocracia:[69]

- A burocracia não leva em conta o crescimento pessoal e o desenvolvimento da personalidade madura das pessoas.
- Ela desenvolve a conformidade e o espírito corporativista.
- Ela não considera a organização informal, bem como os problemas emergentes e não previstos.
- Seu sistema de controle está irremediavelmente ultrapassado.
- Ela não dispõe de meios adequados para resolver conflitos e diferenças entre classes e entre grupos funcionais.
- As comunicações (e as ideias criativas) são bloqueadas ou distorcidas por causa das divisões hierárquicas.

- Os recursos humanos não são plenamente utilizados por causa da desconfiança, do medo de represálias, etc.
- Ela não pode assimilar o influxo de novas tecnologias que ingressam na organização.
- Ela pode modificar negativamente a estrutura de personalidade de certas pessoas sujeitas a influências externas.

Assim, aponta Bennis, as organizações burocráticas – desde os Leviatãs de produção em massa até as empresas de serviços, como universidades ou hospitais – são unidades complexas destinadas a alcançar objetivos. Para sobreviver, a organização burocrática deve também cumprir tarefas secundárias a esses objetivos, como:[70]

- *Reciprocidade*: para manter o sistema interno e integrar o lado humano – organização informal – em um processo de mútua concordância.
- *Adaptabilidade*: para adaptar-se e moldar-se ao ambiente externo.

Esses dois dilemas organizacionais – *reciprocidade* e *adaptabilidade* – permitem visualizar os meios pelos quais os mecanismos burocráticos podem ser alterados.

A burocracia é um processo essencialmente conservador e contrário à inovação (segundo Michels e Von Mises): o burocrata comporta-se como um indivíduo ritualista, apegado a regras e voltado ao "deslocamento de objetivos" (segundo Merton). É o que muitos chamam de corporativismo ao espírito de manter e defender a burocracia como organização para garantir o emprego. Hoje, a burocracia é sinônimo de lentidão, apatia e de ineficiência. Da mesma forma que a burocracia representou uma solução adequada e criativa às condições do século XIX, ela está sendo levada ao desaparecimento em razão das novas e diferentes condições do atual milênio. Bennis sintetiza essas condições em quatro ameaças impostas à burocracia:[71]

- Transformações rápidas e inesperadas do ambiente.
- Aumento de tamanho, em que o simples acréscimo das atividades tradicionais da organização não é mais suficiente para sustentar o seu crescimento. Daí a reengenharia para começar tudo de novo.
- Crescente complexidade da tecnologia moderna, exigindo integração entre atividades e pessoas especializadas e de competências diferentes.
- Mudanças radicais no comportamento administrativo e na filosofia dos negócios, impondo maior flexibilidade à organização.

Kast e Rosenzweig[72] salientam que o caminho consiste em utilizar o modelo burocrático de Weber como ponto de partida, mas reconhecendo as suas fortes limitações e consequências disfuncionais. Para eles:

- A forma burocrática é apropriada para atividades rotineiras e repetitivas da organização em que eficiência e produtividade constituem o objetivo mais importante.
- A forma burocrática não é adequada para atividades não rotineiras, nas quais a criatividade e a inovação são mais importantes.

Abordagem de sistema fechado

A Teoria da Burocracia concebe as organizações como entidades absolutas que existem no vácuo como sistemas fechados. Essa teoria não considera o contexto externo no qual a organização está inserida, as mudanças ambientais e suas repercussões no comportamento da organização. Além disso, os órgãos – divisões ou departamentos – são considerados peças isoladas de uma grande máquina.[73] Passam a constituir-se em verdadeiros feudos isolados e auto-orientados, sem qualquer envolvimento com a organização como um todo. Por fim, o cliente é considerado um intruso no sistema. Quem já teve a infelicidade de ter de procurar um departamento de trânsito, a delegacia da Receita Federal ou precisou de um documento de uma repartição pública sabe bem do que estamos falando: filas intermináveis e desnecessárias, procedimentos e exigências surrealistas, assinatura reconhecida por tabelião, funcionários pouco comunicativos, etc.

A lógica do sistema fechado busca a certeza, incorporando apenas as variáveis diretamente associadas ao empreendimento que tem por meta e sujeitando-se a uma rede de controle monolítica. A lógica do sistema aberto alterna sua atenção e incorpora a incerteza, reconhecendo a interdependência entre a organização e o seu ambiente externo.[74]

Abordagem descritiva e explicativa

Até agora, as teorias administrativas estudadas – Administração Científica, Teoria Clássica e Teoria das Relações Humanas – foram prescritivas e normativas, ou seja, todas elas estavam voltadas às prescrições pelas quais o administrador deve lidar com as organizações. Essas teorias são prescritivas porque estabelecem prescrições e receituários e são normativas porque essas prescrições são consideradas a melhor maneira de lidar com as organizações e devem funcionar como normas e princípios para o administrador.

A Teoria da Burocracia não tem essa preocupação. Em vez de estabelecer como o administrador deverá lidar com as organizações, o modelo burocrático preocupa-se em descrever, analisar e explicar as organizações, a fim de que o administrador escolha a maneira apropriada de lidar com elas, levando em conta suas natureza, tarefas, participantes, problemas, situação, restrições, etc.– aspectos que variam intensamente. Assim, a Teoria da Burocracia caracteriza-se por uma abordagem descritiva e explicativa. Apesar de todas as críticas, a Teoria da Burocracia trouxe uma nova colocação à teoria administrativa, que começou a voltar-se à descrição e à explicação dos fatos, e não à intervenção baseada em normas e prescrições.

Críticas multivariadas à burocracia

Algumas outras críticas à perspectiva burocrática podem ser enumeradas:

- *Weber não inclui a organização informal no tipo ideal de burocracia.* Os membros são seguidores de regras e procedimentos em um sentido mecanístico, e não como criaturas sociais interagindo dentro de relacionamentos sociais.[75]
- As distinções de Weber a respeito dos tipos de autoridade são exageradas, embora o mestre tenha discutido a combinação de diferentes autoridades.[76]
- O *conflito interno* na organização burocrática é considerado indesejável. Dentro de uma estrutura integrada racionalmente, em que pessoas seguem comportamentos prescritos, assume-se que o conflito não deve existir.

Posição do modelo burocrático dentro da Teoria das Organizações

Para alguns autores, o modelo burocrático constitui um terceiro pilar da Teoria Tradicional da Organização, ao lado do "Taylorismo" (Escola da Administração Científica) e da obra de Fayol e Gulick (Teoria Clássica).[77] Esse modelo foi o ponto de partida para os sociólogos e cientistas políticos no estudo das organizações.

Weber é tido como o precursor do estruturalismo na teoria da organização.[78] "Atualmente – nos Estados Unidos – Max Weber é o sociólogo europeu mais citado".[79] Weber está mais identificado com a organização formal do que com a fusão da organização formal com a informal,[80,81] síntese esta que é a base do estruturalismo,[82] como veremos no próximo capítulo. Weber propõe um modelo mecanicista consistente com as linhas gerais da teoria da organização formal desenvolvida por Taylor e Mooney.[83] Neste sentido, há maior semelhança entre Weber e Urwick, Fayol, Gulick do que com seus sucessores diretos, como Selznick, Gouldner e Etzioni.[84]

De um modo geral, podemos concluir que a teoria weberiana assemelha-se à Teoria Clássica da organização quanto à ênfase na eficiência técnica e à estrutura hierárquica da organização. Contudo, ambas as teorias mostram diferenças entre si, como:[85]

- A Teoria Clássica preocupou-se com detalhes, como amplitude de controle, alocação de autoridade e responsabilidade, número de níveis hierárquicos, agrupamento de funções, etc., enquanto Weber preocupou-se mais com os grandes esquemas de organização e sua explicação.
- Quanto ao método, os autores clássicos utilizaram uma abordagem dedutiva, enquanto Weber é essencialmente indutivo.
- A Teoria Clássica refere-se à organização industrial, enquanto a teoria de Weber é parte integrante de uma teoria geral da organização social e econômica.
- A Teoria Clássica apresenta uma orientação normativa e prescritiva, enquanto a orientação de Weber é descritiva e explicativa.

Comparando a teoria de Weber à de Taylor e Fayol, conclui-se[86]:

- Taylor procurava meios e métodos científicos para realizar o trabalho rotineiro das organizações. Sua maior contribuição foi para a gerência.
- Fayol estudava as funções de direção. Sua contribuição foi para a direção.
- Weber preocupava-se com as características da burocracia. Sua contribuição foi para a organização como um todo.
- Todos os três preocuparam-se com os componentes estruturais da organização.

Bennis salienta que a burocracia surgiu da necessidade de ordem e de precisão na organização em função da demanda dos trabalhadores que exigiam um tratamento imparcial e justo.[87] Ela surgiu como uma resposta criativa a uma era radicalmente nova e constituiu durante muito tempo a organização ideal para os valores e demandas da Era Vitoriana, que se caracterizava pela permanência, estabilidade e quase ausência de mudança. Embora inspiradas no mundo do século XIX, as burocracias cresceram e se desenvolveram no século XX, dominando o panorama empresarial. Foi o modelo conservador que predominou durante todo o período da Era Industrial. Somente a partir do final da década de 1980 é que os programas de enxugamento e redução de níveis hierárquicos (*downsizing*) para compactar a dimensão vertical das organizações e de reengenharia (redesenho organizacional orientado para processos horizontais e substituição da hierarquia vertical e da departamentalização) conseguiram desmantelar e desmontar os colossos burocráticos. A maior parte das grandes organizações burocráticas da época – GM, IBM,

GE, DuPont, Ford – passou por programas intensos de redução de peso e de tamanho para tornar-se mais flexível e adaptável ao dinâmico mundo dos negócios. Agora o modelo burocrático é uma espécie jurássica em extinção. Apesar de condenado como anacrônico e ineficaz nos tempos atuais da Era da Informação, ele ainda serve de base para muitas organizações cujas atividades são rotineiras e de elevada previsibilidade no seu funcionamento. Mesmo assim, o incrível desenvolvimento tecnológico e a intensa aplicação da tecnologia da informação estão rapidamente tornando o modelo burocrático um exemplo vetusto de antepassado jurássico. Um dinossauro que está desaparecendo do mapa face às profundas mudanças ambientais.

Método do caso

O departamento de contas a pagar da Ford[88]

Pressionada pela forte concorrência japonesa, a gigantesca Ford Motor Company tinha um sério problema: tinha muitas gorduras para cortar. No seu departamento de contas a pagar (DCP), cerca de 500 funcionários se engalfinhavam com um mar de papelório para resolver pendências e pagar os fornecedores. Um total de 14 itens de uma variedade de fontes – registros de recebimento, ordens de compras, faturas, etc. – tinham de ser conferidos e casados. Um simples atraso de qualquer documento significava horas e horas para encontrar a informação correta, atrasos nos pagamentos e fornecedores raivosos. O processo era convencional. O departamento de compras (DC) enviava um pedido de compra (PC) ao fornecedor, com cópia para o DCP. Quando o material enviado pelo fornecedor chegava à recepção da Ford, um funcionário preenchia o formulário descrevendo o material recebido e enviava-o ao DCP. Enquanto isso, o fornecedor enviava ao DCP a fatura correspondente. A partir daí, o DCP tinha de conciliar três documentos: o PC, o formulário de recebimento e a fatura do fornecedor. Em 80% dos casos, a conciliação era possível e o DCP emitia o pagamento ao fornecedor. Mas os 20% dos casos restantes proporcionavam verdadeira confusão, que tomava o tempo de todo mundo. A Ford resolveu implantar um sofisticado e caro sistema computadorizado para agilizar o processo e obteve uma redução de 20% no pessoal. A euforia durou até que os administradores da Ford foram visitar a Mazda japonesa, da qual a Ford estava adquirindo parte do capital. Pasme: a Mazda tinha apenas 5 funcionários para lidar com o departamento de contas a pagar. Ali tudo fluía tranquilamente. A Ford resolveu fazer uma reengenharia de todo o processo de pagamento aos fornecedores. Com a reengenharia, tudo ficou diferente. A fatura e os três documentos foram eliminados.

O papelório foi substituído por um processo ágil, simples e rápido em que a verificação e o controle são feitos diretamente por computador. O comprador do DC emite um pedido ao fornecedor e informa em um banco de dados *on-line*. Ao receber o material, a recepção verifica a compra pendente no banco de dados e, se corresponde, aperta uma tecla para informar a chegada do material. O computador emitirá automaticamente o cheque ao fornecedor no prazo previsto. Caso contrário, a recepção devolve o material ao fornecedor. Na verdade, o redesenho do processo quase eliminou a necessidade do DCP. Este ficou com apenas 5% do pessoal que tinha antes.

QUESTÕES

1. Como era o departamento de contas a pagar antes da reengenharia?
2. Como ficou depois, sob o ponto de vista do modelo burocrático?
3. Em sua opinião, o que é reengenharia?
4. Qual sua opinião sobre a necessidade de papéis e documentos?
5. Quais seriam as alternativas para agilizar uma empresa burocratizada?

Tipos de sociedade (dominação):	Vantagens da burocracia:	
• Tradicional • Carismática • Legal, racional ou burocrática	• Racionalidade • Definição de funções • Univocidade • Uniformidade	• Continuidade • Redução de atritos • Constância • Confiabilidade
Características da burocracia:	**Disfunções da burocracia:**	
• Caráter legal • Caráter formal • Caráter racional • Impessoalidade • Hierarquia • Padronização de rotinas • Competência técnica e meritocracia • Especialização • Profissionalização	• Internalização e apego às normas • Formalismo e papelório • Resistência às mudanças • Despersonalização do relacionamento • Categorização no processo decisório • Superconformidade • Exibição de sinais de autoridade • Dificuldade com clientes	
Dimensões da burocracia:	**Apreciação crítica da teoria da burocracia:**	
• Divisão do trabalho e especialização • Hierarquia • Regras e regulamentos • Formalização das comunicações • Impessoalidade • Competência técnica	• Excessivo racionalismo • Mecanismo da teoria da máquina • Conservantismo • Abordagem de sistema fechado • Abordagem descritiva e explicativa	

Figura 13.9. Mapa Mental de Teoria da Burocracia.

REFERÊNCIAS

1. WEBER, Max (1864-1920), sociólogo alemão, foi o criador da Sociologia da Burocracia. Foi professor das Universidades de Friburgo e Heidelberg e ficou famoso pela teoria das estruturas de autoridade. Com a tradução de alguns de seus livros para a língua inglesa, por Talcott Parsons, tomou corpo nos Estados Unidos a Teoria da Burocracia em Administração. Sua obra é realmente muito vasta. Seus principais livros são: The protestant ethic and the spirit of capitalism. Tradução de Talcott Parsons. New York: Scribner, 1958. Tradução brasileira: A ética protestante e o espírito do capitalismo. São Paulo: Pioneira, 1967; The theory of social and economic organization. Tradução de A. M. Henderson e Talcott Parsons. New York: Oxford University, 1947.
2. BRAND, C. A. Public policy and the general welfare. New York: Holt, Rinehart & Winston, 1941. p. 148.
3. Para mais consultas a respeito de Weber, sugerimos: FREUD, J. Sociologia de Max Weber. Rio de Janeiro: Forense, 1969; SHILLS, E. A.; FINCH, H. A. The methodology of the social sciences. Glencoe: The Free, 1949; BENDIX, R. Max Weber: an intellectual portrait. Garden City: Doubleday, 1962; ARON, R. Sociologie allemande contemporaine. Paris: Presses Universitaires de France, 1962; GERTH, H.; MILLS, C. W. (Eds.). From Max Weber: essays in sociology. New York: Oxford University, 1946.
4. Dentre as principais figuras que se destacaram dentro da Teoria da Burocracia, avultam: Max Weber, o criador e inspirador dos demais; Robert K. Merton; Philip Selznick; Alvin Gouldner; Peter M. Blau; Richard Scott; Reinhard Bendix; Robert Michels; Terence Hopkins; etc.
5. Marx, Karl estuda o surgimento da burocracia como forma de dominação estatal na antiga Mesopotâmia, China, Índia, Império Inca, Antigo Egito e Rússia. A burocracia emerge como mediação entre os interesses particulares e gerais em função do modo de produção asiático para explorar as obras hidráulicas de irrigação do solo, coordenando os esforços da sociedade de então e posteriormente explorando as comunidades subordinadas por meio da apropriação da terra pelo Estado e da posse do excelente econômico. O modo de produção asiático caracterizou-se pela intervenção do Estado na economia, tendo como base a burocracia. Seja no nível estatal ou no de corporação privada, a burocracia mantinha sob sua tutela as classes comerciante, a campesina e a aristocracia territorial, que dependiam dela para manter as obras hidráulicas e a nomeação para a administração pública.
6. WEBER, M. A ética protestante e o espírito do capitalismo, op. cit.
7. ETZIONI, A. Organizações modernas, op. cit.
8. WEBER, M. Os três aspectos da autoridade legítima. In: Organizações complexas, apud ETZIONI, A. São Paulo: Atlas, 1965. p. 17.
9. BAYER, G. F. Considerações sobre a conceituação de autoridade. Revista de Administração Pública, 1º sem. 1971.
10. BAYER, G. F. Considerações sobre a conceituação de autoridade, op. cit.
11. MOUZELIS, N. P. Weber's political sociology. In: Organization and bureaucracy. Chicago: Aldine, 1968. Cap. 1.

12. MOUZELIS, N. P. Weber's political sociology, op. cit.
13. WEBER, M. Os três aspectos da autoridade legítima, op. cit.
14. WEBER, M. Os três aspectos da autoridade legítima, op. cit., p. 20-3.
15. MOUZELIS, N. P. Weber's political sociology, op. cit., p. 23-6.
16. MOUZELIS, N. P. Weber's political sociology. , op. cit., p. 18-20.
17. WEBER, M. Os três aspectos da autoridade legítima, op. cit.
18. WEBER, M. The theory of social and economic organization. In: TALCOTT, P. (Org.) New York: Oxford University, 1947. p. 320-9, citado em AMITAI, E. Organizações Complexas, op. cit., p. 85-7.
19. MERTON, R. K. apud ETZIONI, A. Estrutura burocrática e personalidade. In: Organizações complexas, op. cit., p. 57-8.
20. GERTH, H. H.; MILLS, C. W. (Eds.). From Max Weber: essays in sociology. New York: Oxford University, 1961. p. 70-4.
21. GERTH, H. H.; MILLS, C. W., op. cit., p. 214.
22. ETZIONI, A, op. cit., p. 86.
23. GERTH, H. H.; MILLS, C. W., op. cit., p. 293.
24. LASKI, H. Bureaucracy. In: Encyclopaedia of the social sciences, apud SELIGMAN, E. R. A. London: The Macmillan Company, 1931.
25. BLAUNER, R. Alienation and freedom, the factory worker and his industry. Chicago: University of Chicago, 1964. p. 181-2.
26. MOORE, W. E. The conduct of the corporation. New York: Random, 1962.
27. GERTH, H. H.; MILLS, C. W., op. cit., p. 214-6.
28. MOUZELIS, N. P. Weber's political sociology. In: Organization and bureaucracy, op. cit., Cap. II.
29. MANNHEIM, K. Homem e sociedade na idade da reconstrução, 1948. p. 51.
30. MOUZELIS, N. P. Weber's political sociology, op. cit., Cap. II.
31. MOUZELIS, N. P. Weber's political sociology, op. cit., Cap. I.
32. BENDIX, R. Max Weber: an intellectual portrait. Garden City: Doubleday, 1962. p. 493.
33. ETZIONI, A. Organizações modernas, op. cit., p. 85-7.
34. LEVENSON, B. apud ETZIONI, A. Sucessão burocrática, op. cit., p. 352-65.
35. MERTON, R. K. et al. Readers in bureaucracy. Glencoe: The Free Press, 1952; Social Theory and Social Structure. Glencoe: The Free Press, 1957.
36. MERTON, R. K. Estrutura burocrática e personalidade, op. cit., p. 57-8.
37. VEBLEN, T. The instinct of workmanship. New York: The Macmillan, 1914.
38. KATZ, D.; KAHN, R. L. Psicologia social das organizações, p. 227.
39. MARCH, J. G.; SIMON, H. A. Teoria das organizações. Rio de Janeiro: Fundação Getúlio Vargas, Serviço de Publicações, 1967. p. 53.
40. MARCH, J. G.; SIMON, H. A., op. cit., p. 53.
41. KATZ, D.; KAHN, R. L., op. cit., p. 94.
42. MERTON, R. K. Estrutura burocrática e personalidade, op. cit., p. 53.
43. SELZNICK, P. T. V. A. and the grass roots. Berkeley: The University of California, 1947.
44. Baseando-nos na sequência da apresentação seguida por LODI, BOSCO, J. Administração por objetivos, p. 95-9.

45. SELZNICK, P. apud ETZIONI, A. Fundamentos da teoria de organização, op. cit., p. 30-43.
46. SELZNICK, P. T. V. A. and the grass roots, op. cit., 1949, p. 13.
47. MARCH, J.; SIMON, H. A., op. cit., p. 56.
48. BLAU, P. M. apud ETZIONI, A. A dinâmica da burocracia, op. cit., p. 334-45.
49. PERROW, C. Análise organizacional: um enfoque sociológico, op. cit., p. 88-99.
50. PERROW, C. Análise organizacional: um enfoque sociológico, op. cit., p. 74.
51. SELZNICK, P. Leadership in administration. Evanston, Row: Peterson & Co., 1957. p. 109-10.
52. GOULDNER, A. W. Patterns of industrial bureaucracy. Glencoe: The Free, 1954.
53. MARCH, J. G.; SIMON, H. A., op. cit., p. 58.
54. EISENSTADT, V. S. N. apud ETZIONI, A. Burocracia, burocratização e desburocratização: condições de desenvolvimento de organizações burocráticas, op. cit., p. 263-70.
55. Autores como: MERTON, R. K. et al. Readers in bureaucracy, op. cit.; UDYJR, S. H. Bureaucracy and rationality in Weber's organizations theory: an empirical study. American Sociological Review, v. XXIV, p. 792, dez. 1959; HEADY, F. Bureaucratic theory and comparative administration. Administrative Science Quarterly, v. III, n. 4, p. 516, mar. 1959; PARSONS, T. The structure of social action. New York: McGraw-Hill Book, 1937, p. 506; BERGER, M. Bureaucracy and society in modern Egypt. Princeton: N. J. Princeton University, 1957. p. 48; MICHELS, R. Political parties. Glencoe: The Free, 1949. p. 33-4; DIMOCK, M. E. Administrative vitallity. New York: Harper & Bros., 1959. p. 5.
56. WAHRLICH, B. M. S. Uma análise das teorias de organização, p. 56.
57. HALL, R. H. The concept of bureaucracy: an empirical assessment. American Journal of Sociology, n. 60, p. 32-40, jul. 1962.
58. CHIAVENATO, I. Manual de reengenharia: um guia para reinventar e humanizar a sua empresa com ajuda das pessoas. São Paulo: Makron Books, 1995, p. 7.
59. HALL, R. H. The concept of bureaucracy..., op. cit., p. 33.
60. HALL, R. H. Organizaciones: estructura y proceso. Madrid: Prentice-Hall Internacional, 1973. p. 61-4.
61. PERROW, C. Complex organizations: a critical essay. Glenview, Scott: Foresman and Company, 1972. p. 6.
62. PERROW, C. Complex organizations: a critical essay, op. cit., p. 7.
63. PERROW, C. Complex organizations: a critical essay, op. cit., p. 217.
64. KATZ, D.; KAHN, R. L., op. cit., p. 247.
65. PERROW, C. Complex organizations: a critical essay, op. cit., p. 73-4.
66. KATZ, D.; KAHN, R. L., op. cit., p. 90-1.
67. KATZ, D.; KAHN, R. L., op. cit., p. 92-3.
68. MARCH, J. G.; SIMON, H. A., op. cit.
69. BENNIS, W. G. The decline of bureaucracy and organizations of the future. In: HUSE, E. F.; BOWDITCH, J. L.; FISHER, D. (Eds.). Readings on behavior in organizations. Readings: Addison-Wesley, 1975. p. 27.

70. BENNIS, W. G. The decline..., op. cit., p. 28.
71. BENNIS, W. G. Desenvolvimento organizacional: sua natureza, origens e perspectivas. São Paulo: Edgar Blucher, 1972. p. 23.
72. KAST, F. E.; ROSENZWEIG, J. E. Organization and management: a systems approach. New York: McGraw-Hill Book, 1970.
73. GOULDNER, A. W. Organizational analysis. In: MEERTON, R. K. et al. (Eds.). Sociology today. New York: Basic Books, 1959.
74. THOMPSON, J. D. Dinâmica organizacional. São Paulo: McGraw-Hill do Brasil, 1976. p. 27.
75. HAAS, J. E.; DRABEK, T. E. Complex organizations: a sociological perspective. New York: The Macmillan Company, 1973. p. 29-31.
76. ETZIONI, A., op. cit., p. 91.
77. KAST, F. E.; ROSENZWEIG, J. E., op. cit.
78. ETZIONI, A., op. cit., p. 81.
79. DAHRENDORF, R. Sociedad y sociología. Madrid: Ediciones Tecnos, 1966. p. 229.
80. MARCH, J. G.; SIMON, H. A., op. cit.
81. KAST, F. E.; ROSENZWEIG, J.E., op. cit., p. 73.
82. ETZIONI, A., op. cit., p. 81.
83. KAST, F. E.; ROSENZWEIG, J. E., op. cit., p. 73.
84. MARCH, J. G.; SIMON, H. A., op. cit., p. 47-48.
85. STROTHER, G. B. The social science of organization. In: The social science of organization.
86. HENDERSON, K. M. Introdução ao conceito americano de administração pública. Rev. do Serv. Público, v. 97, p. 82-120, abr./maio/jun. 1965.
87. BENNIS, W. G. The coming death of bureaucracy. Think Magazine, 1966.
88. HAMMER, M.; CHAMPY, J. Reengenharia: revolucionando a empresa em função dos clientes, da concorrência e das grandes mudanças da gerência. Rio de Janeiro: Campus, 1994. p. 27-31.

GLOSSÁRIO BÁSICO

Abordagem descritiva e explicativa: é o enfoque que se preocupa em descrever e explicar os fenômenos organizacionais, sem a preocupação de estabelecer regras ou princípios gerais de aplicação.

Abordagem prescritiva e normativa: é o enfoque que se preocupa em estabelecer regras ou princípios gerais de aplicação como receituários para o administrador.

Aparato administrativo: é o número de pessoas ou órgãos administrativos necessário para executar as ordens e servir como ponto de ligação entre o governo e os governados.

Autoridade: é o poder institucionalizado e oficializado que depende de legitimidade.

Autoridade burocrática: ou autoridade legal ou racional, ocorre quando os subordinados aceitam as ordens dos superiores como justificadas, porque concordam com um conjunto de preceitos ou normas que consideram legítimos e dos quais deriva o comando. É o tipo de autoridade técnica, meritocrática e administrada.

Autoridade carismática: ocorre quando os subordinados aceitam as ordens do superior como justificadas, por causa da influência da personalidade e da liderança do superior com o qual se identificam. É um poder sem base racional, instável e que adquire características revolucionárias.

Autoridade tradicional: ocorre quando os subordinados aceitam as ordens dos superiores como justificadas, porque essa sempre foi a maneira pela qual as coisas foram feitas. É o tipo de autoridade conservadora transmitida por herança.

Burocracia: é a organização legal, formal e racional por excelência.

Caráter formal: é decorrente de comunicações feitas por escrito, a fim de assegurar sua documentação e comprovação. Daí, a formalização.

Caráter legal: é decorrente de normas e regulamentos previamente estabelecidos por escrito. Toda organização está baseada em uma "legislação" própria.

Carisma: uma pessoa com características pessoais extraordinárias e que influencia as demais.

Dimensões da burocracia: são características básicas da burocracia e que existem dentro de um *continuum*.

Disfunções da burocracia: são anomalias e imperfeições de funcionamento da burocracia ou consequências não previstas (por Weber), decorrentes do desvio ou exagero de cada uma das características do modelo burocrático, principalmente por conta da organização informal.

Dominação: é uma relação de poder na qual o governante (dominador) impõe o seu arbítrio sobre os demais, acreditando ter o direito de exercer o poder enquanto os governados (dominados) consideram sua obrigação obedecer-lhe as ordens.

Domínio carismático: é o domínio de grandes líderes políticos ou religiosos.

Domínio patriarcal: é o domínio do pai de família, do chefe do clã ou despotismo do poder real.

Legitimidade: é a capacidade de justificar legalmente ou explicar racionalmente o exercício do poder.

Mecanicismo: significa a visão determinística da organização, como se ela fosse uma máquina composta de um conjunto de peças. O mesmo que Teoria da Máquina.

Meritocracia: ênfase dada ao mérito e à competência técnica das pessoas. Daí a exigência de títulos, concursos e provas de avaliação para comprovação do mérito pessoal.

Modelo burocrático: é o nome dado às organizações dotadas das características enunciadas por Weber.

Previsibilidade do comportamento: significa que a racionalidade do modelo burocrático pressupõe que o comportamento das pessoas seja perfeitamente previsível de acordo com normas e regulamentos da organização, a fim de que se atinja a máxima eficiência possível.

Racionalidade: adequação dos meios aos fins visados e que garante eficiência da organização.

Sociedade carismática: é a sociedade em que predominam características místicas, arbitrárias e personalísticas, como nos grupos revolucionários, partidos políticos, nações em revolução, etc.

Sociedade legal: é a sociedade em que predominam normas impessoais e racionalidade na escolha dos meios e dos fins, como nas grandes empresas, estados modernos, exércitos, etc.

Sociedade tradicional: é a sociedade em que predominam características patriarcais e patrimonialistas, como família, clã, sociedade medieval, etc.

Teoria da máquina: ver mecanicismo.

CAPÍTULO 14
Teoria Estruturalista da Administração

OBJETIVOS DESTE CAPÍTULO

- Identificar as origens da Teoria Estruturalista na TGA.
- Mostrar o novo enfoque da organização: em uma sociedade de organizações, cada organização deve ser estudada no seu contexto ambiental, e não apenas no seu interior.
- Proporcionar uma análise organizacional sob uma abordagem múltipla e abrangente.
- Mostrar as tipologias de organizações destinadas ao estudo comparativo das organizações.
- Conceituar os objetivos organizacionais que orientam a dinâmica e a estrutura das organizações.
- Identificar os conflitos organizacionais e sua influência nas mudanças e inovações dentro das organizações.
- Proporcionar uma apreciação crítica do estruturalismo na Administração.

Ao final da década de 1950, a Teoria das Relações Humanas – experiência tipicamente democrática e americana – começou a entrar em declínio. Ela constituiu a primeira tentativa sistemática de introdução das ciências do comportamento na teoria administrativa por meio de uma filosofia humanística que pregava a participação das pessoas na organização. Com isso, gerou uma profunda reviravolta na Administração. Se, de um lado, combateu profundamente a Teoria Clássica, por outro não proporcionou as bases adequadas de uma nova teoria administrativa que a pudesse substituir. O resultado foi óbvio: a oposição entre a Teoria Clássica e a Teoria das Relações Humanas criou um impasse dentro da Administração que nem mesmo a Teoria da Burocracia teve condições de ultrapassar.

De certa forma, a situação na década de 1950 era a seguinte:

1. A *Abordagem Clássica* proposta por Taylor (Escola da Administração Científica) e por Fayol (Teoria Clássica), separadamente, deu ênfase às tarefas e à estrutura organizacional, proporcionando uma abordagem rígida e mecanicista que considerava o homem de um ponto de vista atomístico e simplista como um apêndice da máquina ou como mero ocupante de um cargo dentro de uma hierarquia estritamente centralizada. A eficiência foi o objetivo básico perseguido por essa abordagem. O que importava era unicamente a organização formal. Essa teoria mostrou-se incompleta e parcialista.
2. A *Teoria das Relações Humanas* proposta inicialmente por Mayo, a partir da Experiência de Hawthorne, foi uma reação de oposição ao tradicionalismo da Abordagem Clássica. Deu ênfase ao homem e ao clima psicológico de trabalho. As expectativas dos empregados, as suas necessidades psicológicas, a organização informal e a rede não convencional de comunicações passam a ser os componentes principais dos estudos da Administração. A liderança passa a substituir a autoridade hierárquica formal. Ao superestimar os aspectos formais e emocionais da organização, dentro de uma visão romântica e ingênua do trabalho, essa teoria também mostrou-se incompleta e parcialista, reforçando apenas exatamente aqueles aspectos organizacionais omitidos ou rejeitados pela Abordagem Clássica.
3. *A Teoria da Burocracia* pretendeu dar as bases de um modelo ideal e racional de organização que pudesse ser aplicado às empresas, qualquer que fosse o seu ramo de atividade. Weber descreveu as características básicas da organização burocrática. Porém, seguidores como Merton, Selznick, Gouldner e outros comprovaram uma série de distorções, disfunções e

tensões na burocracia, o que tornava crítica a sua aplicação às empresas. Apesar de representar um passo à frente da organização formal proposta pela *Abordagem Clássica*, a organização burocrática mostrou-se carente de flexibilidade e inovações necessárias e imprescindíveis a uma sociedade em processo de contínua e acelerada mudança.

4. A *Teoria Estruturalista* veio representar um desdobramento da *Teoria da Burocracia* e uma leve aproximação em direção à *Teoria das Relações Humanas*. Enquanto esta foi um movimento de psicólogos da organização, o estruturalismo constitui um movimento de sociólogos da organização, que apresentam uma visão crítica da *organização formal*.

O movimento estruturalista foi predominantemente europeu e teve um caráter mais filosófico, na tentativa de obter a interdisciplinariedade das ciências. Parte do conceito de estrutura (do grego *struo* = ordenar) como uma composição de elementos visualizados em relação à totalidade da qual fazem parte. As partes são reunidas em um arranjo de natureza estruturada e tornam-se subordinadas ao todo (estrutura), e qualquer modificação em uma das partes implica modificações nas demais partes e nas relações entre elas. O conceito de estrutura, em essência, equivale ao conceito de sistemas, conforme veremos no capítulo dedicado à Teoria de Sistemas. Por essa razão, tal teoria é também denominada Escola de Configuração, pois considera que as organizações podem ser descritas em termos de uma configuração estável de suas características. O importante não são as partes constituintes, mas o todo organizado em uma estrutura estável.

ORIGENS DA TEORIA ESTRUTURALISTA

As origens da Teoria Estruturalista na Administração foram as seguintes:

1. *A oposição surgida entre a Teoria Tradicional e a Teoria das Relações Humanas,* incompatíveis entre si, tornou necessária uma posição mais ampla e compreensiva que abrangesse os aspectos que eram considerados por uma e omitidos pela outra e vice-versa. A *Teoria Estruturalista* pretende ser uma síntese da *Teoria Clássica (formal)* e da *Teoria das Relações Humanas (informal)*, inspirando-se na abordagem de Max Weber e, até certo ponto, nos trabalhos de Karl Marx.
2. A necessidade de visualizar *"a organização como uma unidade social grande e complexa, onde interagem grupos sociais"* que compartilham alguns dos objetivos da organização (como a viabilidade econômica da

organização), mas que podem incompatibilizar com outros (como a maneira de distribuir os lucros da organização).[1] Nesse sentido, o diálogo maior da Teoria Estruturalista foi com a Teoria das Relações Humanas.
3. *A influência do estruturalismo* nas ciências sociais e sua repercussão no estudo das *organizações*. O estruturalismo trouxe novas concepções sobre o estudo das organizações sociais, como:

- *Estruturalismo abstrato* de Lévi-Strauss: a estrutura é uma construção abstrata de modelos para representar a realidade empírica.
- *Estruturalismo concreto* de Gurwitch e de Radcliff-Brown: a estrutura é o conjunto de relações sociais em um dado momento.
- *Estruturalismo dialético* de Karl Marx: a estrutura é constituída de partes que, ao longo do desenvolvimento do todo, descobrem-se, diferenciam-se e, de uma forma dialética, ganham autonomia umas sobre as outras, mantendo a integração e a totalidade sem fazer soma ou reunião entre si, mas pela reciprocidade instituída entre elas.
- *Estruturalismo fenomenológico* de Max Weber: a estrutura é um conjunto que se constitui, se organiza e se altera, e os seus elementos têm uma certa função sob uma certa relação, o que impede o tipo ideal de estrutura de retratar fiel e integralmente a diversidade e a variação do fenômeno real.

Os autores estruturalistas dentro da Teoria das Organizações têm variado entre o *estruturalismo fenomenológico* e o *dialético*[2], concentrando-se no estudo das *organizações sociais*.

4. *Conceito de estrutura*: o conceito de estrutura é bastante antigo. Heráclito de Éfeso (540-480 a.C.), nos primórdios da história da Filosofia, concebia o *logos* como uma unidade estrutural que domina o fluxo ininterrupto do devir e o torna inteligível. Para ele, tudo muda, mas a estrutura permanece. É a estrutura que permite reconhecer o mesmo rio, embora suas águas jamais sejam as mesmas, graças à contínua mudança de todas as coisas. Estrutura é o conjunto formal de dois ou mais elementos e que permanece inalterado, seja na mudança ou na diversidade de conteúdos. Em outras palavras, a estrutura mantém-se mesmo com a alteração dos seus elementos ou relações. O conceito de estrutura é utilizado em diferentes ciências, e a compreensão das estruturas fundamentais em alguns campos de atividade permite o reconhecimento das mesmas estruturas em outros campos.

Muito antes do estruturalismo, o conceito de estrutura permitiu o surgimento do conceito de *Gestalt* na psicologia da forma e dos tipos de sociedade de Weber. Com o estruturalismo ocorreu a preocupação exclusiva com as estruturas em prejuízo de outros modos de compreender a realidade social. O estruturalismo é um método analítico e comparativo que estuda os elementos ou fenômenos com relação a uma totalidade, salientando o seu valor de posição. O conceito de estrutura significa a análise interna de uma totalidade em seus elementos constitutivos, sua disposição, suas inter-relações, etc., permitindo uma comparação, pois pode ser aplicado a coisas diferentes entre si. O estruturalismo é totalizante e, além disso, fundamentalmente comparativo.[3] Com o estruturalismo ocorreu a preocupação exclusiva com as estruturas em prejuízo da função de cada parte ou de outros modos de compreender a realidade. A Teoria Estruturalista é representada por grandes figuras da Administração.[4]

O estruturalismo preocupa-se com o todo e com o relacionamento das partes na constituição do todo. A totalidade, a interdependência das partes e o fato de que o todo é maior do que a simples soma das partes são as características básicas do estruturalismo. "O todo não é de nenhuma maneira a soma de suas partes... Para que haja estrutura é necessário que existam entre as partes outras relações que não a simples justaposição, e que cada uma das partes manifeste propriedades que resultam da sua dependência à totalidade".[5] Para Jean Viet, há estrutura (em seu aspecto mais geral) "quando elementos são reunidos numa totalidade e quando as propriedades dos elementos dependem inteira ou parcialmente desses caracteres da totalidade".[6] Assim, "a modificação de um elemento acarreta a modificação dos outros elementos e relações".[7]

SOCIEDADE DE ORGANIZAÇÕES

Para os estruturalistas, a sociedade moderna e industrializada é uma sociedade de organizações, das quais o homem passa a depender para nascer, viver e morrer.[8] Essas organizações são altamente diferenciadas e requerem dos seus participantes determinadas características de personalidade. Essas características permitem a participação simultânea das pessoas em várias organizações, nas quais os papéis variam enormemente. O estruturalismo ampliou o estudo das interações entre os grupos sociais iniciado pela Teoria das Relações Humanas para o das interações entre as organizações sociais.

As organizações não são recentes. Existem desde os faraós do Egito e os imperadores da antiga China. A Igreja e os exércitos desde a Antiguidade desenvolveram formas de organizações. Com o desenvolvimento da humanidade, um número crescente de organizações foi sendo solicitado para atender às crescentes necessidades sociais e humanas. A sociedade moderna tem tantas e tão diversas organizações que se torna necessário todo um conjunto de organizações secundárias para organizá-las e controlá-las, como a maioria dos órgãos públicos. Para os estruturalistas, a Teoria das Organizações é um campo definido dentro da Administração, derivado de várias fontes, especialmente dos trabalhos de Taylor e Fayol, da Psicologia e da Sociologia, da Escola das Relações Humanas, tendo sido desenvolvido mais intensamente a partir do momento em que incorporou a chamada Sociologia da Burocracia de Max Weber.

As organizações passaram por um longo desenvolvimento, por meio de quatro etapas, a saber:[9]

1. *Etapa da natureza*: é a etapa da agricultura, na qual os fatores naturais, ou seja, os elementos da natureza, constituíam a base única de subsistência da Humanidade.
2. *Etapa do trabalho*: surge o fator que revoluciona o desenvolvimento da Humanidade: o trabalho. Os elementos da natureza passam a ser transformados por meio do trabalho. O trabalho passa a condicionar as formas de organização da sociedade.
3. *Etapa do capital*: é a terceira etapa pela qual passou a Humanidade, na qual o capital prepondera sobre a natureza e o trabalho, tornando-se um dos fatores básicos da vida social.
4. *Etapa da organização*: o desenvolvimento da Humanidade levou gradativamente as forças da natureza, o trabalho e o capital a uma submissão à organização. Sob uma forma rudimentar, a organização já existia desde os primórdios da evolução humana, do mesmo modo que o capital existia antes da fase capitalista, pois, desde quando surgiram os instrumentos de trabalho, o capital já estava presente. O predomínio da organização revelou o caráter independente em relação a natureza, trabalho e capital, utilizando-se deles para alcançar os seus objetivos.

Para atingir um alto grau de industrialização, a sociedade passou por várias fases dentro da etapa da organização, a saber:

- *Universalismo da Idade Média*: caracterizado pela predominância do espírito religioso.
- *Liberalismo econômico e social*: dos séculos XVIII e XIX, caracterizado pelo abrandamento da influência estatal e pelo desenvolvimento do capitalismo.
- *Socialismo*: com o advento do século XX, obrigando o capitalismo a enveredar pelo caminho do máximo desenvolvimento possível.
- A *atualidade*: caracteriza-se por uma *sociedade de organizações*.

Nessas fases, cada qual revelando características políticas e filosóficas marcantes, Etzioni[10] visualiza uma revolução da organização. A sociedade, na atualidade, envolve contínuos crescimento e evolução das organizações, cada vez mais complexas em formas bastante variadas, cumprindo papéis diversos. A sociedade está em contínua transformação. Novas formas sociais emergem, enquanto as antigas modificam suas formas e alteram suas funções, adquirindo novos significados. Essa evolução traz uma variedade de organizações – como empresas de serviços, associações comerciais, instituições educacionais, hospitais, sindicatos, etc –, que resultam da necessidade de integração cada vez maior das atividades humanas em formas organizacionais mais envolventes – das quais a sociedade passa a depender mais intensamente. Essas organizações não são simples satélites de nossa sociedade, mas fazem parte integrante e fundamental dela. O aparecimento de organizações complexas em todos os campos da atividade humana não é separado de outras mudanças sociais: elas fazem parte integrante e fundamental da sociedade moderna.

A organização moderna é mais eficiente por duas razões básicas:[11]

- As mudanças históricas ocorridas na sociedade permitiram um ambiente social mais compatível com as organizações.
- As teorias da Administração desenvolveram técnicas de planejar, organizar, dirigir, coordenar e controlar, bem como um aumento do racionalismo das organizações.

A sociedade moderna atribui um elevado valor moral ao racionalismo, à eficiência e à competência, pois a civilização moderna depende das organizações, já que elas são as formas mais racionais e eficientes de que se tem notícia de agrupamento social.

> A organização é um poderoso instrumento social de coordenação de um grande número de ações humanas. Combina pessoal e recursos, reunindo líderes, especialistas, operários, máquinas e matérias-primas. Ao mesmo tempo e continuamente, avalia sua realização e ajusta-se a fim de atingir seus objetivos.[12]

Organizações

As organizações são a forma dominante de instituição da moderna sociedade: constituem a manifestação de uma sociedade altamente especializada e interdependente que se caracteriza por um crescente padrão de vida. As organizações permeiam todos os aspectos da vida moderna e envolvem a participação de numerosas pessoas. Cada organização é limitada por recursos escassos, e por isso não pode tirar vantagens de todas as oportunidades que surgem: daí o problema de determinar a melhor alocação de recursos. A eficiência é obtida quando a organização aplica seus recursos naquela alternativa que produz o melhor resultado.

A teoria estruturalista concentra-se no estudo das organizações, na sua estrutura interna e na interação com outras organizações. As organizações são concebidas como:

> Unidades sociais (ou agrupamentos humanos) intencionalmente construídas e reconstruídas, a fim de atingir objetivos específicos. Incluem-se nesse conceito corporações, exércitos, escolas, hospitais, igrejas e prisões; excluem-se tribos, classes, grupos étnicos, grupos de amigos e famílias.[13]

As organizações são caracterizadas por um "conjunto de relações sociais estáveis e deliberadamente criadas com a explícita intenção de alcançar objetivos ou propósitos". Assim, "a organização é uma unidade social dentro da qual as pessoas alcançam relações estáveis (não necessariamente face a face) entre si, no sentido de facilitar o alcance de um conjunto de objetivos ou metas".[14]

As burocracias constituem um tipo específico de organização: as chamadas organizações formais. As organizações formais são uma forma de agrupamento social estabelecido de maneira deliberada ou proposital para alcançar um objetivo específico.[15] A organização formal é caracterizada por regras, regulamentos e estrutura hierárquica para ordenar as relações entre seus membros. A organização formal permite reduzir as incertezas decorrentes da variabilidade humana (diferenças individuais entre as pessoas), tirar vantagens dos benefícios da especialização, facilitar o processo decisorial e assegurar a implementação adequada das decisões tomadas. Esse esquema formal, "que tenta regular o comportamento humano para o alcance eficiente de objetivos explícitos, torna a organização formal única entre as instituições da sociedade moderna e digna de estudo especial".[16] A organização formal é criada para atingir objetivos explícitos e constitui um sistema preestabelecido de relações estruturais impessoais, resultando daí um relacionamento formal entre as pessoas, o que permite reduzir a ambiguidade e a espontaneidade e aumentar a previsibilidade do comportamento.[17]

Dentre as organizações formais, avultam as chamadas organizações complexas. São caracterizadas pelo elevado grau de complexidade na estrutura e nos processos em razão do grande tamanho (proporções maiores) ou da natureza complicada das operações (como os hospitais e as universidades). Nas organizações complexas, a convergência dos esforços entre as partes componentes (departamentos, seções, etc.) é mais difícil pela existência de inúmeras variáveis (como a enorme dimensão, a estrutura organizacional complexa, as diferentes características pessoais dos participantes) que complicam o seu funcionamento. Os estruturalistas focalizam as organizações complexas por causa dos desafios que elas impõem à análise organizacional. As organizações formais por excelência são as burocracias. Essa é a razão de a maioria dos autores estruturalistas ter se iniciado com a Teoria da Burocracia.

Homem organizacional

Enquanto a Teoria Clássica caracteriza o *Homo economicus* e a Teoria das Relações Humanas, "o homem social", a Teoria Estruturalista focaliza o "homem organizacional",[18] ou seja, o homem que desempenha papéis em diferentes organizações.

Na sociedade de organizações, moderna e industrializada, avulta a figura do "homem organizacional", que participa simultaneamente de várias organizações. O homem moderno, ou seja, o homem organizacional, para ser bem-sucedido em todas as organizações, precisa ter as seguintes características:[19]

- *Flexibilidade*: em razão das constantes mudanças que ocorrem na vida moderna, bem como da diversidade dos papéis desempenhados nas diversas *organizações* e dos novos relacionamentos.
- *Tolerância às frustrações*: para evitar o desgaste emocional decorrente do conflito entre necessidades organizacionais e necessidades individuais, cuja mediação é feita por intermédio de normas racionais, escritas e exaustivas.
- *Capacidade de adiar as recompensas* e poder compensar o trabalho rotineiro dentro da organização, em detrimento das preferências e vocações pessoais.
- *Permanente desejo de realização*: para garantir a conformidade e cooperação com as normas que controlam e asseguram o acesso às posições de carreira na organização, proporcionando recompensas e sanções sociais e materiais.

Essas características de personalidade não são sempre exigidas ao nível máximo pelas organizações, mas dentro de composições e combinações que variam de acordo com a organização e com o cargo ocupado. O "homem organizacional" reflete uma personalidade cooperativa e coletivista, que parece destoar de algumas características da ética protestante – eminentemente individualista. Weber havia relacionado às características do protestantismo ascético com o espírito do capitalismo moderno, como espírito de realização, busca da propriedade, laboriosidade, sacrifício e pontualidade, integridade e conformismo: virtudes importantes no comportamento do homem organizacional, que procura, por meio da competição, obter progresso e riqueza. Como nem todas as pessoas se dobram ao conformismo exigido pela burocracia, surgem, nas organizações, os conflitos que geram a mudança organizacional.[20]

As organizações sociais são consequências da necessidade que cada pessoa tem de relacionar-se e juntar-se com outras pessoas, a fim de poder realizar seus objetivos. Dentro da organização social as pessoas ocupam papéis. Papel é o nome dado a um conjunto de comportamentos solicitados a uma pessoa. É a expectativa de desempenho por parte do grupo social e a consequente internalização dos valores e normas que o grupo explícita ou implicitamente prescreve para o indivíduo. O papel prescrito para o indivíduo é reforçado pela sua própria motivação em desempenhá-lo eficazmente. Como cada pessoa pertence a várias organizações, ela desempenha diversos papéis, ocupa muitas posições e suporta grande número de normas e regras diferentes. As normas da organização constituem pressões para que os indivíduos se restrinjam ao seu papel. Uma norma é uma exigência de uniformidade de comportamento e é mantida pelas pressões da organização.

> **EXERCÍCIO**
>
> O DILEMA DE GERALDO
> Como funcionário de uma repartição pública, Geraldo enfrenta um sério dilema pessoal. Sua chefia é conservadora, apática e resistente a qualquer mudança ou inovação. Seus colegas, acostumados à mesmice e à rotina, fazem apenas o trabalho indispensável, e ninguém quer assumir qualquer responsabilidade além do seu cargo. Geraldo quer definir uma postura pessoal, pois acha que deveria fazer alguma coisa para melhorar a situação. O que fazer?

ANÁLISE DAS ORGANIZAÇÕES

Os estruturalistas estudam as organizações por meio de uma análise organizacional mais ampla que a de qualquer outra teoria anterior. Neste sentido, pretendem conciliar a Teoria Clássica e a Teoria das Relações Humanas, baseando-se na Teoria da Burocracia. Assim, a análise das organizações do ponto de vista estruturalista é feita a partir de uma abordagem múltipla que leva em conta simultaneamente os fundamentos da Teoria Clássica, da Teoria das Relações Humanas e da Teoria da Burocracia. Essa abordagem múltipla envolve:

- A *organização formal* e a *organização informal* conjuntamente.
- As *recompensas salariais e materiais*, como as *recompensas sociais e simbólicas*.
- Os diferentes *níveis hierárquicos* de uma organização.

- Os diferentes *tipos de organizações*.
- A *análise intraorganizacional* e a *análise interorganizacional*.

Abordagem múltipla: organização formal e organização informal

Enquanto a Teoria Clássica se concentrava na organização formal e a Teoria das Relações Humanas somente na organização informal, os estruturalistas tentam estudar o relacionamento entre ambas as organizações: a formal e a informal, em uma abordagem múltipla.

Uma das contribuições da Teoria Estruturalista foi tentar integrar as relações formais e informais dentro e fora da organização. Os estruturalistas não alteram os conceitos da organização formal e informal. Para eles, a organização formal refere-se ao padrão de organização determinado pela administração: a divisão do trabalho e do poder de controle, as regras e os regulamentos, o controle de qualidade, etc. A organização informal refere-se às relações sociais que se desenvolvem espontaneamente entre as pessoas, acima e além da formal.[21]

A Teoria Estruturalista aborda o problema das relações entre a organização formal e informal. Nesse sentido, o estruturalismo é uma síntese da Teoria Clássica (formal) e da Teoria das Relações Humanas (informal): "Encontrar equilíbrio entre os elementos racionais e não racionais do comportamento humano constitui um ponto principal da vida da sociedade e do pensamento moderno. Constitui também o problema central da Teoria das Organizações".[22]

O estruturalismo critica a visão ingênua e romântica da Teoria das Relações Humanas e a substitui por uma visão de abordagem múltipla da organização formal e informal. Segundo essa abordagem múltipla, a organização formal deve ser estudada levando em consideração a organização informal e vice-versa. Ambas estão intimamente relacionadas entre si e se interpenetram mutuamente. O entendimento de uma somente será completo com o estudo simultâneo da outra.

Essa perspectiva mais extensa e equilibrada, ao incluir a organização formal e a organização informal conjuntamente, não somente encoraja o desenvolvimento de um estudo não valorativo – nem a favor da administração nem a favor do operário –, como também amplia o seu campo, a fim de incluir os elementos da organização.

Abordagem múltipla: recompensas materiais e recompensas sociais

Os estruturalistas combinam os conceitos clássicos e humanísticos sobre a motivação das pessoas.[23] Tanto a abordagem da Teoria Clássica – conceito de *homo economicus* – como a da Teoria das Relações Humanas – conceito de homem social – são fragmentárias e parciais. O significado das recompensas salariais e das recompensas sociais é importante na vida de qualquer organização.

Todavia, as *recompensas sociais e simbólicas* somente funcionam quando quem as recebe está identificado com a organização que as concede. Os símbolos e significados das recompensas devem ser respeitados e compartilhados pelos outros, como a esposa, os colegas, os amigos, os vizinhos, etc. Por essas razões, as *recompensas sociais* são menos eficientes com os funcionários de posições mais baixas do que com os de posições mais altas. Para o operário, um reconhecimento oficial pode tornar-se motivo de ridicularização pelos colegas. Embora as *recompensas sociais* sejam importantes, elas não diminuem a importância das *recompensas materiais e salariais*.

Abordagem múltipla: os diferentes enfoques da organização

Para Gouldner, as organizações podem ser concebidas segundo duas diferentes concepções: modelo racional e modelo do sistema natural.[24]

- *Modelo racional da organização*: concebe a organização como um meio deliberado e racional de alcançar metas conhecidas. Os objetivos organizacionais são explicitados (como maximizar os lucros), todos os aspectos e componentes da organização são deliberadamente escolhidos em função de sua contribuição ao objetivo e as estruturas organizacionais são deliberadamente cuidadas para atingir a mais alta eficiência. Os recursos são adequados e alocados de acordo com um plano diretor, todas as ações são apropriadas e iniciadas por planos e seus resultados devem coincidir com eles. Daí a ênfase no planejamento e no controle. Tudo na organização está sujeito a controle, e este é exercido de acordo com um plano diretor, que relaciona as causas e efeitos do modo mais econômico ao objetivo diretor. As partes da organização são submissas a uma rede monolítica de controle. Nessas condições, a organização funciona como um sistema fechado de lógica que exclui a incerteza.[25] O modelo racional de organização inclui a abordagem da Administração Científica, em que a única incógnita na equação era o operador humano, razão pela qual a administração concentrava-se no controle sobre ele. Inclui também o modelo burocrático de Weber, no qual toda contingência é prevista e manipulada por especialistas orientados por regras, enquanto as influências ambientais sob a forma de clientes são controladas pelo tratamento impessoal da clientela por meio de regras padronizadas.

■ *Modelo natural de organização*: concebe a organização como um conjunto de partes interdependentes que, juntas, constituem um todo: cada parte contribui com alguma coisa e recebe alguma coisa do todo, o qual, por sua vez, é interdependente com um ambiente mais amplo. O objetivo básico é a sobrevivência do sistema: as partes e os modos como elas se vinculam mutuamente em interdependência são determinados por meio de processos evolutivos. O modelo de sistema natural procura tornar tudo funcional e equilibrado, podendo ocorrer disfunções. A autorregulação é o mecanismo fundamental que espontânea ou naturalmente governa as relações entre as partes e suas atividades, mantendo o sistema equilibrado e estável ante as perturbações provindas do ambiente externo. O modelo de sistema natural presume uma interdependência com um ambiente incerto, flutuante e imprevisível, havendo um delicado equilíbrio entre complicadas interdependências dentro do sistema ou entre o sistema e o meio ambiente. O conceito de sistema fechado torna-se inadequado, e as tentativas planejadas de controlar ou regular o sistema natural levam a consequências indesejadas e não planejadas, porque perturbam o delicado equilíbrio. O sistema natural é aberto às influências ambientais e não pode ser abordado sob o aspecto de completa certeza e pelo controle. Seu comportamento não é governado por uma rede de controle, pois é determinado pela ação do meio ambiente – obedece a uma lógica de sistema aberto. O modelo de sistema natural traz, como consequência, o inevitável aparecimento da organização informal nas organizações. Não há nenhuma organização totalmente fechada ao ambiente ou inteiramente de acordo com seus planos ou que tenha completo poder sobre todos os membros.

Em toda organização podem ser vistos elementos de ambos os sistemas, que aparentemente são opostos entre si.

TABELA 14.1. MODELO RACIONAL E MODELO NATURAL DE ORGANIZAÇÃO			
Modelo de organização	Lógica utilizada	Características	Abordagens típicas
Racional	Sistema fechado	Baseado na certeza e na previsibilidade Ênfase no planejamento	Administração Científica de Taylor Teoria Clássica de Fayol Teoria da Burocracia de Weber
Natural	Sistema aberto	Interdependência entre o sistema e seu ambiente mais amplo Expectativa de incerteza e de imprevisibilidade	Modernas teorias da Administração fundamentadas na Teoria de Sistemas

Abordagem múltipla: os níveis da organização

As organizações caracterizam-se por uma hierarquia de autoridade, isto é, pela diferenciação de poder. Dentro de uma enorme semelhança com os autores neoclássicos, Parsons[26] afirma que as organizações desdobram-se em três níveis organizacionais, a saber:[27]

- *Nível institucional*: é o nível organizacional mais elevado, composto por dirigentes ou altos funcionários. É denominado *nível estratégico*, pois define os principais objetivos e estratégias da organização, lida com os problemas de longo prazo e com a totalidade da organização. É o nível que se relaciona com o ambiente externo da organização.
- *Nível gerencial*: é o nível intermediário situado entre o nível institucional e o nível técnico, cuidando do relacionamento e da integração desses dois níveis. As decisões tomadas no nível institucional são transformadas no nível gerencial em planos e programas para que o nível técnico os execute. O nível gerencial trata da solução dos problemas, da captação dos recursos necessários para alocá-los dentro das diversas partes da organização e da distribuição e colocação dos produtos e serviços oferecidos pela organização.
- *Nível técnico*: ou nível operacional, é a camada mais baixa da organização. É o nível em que as tarefas são executadas, os programas são desenvolvidos e as técnicas são aplicadas. É o nível que cuida da execução das operações e das tarefas, é focalizado no curto prazo e segue os programas e as rotinas que são desenvolvidos no nível gerencial.

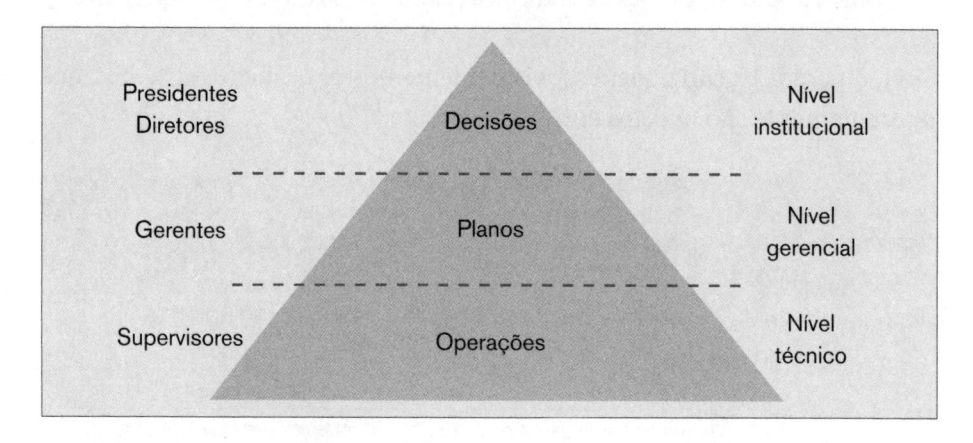

Figura 14.1. Os três níveis organizacionais.

Cada um desses níveis organizacionais tem características próprias e uma diferente participação no trabalho organizacional.

Abordagem múltipla: a diversidade de organizações

Enquanto a Administração Científica e a Escola das Relações Humanas focalizaram as fábricas, a abordagem estruturalista ampliou o campo da análise da organização, a fim de incluir outros tipos diferentes de organizações além das fábricas: organizações pequenas, médias e grandes, públicas e privadas, empresas dos mais diversos tipos (indústrias ou produtoras de bens, prestadoras de serviços, comerciais, agrícolas, etc.), organizações militares (exército, marinha, aeronáutica), organizações religiosas (Igreja), organizações filantrópicas, partidos políticos, prisões, sindicatos, etc.[28] A partir do estruturalismo, a Administração não ficou mais restrita às fábricas, mas passou a ser estendida a todos os tipos possíveis de organizações. Além disso, toda organização, à medida que cresce, torna-se complexa e passa a exigir uma adequada administração. As organizações complexas, por suas características de tamanho e complexidade, passaram a interessar os estruturalistas.[29]

Abordagem múltipla: análise interorganizacional

Todas as teorias administrativas anteriores preocuparam-se com os fenômenos que ocorrem dentro da organização. Tanto que essas teorias são criticadas pelo fato de adotarem uma abordagem de sistema fechado, ou seja, pelo fato de utilizarem o modelo racional de organização como base de seus estudos.

Os estruturalistas ampliam essa abordagem limitada e restritiva e preocupam-se também com os fenômenos que ocorrem externamente às organizações, mas que afetam os fenômenos que ocorrem dentro delas. Os fenômenos internos somente podem ser compreendidos quando se conhecem os fenômenos externos que os provocaram. Assim, os estruturalistas baseiam-se em uma abordagem de sistema aberto e utilizam o modelo natural de organização como base de seus estudos. A análise organizacional passa a ser feita por intermédio de uma abordagem múltipla, ou seja, por meio da análise intraorganizacional (fenômenos internos) e da análise interorganizacional (fenômenos externos em função das relações da organização com as outras organizações no meio ambiente).[30]

Assim, além da análise interna das organizações, os estruturalistas inauguraram a preocupação com a análise interorganizacional. Aliás, a análise das relações interorganizacionais tornou-se significativa a partir da crescente complexidade ambiental e da interdependência das organizações.[31] Os estruturalistas preocuparam-se com o ambiente organizacional como uma unidade de observação e análise.[32] As organizações formais estão inseridas em um ambiente composto de outras organizações, bem como em um complexo de normas, valores e coletividades de uma sociedade maior. A análise das relações interorganizacionais pressupõe que toda organização funciona na base de transações com outras organizações e que existe uma forte interdependência entre elas. Cada organização interage com o seu ambiente externo e com as demais organizações nele contidas.

TIPOLOGIA DAS ORGANIZAÇÕES

Não existem duas organizações iguais. As organizações são diferentes entre si e apresentam enorme variabilidade. Contudo, elas têm certas características que permitem classificá-las em classes ou tipos. As classificações ou taxonomias[33] – denominadas tipologias das organizações – permitem uma análise comparativa das organizações por meio de uma característica comum ou de uma variável relevante. A tipologia – como em qualquer esquema de classificação – apresenta a vantagem de reduzir a variedade e possibilitar análises comparativas. A adoção de tipologias não é recente no campo das organizações. A classificação de empresas conforme seu tamanho (empresas pequenas, médias e grandes), sua natureza (empresas primárias ou de base, secundárias ou de transformação e terciárias ou de serviços), seu mercado (indústrias de bens de capital ou de bens de consumo) ou, ainda, sua dependência (empresas públicas ou empresas privadas) bem o demonstra.

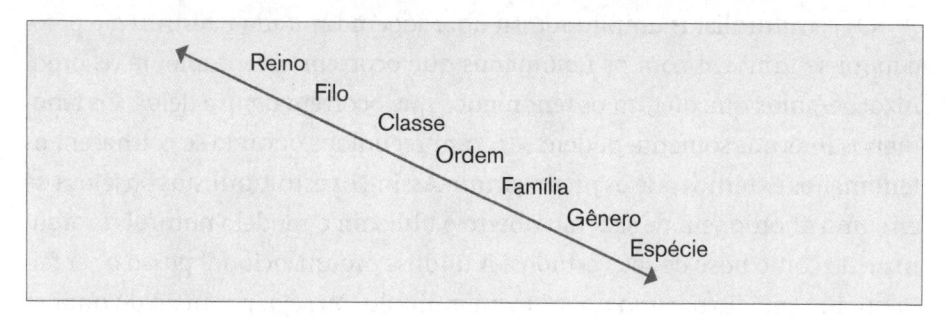

```
        Reino
           Filo
              Classe
                 Ordem
                    Família
                       Gênero
                          Espécie
```

Figura 14.2. A taxonomia das ciências naturais.

Para facilitar a análise comparativa das organizações, os estruturalistas desenvolvem tipologias de organizações para classificá-las de acordo com certas características distintivas. As principais tipologias apresentadas pelos estruturalistas foram:

- Tipologia de Etzioni de acordo com o controle exercido.
- Tipologia de Blau e Scott de acordo com o principal beneficiário.
- Tipologia de Udy com base multidimensional.
- Tipologia Tridimensional de Pugh, Hickson e Hinings.

Tipologia de Etzioni

Etzioni sugere que as organizações apresentam as seguintes características:[34]

- *Divisão de trabalho e atribuição de poder e responsabilidades*: de acordo com um planejamento intencional, para intensificar a realização de objetivos específicos.
- *Centros de poder:* controlam os esforços combinados da organização e dirigem-nos para seus objetivos. Esses *centros do poder* avaliam as realizações da organização e reordenam sua estrutura, a fim de aumentar sua *eficiência*.
- *Substituição do pessoal*: as pessoas ingressam na organização ou são demitidas ou substituídas por outras pessoas. A organização pode recombinar seu pessoal por intermédio de transferências e promoções.

Todas as unidades sociais controlam os seus membros. As organizações, como unidades sociais com finalidade específica, são unidades artificiais: são planejadas e deliberadamente estruturadas; reveem constantemente as suas realizações e reestruturam-se de acordo com os resultados. Neste sentido, diferem das unidades sociais naturais, como a família, grupos étnicos ou a comunidade. A artificialidade das organizações é uma característica decorrente de duas coisas: da preocupação com a realização e da tendência para serem mais complexas do que as unidades naturais. Nas organizações, o controle informal não é adequado, pois não se pode confiar na identificação dos seus participantes com as tarefas que devem realizar. Por isso, as organizações impõem uma distribuição de recompensas e sanções para garantir obediência às suas normas, regulamentos e ordens. Daí os meios de controle. Para Etzioni, os meios de controle utilizados pela organização podem ser classificados em três categorias: controle físico, material ou simbólico.[35]

- *Controle físico*: é o controle baseado na aplicação de meios físicos ou de sanções ou ameaças físicas. O controle físico procura fazer com que as pessoas obedeçam por meio de ameaças de sanções físicas, da coação, da imposição, da força e do medo das consequências. A motivação é negativa e baseia-se em punições. Corresponde ao poder coercitivo.

- *Controle material*: é o controle baseado na aplicação de meios materiais e de recompensas materiais. As recompensas materiais são constituídas de bens e de serviços oferecidos. A concessão de símbolos (como dinheiro ou salário) que permitem adquirir bens e serviços é classificada como material, porque o resultado para quem recebe é semelhante ao de meios materiais. É o controle baseado no interesse, na vantagem desejada e nos incentivos econômicos e materiais.
- *Controle normativo*: é o controle baseado em símbolos puros ou em valores sociais. Existem símbolos normativos (como de prestígio e estima) e sociais (como de amor e aceitação). É o controle moral e ético, por excelência, e baseia-se em convicção, fé, crença e ideologia.

Cada tipo de controle provoca um padrão de obediência em função do tipo de interesse em obedecer a ele. Assim, existem três tipos de interesse ou de envolvimento dos participantes da organização:

- *Alienatório*: o indivíduo não está psicologicamente interessado em participar, mas é coagido e forçado a permanecer na organização.
- *Calculista*: o indivíduo sente-se interessado na medida em que seus esforços tenham uma vantagem ou compensação econômica imediata.
- *Moral*: o indivíduo atribui valor à missão da organização e ao trabalho dentro dela, cumprindo-o da melhor forma possível, porque lhe atribui valor.

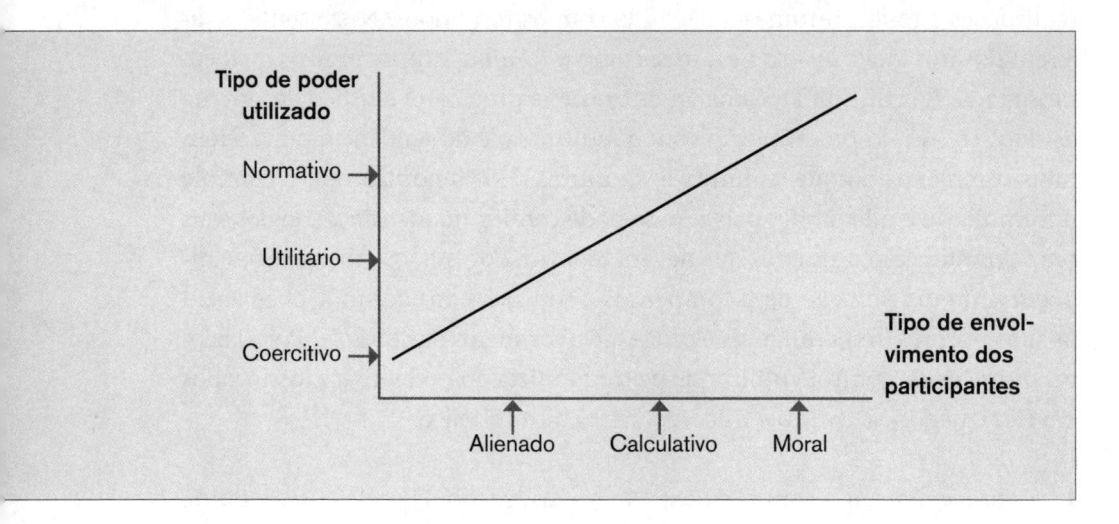

Figura 14.3. Comportamento dos participantes.

A estrutura de obediência utilizada pela organização é determinada pelo tipo de controle aplicado aos participantes. A tipologia de Etzioni[36] classifica as organizações com base no uso e no significado da obediência, a saber:

- *Organizações coercitivas*: o poder é imposto por força física, coerção ou controles baseados em prêmios ou punições. Utilizam a força – latente ou manifesta – como o principal controle sobre os participantes de nível inferior. O envolvimento dos participantes tende a ser alienativo em relação aos objetivos da organização. As organizações coercitivas incluem exemplos como campos de concentração, prisões, instituições penais, etc.
- *Organizações utilitárias*: o poder baseia-se no controle dos incentivos econômicos. Utilizam a remuneração como base principal de controle. Os participantes de nível inferior contribuem para a organização com um envolvimento calculativo baseado nos benefícios que esperam obter. As empresas e o comércio estão incluídos nessa classificação.
- *Organizações normativas*: o poder baseia-se no consenso sobre objetivos e métodos da organização. Utilizam o controle moral como a principal influência sobre os participantes, porque estes têm elevado envolvimento emocional, moral e motivacional. As organizações normativas são chamadas voluntárias e incluem a Igreja, universidades, hospitais e organizações políticas e sociais, Organizações Não Governamentais (ONG), voluntariado, etc.

Tipos de organização	Controle predominante	Ingresso e permanência dos participantes	Envolvimento dos participantes	Exemplo
Coercitiva	Coercitivo	Coação, força, ameaça, medo, imposição	Alienatório, em face do temor	Prisões, instituições penais
Utilitária	Remunerativo	Interesse, vantagem percebida	Calculativo em face do interesse quanto às vantagens	Empresas em geral
Normativa	Ideologia, consenso ético	Convicção, fé, ideologia, crença, fervor	Moral e motivacional	Igrejas, universidades, hospitais

TABELA 14.2. OS TRÊS TIPOS DE ORGANIZAÇÕES, SEGUNDO ETZIONI

A tipologia de Etzioni é muito utilizada graças à ênfase nos sistemas psicossociais das organizações. Um administrador tem diferentes papéis quando trabalha em uma organização do tipo coercitivo, utilitário ou normativo. A desvantagem dessa tipologia é dar pouca consideração à estrutura, à tecnologia utilizada e ao ambiente externo. Trata-se de uma tipologia simples, unidimensional e baseada exclusivamente nos tipos de controle.

TABELA 14.3. CLASSIFICAÇÃO DAS ORGANIZAÇÕES, SEGUNDO ETZIONI[37]
1. Predominantemente coercitivas:
Campos de concentração
Prisões ou penitenciárias
Hospitais psiquiátricos
2. Predominantemente utilitárias:
Comércio e indústria
Associações comerciais
Organizações militares em tempos de paz
3. Predominantemente normativas:
Organizações religiosas (igrejas, conventos, fraternidades, etc.)
Organizações políticas ou partidos políticos
Hospitais
Associações profissionais
Universidades
Associações sociais e filantrópicas
4. Estruturas dualísticas:
Normativo-coercitivas: unidades de combate do exército
Utilitário-normativas: a maior parte dos sindicatos
Utilitário-coercitivas: algumas indústrias antigas, fazendas, navios

Tipologia de Blau e Scott

As tipologias de organização baseiam-se em características e dimensões comuns a várias organizações, como se elas existissem no vazio. As organizações que estão inseridas em comunidades e as relações entre os membros da organização, de um lado, e o público, os clientes e as instituições externas, de outro, são aspectos importantes que as tipologias anteriores omitiram. É necessário considerar que as organizações existem para proporcionar benefícios ou resultados à comunidade. Blau e Scott apresentam uma tipologia das organizações baseada no beneficiário principal (princípio do *cui bono*), ou seja, quem se beneficia com a organização. Os benefícios para a parte principal constituem a essência da existência da organização.[38]

Para Blau e Scott, há quatro categorias de participantes que se beneficiam de uma organização formal:

- Membros da organização.
- Proprietários, dirigentes ou acionistas da organização.
- Clientes da organização.
- Público em geral.

Em função dessas categorias de beneficiário principal que a organização visa a atender, existem quatro tipos básicos de organizações:

- *Associações de benefícios mútuos*: em que os principais beneficiários são os próprios membros da organização, como as associações profissionais, as cooperativas, os sindicatos, os fundos mútuos, os consórcios, etc.
- *Organizações de interesses comerciais*: em que os proprietários ou acionistas são os principais beneficiários da organização, como a maior parte das empresas privadas, seja sociedades anônimas ou sociedades de responsabilidade limitada.
- *Organizações de serviços*: em que um grupo de clientes é o principal beneficiário. Exemplos: hospitais, universidades, escolas, organizações religiosas e agências sociais.
- *Organizações de Estado*: em que o beneficiário é o público em geral. Exemplos: a organização militar, correios, instituições jurídicas e penais, segurança pública, saneamento básico, etc.

TABELA 14.4. TIPOLOGIA DE BLAU E SCOTT

Beneficiário principal	Tipo de organização	Exemplos
Os próprios membros da organização	Associação de beneficiários mútuos	Associações profissionais, cooperativas, sindicatos, fundos mútuos, consórcios, etc.
Os proprietários ou acionistas da organização	Organizações de interesses comerciais	Sociedades anônimas ou empresas familiares
Os clientes	Organizações de serviços	Hospitais, universidades, organizações religiosas e agências sociais, organizações filantrópicas
O público em geral	Organizações de Estado	Organização militar, segurança pública, correios e telégrafos, saneamento básico, organização jurídica e penal

A tipologia de Blau e Scott tem a vantagem de enfatizar a força de poder e de influência do beneficiário sobre as organizações a ponto de condicionar suas estrutura e objetivos. A classificação baseada no *cui bono* proporciona um melhor agrupamento natural das organizações com objetivos similares. Contudo, da mesma forma que ocorre com a tipologia de Etzioni, a classificação de Blau e Scott não fornece informações a respeito das diferentes tecnologias, estruturas ou sistemas psicossociais e administrativos existentes nas organizações. Trata-se também de uma tipologia simples e unidimensional.

Tipologia de Udy

Para transpor as limitações das tipologias de Etzioni e de Blau e Scott, o sociólogo Stanley H. Udy sugere bases multidimensionais para a análise comparativa das organizações. Cada organização tem um estado social, um sistema de administração interno e uma tecnologia: esses são os elementos necessários para uma análise mais profunda. A classificação de Udy representa uma evolução da classificação de Parsons, o qual visualizou a organização como um subsistema da sociedade que mobiliza forças e recursos para obtenção de objetivos da coletividade social. Para Parsons, as organizações podem ser classificadas em termos gerais, segundo as necessidades para as quais a sociedade está orientada.

Para Udy, as organizações podem ser classificadas em:[39]

- *Organizações orientadas à produção econômica*: são as organizações cuja principal função é econômica, podendo desenvolver outros objetivos necessários para manter-se em equilíbrio e harmonia no seu sistema ambiente. Essa classificação inclui empresas de produção e de distribuição, de produtos e de serviços.
- *Organizações orientadas a objetivos políticos*: são as organizações que visam à obtenção de objetivos valiosos e a gerar e alocar forças na sociedade. Esta classificação inclui algumas organizações governamentais e os partidos políticos.
- *Organizações integrativas*: são as organizações relacionadas à solução de conflitos e à motivação para cumprir certas expectativas sociais. Essa classificação inclui sistema de justiça, advocacia, assistência social e hospitais beneficentes.
- *Organizações de manutenção de padrão*: são as organizações cuja principal função é cultural, educacional e expressiva. As igrejas, escolas e entidades culturais são exemplos desse tipo de organização.

A classificação de Udy é uma modificação da abordagem funcional de Parsons. Cada tipo organizacional é visto como um sistema sociotécnico com vários subsistemas, como o sistema de objetivos e valores da tecnologia, o sistema psicossocial e o sistema empresarial.[40]

Tipologia tridimensional de Pugh, Hickson e Hinings

As dimensões da burocracia são atributos estruturais que geralmente são utilizados para as análises organizacionais. Hall[41] apresenta várias *combinações de variáveis estruturais*, que já apresentamos anteriormente no capítulo anterior. Com base nas dimensões da burocracia apresentadas por Hall, Pugh, Hickson e Hinings[42] fizeram um estudo sobre dimensões das estruturas organizacionais de 52 organizações inglesas por meio de 64 escalas. Cruzando os dados obtidos, optaram por três dimensões para uma *taxonomia das organizações*. Daí a denominação tipologia tridimensional das organizações. As três dimensões escolhidas foram:[41]

1. *Estruturação das atividades*: na realidade, é constituída por três dimensões, a saber:
   - *Especialização ou divisão do trabalho*: indica o grau em que o trabalho é dividido e fracionado na organização.
   - *Estandardização ou padronização*: indica o grau em que os cargos e funções, bem como as rotinas e procedimentos, são padronizados e homogeneizados dentro da organização.
   - *Formalização*: indica o grau em que normas, instruções, procedimentos e comunicações são feitos por escrito e codificados em manuais ou em outros documentos ou registros.

   As dimensões de especialização, estandardização e formalização tendem a covariar, isto é, tendem a aumentar ou diminuir juntas. Tomadas em conjunto, indicam o grau em que as atividades são estruturadas na organização. À medida que as organizações crescem em tamanho ao longo do tempo, elas tornam-se mais estruturadas.

2. *Concentração de autoridade*: indica o grau em que a autoridade está centralizada nos níveis hierárquicos mais elevados ou nas unidades de controle situadas fora da organização.

3. *Controle de linha do fluxo de trabalho*: indica o grau em que o controle é exercido pelo pessoal de linha contra o controle exercido por meio de procedimentos impessoais. Essa dimensão de controle move-se em um *continuum* que vai do *controle de linha* (controle exercido pelo mesmo pessoal do fluxo de trabalho e seus subordinados) até o *controle impessoal* por meio da estandardização e da formalização. À medida que a tecnologia se desenvolve, o sistema de controle converte-se cada vez mais

em procedimentos ditados pela padronização e pelos novos especialistas que delineiam procedimentos, rotinas e instruções detalhadamente.

A partir dessas três dimensões, a taxonomia tridimensional aponta para a existência de sete tipos de organizações, a saber:

TABELA 14.5. TIPOLOGIA TRIDIMENSIONAL DE ORGANIZAÇÕES

Tipos de organizações	Dimensões da burocracia		
	Estruturação de atividades	Concentração de autoridade	Controle de linha de fluxo de trabalho
1. Burocracia total	Totalmente estruturada	Concentrada	Impessoal
2. Burocracia total nascente	Totalmente estruturada	Concentrada	Impessoal
3. Burocracia de fluxo de trabalho	Totalmente estruturada	Dispersa	Impessoal
4. Burocracia nascente de fluxo de trabalho	Menos estruturada	Dispersa	Impessoal
5. Burocracia de pré-fluxo de trabalho	Não estruturada	Dispersa	Impessoal
6. Burocracia de pessoal	Não estruturada	Concentrada	Controle
7. Organização implicitamente estruturada	Não estruturada	Dispersa linear	Controle

Na realidade, a burocracia total representa o tipo de burocracia mais próximo do modelo weberiano, enquanto a organização implicitamente estruturada representa o tipo mais distante. Essa taxonomia está relacionada ao que Hall denomina graus de burocratização.

A taxonomia proposta por Pugh, Hickson e Hinings pode ser representada graficamente da seguinte maneira:[43]

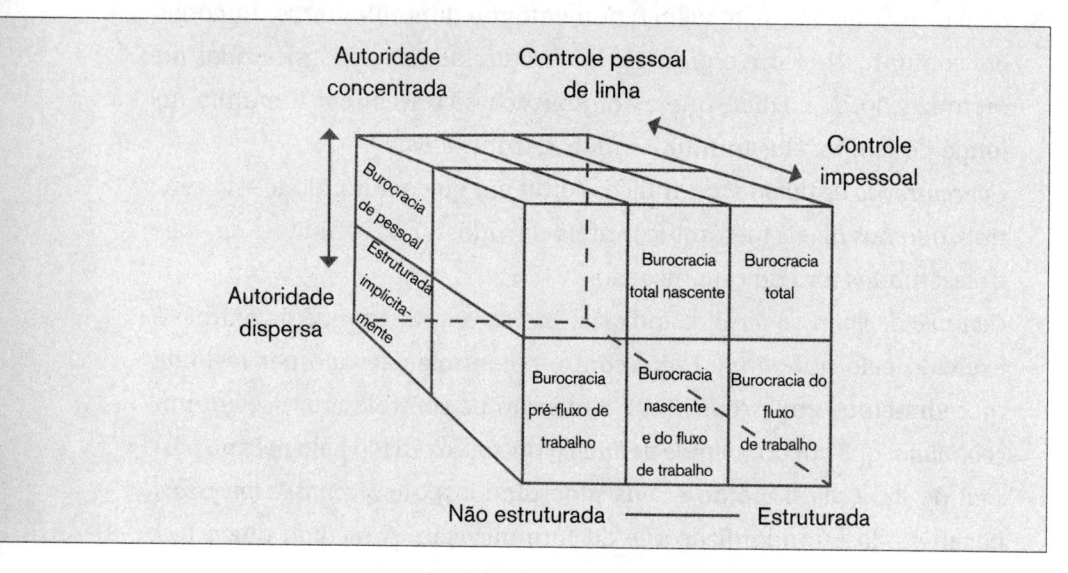

Figura 14.4. A tipologia tridimensional.

A taxonomia tridimensional proposta pelos autores estruturalistas não é definitiva, mas representa um interessante modelo que poderá proporcionar futuros desdobramentos na análise organizacional.

> **COMO FOCALIZAR MAIS AMPLAMENTE AS EMPRESAS**
> Paulo Natan saiu da faculdade há 30 anos. Sempre trabalhou dentro dos padrões que aprendera da Teoria Clássica, Neoclássica, Relações Humanas e Burocracia. Agora, sua experiência profissional perante os problemas atuais lhe indica que se torna necessária uma nova abordagem da empresa que dirige. Como você poderia mostrar a Paulo as diferentes abordagens múltiplas dos estruturalistas?

OBJETIVOS ORGANIZACIONAIS

Os objetivos organizacionais constituem um campo de estudos explorado pelos autores neoclássicos (principalmente na APO) e estruturalistas. As organizações são visualizadas como unidades sociais que procuram atingir objetivos específicos: a sua razão de ser é servir a esses objetivos. Um objetivo organizacional é uma situação desejada que a organização tenta atingir. É uma imagem que a organização pretende para o seu futuro. Se o objetivo é atingido, ele deixa de ser a imagem orientadora da organização e é incorporado a ela como algo real e atual.

Quando um objetivo torna-se realidade, ele deixa de ser o objetivo desejado. Nesse sentido, um objetivo nunca existe; é um estado que se procura, e não um estado que se possui. As situações futuras, embora sejam imagens, têm uma força sociológica real e influem nas opções e reações das pessoas. Muitas organizações contam com um órgão formal destinado a estabelecer os objetivos organizacionais e suas modificações. Em outras, os objetivos são estabelecidos por votos dos acionistas ou dos membros da assembleia ou ainda pela pessoa que representa os acionistas ou que possui e dirige a organização.

A eficiência de uma organização é medida pelo alcance dos objetivos propostos. A competência da organização é medida pelo volume de recursos utilizados para realizar a produção. A competência está ligada aos objetivos da organização, mas não se confunde com eles. A competência cresce à medida que os custos (os recursos utilizados) decrescem.[44]

As organizações podem ter, simultânea e legitimamente, dois ou mais objetivos. Algumas delas acrescentam novos objetivos aos objetivos originais para ampliar seu mercado. No campo acadêmico, por exemplo, existem organizações que combinam ensino e pesquisa. Alguns hospitais funcionam também como centros de preparação para médicos ou como centros de pesquisas. A maior parte das empresas industriais está se transformando em prestadora de serviços ao cliente por meio dos seus produtos.

Os objetivos organizacionais têm várias funções:[45]

- *Apresentação de uma situação futura*: indicam a orientação que a organização procura seguir. Dessa forma, estabelecem objetivos como linhas mestras para a atividade futura da organização.
- Os objetivos constituem uma *fonte de legitimidade* que justifica as atividades da organização e, na verdade, até a sua própria existência.
- Os objetivos *servem como padrões* por meio dos quais os membros de uma organização e os estranhos a ela podem avaliar o êxito da organização, isto é, a sua eficiência e o seu rendimento.
- Os objetivos servem como *unidade de medida* para verificar e comparar a produtividade da organização.

Os objetivos são unidades simbólicas ou ideais que a organização pretende atingir e transformar em realidade. Toda a organização deve buscar condições para manter-se e funcionar com eficiência. Neste sentido, Etzioni[46] refere-se a dois modelos de organização, a saber:

- *Modelos de sobrevivência*: quando a organização desenvolve objetivos que lhe permitem simplesmente existir e manter a sua continuidade.
- *Modelos de eficiência*: quando a organização desenvolve objetivos que lhe permitem não apenas existir, mas também funcionar dentro de padrões de crescente excelência e competitividade.

A formulação de objetivos é intencional, mas nem sempre é racional, pois constitui um processo de interação entre a organização e o ambiente: consiste em definir as relações entre a organização e a sociedade mais ampla, ou seja, a maneira como a organização pretende satisfazer o que a sociedade deseja.

Perrow aponta cinco categorias de objetivos organizacionais:[47]

1. *Objetivos da sociedade*, cujo ponto de referência é a sociedade em geral. Por exemplo: produzir bens e serviços, manter a ordem pública, criar e manter valores culturais. Procuram preencher as necessidades da sociedade.
2. *Objetivos de produção*, cujo ponto de referência é o público que entra em contato com a organização. Por exemplo: bens de consumo, serviços a

empresas, educação. Trata-se de tipos de produção definidos em termos das funções do consumidor.
3. *Objetivos de sistemas*, cujo ponto de referência é o estado ou a maneira de funcionar da organização, independentemente dos bens e serviços que ela produz ou dos objetivos daí resultantes. Por exemplo: ênfase nos lucros, no crescimento e na estabilidade da organização. Trata-se da maneira como funciona o sistema e o que este cria, independentemente dos produtos ou serviços que produz, e que pode tornar-se o objetivo para os participantes da organização.
4. *Objetivos de produtos*, cujo ponto de referência são as características dos bens e serviços produzidos. Por exemplo: ênfase na qualidade ou quantidade de produtos, variedade, estilo, disponibilidade, originalidade ou inovação dos produtos.
5. *Objetivos derivados*: cujo ponto de referência são os usos que a organização faz do poder originado na consecução de outros objetivos. Por exemplo: metas políticas, serviços comunitários, política de investimento e localização das instalações, de maneira a afetar a economia e o futuro de comunidades específicas. As organizações criam considerável poder, que pode ser utilizado para influenciar seus próprios membros e o ambiente. Esse poder é utilizado independentemente dos objetivos de produto ou de sistema.

O estudo dos objetivos das organizações identifica as relações existentes entre as organizações e a sociedade em geral.[48] Ocorre que a sociedade está sempre em constante mudança. Como as organizações são unidades sociais planificadas, orientadas para objetivos específicos, sob liderança relativamente racional e autoconsciente, deveriam apresentar maior inclinação para a mudança do que qualquer outra unidade social.[49] As organizações podem alterar seus objetivos no processo de ajustamento aos problemas e às situações emergentes e imprevistas que surgem no meio do caminho. Tais alterações criam novas necessidades de mudanças, que vão exigir outros ajustes adicionais. Fatores internos ou externos podem provocar mudanças nos objetivos organizacionais. A organização não busca um só objetivo, pois necessita satisfazer uma quantidade enorme de requisitos impostos a ela pelo meio ambiente e pelos seus participantes. Assim, em vez de um objetivo, é mais apropriado referir-se a uma estrutura de objetivos da organização. Os objetivos não são estáticos, pois estão em contínua evolução, modificando as relações da organização com o seu meio, requerendo uma constante reavaliação dos objetivos face às alterações do meio ambiente e da organização. Para os estruturalistas, há uma relação íntima entre os objetivos organizacionais e o meio.[50] A estrutura de objetivos é que estabelece a base para a relação entre uma organização e o seu meio ambiente. O processo para estabelecer e fixar objetivos é complexo e dinâmico, em função da necessidade de uma constante reavaliação dos objetivos em face das alterações do meio ambiente e da organização.

A análise organizacional tem demonstrado que as estruturas racionalmente planejadas podem alterar os seus objetivos, bem como transformar os seus valores iniciais no processo de ajustamento a problemas e situações emergentes. As burocracias são frequentemente consideradas estruturas conservadoras e orientadas à manutenção do *status quo* externo e interno. Essa posição é defendida por Merton[51] e por Lipset.[52] Por outro lado, Blau[53] admite que determinados fatores externos e internos podem transformar uma burocracia em uma organização inovadora, interessada na modificação do contexto social, bem como na modificação de sua própria estrutura. As mudanças podem ser apoiadas pelos participantes desde que se destinem a atender necessidades organizacionais relevantes. Por sua vez, tais modificações podem criar novas necessidades, que vão exigir outros ajustes adicionais. Assim, a dinâmica do desenvolvimento burocrático não se limita ao aparecimento de novos instrumentos para a realização de objetivos específicos: no processo, os próprios objetivos modificam-se também. O estudo das mudanças organizacionais é uma área pouco desenvolvida. Alguns autores encaram o termo mudança estritamente sob o aspecto de alguma modificação na organização. Outros preocupam-se com o estudo da modificação como um meio para determinar quais os fatores que se modificam e quais as condições em que se mantém o estado de equilíbrio em oposição às condições em que esse equilíbrio é minado ou substituído. Isto lembra o conceito de mudança de Kurt Lewin, que veremos em capítulo posterior.

AMBIENTE ORGANIZACIONAL

As organizações vivem em um mundo humano, social, político, econômico. Elas existem em um contexto ao qual denominamos ambiente. Ambiente é tudo o que envolve externamente uma organização. Para os estruturalistas, o ambiente é basicamente constituído pelas outras organizações que formam a sociedade. Os estruturalistas ultrapassam as fronteiras da organização para ver o que existe externamente ao seu redor: as outras organizações que formam a sociedade. Eles criticam o fato de que conhecemos muito a respeito de interação entre pessoas, alguma coisa sobre a interação entre grupos e pouquíssimo sobre a interação entre organizações e seus ambientes.

Cada organização depende de outras organizações para seguir o seu caminho e atingir os seus objetivos. A interação entre a organização e o ambiente torna-se fundamental para a compreensão do estruturalismo. A sociedade moderna é uma sociedade de organizações. A sociedade de organizações. Assim, passam a se preocupar não somente com a análise organizacional, mas também com a análise interorganizacional. A análise interorganizacional está voltada para as relações externas entre uma organização e outras organizações no ambiente. Dois conceitos são fundamentais para a análise interorganizacional: o conceito de interdependência das organizações e o de conjunto organizacional.

Interdependência das organizações com a sociedade

Nenhuma organização é autônoma ou autossuficiente. Toda organização depende de outras organizações e da sociedade em geral para poder sobreviver. Existe uma interdependência das organizações com a sociedade em função das complexas interações entre elas. Duas das principais consequências dessa interdependência são: mudanças frequentes nos objetivos organizacionais à medida que ocorrem mudanças no ambiente externo e um certo controle ambiental sobre a organização, o que limita a sua liberdade de agir.[54]

Conjunto organizacional[55]

O ponto de partida para o estudo das relações interorganizacionais é o conceito de conjunto de papéis desenvolvido por Merton[56] para analisar as relações de papel.[57] Conjunto de papéis consiste no complexo de papéis e relações de papéis que o ocupante de um dado *status* tem em virtude de ocupar o *status*. O conceito de conjunto organizacional é análogo ao de conjunto de papéis. Cada organização ou classe de organizações tem interações com uma cadeia de organizações em seu ambiente, formando um conjunto organizacional. A organização que serve como ponto de referência é chamada organização focal. As relações entre uma organização focal e seu conjunto organizacional são mediadas pelos seguintes aspectos:[58]

- Conjunto de papéis de seu pessoal de fronteira: isto é, pelo seu pessoal que está voltado externamente ao contato ou ligação com outras organizações, como vendedores, compradores, etc.
- *Fluxo de informação*.

- *Fluxo de produtos e serviços para o mercado.*
- *Fluxo de pessoas entre as organizações.*

As organizações são concebidas como um fluxo integrado de informação, produtos ou serviços e pessoas. Em todas as organizações, alguns participantes desempenham uma função de ligação com outras organizações. Assim, a análise do conjunto organizacional de uma organização focal pode revelar:

- Estrutura interna da organização focal.
- Grau de autonomia na tomada de decisões.
- Grau de eficácia ou alcance de objetivos.
- Identidade, isto é, sua imagem pública e sua autoimagem.
- Fluxo de informação da organização focal com os elementos do conjunto organizacional e vice-versa.
- Fluxo de pessoas entre a organização focal e os elementos do conjunto organizacional e vice-versa.
- Forças que impelem a organização focal juntamente com os elementos do conjunto organizacional a coordenar suas atividades e a fundir-se com outras organizações ou a dissolvê-las.

Transações monetárias, legais e outras mais poderão ser acomodadas nessa concepção. Também não há referência à natureza da dinâmica ambiental nem à sua mudança. Todavia, essa abordagem conceitual permite identificar transações organizacionais em um determinado tempo, bem como atributos estratégicos ou dimensões dos conjuntos organizacionais. Dessa maneira, os estruturalistas inauguram um novo ciclo na teoria administrativa: o gradativo desprendimento daquilo que ocorre dentro das organizações para aquilo que ocorre fora delas. A ênfase sobre o ambiente começa por aqui.

ESTRATÉGIA ORGANIZACIONAL

Ao lado dos autores neoclássicos, os estruturalistas também desenvolvem conceitos sobre estratégia organizacional, tendo em vista a ênfase no ambiente e na interdependência entre organização e ambiente. A estratégia é visualizada como a maneira pela qual uma organização lida com seu ambiente para atingir seus objetivos. Para lidar com seu ambiente e alcançar objetivos, cada organização desenvolve estratégias.

As organizações podem adaptar-se e mudar para cumprir requisitos ambientais ou podem tentar alterar o ambiente de forma que este fique adequado às capacidades delas.[59] A primeira alternativa é adaptativa, enquanto a segunda constitui um processo político de influenciar ou negociar com o ambiente externo em vez de reagir ao mesmo. O mercado recebe o nome de ambiente, como uma arena aberta, para abrir a organização a uma gama muito mais ampla de agentes e forças. A estratégia organizacional passa a ser considerada a maneira deliberada de fazer manobras no sentido de administrar suas trocas e relações com os diversos interesses afetados por suas ações.

Para os estruturalistas existem estratégias de competição e de cooperação, a saber:[60]

- *Competição*: é uma forma de rivalidade entre duas ou mais organizações perante a mediação de terceiro grupo. No caso de organizações industriais, o terceiro grupo pode ser o comprador, o fornecedor ou outros. A competição é um complexo sistema de relações e envolve a disputa por recursos (como clientes ou compradores ou ainda membros potenciais). A competição é um processo pelo qual a escolha do objetivo pela organização é controlada, em parte, pelo ambiente. Daí, a necessidade de disputa devida à rivalidade pelos mesmos recursos. A competição nem sempre envolve interação direta entre as partes rivais.
- *Ajuste* ou *negociação*: é uma estratégia que busca negociações para um acordo quanto à troca de bens ou serviços entre duas ou mais organizações. Mesmo quando as expectativas são estáveis, a organização não pode supor a continuidade das relações com fornecedores, distribuidores, operários, clientes, etc. O ajuste é a negociação quanto a uma decisão sobre o comportamento futuro que seja satisfatório para os envolvidos. O ajustamento periódico de relações ocorre nos acordos coletivos sindicais, nas negociações com fornecedores ou com compradores, etc. Ao contrário da competição, o ajuste envolve interação direta com outras organizações do ambiente, e não com um terceiro partido. O ajuste invade e permeia o processo real de decisão.
- *Coopção* ou *cooptação*: é um processo para absorver novos elementos estranhos na liderança ou no esquema de tomada de decisão de uma organização, como um recurso para impedir ameaças externas à sua estabilidade ou existência.[61] Por meio de coopção, a organização traz para dentro de si elementos vindos de outras organizações potencialmente ameaçadoras para compartilhar seu processo político de tomada de decisões e afastar possíveis retaliações. A coopção é a aceitação de representantes de outras organizações (como bancos credores ou instituições financeiras) pelo grupo dirigente de uma organização. Auxilia a

- *Coalizão*: refere-se à combinação de duas ou mais organizações para alcançar um objetivo comum. Trata-se de uma forma extrema de condicionamento ambiental dos objetivos de uma organização. Duas ou mais organizações agem como uma só com relação a determinados objetivos, principalmente quando há necessidade de mais apoio ou recursos que não são possíveis para cada organização isoladamente. A coalizão exige o compromisso de decisão conjunta de atividades futuras e, assim, limita decisões arbitrárias ou unilaterais. É uma forma de controle social.

Ao contrário da competição, as outras três estratégias – ajuste, coopção e coalizão – são subtipos da estratégia cooperativa. As estratégias cooperativas requerem a interação direta entre as organizações do ambiente.

Assim, de um modo geral, a estratégia é função da política organizacional:[62]

- As organizações são coalizões de vários indivíduos e grupos de interesse.
- Existem diferenças duradouras entre os membros de coalizões em termos de valores, crenças, informações, interesses e percepções da realidade.
- A maior parte das decisões importantes envolve a alocação de recursos escassos – quem obtém o quê.
- Recursos escassos e diferenças duradouras dão ao conflito um papel central na dinâmica organizacional e tornam o poder o recurso mais importante.
- Metas e decisões emergem de barganhas, negociações e manobras em busca de posições entre os diferentes interessados.

As propostas dos estruturalistas sugerem que a estratégia não é produto de um único arquiteto ou de uma equipe de estratégia homogênea, mas o resultado da ação de vários agentes e coalizões de agentes no sentido de perseguir seus próprios interesses e agendas.[63] Além disso, grupos de subordinados podem entrar nos processos de determinação e distorção de estratégias. No fundo, a estratégia permite mapear a estrutura de poder existente na organização.

CONFLITOS ORGANIZACIONAIS

Os estruturalistas discordam de que haja harmonia de interesse entre patrões e empregados (como afirmava a Teoria Clássica) ou de que essa harmonia deva ser preservada pela Administração, por meio de uma atitude compreensiva e terapêutica (como afirmava a Teoria das Relações Humanas). Ambas as teorias punham fora de discussão o problema do conflito, provavelmente em decorrência do seu caráter prescritivo.[64] Para os estruturalistas, o conflito envolve não apenas o relacionamento indivíduo/organização, mas se estende também para todas as ações internas e externas da organização. Em suma, o conflito faz parte de toda atividade organizacional. Para esses autores, os conflitos – embora nem todos desejáveis – são os elementos geradores das mudanças e do desenvolvimento da organização.

Conflito significa a existência de ideias, sentimentos, atitudes ou interesses antagônicos e colidentes que podem se chocar. Sempre que se fala em acordo, aprovação, coordenação, resolução, unidade, consentimento, consistência, harmonia, deve-se lembrar que essas palavras pressupõem a existência ou a iminência de seus opostos, como desacordo, desaprovação, dissensão, desentendimento, incongruência, discordância, inconsistência, oposição – o que significa conflito. O conflito é condição geral do mundo animal.[65] O ser humano sobressai-se dentre os animais pela capacidade de atenuar, embora nem sempre possa eliminar essa condição. A sociedade e a civilização – requisitos básicos da vida humana – são viáveis graças a um alto grau de congruência de objetivos entre as pessoas por meio de mecanismos ou regras que imponham ordem e acomodação. Na organização, a congruência interoperacional e interdepartamental e a prevenção da proliferação de incongruência e disparidade constituem problemas ventilados pelos estruturalistas.

As fontes de cooperação residem nas semelhanças de interesses, reais ou supostos, entre indivíduos e organizações. As fontes de conflitos localizam-se em alguma divergência real ou suposta de interesses. Há um *continuum* que vai desde uma colisão frontal de interesses e completa incompatibilidade, em um extremo, até interesses diferentes, mas não incompatíveis, em outro extremo:

Completa incompatibilidade de interesses	Fontes de conflito	Interesses diferentes, mas não necessariamente conflitantes
Colisão frontal		Rivalidade e concorrência

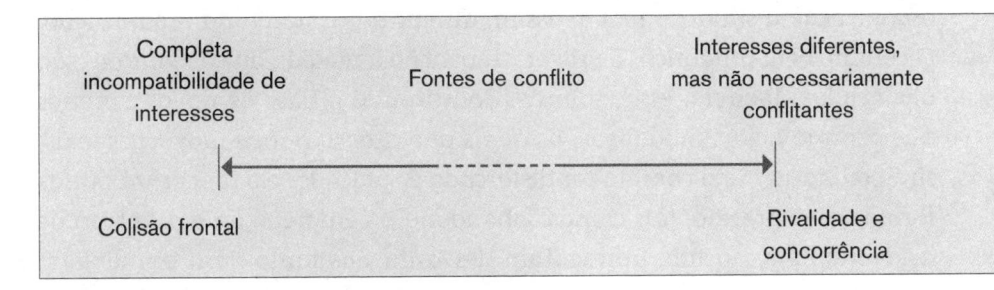

Figura 14.5. O *continuum* das fontes de conflito.

Conflito e cooperação são elementos integrantes da vida de uma organização. Ambos têm provocado muita atenção por parte das recentes teorias da organização. As teorias administrativas anteriores ignoraram o problema conflito-cooperação. Hoje, consideram-se cooperação e conflito dois aspectos da atividade social ou, melhor ainda, dois lados de uma mesma moeda, sendo que ambos estão inseparavelmente ligados na prática. Tanto que a resolução do conflito é muito mais vista como uma fase do esquema conflito-cooperação do que um fim do conflito ou uma resolução final deste. A administração preocupa-se com os problemas de obter cooperação e sanar conflitos. O propósito da Administração deveria ser criar condições em que o conflito – parte integrante da vida da organização – pudesse ser controlado e dirigido para canais úteis e produtivos.

Em situações de conflito, as respostas possíveis de um grupo ou de um indivíduo podem ser caracterizadas em uma escala geral, variando desde os métodos de supressão total e parcial até os métodos de negociação e solução de problemas, dentro de um *continuum* expresso da seguinte forma:[66]

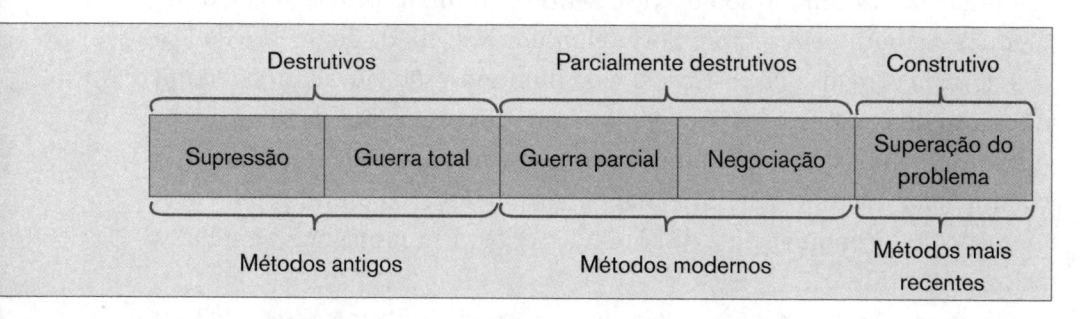

Destrutivos		Parcialmente destrutivos		Construtivo
Supressão	Guerra total	Guerra parcial	Negociação	Superação do problema
Métodos antigos		Métodos modernos		Métodos mais recentes

Figura 14.6. Situações de conflito e métodos de resolução.

Os estruturalistas indicam as numerosas e importantes funções sociais do conflito e não concordam com sua repressão artificial. Pelo conflito, pode-se proceder a uma verificação do poder e do ajustamento do sistema da organização à situação real e, assim, atingir a harmonia na organização. O conflito gera mudanças e provoca inovação à medida que as soluções são alcançadas. Todavia, essas soluções constituirão a base de novos conflitos que gerarão novas mudanças, as quais provocarão outras inovações, e assim por diante. Se o conflito for disfarçado e sufocado, ele procurará outras formas de expressão, tais como o abandono do emprego ou o aumento de acidentes, que, no fim, apresentam desvantagens tanto para o indivíduo como para a organização.[67]

Existem tipos de situações dentro das organizações que provocam conflitos. Vejamos algumas delas.

Conflito entre a autoridade do especialista (conhecimento) e a autoridade administrativa (hierarquia)

Uma das situações conflitivas típicas é a tensão imposta à organização pela utilização do conhecimento: como criar, cultivar e aplicar o conhecimento sem solapar a estrutura hierárquica da organização. O conhecimento traz conflitos com a hierarquia.[68] Etzioni sugere três tipos de organização,[69] do ponto de vista de como se organiza o conhecimento:

- *Organizações especializadas*, como universidades, escolas, organizações de pesquisa, hospitais, por exemplo, nas quais o *conhecimento* é criado e aplicado na organização criada especialmente para esse objetivo. As *organizações especializadas* empregam *especialistas* com grande preparo profissional e que se dedicam à criação, divulgação e aplicação do conhecimento. A gestão é exercida pelo técnico (o professor como diretor da escola, o médico como dirigente do hospital, etc.), enquanto a estrutura administrativa serve como mero apoio subsidiário, ou seja, como *staff*.
- *Organizações não especializadas*, como empresas e o exército, por exemplo, em que o *conhecimento* é instrumental e subsidiário para o alcance dos objetivos. A gestão é exercida pelo administrador que se identifica com os objetivos globais, enquanto a estrutura técnica é subsidiária ou subalterna.
- *Organizações de serviços*, como empresas especializadas em consultoria ou assessoria, centros de pesquisa e desenvolvimento, por exemplo, nos quais os *especialistas* recebem instrumentos e recursos para o seu trabalho, mas não são empregados da organização nem estão subordinados aos administradores, a não ser por contratos de assessoria ou de prestação de serviços.

Os conflitos entre os especialistas e os administradores ocorrem da seguinte forma nesses tipos de organização.[70]

- *Organizações especializadas*: a relação entre corpo de auxiliares-especialização e hierarquia-administração é invertida nesse tipo de organização. Os administradores cuidam das atividades secundárias em relação aos objetivos da organização: administram meios para a atividade principal, que é desempenhada pelos *especialistas*. Os especialistas têm a principal autoridade, enquanto os administradores têm a autoridade secundária de corpo de auxiliares. A decisão final fica nas mãos dos especialistas, enquanto os administradores apenas aconselham.

- *Organizações não especializadas*: são as organizações de propriedade e administração particulares, e os principais meios são a produção e a venda. Os especialistas estão subordinados à autoridade dos administradores, pois estes sintonizam melhor os objetivos da organização relacionados ao lucro. Os administradores têm a principal autoridade (hierarquia), enquanto os especialistas tratam dos meios e atividades secundárias. Enquanto os administradores formam a hierarquia, os especialistas formam o corpo de auxiliares que aplicam o conhecimento.

- *Organizações de serviços*: são as organizações que exercem pequeno controle sobre a produção, pois esta está à mercê dos especialistas. Estes recebem recursos, instrumentos e meios da organização para desenvolver o seu trabalho, porém nem são empregados da organização nem estão sob o seu controle. Podem receber algum controle administrativo a respeito dos projetos realizados, do ritmo de trabalho e do público a que se dirige o produto ou o serviço da organização (como o caso dos professores de uma universidade). Os especialistas sentem que perdem seu tempo com trabalho administrativo, que é depreciado neste tipo de organização.

Dilemas da organização segundo Blau e Scott

Para Blau e Scott[71] há uma relação de mútua dependência entre conflito e mudança, pois as mudanças precipitam conflitos, e os conflitos geram inovações. Mesmo ocultos ou reprimidos pela rigidez burocrática, os conflitos tornam-se a fonte inevitável da mudança organizacional. Conflitos entre funcionários e clientes levam ao aparecimento de novas práticas e técnicas que ajudam a resolver esses conflitos e a reduzir temporariamente as tensões. Porém, as inovações utilizadas para resolver um conflito criam outros. As inovações na organização ou a melhoria das condições de trabalho dos empregados afetam, interferem e prejudicam outras inovações e melhorias já obtidas e levam a uma dinâmica e dialética entre a organização formal e a organização informal.

Enquanto o conflito representa um choque de interesses antagônicos, o dilema representa uma situação diante de dois interesses inconciliáveis entre si: o atendimento de um dos interesses impede o atendimento do outro. A Figura 14.7 permite uma ideia da diferença entre conflito e dilema.

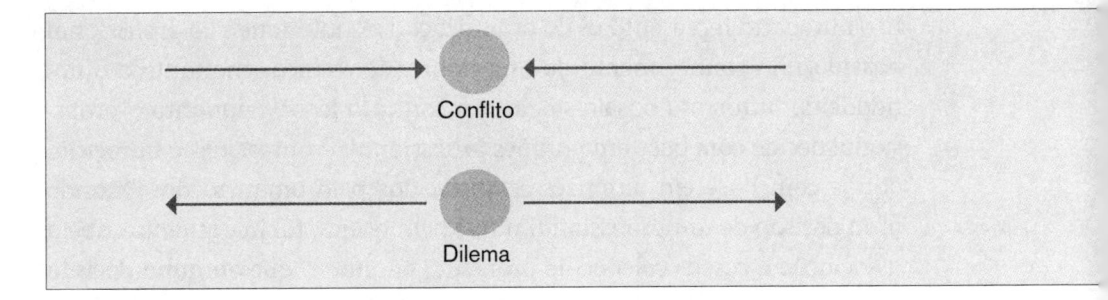

Figura 14.7. A diferença entre conflito e dilema.

Todas as organizações confrontam-se com dilemas, isto é, com escolhas entre alternativas nas quais algum objetivo terá de ser sacrificado no interesse de um outro. Os conceitos de conflito e de dilema permitem a compreensão dos processos de mudança gerados internamente na organização. A mudança e o ajustamento ocorrem sempre que novas situações o exijam, novos problemas surjam e novas soluções devam ser criadas. Daí a inovação. Os problemas são endêmicos e atuam como condição interna e contínua de mudança dentro do sistema.

Para Blau e Scott existem três dilemas básicos na organização formal:[72]

- *Dilema entre coordenação e comunicação livre*: para desempenhar suas funções, as organizações exigem uma coordenação eficiente e uma eficaz solução dos problemas administrativos. A coordenação – seja interdepartamental ou interpessoal – é dificultada quando se permite a livre comunicação entre as partes envolvidas. É que a livre comunicação introduz novas soluções não previstas para a adequada coordenação. Os escalões hierárquicos proporcionam coordenação eficiente, mas, por outro lado, restringem o fluxo de comunicações, impedindo a solução criativa dos problemas. Os processos de livre comunicação proporcionam um desempenho superior dos indivíduos tomados isoladamente quando em atividades de solução de problemas, mas também um desempenho inferior dos indivíduos agrupados quando a atividade é de coordenação. As exigências de coordenação e de comunicação livre são conflitantes entre si.
- *Dilema entre disciplina burocrática e especialização profissional*: há uma oposição entre os princípios que governam o comportamento burocrático e os que governam o comportamento profissional. Os princípios burocráticos estão ligados aos interesses da organização, enquanto os princípios profissionais se referem a normas técnicas e códigos de ética da profissão. O especialista profissional representa os interesses de sua profissão, enquan-

to o burocrata representa os da organização. A autoridade do profissional baseia-se no conhecimento da especialização técnica, enquanto a autoridade do burocrata baseia-se em um contrato legal. Enquanto o profissional decide com base em padrões profissionais e universais, o burocrata decide com base em diretrizes estabelecidas pela organização. Quando uma decisão de um profissional não é bem aceita, tal julgamento cabe à associação e a seus colegas de profissão, enquanto que em uma decisão do burocrata, o julgamento final cabe à administração da organização.[73] Há um dilema entre a orientação cosmopolita dos profissionais e a orientação local e paroquial dos burocratas. O dilema ocorre por três motivos: porque as organizações modernas têm de empregar tanto profissionais quanto burocratas; porque o trabalho dos profissionais vem sendo cada vez mais realizado dentro das organizações burocráticas; e porque as atividades dentro das burocracias estão tornando-se profissionalizadas.

■ *Dilema entre a necessidade de planejamento centralizado e a necessidade de iniciativa individual*: as organizações enfrentam e utilizam o avanço tecnológico por meio de um esforço criador para crescer e sobreviver. O destino das organizações depende da iniciativa e da criatividade individual. Porém, a necessidade de planejamento e de controle é vital para a organização, embora tenda a inibir a iniciativa e a criatividade individual. Quanto maior o planejamento centralizado, tanto menor a iniciativa e criatividade individual e vice-versa.

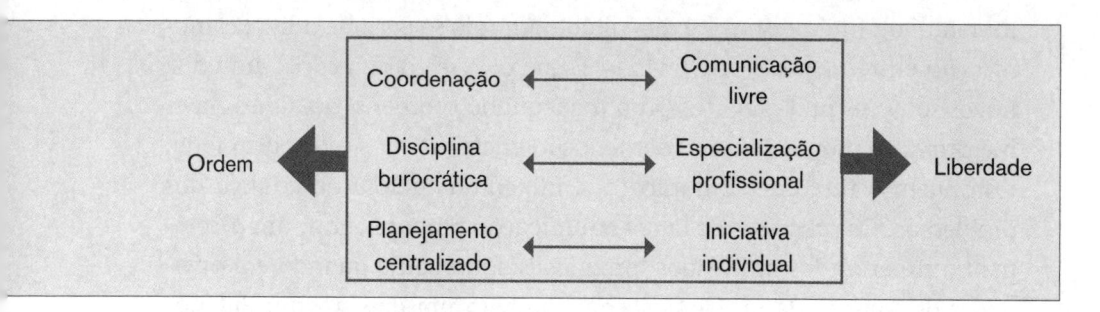

Figura 14.8. Os dilemas da organização.

Esses três dilemas organizacionais são manifestações do dilema maior entre ordem e liberdade. Tais dilemas são responsáveis pelo desenvolvimento das organizações: no processo de resolver problemas antigos, novos problemas são criados, e a experiência obtida na decisão contribuirá para a busca de soluções de novos problemas, tornando o desenvolvimento organizacional um processo essencialmente contínuo e dialético. O conflito conduz à inovação.

Conflitos entre linha e assessoria (*staff*)

A estrutura linha-*staff* é caracterizada por confrontos entre o pessoal de linha que detém autoridade linear e o pessoal de assessoria que tem autoridade de *staff*.[74] Como os gerentes de linha e os especialistas de *staff* precisam conviver entre si em uma dependência mútua, surgem conflitos entre linha e assessoria.[75] Os conflitos envolvem aspectos positivos e negativos, embora as possibilidades negativas e destrutivas do conflito – como tensões, discussões, perdas de tempo e energia com tentativas de amenizar ou resolver o conflito, etc. – sejam mais visíveis. Todavia, o conflito pode proporcionar potencialidades positivas, permitindo o fortalecimento da coesão grupal e da organização informal, bem como o sentimento de pertencer à organização quando esta fica à mercê de conflitos envolvendo entidades externas.

> O CONFLITO DE GERAÇÕES
> Durante décadas a fio, Ivan Meneses dirigiu a sua empresa com mãos de ferro. Agora, já idoso e com problemas de saúde, pretende preparar seus dois filhos como futuros sucessores na direção do negócio. Sabe que terá problemas pela frente. Seus filhos têm outra mentalidade sobre como tocar a empresa em sua maneira liberal de pensar e agir. Enquanto Ivan é autocrático e impositivo, os seus filhos são extremamente democráticos e liberais. Se você fosse o consultor da empresa, o que faria nessa situação?
>
> EXERCÍCIO

SÁTIRAS À ORGANIZAÇÃO

Os estruturalistas abordam a organização sob um ponto de vista profundamente crítico. Dentro desse espírito, surgiram livros de cunho humorístico, pitorescos e irreverentes e que expõem à sátira o paradoxo e o aparente absurdo de certos aspectos tradicionalmente aceitos nas organizações burocráticas. Esses livros procuram demonstrar o ridículo de certos princípios dogmáticos, utilizam afirmações jocosas e absolutas, exemplos perfunctórios e, sobretudo, demonstram uma visão apocalíptica da irreparável entropia das organizações.[76] Apesar de não proporem nenhum tipo de solução, esses autores satíricos – da abordagem do *non-sense* – apontam falhas e incongruências no processo aparentemente racional da organização. Seu sucesso literário tende a popularizar uma visão eminentemente crítica e negativa do funcionamento das organizações, principalmente das burocracias. Obviamente, pecam pelo exagero. Algumas dessas alegorias são drasticamente negativistas, como a chamada lei de Murphy: se alguma coisa poderia eventualmente dar errado, ela fatalmente dará errado. Entenda-se o seguinte: a probabilidade de insucesso significa quase sempre a certeza do fracasso.

Incluímos tais autores na abordagem estruturalista em função apenas da dificuldade de enquadrá-los adequadamente na teoria administrativa. Na realidade, tais autores somente têm em comum a crítica acerba e contundente à organização, aspecto que notamos em quase todos os autores estruturalistas. Foi apenas esse traço comum que nos levou a colocá-los neste capítulo, como a menos pior das colocações.

Lei de Parkinson

Northcote Parkinson (1909-1993), inglês catedrático de História e autor de obras sobre história naval e militar, publicou um livro no qual faz uma análise irreverente e implacável da administração burocrática.[77] O livro de Parkinson apresenta as seguintes teses:[78]

1. *Lei do trabalho*: é mais conhecida como a *Lei de Parkinson*. O trabalho tende a aumentar a fim de preencher todo o tempo disponível para sua execução. Isto significa que um trabalho sempre se prolonga de maneira a tomar todo o tempo que para ele se tem disponível. Em outros termos, quanto mais tempo se tem para fazer uma coisa, tanto mais tempo se levará para fazê-la.

    Da Lei do trabalho derivam dois princípios que ocasionam a chamada Pirâmide em Ascensão, a saber:
    - *Lei da multiplicação de subordinados*: um chefe de seção deseja sempre aumentar o número de seus subordinados, desde que não sejam seus rivais.
    - *Lei da multiplicação do trabalho*: um chefe de seção sempre inventa trabalho para incluir mais funcionários.

    Segundo esses dois princípios, todo chefe procura provocar a impressão de grande atividade e responsabilidade em função do número de subordinados e, com isso, ascender a posições mais elevadas na organização.

2. *Lei da banalidade*: o tempo despendido na discussão de cada item de uma agenda está na razão inversa da sua importância. A discussão de uma diretoria é curta e incisiva quando se trata de grandes despesas e torna-se longa e detalhada ao tratar de assuntos banais e sem importância alguma.

3. *Princípio da comissão*: uma comissão é orgânica em vez de mecânica em sua natureza. Uma comissão não é uma estrutura, mas uma planta que deita raízes, cresce, floresce, murcha e morre, espalhando as sementes que

farão outras comissões florescerem por sua vez. Parkinson propõe uma nova ciência, a Comissologia, para o estudo da praga das comissões.
4. *Princípio do bloco da administração*: a perfeição da estrutura planejada só é alcançada quando a instituição está no ponto de colapso. Quando uma organização atinge sua perfeição, ela já se tornou obsoleta ou está no fim de sua vida. Como as organizações são imperfeitas e os seus objetivos só são alcançados muito tardiamente, acabam por tornar-se obsoletos.
5. *Hipótese da paralisia das organizações*: se o chefe da organização não é dos melhores, ele tratará de se cercar de pessoas que sejam ainda piores; e elas, por sua vez, providenciarão subordinados que sejam piores que todos. Logo, haverá uma verdadeira competição de estupidez, em que as pessoas fingem ser ainda mais estúpidas do que realmente são. Para se defenderem da concorrência profissional, os chefes levam as organizações a uma fossilização e consequente paralisia.
6. *Hipótese da demora-padrão*: é o tempo normal decorrido entre o recebimento de uma correspondência ou documentação em uma organização burocrática e a sua posterior distribuição e resposta. Geralmente, a reação da organização é lenta e demorada dentro de um padrão de tempo que o autor implacavelmente procura exagerar.
7. *Princípio da aposentadoria*: algumas tribos primitivas liquidavam o chefe quando as suas forças vitais já se haviam consumido. Também a organização moderna procura liquidar o chefe, programando viagens e conferências, relatórios repletos de formulários, etc. que passam a ocupar totalmente o tempo dele, desviando-o de suas funções executivas.

A obra de Parkinson reflete sua experiência pessoal na administração pública de seu país, a qual pode ser tranquilamente transferida para a organização privada de qualquer outro local. Suas críticas ferinas enquadram-se perfeitamente no revisionismo dos autores estruturalistas.

Princípio de Peter

Peter e Hull publicaram um livro[79] dentro da abordagem do *non-sense*. Procuram demonstrar que a ação administrativa na burocracia revela sempre uma busca de justificativas para o desempenho ineficiente. No fundo, sua tese é de que as organizações burocráticas parecem fadadas à presença constante da mediocridade e da incompetência.

O Princípio de Peter – também chamado Princípio da Incompetência – salienta que em uma organização hierárquica todo empregado tende a subir até chegar ao seu nível de incompetência. Esse princípio tem o seu corolário: todo cargo tende a ser ocupado por um funcionário que é incompetente para cumprir seus deveres. A sociedade moderna, além de tolerar, reserva uma posição especial para o desempenho incompetente, não só na indústria e no Governo, como também nas escolas, nas igrejas, nos sindicatos, enfim, em todas as organizações.[80] Assim, o trabalho é feito pelos demais funcionários que ainda não atingiram seu nível de incompetência.

Como todo princípio tem exceções, o *Princípio de Peter* também apresenta as suas, a saber:

- *Sublimação percussiva*: quando um funcionário incompetente atrapalha ou bloqueia o serviço, ele é promovido a uma posição que, embora possa ser elevada, não poderá impedir que o trabalho seja feito.
- *Arabesco lateral*: quando o funcionário incompetente recebe um cargo maior ou título novo e é transferido para uma parte mais distante do mesmo escritório.
- *Inversão de Peter*: quando o regulamento interno tem mais valor que o serviço eficiente. É o caso do hospital, onde o atendente gasta um enorme e precioso tempo para preencher os formulários antes de socorrer a vítima acidentada, pois quem avalia a sua competência não é o paciente ou o público, mas o seu chefe imediato, com base no cumprimento dos regulamentos.
- *Esfoliação hierárquica*: quando o funcionário produtivo, além de não ser promovido, é demitido do seu posto. A supercompetência é muito mais condenável que a incompetência, pois ela subverte a hierarquia e acrescenta um comportamento não esperado.
- *Pista paterna*: quando o chefe da organização admite o filho em um posto elevado, sem passar pelos escalões inferiores ou quando, não havendo cargo para uma pessoa, cria-se um novo.

Para Peter e Hull, a organização não é uma meritocracia, e o processo de encarreiramento e promoção não leva em consideração a competência dos funcionários, mas, sim, a puxada e o empurrão. A puxada é a relação do empregado com a pessoa que está acima dele na hierarquia, pois o chefe é uma pessoa superior na hierarquia que pode ajudá-lo a subir. O puxador deve procurar um patrono e estimulá-lo a propor sua promoção e, quando o conseguir, procurar outros patronos mais elevados. O empurrão baseia-se no esforço de se promover com a ajuda do fator antiguidade e demonstração de um enorme interesse no estudo, no treinamento e no autodesenvolvimento. Todavia, o sucesso é prejudicial, por envolver contestação à hierarquia, podendo levar à demissão. Deduz-se que nada tem tanto sucesso quanto o insucesso.

Na verdade, Peter e Hull não apontam as causas da incompetência, mas apenas as suas manifestações. Preocupam-se com a incompetência apenas no nível de chefia e, mais especificamente, com o processo de promoção e o arranjo físico do escritório. Em livro posterior,[81] Peter apresenta humoristicamente 66 maneiras de combater o mal do Princípio de Peter, entremeadas com citações, a fim de impedir a inevitável ascensão dos menos eficientes.

Dramaturgia administrativa de Thompson

Victor A. Thompson[82] publicou um livro[83] no qual aborda a dramaturgia administrativa. Defende a tese de que em uma organização existe sempre um forte desequilíbrio entre o direito de decidir (que é a autoridade) e o poder de realizar (que é a habilidade e a especialização). Assim, habilidade, especialização e competência são aspectos dinâmicos que entram sempre em choque com autoridade, generalização e hierarquia.

O tema central escolhido por Thompson é o jogo do conhecimento e da inovação no processo burocrático, agindo como forças dinâmicas de autoatualização da organização em oposição às forças conservadoras que procuram manter o *status quo*. É o eterno conflito entre o conhecimento (inovação) e a hierarquia (conservação). Desse conflito entre as forças inovadoras e as forças conservadoras, conclui que a hierarquia monocrática está em decadência em face do crescente poder dos especialistas, uma vez que estes detêm maior competência técnica.[84] Esse conflito gera tensão e insegurança no sistema de autoridade das organizações, enfraquecendo a capacidade de controlar a situação por parte dos administradores, como resultado da crescente especialização. Assim, administradores, executivos e burocratas tendem a desenvolver uma série de mecanismos de defesa para reforçar a sua posição de autoridade à custa da racionalidade da organização.

Os mecanismos de defesa da hierarquia são os seguintes:

- *Manipulação do sistema de informações*: para proteger e reforçar suas posições de mando, os chefes tomam precaução no controle e distribuição das informações, manipulando-as como meios de poder.
- *Desenvolvimento do comportamento dramatúrgico*: a habilidade dramática torna-se fundamental no desempenho dos papéis hierárquicos. Os chefes procuram sempre dar a impressão de serem os mais capazes, os mais honestos, os mais ocupados e, principalmente, os mais indispensáveis.

- *Implementação da ideologia administrativa*: é o desenvolvimento da crença de que o chefe é um herói sobre-humano, atribuindo-lhe traços carismáticos para ajudar a legitimar sua posição hierárquica e a desviar a atenção sobre a necessidade de mudanças na instituição. Os chefes tomam suas refeições em refeitórios isolados, dispõem de carro e motorista da empresa, sala individualizada com carpete e ar-condicionado, passando a se distanciar socialmente das pessoas. Esses recursos são manipulados para criar uma relação sagrada entre o homem e o trabalho: quando uma pessoa ocupa uma posição mais elevada, deduz-se automaticamente que ela tem as qualificações necessárias para ocupá-la. É a administração de impressões.
- *Desenvolvimento da buropatia*: cada chefe apega-se aos regulamentos e às rotinas, aos subobjetivos e às categorias preestabelecidas de julgamento e resiste a qualquer forma de mudança na organização. O comportamento buropático do chefe tem sua origem nos sentimentos de insegurança pelo temor de perder o cargo. Como a hierarquia detém o monopólio do sucesso, cada chefe mantém a obediência às normas e aos regulamentos e controla os subordinados, ajustando-os aos padrões estabelecidos. Por seu turno, cada funcionário passa a respeitar religiosamente a rotina e os regulamentos, passa a resistir à mudança, a insistir nos seus direitos e, sobretudo, a se tornar apático e indiferente à mudança. Daí a aversão que o cliente passa a ter pela organização (*burose*), frustrado por não ver o seu caso tratado individual e personalizadamente. Surge, em consequência, um círculo vicioso entre *buropatia* e *burose*, o qual leva à alienação e à perda do cliente, que é a própria finalidade da organização.

Ao analisar a origem da hierarquia, Thompson conclui que ela é mágica e religiosa. A hierarquia passou a ser burocrática quando foi organizada racionalmente em uma cadeia de níveis em que as funções são dispostas em uma relação escalar de poder do superior sobre o respectivo subalterno. Assim, as funções hierárquicas passam a ser estritamente disciplinadas. Porém, a hierarquia não detém a competência de conhecimentos novos capazes de proporcionar decisões e desempenho técnico adequado. A evolução da especialização veio trazer enormes pressões no sentido de modificar as funções hierárquicas.

Thompson cita as seguintes deficiências da hierarquia.

- Exagerada ênfase ao direito de veto e de negação à inovação.
- Direito de esperar obediência e lealdade dos subalternos, o que dificulta as sugestões de inovação.

- O chefe tem o monopólio da comunicação, o que lhe permite bloquear a informação tanto para cima como para baixo.
- A relação hierárquica incompatibiliza-se com a amizade e com o relacionamento informal. Tira a sensibilidade do chefe para com as necessidades pessoais dos subordinados.
- A posição hierárquica é tipicamente baseada no comando e, portanto, incompatível com a igualdade democrática.
- A hierarquia dá oportunidade ao carisma e à utilização de distribuição de satisfações aos subordinados (como salário, *status*, consideração, poder, etc.) como meios para o chefe alcançar os seus objetivos pessoais.

Dessa forma, a hierarquia passa a assumir caráter carismático: de racional retorna ao irracional, de burocrática regride à mágica e, acima de tudo, transforma-se em uma organização monística na qual toda autoridade vem de cima e o superior comanda e controla fortemente o subordinado. A hierarquia burocrática herdou os direitos e privilégios do líder carismático de outras eras. Para ser bem-sucedido em uma organização, o indivíduo precisa estar protegido por uma certa posição hierárquica. A autoridade do especialista (autoridade não hierárquica) é mais específica, pois o especialista não tem muita possibilidade de sucesso e de ascensão, a não ser que abra mão de sua especialidade e faça sua adesão à hierarquia, sujeitando-se a ela, o que desvaloriza sua capacidade intelectual, suas aptidões e sua criatividade.

Enquanto a sociedade moderna de organizações caminha para as instituições pluralistas, compostas de diversos centros de autoridade que se equilibram mutuamente e se autorregulam, a organização burocrática ainda reflete uma instituição monística (com um só centro de autoridade) que reprime o conflito, pois o considera indesejável à manutenção do *status quo*. A organização somente alcança um caráter pluralista quando o conflito entre a autoridade hierárquica e a autoridade do conhecimento do especialista depende de uma mútua aceitação da interdependência dessas duas importantes funções na organização.

As burocracias foram criadas e adequadas a uma época de escassez de informações e de lentidão no processo inovador, não estando preparadas ou ajustadas a uma época de abundância de informações e de rapidez nas mudanças e inovações, as quais requerem utilização adequada da inteligência, criatividade, adaptação rápida e autoatualização constante dos indivíduos.[85]

A conclusão geral de Thompson é de que:

- A produção e a inovação variam inversamente: quanto maior uma, menor a outra, e vice-versa.
- A hierarquia fundamenta-se em uma estrutura monocrática e rotineira e, portanto, contrária à criatividade e à inovação.[86]

A organização burocrática é incapaz de lidar com mudanças e inovações em decorrência de sua ideologia de produção. A crítica à organização feita por Thompson é das mais sérias. Pena que esse autor permanecesse na crítica negativa sem chegar a tentar construir uma nova teoria administrativa capaz de substituir aquela que tão intensamente criticou.

Maquiavelismo nas organizações

Um produtor de tevê inglesa, Antony Jay, publicou um livro[87] no qual procura demonstrar que a nova ciência da Administração não é, na verdade, mais do que uma combinação da velha arte de governar, baseando-se no livro *O Príncipe*, de Nicolau Maquiavel.[88] O autor procura demonstrar que o maquiavelismo é aplicado nas organizações de hoje com uma frequência impressionante e procura livrar o nome de Maquiavel das intrigas, do oportunismo e da astúcia inescrupulosa. Maquiavel foi um conselheiro de príncipes que fez a primeira tentativa de teorização do governo como arte de dominação. Jay utiliza o método comparativo fazendo confrontos entre a história moderna e a história da empresa.

Para Jay,[89] os reis e barões de antigamente correspondem aos presidentes e gerentes operacionais das grandes organizações, enquanto os cortesãos que frequentavam a corte correspondem ao *staff* de conselheiros e assessores que trabalham na matriz. Historicamente, os baronatos foram submetidos à monarquia central na época pós-medieval, caminhando para uma descentralização e delegação progressiva até a época atual. Os barões encarregam-se da defesa territorial e da arrecadação dos impostos da mesma forma que os gerentes operacionais cuidam da manutenção do mercado e do faturamento da organização. Ambos – barões e gerentes operacionais – são os responsáveis pela sobrevivência e pela expansão da organização. Por outro lado, os cortesãos, além do divertimento, abastecem o rei de conselhos e recomendações, da mesma forma que o *staff* supre o presidente de planos e sugestões para as suas decisões. Os barões executam as decisões reais, enquanto os cortesãos assessoram o rei em todas as suas atividades. Há todo um jogo de interesses nessa situação: os barões têm força em função das suas operações, mas encontram-se distantes da corte e do rei, da mesma forma que os gerentes operacionais que cuidam das atividades regionais ou distritais da organização. Os cortesãos (assim como os elementos do *staff*) servem-se da proximidade real para aumentar o seu poder e a sua influência, competindo tenazmente com os interesses dos longínquos barões. O rei (como o presidente ou chefe) procura estabelecer e manter a sua autoridade por meio de um equilíbrio de forças que garanta a sua liderança. Jay assevera que

> os barões julgam que os cortesãos estão afastados dos assuntos principais (atividades voltadas para a manutenção da organização); os cortesãos julgam que os barões não têm discernimento, que são antiquados, que pecam por falta de organização e não passam de peões incapazes de enxergar um palmo adiante do nariz. Com muita frequência, ambas as partes podem provar os seus pontos de vista.[90]

A ligação entre essas partes se faz pelo rei, pelo general ou pelo presidente da empresa, que tem, naturalmente, a tentação de inclinar-se para um ou para outro dos lados. Na prática, porém, a tentação é a de dar mais valor ao cortesão do que ao barão.

O cortesão está perto e o barão, em geral, está longe. O cortesão tem muito maior acesso ao rei, pode observá-lo de perto e saber que pessoas e que ideias lhe são simpáticas, fazendo suas sugestões e pedidos, em conformidade com as tendências da ocasião... Aparentemente, os cortesãos sempre têm tempo de escrever longos relatórios persuasivos para favorecer seus esquemas, enquanto os barões dizem que estão muito ocupados para escrever e que de nada serve o telefone. Os cortesãos são hábeis na lisonja, os barões têm orgulho de ser inábeis nesse ponto.

O barão demonstra o seu sucesso em termos reais e objetivos de produção, enquanto o sucesso do cortesão, eminentemente subjetivo, está na dependência do julgamento pessoal de seu superior. O cortesão procura implementar modificações e inovações na organização, o que desperta a desconfiança do barão, que julga estar o cortesão inventando-lhe trabalho extra ou tentando favorecer algum interesse particular. Por sua vez, o cortesão não acredita nas opiniões do barão, argumentando que sua resistência é decorrente de pouca inteligência e excessiva teimosia.

Jay tira de Maquiavel alguns princípios de chefia. O chefe deve sempre:

- Manter dúvida inquietadora entre os subordinados.
- Tender para o grupo mais poderoso da organização.
- Assumir a responsabilidade mais importante.
- Conseguir a adesão dos opositores ou, então, levá-los à neutralidade, nunca dirigindo contra eles o seu exército.
- Usar a habilidade profissional não para sua defesa, mas para o seu avanço calculista.

Além disso, Jay refere-se à chamada "religião industrial"; as organizações também cultivam uma fé: "algumas empresas são extremamente religiosas. Organizam, periodicamente, sessões de revitalização da fé, em que hinos solenes são cantados, para a glória da companhia e de seus produtos, e os vendedores são encorajados a prestar apaixonados testemunhos pessoais dos motivos de sua fé".[91] Há incisivos sermões do pregador (o chefe mais antigo) e ataques ao diabo (o concorrente mais forte). Há também uma infinidade de práticas religiosas e de formas de obediência religiosa nas organizações modernas, a saber:[92]

- *Batismos*: como almoços oferecidos ao novo empregado da seção.
- *Funerais*: como jantares de despedida, acompanhados de discursos e sermões, oferecidos aos que se desligam ou se aposentam.
- *Missas regulares*: como as reuniões departamentais ou regionais, com os sermões vibrantes do gerente, reafirmando pontos de fé ou de doutrina, sempre que surgem sinais de divergência ou de lassidão.
- *Comunhões*: como as reuniões de chefes, nas quais fatos confidenciais são divulgados entre os crismados e mantidos em segredo para o resto da congregação.
- *Sessões ecumênicas*: como as reuniões dos chefes e líderes de todas as áreas da organização.
- *A recompensa do além*: "a religião industrial também tem o seu conceito de além, com a diferença de que surge aos sessenta ou sessenta e cinco anos e não após a morte. A promessa é a de uma aposentadoria confortável e razoável; a ameaça é o asilo de velhos e nada mais do que parcas economias. O plano de aposentadoria é o instrumento por meio do qual operam essas esperanças e esses temores, a gaiola de ouro que prende o empregado à firma à medida que este envelhece. As antigas esperanças e os antigos sonhos vão desaparecendo, o empregado compreende que não atingirá os elevados postos que esperava alcançar e a aposentadoria, como uma pensão satisfatória, torna-se o único objetivo real de sua vida".[93]

Em suma, o humor negro de Jay dá muito no que pensar. A estratégia de agir de acordo com o próprio interesse, tão bem tratada por Maquiavel, é um assunto que durante séculos empolgou os políticos. O estratagema maquiavélico, de procurar visualizar macroscopicamente (e não microscopicamente) as situações e ponderar cuidadosamente os riscos e benefícios de cada decisão de obedecer ou de contrariar, é uma posição que encontramos posteriormente definida pela Teoria Comportamental no campo da teoria das decisões.

O Princípio Dilbert

Em função de sua experiência pessoal em grandes empresas, Scott Adams[94] resume sua experiência em quadrinhos e tiras para retratar o cotidiano da vida nas organizações dentro de um humor ferino. De maneira simples e com poucas palavras, o autor consegue traduzir as frustrações, angústias e sofrimentos das pessoas submetidas a uma lógica empresarial fria, interesseira, desumana e que passa por cima do cadáver das pessoas.

APRECIAÇÃO CRÍTICA DA TEORIA ESTRUTURALISTA

O estruturalismo não chega a constituir uma teoria própria e distinta na TGA. Sua enorme influência e abrangência, todavia, fez com que ganhasse nesta obra um lugar especial, para efeito didático. É que o estruturalismo trouxe novas dimensões para a teoria administrativa. Em uma rápida apreciação crítica, podem-se considerar os seguintes aspectos principais:

Convergência de várias abordagens divergentes

Com o estruturalismo, nota-se uma convergência de várias abordagens, a saber: a Teoria Clássica, a Teoria das Relações Humanas e a Teoria da Burocracia, em uma tentativa de integração e de ampliação dos conceitos dessas teorias. É a chamada abordagem múltipla na análise das organizações.

Ampliação da abordagem

O estruturalismo muda o foco de atenção voltado ao indivíduo (Teoria Clássica) e ao grupo (Teoria das Relações Humanas) para a estrutura da organização como um todo. Neste contexto, a Teoria Estruturalista interessa-se pela organização total como um sistema social e cuja estrutura deve ser estudada em si mesma. A ênfase desloca-se totalmente para a organização. Esta torna-se o foco de atenção do analista. A visão é mais ampla. Com o neoestruturalismo – um movimento mais recente – surge a preocupação com o ambiente.

Dupla tendência teórica

No estruturalismo coexistem duas tendências teóricas marcantes: a integrativa e a do conflito:

- Alguns autores enfatizam a estrutura e os aspectos integrativos da organização. A preocupação é juntar. O objeto de análise é a organização como um todo.

■ Outros autores enfatizam os aspectos de conflito e divisão na organização. A preocupação é mostrar a dinâmica. O objeto de análise está focalizado nos conflitos.

No estudo de certas organizações, o ponto de vista do conflito pode ser mais relevante (como nas empresas ou prisões, por exemplo), enquanto, em outros casos, a abordagem integrativa parece mais útil (como em organizações de juventude ou nas cooperativas). Uma teoria geral deve explicar tanto o aspecto interativo como o aspecto conflitivo de poder dos sistemas sociais. As duas abordagens – a integrativa e a de conflito – podem ser combinadas, pois não há contradição inerente entre ambas.[95] Integrar e conflitar significam as duas faces de uma mesma moeda.

Análise organizacional mais ampla
A Teoria Estruturalista estimulou o estudo de organizações não industriais e de organizações não lucrativas, como escolas, universidades, hospitais, sindicatos, penitenciárias etc. O estruturalismo trata das organizações complexas e do estudo e análise das organizações formais. O termo "organizações formais" refere-se às organizações sociais formalmente estabelecidas para alcançar propósitos explícitos. O termo inclui aspectos informais como os aspectos formalizados das organizações. As organizações complexas – aquelas cuja estrutura e processo apresentam elevado grau de complexidade, independentemente do seu tamanho, como hospitais e universidades – constituem o objeto de estudo dos estruturalistas. A expressão "organizações complexas" – utilizada para as organizações sociais de proporções maiores – parece lembrar mais os autores estruturalistas do que as organizações em si. Alguns estruturalistas falam em organizações formais – como Blau e Scott. O importante é que a análise organizacional pode ser feita no nível da sociedade (ou macronível), no nível intergrupal ou, ainda, no nível interpessoal (micronível). As organizações fazem parte de uma sociedade mais geral, interagindo com ela e intercambiando influências recíprocas.

Inadequação das tipologias organizacionais
As tipologias das organizações oferecidas pelos estruturalistas são criticadas pelas suas limitações quanto à aplicação prática e pelo fato de se basearem em uma única variável. Suas aplicabilidade e validade são problemáticas. Não resta dúvida de que as tipologias de classificação são necessárias para

o pensamento e a ação em cada faceta da vida social. A necessidade das tipologias existe porque não há um esquema melhor para estudar e comparar as organizações. As divisões de "sentido comum" entre organizações lucrativas e não lucrativas ou governamentais e não governamentais trazem mais confusão do que clareza. As tipologias apoiadas em um simples princípio básico, como as de Etzioni e de Blau e Scott, não discriminam as organizações e somente as dividem com base em um único aspecto significativo. A intenção de construir empiricamente uma taxonomia peca pela debilidade dos dados e pelas limitações sobre a importância das variáveis consideradas.[96] Em resumo, as tipologias apresentadas pelos estruturalistas são simples e unidimensionais, reduzindo as organizações a uma única dimensão para poderem ser compararadas entre si.

Teoria da Crise
A Teoria Estruturalista é denominada teoria de crise, pois tem mais a dizer sobre problemas e patologias das organizações complexas do que com a sua normalidade. Os autores estruturalistas são críticos e revisionistas, procurando localizar nas organizações o núcleo de suas problemáticas e inconsistências. É como se estivessem mais preocupados com os defeitos organizacionais do que com suas características fundamentais.

Teoria de transição e de mudança
A Teoria Estruturalista é uma teoria de transição e de mudança. O estruturalismo não é propriamente uma teoria, mas, antes de tudo, um método que Lévi-Strauss trouxe da Linguística e introduziu nas ciências sociais com êxito. Esse método estendeu-se à Economia, Psicologia, Sociologia, chegando à Administração.[97] No fundo, a ideia de integração dos elementos em uma totalidade, como apregoa o estruturalismo, é a mesma ideia básica que sustenta a Teoria dos Sistemas: a compreensão da interdependência recíproca das organizações e da consequente necessidade de integração. A própria palavra sistema dá ideia de plano, método, ordem ou organização.[98] O mesmo ocorreu com a Psicologia da *Gestalt* fundamentada no conceito de configuração.[99] O estruturalismo superou a visão clássica que privilegia as partes em detrimento do todo, bem como a análise em detrimento da síntese e a visão que privilegia a matéria (as coisas, os objetos) em detrimento das relações entre esses objetos. Afinal, a organização é resultado da coerência do conjunto dessas relações e interações.

> **VISÃO PRÁTICA: AMPLIAR A VISÃO SOBRE A ORGANIZAÇÃO**
>
> A teoria estruturalista ensina que o administrador precisa ver grande, mirar o todo e ampliar seus horizontes. Precisa também criar as condições de mudança e transformação – mesmo que a organização que administra já seja excelente –, pois ela opera em um mundo de negócios mutável e instável que requer contínua adaptação.

Além disso, a tentativa de conciliação e integração dos conceitos clássicos e humanísticos, a visão crítica do modelo burocrático, a ampliação da abordagem das organizações envolvendo o contexto ambiental e as relações interorganizacionais (variáveis externas), além de um redimensionamento das variáveis organizacionais internas (a múltipla abordagem estruturalista) e o avanço rumo à abordagem sistêmica, são aspectos que marcaram profundamente a teoria administrativa. O estruturalismo representa uma trajetória definitiva rumo à abordagem sistêmica. Aliás, os autores neoestruturalistas são os responsáveis pelo surgimento da Teoria da Contingência.

TABELA 14.6. CONFRONTO ENTRE TEORIAS DA BUROCRACIA E ESTRUTURALISTA

Aspectos	Teoria da Burocracia	Teoria Estruturalista
Ênfase	Somente na estrutura organizacional	Na estrutura organizacional, nas pessoas e no ambiente
Abordagem da organização	Organização formal	Organização formal e informal
Enfoque	Sistema mecânico (sistema fechado) Teoria da Máquina	Sistema natural ou orgânico (sistema aberto)
Conceito de organização	Sistema social como um conjunto de funções oficiais	Sistema social intencionalmente construído e reconstruído para atingir objetivos
Caráter da administração	Sociologia da burocracia Abordagem simplista	Sociologia organizacional Sociedade de organizações e abordagem múltipla
Comportamento humano	Ser isolado que reage como ocupante de cargo ou de posição hierárquica	Ser social que desempenha papéis dentro de várias organizações

(continua)

TABELA 14.6. CONFRONTO ENTRE TEORIAS DA BUROCRACIA E ESTRUTURALISTA (CONTINUAÇÃO)		
Aspectos	Teoria da Burocracia	Teoria Estruturalista
Concepção do homem	Homem organizacional	Homem organizacional
Relação entre objetivos	Prevalência dos objetivos organizacionais. Não há conflito perceptível entre objetivos organizacionais e individuais	Balanço entre objetivos organizacionais e individuais. Conflitos inevitáveis e até desejáveis, pois conduzem à mudança e à inovação
Preocupação	Eficiência máxima	Eficiência e eficácia

Método do caso

A virada da Goodyear[100]

Quando assumiu o comando da Goodyear, Stanley Gault impôs um novo lema para toda a empresa: voltar-se ao negócio e ao cliente durante 24 horas por dia. Ao sentar-se na cadeira da presidência mundial da companhia, ele encontrou uma situação caótica. Apesar da intocável imagem e reputação da empresa no mercado, a Goodyear havia apresentado o primeiro prejuízo em sua história e passava por forte estagnação. Gault resolveu promover um *turnaround* e aplicou a velha receita: reestruturou a companhia, vendeu negócios deficitários, reduziu o quadro de pessoal e enxugou os custos. Em uma segunda etapa, a Goodyear deixou de ser um mero fabricante de *commodities* para atuar em nichos específicos de mercado com produtos de alta tecnologia para atender a necessidades específicas dos clientes. Lançou 22 modelos novos de pneus em pouco tempo, algo que jamais fizera. Muitos deles tornaram-se campeões de venda. O faturamento bateu em 11 bilhões de dólares.

O Brasil é o maior negócio da Goodyear fora dos Estados Unidos. A subsidiária brasileira, juntamente com a da China e a da Índia, foram eleitas como prioridades dentro dos planos da corporação. O motivo é simples: esses países têm muito território, muita gente e pouco carro. Logo mais, vão comprar carros e, por tabela, vão precisar de pneus.

A Goodyear do Brasil recebeu duas missões da matriz. A primeira é conquistar corações e mentes dos consumidores, sejam eles donos de carros ou de caminhões. A outra missão é tornar a subsidiária um polo exportador para o resto do mundo. Além disso, a empresa investiu pesadamente na sua rede de distribuidores exclusivos e criou o conceito de atendimento total ao cliente. Quando um motorista entra em uma loja, ele não quer apenas comprar pneus, mas precisa também de outros serviços, como alinhamento e balanceamento, testes de amortecedores e, principalmente, orientação técnica sobre o que comprar. O número de pontos de venda espalhados pelo país subiu de 400 para mais de 500, muitos deles dotados de autocentros que oferecem todos esses serviços. Na busca pela excelência no atendimento, os distribuidores ganharam autonomia. Antes, quando um cliente reclamava de um defeito de fabricação no pneu, tinha de esperar uma solução durante semanas, pois o produto era despachado da revenda para a empresa, onde um conselho de técnicos estudava pacientemente o caso e dava o veredicto. Aí, o caso fazia o caminho de volta. Agora, os técnicos da própria distribuidora dão a palavra final e em minutos o cliente tem uma decisão. Para tanto, a Goodyear investe pesadamente em treinamento dos revendedores para aprimorar sua capacitação técnica e melhorar o atendimento ao cliente.

QUESTÕES

1. Em que aspectos o caso da Goodyear tem a ver com a teoria estruturalista?
2. Como a Goodyear montou um conjunto organizacional para ganhar mercado?
3. Como a visão global da estrutura mudou a tarefa organizacional na Goodyear?
4. Onde foram colocados os objetivos da organização?
5. Como poderia ser feita a análise organizacional da Goodyear?

Sociedade de organizações	**Tipologia das organizações**
	• Coercitivas • Interesses comerciais
Análise das organizações (abordagem múltipla)	• Utilitárias • Serviços
• Organização formal × informal	• Normativas • Estatais
• Recompensas materiais × sociais	• Benefícios mútuos
• Enfoque racional × natural	**Objetivos organizacionais**
• Os níveis da organização	• Visão da situação futura
• A diversidade das organizações	• Fonte de legitimidade
• Análise interorganizacional	• Padrões de desempenho
	• Unidade de medida
Estratégia organizacional	**Conflitos organizacionais**
• Competição	• Conhecimento × hierarquia
• Negociação	• Coordenação × comunicação livre
• Cooptação	• Disciplina burocrática × especialização
• Coalizão	• Planejamento centralizado × iniciativa
	• Linha × assessoria (*staff*)

Apreciação crítica da Teoria Estruturalista
- Convergência de abordagens divergentes
- Ampliação da abordagem
- Dupla tendência teórica
- Análise organizacional mais ampla
- Inadequação das tipologias organizacionais
- Teoria da crise, transição e mudança

Figura 14.9. Mapa Mental de Teoria Estruturalista.

REFERÊNCIAS

1. ETZIONI, A. Organizações modernas. São Paulo: Pioneira, 1967. p. 68.
2. MOTTA, F. C. P. O estruturalismo e a teoria das organizações. Revista de Administração de Empresas. Rio de Janeiro, Fundação Getúlio Vargas, v. 10, n. p. 25, dez. 1970; VIET, J. Métodos estruturalistas nas ciências sociais. Rio de Janeiro: Tempo Brasileiro, 1967. p. 8.
3. Os principais expoentes da Teoria Estruturalista são: James D. Thompson; Victor A. Thompson; Amitai Etzioni; Peter M. Blau; David R. Sills; Burton R. Clarke; e Jean Viet. No fundo, alguns autores da Teoria da Burocracia também podem ser considerados estruturalistas, como Max Weber; Robert K. Merton; Philip Selznick; e Alvin Gouldner. Alguns autores neoestruturalistas ou em sua fase neoestruturalista serão também abordados neste livro, como James D. Thompson; Charles Perrow; e Jay R. Galbraith.

4. VIET, J., op. cit., p. 8.
5. VIET, J., op. cit., p. 8.
6. VIET, J., op. cit., p. 8.
7. PRESTHUS, R. The organizational society. New York: Vintage Books, 1965.
8. ETZIONI, A., op. cit.
9. ETZIONI, A., op. cit.
10. ETZIONI, A., op. cit.
11. ETZIONI, A., op. cit.
12. PARSONS, T. Structure and process in modern society. Glencoe: The Free , 1960. p. 17.
13. STINCHCOMBE, A. L. Social structure and organizations. In: MARCH, J. G. (Ed.). Handbook of organizations. Chicago: Rand McNally College, 1965. p. 142.
14. LITTERER, J. A. Organizations: structure and behavior. New York: John Wiley & Sons, 1963. p. 5.
15. MOUZELIS, N. P. Organization and bureaucracy. Chicago: Aldine, 1968. p. 4.
16. CARZO JR., R.; YANOUZAS, J. N. Formal organizations: a systems approach. Homewood: Richard D. Irwin, The Dorsey, 1971. p. 12.
17. WHYTE JR., W. F. The organization man. New York: Doubleday, 1966.
18. WHYTE JR., W. F., op. cit., p. 435.
19. MOTTA, F. C. P, op. cit., p. 31. Ver também LODI, J. B. Administração por objetivos, p. 139-42.
20. ETZIONI, A. Organizações complexas. São Paulo: Atlas, 1967. p. 15.
21. ETZIONI, A. Organizações modernas, op. cit., p. 75-80.
22. ETZIONI, A. Organizações modernas, op. cit., p. 78-9.
23. GOULDNER, A. Organizational analysis. In: MERTON, R. K. et al. (Eds.). Sociology today. New York: Basic Books, 1959.
24. THOMPSON, J. D. Modelos de organização e sistemas administrativos. In: BERTALANFFY, L. von et al. Rio de Janeiro: FVG – Instituto de Documentação, 1976. p. 48.
25. PARSONS, T. Suggestions for a sociologial approach to the theory of organizations. Administrative Science Quarterly, p. 67, jun. 1956.
26. PARSONS, T. Some ingredients of a general theory of formal organization. In: Structure and process in modern society, op. cit.
27. ETZIONI, A. Organizações modernas, op. cit., p. 79.
28. ETZIONI, A. Organizações complexas, op. cit.
29. WARREN, R. C. et al. The interaction of community decision organizations: some conceptual considerations and empirical findings. In: NEGANDHI, A. R. (Ed.). Modern organization theory, contextual, environmental, and socio-cultural variables. The Kent State University, 1973. p. 146. Ver o mesmo trabalho em: NEGANDHI, A. R. (Ed.). Interorganization Theory. Center for Business and Economic Research: The Kent State University, 1975. p. 168.
30. GUETZKOW, H. Relations among organizations. In: BOWES, R. V. (Ed.). Studies on behavior in organizations, a research symposium. Athens: University of Georgia, 1966. p. 1-12.

31. Uma das mais notáveis exceções e que leva em conta os aspectos do ambiente é: SELZNICK, P. T. V. A. and the grass roots: a study in the sociology of formal organizations. Berkeley; Los Angeles: University of California, 1949.
32. A palavra taxonomia é usada aqui como sinônimo de classificação ou tipologia.
33. ETZIONI, A. Organizações modernas, op. cit.
34. ETZIONI, A. Organizações modernas, op. cit., p. 94-8.
35. ETZIONI, A. A comparative analysis of complex organizations. Glencoe: The Free, 1961. Cap. 3.
36. ETZIONI, A. Análise comparativa de organizações complexas. São Paulo: Atlas, 1974. p. 101-2.
37. BLAU, P. M.; SCOTT, W. R. Organizações formais. São Paulo: Atlas, 1970. p. 54--74.
38. UDY JR., S. H. Organization to work: a comparative analysis of production among non-industrial peoples. New Haven: HRAF, 1959.
39. UDY JR., S. H. The comparative analysis of organizations. In: MARCH, J. G. (Ed.). Handbook of organizations. Chicago: Rand McNally, 1965. p. 678-709.
40. HALL, R. H. Organizaciones: estructura y proceso. Madrid: Prentice-Hall Internacional, 1973. p. 57-67.
41. PUGH, D. S. et al. A conceptual scheme for organizational analisis. Administrative Science Quarterly, v. 8, n. 3, p. 301-7, dec. 1963.
42. PUGH, D.S.; HICKSON, D. J.; HINNINGS, C. R. An empirical taxonomy of organizations. Administrative Science Quartely, v. 14, n. 1, p. 123, mar. 1969.
43. DAVID, V. SILLS, D. L. apud ETZIONI, A. A modificação de objetivos: organizações complexas, op. cit., p. 148-60.
44. ETZIONI, A. Organizações modernas, op. cit., p. 13-35.
45. ETZIONI, A. Organizações modernas, op. cit., p. 35.
46. PERROW, C. Análise organizacional, p. 167-8.
47. ETZIONI, A. Organizações modernas, op. cit., p. 146-8.
48. ETZIONI, A. Organizações modernas, op. cit., p. 35.
49. THOMPSON, J. D.; MCEWEN, W. J. In: ETZIONI, A. Objetivos organizacionais e ambiente: organizações complexas, op. cit., p. 177-87.
50. MERTON, R. K. Estrutura burocrática e personalidade. In: ETZIONI, A. Organizações complexas, op. cit., p. 57-69.
51. LIPSET, S. M. Burocracia e reforma social. In: ETZIONI, A. Organizações complexas, op. cit., p. 256-62.
52. BLAU, P. M. Dynamics of bureaucracy. Chicago: Chicago University, 1956. p. 201-14.
53. THOMPSON, J. D.; MCEWEN, W. J. Organizational goals and environment. American Sociological Review, v. 23, n. 23, p. 23-31, 1958.
54. EVAN, W. M. The organization-set: toward a theory of interorganizational relations. In: THOMPSON, J. D. (Org.). Approaches to organizational design. Pittsburgh: University of Pittsburgh, 1966, p. 177-80.
55. MERTON, R. K. Social theory and social structure. Glencoe: The Free, 1957. p. 368-80.

56. O conceito de relações de papel tem inspirado outras abordagens. Ver: HAGE, J.; MARWELL, G. Toward the development of an empirically based theory of role relationships. In: SUN, J. S.; STORM, W. B. (Eds.). Tomorrow's organizations: challenges and strategies. Glenview: Scott, Foresman, 1973. p. 263-72.
57. EVAN, W. M. The organization-set, op. cit., p. 175-6.
58. PFEFFER, J.; SALANICK, G. R. The external control of organizations: a resource dependence perspective. New York: Harper & Row, 1978.
59. THOMPSON, J. D.; MCEWEN, W. J. Objetivos de organização e ambiente: estabelecimento do objetivo como um processo de interação. In: CARTWRIGHT, D.; ZANDER, A. Dinâmica de grupo, pesquisa e teoria. São Paulo: EPU/Edit. USP, 1975. p. 590-7.
60. SELZNICK, P. op. cit.
61. BOLMAN, L. G.; DEAL, T. Reframing organizations: artistry, choice, and leadership. San Francisco: Jossey-Bass, 1997. p. 163.
62. MINTZBERG, H.; AHLSTRAND, B.; LAMPEL, J. Safári de estratégia: um roteiro pela selva do planejamento estratégico. Porto Alegre: Bookman, 2000. p. 177.
63. MOTTA, F. C. P. Teoria geral da administração: uma introdução, p. 31.
64. LORENZ, K. On agression. New York: Harcourt, Brace & World, 1966.
65. SHEPPARD, H. A. Responses to situations of competition and conflict. In: Conflict management in organizations. Ann Arbor: Foundation for Research on Human Behavior, 1962. p. 33.
66. ETZIONI, A. Organizações modernas, op. cit., p. 72-3.
67. ETZIONI, A. Organizações modernas, op. cit., p. 119.
68. ETZIONI, A. Organizações modernas, op. cit., p. 121-4.
69. ETZIONI, A. Organizações modernas, op. cit., p. 119-47.
70. BLAU, P. M.; SCOTT, W. R., op. cit.
71. BLAU, P. M.; SCOTT, W. R, op. cit., p. 276-88.
72. GOULDNER, A. W. Patterns of industrial bureaucracy, op. cit.
73. DALTON, M. Men who manage: fusion of feelings and therapy in administration.
74. DALTON, M. apud ETZIONI, A. Conflitos entre funcionários administrativos de staff e de linha. In: Organizações complexas, op. cit., p. 212-21.
75. LODI, J. B. Parkinson e Peter: non-sense e teoria de administração. Revista IDORT, São Paulo, n. 463/464, p. 14-17, set./out. 1970.
76. PARKINSON, C. N. Parkinson's law. Boston: Houghton Miffin, 1957.
77. PARKINSON, C. N. A lei de parkinson. São Paulo: Pioneira, 1967.
78. PETER, L. J.; HULL, R. The Peter principle. London: Morrow, 1969.
79. PETER, L. J.; HULL, R. Todo mundo é incompetente. Rio de Janeiro: José Olympio, 1970.
80. PETER, L. J. The Peter prescription. New York: William Morrow, 1972.
81. THOMPSON, V. A., professor de Administração do Instituto de Tecnologia de Illinois, é autor identificado com o behaviorismo, tendo passado posteriormente ao estruturalismo. É muito famoso pelas críticas aos princípios clássicos de organização. Colaborou com Simon e Smithsburg no livro behaviorista *Public Administration* em 1951.

82. THOMPSON, V. A. Moderna organização. Rio de Janeiro: Freitas Bastos (USAID – Aliança para o Progresso), 1967.
83. THOMPSON, V. A. Bureaucracy and inovation. University of Alabama, 1969.
84. THOMPSON, V. A. Bureaucracy and innovation, op. cit.
85. Esta afirmação lembra a lei de Gresham, segundo a qual a rotina destrói toda atividade não programada.
86. JAY, A. Management and Machiavelli. London: Hodder & Stoughton, 1967.
87. JAY, A. Maquiavel e a gerência de empresas. Rio de Janeiro: Zahar, 1968.
88. JAY, A. Maquiavel e a gerência de empresas, op. cit.
89. JAY, A. Maquiavel e a gerência de empresas, op. cit.
90. JAY, A. Maquiavel e a gerência de empresas, op. cit.
91. JAY, A. Maquiavel e a gerência de empresas, op. cit.
92. JAY, A. Maquiavel e a gerência de empresas, op. cit.
93. ADAMS, S. Princípio Dilbert. Rio de Janeiro: Ediouro, 1994.
94. MOUZELIS, N. P. Organization and bureaucracy, op. cit., cap. 7.
95. HALL, R. H. Organizaciones: estructura y processo, op. cit., p. 72.
96. ESCOBAR, C. H. O método estruturalista. Rio de Janeiro: Zahar, 1969. p. 7-13.
97. WAHRLICH, B. M. S. Uma análise das teorias da organização. Rio de Janeiro: Fundação Getulio Vargas, Serviço de Publicações, 1971. p. 124.
98. A Psicologia da Gestalt ou Psicologia da Forma baseia-se no conceito de configuração (*insight*).
99. Lição de casa bem feita. Exame, ed. 558, 25 maio 1994, p. 34-5.

GLOSSÁRIO BÁSICO

Ajuste: ou negociação, é uma estratégia que busca negociações para um acordo quanto à troca de bens ou serviços entre duas ou mais organizações.

Ambiente organizacional: é o contexto externo (humano, social, político e econômico) que envolve externamente uma organização. O ambiente é constituído pelas outras organizações que formam a sociedade.

Análise interorganizacional: é a avaliação das transações e relações de uma organização focal com outras organizações que formam o seu conjunto organizacional. Trata-se da interação externa de uma organização com seu ambiente.

Coalizão: é a combinação de duas ou mais organizações para alcançar um objetivo comum.

Competição: é uma forma de rivalidade entre duas ou mais organizações, mediadas por um terceiro grupo. A competição nem sempre envolve interação direta entre as partes rivais.

Conflito: é uma situação em que duas ou mais pessoas ou grupos discordam entre si ou experimentam antagonismo recíproco. O mesmo que divergência ou contraposição.

Conflito organizacional: significa a existência de ideias, sentimentos, atitudes ou interesses antagônicos e colidentes que podem chocar-se em uma organização. Representa um choque de interesses.

Conjunto organizacional: é um agrupamento de organizações que funcionam por meio de uma interdependência recíproca. É o mesmo que *cluster*.

Controle físico: é o controle baseado na aplicação de meios físicos ou de sanções e ameaças físicas.

Controle material: é o controle baseado na aplicação de meios e recompensas salariais e materiais.

Controle normativo: é o controle ético baseado na aplicação de símbolos puros ou valores sociais (como prestígio, estima, amor, fé, crença, etc.).

Coopção: ou cooptação, é um processo para absorver elementos estranhos na liderança ou no processo decisorial de uma organização, como recurso para impedir ameaça externa à sua existência.

Dilema: representa uma situação em que se deseja atender a dois interesses inconciliáveis entre si; o atendimento de um deles impede o atendimento do outro.

Envolvimento alienatório: o indivíduo é coagido a permanecer na organização, embora não esteja interessado nela.

Envolvimento calculista: o indivíduo torna-se interessado em permanecer na organização desde que seus esforços tenham uma recompensa financeira ou econômica imediata.

Envolvimento moral: o indivíduo atribui valor à missão da organização e ao seu trabalho dentro dela, desempenhando-o da melhor maneira possível, porque lhe atribui valor.

Estratégia organizacional: é o comportamento utilizado por uma organização para lidar com seu ambiente.

Estrutura: conjunto de elementos relativamente estáveis que se relacionam no tempo e no espaço para formar uma totalidade. Em Administração, a estrutura corresponde à maneira como as organizações estão organizadas e estruturadas.

Estruturalismo: é um método analítico e comparativo que estuda os elementos ou fenômenos em relação à sua totalidade.

Estruturalismo abstrato: a estrutura é uma construção abstrata de modelos para representar a realidade empírica. Seu maior representante é Lévi-Strauss.

Estruturalismo concreto: a estrutura é o conjunto de relações sociais em determinado momento. Gurwitch e Radcliff-Brown são os maiores representantes.

Estruturalismo dialético: a estrutura é constituída de partes que se desdobram, se diferenciam e, de uma forma dialética, ganham autonomia umas sobre as outras, mantendo a integração e a totalidade sem fazer soma ou reunião entre si, mas pela reciprocidade entre elas. Karl Marx é o maior representante.

Estruturalismo fenomenológico: a estrutura é um conjunto que se constitui, se organiza e se altera, e os seus elementos têm uma certa função sob uma certa relação, o que impede o tipo ideal de estrutura de retratar fiel e integradamente a diversidade e a variação do fenômeno real que ocorre nas organizações. Max Weber é o seu maior representante.

Homem organizacional: é o conceito estruturalista do homem moderno, que desempenha diferentes papéis simultâneos em várias organizações diferentes. Daí seu caráter cooperativo e competitivo.

Lei de Murphy: é observação satírica e saliente que, se algo puder eventualmente dar errado, certamente dará.

Modelo natural de organização: concebe a organização como um conjunto de partes interdependentes que, juntas, constituem uma totalidade. É a abordagem de sistema aberto típica da Teoria de Sistemas.

Modelo racional de organização: concebe a organização como um meio racional para alcançar objetivos. É a abordagem de sistema fechado típica da Administração Científica, Teoria Clássica e Teoria da Burocracia.

Negociação: o mesmo que ajuste.

Organizações coercitivas: são aquelas em que o poder é imposto pela força física ou por controles baseados em prêmios ou punições.

Organizações complexas: nome dados às grandes organizações que apresentam características burocráticas decorrentes de seu tamanho e complexidade.

Organizações normativas: são aquelas em que o poder baseia-se em um consenso sobre objetivos e métodos de organização e que utilizam o controle moral e ético como força de influência.

Organizações utilitárias: são aquelas em que o poder baseia-se no controle dos incentivos econômicos e utilizam a remuneração como a principal base de controle.

Organizações sociais: é o nome dado às organizações pelo fato de que todas elas se baseiam em pessoas.

Papel: é a expectativa de desempenho por parte do grupo social e a internalização dos valores e normas que o grupo – implícita ou explicitamente – prescreve para o indivíduo.

Sátira: são enfoques humorísticos, pitorescos e irreverentes que expõem os paradoxos dentro das organizações.

Sociedade de organizações: a sociedade moderna é constituída de organizações, das quais as pessoas passam a depender para nascer, viver e morrer.

Sociologia Organizacional: é a área da Sociologia que se encarrega do estudo das organizações.

Taxonomia das organizações: o mesmo que tipologia das organizações.

Teoria Estruturalista: é a corrente administrativa baseada no movimento estruturalista, fortemente influenciado pela Sociologia Organizacional.

Tipologia das organizações: é uma classificação das organizações de acordo com uma ou mais variáveis que servem de critérios ou padrões para facilitar a análise comparativa de organizações.

Parte VII
ABORDAGEM COMPORTAMENTAL DA ADMINISTRAÇÃO

A partir dos trabalhos de dinâmica de grupo desenvolvidos por Kurt Lewin, ainda na sua fase de impulsionador da Teoria das Relações Humanas, com a divulgação do livro de Chester Barnard[1] e dos estudos de George Homans sobre sociologia funcional de grupo,[2] culminando com a publicação do livro de Herbert Simon[3] sobre o comportamento administrativo, novas ideias e direções passam a dominar a teoria administrativa.

As raízes dessa nova abordagem estão localizadas mais adiante, mas é a partir da década de 1950 que se desenvolve nos Estados Unidos uma concepção de Administração, trazendo novos conceitos, variáveis e, sobretudo, uma nova visão da teoria administrativa, baseada no comportamento humano nas organizações.

A abordagem comportamental – também chamada behaviorista (em função do behaviorismo na Psicologia)

– marca a mais forte ênfase nas ciências do comportamento na Teoria Administrativa e a busca de soluções democráticas e humanas para os problemas organizacionais. Enquanto o estruturalismo foi influenciado pela Sociologia – mais especificamente, pela Sociologia Organizacional –, a abordagem comportamental recebe forte influência das ciências comportamentais – mais especificamente, da Psicologia Organizacional.

O conceito de comportamento é fundamental. Comportamento é a maneira pela qual um indivíduo ou uma organização age ou reage em suas interações com o seu meio ambiente e em resposta aos estímulos que dele recebe. As ciências comportamentais aportaram à Teoria Administrativa uma variedade de conclusões a respeito da natureza e das características do ser humano, a saber:

- O *homem é um animal social dotado de necessidades*. Dentre elas, sobressaem as necessidades gregárias, isto é, o homem desenvolve relacionamentos cooperativos e interdependentes que o levam a viver em grupos ou em organizações sociais.
- O *homem é um animal dotado de um sistema psíquico*. Tem capacidade de organizar suas percepções em um todo integrado. Seu sistema psíquico permite uma complexa organização perceptiva e cognitiva particular do mundo externo.
- O *homem tem capacidade de articular a linguagem com o raciocínio abstrato*, ou seja, o homem tem capacidade de comunicação.
- O *homem é um animal dotado de aptidão para aprender*, isto é, de mudar seu comportamento e suas atitudes em direção a padrões mais elevados, complexos e eficazes.
- O *comportamento humano é orientado para objetivos*. Os objetivos individuais são complexos e mutáveis. Daí a importância de se conhecer os objetivos humanos básicos, a fim de se compreender o comportamento das pessoas.
- O *homem caracteriza-se por um padrão dual de comportamento*. Pode tanto cooperar como competir com os outros. Coopera quando seus objetivos individuais precisam ser alcançados por meio do esforço comum coletivo. Compete quando seus objetivos são disputados e pretendidos por outros. O conflito torna-se parte virtual de todos os aspectos da vida humana.

Com a abordagem comportamental, a preocupação com a estrutura organizacional desloca-se para a preocupação com a dinâmica e os processos organizacionais e migra do comportamento das pessoas na organização para o comportamento organizacional. Predomina a ênfase nas pessoas – inaugurada com a Teoria das Relações Humanas –, mas dentro de um contexto organizacional. O foco dos estudos passou por uma enorme ampliação.

A abordagem comportamental será tratada nos dois próximos capítulos.

CRONOLOGIA DOS PRINCIPAIS EVENTOS DA TEORIA BEHAVIORISTA

Ano	Autores	Livros
1910	J. B. Watson	Psychology from the Standpoint of the Behaviorist
1925	J. B. Watson	Behaviorism
1932	E. C. Tolman	Purposive Behavior in Animals and Men
1937	G. W. Allport	Personality: A Psychological Interpretation
1938	Chester Barnard	The Functions of the Executive
1945	Herbert A. Simon	Administrative Behavior
1950	H. A. Simon, D. W. Smithsburg & V.A. Thompson	Public Administration
	Abraham H. Maslow	Motivation and Personality
1954	Herbert A. Simon	Models of Man
1956	Chris Argyris	Personality and Organization
1957	J. G. March & H. A. Simon	Organizations
1958	H. J. Leavitt	Managerial Psychology
	F. Herzberg, F. Mausner & B. Snyderman	The Motivation to Work
1959	Mason Haire	Organization Theory
	Douglas M. McGregor	The Human Side of Enterprise
1960	Chris Argyris	Understanding Organizational Behavior
	G. Strauss & L. R. Sayles	The Human Problems of Management
	Herbert A. Simon	The New Science of Management Decision
	Rensis Likert	New Patterns of Management
1961	D. C. McClelland	The Achieving Society
	R. Tannembaum, I. R. Weschler & F. Massarik	Leadership and Organization
	Chris Argyris	Interpersonal Competence and Organizational Effectiveness

(Continua)

(Continuação)

Ano	Autores	Livros
1962	R. T. Golembiewski	Behavior and Organization
	G. B. Strother	Social Science Approaches to Business Behavior
	Abraham Maslow	Toward a Psychology of Being
	R. M. Cyert & J. G. March	A Behavioral Theory of the Fir
1963	Saul Gellerman	Motivation and Productivity
	Chris Argyris	Integrating the Individual and the Organization
1964	A. Zalesnick & D. Moment	The Dynamics of Interpersonal Behavior
	J. G. March	Handbook of Organizations
1965	P. R. Lawrence & J. A. Seiler	Organizational Behavior and Administration
	J. W. Gardner	Self Renewal
1967	F. E. Fiedller	A Theory of Leadership Effectiveness
	Rensis Likert	The Human Organization: Its Management and Value
	Herbert Hicks & Ray Gullett	The Management of Organizations
1968	A. G. Athos & R. E. Coffey	Behavior in Organizations: A Multidimensional View
	G. H. Litwin & R. A. Stringer	Motivation and Organizational Climate
1970	J. D. Thompson & D. R. Van Houten	The Behavioral Sciences: An Interpretation
	J. P. Campbell & M. Dunnette	Managerial Behavior, Performance and Effectiveness
	E. E. Lawler & K. E. Weick	The Behavioral Sciences: An Interpretation
1975	L. W. Porter, E. E. Lawler & J. R. Hackman	Behavior in Organizations
1978	James McGregor Burns	Leadership
1983	William Ouchi	Theory Z
	Meredith Belbin	Management Teams
1985	Edgar H. Schein	Organizational Culture and Leadership
1990	John Kotter	A Force for Change: How Leadership Differs from Management
	Abraham Zalesnik	The Managerial Mystique: Restoring Leadership in Business
1995	J. R. Schermerhorn, Jr., J. G. Hunt & R. N. Osborn	Organizational Behavior
1996	R. P. White, P. Hodgson & S. Craig	The Future of Leadership

REFERÊNCIAS

1. BARNARD, C. I. The functions of the executive. Cambridge: Harvard University, 1938.
2. HOMANS, G. The human group. New York: Harcourt, Brace, 1950.
3. SIMON, H. A. Administrative behavior. New York: The Macmillan, 1945.

CAPÍTULO 15
Teoria Comportamental da Administração

OBJETIVOS DESTE CAPÍTULO

- Caracterizar a mais democrática das teorias administrativas e sua fundamentação sobre a natureza e a realização humanas.
- Definir os estilos de administração, os sistemas administrativos e suas características.
- Caracterizar as organizações como sistemas sociais cooperativos e como sistemas de decisões.
- Definir o comportamento organizacional e as relações entre participantes e organizações, seus conflitos e suas interações.
- Estabelecer um balanço crítico da contribuição behaviorista à Administração.

A Teoria Comportamental (ou Teoria Behaviorista) da Administração trouxe uma nova direção e um novo enfoque para a teoria administrativa: a abordagem das ciências do comportamento (*behavioral sciences approach*), o abandono das posições normativas e prescritivas das teorias anteriores (Teoria Clássica e Teoria das Relações Humanas) e a adoção de posições explicativas e descritivas. A ênfase permanece nas pessoas, mas dentro do contexto organizacional.

A Teoria Behaviorista da Administração não deve ser confundida com a Escola Behaviorista que se desenvolveu na Psicologia a partir dos trabalhos de Watson.[1] Ambas fundamentam-se no comportamento humano. Porém, o behaviorismo que Watson fundou trouxe à Psicologia uma metodologia objetiva e científica baseada na comprovação experimental, em oposição ao subjetivismo da época, mas centrando-se no indivíduo,[2] estudando o seu comportamento (aprendizagem, estímulo e reações de respostas, hábitos, etc.) de forma concreta e manifesta no laboratório, e não por meio de conceitos subjetivos e teóricos (como sensação, percepção, emoção, atenção, etc.). A Psicologia Individual fluiu, com a Teoria das Relações Humanas e os trabalhos de Kurt Lewin (1890-1947), para a chamada psicologia social. Esta evoluiu para a Psicologia Organizacional, que trata mais do comportamento organizacional do que do comportamento humano ou grupal, muito embora estes não tenham sido abandonados. A Psicologia Organizacional é a principal inspiradora desta teoria administrativa democrática e humanística.

A Teoria Comportamental da Administração tem o seu início com Herbert Alexander Simon. Chester Barnard, Douglas McGregor, Rensis Likert, Chris Argyris são autores importantes desta teoria. No campo da motivação humana destacam-se Abraham Maslow, Frederick Herzberg e David McClelland.

ORIGENS DA TEORIA COMPORTAMENTAL
A Teoria Comportamental surgiu a partir dos seguintes fatos:

- A oposição ferrenha e definitiva da Teoria das Relações Humanas (com sua profunda ênfase nas pessoas) em relação à Teoria Clássica (com sua profunda ênfase nas tarefas e na estrutura organizacional) caminhou lentamente para um segundo estágio: a Teoria Comportamental. Esta passou a repre-

sentar uma nova tentativa de síntese da teoria da organização formal com o enfoque das relações humanas.
- A Teoria Comportamental representa um desdobramento da Teoria das Relações Humanas, com a qual se mostra crítica e severa. Se bem que compartilhe alguns dos seus conceitos fundamentais, utilizando-os apenas como pontos de partida ou de referência, a Teoria Comportamental rejeita as concepções ingênuas e românticas da Teoria das Relações Humanas, reformulando-as completamente.
- A Teoria Comportamental critica a Teoria Clássica, havendo autores que veem no behaviorismo uma verdadeira antítese à teoria da organização formal, aos princípios gerais de administração, ao conceito de autoridade formal e à posição rígida e mecanística dos autores clássicos.
- Com a Teoria Comportamental deu-se a incorporação da Sociologia da Burocracia, ampliando o campo da teoria administrativa.[3] Também com relação à Teoria da Burocracia, a Teoria Comportamental mostra-se crítica, principalmente no que se refere ao "modelo de máquina".[4]
- Em 1947 Herbert A. Simon publica o livro *Comportamento Administrativo*[5] que marca o início da Teoria Comportamental na Administração e a inauguração da Teoria das Decisões. O livro constitui um ataque aos princípios da Teoria Clássica e a aceitação – com os devidos reparos e correções – das principais ideias da Teoria das Relações Humanas.

Assim, a Teoria Comportamental surge no final da década de 1940 com uma redefinição total dos conceitos administrativos: ao criticar as teorias anteriores, o behaviorismo na Administração não somente reescalona as abordagens, mas amplia o seu conteúdo e diversifica a sua natureza.

NOVAS PROPOSIÇÕES SOBRE A MOTIVAÇÃO HUMANA
Para explicar o comportamento organizacional, a Teoria Comportamental fundamenta-se no comportamento individual das pessoas. Para poder explicar como as pessoas se comportam, torna-se necessário o estudo da motivação humana. Assim, um dos temas fundamentais da Teoria Comportamental da Administração é a motivação humana, campo no qual a teoria administrativa recebeu volumosa contribuição.

Os autores behavioristas verificaram que o administrador precisa conhecer as necessidades humanas para melhor compreender o comportamento humano e utilizar a motivação humana como poderoso meio para melhorar a qualidade de vida dentro das organizações.

Hierarquia das necessidades de Maslow

Abraham Maslow (1908-1970)[6] apresentou uma teoria da motivação[7] segundo a qual as necessidades humanas estão organizadas e dispostas em níveis, em uma hierarquia de importância e influência e que pode ser visualizada como uma pirâmide. Na base da pirâmide estão as necessidades mais baixas (necessidades fisiológicas) e, no topo, as necessidades mais elevadas (autorrealização).[8]

- *Necessidades fisiológicas*: constituem o nível mais baixo das necessidades humanas, mas de vital importância, como as necessidades de alimentação (fome e sede), sono e repouso (cansaço), abrigo (frio ou calor), desejo sexual, etc. As necessidades fisiológicas estão relacionadas à sobrevivência do indivíduo e à preservação da espécie. São instintivas e nascem com o indivíduo. São as mais prementes das necessidades humanas: quando alguma dessas necessidades não está satisfeita, ela domina a direção do comportamento.
- *Necessidades de segurança*: constituem o segundo nível das necessidades humanas, como as necessidades de segurança ou estabilidade, busca de proteção contra a ameaça ou privação, fuga ao perigo. Surgem no comportamento quando as necessidades fisiológicas estão relativamente satisfeitas. Quando o indivíduo é dominado por necessidades de segurança, seu organismo age como um mecanismo de procura de segurança, e as necessidades de segurança funcionam como elementos organizadores do comportamento.
- *Necessidades sociais*: surgem no comportamento, quando as necessidades mais baixas (fisiológicas e de segurança) encontram-se relativamente satisfeitas. Dentre as *necessidades sociais,* estão a necessidade de associação, participação, aceitação por parte dos companheiros, troca de amizade, afeto e amor. Quando não estão suficientemente satisfeitas, o indivíduo torna-se resistente, antagônico e hostil com re-

lação às pessoas que o cercam. Em nossa sociedade, a frustração das necessidades de amor e de afeição conduz à falta de adaptação social e à solidão.

■ *Necessidades de estima*: são as necessidades relacionadas à maneira pela qual o indivíduo se vê e se avalia. Envolvem a autoapreciação, autoconfiança, necessidade de aprovação social e de respeito, de *status*, prestígio e consideração. Incluem, ainda, o desejo de adequação, confiança perante o mundo, independência e autonomia. A sua satisfação conduz a sentimentos de autoconfiança, de valor, força, prestígio, poder, capacidade e utilidade. A sua frustração pode produzir sentimentos de inferioridade, fraqueza, dependência e desamparo que, por sua vez, podem levar ao desânimo ou a atividades compensatórias.

■ *Necessidades de autorrealização*: são as necessidades humanas mais elevadas e que estão no topo da hierarquia. Estão relacionadas à realização do próprio potencial e do autodesenvolvimento contínuo. Essa tendência se expressa por meio do impulso que a pessoa tem para tornar-se sempre mais do que é e de vir a ser tudo o que pode ser.

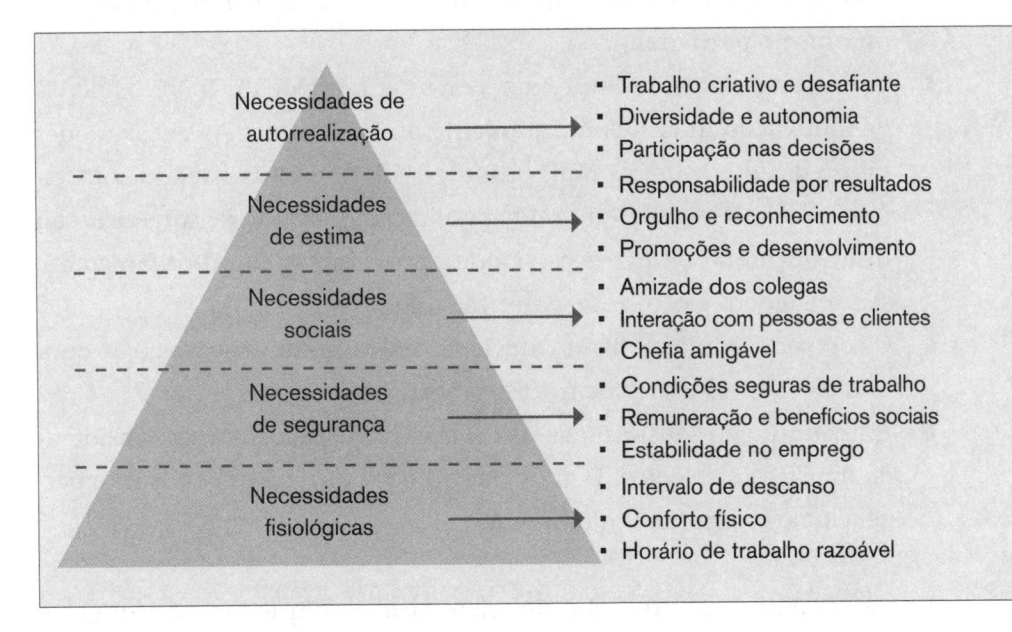

Nível	Meios de satisfação
Necessidades de autorrealização	• Trabalho criativo e desafiante • Diversidade e autonomia • Participação nas decisões
Necessidades de estima	• Responsabilidade por resultados • Orgulho e reconhecimento • Promoções e desenvolvimento
Necessidades sociais	• Amizade dos colegas • Interação com pessoas e clientes • Chefia amigável
Necessidades de segurança	• Condições seguras de trabalho • Remuneração e benefícios sociais • Estabilidade no emprego
Necessidades fisiológicas	• Intervalo de descanso • Conforto físico • Horário de trabalho razoável

Figura 15.1. A hierarquia das necessidades humanas e os meios de satisfação.

A teoria da hierarquia de necessidades baseia-se nos seguintes aspectos:

- Somente quando um nível inferior de necessidades está satisfeito é que o nível imediatamente mais elevado surge no comportamento da pessoa. Em outros termos, quando uma necessidade é satisfeita, ela deixa de ser motivadora de comportamento, dando oportunidade para que um nível mais elevado de necessidade possa se manifestar.
- Nem todas as pessoas conseguem chegar ao topo da *pirâmide de necessidades*. Algumas chegam a se preocupar com as necessidades de autorrealização; outras estacionam nas necessidades de estima; outras, ainda, nas necessidades sociais, enquanto muitas outras ficam preocupadas exclusivamente com necessidades de segurança e fisiológicas, sem que consigam satisfazê-las adequadamente.
- Quando as necessidades mais baixas estão satisfeitas, as necessidades localizadas nos níveis mais elevados passam a dominar o comportamento. Contudo, quando alguma necessidade de nível mais baixo deixa de ser satisfeita, ela volta a predominar o comportamento, enquanto gerar tensão no organismo. A necessidade mais premente monopoliza o indivíduo e leva-o mobilizar as diversas faculdades do organismo para atendê-la.
- Cada pessoa possui sempre mais de uma motivação. Todos os níveis de motivação atuam conjuntamente no organismo. As necessidades mais elevadas sobre as mais baixas, desde que estas estejam satisfeitas. Toda necessidade está relacionada com o estado de satisfação ou insatisfação de outras necessidades. Seu efeito sobre o organismo é sempre global e conjunto, e nunca isolado.
- O comportamento motivado funciona como um canal por meio do qual muitas necessidades podem ser expressas ou satisfeitas.
- A frustração da satisfação de certas necessidades passa a ser considerada ameaça psicológica. Essa ameaça produz as reações gerais de emergência no comportamento humano.

Várias pesquisas não confirmaram cientificamente a teoria de Maslow, e algumas delas até mesmo a invalidaram. Contudo, sua teoria é bem estruturada e oferece um esquema orientador e útil para o administrador.

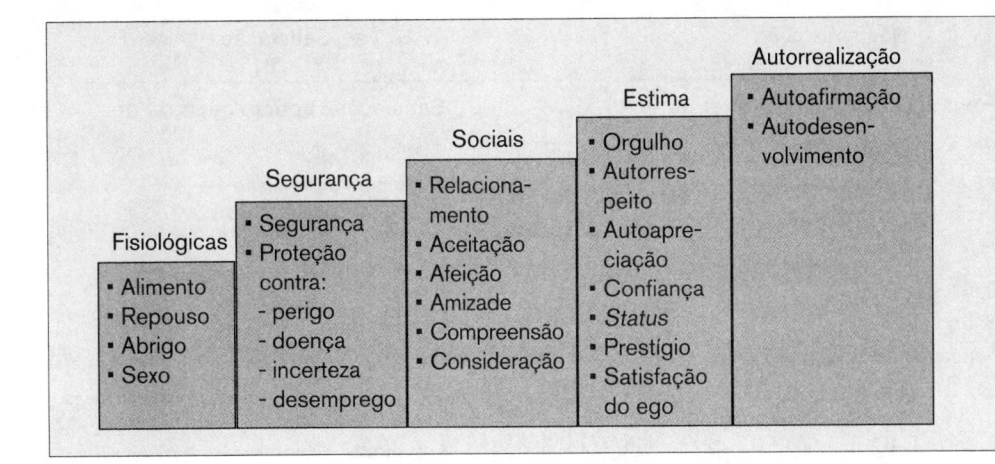

Fisiológicas	Segurança	Sociais	Estima	Autorrealização
• Alimento • Repouso • Abrigo • Sexo	• Segurança • Proteção contra: - perigo - doença - incerteza - desemprego	• Relacionamento • Aceitação • Afeição • Amizade • Compreensão • Consideração	• Orgulho • Autorrespeito • Autoapreciação • Confiança • *Status* • Prestígio • Satisfação do ego	• Autoafirmação • Autodesenvolvimento

Figura 15.2. A hierarquia das necessidades de Maslow.

Posteriormente, Maslow ampliou a sua teoria da motivação para ressaltar a importância de um ambiente proporcionado pela organização, como um meio pelo qual os indivíduos alcancem a sua autorrealização máxima.[9] Contudo, várias pesquisas não conseguiram confirmar cientificamente a teoria de Maslow, e algumas delas até mesmo a invalidaram. A sua ampla aceitação talvez resida na sua validade de sentido comum. Porém, como teoria motivacional, a hierarquia de necessidades básicas apresenta as seguintes debilidades:[10]

▪ A dificuldade de articular as *necessidades básicas* sob um ponto de vista operacional. Daí a dificuldade de qualquer prova empírica destas.
▪ A teoria de Maslow não leva em conta as exceções de comportamento, as diferenças individuais entre as pessoas, como se elas fossem uniformes e padronizadas em seus comportamentos.

Todavia, a teoria de Maslow é suficientemente bem estruturada e capaz de servir como um esquema orientador e útil para o comportamento do administrador.

Teoria dos dois fatores de Herzberg

Frederick Herzberg (n. 1923)[11] formulou a teoria dos dois fatores para explicar o comportamento das pessoas em situação de trabalho. Para ele, existem dois fatores que orientam o comportamento das pessoas:[12]

Não satisfação		Satisfação
Frustrações podem decorrer de:		**Satisfações podem decorrer de:**
• Insucesso na profissão • Desprazer no trabalho	Necessidades de autorrealização	• Sucesso na profissão • Prazer no trabalho
• Baixo *status* • Baixo salário • Sensação de inequidade	Necessidades de estima	• Interação social facilitada pelo arranjo físico • Prestígio da profissão
• Pouca interação com colegas, superiores e subordinados • Confinamento no cargo	Necessidades sociais	• Muita interação com os colegas, superiores e subordinados • Expansão nas relações sociais
• Trabalho mal estruturado • Ambiente de trabalho negativo • Políticas empresariais negativas	Necessidades de segurança	• Trabalho bem estruturado • Ambiente de trabalho estruturado • Políticas estáveis e previsíveis
• Local de trabalho inadequado • Remuneração inadequada	Necessidades fisiológicas	• Remuneração adequada para a satisfação das necessidades básicas

Figura 15.3. A satisfação e a não satisfação (frustração) das necessidades humanas básicas.

■ *Fatores higiênicos*: ou fatores extrínsecos, pois estão localizados no ambiente que rodeia as pessoas e abrangem as condições dentro das quais elas desempenham seu trabalho. Como essas condições são decididas e controladas pela empresa, os fatores higiênicos estão fora do controle das pessoas. Os principais fatores higiênicos são: salário, benefícios sociais, tipo de chefia ou supervisão que as pessoas recebem de seus superiores, condições físicas e ambientais de trabalho, políticas e diretrizes da empresa, clima de relacionamento entre a empresa e os funcionários, regulamentos internos, etc. São fatores de contexto e situam-se no ambiente externo que circunda o indivíduo. Tradicionalmente, apenas os fatores higiênicos eram utilizados na motivação dos empregados: o trabalho era considerado uma atividade desagradável e, para fazer que as pessoas trabalhassem mais, tornava-se necessário o apelo para prêmios e incentivos salariais, supervisão, políticas empresariais abertas e estimuladoras, isto é, incentivos situados externamente ao indivíduo em troca do seu trabalho. As pesquisas de Herzberg revelaram que quando os fatores higiênicos são ótimos, eles apenas evitam a insatisfação dos empregados e, se elevam a satisfação, não conseguem sustentá-la por muito tempo. Quando os fatores higiênicos são precários, eles provocam a insatisfação dos empregados. Por causa dessa influência mais voltada à insatisfação, Herzberg chama-os de fatores higiênicos, pois são essencialmente profiláticos e preventivos: eles apenas evitam a insatisfação, mas não provocam a satisfação. Seu efeito é similar ao de certos remédios higiênicos: evitam a infecção ou combatem a dor de cabeça, mas não melhoram a saúde. Por estarem mais relacionados à insatisfação, Herzberg também os chama de fatores insatisfacientes.

▪ *Fatores motivacionais*: ou fatores intrínsecos, pois estão relacionados ao conteúdo do cargo e à natureza das tarefas que a pessoa executa. Os fatores motivacionais estão sob o controle do indivíduo, pois estão relacionados com aquilo que ele faz e desempenha. Envolvem sentimentos de crescimento individual, reconhecimento profissional e autorrealização, e dependem das tarefas que o indivíduo realiza no seu trabalho. Tradicionalmente, as tarefas e os cargos eram arranjados e definidos com a preocupação de atender aos princípios de eficiência e economia, eliminando o desafio e a criatividade individual. Com isto, perdiam o significado psicológico para o indivíduo que os executavam e criavam um efeito de "desmotivação", provocando apatia, desinteresse e falta de sentido psicológico. O efeito dos fatores motivacionais sobre as pessoas é profundo e estável. Quando os fatores motivacionais são ótimos, eles provocam a satisfação nas pessoas. Porém, quando são precários, eles evitam a satisfação. Por estarem relacionados à satisfação dos indivíduos, Herzberg também os chama de fatores satisfacientes.

| Não satisfação (neutralidade) − | Fatores motivacionais | + Satisfação |
| Insatisfação − | Fatores higiênicos | + Não insatisfação (neutralidade) |

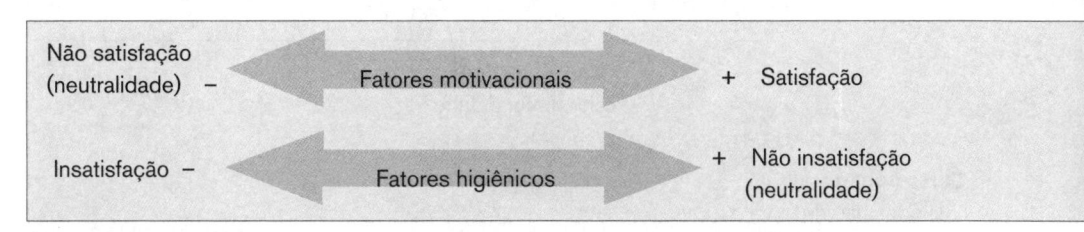

Figura 15.4. Fatores satisfacientes e fatores insatisfacientes como entidades separadas.

Os fatores higiênicos e motivacionais são independentes e não se vinculam entre si. Os fatores responsáveis pela satisfação profissional das pessoas são totalmente desligados e distintos dos fatores responsáveis pela insatisfação profissional. O oposto da satisfação profissional não é a insatisfação, mas ausência de satisfação profissional. Também o oposto da insatisfação profissional é ausência dela, e não a satisfação.[14]

Fatores motivacionais (satisfacientes)	Fatores higiênicos (insatisfacientes)
Conteúdo do cargo (como a pessoa se sente em relação ao seu cargo)	**Contexto do cargo** (como a pessoa se sente em relação à sua empresa)
• O trabalho em si • Realização • Reconhecimento • Progresso profissional • Responsabilidade	• As condições de trabalho • Administração da empresa • Salário • Relações com o supervisor • Benefícios e serviços sociais

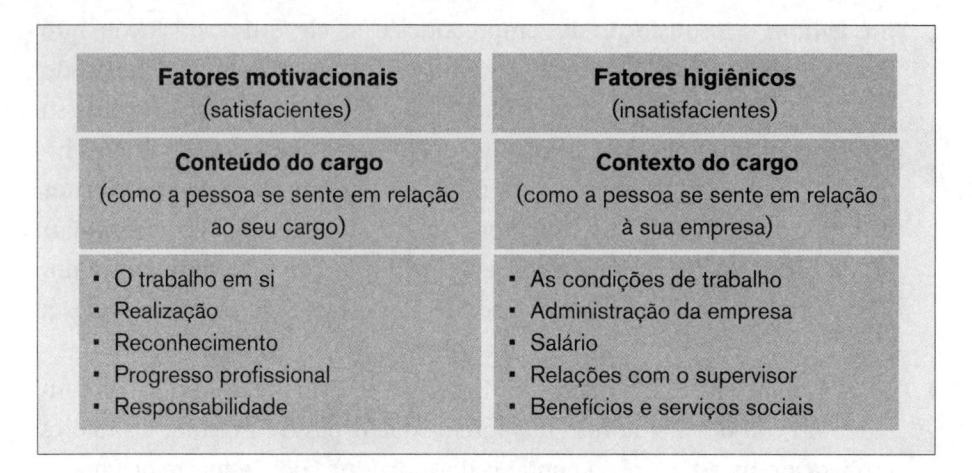

Figura 15.5. Fatores motivacionais e fatores higiênicos.

Para proporcionar continuamente motivação no trabalho, Herzberg propõe o enriquecimento de tarefas ou enriquecimento do cargo (*job enrichment*): consiste em substituir as tarefas simples e elementares do cargo por tarefas mais complexas para acompanhar o crescimento individual de cada empregado, oferecendo-lhe condições de desafio e de satisfação profissional no cargo. O enriquecimento de tarefas depende do desenvolvimento de cada indivíduo e deve adequar-se às suas características individuais em mudança. O enriquecimento de tarefas pode ser vertical (eliminação de tarefas mais simples e acréscimo de tarefas mais complexas) ou horizontal (eliminação de tarefas relacionadas com certas atividades e acréscimo de outras tarefas diferentes, mas no mesmo nível de dificuldade).

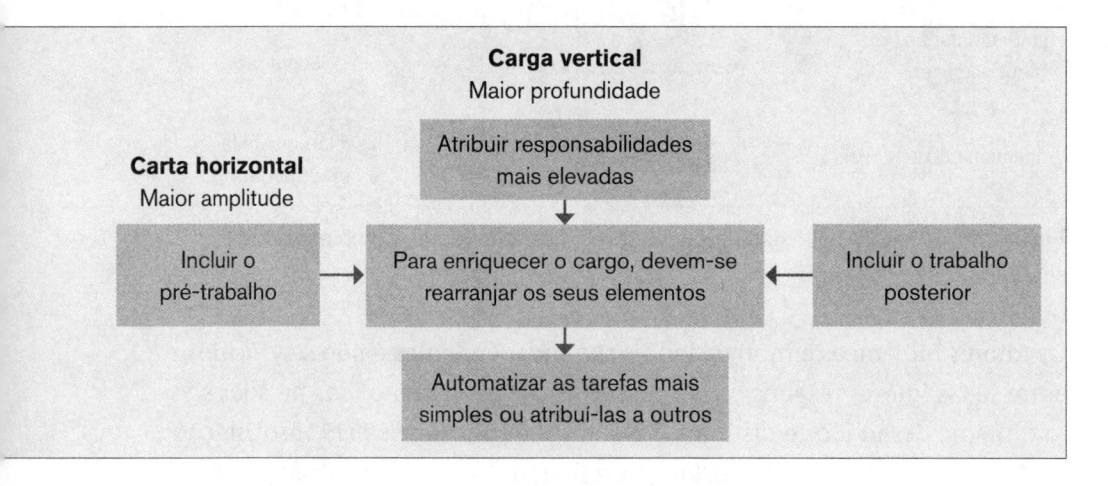

Figura 15.6. O enriquecimento vertical e horizontal de cargos.

Teoria Comportamental da Administração

O enriquecimento de cargos adiciona ou desloca para cima ou para os lados, envolvendo atribuições mais elevadas ou laterais e complementares.

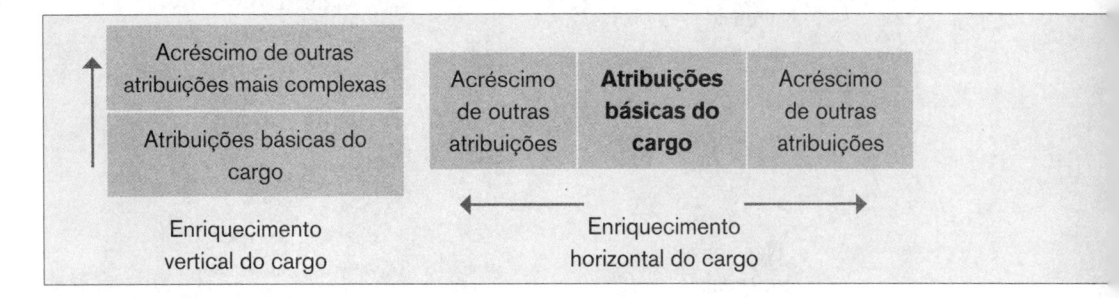

Acréscimo de outras atribuições mais complexas	Acréscimo de outras atribuições	**Atribuições básicas do cargo**	Acréscimo de outras atribuições
Atribuições básicas do cargo			
Enriquecimento vertical do cargo	← Enriquecimento horizontal do cargo →		

Figura 15.7. Enriquecimento do cargo vertical e horizontal.

O enriquecimento de tarefas provoca efeitos desejáveis, como aumento da motivação, aumento da produtividade, redução do absenteísmo (faltas e atrasos ao serviço) e redução da rotatividade do pessoal (demissões de empregados). Contudo, pode gerar efeitos indesejáveis, como o aumento de ansiedade perante tarefas novas e diferentes quando não são bem-sucedidas nas primeiras experiências, aumento do conflito entre as expectativas pessoais e os resultados do trabalho nas novas tarefas enriquecidas, sentimentos de exploração quando a empresa não acompanha o enriquecimento de tarefas com o enriquecimento da remuneração, redução das relações interpessoais em virtude de maior concentração nas tarefas enriquecidas.

Efeitos desejáveis		Efeitos indesejáveis
• Aumento da motivação • Aumento da satisfação • Aumento da produtividade • Redução do absenteísmo • Redução do *turnover*	← Enriquecimento do cargo →	• Aumento da ansiedade • Aumento do conflito • Sentimento de exploração • Redução das relações interpessoais

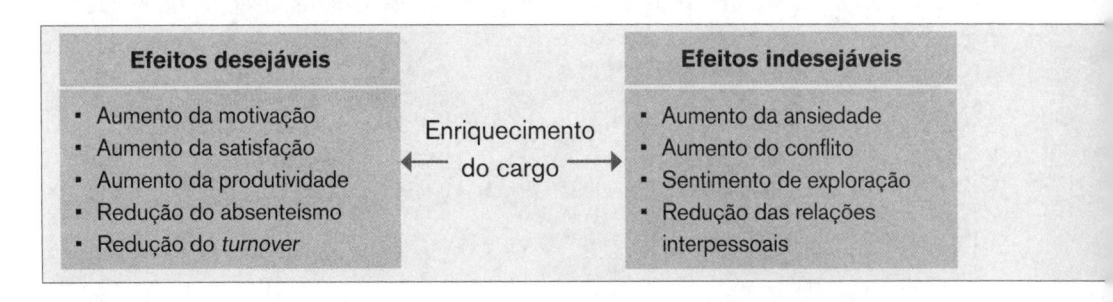

Figura 15.8. Alguns efeitos possíveis do enriquecimento do cargo.[15]

As teorias de motivação de Maslow e Herzberg apresentam pontos de concordância. Os fatores higiênicos de Herzberg aproximam-se das necessidades primárias de Maslow (necessidades fisiológicas e de segurança, incluindo algumas necessidades sociais), enquanto os fatores motivacionais relacionam-se às necessidades secundárias (necessidades de estima e autorrealização). A Figura 15.9 dá uma ideia dessa correspondência.

Modelo de Maslow		Modelo de Herzberg
Necessidades de autorrealização	Motivacionais	O trabalho em si Responsabilidade Progresso
Necessidades de estima	Motivacionais	Reconhecimento *Status* Prestígio
Necessidades sociais	Higiênicos	Relações interpessoais Colegas e subordinados Supervisão
Necessidades de segurança	Higiênicos	Políticas empresariais Segurança no cargo
Necessidades fisiológicas	Higiênicos	Condições físicas de trabalho Salário Vida pessoal

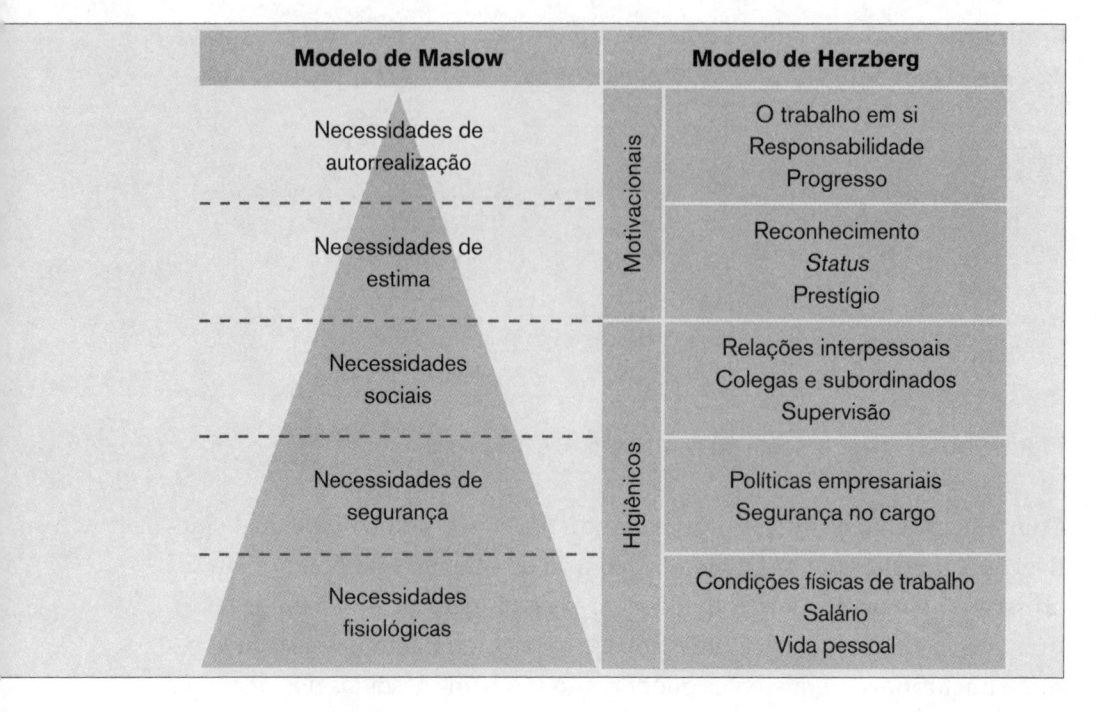

Figura 15.9. Comparação dos modelos de motivação de Maslow e de Herzberg.[16]

A teoria de Herzberg também apresenta pontos de concordância com as teorias X e Y de McGregor, como mostra a Figura 15.10.

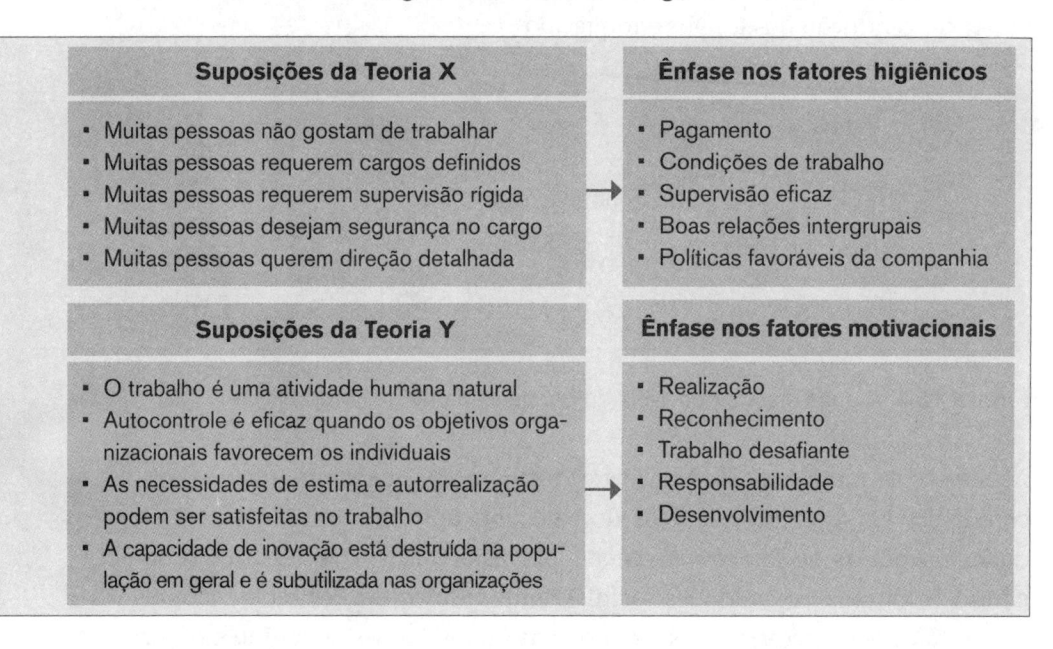

Suposições da Teoria X	Ênfase nos fatores higiênicos
• Muitas pessoas não gostam de trabalhar • Muitas pessoas requerem cargos definidos • Muitas pessoas requerem supervisão rígida • Muitas pessoas desejam segurança no cargo • Muitas pessoas querem direção detalhada	• Pagamento • Condições de trabalho • Supervisão eficaz • Boas relações intergrupais • Políticas favoráveis da companhia
Suposições da Teoria Y	**Ênfase nos fatores motivacionais**
• O trabalho é uma atividade humana natural • Autocontrole é eficaz quando os objetivos organizacionais favorecem os individuais • As necessidades de estima e autorrealização podem ser satisfeitas no trabalho • A capacidade de inovação está destruída na população em geral e é subutilizada nas organizações	• Realização • Reconhecimento • Trabalho desafiante • Responsabilidade • Desenvolvimento

Figura 15.10. Comparação dos modelos de motivação de Maslow e de McGregor.[17]

A abordagem de Herzberg, contudo, apresenta alguns aspectos bastante discutíveis e criticados por inúmeros autores, a saber:[18]

- Sua metodologia de pesquisa é falha.
- Os resultados de sua pesquisa original não foram confirmados por pesquisas posteriores, principalmente o papel do salário como agente de manutenção.
- Sua teoria é evasiva quanto à explicação de como os fatores motivacionais provocam a motivação.

Assim, a abordagem de Herzberg é muito mais uma teoria de satisfação no trabalho do que propriamente uma teoria motivacional. Ainda mais que certos autores não conseguiram a comprovação de que exista alguma relação entre a satisfação e a motivação no trabalho.[19]

Situações	Situações de condicionamento pessoal	Situações de condicionamento social
Trabalho Situações relacionadas à tarefa (*task related*)	• Trabalho interessante, criativo e desafiador • Trabalho independente • Sentimento de responsabilidade • Oportunidade de realização • Aprendizagem e avanço	• Reconhecimento pelos superiores • Reconhecimento pelos colegas • Reconhecimento pelos subordinados • Reconhecimento pelos clientes
Ambiente Situações não relacionadas à tarefa (*non task related*)	• Compensação salarial • Segurança no trabalho • *Status* e prestígio • Políticas e normas da companhia • Condições físicas de trabalho • Conforto pessoal	• Competências e apoio dos superiores • Boas relações com colegas • Boas relações com subordinados • Boas relações com clientes

Figura 15.11. Situações possíveis dentro da abordagem de Herzberg.

Abordagem de McClelland

David McClelland identifica três importantes motivos ou necessidades na dinâmica do comportamento humano:[20]

- *Necessidade de realização (need for achievement ou N-Ach)*: é a necessidade de êxito competitivo, medido em relação a um padrão pessoal de excelência.
- *Necessidade de afiliação*: é a necessidade de relacionamentos calorosos, cordiais e afetuosos com outros indivíduos.
- *Necessidade de poder*: é a necessidade de controlar ou influenciar outras pessoas.

Diferentes pessoas têm diferentes níveis ou volumes de cada uma dessas necessidades. Embora algum motivo seja predominante em certo indivíduo, isto não significa que os outros motivos sejam inexistentes; eles serão menos importantes. Uma pessoa com alto *N-Ach* está mais preocupada em saber se o seu desempenho foi bom do que com a recompensa recebida, embora não a recuse. Um executivo de alto *N-Ach* será bem-sucedido em uma organização de alto *N-Ach*, podendo não ser eficaz em outras situações, nas quais tentará canalizar o seu *N-Ach* para fora de sua tarefa ou abandoná-la simplesmente.[21]

Esses três motivos definidos por McClelland estão intimamente relacionados à necessidade de solução de problemas. Como cada indivíduo está continuamente diante de problemas, alguns comportamentos se mostram reiteradamente adequados, isto é, propiciam soluções para os problemas com os quais o indivíduo se defronta. Como resultado, toda vez que o indivíduo tiver de solucionar um problema ele tentará novamente o mesmo padrão de comportamento. O sucesso levará o indivíduo a confiar naquele padrão de comportamento. Se uma pessoa é altamente motivada a competir e a lutar tendo em vista um padrão de excelência (necessidade de realização) ou se tem uma forte necessidade de relações cordiais e calorosas (necessidade de afiliação), como resultado desse processo de aprendizagem, desenvolverá padrões desses motivos.[22]

A necessidade de realização foi a que recebeu atenção por parte do autor. Pode ser definida como uma disposição relativamente estável para o êxito e para o sucesso.[23] Embora geralmente aprendida na infância, ela pode ser também aprendida por adultos. Ao lado da necessidade de realização, funciona complementarmente o medo do fracasso (motivo que leva o indivíduo a evitar o acontecimento de experiências dolorosas ou desagradáveis).[24] Assim, pessoas com elevada motivação de realização procurarão desempenhar tarefas que julgue de dificuldade intermediária e com probabilidades de êxito ou fracasso aproximadamente iguais. Por outro lado, pessoas com medo do fracasso serão atraídas por tarefas que reúnam apenas alta probabilidade de serem realizadas.[25]

As principais críticas à teoria da motivação de McClelland são as seguintes:

- O método empregado por McClelland para medir a motivação pelo êxito e pelo medo do fracasso utiliza técnicas projetivas de personalidade, não tendo ainda encontrado consistência quanto aos resultados obtidos.
- A pesquisa tem abrangido apenas estudantes universitários americanos que representam uma amostragem pouco representativa da situação real de trabalho e extremamente estratificada.

A abordagem de McClelland está intimamente ligada às necessidades mais elevadas da hierarquia de Maslow e corresponde aproximadamente aos fatores motivacionais de Herzberg. A maior contribuição de McClelland é o conceito de clima organizacional ligado à motivação. Para ele, embora o conhecimento da motivação humana seja importante para o executivo, a motivação não é a única motivadora de comportamento: o clima organizacional contribui para moldar o comportamento dos indivíduos para afiliação, poder ou realização. O clima organizacional é determinado pelos estilos de liderança e administração e pela estrutura organizacional. Como toda organização é composta por indivíduos cujos padrões de motivação são singulares, a interação desses padrões de motivação traz as seguintes combinações:

- Estilos de liderança dos indivíduos-chave da organização.
- Normas e valores da organização.
- Estrutura organizacional, que cria o clima psicológico existente na organização, isto é, o *clima organizacional*.

Para McClelland, a eficácia organizacional pode ser aumentada a partir da criação de um clima organizacional que satisfaça às necessidades dos membros da organização e que canalize o comportamento motivado em direção aos objetivos organizacionais. É por meio do clima organizacional que se obtém a integração dos objetivos individuais com os objetivos da organização. O autor sugere uma escala de sete dimensões para avaliar o clima organizacional, conforme a Tabela 15.1.

TABELA 15.1. ESCALA DE AVALIAÇÃO DO CLIMA ORGANIZACIONAL

1. **Conformismo:** há muitas restrições impostas na organização; os membros da organização sentem que há muitas regras, diretrizes e práticas às quais eles devem se ajustar, em vez de poder atuar no trabalho da forma que lhes pareça melhor

Conformismo não é a característica da organização	1 2 3 4 5 6 7 8 9 10	Conformismo é a característica da organização

2. **Responsabilidade:** são atribuídas responsabilidades pessoais pela realização das respectivas parcelas dos objetivos da organização; os membros da organização sentem que podem tomar decisões e resolver problemas sem ter de checar com seus superiores cada passo do processo

Nenhuma responsabilidade é dada na organização	1 2 3 4 5 6 7 8 9 10	Grande ênfase à responsabilidade pessoal na organização

3. **Padrões:** a ênfase que a organização dá ao desempenho qualitativo; o que o membro sente quanto ao estabelecimento de metas estimulantes para a organização e se essas metas são adequadamente comunicadas aos membros

Os padrões são muito baixos ou inexistentes na organização	1 2 3 4 5 6 7 8 9 10	Padrões altos e estimulantes são estabelecidos na organização

4. **Reconhecimento:** os membros sentem que um bom trabalho é reconhecido e recompensado, em vez de sentirem que são ignorados, criticados ou punidos quando algo de errado acontece

Reconhecimento não é a característica da organização	1 2 3 4 5 6 7 8 9 10	Conformismo é a característica da organização

5. **Clareza organizacional:** os membros sentem que as coisas são bem organizadas e que as metas são claramente definidas, em vez de ser desordenadas, confusas ou caóticas

A organização é desordenada, confusa e caótica	1 2 3 4 5 6 7 8 9 10	A organização é bem organizada e com metas claramente definidas

6. **Bom relacionamento e apoio:** um bom relacionamento e amizade é algo valorizado na organização; confiança mútua entre os membros que dão apoio uns aos outros. A impressão de que um bom relacionamento prevalece no ambiente de trabalho

Não há bom relacionamento e apoio mútuo na organização	1 2 3 4 5 6 7 8 9 10	Bom relacionamento e apoio mútuo são características da organização

7. **Liderança:** a disposição dos membros da organização em aceitar liderança e direção de pessoas qualificadas. À medida que necessidades de liderança surgem, os membros sentem-se à vontade para assumir atitudes de liderança, e isso é reconhecido/recompensado. A liderança é fundamentada em habilidades/capacidades. A organização não é dominada por apenas alguns indivíduos

Liderança não é reconhecida ou recompensada; membros são dominados ou dependentes e resistem à liderança	1 2 3 4 5 6 7 8 9 10	Membros aceitam, reconhecem e recompensam a liderança fundamentada em habilidades e capacidades

Teoria Comportamental da Administração

Método do caso

A função do consultor de empresas

O que leva os funcionários a dedicar-se ao trabalho e vestir a camisa da empresa e lutar por ela? O que faz que deem o máximo possível para ajudar a empresa a ser realmente competitiva? Pensando em como motivar seu pessoal, o presidente da *E-Corporation*, Baltazar Figueira, contratou um consultor de empresas para assessorá-lo nessa empreitada. Como o consultor poderia explicar a Baltazar as novas proposições sobre a motivação humana e como utilizá-las adequadamente na sua empresa?

ESTILOS DE ADMINISTRAÇÃO

A Teoria Comportamental oferece uma variedade de estilos de administração à disposição do administrador. A administração das organizações em geral (e das empresas em particular) é condicionada pelos estilos com que os administradores dirigem, dentre eles, o comportamento das pessoas. Por sua vez, os estilos de administração dependem das convicções que os administradores têm a respeito do comportamento humano na organização. Essas convicções moldam não apenas a maneira de conduzir as pessoas, mas também a maneira pela qual dividem o trabalho, se planejam, organizam e controlam as atividades. As organizações são projetadas e administradas de acordo com certas teorias administrativas. E cada teoria administrativa baseia-se em convicções sobre a maneira pela qual as pessoas se comportam dentro das organizações.

Teoria X e Teoria Y

Douglas McGregor (1906-1964)[26] compara dois estilos opostos e antagônicos de administrar: de um lado, um estilo baseado na teoria tradicional, mecanicista e pragmática (a que deu o nome de Teoria X) e, de outro, um estilo baseado nas concepções modernas a respeito do comportamento humano (a que denominou Teoria Y).

Teoria X

É a concepção tradicional de administração e baseia-se em convicções errôneas e incorretas sobre o comportamento humano, a saber:

- O homem é indolente e preguiçoso por natureza: evita o trabalho ou trabalha o mínimo possível, em troca de recompensas salariais ou materiais.
- Falta-lhe ambição: não gosta de assumir responsabilidades e prefere ser dirigido e sentir-se seguro nessa dependência.
- O homem é basicamente egocêntrico, e seus objetivos pessoais opõem-se, em geral, aos objetivos da organização.
- A sua própria natureza leva-o a resistir às mudanças, pois procura sua segurança e pretende não assumir riscos que o ponham em perigo.
- A sua dependência torna-o incapaz de autocontrole e autodisciplina: ele precisa ser dirigido e controlado pela administração.

Essas premissas a respeito da natureza humana levam à Teoria X, que reflete um estilo de administração duro, rígido e autocrático e que faz as pessoas trabalharem dentro de esquemas e padrões planejados e organizados, tendo em vista os objetivos da organização. As pessoas são tomadas como meros recursos ou meios de produção. Para a Teoria X, a administração caracteriza-se pelos seguintes aspectos:

- A administração promove a organização dos recursos da empresa (dinheiro, materiais, equipamentos e pessoas) no interesse exclusivo de seus objetivos econômicos.
- A administração é um processo de dirigir os esforços das pessoas, incentivá-las, controlar suas ações e modificar o seu comportamento para atender às necessidades da empresa.
- Sem essa intervenção ativa por parte da administração, as pessoas seriam totalmente passivas em relação às necessidades da empresa ou até resistiriam a elas. As pessoas devem ser persuadidas, recompensadas, punidas, coagidas e controladas: as suas atividades devem ser padronizadas e dirigidas em função dos objetivos da empresa.
- Como as pessoas são basicamente motivadas por incentivos econômicos (salários), a empresa utiliza a remuneração como um meio de *recompensa* (para o bom trabalhador) ou *punição* (para o empregado que não se dedique suficientemente à realização de sua tarefa).

A Teoria X representa o típico estilo de administração da Administração Científica de Taylor, da Teoria Clássica de Fayol e da Teoria da Burocracia de Weber em diferentes estágios da teoria administrativa. Busca bitolar a iniciativa individual, aprisionar a criatividade e estreitar a atividade profissional por meio do método e da rotina de trabalho. A Teoria X força as pessoas a fazerem exatamente aquilo que a organização pretende que elas façam, independentemente de suas opiniões ou objetivos pessoais. Quando um administrador impõe arbitrariamente e de cima para baixo um esquema de trabalho e controla o comportamento dos subordinados, ele estará fazendo Teoria X. O fato de ele impor autocrática ou suavemente não faz diferença: ambas são maneiras diferentes de se fazer Teoria X. A própria Teoria das Relações Humanas, em seu caráter demagógico e manipulativo, também é uma forma suave, macia e enganosa de se fazer Teoria X.[27]

Teoria Y

É a moderna concepção de administração de acordo com a Teoria Comportamental. A Teoria Y baseia-se em concepções e premissas atuais e sem preconceitos a respeito da natureza humana, a saber:

- As pessoas não têm desprazer inerente em trabalhar. O trabalho pode ser uma fonte de satisfação e *recompensa* (quando é voluntariamente desempenhado) ou uma fonte de *punição* (quando é evitado sempre que possível). A aplicação do esforço físico ou mental em um trabalho é tão natural quanto jogar ou descansar.
- As pessoas não são, por natureza, passivas ou resistentes às necessidades da empresa: elas podem tornar-se assim como resultado de sua experiência profissional negativa em outras empresas.
- As pessoas têm motivação, potencial de desenvolvimento, padrões de comportamento e capacidade para assumir responsabilidades. O funcionário deve exercitar autodireção e autocontrole a serviço dos objetivos que lhe são confiados pela empresa. O controle externo e a ameaça de punição não são os únicos meios de obter a dedicação e o esforço de alcançar os objetivos empresariais.
- O homem médio aprende a aceitar e a procurar responsabilidade. A fuga à responsabilidade, a falta de ambição e a preocupação exagerada com a segurança pessoal são consequências da experiência insatisfatória de cada pessoa, e não uma característica humana inerente a todas as pessoas. Esse comportamento não é causa: é efeito de alguma experiência negativa em alguma empresa.
- A capacidade de imaginação e criatividade na solução de problemas empresariais é amplamente – e não escassamente – distribuída entre as pessoas. Nas condições da vida moderna, as potencialidades intelectuais das pessoas são apenas parcialmente utilizadas.

Em função dessas concepções e premissas a respeito da natureza humana, a Teoria Y desenvolve um estilo de administração aberto, dinâmico e democrático, por meio do qual administrar torna-se um processo de criar oportunidades, liberar potenciais, remover obstáculos, encorajar o crescimento individual e proporcionar orientação quanto a objetivos. A administração, segundo a Teoria Y, caracteriza-se pelos seguintes aspectos:

- Motivação, potencial de desenvolvimento, capacidade de assumir responsabilidade, de dirigir o comportamento para os objetivos da empresa são fatores presentes nas pessoas. Eles não são criados nas pessoas pela administração. É responsabilidade da administração proporcionar condições para que as pessoas reconheçam e desenvolvam, por si mesmas, estas características.
- A tarefa essencial da administração é criar condições organizacionais e métodos de trabalho a partir dos quais as pessoas possam melhor atingir seus objetivos pessoais por meio de seus esforços em direção aos objetivos da empresa.

A Teoria Y propõe um estilo de administração participativo e baseado nos valores humanos e sociais. Enquanto a Teoria X é a administração por meio de controles externos impostos às pessoas, a Teoria Y é a administração por objetivos que realça a iniciativa individual. As duas teorias são opostas entre si.

TABELA 15.2. TEORIA X E TEORIA Y E AS DIFERENTES CONCEPÇÕES SOBRE A NATUREZA HUMANA

Pressuposições da Teoria X	Pressuposições da Teoria Y
As pessoas são preguiçosas e indolentes	As pessoas são esforçadas e gostam de ter o que fazer
As pessoas evitam o trabalho	O trabalho é uma atividade tão natural como brincar ou descansar
As pessoas evitam a responsabilidade, a fim de se sentirem mais seguras	As pessoas procuram e aceitam responsabilidades e desafios
As pessoas precisam ser controladas e dirigidas	As pessoas podem ser automotivadas e autodirigidas
As pessoas são ingênuas e sem iniciativa	As pessoas são criativas e competentes

A Teoria Y é aplicada nas empresas por meio de um estilo de direção baseado em medidas inovadoras e humanistas, a saber:

- *Descentralização das decisões e delegação de responsabilidades*: a fim de proporcionar liberdade para que as pessoas possam dirigir elas próprias as suas tarefas, assumam os desafios decorrentes e satisfaçam suas necessidades de autorrealização.
- *Ampliação do cargo para maior significado do trabalho*: a Teoria Y substitui a superespecialização e o confinamento de tarefas pela ampliação do cargo por meio de sua reorganização e extensão de atividades, para que as pessoas possam conhecer o significado do que fazem e ter uma ideia da sua contribuição pessoal para as operações da empresa como um todo.
- *Participação nas decisões e administração consultiva*: para permitir que as pessoas participem das decisões que as afetam direta ou indiretamente e comprometam-se com o alcance dos objetivos empresariais. A *administração consultiva* cria oportunidades para que as pessoas sejam consultadas sobre suas opiniões e pontos de vista a respeito de decisões a serem tomadas pela empresa.
- *Autoavaliação do desempenho*: os tradicionais programas de avaliação do desempenho, nos quais os chefes medem o desempenho dos subordinados como se fosse um produto que está sendo inspecionado ao longo da linha de montagem são substituídos por programas de *autoavaliação do desempenho*, em que a participação das pessoas é de importância capital. As pessoas são encorajadas a planejar e avaliar a sua contribuição para os objetivos empresariais e a assumir responsabilidades.

McGregor salienta que se ideias como estas ocasionalmente não produzirem os resultados esperados é porque a administração comprou a ideia, mas aplicou-a dentro do esquema e das concepções tradicionais, o que é muito comum acontecer.

Em seu último livro,[28] McGregor classifica os incentivos ou recompensas em duas categorias:

- *Os incentivos extrínsecos*: ligados ao ambiente e relacionados diretamente ao comportamento, como o salário, os benefícios adicionais, promoções, etc.
- *Os incentivos intrínsecos*: inerentes à própria natureza da tarefa, como a realização do próprio trabalho, o alcance do objetivo do indivíduo, a aquisição de novos conhecimentos e habilidades, a necessidade de autonomia, de autorrespeito e a capacidade de solucionar problemas.

São incentivos que não podem ser controlados extremamente, embora as características do ambiente organizacional possam facilitar ou dificultar sua consecução.

McGregor salienta que na maior parte das organizações os executivos utilizam recompensas extrínsecas, por duas razões principais:

- Pela dificuldade de estabelecer conexão direta entre os incentivos intrínsecos e o desempenho.
- Por suas crenças simplistas a respeito da natureza do homem, julgando que o problema da motivação é algo mecânico, isto é, basta pagar mais que haverá uma contraprestação equivalente por parte do subordinado. McGregor salienta que essa visão mecanicista não está propriamente errada, mas ela é insuficiente para explicar uma gama enorme de comportamentos do homem no trabalho. A organização não motiva o homem: ele é motivado por natureza. Ele é um sistema orgânico, e não mecânico. Seu comportamento é influenciado pelas relações entre suas características como um sistema orgânico e o ambiente que o cerca.

A ideia proposta por McGregor – a administração deve criar um ambiente organizacional no qual os membros da organização, em todos os níveis, possam alcançar seus próprios objetivos, dirigindo seus esforços para os objetivos da organização – tem levado muitos autores behavioristas (como Argyris, Blake e outros) a buscar um modelo de fusão entre objetivos individuais e objetivos organizacionais, como veremos adiante. McGregor estava pensando em desenvolver os esboços de uma Teoria Z quando faleceu.

Teoria Z

A teoria administrativa tem sido permeada de modismos nas últimas décadas, como APO, CCQ, Teoria X e Y, enriquecimento de cargos, Desenvolvimento Organizacional, etc. No início da década de 1980, surgiu outra novidade em alta moda: a Teoria Z, formulada por William Ouchi.[29] O autor apresenta um conjunto de ideias, experiências e princípios extraídos do estilo japonês de administração, os quais devem ser considerados no cenário da cultura e das tradições peculiares ao Japão e que são completamente diferentes do nosso meio cultural. Na ocasião, o sucesso econômico do Japão e o elevado padrão de vida da sociedade japonesa despertaram o interesse dos demais países do mundo – principalmente os Estados Unidos –, que passaram a estudar os fatores determinantes desse notável desempenho. O Japão passou a ser o modelo ideal.

Entre as principais características da organização japonesa está o seu sistema trabalhista centrado em três instituições tradicionais e milenares, a saber:

- *Emprego vitalício*: isto é, emprego estável: o japonês ingressa no emprego logo após seus estudos e tende a permanecer nele a vida toda. O emprego vitalício é uma decorrência do preceito de fidelidade total do japonês à empresa na qual trabalha, contrabalançado por profundos respeito e valorização das pessoas nas empresas japonesas. O emprego vitalício enfatizou a necessidade de as empresas admitirem pessoal recém-formado, investindo na sua qualificação ao longo do tempo para formar um quadro de empregados suficientemente versátil para suportar os planos de diversificação, ampliação e modernização.
- *Remuneração por antiguidade*: isto é, remuneração por maturidade no emprego, à medida que o empregado adquire mais experiência e conhecimento no trabalho. A remuneração por antiguidade sofreu modificações, pois a preocupação com o aumento da produtividade levou a uma revisão dos critérios de remuneração, associando escolaridade, antiguidade e desempenho, fazendo o sistema passar a chamar-se remuneração por maturidade. Boa parte da remuneração anual é constituída de gratificações concedidas duas ou três vezes por ano e guarda relação com o desempenho econômico da empresa, direcionando o interesse de todos os empregados para o aumento da lucratividade. Este sistema remunera o indivíduo muito mais em função das suas necessidades no decorrer do ciclo vital do que em relação às suas funções e responsabilidades. Um jovem solteiro estaria entre os empregados de remuneração mais baixa ao ser admitido, mesmo que exibisse uma qualificação escolar elevada, galgando a escala salarial de acordo com o seu tempo de permanência na mesma empresa; a diferença de escolaridade garantirá uma pequena vantagem em relação aos contemporâneos de qualificação menor por ocasião da admissão, mas acentuaria-se ao longo dos anos.
- *Sindicato por empresa*: cada empresa, fábrica ou filial local tem o seu próprio sindicato. O sindicato por empresa é tipicamente japonês e é um sistema que diverge da noção ocidental de que um sindicato deve ser

uma organização que transcenda a estrutura de um único empregador ou companhia. O sindicalismo por empresa permite que os empregados de uma única empresa partilhem de um número maior de interesses em comum do que no caso dos países ocidentais.

O emprego vitalício e a remuneração por maturidade não estão fundamentados em nenhum dispositivo legal, mas a sua prática ao longo do tempo fortaleceu as suas raízes, ao mesmo tempo em que o sistema de sindicato por empresa reforçou a sua sistemática. A formulação do sindicato dentro da empresa estabelece uma interação tal que favorece a aplicação de uma política sindical coordenada com a política de negócios da empresa, instituindo uma convivência que permite a convergência de objetivos.

Dentro desse contexto mais amplo, a Teoria Z fundamenta-se nos seguintes princípios:[30]

- *Emprego estável* para as pessoas, mesmo em épocas de dificuldades para a organização.
- *Pouca especialização* das pessoas, que passam a ser desenvolvidas por meio de uma filosofia de treinamento nos seus cargos.
- *Avaliação do desempenho* constante e promoção lenta.
- *Igualitarismo*: no tratamento das pessoas, independentemente do seu nível hierárquico. Todas as pessoas passam a ter igual tratamento, iguais condições de trabalho, iguais benefícios, etc. Por esta razão, nas empresas japonesas não existe sala privativa para o chefe: este trabalha na mesma sala dos subordinados e sua mesa é exatamente igual à deles. No escritório da empresa japonesa não existem paredes: todos trabalham juntos, sem nenhuma separação hierárquica e sem nenhum sinal ou símbolo de autoridade.
- *Democracia e participação*: todas as pessoas participam em equipe e nenhuma decisão é tomada sem o consenso do grupo.
- *Valorização das pessoas*, a tal ponto que o maior patrimônio das empresas japonesas são as pessoas que nelas trabalham. Privados de recursos naturais no seu pequeno arquipélago, os japoneses só têm a si mesmos como matéria-prima, e por isso precisam desenvolver seu potencial intelectual mais do que qualquer outro povo. Daí a enorme preocupação com a educação.

A *Teoria Z* proporciona a base para todo programa de administração orientado aos recursos humanos da empresa: todas as decisões organizacionais devem ser tomadas com base no consenso, com ampla participação das pessoas e orientadas para o longo prazo. Assim, a *Teoria Z* requer os seguintes cuidados:[31]

- *Um claro sentido dos propósitos e crenças*: os propósitos e objetivos devem ser obtidos por meio do debate e do consenso entre todos os participantes da organização e devem ser exaustivamente comunicados por discussões informais. Também as crenças (a respeito das pessoas, da administração, dos consumidores, dos fornecedores, dos concorrentes, etc.). Os chefes e líderes da organização devem ter a habilidade de comunicar bem para que todos compreendam o seu papel na organização.
- *Um compromisso geral com a excelência*: por meio de um exame exaustivo de todos os aspectos do negócio da organização e como as atividades cotidianas diferem dos padrões de excelência ditados pelo consenso. Essas diferenças proporcionarão a motivação para ação e mudança. Isso implica exame e correção de todas as fraquezas. Todo plano de ação deve ser detalhado passo a passo, sistemática e consistentemente, com o tempo. Os padrões definidos de excelência devem ser continuamente medidos e refinados.
- *Uma clara estratégia de negócios*: toda organização requer uma clara estratégia de negócios para proporcionar a racionalidade por meio da qual ela possa alcançar seus objetivos e sobreviver. As necessidades do consumidor e as tendências do mercado devem ser compreendidas. As economias sobre os produtos e serviços devem ser racionalizadas. Forças e fraquezas dos concorrentes devem ser analisadas. Enfim, toda estratégia de negócios deve ser baseada em um efetivo comprometimento de todo o pessoal da organização.
- *Uma equipe forte voltada à solução de problemas*: a mais crítica e desafiante atividade na implementação da *Teoria Z* está na criação de uma mentalidade grupal orientada à solução de problemas.
- *Uma estrutura de trabalho e de informação*: a maneira pela qual o trabalho está organizado deve ser analisada e questionada. As mudanças necessárias devem ser decididas por meio do consenso e da ampla participação de todos. A mesma coisa deve ser feita com relação à informação.
- *Um conjunto de recompensas significativas*: o comprometimento do pessoal requer a combinação de objetivos organizacionais com objetivos

individuais. A organização deve estar atenta aos meios pelos quais as pessoas são recompensadas, reconhecidas e desenvolvidas. As forças e fraquezas de cada pessoa devem ser avaliadas e implementadas, e as oportunidades de carreira e promoção devem ser totalmente abertas às pessoas. As pessoas necessitam sentir que estão trabalhando duro para atingir objetivos organizacionais, mas que também encontram satisfação quanto aos seus objetivos individuais.

A Teoria Z é um modelo de administração participativa. Uma das ideias centrais da Teoria Z é que em toda organização existem tantas particularidades na tarefa de cada pessoa que a alta ou média administração jamais poderá compreender tão bem esse serviço quanto o responsável por realizá-lo. A conclusão é que a empresa somente será eficaz se permitir que cada pessoa tenha autonomia e liberdade para decisões sobre o próprio trabalho.

Para uma organização ser bem-sucedida, é indispensável um balanceamento entre o trabalho de equipe de um lado, e os esforços individuais de outro. Para ilustrar esse ponto central de sua obra, o autor discrimina os três tipos de organizações existentes:[32]

- *A estrutura Forma-U, ou forma unificada.* A estrutura é funcional e a empresa constitui uma entidade única. Ninguém é responsável diretamente pelos resultados, e todas as unidades são dependentes; a organização é centralizada e unificada. A liberdade pessoal é pequena.
- *A estrutura Forma-H, ou forma de companhia holding.* As unidades operacionais estão em atividades não correlatas e a administração tem apenas o papel de investidora, não se envolvendo nos aspectos operacionais. Cada companhia procura maximizar seus rendimentos sem preocupações com coordenação e colaboração com outras unidades. A liberdade individual também é pequena.
- *A estrutura Forma-M, ou organização multidivisional,* é balanceada. As operações são descentralizadas, e as iniciativas individuais, encorajadas. Existem atividades centralizadoras (finanças, planejamento estratégico e outras de uso comum) permitindo que os responsáveis divisionais sejam flexíveis e adaptativos caso queiram ter sucesso. Essa contradição intrínseca de *dependência* ou *independência* do todo como a parte, autonomia e servidão só é bem-sucedida se for mantido um equilíbrio adequado. Para isso, torna-se necessário diálogo e empatia entre os membros da organização.

Extrapolando suas conclusões a respeito da Teoria Z para fora das organizações, Ouchi chega ao conceito de Sociedade M:[33] uma ampliação do conceito organizacional para todo o país. A visão aberta das indústrias, que lutam por seus interesses particulares, mas considerando os interesses gerais da nação. Ouchi aponta a moderna sociedade japonesa como a realização mais próxima de uma Sociedade M.

Sistemas de Administração

Para Rensis Likert (1903-1981),[34] a Administração é um processo relativo no qual não existem normas e princípios universais válidos para todas as situações. A Administração nunca é igual em todas as organizações e assume feições diferentes, dependendo das condições internas e externas da organização.

Likert propõe uma classificação de sistemas de Administração, definindo quatro perfis organizacionais. Os sistemas administrativos são caracterizados em relação a quatro variáveis: processo decisório, sistema de comunicação, relacionamento interpessoal e sistema de recompensas e punições. Em cada sistema administrativo, essas quatro variáveis apresentam diferentes características:

1. Sistema 1 – *"Autoritário Coercitivo"*: é um sistema administrativo autocrático e forte, coercitivo e arbitrário, que controla rigidamente tudo o que ocorre na organização. É o sistema mais duro e fechado, cujas características são:
   - *Processo decisório*: totalmente centralizado na cúpula da organização. Todas as ocorrências imprevistas e não rotineiras devem ser levadas à cúpula para resolução e todos os eventos devem ser decididos somente pela cúpula empresarial. Nesse sentido, o nível institucional torna-se sobrecarregado com a tarefa decisória.
   - *Sistema de comunicações*: é bastante precário. As comunicações são sempre verticais, no sentido descendente, carregando ordens de cima para baixo. Não existem comunicações laterais. As pessoas não são solicitadas a gerar informação, o que faz com que as decisões tomadas na cúpula se alicercem em informações limitadas, incompletas ou errôneas.
   - *Relacionamento interpessoal*: o relacionamento entre as pessoas é considerado prejudicial ao bom andamento dos trabalhos. A cúpula empresarial vê com extrema desconfiança as conversas informais entre

as pessoas e procura coibi-las ao máximo. A organização informal é vedada. Para evitá-la, os cargos e tarefas são desenhados para confinar e isolar as pessoas umas das outras e evitar o seu relacionamento.

- *Sistema de recompensas e punições*: há ênfase nas punições e medidas disciplinares, gerando um ambiente de temor e desconfiança. As pessoas devem obedecer cegamente às regras e aos regulamentos internos e executar suas tarefas de acordo com os métodos e procedimentos. Se elas cumprem fielmente suas tarefas, não estão fazendo nada mais que sua obrigação. Daí a ênfase nas punições, para assegurar o cumprimento das obrigações. As recompensas são raras e, quando ocorrem, são materiais e salariais.

2. Sistema 2 – *"Autoritário Benevolente"*: é um sistema administrativo autoritário que constitui uma variação atenuada no Sistema 1. No fundo, é um Sistema 1 mais condescendente e menos rígido. Suas principais características são:

    - *Processo decisório*: é centralizado na cúpula administrativa, permitindo pequeníssima delegação quanto a decisões de pequeno porte e de caráter rotineiro e repetitivo, baseadas em rotinas e prescrições e sujeitas à aprovação posterior, prevalecendo, ainda, o aspecto centralizador.
    - *Sistema de comunicações*: é relativamente precário, prevalecendo as comunicações verticais e descendentes, embora a cúpula oriente-se em comunicações ascendentes vindas dos escalões mais baixos, como retroação de suas decisões.
    - *Relacionamento interpessoal*: a organização tolera que as pessoas se relacionem entre si, em um clima de condescendência. A interação humana é pequena, e a organização informal é incipiente. Embora possa desenvolver-se, a organização informal ainda é considerada uma ameaça aos interesses e objetivos da empresa.
    - *Sistema de recompensas e punições*: ainda há ênfase nas punições e nas medidas disciplinares, mas o sistema é menos arbitrário e oferece algumas recompensas materiais e salariais e raras recompensas simbólicas ou sociais.

3. Sistema 3 – *"Consultivo"*: trata-se de um sistema que pende mais para o lado participativo do que para o lado autocrático e impositivo, como nos dois sistemas anteriores. Representa um gradativo abrandamento da arbitrariedade organizacional. Suas características são as seguintes:

- *Processo decisório*: é do tipo participativo e consultivo. Participativo porque as decisões são delegadas aos diversos níveis hierárquicos e orientam-se pelas políticas e diretrizes definidas no nível institucional para balizar todas as decisões e ações do negócio. Consultivo porque a opinião e os pontos de vista dos níveis inferiores são considerados na definição das políticas e diretrizes que os afetam. Obviamente, todas as decisões são posteriormente submetidas à aprovação da cúpula empresarial.
- *Sistema de comunicações*: existem comunicações verticais no sentido descendente (mais voltadas para orientação ampla do que para ordens específicas) e ascendente, bem como comunicações laterais entre os pares. A empresa incentiva o fluxo dos sistemas internos de comunicação.
- *Relacionamento interpessoal*: a confiança nas pessoas é mais elevada, embora ainda não completa e definitiva. A empresa cria condições relativamente favoráveis a uma organização informal sadia e positiva.
- *Sistema de recompensas e punições*: enfatiza recompensas materiais (como incentivos salariais, atrativos de promoções e oportunidades profissionais) e simbólicas (como prestígio e *status*), embora ocorram punições e castigos.

4. Sistema 4 – *"Participativo"*: é o sistema administrativo democrático por excelência. É o mais aberto de todos os sistemas. Suas características são:
- *Processo decisório*: as decisões são totalmente delegadas aos níveis organizacionais. O nível institucional define políticas e diretrizes e controla os resultados, deixando as decisões a cargo das pessoas. Apenas em ocasiões de emergência os altos escalões assumem decisivamente, porém sujeitando-se à ratificação explícita das pessoas envolvidas.
- *Sistema de comunicações*: as comunicações fluem em todos os sentidos e a empresa faz investimentos em sistemas de informação, pois são básicos para sua flexibilidade e eficiência.
- *Relacionamento interpessoal*: o trabalho é feito em equipes. Os grupos espontâneos permitem maior relacionamento entre pessoas. As relações interpessoais baseiam-se na confiança mútua entre as pessoas, e não em esquemas formais (como descrições de cargos ou relações formais previstas no organograma). O sistema incentiva a participação e o envolvimento grupal, de modo que as pessoas se sentem responsáveis pelo que decidem e fazem em todos os níveis organizacionais.

■ *Sistema de recompensas e punições*: há uma ênfase nas recompensas simbólicas e sociais, embora não sejam omitidas as recompensas materiais e salariais. Raramente ocorrem punições, as quais quase sempre são decididas e definidas pelos grupos envolvidos.

TABELA 15.3. OS QUATRO SISTEMAS ADMINISTRATIVOS, SEGUNDO LIKERT

Variáveis principais	Sistemas de administração			
	1 Autoritário-coercitivo	2 Autoritário-benevolente	3 Consultivo	4 Participativo
Processo decisorial	Totalmente centralizado na cúpula da organização	Centralizado na cúpula, mas permite alguma delegação de caráter rotineiro	Consulta aos níveis inferiores, permitindo participação e delegação	Totalmente descentralizado. A cúpula define políticas e controla os resultados
Sistema de comunicações	Muito precário Somente comunicações verticais e descendentes carregando ordens	Relativamente precário, prevalecendo comunicações descendentes sobre as ascendentes	A cúpula procura facilitar o fluxo no sentido vertical (descendente e ascendente) e horizontal	Sistemas de comunicação eficientes são fundamentais para o sucesso da empresa
Relações interpessoais	Provocam desconfiança. Organização informal é vedada e considerada prejudicial. Cargos confinam as pessoas	São toleradas, com condescendência Organização informal é incipiente e considerada uma ameaça à empresa	Certa confiança nas pessoas e nas relações A cúpula facilita a organização informal sadia	Trabalho em equipes Formação de grupos é importante. Confiança mútua, participação e envolvimento grupal intensos
Sistemas de recompensas e punições	Utilização de punições e medidas disciplinares Obediência estrita aos regulamentos internos. Raras recompensas (estritamente salariais)	Utilização de punições e medidas disciplinares, mas com menor arbitrariedade Recompensas salariais e raras recompensas sociais	Utilização de recompensas materiais (principalmente salários). Recompensas sociais ocasionais Raras punições ou castigos	Utilização de recompensas sociais e recompensas materiais e salariais. Punições são raras e, quando ocorrem, são definidas pelas equipes

Os quatro sistemas de Likert mostram as diferentes alternativas para administrar as empresas. O Sistema 1 refere-se ao sistema organizacional autoritário e autocrático e lembra a Teoria X de McGregor, enquanto o Sistema 4 – no lado diametralmente oposto – lembra a Teoria Y.

Os quatro sistemas propostos por Likert apresentam as seguintes características:

- *Sistema 1* é encontrado em empresas que utilizam mão de obra intensiva e tecnologia rudimentar, pessoal de pouca qualificação e educação, como nas empresas de construção civil ou industrial.
- *Sistema 2* é encontrado em empresas industriais com tecnologia mais apurada e mão de obra mais especializada, mas aplicando alguma forma de coerção, para manter o controle sobre o comportamento das pessoas (como nas áreas de produção e montagens de empresas industriais, nos escritórios de fábricas, etc.).
- *Sistema 3* é utilizado em empresas de serviços (como bancos e financeiras) e em áreas administrativas de empresas industriais mais organizadas e avançadas em termos de relações com empregados.
- *Sistema 4* é encontrado em empresas que utilizam sofisticada tecnologia e pessoal altamente especializado (como empresas de serviços de propaganda, consultoria em engenharia e em administração).

Os quatro sistemas não têm limites definidos entre si. Uma empresa pode estar situada acima do Sistema 2 e abaixo do Sistema 3, ou seja, ao redor de 2,5. Pode também ser classificada como Sistema 2 no processo decisório e 3 no sistema de recompensas. Pode ter uma unidade (como a área de produção) na qual predomina o Sistema 1, enquanto em outra unidade (como a área de processamento de dados) predomina o Sistema 4.

Para avaliar as características das organizações, Likert construiu um questionário que define o chamado Perfil Organizacional de Likert e situa a empresa em função do estilo de administração predominante.[35]

TABELA 15.4. PERFIL ORGANIZACIONAL DE LIKERT

Característica	Sistema 1 Autoritário explorador	Sistema 2 Autoritário benevolente	Sistema 3 Consultivo	Sistema 4 Participativo
1. Forças motivacionais	Medo e ameaça. Atitudes hostis. Alienação			Envolvimento pessoal. Atitudes favoráveis. Participação
2. Sistema de comunicações	Restrito e descendente Impreciso			Amplo em todos os sentidos Preciso
3. Interação-influência	Pouca interação Desconfiança recíproca			Muita interação Confiança recíproca
4. Processo decisorial	Centralizado no topo			Descentralizado e generalizado
5. Objetivos	Ordens expedidas Resistência encoberta			Consenso Aceitação plena

(Continua)

TABELA 15.4. PERFIL ORGANIZACIONAL DE LIKERT (CONTINUAÇÃO)

Características	Sistema 1 Autoritário explorador	Sistema 2 Autoritário benevolente	Sistema 3 Consultivo	Sistema 4 Participativo
6. Controle	Concentração no topo Organização formal opõe-se à informal			Difusão da responsabilidade Organização formal e informal Apoiam-se mutuamente
7. Desempenho	Produtividade medíocre Alto *turnover*			Produtividade excelente Baixo *turnover*

A estrutura organizacional tradicional representada pelos Sistemas 1 e 2 utiliza a forma individual de administração: o modelo de interação homem a homem, isto é, a vinculação direta e exclusiva entre superior e subordinado.

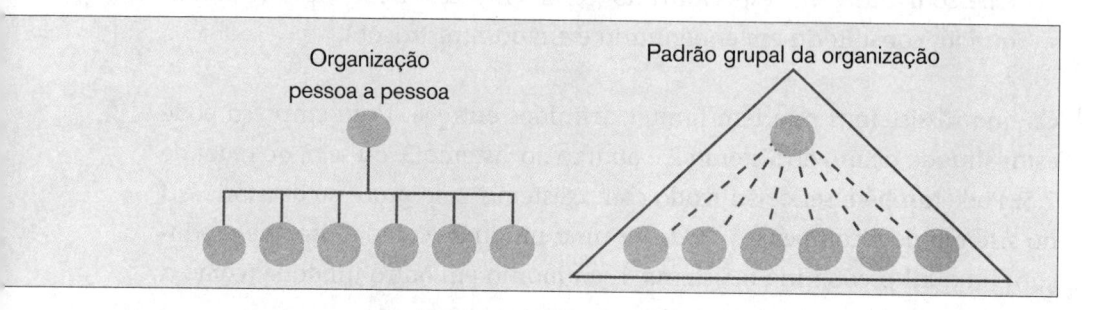

Figura 15.12. Organograma típico e o padrão grupal de organização.[36]

As estruturas organizacionais representadas pelos Sistemas 3 e 4 utilizam o modelo de organização grupal em que os grupos se superpõem. Cada grupo de trabalho vincula-se com os demais grupos por intermédio de pessoas que superpõem seu relacionamento com vários grupos. Essas pessoas são os "elos de vinculação superposta" entre diferentes grupos de trabalho.

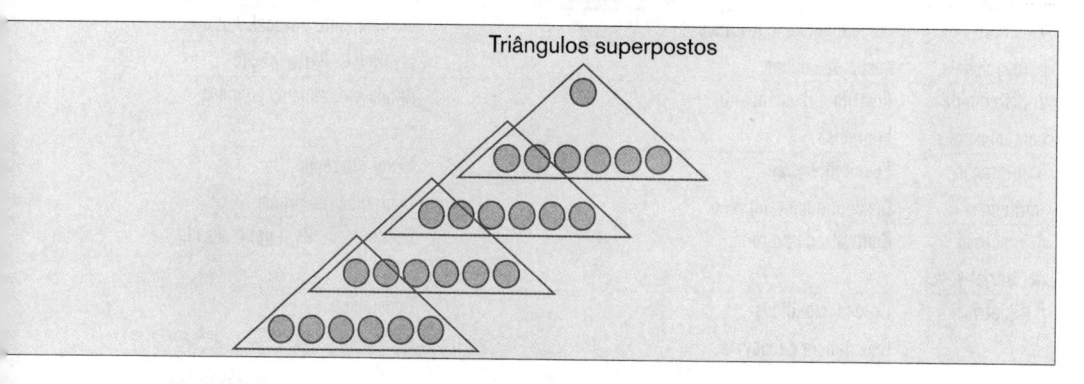

Figura 15.13. A forma de organização em grupos superpostos.

A interação ocorre não somente entre os subordinados, mas entre subordinados e superiores. Em cada nível hierárquico, todos os subordinados componentes de um grupo de trabalho afetados por determinada decisão, nela se envolvem consideravelmente. Cada grupo de trabalho compõe-se de um superior e de todos os seus subordinados. Assim, uma ou mais pessoas de cada grupo passam a comportar-se como elos de vinculação com os demais grupos da empresa. Daí os "elos de vinculação superposta".

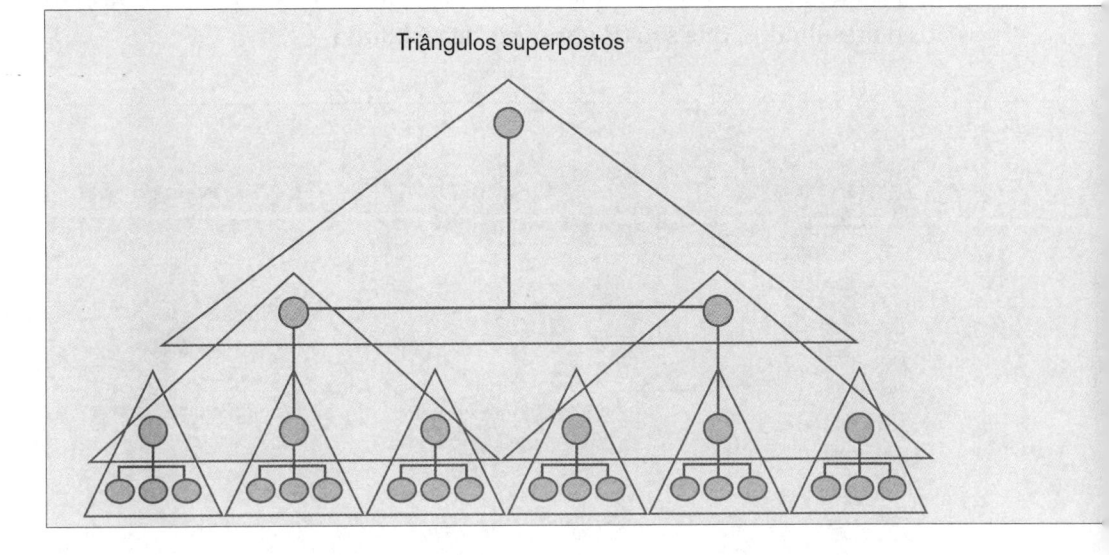

Figura 15.14. Estrutura de organização composta de grupos funcionais com elos de vinculação entre eles.[37]

O Sistema 4 repousa em três aspectos principais:

- *Princípios e técnicas de motivação*: em vez da tradicional dialética de *recompensas e punições*.
- *Grupos de trabalho* altamente motivados, estreitamente entrelaçados e comprometidos com o alcance dos objetivos empresariais. O papel dos *"elos de vinculação superposta"* é fundamental.
- Adoção de *"princípios de relações de apoio"*: a administração adota metas de elevado desempenho para si própria e para os empregados e estabelece os meios para atingi-las. As metas de eficiência e produtividade são alcançadas a partir de um sistema de administração que proporciona condições de satisfazer aos objetivos individuais dos empregados.

Para avaliar o comportamento humano na organização, Likert adota as variáveis administrativas (como o estilo de administração, estratégias, estrutura organizacional, tecnologia empregada, etc.) que são chamadas variáveis causais, porque são as bases do comportamento humano. Os itens de comportamento (como lealdade, capacidades, atitudes, comunicações, interação humana, tomada de decisões, etc.) são as variáveis intervenientes que provocam alterações no sistema. As variáveis causais provocam estímulos que atuam nos indivíduos (variáveis intervenientes) e criam respostas ou resultados, que são as variáveis de resultado.

Variáveis causais	Variáveis intervenientes	Variáveis do resultado
• Estrutura organizacional • Políticas • Liderança • Controles	• Atitudes • Motivação • Percepções de todos os membros	• Satisfação • Produtividade • Qualidade • Excelência • Competitividade • Lucros

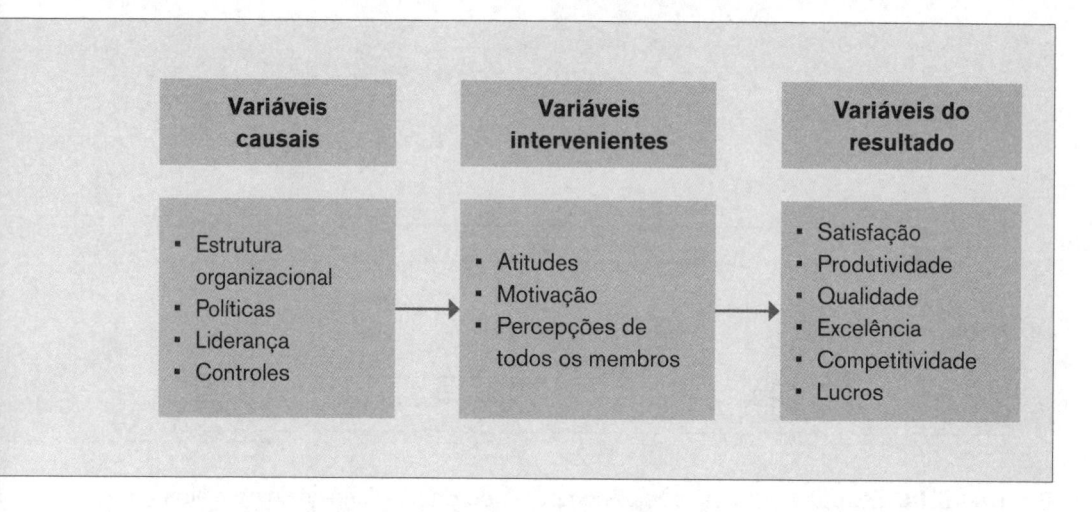

Figura 15.15. O modelo de organização de Likert.

As variáveis intervenientes dependem das variáveis causais e influenciam as variáveis de resultado. Muitos executivos calculam a eficiência da organização apenas em termos de produtividade ou produção física (variáveis de resultado), negligenciando as variáveis intervenientes. Assim, surge uma dificuldade: executivos que se baseiam apenas nos resultados de produção são rapidamente promovidos para cargos elevados em consequência do êxito demonstrado, deixando a seus sucessores os fragmentos intervenientes, cuja ordenação e correção exigirão um longo trabalho pela frente. A ênfase no imediatismo empurra as dificuldades para o futuro.

Teoria Comportamental da Administração

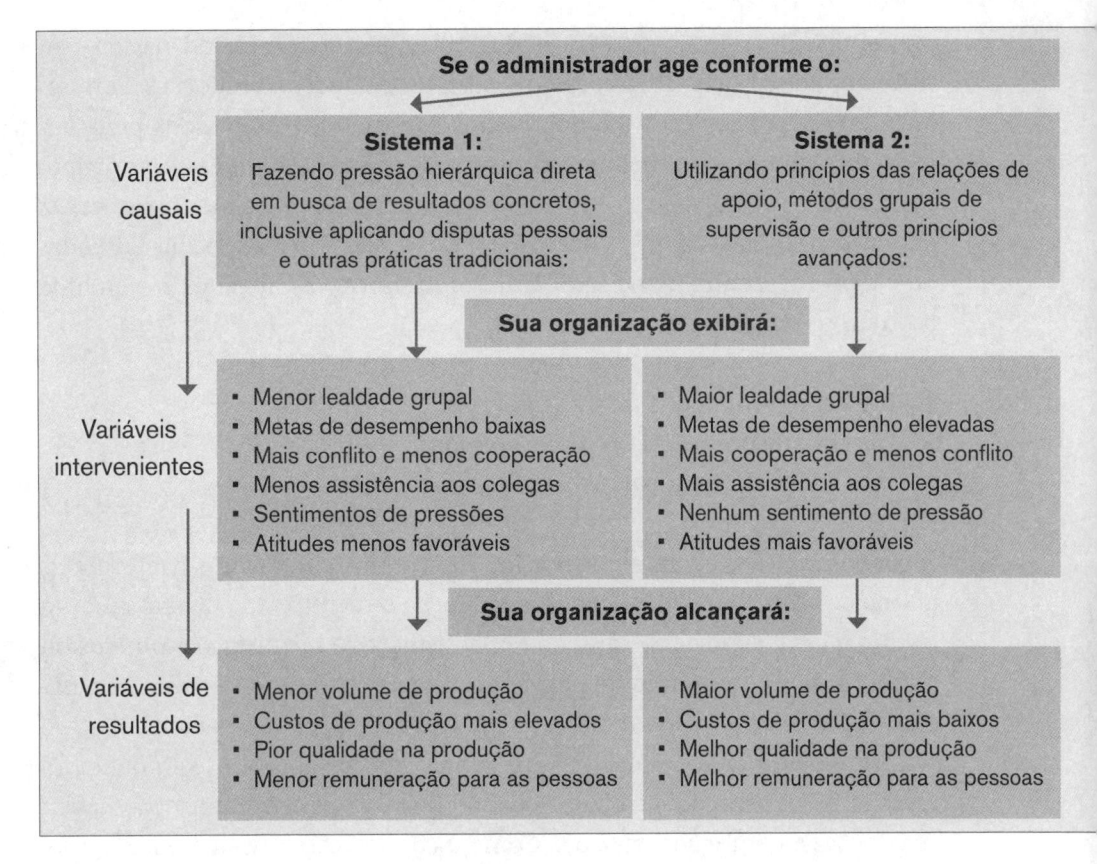

	Se o administrador age conforme o:	
Variáveis causais	**Sistema 1:** Fazendo pressão hierárquica direta em busca de resultados concretos, inclusive aplicando disputas pessoais e outras práticas tradicionais:	**Sistema 2:** Utilizando princípios das relações de apoio, métodos grupais de supervisão e outros princípios avançados:
	Sua organização exibirá:	
Variáveis intervenientes	• Menor lealdade grupal • Metas de desempenho baixas • Mais conflito e menos cooperação • Menos assistência aos colegas • Sentimentos de pressões • Atitudes menos favoráveis	• Maior lealdade grupal • Metas de desempenho elevadas • Mais cooperação e menos conflito • Mais assistência aos colegas • Nenhum sentimento de pressão • Atitudes mais favoráveis
	Sua organização alcançará:	
Variáveis de resultados	• Menor volume de produção • Custos de produção mais elevados • Pior qualidade na produção • Menor remuneração para as pessoas	• Maior volume de produção • Custos de produção mais baixos • Melhor qualidade na produção • Melhor remuneração para as pessoas

Figura 15.16. Decorrências dos Sistemas 1 e 4.[38]

Método do caso

A nova presidência da Photon

Eduardo Barreto está na Photon há mais de dez anos. Fez uma carreira brilhante, apesar de sua insatisfação com o modelo hierarquizado, autoritário, rígido e impositivo ali reinante. Agora, sabe que nos próximos meses irá receber a incumbência que sempre sonhou: presidir a tradicional e fechada companhia. Eduardo quer mudar a empresa. O que ele poderia fazer?

ORGANIZAÇÃO COMO UM SISTEMA SOCIAL COOPERATIVO

Antecipando-se ao surgimento da Teoria Comportamental, Chester Barnard (1886-1961) publicou um livro propondo uma teoria da cooperação para explicar as organizações.[39] Para o autor, as pessoas não atuam isoladamente, mas por meio de interações com outras pessoas, para poder alcançar os seus objetivos. Nas interações humanas, as pessoas influenciam-se mutuamente:

são as relações sociais. Graças às diferenças individuais, cada pessoa tem suas próprias características pessoais, suas capacidades e limitações. Para sobrepujar suas limitações e ampliar suas capacidades, as pessoas precisam cooperar entre si para melhor alcançar seus objetivos. É graças à participação pessoal e à cooperação entre as pessoas que surgem as organizações. As organizações são sistemas cooperativos, isto é, são sistemas sociais baseados na cooperação entre as pessoas. Uma organização somente existe quando ocorrem conjuntamente três condições:

- Interação entre duas ou mais pessoas.
- Desejo e disposição para a *cooperação*.
- Finalidade de alcançar um objetivo comum.

A cooperação é o elemento essencial da organização e varia conforme as pessoas. A contribuição de cada pessoa para o alcance do objetivo comum é variável e depende do resultado das satisfações e insatisfações obtidas ou percebidas imaginariamente pelas pessoas como resultado de sua cooperação. Daí decorre a racionalidade. As pessoas cooperam na medida em que o seu esforço proporcione satisfações e vantagens pessoais que justifiquem tal esforço. A cooperação é fruto da decisão de cada pessoa em função dessas satisfações e vantagens pessoais. Como a cooperação é essencial para a sobrevivência da organização, a função do executivo, isto é, de cada administrador em cada organização é criar condições de incentivar a coordenação e manter um sistema de esforços cooperativos.

Administrador →

Alcance de objetivos organizacionais
- Maior produtividade
- Melhores resultados
- Crescimento da organização
- Redução de custos
- Valor agregado
- Lucros

→ **Eficácia**

Alcance de objetivos individuais
- Promoção na carreira
- Desenvolvimento pessoal
- Melhor remuneração
- Maiores oportunidades
- Salário e benefícios
- Prestígio e *status*
- Segurança no trabalho

→ **Eficiência**

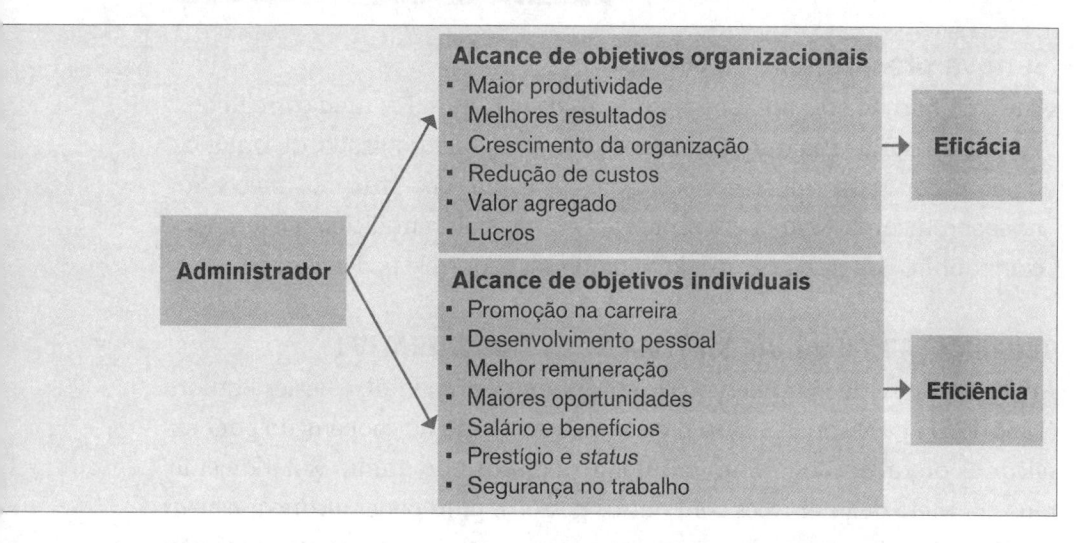

Figura 15.17. Eficácia e eficiência gerencial, segundo Barnard.

PROCESSO DECISÓRIO

A Teoria das Decisões nasceu com Herbert Simon,[40] que a utilizou para explicar o comportamento humano nas organizações.[41] A Teoria Comportamental concebe a organização como um sistema de decisões. Nesse sistema, cada pessoa participa racional e conscientemente, escolhendo e tomando decisões individuais a respeito de alternativas racionais de comportamento. Assim, a organização está permeada de decisões e de ações.

As teorias administrativas anteriores deram muita importância às ações e nenhuma às decisões que as provocaram. Para a Teoria Comportamental, não é somente o administrador quem toma as decisões. Todas as pessoas na organização, em todas as áreas de atividades e níveis hierárquicos e em todas as situações estão continuamente tomando decisões relacionadas ou não ao seu trabalho. A organização é um complexo sistema de decisões.

A organização como um sistema de decisões

A organização é um sistema de decisões em que cada pessoa participa consciente e racionalmente, escolhendo e decidindo entre alternativas mais ou menos racionais que se lhes apresentam de acordo com sua personalidade, motivações e atitudes. Os processos de percepção das situações e o raciocínio são básicos para explicar o comportamento humano nas organizações: o que uma pessoa aprecia e deseja influencia aquilo que vê e interpreta, assim como o que vê e interpreta influencia o que ela aprecia e deseja. Cada pessoa decide em função de sua percepção pessoal das situações.[42] As pessoas são processadoras de informação, criadoras de opinião e tomadoras de decisão.

Teoria das Decisões

■ *Decisão* é o processo de análise e escolha entre as alternativas disponíveis de cursos de ação que a pessoa deverá seguir. A *decisão* envolve seis *elementos*:[43]
   1. *Tomador de decisão*: é a pessoa que faz uma escolha ou opção entre várias alternativas futuras de ação.
   2. *Objetivos*: são os objetivos que o tomador de decisão pretende alcançar com suas ações.
   3. *Preferências*: são os critérios que o tomador de decisão usa para fazer sua escolha.
   4. *Estratégia*: é o curso de ação que o tomador de decisão escolhe para atingir seus objetivos. O curso de ação é o caminho escolhido e depende dos recursos de que pode dispor.

5. *Situação*: são os aspectos do ambiente que envolve o tomador de decisão, alguns deles fora do seu controle, conhecimento ou compreensão e que afetam sua escolha.
6. *Resultado*: é a consequência ou resultante de uma dada *estratégia*.

O tomador de decisão está inserido em uma situação, pretende alcançar objetivos, tem preferências pessoais e segue estratégias (cursos de ação) para alcançar resultados. A decisão envolve uma opção ou escolha. Para a pessoa seguir um curso de ação, ela deve abandonar outros cursos que surjam como alternativas. Há sempre um processo de seleção, isto é, de escolha de alternativas. O processo de seleção pode ser uma ação reflexa condicionada (como digitar as teclas do computador) ou produto de raciocínio, planejamento ou projeção para o futuro. Todo curso de ação busca o alcance de um objetivo a ser alcançado e segue uma racionalidade. O tomador de decisão escolhe uma alternativa entre outras: se ele escolhe os meios apropriados para alcançar determinado objetivo, a sua decisão é racional.[44]

A situação apresenta-se ao agente racional, que a interpreta de acordo com o conhecimento que tem sobre:

- Os eventos futuros ou das probabilidades com que eles têm de ocorrer.
- As consequências possíveis dessas alternativas.
- As alternativas de ação possíveis ou disponíveis.
- As regras ou princípios por meio dos quais ele estabeleceu a sua ordem de preferência para as consequências ou alternativas.

O comportamento do agente baseia-se nesses quatro conjuntos de dados, e não apenas na especificação da situação tal como ela é realmente ou tal como ela se apresenta a terceiros.[45] É um quadro de referência muito próximo à Teoria de Campo de Lewin. Essas variáveis – que revelam aspectos subjetivos e relativos da personalidade – foram omitidas pelas teorias administrativas tradicionais. Elas não podem ser tratadas como fatores independentes e inexplicados, mas como fatores determinados e previstos pela teoria: o indivíduo decide em função da sua percepção da situação.[46]

Dentro desse panorama, a organização é visualizada como um sistema de decisões em que o indivíduo participa racional e conscientemente escolhendo e decidindo entre alternativas mais ou menos racionais. A organização está permeada de decisões e ações. Para um indivíduo seguir um curso de ação, ele deve abandonar outros cursos que se lhe apresentam como alternativas. Há sempre um processo de seleção, isto é, de escolhas de alternativas. Esse processo de seleção pode ser tanto uma ação reflexa condicionada (como o fato de uma datilógrafa bater as teclas de sua máquina) como um produto de uma cadeia complexa de atividades chamada planejamento ou projeção. Em qualquer caso, porém, todo curso de ação é orientado no sentido de um objetivo a ser alcançado. A racionalidade está implícita nessa atividade de escolha. O tomador de decisão escolhe uma alternativa entre outras: se ele escolhe os meios mais apropriados para alcançar determinado fim, a decisão é considerada racional.

A racionalidade reside na escolha dos meios (estratégia) adequados para o alcance de determinados fins (objetivo), no sentido de obter os melhores resultados. Porém, as pessoas comportam-se racionalmente apenas em função daqueles aspectos da situação que conseguem perceber e tomar conhecimento (cognição). Os demais aspectos da situação que não são percebidos ou não são conhecidos pelas pessoas – embora existam na realidade – não interferem em suas decisões. A esse fenômeno dá-se o nome de racionalidade limitada: as pessoas tomam decisões racionais (adequação de meios-fins) apenas em relação aos aspectos da situação que conseguem perceber e interpretar.

Etapas do processo decisório

O processo decisório é complexo e depende das características pessoais do tomador de decisões, da situação em que está envolvido e da maneira como ele percebe a situação. O processo decisório exige sete etapas, a saber:

▌ Percepção da situação que envolve algum problema.
▌ Análise e definição do problema.
▌ Definição dos objetivos.
▌ Procura de alternativas de solução ou de cursos de ação.
▌ Escolha (seleção) da alternativa adequada ao alcance dos objetivos.
▌ Avaliação e comparação das alternativas.
▌ Implementação da alternativa escolhida.

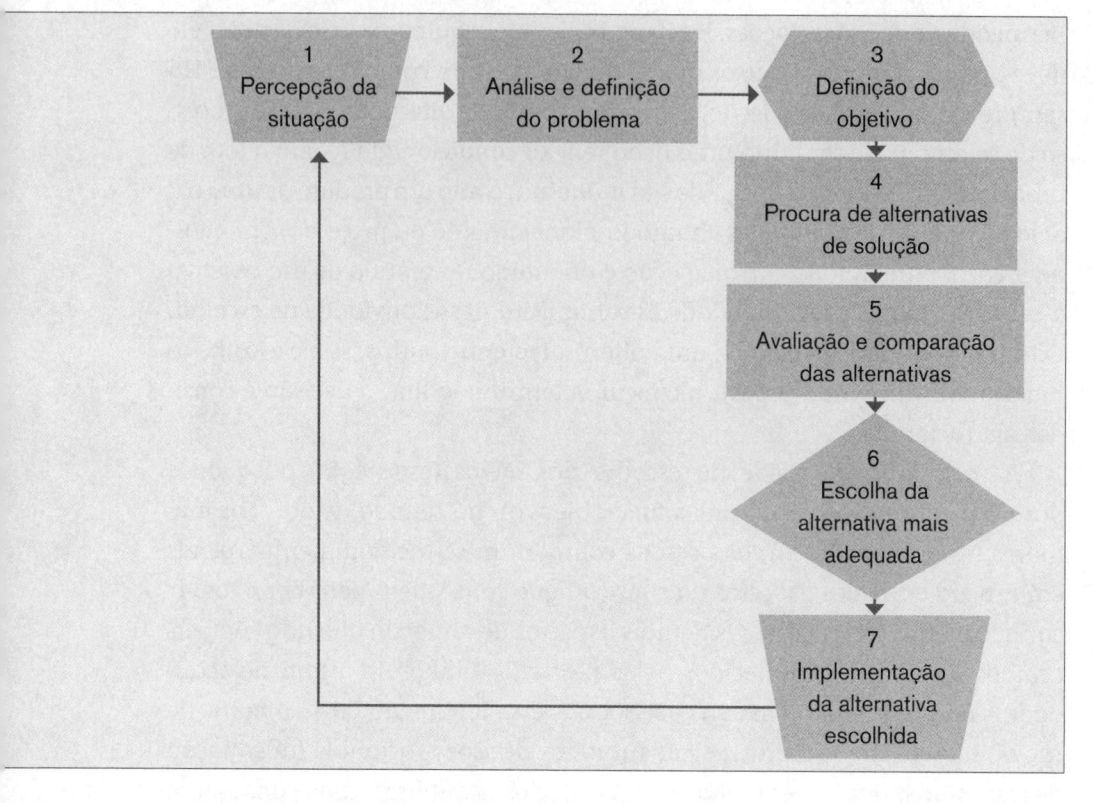

Figura 15.18. Etapas do processo decisório.

Cada etapa influencia as outras e todo o processo. Nem sempre as etapas são seguidas à risca. Se a pressão for muito forte para uma solução imediata, as etapas 3, 5 e 7 podem ser abreviadas ou suprimidas. Quando não há pressão, algumas etapas podem ser ampliadas ou estendidas no tempo.

Decorrências da Teoria das Decisões

O processo decisório permite solucionar problemas ou defrontar-se com situações. A subjetividade nas decisões individuais é enorme graças aos seguintes aspectos:[47]

- *Racionalidade limitada*: para tomar decisões, a pessoa precisaria de um grande número de informações a respeito da situação, para poder analisá-las e avaliá-las. Como isto está além da capacidade individual de coleta e análise, a pessoa toma decisões por meio de pressuposições, isto é, de premissas que ela assume subjetivamente e nas quais baseia sua escolha. As decisões focalizam uma parte da situação ou apenas alguns aspectos dela.
- *Imperfeição das decisões*: não existem decisões perfeitas. Apenas umas são melhores que outras quanto aos resultados que produzem. Para proceder

de maneira racional nas suas ações, a pessoa escolhe dentre as diferentes alternativas aquelas que se diferenciam pelos seus resultados; estes, por sua vez, devem estar ligados aos objetivos que a organização pretende atingir. O processo decisório racional implica a comparação de caminhos (cursos de ação) por meio da avaliação prévia dos resultados decorrentes de cada um e do confronto entre tais resultados e os objetivos que se deseja atingir. O critério norteador na decisão é a eficiência, isto é, a obtenção de resultados máximos com recursos mínimos.

- *Relatividade das decisões*: no processo decisório, a escolha de uma alternativa implica a renúncia das demais e a criação de uma sequência de novas alternativas ao longo do tempo. A esses leques de alternativas em cada decisão dá-se o nome de árvore de decisão. Toda decisão é uma espécie de acomodação, pois a alternativa escolhida jamais permite a realização completa ou perfeita dos objetivos visados, funcionando como a melhor solução encontrada naquelas circunstâncias. A situação do meio ambiente limita as alternativas disponíveis, estabelecendo o nível que se pode atingir na consecução de um objetivo. Esse nível nunca é ótimo, mas apenas satisfatório.

- *Hierarquização das decisões*: o comportamento é planejado quando é guiado por objetivos e é racional quando escolhe as alternativas adequadas à consecução dos objetivos. Há uma hierarquia para distinguir o que é um meio e o que é um fim. Os objetivos visados pelas pessoas obedecem a uma hierarquia, na qual um nível é considerado fim em relação ao nível mais baixo e é considerado meio em relação ao de ordem maior.

- *Racionalidade administrativa*: há uma racionalidade no comportamento administrativo, pois é planejado e orientado no sentido de alcançar objetivos da maneira mais adequada. Os processos administrativos são basicamente processos decisórios, pois consistem na definição de métodos rotineiros para selecionar e determinar os cursos de ação adequados e na sua comunicação às pessoas por eles afetadas.

- *Influência organizacional*: a organização retira de seus participantes a faculdade de decidir sobre certos assuntos e a substitui por um processo decisório próprio, previamente estabelecido e rotinizado. As decisões que a organização toma pelo indivíduo consistem em:
    - *Divisão de tarefas*: a organização limita o trabalho de cada pessoa para certas atividades e funções específicas, que são os seus cargos.
    - *Padrões de desempenho*: a organização define padrões que servem de guia e orientação para o comportamento racional das pessoas e para a atividade de controle pela organização.

- *Sistemas de autoridade*: a organização influencia e condiciona o comportamento das pessoas por meio da hierarquia formal e do sistema informal de influenciação das pessoas.
- *Canais de comunicação*: a organização proporciona todas as informações vitais no processo decisório das pessoas.
- *Treinamento e doutrinação*: a organização treina e condiciona nas pessoas os critérios de decisão que ela pretende manter.

Uma das funções primárias da administração é tomar decisões que determinam o curso futuro da ação para a organização, em curto e em longo termo. Assim, a teoria administrativa deve ocupar-se simultaneamente dos processos de decisão e dos processos de ação, pois decidir vem antes de agir. A maneira tradicional de conceber a administração faz com que se dê maior destaque ao que é realmente feito e muito pouca atenção à escolha que antecede qualquer ação, isto é, à determinação do que se deve fazer. Como a organização tem por objetivo solucionar problemas, torna-se necessário o estudo dos processos organizacionais relacionados à escolha de alternativas de ações, em um ambiente que não revela todas as opções disponíveis nem as consequências dessas alternativas.[48] A capacidade da organização para coletar e processar informações, bem como para prever as consequências das alternativas, é limitada.[49] Isso leva à necessidade de substituir o critério de máxima eficiência (Teoria Clássica) pelo critério do desempenho satisfatório (Teoria Behaviorista).

Tomada de decisão do ponto de vista clássico		Tomada de decisão do ponto de vista comportamental
Problema claramente definido		Problema não definido claramente
Conhecimento de todas as alternativas possíveis e de suas consequências	Limitações cognitivas	Conhecimento é limitado às possíveis alternativas e suas consequências
Escolha de alternativa "ótima"		Escolha de alternativa "satisfatória"
Ação administrativa		Ação administrativa

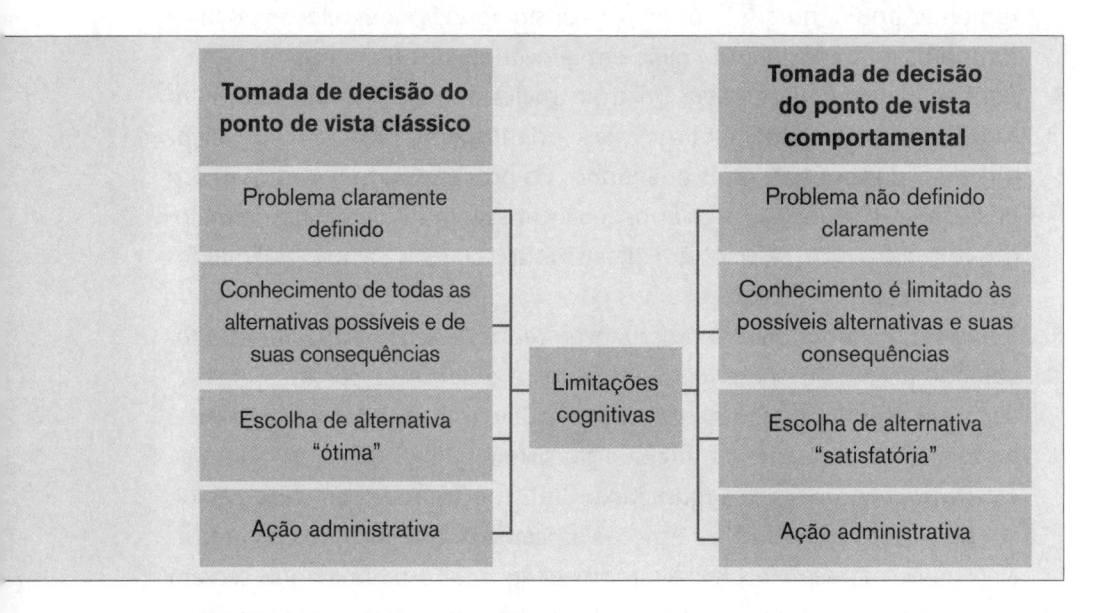

Figura 15.19. Processo decisório clássico e comportamental.

Homem administrativo

Para abastecer o processo decisório dos seus participantes, a organização coleta e processa uma enorme variedade de informações para permitir a escolha de alternativas, em situações que nunca revelam todas as opções disponíveis nem os possíveis resultados dessas alternativas. A capacidade da organização de coletar e processar tais informações para proporcionar às pessoas que decidem, no tempo hábil, as bases para que possam ser bem-sucedidas na escolha é bastante limitada. Assim, o tomador de decisão não tem condição de analisar todas as situações nem de procurar todas as alternativas possíveis. Muito menos de buscar a melhor alternativa ou a mais adequada entre todas. Dessa maneira, o comportamento administrativo não é otimizante nem procura a melhor maneira, mas é satisfaciente, pois procura a maneira satisfatória entre aquelas que conseguiu comparar.

Cada pessoa é um indivíduo que se contenta (um *satisficer*): para sua satisfação, não precisa do máximo absoluto, mas, sim, do suficiente para se contentar dentro das possibilidades da situação. O termo *satisficer* foi introduzido por Simon[50] para significar que o homem considera suas satisfações contentando-se com o que está ao seu alcance, mesmo que seja um mínimo, mas que, na situação ou no momento, representa para ele o máximo. Com isso, atenua-se o conceito do "homem econômico", cujas aspirações são objetivas e materiais, procurando sempre a maximização absoluta ou a melhor maneira de fazer algo.

O behaviorismo ressalta o "homem administrativo" em vez do "homem econômico" (Teoria Clássica), do "homem social" (Teoria das Relações Humanas) ou, ainda, do "homem organizacional" (Teoria Estruturalista). O homem administrativo procura a "maneira satisfatória", e não a melhor maneira (*the best way*), de fazer um trabalho. O comportamento administrativo é satisfaciente (*satisficer*) e não otimizante, pois o homem administrativo toma decisões sem poder procurar todas as alternativas possíveis: não procura o máximo lucro, mas o lucro adequado; não o preço ótimo, mas o preço razoável.

Ao explicar o comportamento de busca de soluções, March e Simon[51] salientam que as organizações procuram uma solução satisfatória, e não uma solução ótima: o comportamento de busca deter-se-á quando a organização encontrar um padrão aceitável ou razoavelmente bom. Quando a realização da organização cair abaixo desse nível, nova busca de soluções será tentada.

O processo decisório do homem administrativo caracteriza-se pelos seguintes aspectos:

- O tomador de decisões evita a incerteza e segue as regras padronizadas para as decisões.
- Ele mantém as regras e as redefine somente quando sob pressão.
- Quando o ambiente muda subitamente e novas situações estatísticas afloram ao processo decisório, a organização é relativamente lenta no ajustamento. Ela tenta utilizar seu modelo atual para lidar com as condições modificadas.

Contudo, os órgãos de pesquisa e desenvolvimento de certas organizações continuam intencionalmente suas atividades de descoberta e inovação (pesquisa e desenvolvimento), mesmo quando a organização funciona bem. Esses órgãos não levam a organização para a sua capacidade ótima nem se detêm quando funciona bem, mas procuram níveis gradativamente elevados de satisfação para a organização, melhorando os seus padrões. Isso explica a criação de mecanismos internos das organizações, que as tornam racionalmente insatisfeitas, buscando continuamente o seu aperfeiçoamento.[52] Esta é a base da melhoria contínua e da qualidade total nas organizações: o inconformismo sistemático em relação à situação atual.

COMPORTAMENTO ORGANIZACIONAL

Comportamento organizacional é o estudo da dinâmica das organizações e como os grupos e indivíduos comportam-se dentro delas. É uma ciência interdisciplinar. Por ser sistema cooperativo racional, a organização somente pode alcançar seus objetivos se as pessoas que a compõem coordenarem seus esforços a fim de alcançar algo que individualmente jamais conseguiriam. Por essa razão, a organização caracteriza-se por uma racional divisão do trabalho e hierarquia. Da mesma forma que uma organização tem expectativas acerca de seus participantes, quanto às suas atividades, talentos e potencial de desenvolvimento, também os participantes têm suas expectativas em relação à organização. As pessoas ingressam e fazem parte da organização para obter satisfação de suas necessidades pessoais por meio de sua participação nela. Para obter essas satisfações, as pessoas estão dispostas a fazer investimentos pessoais na organização ou a incorrer em certos custos. Por outro lado, a organização recruta pessoas na expectativa de que elas trabalhem e desempenhem suas tarefas. Assim, surge uma interação entre pessoas e organização, a que se dá o nome de processo de reciprocidade: a organização espera que as pessoas realizem suas tarefas e oferece-lhes incentivos e recompensas, enquanto as pessoas oferecem suas atividades e seu trabalho, esperando obter certas satisfações pessoais. As pessoas estão dispostas a cooperar desde que as suas atividades na organização contribuam diretamente para o alcance de seus próprios objetivos pessoais.

A organização espera que o empregado obedeça a sua autoridade e, por seu turno, o empregado espera que a organização se comporte corretamente com ele e opere com justiça. A organização reforça sua "expectação" por meio do uso da autoridade e do poder de que dispõe, enquanto o empregado reforça sua "expectação" por meio de certas tentativas de influir na organização ou de limitar sua participação. Ambas as partes do contrato de interação estão orientadas por diretrizes que definem o que é correto e equitativo.[53] Os sociólogos referem-se a uma "norma de reciprocidade",[54] enquanto os psicólogos chamam isso de contrato psicológico. O contrato psicológico refere-se ao fato de a expectativa recíproca do indivíduo e da organização estender-se muito além de qualquer contrato formal de emprego que governe o trabalho a ser realizado, e da recompensa a ser recebida. Muito embora não exista acordo formal, o contrato psicológico é um entendimento entre indivíduo e organização, no sentido que uma vasta gama de práticas, direitos, privilégios e obrigações consagrados pelo uso serão respeitados e observados por ambas as partes. O contrato psicológico é um importante elemento em qualquer relação de trabalho que envolva aspectos da situação suscetível de constituírem importantes determinantes do comportamento.

O conceito de contrato surgiu na psicologia de grupo. Para alguns autores, a vida como um todo é uma série de acordos e pactos (contratos) que as pessoas mantêm consigo mesmas e com os outros. O contrato torna-se um meio utilizado para a criação e troca de valores entre as pessoas. No fundo, cada pessoa representa os seus próprios contratos, que regem tanto as relações interpessoais como os relacionamentos que ela mantém consigo mesma (relações intrapessoais).

Uma fonte de dificuldade nos relacionamentos interpessoais é a falta de acordos explícitos. É difícil encontrar quem diga aberta e explicitamente o que quer e de que forma precisa das outras pessoas. Em suma, o esclarecimento dos contratos, tanto nas relações intrapessoais como nas relações interpessoais, é um princípio importante para a efetiva vivência interpessoal. Há uma significativa evidência nos estudos de Psicologia indicando que as pessoas e os grupos alcançam um alto grau de operacionalização somente quando os objetivos são bem definidos e quando há clareza sobre os instrumentos para alcançar esses objetivos.

Schein[55] salienta que há dois aspectos no contrato: o contrato formal com relação ao cargo a ser ocupado, conteúdo do trabalho, horário de dedicação, salário, etc., e outro, o contrato psicológico – aquilo que basicamente a organização e o indivíduo esperam ganhar com o novo relacionamento. O contrato psicológico não é discutido, mas é percebido e interpretado como algo firme e seguro. É importante tanto para a organização como para o indivíduo que ambos explorem os dois aspectos do contrato, e não apenas os seus aspectos formais.

Relações de intercâmbio

Existe um relacionamento de intercâmbio entre os indivíduos e a organização.[56] O modo pelo qual os objetivos individuais são satisfeitos determina sua percepção do relacionamento. Esse relacionamento poderá ser percebido como satisfatório para as pessoas que percebem que suas recompensas excederam as demandas feitas sobre elas. A pessoa ingressa na organização e nela permanece, esperando que suas satisfações pessoais sejam maiores que seus esforços pessoais. Se ela acredita que seus esforços pessoais ultrapassam as satisfações, ela se torna propensa a abandonar a organização, se possível.

Algebricamente, a soma dos investimentos feitos pela organização e das recompensas obtidas por um indivíduo deve ser maior que zero. Do ponto de vista do indivíduo, o intercâmbio com a organização deve lhe trazer um ganho.[57]

Ao mesmo tempo, a organização espera que a contribuição de cada indivíduo ultrapasse o custo de ter as pessoas na organização. Em outros termos, a organização espera que os indivíduos contribuam mais do que ela lhes dá. Aqui, a soma algébrica das contribuições dos indivíduos e os custos da organização de manter os indivíduos devem exceder zero. Do ponto de vista da organização, o intercâmbio com cada pessoa deve lhe trazer um ganho.

Cada indivíduo permanece na organização enquanto percebe os benefícios de ser membro da organização como excedendo os custos de pertencer a ela. Assim, percebe um relacionamento bem-sucedido, como na Figura 15.20. Por outro lado, a organização mantém as pessoas enquanto percebe os benefícios de mantê-las como membros da organização como maiores do que os custos incorridos em tê-las na organização. No caso, a organização percebe um relacionamento bem-sucedido.

Sob a ótica da organização

Organização → Investimentos / Incentivos e alicientes → Participante
Participante → Retornos / Contribuições → Organização

Sob a ótica do participante

Participante → Investimentos / Contribuições → Organização
Organização → Retornos / Incentivos e alicientes → Participante

Figura 15.20. Os dois lados da reciprocidade.

Incentivos à cooperação

A organização oferece aos seus participantes diversos tipos de alicientes (incentivos) para manterem a sua cooperação.

Existem três condições principais para que os incentivos possam influenciar adequadamente as pessoas a manter sua cooperação:[59]

- Precisam ser percebidos claramente como suficientemente grandes, a fim de justificar o esforço adicional necessário para consegui-los.
- Precisam ser percebidos como diretamente relacionados ao desempenho solicitado a ser concedidos imediatamente após o desempenho.
- Precisam ser percebidos como equitativos pela maioria dos membros do sistema, muitos dos quais não os receberão.

Essas condições sugerem algumas razões pelas quais os incentivos individuais que funcionam tão bem em certas situações sejam de difícil aplicação em outras.

Assim, existem vários tipos de incentivos organizacionais:[60]

- *Recompensas pessoais*: oferecidas pela organização e que decorrem diretamente da realização dos objetivos da organização. A participação dos clientes está diretamente relacionada ao oferecimento do produto ou à prestação do serviço pela organização.
- *Recompensas pessoais*: oferecidas pela organização e que decorrem diretamente da importância e do desenvolvimento da própria organização. A participação dos acionistas está intimamente relacionada ao desenvolvimento da organização.
- *Recompensas pessoais*: oferecidas pela organização, mas não relacionadas diretamente à importância e ao desenvolvimento da organização. Essas recompensas pessoais variam desde os incentivos econômicos (como salários, prêmios, etc.) até os vários incentivos psicossociais (como a segurança no trabalho, as oportunidades de promoções, a supervisão democrática, etc.).

Ao estudar os motivos pelos quais as pessoas cooperam, os behavioristas passam a ver a organização como um sistema em equilíbrio que recebe contribuições dos participantes sob a forma de dedicação ou de trabalho, e em troca oferece alicientes sob a forma de salários, benefícios, etc. Daí a Teoria do Equilíbrio Organizacional proposta por Simon, Smithsburg e Thompson,[61] que procura identificar os principais participantes de uma organização e os fatores que afetam as suas decisões quanto à participação.

Participantes das organizações

A Teoria do Equilíbrio Organizacional identifica os principais participantes da organização e os fatores que afetam suas decisões quanto à participação. A organização é um sistema social composto de diferentes participantes que interagem por meio de uma diferenciação de tarefas provocada pela divisão do trabalho. Os behavioristas incluem como participantes da organização todos os elementos que dela recebem incentivos e que trazem contribuições para sua existência. Há quatro classes de participantes: empregados, investidores, fornecedores e clientes. Alguns desses participantes podem assumir papel dominante para o equilíbrio da organização em determinadas circunstâncias. Nem todos os participantes atuam dentro da organização. O importante é que todos eles mantêm relações de reciprocidade com a organização: proporcionam suas contribuições em troca de incentivos úteis, enquanto a organização lhes proporciona incentivos em troca de contribuições úteis.

TABELA 15.5. OS PARCEIROS DO NEGÓCIO[62]

Participantes (Parceiros)	Contribuições (Investimentos pessoais)	Incentivos (Retorno esperado)
Empregados	Contribuem com trabalho, dedicação, esforço pessoal, desempenho, lealdade, assiduidade	Motivados por salário, benefícios, prêmios, elogios, oportunidades, reconhecimento, segurança no trabalho
Investidores	Contribuem com dinheiro na forma de ações, empréstimos, financiamentos	Motivados por rentabilidade, lucratividade, liquidez, dividendos, retorno do investimento
Fornecedores	Contribuem com materiais, matérias-primas, tecnologias, serviços especializados	Motivados por preço, condições de pagamento, faturamento, garantia de novos negócios
Clientes	Contribuem com dinheiro pela aquisição dos produtos/serviços e seu consumo ou utilização	Motivados pelo preço, qualidade, condições de pagamento e satisfação de necessidades

Os behavioristas incluem como participantes da organização todos aqueles indivíduos que dela recebem incentivos e que trazem contribuições para sua existência. Assim, há cinco classes de participantes: empregados, investidores, fornecedores, distribuidores e consumidores. Em determinadas circunstâncias, alguns desses participantes podem assumir papel dominante para o equilíbrio da organização. Nem todos os participantes atuam necessariamente dentro da organização. O importante é que todos eles mantêm relações de reciprocidade com a organização: proporcionam suas contribuições em troca de incentivos úteis, enquanto a organização proporciona incentivos em troca de contribuições úteis. Em uma organização comercial típica, por exemplo, podemos distinguir três tipos de participantes: empresários, empregados e clientes. Os empresários distinguem-se pelo fato de suas decisões controlarem as atividades dos empregados; os empregados, pelo fato de contribuírem com seu tempo e esforço para a organização, em troca de salários; os clientes, por contribuírem com dinheiro para a organização, em troca de seus produtos. Cada participante tem motivos pessoais próprios para se dedicar à organização. O empresário busca o lucro (isto é, um excesso das receitas sobre as despesas); os empregados buscam salários e benefícios, e os clientes, os produtos que pretendem comprar. Ao contratar empregados, o empresário pretende pagá-los com o resultado das vendas aos clientes e, se estas trouxerem uma receita maior que as despesas, o empresário lucra e a organização continua a existir. Caso contrário, o empresário torna-se incapaz de conservar os clientes, de manter consigo os empregados em atividade organizada, e pode perder até o próprio estímulo de preservar sua organização. Nesse caso, a organização desaparece, a menos que se possa conseguir um equilíbrio em um nível compensador. Em qualquer organização, o empresário dependerá também, sem dúvida, de muitos alicientes, além daqueles de natureza puramente econômica, tais como prestígio, boa vontade, lealdade, e assim por diante.

Transação comercial

Vendedor → Bens ou serviços → Comprador
Comprador → Dinheiro → Vendedor

Transação de trabalho

Empresa → Salários e benefícios sociais → Empregado
Empregado → Trabalho produtivo → Empresa

Transações cívicas

Polícia → Serviços protetores → Cidadão
Cidadão → Impostos e colaboração → Polícia

Transações religiosas

Igreja → Serviços religiosos → Membros
Membros → Contribuições e serviços → Igreja

Transações filantrópicas

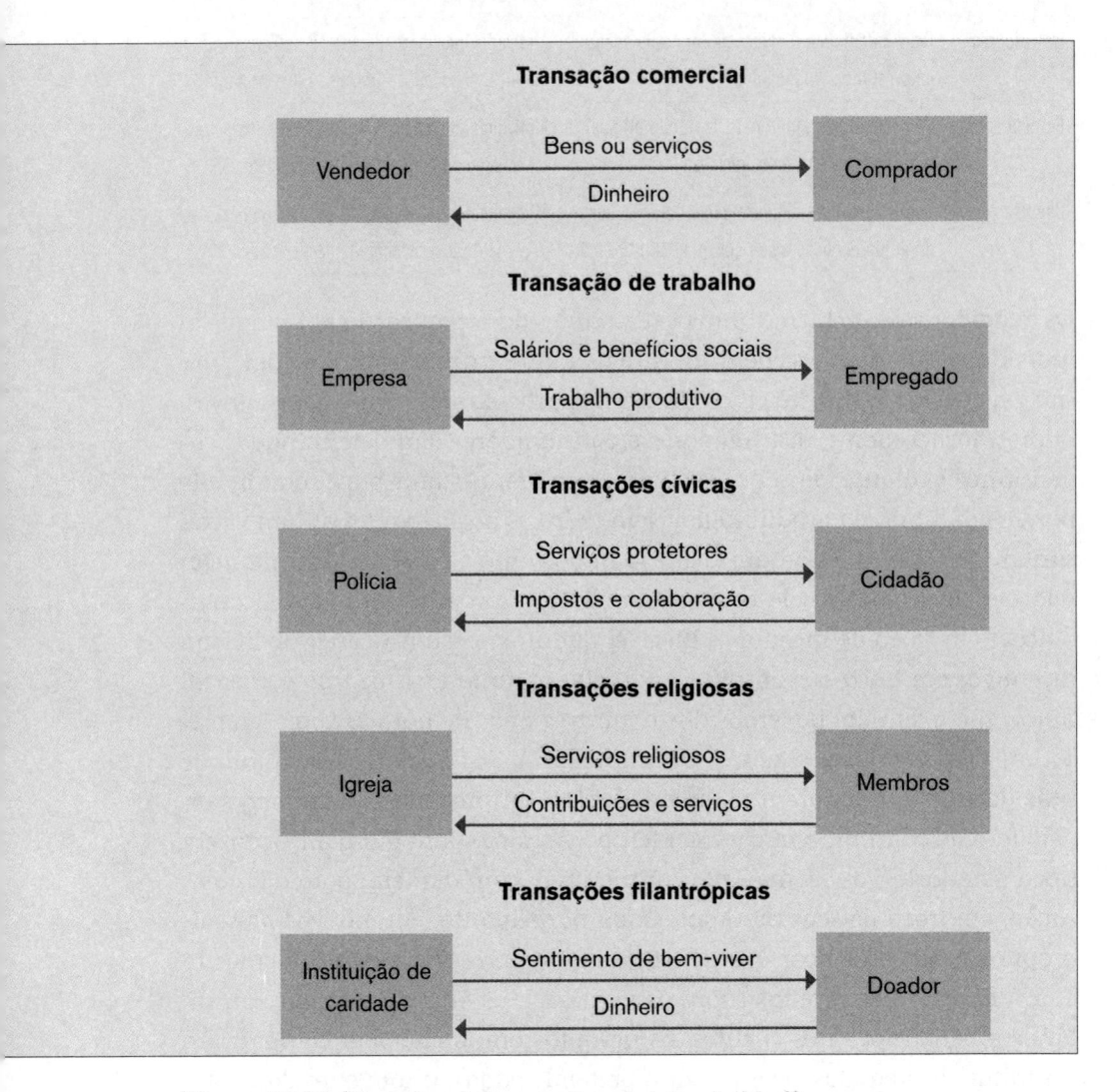

Instituição de caridade → Sentimento de bem-viver → Doador
Doador → Dinheiro → Instituição de caridade

Figura 15.21. Exemplos de transações de intercâmbio.[63]

Teoria do Equilíbrio Organizacional

Ao estudar os motivos pelos quais as pessoas cooperam, os behavioristas visualizam a organização como um sistema que recebe contribuições dos participantes sob a forma de dedicação ou trabalho, e em troca oferece alicientes e incentivos. Os conceitos básicos dessa teoria são os seguintes:[64]

- *Incentivos* ou *alicientes*: são "pagamentos" feitos pela organização aos seus participantes (como salários, benefícios, prêmios de produção, gratificações, elogios, oportunidades de crescimento e promoção, reconhecimento, etc.).
- *Utilidade dos incentivos*: cada incentivo tem um valor de utilidade que varia de indivíduo para indivíduo: é a função utilidade, subjetiva para cada indivíduo, a depender de suas necessidades pessoais.
- *Contribuições*: são os "pagamentos" que cada participante efetua à sua organização (como trabalho, dedicação, esforço e desempenho, assiduidade, pontualidade, lealdade, reconhecimento, etc.).
- *Utilidade das contribuições*: é o valor que o esforço de um indivíduo tem para a organização a fim de que esta alcance os seus objetivos.

Os postulados básicos da teoria do equilíbrio organizacional são:

- "A organização é um sistema de comportamentos sociais inter-relacionados de várias pessoas, que são os participantes da organização.
- Cada participante e cada grupo de participantes recebe incentivos (recompensas) em troca dos quais faz contribuições à organização.
- O participante somente manterá sua participação na organização enquanto os incentivos (recompensas) que lhe são oferecidos forem iguais ou maiores (em termos dos valores que representam para o participante) do que as contribuições que lhe são exigidas.
- As contribuições trazidas pelos vários participantes constituem a fonte na qual a organização se alimenta dos incentivos que oferece aos participantes.
- A organização será solvente – e continuará existindo somente enquanto as contribuições forem suficientes para proporcionar incentivos em quantidade suficiente para induzir os participantes à prestação de contribuições".[65]

A decisão de participar é essencial na teoria do equilíbrio organizacional. O equilíbrio reflete o êxito da organização em remunerar seus participantes (com dinheiro ou satisfações não materiais) e motivá-los a continuar fazendo parte da organização, garantindo com isso a sua sobrevivência.

Teoria da Aceitação da Autoridade

Barnard desenvolveu uma teoria a respeito da autoridade que se contrapõe aos ensinamentos da Teoria Clássica. Verificou que muitas vezes a autoridade é inefetiva, as ordens não são cumpridas e a desobediência e violação se contrapõem à autoridade. Concluiu que a autoridade não repousa no poder de quem a detém: ela não flui de cima para baixo, conforme pregavam os autores clássicos. Pelo contrário, a autoridade repousa na aceitação ou no consentimento dos subordinados. A pessoa obedece, não pela legitimação da autoridade, mas decidindo entre as alternativas de obedecer ou não: se a obediência traz vantagens que deseja obter ou se a desobediência traz desvantagens que quer evitar.[66]

Assim, a Teoria Clássica enfatiza o papel e a autoridade formal do chefe, enquanto a Teoria Comportamental enfatiza a aceitação da autoridade e o papel do subordinado. Dentro dessa visão, a autoridade é um fenômeno psicológico por meio do qual as pessoas aceitam as ordens e decisões dos superiores sob determinadas condições. Um subordinado pode aceitar e aceita uma ordem como autoritária quando quatro condições ocorrem simultaneamente:

- Quando o subordinado pode entender ou compreender a ordem.
- Quando não a julga incompatível com os objetivos da organização.
- Quando não a julga incompatível com os seus objetivos pessoais.
- Quando é mental e fisicamente capaz de cumpri-la.

A autoridade depende não do superior, mas da decisão do subordinado de aceitá-la ou não. A decisão sobre a autoridade é da pessoa a quem a ordem é dirigida, e não de quem a emite. É o receptor da comunicação da ordem ao qual é endereçada quem pode decidir se vai encará-la como uma ordem ou não. A desobediência a uma ordem constitui a negação da autoridade.

TABELA 15.6. A ACEITAÇÃO DA AUTORIDADE

		Autoridade do superior	
		Aceitar	Não aceitar
Decisão do subordinado	Aceita, quando:	Há vantagens em aceitar	Há desvantagens em não aceitar
	Não aceita, quando:	Há desvantagens em aceitar	Há vantagens em não aceitar

CONFLITO ENTRE OBJETIVOS ORGANIZACIONAIS E OBJETIVOS INDIVIDUAIS

Um dos temas preferidos pelos behavioristas é o conflito entre os objetivos que as organizações procuram atingir e os objetivos que individualmente cada participante pretende alcançar. Os objetivos organizacionais e os objetivos individuais nem sempre se deram muito bem. Para Barnard,[67] o indivíduo deve ser eficaz (na medida em que o seu trabalho consegue atingir objetivos da organização) e ser eficiente (na medida em que seu trabalho consegue atingir objetivos pessoais) é ilustrativa. Daí a dificuldade de ser eficaz e eficiente ao mesmo tempo.

Os behavioristas fazem distinção entre problema, dilema e conflito. Um problema envolve uma dificuldade que pode ser solucionada dentro de um quadro de referência formulado pela organização pelos precedentes utilizados pela solução ou aplicação das diretrizes existentes. Um dilema não é suscetível de solução com base nas suposições contidas explícita ou implicitamente em sua apresentação. Ele requer reformulação, ou seja, o abandono da abordagem habitual e a descoberta de novas maneiras de contemplá-lo. Requer, sobretudo, inovação na sua abordagem. Um conflito significa um colapso nos mecanismos decisórios normais, e em virtude dele um indivíduo ou grupo experimenta dificuldades na escolha de uma alternativa de ação. Existe o conflito quando um indivíduo ou grupo defronta com um problema de decisão entre duas alternativas incompatíveis entre si: ou adota uma e se contrapõe à outra ou vice-versa.

Chris Argyris (n. 1925)[68] afirma que existe um inevitável conflito entre o indivíduo e a organização devido à incompatibilidade entre a realização de ambos. A organização formal faz exigências aos indivíduos, as quais são incongruentes com as necessidades deles, surgindo daí a frustração e o conflito. A empresa típica confina seus empregados em tarefas medíocres em que há pouca oportunidade para a responsabilidade, autoconfiança ou independência. Além disso, as tarefas são organizadas de modo a exigir o mínimo das capacitações de um indivíduo e que retiram a responsabilidade pelas decisões de suas mãos e as centralizam no seu superior. Com isso, elimina-se o sentido social e psicológico da tarefa, e o trabalhador passa a considerar o trabalho um desprazer. Atrás da apatia e indiferença ele se sente humilhado e hostil, pois, se não recebe responsabilidade, então nenhuma responsabilidade oferece; se é tratado como um autômato, comporta-se como tal. Aos poucos torna-se passivamente hostil, seja pela redução da produção ou pelos erros deliberadamente cometidos. Começa a existir um abismo entre ele e aqueles que controlam a situação.

Argyris conclui que:[69]

I É possível a integração das necessidades individuais de autoexpressão com os requisitos de produção de uma organização.
I As organizações que apresentam alto grau de integração entre *objetivos individuais* e *organizacionais* são mais produtivas do que as demais.
I Em vez de reprimir o desenvolvimento e o potencial do indivíduo, as organizações podem e devem contribuir para a sua melhoria.

Para Argyris, a responsabilidade pela integração entre os objetivos da organização e dos indivíduos deve recair sobre a administração. Enquanto os indivíduos buscam suas satisfações pessoais (como salário, lazer, conforto, horário favorável, oportunidades de crescimento, etc.), as organizações têm necessidades (capital, edifícios, equipamentos, potencial humano, lucratividade e, sobretudo, oportunidades para se ajustar a um ambiente em mudança). A interdependência entre as necessidades do indivíduo e as da organização é imensa: a vida e os objetivos de ambos estão inseparavelmente entrelaçados. O alcance do objetivo de uma das partes nunca deve prejudicar ou tolher o alcance do objetivo da outra. Ambas as partes devem contribuir mutuamente para o alcance dos seus respectivos objetivos.

NEGOCIAÇÃO

Para os behavioristas, o administrador geralmente trabalha em situações de negociação. A negociação ou barganha é o processo de tomar decisões conjuntas quando as partes envolvidas têm preferências ou interesses diferentes. A negociação apresenta as seguintes características:

I Envolve pelo menos duas partes.
I As partes envolvidas apresentam conflito de interesses a respeito de um ou mais tópicos.
I As partes estão temporariamente unidas em um tipo de relacionamento voluntário.
I Esse relacionamento está voltado à divisão ou troca de recursos específicos ou resolução de assuntos entre as partes.
I A negociação envolve a apresentação de demandas ou propostas por uma parte, a sua avaliação pela outra parte e, em seguida, as concessões e as contrapropostas. A negociação é um processo, uma atividade sequencial e não simultânea.

Para conduzir negociações, o administrador precisa ter habilidade de planejamento, conhecimento do assunto a ser negociado, habilidade para pensar clara e objetivamente sob pressão e incerteza, capacidade para expressar verbalmente as ideias, habilidade de ouvir, habilidade de julgamento, inteligência geral, integridade, habilidade de argumentação e de persuadir as pessoas e muita paciência. Negociar é, acima de tudo, saber fazer conquistas e concessões, para que no todo todos saiam ganhando, principalmente, a sua parte.

Toda negociação requer capacidade de negociação. Isto significa saber apresentar propostas com clareza e objetividade, entender o que o outro lado está oferecendo, argumentar adequadamente e saber ouvir. Quanto melhor o preparo do negociador tanto maiores serão as suas chances de sucesso na negociação.

A negociação envolve lados opostos com interesses conflitantes. São os oponentes, litigantes, antagonistas, adversários ou contendores que tentam chegar a uma solução mutuamente aceitável. A negociação é um jogo intrincado que envolve três realidades, a saber: pessoas, problemas e propostas.

LIDERANÇA

A maior parte da literatura sobre liderança foi desenvolvida pela Escola das Relações Humanas. A Teoria Comportamental assumiu rapidamente o lado humano da liderança. Burns[70] cunhou as expressões liderança transacional (que envolve líderes extremamente eficientes em dar às pessoas alguma coisa em troca de seu apoio ou trabalho, fazendo que seus seguidores sejam valorizados, apreciados e recompensados) e a liderança transformadora (que envolve líderes preocupados em criar uma visão e que conseguem levar as pessoas em direção a essa visão). A liderança transacional está focada em recompensar as pessoas pelo seu apoio ao líder, enquanto a liderança transformadora requer líderes visionários e conduz à mudança. A primeira conserva e mantém o *status quo*; a segunda transforma e renova. As organizações estão precisando com urgência de líderes transformadores.

Likert já abordara quatro estilos de liderança:[71]

- *Autoritário explorador*: típico da gerência baseada na punição e no medo.
- *Autoritário benevolente*: típico da gerência baseada na hierarquia, com mais ênfase na cenoura do que na vara.
- *Consultivo*: baseado na comunicação vertical descendente e ascendente, com a maioria das decisões vindas do topo.

- *Participativo*: baseado no processo decisório em grupos de trabalho que se comunicam entre si por intermédio de indivíduos (elos) que ligam componentes, líderes de equipes ou outros que também fazem parte de um ou mais grupos.

John Kotter[72] identifica três processos centrais na liderança: estabelecer uma direção, alinhar as pessoas e motivar e inspirar. A forma de colocar esses elementos essenciais em prática está sendo continuamente redefinida. Isso significa que o líder não pode agir sozinho. Drucker já observara que os líderes normalmente falam na primeira pessoa do plural, e não na primeira pessoa do singular. Ele se expressa em termos de nós, e não de eu. Os líderes parecem trabalhar naturalmente em equipe, um fato ignorado pelos antigos modelos de liderança.

Warren Bennis (n. 1925) assegura que a liderança é uma habilidade que pode ser aprendida e desenvolvida. Ao pesquisar o comportamento de uma amostra de 90 líderes, Bennis concluiu que os líderes têm em comum quatro competências vitais:[73]

- *Gerência da atenção*: a visão dos líderes desperta a atenção e o comprometimento das pessoas que trabalham com eles e que passam a tentar alcançar a mesma visão.
- *Gerência do significado*: os líderes são hábeis comunicadores, capazes de reduzir a complexidade e comunicar problemas por meio de imagens e linguagens simples. São especialistas em dissecar informações.
- *Gerência da confiança*: a confiança é essencial em todas as organizações. Para os líderes, a confiança reflete-se na consistência de propósito e no tratamento concedido aos colegas e a todas as pessoas. Mesmo quando as pessoas discordam do que os líderes dizem ou fazem, elas admiram-nos pela consistência de objetivos e propósitos.
- *Gerência de si próprio*: os líderes conseguem identificar e utilizar plenamente seus pontos fortes, bem como aceitar e buscar melhorar seus pontos fracos.

Bennis assegura que o século XXI requer uma nova geração de líderes, e não de gerentes. Essa diferença é importante. Os líderes conquistam o contexto – condições que giram em torno da liderança, e que às vezes são ambíguas, voláteis e turbulentas –, enquanto os gerentes se rendem a essas condições. Bennis preocupa-se em listar algumas diferenças entre líderes e gerentes:[74]

TABELA 15.7. ALGUMAS DIFERENÇAS ENTRE LÍDERES E GERENTES

O gerente administra, o líder inova
O gerente é uma cópia, o líder é o original
O gerente mantém, o líder desenvolve
O gerente concentra-se no sistema e na estrutura, o líder concentra-se nas pessoas
O gerente baseia-se no controle, o líder inspira confiança
O gerente tem uma visão de curto prazo, o líder tem uma perspectiva de longo prazo
O gerente pergunta como e quando, o líder pergunta o quê e o por quê
O gerente tem os olhos nos resultados, o líder enxerga o horizonte
O gerente aceita o *status quo*, o líder contesta-o
O gerente é o clássico bom soldado, o líder é sua própria pessoa
O gerente faz as coisas corretamente, o líder faz a coisa certa

Essa lista de aforismos não ajuda o gerente a aprender como desenvolver as habilidades de liderança, mas permite uma ideia mais clara de seu significado. Realmente, a liderança pode ser sentida em toda a organização. Ela dá ritmo e energia ao trabalho e investe de poder a força de trabalho. É o efeito coletivo da liderança.[75]

Noel Tichy agrega que para transmitir as habilidades de liderança a outras pessoas são necessárias três características:[76]

- *Um ponto de vista didático*: ser capaz de dizer claramente e de forma convincente sobre quem é, por que trabalha e como trabalha.
- *O líder precisa de uma história para contar*: as pessoas aprendem por meio de histórias bem contadas por outras pessoas sobre "Quem eu sou?", "Quem somos nós?", "Para onde estamos caminhando?". Liderança tem a ver com mudança, com tirar as pessoas de onde elas estão hoje e levá-las para onde devem ficar. A melhor forma de fazer que as pessoas se aventurem em terreno desconhecido é tornar o desconhecido desejável, levando-as até lá com imaginação. Essa é a essência do mito.
- *Uma metodologia de ensino*: para ser um grande professor é preciso ser antes um grande aluno. Os grandes líderes corporativos têm fome de saber e não consideram seu conhecimento estático ou abrangente nem suficiente.

Método do caso

As relações de intercâmbio de Maria José
Uma mão lava a outra. É o que Maria José pensa. Sempre se dedicou à companhia onde trabalha, mas nunca recebeu nada em troca de seus esforços e dedicação. Agora, Maria José quer paridade: trabalhar em função daquilo que a empresa lhe dá. Isso significa trabalhar bem menos do que sempre fez. Se você fosse chefe de Maria José, o que faria nessa situação?

APRECIAÇÃO CRÍTICA DA TEORIA COMPORTAMENTAL
A contribuição da Teoria Comportamental para a teoria administrativa é importante e definitiva, pelos seguintes aspectos:

Ênfase nas pessoas
A Teoria Comportamental marca a transferência da ênfase na estrutura organizacional (influência da Teoria Clássica, Neoclássica e da Teoria da Burocracia) para a ênfase nas pessoas (influência da Teoria das Relações Humanas). Ao transferir o foco dos aspectos estruturais e estáticos da organização para os aspectos comportamentais e dinâmicos, ela realinha e redefine os conceitos de tarefa e de estrutura sob uma roupagem democrática e humana. Em muitos aspectos, os behavioristas pecam pela "psicologização" de certos aspectos organizacionais, como é o caso da Teoria das Decisões, ao considerar os participantes em termos de "racionais e não racionais", "eficientes e não eficientes", "satisfeitos e insatisfeitos".[77] Esse exagero é passível de críticas. O importante é que a escola comportamental prosseguiu na análise das organizações por meio de conceitos relacionados com a estrutura informal, como comportamento, cultura, crenças e valores, relações interpessoais, atitudes e pelos desejos e expectativas de indivíduos e grupos. Para ela, as pessoas são o ativo mais importante da organização.

Abordagem mais descritiva e menos prescritiva
A análise descritiva (que mostra o que é) e a análise prescritiva (que mostra o que deve ser) são aspectos importantes no estudo do comportamento organizacional. Enquanto a abordagem da Teoria Clássica, Neoclássica e das Relações Humanas era prescritiva e normativa (preocupação em prescrever como lidar com os problemas administrativos, ditando princípios ou nor-

mas de atuação, o que deve e o que não deve ser feito), a abordagem comportamental é descritiva e explicativa (preocupação em explicar apenas, sem ditar princípios ou normas de atuação). Os behavioristas preocupam-se em explicar e descrever as características do comportamento organizacional, e não em construir modelos e princípios de aplicação prática. Daí a dificuldade de aplicação dessa teoria, que pouco tem de normativa, mas cuja riqueza conceitual é impressionante.

Profunda reformulação na filosofia administrativa

O antigo conceito de organização baseado no esquema autocrático, coercitivo e de diferenciação de poder (autoridade × obediência) é bastante criticado. Em contraposição a ele, os behavioristas mostram um novo conceito democrático e humano de colaboração-consenso e de equalização de poder.[78] A Teoria Comportamental privilegia as organizações democráticas, menos estruturadas hierarquicamente e menos autocráticas, baseadas na horizontalização e na equalização do poder. Os meios para desenvolver condições satisfacientes nas organizações são:

- Delegação de responsabilidade para as pessoas alcançarem objetivos conjuntos.
- Utilização de grupos e equipes de trabalho autônomos ou semiautônomos.
- Enriquecimento do cargo (amplitude de variedade e de significado).
- Retroação (*feedback*), como elogios e críticas construtivas sobre o desempenho.
- Treinamento e desenvolvimento das pessoas.

Além disso, as teorias anteriores trataram a Administração como uma ciência ou disciplina objetiva e imparcial, ou seja, isenta de qualquer cultura, ética ou ponto de vista. A Teoria Comportamental mostra que a Administração é praticada no interior de um ambiente social e é fundamentada em uma cultura ou código moral. Neste sentido, a Administração deve ser considerada tanto uma ciência como uma humanidade, tanto um conjunto de descobertas objetivas quanto um sistema de convicções e pressuposições (como a Teoria Y ou o Sistema 4). Enquanto as convicções pessoais de um físico, químico ou astrônomo influenciam muito pouco seu trabalho profissional, a atividade do administrador é influenciada pelos conceitos e ideias que ele adota, principalmente aqueles relacionados com as pessoas que dirige, pois isto fará a diferença. O papel da Administração é tornar produtivos valores, aspirações e tradições dos indivíduos, organizações, comunidades e sociedade com vistas a um propósito produtivo. A Administração precisa colocar em prática a herança cultural de cada organização, sem o que nenhum desenvolvimento social e econômico poderá acontecer.

Dimensões bipolares da Teoria Comportamental

Os principais temas da Teoria Comportamental são abordados em dimensões bipolares e antagônicas, como:[79]

- *Análise teórica × empírica*: o estudo do comportamento organizacional voltou-se mais para os aspectos empíricos (como pesquisas, experiências, investigações, etc.) do que para os aspectos teóricos (proposições ou conceitos a respeito das variáveis envolvidas). A teoria especifica o que se espera que ocorra, enquanto os dados empíricos mostram o grau em que as predições ocorrem na realidade. Há uma relação simbiótica entre essas duas abordagens: os dados empíricos não têm sentido sem um alinhamento teórico, enquanto a teoria não avança apenas com a abstração. Dados empíricos e teoria completam-se reciprocamente. Prática e teoria juntos.
- *Análise macro × análise micro*: a análise do comportamento organizacional é feita na base da perspectiva global da organização (macroabordagem) e na visão de detalhes da organização, que são as pessoas (microabordagem). Ambas as perspectivas – macro (a unidade de análise é a organização) ou micro (a unidade de análise é o indivíduo) – são necessárias para a compreensão dos complexos processos humanos e comportamentais que ocorrem nas organizações.
- *Organização formal × organização informal*: as organizações complexas são sistemas sociais construídos pelo homem. Envolvem uma organização formal, porque compreendem atividades e relações especificadas e antecipadamente definidas; como também envolvem uma organização informal, porque compreendem atividades e relações não especificadas nem antecipadamente definidas que ocorrem dentro e fora da organização formal. Na realidade, elas não estão separadas. Pelo contrário, interpenetram-se e influenciam-se reciprocamente.
- *Análise cognitiva × análise afetiva*: existem dois modos de comportamento: o cognitivo (dirigido pelos processos de raciocínio das pessoas e que se baseia

na racionalidade, na lógica e no uso da mente e da inteligência) e o afetivo (dirigido pelos sentimentos das pessoas e que se baseia nas emoções e na afetividade). A preponderância de um modo de comportamento sobre o outro depende da natureza da situação que envolve a pessoa. Em situações em que o indivíduo não recebe o impacto dos eventos nem sofre pressões de tempo para decidir, seu comportamento é cognitivo e racional. Porém, quando os eventos ou pessoas produzem tensão, o seu comportamento tende a ser afetivo e emocional. Os fenômenos humanos dentro da organização são compreendidos quando os comportamentos cognitivo-racionais são estudados em conjunto com os comportamentos afetivo-emocionais. As pessoas – seja no trabalho ou fora dele – são criaturas que pensam e sentem. Razão e emoção. Se o quociente intelectual (QI) é importante, não menos importante é o quociente emocional (QE).

Relatividade das Teorias de Motivação

A Teoria Comportamental produziu as principais teorias da motivação que influenciaram a teoria administrativa. As teorias de motivação apresentadas por Maslow e Herzberg são relativas, e não absolutas. Pesquisas recentes apontam resultados que põem dúvidas à sua validade.[80] Contudo, a contribuição das teorias de motivação para a TGA pode ser assim resumida:[81]

- Os indivíduos são portadores de necessidades e/ou motivos que podem ser arranjados em uma hierarquia, partindo das necessidades fisiológicas e de segurança e movendo-se até as necessidades de autorrealização.
- O comportamento humano é gerado por necessidades ou motivos.
- Há um conflito entre os objetivos individuais e os objetivos organizacionais.
- Este conflito pode ser resolvido não por técnicas de relações humanas, mas por mudanças no comportamento e na estrutura organizacional.
- A organização pode aumentar a satisfação das necessidades individuais e organizacionais a partir da formação de grupos de trabalho e participação das pessoas na tomada de decisões, comunicações eficientes e supervisão democrática, estruturas não burocráticas que funcionam mais pela definição de metas e objetivos do que pela hierarquia formal de autoridade.

No entanto, algumas questões críticas sobre as teorias da motivação permanecem ainda sem uma resposta convincente:[82]

- Como validar a existência das necessidades humanas? Elas são "reais" ou são apenas "construções" dos psicólogos? Como estabelecer quais são elas? São universais ou sua expressão é contingente em face das circunstâncias?
- Em que extensão é legítimo usar as necessidades como variáveis independentes? Elas realmente explicam o comportamento? Há uma contradição básica entre elas e a perspectiva sociológica?
- Se as necessidades existem, por que elas devem ser satisfeitas apenas nas organizações? Por que não podem ser satisfeitas fora do trabalho? Ou na vida particular de cada um?

Apesar dessas restrições, a teoria motivacional continua sendo intensivamente utilizada na teoria administrativa, principalmente no que tange ao relacionamento com e entre pessoas, como executivos, funcionários, clientes e usuários. A gestão de pessoas – ou Administração de Recursos Humanos – fundamenta-se em aspectos comportamentais e, sobretudo, motivacionais. As organizações bem-sucedidas são aquelas dinamizadas por funcionários excelentes e, mais do que isto, motivados. O modelo de necessidades de Maslow tem muita aplicação na conquista e manutenção de clientes a partir de relacionamentos por meio dos quais a organização garanta a eles boa dose de segurança, tratamento justo e autoestima.[83] Para encantar um cliente é necessário atender e superar as suas expectativas. Afinal, um cliente é, acima de tudo, uma pessoa dotada de necessidades básicas que precisam ser satisfeitas.

Influência das ciências do comportamento sobre a Administração

A Teoria Comportamental mostra a mais profunda influência das ciências do comportamento na Administração, seja por meio de novos conceitos sobre o homem e suas motivações ou sobre a organização e seus objetivos. A Teoria das Organizações precisa de um modelo de homem para explicar e justificar seus conceitos. Três aspectos moldam a Teoria Comportamental.[84]

- As organizações surgem quando os objetivos a ser alcançados são muito complexos para um só indivíduo. Para a organização alcançar seus objetivos ela precisa ser dividida em unidades administrativas separadas.
- As pessoas são, elas mesmas, organizações complexas. Elas produzem atividade e energia para a organização se isto traz alguma vantagem

para elas. A vantagem das pessoas pode ser compreendida pela satisfação de suas necessidades pessoais.

- Há uma variedade de conceitos de necessidades e concepções diferentes a respeito da sua importância. As pessoas buscam satisfazer suas necessidades e são influenciadas pelo contexto organizacional e pelo conteúdo do cargo que ocupam.
- Os behavioristas preferem fazer alterações organizacionais (na estrutura, nas tarefas ou nos processos) para melhorar o comportamento humano e organizacional. O desenho e administração da estrutura organizacional são a chave de tudo.[85]

Organização como um sistema de decisões

A Teoria das Decisões refere-se aos efeitos dos processos formais sobre a tomada de decisões, deixando de lado os processos interpessoais que não estão incluídos na organização formal.[86] Até parece que a organização tem um único e exclusivo objetivo: enfrentar e resolver problemas que surgem e na medida em que surgem. Isso significa manter as coisas como estão. O importante, hoje, é criar e inovar. Isto exige mirar o futuro, e não os problemas que estão acontecendo. Criar condições inovadoras para um futuro melhor, e não apenas corrigir o presente por meio da solução de seus problemas atuais.

Análise organizacional a partir do comportamento

A Teoria Comportamental analisa a organização sob o ponto de vista dinâmico do seu comportamento e está preocupada com o indivíduo como indivíduo. Contudo, a análise organizacional varia conforme o autor behaviorista, a saber:[87]

- Há autores cuja preocupação centra-se no indivíduo, suas predisposições, reações e personalidade dentro do panorama organizacional. É uma abordagem psicanalítica que vê as organizações compostas por pessoas que apresentam características diferentes e que se comportam de acordo com suas predisposições individuais. É a posição de Argyris e de Barnard.
- Há autores que consideram a organização um meio de proporcionar às pessoas uma série de recompensas e que a organização deve tratar de oferecer aos seus membros alto nível de motivação e de recompensa. É a posição de Maslow e de Herzberg.

■ Há autores que consideram a organização um conjunto de pessoas comprometidas em um contínuo processo de tomada de decisões e voltam-se às motivações individuais, ou seja, a uma perspectiva individual. É a posição de Simon e March.

Visão tendenciosa

A escola comportamentalista incorreu no equívoco de padronizar as suas proposições, não levando em consideração as diferenças individuais das pessoas. Tanto os aspectos subjetivos como as diferentes interpretações da realidade por parte das pessoas foram desprezados. Ela tenta explicar o comportamento humano tal como os cientistas explicam os fenômenos da natureza ou o comportamento dos ratos no labirinto do laboratório. Embora mais descritiva do que prescritiva, a teoria comportamental derrapa ao mostrar forte tendência a uma posição prescritiva, enfatizando o que "é melhor" para as organizações e para as pessoas que nelas trabalham (*the one best way*), como é o caso de organizar uma empresa (Sistema 4) ou de administrar as pessoas (Teoria Y).

Sejam quais forem as críticas, a Teoria Comportamental deu novos rumos e dimensões à TGA, enriquecendo o seu conteúdo e abordagem. Seus conceitos são os mais conhecidos e populares de toda a teoria administrativa.

Método do caso

A motivação que leva ao lucro[88]

Carlos Ribeiro foi o executivo escolhido para comandar a subsidiária brasileira da Hewlett-Packard (HP), a segunda maior empresa de computação do mundo. Mas havia um porém: ele não poderia abandonar o cargo que já ocupava na diretoria de vendas. Por trás desse acúmulo de funções está uma nova estratégia da HP: todos os presidentes da empresa no mundo serão também responsáveis por uma área de negócios. O objetivo é evitar que a companhia, que atua em 120 países e fatura 47 bilhões de dólares anuais fique lenta e não acompanhe as rápidas mudanças do mercado. A HP está passando por um processo mundial de reestruturação, dividindo-a em duas empresas: uma para cuidar dos produtos de computação e imagem e outra para os produtos de medição. Na área de computação, a tarefa é transformar a HP em uma empresa reconhecida por sua atuação na Internet.

Mas o que o mercado já conhece é o chamado *HP Way*, o jeito HP de administrar os negócios e as pessoas. Foi essa expressão, cunhada pelos fundadores William Hewlett e David Packard na década de 1930, que fez a HP ser reconhecida por suas práticas de recursos humanos. A filosofia do *HP Way* cria um ambiente interno apropriado, de motivação e estímulo. Essas são as principais condições para que as pessoas façam um ótimo trabalho e os resultados apareçam. Há uma regra que todo novato aprende quando começa a trabalhar na HP: ali não há senhor ou senhora. Não existem salas fechadas. A informalidade é norma geral e o tratamento pessoal sem barreiras faz parte do seu sistema de valores. A informalidade aproxima as pessoas, e não quer dizer falta de respeito. Além do tratamento informal, o *HP Way* envolve ética, confiança e respeito às pessoas, trabalho em equipe, flexibilidade e inovação.

O *HP Way* assenta-se em quatro políticas principais. Primeira: a HP não discrimina as pessoas por sexo, raça, idade ou religião. A empresa quer um ambiente de trabalho com a maior diversidade possível. Segunda: na HP ninguém é demitido sem ter a chance de melhorar seu desempenho. Todas as demissões precisam ter o aval de mais de uma pessoa. Terceira: a HP não distingue as pessoas pelo cargo que elas ocupam. Quarta: na HP, a ética é um valor inegociável. Sua quebra é a única falta grave que pressupõe demissão sumária. Os valores e princípios da HP são seus mais fortes atrativos para os funcionários. Sua proposta é estabelecer um relacionamento duradouro com seus funcionários, que montam planos de carreira e cuidam do próprio desenvolvimento pessoal. Qualquer funcionário pode candidatar-se *on-line* a outras funções e mudar de área, caso isso seja importante para o seu crescimento profissional – sem ser barrado pelo chefe. Os funcionários passam por avaliações e retroações frequentes, nas quais recebem uma classificação de desempenho baseada na comparação com outros colegas que ocupam o mesmo cargo. Quem atinge o nível 5 ganha mais na remuneração variável e recebe ações da companhia. Quem estaciona no nível 1 recebe uma advertência e tem três meses para melhorar. Demissão sumária? Só por falhas de conduta. "Nunca vi tantas oportunidades de crescimento", diz o presidente.

A subsidiária brasileira está contribuindo para aprimorar o *HP Way* exportando algumas de suas práticas de RH. Além dos benefícios que a maioria das empresas oferece, como assistência médica e seguro de vida, o pessoal da HP no Brasil tem direito a uma verba mensal equivalente a 5% do salário. O valor pode ser usado para reembolsar despesas com educação, creche, saúde e alimentação ou ser acumulado para situações de emergência. Trata-se de uma maneira de respeitar as necessidades diferentes das pessoas. "E o respeito é um de nossos principais valores", diz o presidente. "O meu papel e o de todos os principais executivos da empresa é construir o melhor lugar para trabalhar."

QUESTÕES

1. Como você caracterizaria o estilo de administração que existe na HP?
2. Em qual dos sistemas de administração de Likert você enquadraria a HP?
3. Como você poderia descrever o *HP Way*?
4. Até que ponto a Teoria Comportamental influenciou o *HP Way*?
5. Por que a HP pretende ser uma empresa ágil e esperta?

Do comportamento individual e grupal para o comportamento organizacional

Motivação humana:
- Hierarquia de necessidades
- Fatores higiênicos e motivacionais

Estilos de administração:
- Teoria X e Teoria Y

Problema decisório:
- Teoria das Decisões
- O sistema decisório na organização
- Etapas do processo decisório
- Subjetividade nas decisões
- Homem administrativo

Sistemas de administração:
- Autoritário-coercitivo
- Autoritário-benevolente
- Consultivo
- Participativo

Conflitos:
- Objetivos organizacionais × individuais
- Negociação

Comportamento organizacional:
- Teoria do Equilíbrio Organizacional
- Participantes da organização
- Teoria da Aceitação da Autoridade

Apreciação crítica da Teoria Comportamental:
- Ênfase nas pessoas e influência das ciências comportamentais
- Abordagem mais descritivas e menos prescritiva
- Reformulação na filosofia administrativa
- Dimensões bipolares e não contínuas
- Organização como um sistema de decisões
- Análise organizacional mais dinâmica, mas tendenciosa

Figura 15.21. Mapa Mental da Teoria Comportamental.

REFERÊNCIAS

1. WATSON, J. B. Psychology from the Standpoint of a Behaviorist. Philadelphia: J. B. Lipincott, 1919; WATSON, J. B. Behaviorism. New York: People's Institute Publish, 1924.
2. WOODWORTH, R. S. Contemporary schools of psychology. London: Methuen, 1956, p. 71.
3. MOTTA, F. C. P. Teoria geral da administração: uma introdução. São Paulo: Pioneira, 1972. p. 29.
4. MARCH, J. G.; SIMON, H. A. Teoria das organizações. Rio de Janeiro: Fundação Getúlio Vargas, Serviço de Publicações, 1967. cap. 3.
5. SIMON, H. A. O comportamento administrativo. Rio de Janeiro: Fundação Getúlio Vargas, Serviço de Publicações, 1965.
6. MASLOW, A. H. (1908-1970), um dos maiores especialistas em motivação humana.
7. MASLOW, A H. Motivation and personality. New York: Harper & Row, 1954.
8. MASLOW, A. H. Uma teoria da motivação humana. In: BALCÃO, Y. F.; CORDEIRO, L. L. O comportamento humano na empresa: uma antologia. Rio de Janeiro: Fundação Getúlio Vargas, Instituto de Documentação, 1971. p. 340-55.
9. MASLOW, A. H. Toward a psychology of being. Princeton: D. Van Nostrand, 1962.
10. LOBOS, J. Teorias sobre a motivação no trabalho. Revista de Administração de Empresas, Rio de Janeiro, v. 15, n. 2, p. 17-25, mar./abr. 1975.
11. HERZBERG, F. (n. 1923), psicólogo e consultor americano, professor de Administração da Universidade de Utah.
12. HERZBERG, F. Work and nature of man. Cleveland: The World Publishing, 1966.
13. SIKULA, A. F. Personnel administration and resources management. New York: John Wiley & Sons, 1976. p. 88.
14. HERZBERG, F. O conceito de higiene como motivação e os problemas do potencial humano de trabalho. In: HAMPTON, D. R. (Org.). Conceitos de comportamento na administração. São Paulo: EPU, 1973. p. 54.
15. HAMPTON, D. R. Contemporary management. New York: McGraw-Hill Book, 1977. p. 262.
16. DAVIS, K. Human behavior at work. New York: McGraw-Hill Book, 1972. p. 59.
17. DAVIS, K., op. cit., p. 59.
18. HOUSE, R.; WIGDOR, L. A. Herzberg's dual factor theory of job satisfaction and motivation: a review of the evidence and criticism. In: CUNNINGS, L. L.; SCOTT, W. E. (Eds.). Readings in organizational behavior and human performance. Homewood: Richard D. Irwin e Dorsey, 1969.
19. PORTER, L. W.; LAWLER, E. E. Managerial attitudes and performance. Homewood: Richard D. Irwing, 1968. SCHWAB, D.; CUNNINGS, L. L. Theories of performance and satisfaction: a review. Industrial Relations, v. 9, p. 408-30, 1970.
20. MCCLELLAND, D. C. The achieving society. New York: D. Van Nostranfd, 1961.

21. MCCLELLAND, D. C. et al. The achievement motive. New York: Appleton-Century-Crofs, 1953.
22. MCCLELLAND, D. C. Methods of measuring human motivation. In: ATKINSON, J. W. (Ed.). Motives in fantasy, action and society. Princeton: D. Van Nostrand, 1958.
23. CAMPBELL, J. et al. Managerial behavior, performance and effectiveness. New York: McGraw-Hill Book, 1970.
24. ATKINSON, T. W. An introduction to motivation. New York: D. Van Nostrand Reinhold, 1964.
25. BROWN, R. Social psychology. New York: The Free, 1965.
26. MCGREGOR, D. M. O lado humano da empresa. In: BALCÃO, Y. F.; CORDEIRO, L. L. (Orgs.). O comportamento humano na empresa: uma antologia. Rio de Janeiro: Fundação Getúlio Vargas, Serviço de Publicações, 1971. p. 45-60.
27. MCGREGOR utiliza a palavra "estilo" para designar o resultado da experiência gerencial baseada no ensaio e erro, isto é, na aprendizagem cotidiana e a palavra "estratégia" para designar algo deliberadamente escolhido e selecionado, resultado de um planejamento consciente.
28. MCGREGOR, D. M. The professional manager. New York: McGraw-Hill Book, 1967.
29. OUCHI, W. Teoria Z, São Paulo: Nova Fronteira, 1984.
30. OUCHI, W., op. cit.
31. OUCHI, W., op. cit.
32. JOINER JR., C. W. One manager's story of how he made the z concept work. Management Review, New York, v. 72, n 5, may/1983, p. 48-53.
33. OUCHI, W. Sociedade M: a força do trabalho em equipe. São Paulo: Nobel, 1985.
34. LIKERT, R. Novos padrões de administração. São Paulo: Pioneira, 1971. Ver também: LIKERT, R. A organização humana. São Paulo: Atlas, 1975; Administração de conflitos: novas abordagens. São Paulo: McGraw-Hill do Brasil, 1980.
35. BUTTERFIELD, D. A.; FARRIS, G. F. O perfil organizacional de Likert: análise metodológica e teste da teoria do sistema 4 no Brasil. Revista de Administração Pública, v. 7, n. 3, p. 19-31, jul./set. 1973.
36. LIKERT, R., op. cit., p. 132.
37. LIKERT, R., op. cit., p. 130.
38. LIKERT, R. New patterns in sales management. In: MARSHAW, M. R. (Ed.). Changing perspectives in marketing. Ann Arbor: University of Michigan, Bureau of Business Research, 1962.
39. BARNARD, C. I. As funções do executivo. São Paulo: Atlas, 1971.
40. SIMON, H. A. é uma das maiores figuras do behaviorismo e o criador da Teoria das Decisões. É ganhador do Prêmio Nobel de Economia de 1978.
41. SIMON, H. A. O comportamento administrativo, op. cit.
42. SIMON, H. A.; SMITHSBURG, D. W.; THOMPSON, V. A. Public administration. New York: Knopf, 1950. p. 381-2.
43. TERSINE, R. J. Organization decision theory: a synthesis. In: TERRY, G. R. (Ed.). Management, selected readings. Homewood: Richard D. Irwin, 1973. p. 139.

44. MARCH, J. G.; SIMON, H. A. Teoria das organizações. Rio de Janeiro: Fundação Getúlio Vargas, Serviço de Publicações, 1966. cap. 3.
45. MARCH, J. G.; SIMON, H. A., op. cit., p. 174-5.
46. MARCH, J. G.; SIMON, H. A., op. cit., p. 101-2.
47. SIMON, H. A. O comportamento administrativo, op. cit.
48. HELLRIEGEL, D.; SLOCUM JR., J. W. Management: a contingency approach. Reading: Addison-Wesley Publish, 1974. p. 263.
49. SIMON, H. A. O comportamento administrativo, op. cit.
50. SIMON, H. A. O comportamento administrativo, op. cit.
51. MARCH, J. G.; SIMON, H. A., op. cit., p. 174-5.
52. ETZIONI, A. Organizações modernas. São Paulo: Pioneira, 1976. p. 51-3.
53. JACQUES, E. Equitable payment. New York: John Wiley & Sons, 1961.
54. GOULDNER, A. W. The norm of reciprocity. American Sociological Review, v. 25, p. 161-78, 1960.
55. SCHEIN, E. H. Consultoria de procedimentos: seu papel no desenvolvimento organizacional. São Paulo: Edgard Blücher, 1972. p. 89.
56. BLAU, P. M. Exchange and power. New York: John Wiley & Sons, 1964.
57. HICKS, H. G.; GULLETT, C. R. The management of organizations. New York: McGraw-Hill Book, 1976. p. 41.
58. HICKS, H.G.; GULLETT, C. R., op. cit., p. 41.
59. KATZ, D.; KAHN, R. L. Psicologia social das organizações. São Paulo: Atlas, 1972. p. 398-99.
60. SIMON, H. A. O comportamento administrativo, op. cit.
61. SIMON, H. A.; SMITHSBURG, D. W.; THOMPSON, V. A. Public administration, op. cit., p. 381-2.
62. CHIAVENATO, I. Gerenciando pessoas: o passo decisivo para a administração participativa. Rio de Janeiro: Elsevier/Campus, 2005. p. 56.
63. KOTLER, P. Marketing for nonprofit organizations. Englewood Cliffs: Prentice-Hall, 1975. p. 24.
64. SIMON, H. A.; SMITHSBURG, D. W.; THOMPSON, V. A. Public administration, op. cit., p. 381-2.
65. SIMON, H. A. O comportamento administrativo, op. cit.
66. BARNARD, C. I., op. cit.
67. BARNARD, C. I., op. cit.
68. ARGYRIS, C. Personalidade e organização: o conflito entre o indivíduo e o sistema. Rio de Janeiro: Renes, 1968.
69. ARGYRIS, C., op. cit.
70. BURNS, J. M. Leadership. New York: Harper & Row, 1978.
71. LIKERT, R. A organização humana, op. cit.
72. KOTTER, J. A force for change: how leadership differs from management. New York: Free Press, 1990.
73. BENNIS, W. G.; NANUS, B. Leaders: the strategies for taking charge. New York: Harper & Row, 1985.
74. BENNIS, W. G. Managing the dream. New York: Training Magazine, 1990.

75. BENNIS, W. G. An invented life. Reading: Addison Wesley Publ, 1993.
76. TICHY, N. M. The mark of a winner: leader to leader. Fast Company, 1997.
77. MILLS, C. W. A imaginação sociológica. Rio de Janeiro: Zahar, 1965. p.106-107.
78. LEAVITT, H. J. Applied organizational change in industry: structural, technological and humanistic approaches. In: VROOM, V. H.; DECI, E. L. (Eds.). Management and motivation, selected readings. Middlesex: Penguin Books, 1973. p. 363-75.
79. PORTER, L. W.; LAWLER III, E. E.; HACKMAN, J. R. Behavior in organizations. Tokio: McGraw-Hill Kogakusha, 1975. p. 15-25.
80. ZALESNICK, A. The management of disappointment. Harvard Business Review, nov./dez. 1967.
81. SILVERMAN, D. The theory of organization: a sociological framework. London: Heineman, 1976. p. 77-8.
82. SILVERMAN, D. op. cit., p. 78.
83. SCHNEIDER, B.; BOWEN, D. E. Understanding customer delight and outrage. Sloan Management Review, Cambridge, autumn 1999, p. 35-45.
84. SILVERMAN, D., op. cit., p. 78.
85. ARGYRIS, C. Personality and organization theory revisited. In: HUSE, E. F. et al. (Eds.). Readings on behavior in organizations. Readings: Addison-Wesley, 1975. p. 73-5.
86. PERROW, C. Análise organizacional: um enfoque sociológico, op. cit., p. 214.
87. PUGH, D. S. Modern organization theory: a psychological study. Psychological Bulletin, v. 66, n. 21, p. 241, out. 1966.
88. ROSENBURG, C. A motivação que leva ao lucro. Exame, Melhores e Maiores, junho 1999, p. 238-40; GOMES, M. T. "HP", em exame: guia das melhores empresas do Brasil para você trabalhar, ed. 647, p. 59-62.

GLOSSÁRIO BÁSICO

Behaviorismo: nome dado à Psicologia Comportamental (ou behaviorista). Em administração significa abordagem que enfatiza o sucesso organizacional por meio das variáveis humanas dentro da organização.

Comportamento: conduta, maneira de proceder e de agir ou reagir ao ambiente externo.

Comportamento organizacional: é o estudo do comportamento de indivíduos e grupos em função do estilo administrativo adotado pela organização.

Decisão: escolha ou opção entre várias alternativas de cursos futuros de ação.

Decisão não programada: é uma decisão única e singular, que representa uma novidade.

Decisão programada: é uma decisão repetitiva e rotineira e que pode ser transformada em um procedimento definitivo, rotineiro e sistemático.

Enriquecimento de cargos: é o processo de incorporar motivadores e oportunidades de satisfação em uma situação de trabalho, agregando continuamente tarefas mais ricas e complexas.

Estilo de liderança: é o padrão de comportamento adotado por um líder para dirigir os membros da organização em direção aos objetivos propostos.

Fatores higiênicos: são as variáveis ambientais que envolvem o ambiente de trabalho e que influenciam o grau de insatisfação das pessoas. São também chamados fatores insatisfacientes.

Fatores motivacionais: são as variáveis intrínsecas ao trabalho ou à tarefa e que influenciam o grau de satisfação das pessoas no trabalho. São também chamados fatores satisfacientes.

Liderança: é o processo de influenciar e dirigir o comportamento das pessoas em direção ao alcance de objetivos.

Liderança participativa: é um estilo de liderança que focaliza a consulta aos subordinados e sua participação no processo de tomada de decisões.

Motivação: é o estado íntimo que leva uma pessoa a comportar-se de maneira a assegurar o alcance de determinado objetivo ou a engajar-se em uma atividade para satisfazer necessidades pessoais.

Motivo: é um impulso íntimo que incita a pessoa à ação e que sustenta e dá direção ao comportamento.

Necessidades de autorrealização: representam o quinto nível de necessidades humanas, relacionadas com o desejo humano de realizar totalmente o seu potencial.

Necessidades fisiológicas: representam o primeiro nível, isto é, o nível básico de necessidades humanas relacionadas à sobrevivência da pessoa, como alimento, água, repouso, abrigo, sexo, etc.

Necessidades humanas: é o conjunto de motivos fisiológicos, psicológicos, sociais e de autorrealização que condicionam o comportamento das pessoas.

Necessidades sociais: representam o terceiro nível de necessidades humanas, relacionadas ao desejo humano de pertencer, incluindo o desejo por amizades, companheirismo, afeto e amor.

Negociação: é o processo de tomar decisões conjuntas quando as partes envolvidas têm preferências ou interesses diferentes.

Organizações: são conjuntos de pessoas trabalhando juntas, em uma divisão do trabalho, no sentido de alcançar propósitos e objetivos comuns.

Psicologia Organizacional: é a área da Psicologia voltada ao estudo das pessoas nas organizações.

Recompensas intrínsecas: são recompensas que vêm diretamente da execução de uma tarefa.

Rotação de cargos: é o processo de mover sistematicamente as pessoas de um cargo para outro para aumentar a satisfação e reduzir a monotonia.

Satisfaciente: é a escolha de uma alternativa satisfatória em vez de uma alternativa ótima de decisão.

Sistemas administrativos: é a classificação dos estilos administrativos utilizados nas organizações, segundo Likert.

Teoria comportamental: é o mesmo que *behaviorismo* na administração, isto é, decorrente da importância do comportamento organizacional na administração.

Teoria das decisões: baseia-se na ideia de que todas as pessoas agem somente em termos de como percebem a situação em que se encontram.

Teoria do equilíbrio organizacional: é a teoria que sustenta que as organizações somente alcançam um estado de equilíbrio quando as os incentivos e alicientes às pessoas provocam um retorno igual ou maior de contribuições dos participantes.

Teoria X: representa o conjunto de pressuposições negativas a respeito da natureza das pessoas e do tipo de administração necessário para elas.

Teoria Y: representa o conjunto de pressuposições positivas a respeito da natureza das pessoas e do tipo de administração necessário para elas.

Valência: é o valor agregado pelo indivíduo aos vários resultados do seu trabalho.

CAPÍTULO 16
Teoria do Desenvolvimento Organizacional

OBJETIVOS DESTE CAPÍTULO

- Apresentar uma teoria aberta, democrática e participativa, voltada mais para a administração de pessoas do que de recursos e técnicas.
- Definir o conceito de mudança e mudança organizacional.
- Destacar as mudanças ambientais e o papel da cultura organizacional no processo de mudança organizacional.
- Definir o conceito de Desenvolvimento Organizacional (DO), pressupostos básicos, seu processo, técnicas e modelos.
- Permitir uma visão crítica do DO.

A partir da Teoria Comportamental, um grupo de cientistas sociais e consultores de empresas desenvolveu uma abordagem dinâmica, democrática e participativa ao desenvolvimento planejado das organizações, a qual recebeu o nome de Desenvolvimento Organizacional (DO).

ORIGENS DO DESENVOLVIMENTO ORGANIZACIONAL

O movimento de DO surgiu a partir de 1962 como um conjunto de ideias a respeito do homem, da organização e do ambiente, no sentido de proporcionar o crescimento e desenvolvimento das organizações. No sentido restrito, o DO é um desdobramento prático e operacional da Teoria Comportamental em direção à abordagem sistêmica. Não se trata de uma teoria administrativa propriamente dita, mas de um movimento envolvendo vários autores preocupados em aplicar as ciências do comportamento – principalmente a teoria comportamental – na Administração. A maioria desses autores é constituída de consultores que se especializaram em DO.

As origens do DO são atribuídas a vários fatores, a saber:

1. *A dificuldade de operacionalizar e aplicar os conceitos das teorias administrativas*, cada qual trazendo uma abordagem diferente.
2. *Os estudos sobre a motivação humana* demonstraram a necessidade de uma nova abordagem da Administração que interpretasse a nova concepção do homem e da organização baseada na dinâmica motivacional.
3. *A criação do National Training Laboratory (NTL)* de Bethel em 1947 e as pesquisas de laboratório sobre o comportamento de grupo. O Treinamento da Sensitividade (ou educação em laboratório) por meio de T--Groups foi o primeiro esforço para melhorar o comportamento de grupo.
4. *Leland Bradford*, considerado o precursor do DO, coordena a publicação de um livro,[1] em 1964, relatando as pesquisas com T-Groups, resultados do treinamento da sensitividade e suas aplicações nas organizações.
5. A maior invenção do final do século XX foi a inovação. Ela passou a mudar a vida da sociedade, das organizações, do homem e da sua visão do mundo. O DO é uma resposta às mudanças e à inovação no que tange a:
    - Transformações rápidas e inesperadas do ambiente organizacional.
    - Aumento do tamanho das organizações, fazendo que o volume das suas atividades não fosse suficiente para sustentar o crescimento.
    - Diversificação e complexidade da tecnologia, exigindo integração entre atividades e pessoas especializadas e de competências diferentes.

- Mudanças no comportamento administrativo decorrentes de novos conceitos:
  - Novo conceito de homem, substituindo a ideia do *homo economicus*, um modelo de homem ultrassimplificado, inocente e do tipo "aperta-botões" que visa apenas aos bons salários e às recompensas materiais.
  - Novo conceito de poder, baseado na colaboração e na razão, substituindo o modelo de poder hierárquico e formal baseado na coação e na ameaça.
  - Novo conceito de valores organizacionais, baseado em ideais humanístico-democráticos, substituindo o sistema despersonalizado e mecanístico da burocracia.[2]

6. *A fusão de duas tendências no estudo das organizações: estrutura e comportamento humano nas organizações*, ou seja, estrutura e processo. A estrutura diz respeito aos elementos estáticos da organização e ao arranjo dos seus componentes (divisão de trabalho, hierarquia, departamentalização, etc.). Verificou-se que mudanças na estrutura organizacional não conduzem necessariamente a uma mudança na organização. Processo (procedimento ou comportamento), pelo contrário, é dinâmico e se refere aos aspectos culturais, comunicações, relacionamentos, processos decisórios, maneiras pelas quais são exercidas a autoridade, liderança e cooperação entre grupos e pessoas.[3] Estrutura e processos foram integrados por meio da abordagem sistêmica. A *teoria de sistemas* aglutinou os aspectos estruturais e comportamentais, possibilitando o surgimento do DO.[4]

7. *O DO começou com os conflitos interpessoais*,[5] depois com pequenos grupos,[6] passando à administração pública e, posteriormente, a todos os tipos de organizações humanas (indústrias, empresas de serviços, organizações militares, etc.),[7] recebendo modelos,[8] procedimentos,[9] e métodos de diagnóstico de situação e de ação,[10] bem como técnicas de diagnóstico e tratamento. Os principais autores do DO são behavioristas a caminho da Teoria da Contingência.[11] Quase todos eles são consultores de organizações.[12]

8. *Os modelos de DO baseiam-se em quatro variáveis básicas: ambiente, organização, grupo e indivíduo*, para explorar a interdependência dessas variáveis, diagnosticar a situação e intervir em aspectos estruturais e comportamentais para provocar mudanças que permitam o alcance simultâneo dos objetivos organizacionais e individuais.

CRONOLOGIA DOS PRINCIPAIS EVENTOS DA TEORIA DO DESENVOLVIMENTO ORGANIZACIONAL (DO)

Ano	Autores	Livros
1954	Carl R. Rogers & R. Dymond	Psychoterapy and Personality Changes
1958	R. Lippett, J. Watson & B. Westley	The Dynamics of Planned Change
1961	R. R. Blake & J. S. Mouton	Group Dynamics – Key to Decision Making
	Warren G. Bennis	The Planning of Change
1962	Chris Argyris	Interpersonal Competence & Organizational Effectiveness
1963	R. R. Blake & J. S. Mouton	The Managerial Grid
	Harold J. Leavitt	The Social Science of Organization
1964	Leland Bradford	T-Group Theory and Laboratory Methods
1965	Edgard H. Schein	Organizational Psychology
	E. H. Schein & W. G. Bennis	Personal and Organizational Change Through Group Methods: The Laboratory Approach
1966	Warren G. Bennis	Changing Organizations
1969	Richard E. Walton	Interpersonal Peace Making: Confrontations and Third-Party Consultation
	P. Lawrence & J. W. Lorsch	Developing Organizations: Diagnosis and Action
	Richard Beckhard	Organization Development: Strategies and Models
	R. R. Blake & J. S. Mouton	Building a Dynamic Corporation Through Grid OD
	Edgard H. Schein	Process Consultations: Its Role in OD
	Warren G. Bennis	OD: Its Nature, Origins and Prospects
1970	William J. Reddin	Managerial Effectiveness
	W. Bennis, K.D. Benne & R. Chin	The Planning of Change
1971	Chris Argyris	Management and OD: The Path from XA to YB
1972	Harry Levinson	Organizational Diagnosis
	N. Margulies & A. P. Raia	OD, Values, Process, and Technology
1973	N. Margulies & J. Wallace	Organizational Change: Techniques & Applications
	Richard J. C. Roeber	The Organizations in a Changing Environment
	W. L. French & C. H. Bell	Organization Development
	Gordon Lippitt	Organization Renewal
1976	Glen H. Varney	An OD Approach of Management Development
1979	Reg Revans	Action Learning
1992	R. M. Kanter, B. Stein & T. D. Jick	The Challenge of Organizational Change
1997	Alan Mumford	Action Learning at Work
	Mike Pedler	Action Learning in Practice
1998	D. Dotlich & J. L. Noel	Action Learning: How the World's Top Companies are Re-Creating their Leaders and Themselves.

MUDANÇAS E ORGANIZAÇÃO

O conceito de DO está relacionado aos conceitos de mudança e de capacidade adaptativa da organização à mudança. Alguns conceitos são indispensáveis para a compreensão da mudança organizacional.

Um novo conceito de organização

O conceito de organização para os autores de DO é tipicamente behaviorista: "a organização é a coordenação de diferentes atividades de contribuintes individuais com a finalidade de efetuar transações planejadas com o ambiente".[13] Esse conceito utiliza a noção tradicional de divisão do trabalho ao abordar a coordenação das diferentes atividades na organização e refere-se às pessoas como contribuintes das organizações, em vez de estarem elas próprias, incluídas nas organizações. As contribuições de cada participante à organização dependem das suas diferentes características individuais e do sistema de recompensas e contribuições da organização. Toda organização atua em um meio ambiente, e sua existência e sobrevivência dependem da maneira como ela se relaciona com esse meio ambiente. Para tanto, ela deve ser estruturada e dinamizada em função das condições ambientais em que opera.

Os autores do DO baseiam-se na abordagem sistêmica ao ressaltar as diferenças entre os sistemas mecânicos ou mecanísticos (sistemas fechados típicos do conceito tradicional) e os sistemas orgânicos (sistemas abertos e flexíveis).[14] Os sistemas orgânicos tornam as organizações coletivamente conscientes de seus destinos e da orientação necessária para melhor se dirigir a eles.[15] A tarefa básica do DO é transformar as organizações mecanísticas em organizações orgânicas.

TABELA 16.1. DIFERENÇAS ENTRE SISTEMAS MECÂNICOS E SISTEMAS ORGÂNICOS[16]

Sistemas mecânicos	Sistemas orgânicos
A ênfase é individual e nos cargos da organização	Ênfase nos relacionamentos entre e dentro dos grupos
Relacionamento do tipo autoridade-obediência	Confiança e crença recíprocas
Rígida adesão à delegação e à responsabilidade dividida	Interdependência e responsabilidade compartilhada
Divisão do trabalho e supervisão hierárquica rígidas	Participação e responsabilidade grupal
A tomada de decisões é centralizada	A tomada de decisões é descentralizada
Controle rigidamente centralizado	Amplo compartilhamento de responsabilidade e de controle
Solução de conflitos por meio de repressão, arbitragem e/ou hostilidade	Solução de conflitos por meio de negociação ou solução de problemas

Conceito de cultura organizacional

A cultura representa o conceito central da antropologia. Do ponto de vista antropológico, a cultura está em tudo o que nos cerca, como a maneira pela qual as pessoas vivem, como se comunicam, etc. A cultura somente ingressou na teoria administrativa ao redor da década de 1970, graças ao sucesso das organizações japonesas. Estas pareciam fazer as coisas de maneira diferente das organizações ocidentais e, ao mesmo tempo, imitando descaradamente a tecnologia americana. A cultura japonesa provocou na época uma torrente de literaturas para explicar o sucesso das organizações japonesas.

Da mesma forma como cada país tem a sua própria cultura, as organizações caracterizam-se por culturas organizacionais próprias e específicas. Cada organização tem a sua cultura organizacional ou cultura corporativa. Para conhecer uma organização, o primeiro passo é conhecer sua cultura. Fazer parte de uma organização é assimilar a sua cultura. Viver em uma organização, trabalhar nela, atuar em suas atividades, desenvolver carreira nela é participar intimamente de sua cultura organizacional.[17] Todavia, a cultura nem sempre se mostra aberta e inteiramente. Como em um *iceberg,* a cultura tem seus aspectos formais e abertos abaixo de aspectos informais e ocultos.

Para Weick, "uma organização não tem uma cultura: uma organização é, em si mesma, uma cultura. É por isso que elas são terrivelmente difíceis de se mudar".[18] Para ele, a cultura organizacional está intimamente associada à cognição coletiva. Ela passa a ser a mente da organização, as crenças comuns que se refletem nas tradições e nos hábitos, bem como nas manifestações mais tangíveis, como símbolos, histórias, edifícios e produtos. Em certo sentido, a cultura representa a força vital da organização, a alma do seu corpo físico.[19]

Para os autores de DO, toda organização tem a sua própria cultura. Dá-se o nome de cultura organizacional ao modo de vida próprio que cada organização desenvolve com seus participantes. A cultura organizacional repousa sobre um sistema de crenças e valores, tradições e hábitos, dentro de uma forma aceita e estável de interações e relacionamentos sociais típicos de cada organização.

Certos aspectos da cultura organizacional são percebidos com facilidade e são denominados aspectos formais e abertos, enquanto outros são de difícil percepção e são denominados aspectos informais e ocultos. Tal como em um *iceberg*, os aspectos formais ficam na parte visível e envolvem as políticas e diretrizes, os métodos e procedimentos, os objetivos, a estrutura organizacional e a tecnologia adotada. Os aspectos informais ficam ocultos na parte inferior do *iceberg* e envolvem percepções, sentimentos, atitudes, valores, interações informais e normas grupais. Os aspectos informais são mais difíceis de compreender e interpretar, como também de mudar ou sofrer transformações.

Aspectos formais e abertos
- Estrutura organizacional
- Títulos e descrições de cargos
- Objetivos organizacionais
- Estratégias
- Tecnologias utilizadas
- Métodos e processos de trabalho
- Políticas e diretrizes

Componentes visíveis e publicamente observáveis, orientados para aspectos operacionais e tarefas cotidianas

Aspectos informais e ocultos
- Padrões de influências e de poder
- Percepções e atitudes das pessoas
- Sentimentos e normas grupais
- Valores e expectativas
- Padrões de interações formais
- Relações afetivas

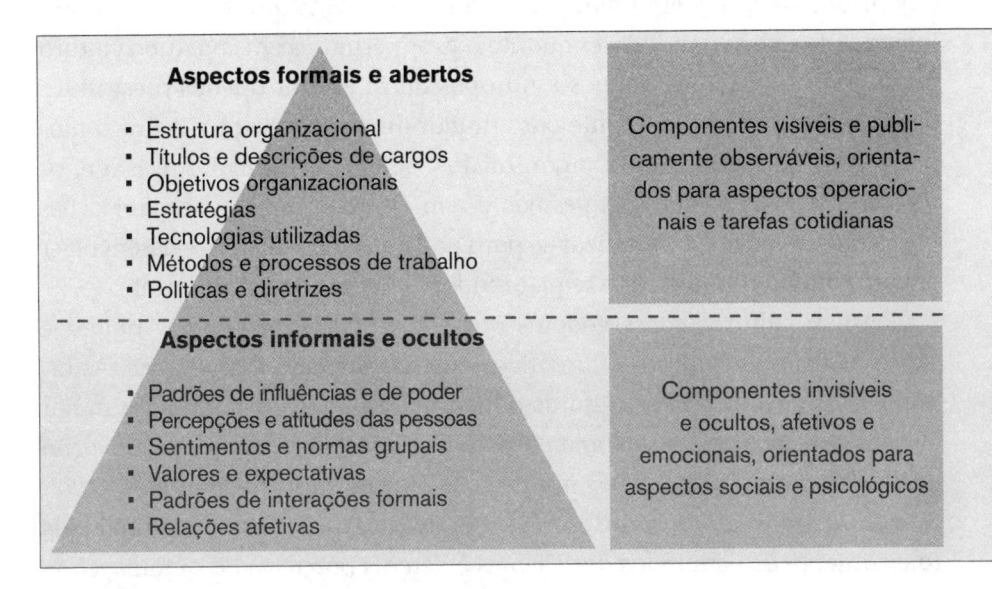

Componentes invisíveis e ocultos, afetivos e emocionais, orientados para aspectos sociais e psicológicos

Figura 16.1. O *iceberg* da cultura organizacional.[20]

Dentro de uma abordagem mais ampla, a cultura organizacional pode ser dimensionada em quatro níveis distintos, como na Figura 16.2.

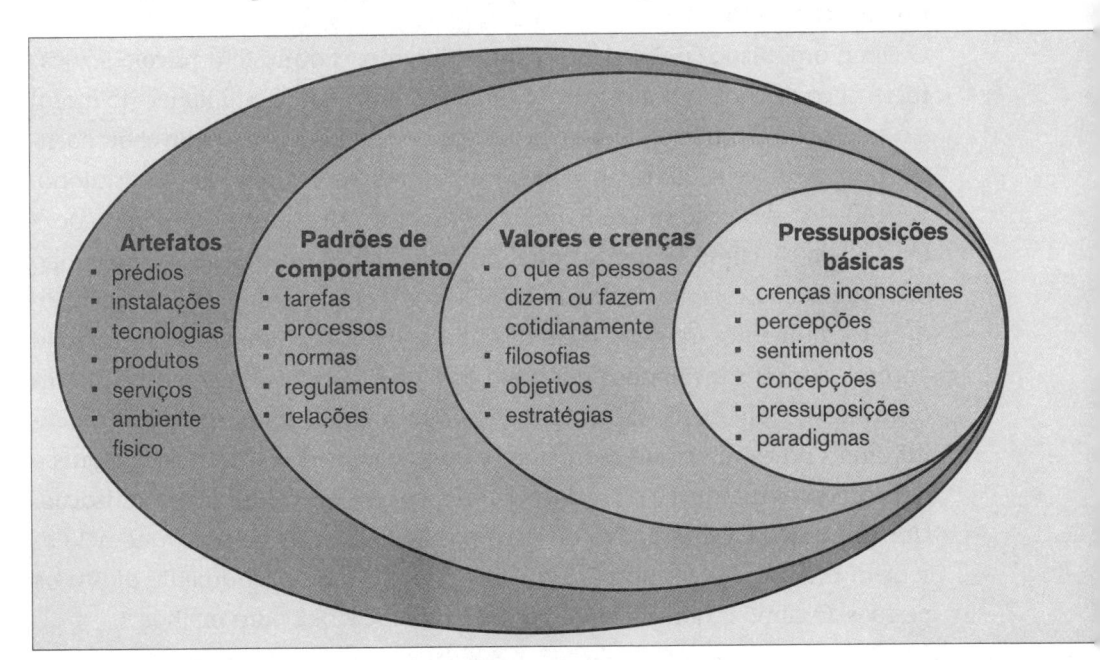

Artefatos
- prédios
- instalações
- tecnologias
- produtos
- serviços
- ambiente físico

Padrões de comportamento
- tarefas
- processos
- normas
- regulamentos
- relações

Valores e crenças
- o que as pessoas dizem ou fazem cotidianamente
- filosofias
- objetivos
- estratégias

Pressuposições básicas
- crenças inconscientes
- percepções
- sentimentos
- concepções
- pressuposições
- paradigmas

Figura 16.2. As camadas da cultura organizacional.[21]

A cultura da organização não é estática nem permanente, pois sofre alterações com o tempo, dependendo de condições internas ou externas. Certas organizações conseguem renovar continuamente sua cultura mantendo sua integridade e personalidade, enquanto outras permanecem com uma cultura amarrada aos padrões antigos e ultrapassados. Mudar apenas a estrutura organizacional não é suficiente para mudar uma organização. A única maneira viável de mudar uma organização é mudar a sua cultura, isto é, os sistemas dentro dos quais as pessoas vivem e trabalham.[22] As organizações precisam renovar-se e revitalizar-se para poderem sobreviver e se desenvolver em um mundo mutável. Isso requer mudar a cultura organizacional.

Existem culturas conservadoras que se caracterizam por sua rigidez e conservantismo e culturas adaptativas que são flexíveis e maleáveis. As organizações devem adotar culturas adaptativas e flexíveis para obter maior eficiência e eficácia de seus membros participantes e alcançar a inovação necessária para navegar pelas mudanças e transformações do mundo atual. A cultura adaptativa caracteriza-se por quatro aspectos: adaptabilidade (ajustamento às demandas dos clientes e demais parceiros da organização), consistência (conjunto de valores sociais integrados e aceitos por todos), envolvimento (capacidade de obter o comprometimento de todos os parceiros) e objetivos claros (visão bem definida do que a organização pretende ser).

Clima organizacional

O clima organizacional constitui o meio interno, a atmosfera psicológica característica de cada organização. O clima organizacional está ligado ao moral e à satisfação das necessidades dos participantes e pode ser saudável ou doentio, pode ser quente ou frio, negativo ou positivo, satisfatório ou insatisfatório, dependendo de como os participantes sentem-se em relação à organização.[23] O conceito de clima organizacional envolve fatores estruturais, como o tipo de organização, tecnologia utilizada, políticas da companhia, metas operacionais, regulamentos internos, além de atitudes e comportamento social que são encorajados ou sancionados por meio dos fatores sociais.[24] Ele resulta de um complexo envolvimento de componentes relacionados com aspectos formais e informais da estrutura organizacional, dos sistemas de controle, das regras e regulamentos internos e das relações interpessoais existentes na organização. Um clima quente e receptivo envolve positivamente as pessoas, que nele se sentem melhor. Ao contrário, um clima frio e distante certamente afasta as pessoas. O clima organizacional pode ser modificado. E para melhor.

Mudança da cultura e do clima organizacional

A organização é um sistema humano, dinâmico e complexo, com características próprias da sua cultura e clima organizacional. Esse conjunto de variáveis deve ser continuamente observado, analisado e aperfeiçoado para que resulte em motivação e produtividade. Para mudar a cultura e o clima organizacionais, a organização precisa ter capacidade inovadora. Isso significa:

- *Adaptabilidade*: capacidade de resolver problemas e de reagir de maneira flexível às exigências mutáveis e inconstantes do meio ambiente. Para ser adaptável, a organização deve ser flexível, para poder adaptar e integrar novas atividades e ser receptiva e transparente a novas ideias, venham elas de dentro ou de fora da organização.
- *Consistência*: conjunto de valores e princípios que aglutinem o comportamento dos participantes e criem um senso de identidade coletivo.
- *Envolvimento*: integração entre os participantes, de tal forma que a organização possa obter o compartilhamento e o comprometimento de todos os participantes quanto aos objetivos da organização.
- *Visão e objetivos claros*: a percepção realista por meio da capacidade de investigar, diagnosticar e compreender o meio ambiente e estabelecer objetivos de longo prazo.

A tarefa básica do DO é criar as condições para mudar a cultura e melhorar o clima da organização, transformando o trabalho em uma atividade satisfatória e motivadora.

TABELA 16.2. PRINCÍPIOS CULTURAIS DA IBM[25]
1. O mercado constitui a força impulsionadora para o qual tudo deve ser feito
2. Em nosso íntimo, somos uma companhia de tecnologia com um profundo comprometimento com a qualidade
3. Nossas medidas primárias de sucesso são a satisfação do cliente e o valor para o acionista
4. Operamos como uma organização empreendedora com um mínimo de burocracia e um foco sem-fim na produtividade
5. Nunca perdemos o rumo de nossa visão estratégica
6. Sempre pensamos e agimos com senso de urgência
7. Pessoas excelentes e dedicadas fazem tudo acontecer, particularmente quando trabalham juntas como um time
8. Somos extremamente sensíveis às necessidades de todos os empregados e comunidades com os quais operamos

CONCEITO DE MUDANÇA E DESENVOLVIMENTO

Mudança é a transição de uma situação para outra diferente ou a passagem de um estado para outro diferente. Mudança implica ruptura, transformação, perturbação, interrupção. O mundo atual caracteriza-se por um ambiente dinâmico em constante mudança e que exige das organizações uma elevada capacidade de adaptação, como condição básica de sobrevivência. Adaptação, renovação e revitalização significam mudança.

O processo de mudança adotado pelo DO baseia-se no modelo de Lewin,[26] mais tarde desenvolvido por Schein[27] e outros e que é aplicável a pessoas, grupos e a organizações. O modelo de mudança envolve três etapas distintas: descongelamento, mudança e recongelamento.

- *Descongelamento do padrão atual de comportamento*: o descongelamento significa que as velhas ideias e práticas são derretidas e desaprendidas para serem substituídas por novas ideias e práticas melhores. Surge quando a necessidade de mudança torna-se tão óbvia que a pessoa, grupo ou organização pode rapidamente entendê-la e aceitá-la, para que a mudança possa ocorrer. Se não há descongelamento, a tendência será o retorno puro e simples ao padrão habitual e rotineiro de comportamento.
- *Mudança*: surge quando ocorre a descoberta e adoção de novas atitudes, valores e comportamentos melhores. A mudança é a fase em que as novas ideias e práticas são aprendidas de modo que as pessoas passam a pensar e a executar de uma nova maneira.
- *Recongelamento*: significa a incorporação de um novo padrão de comportamento por meio de mecanismos de suporte e de reforço, de modo que ele se torna a nova norma. Recongelamento significa que o que foi aprendido foi integrado à prática atual. Passa a ser a nova maneira que a pessoa conhece e faz o seu trabalho. Conhecer apenas a nova prática não é suficiente. É preciso incorporá-la e fixá-la ao comportamento.

Figura 16.3. O processo de mudança segundo Lewin.

Teoria do Desenvolvimento Organizacional

O processo de mudança ocorre em um campo dinâmico de forças que atuam em vários sentidos. De um lado, existem forças positivas que atuam como apoio e suporte à mudança e, de outro, forças negativas que atuam como oposição e resistência à mudança. Na organização há uma balança dinâmica de forças positivas que apoiam e suportam a mudança e de forças negativas que restringem e impedem a mudança. O sistema funciona dentro de um estado de relativo equilíbrio que se denomina equilíbrio quase-estacionário. Esse equilíbrio é rompido toda vez que se faz alguma tentativa de mudança, a qual passa a sofrer pressões positivas (de apoio e suporte) e negativas (de oposição e resistência), criando um campo dinâmico de forças.

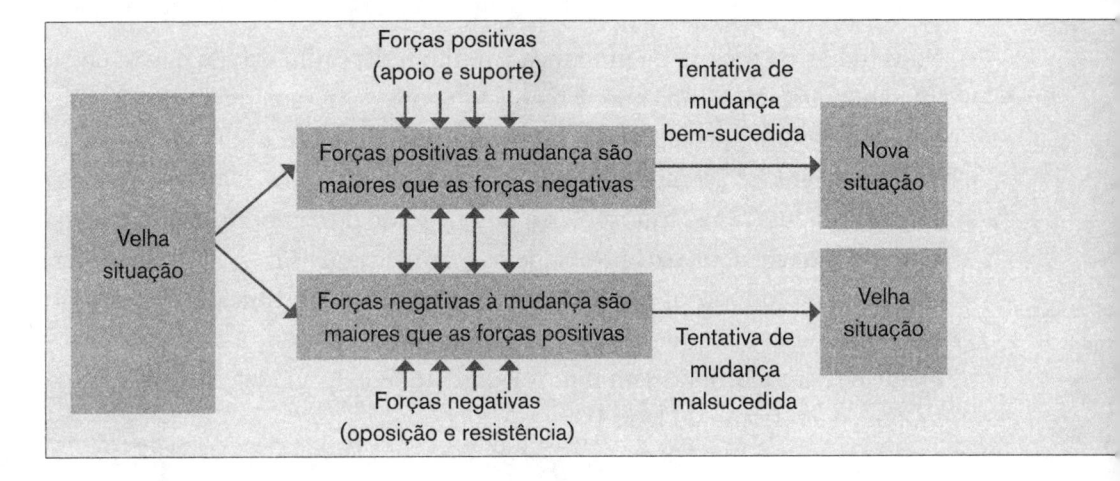

Figura 16.4. As forças que atuam no processo de mudança.

Quando as forças positivas são maiores que as forças negativas, a tentativa de mudança é bem-sucedida e a mudança ocorre efetivamente. Quando as forças negativas são maiores que as forças positivas, a tentativa de mudança é malsucedida e a mudança não ocorre, prevalecendo a velha situação. A mudança somente ocorre quando se aumentam as forças de apoio e suporte ou quando se reduzem as forças de resistência e oposição. Na realidade, trata-se de influenciar tanto as forças de apoio quanto as forças de resistência.

Assim, a mudança é o resultado da competição entre forças impulsionadoras de um lado e forças restritivas de outro. Quando uma mudança é introduzida, existem forças que a impulsionam, enquanto outras forças levam à resistência. Para implementar a mudança, torna-se necessário analisar ambas as forças que atuam na mudança, a fim de remover ou neutralizar as forças restritivas que a impedem e incentivar as forças impulsionadoras. A teoria do campo de forças é indispensável nesta abordagem.

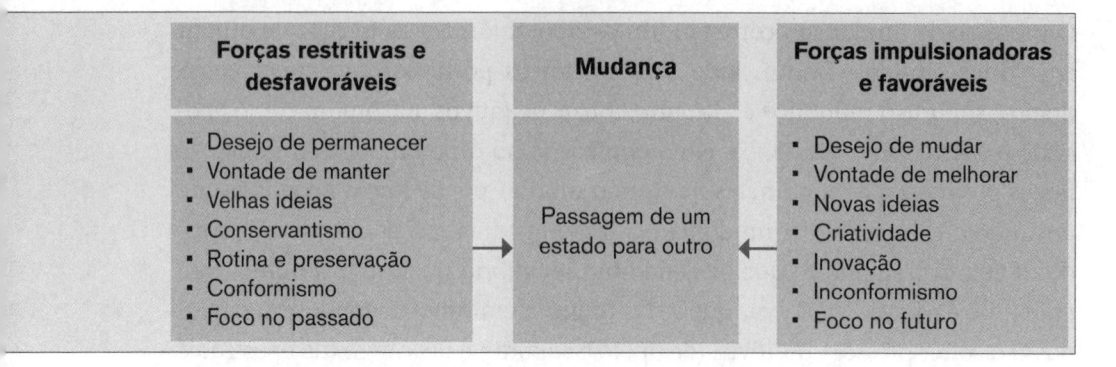

Forças restritivas e desfavoráveis	Mudança	Forças impulsionadoras e favoráveis
• Desejo de permanecer • Vontade de manter • Velhas ideias • Conservantismo • Rotina e preservação • Conformismo • Foco no passado	Passagem de um estado para outro	• Desejo de mudar • Vontade de melhorar • Novas ideias • Criatividade • Inovação • Inconformismo • Foco no futuro

Figura 16.5. As forças positivas e negativas à mudança.

Na verdade, o processo de mudança é muito mais complexo do que se possa imaginar. Hoje sabemos que descongelamento começa com a conscientização (suspensão) e percepção da inadequação do padrão atual de comportamento que precisa ser modificado (redirecionamento). Novas ideias e práticas são aprendidas (transformação), e o novo padrão de comportamento emerge com a cristalização dessas novas ideias e práticas que são esclarecidas e formatadas (prototipação) e finalmente incorporadas (institucionalização) ao comportamento, até que outro processo de mudança venha a ocorrer novamente em uma jornada sem fim. A Figura 16.6 dá uma ideia do processo de mudança em forma da letra U.

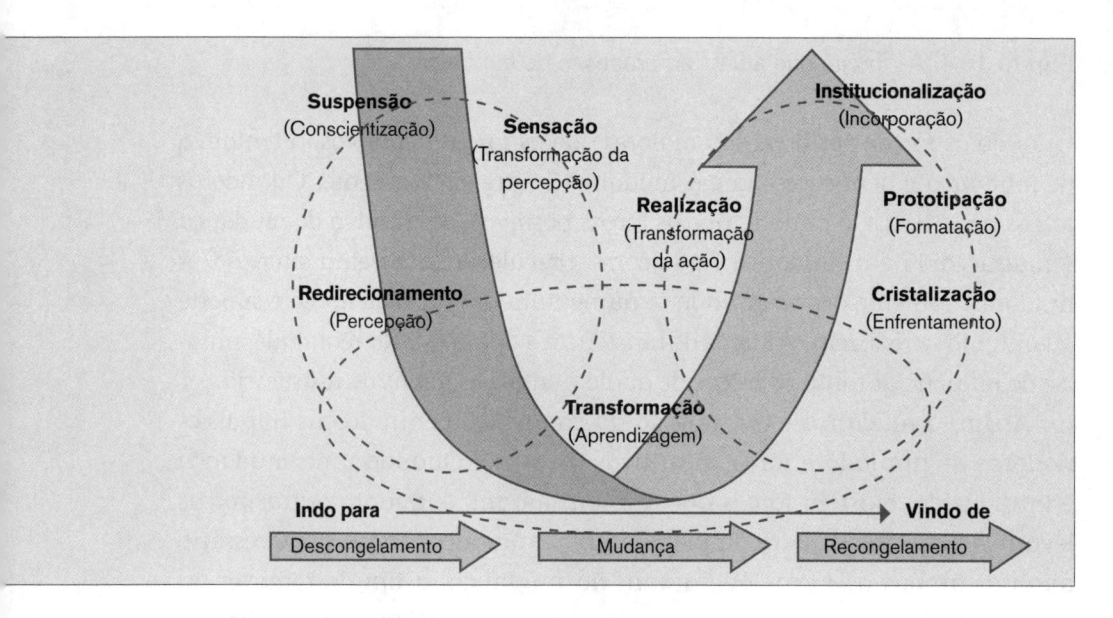

Figura 16.6. O processo de mudança no modelo U.[28]

> **VISÃO PRÁTICA – COMO APLICAR A TEORIA: MUDANÇA.**
>
> Existe vida após a crise. E ela pode ser melhor do que antes. Muitas organizações excelentes criam um estado permanente de crise para manifestar uma insatisfação com o progresso já alcançado para fazer sempre o melhor do melhor e alimentar a necessidade de mudança.
>
> O maior problema da maioria das organizações é o mesmo de um paciente que depois do tratamento retorna aos velhos vícios que tentou combater. Elas costumam sempre voltar à rotina ou, no máximo, melhorar suas práticas costumeiras. E quase sempre ficam para trás, pois a mudança lá fora é sempre mais veloz. O líder principal deve saber criar um grau suficiente de desconforto que estimule as equipes a fazer mudanças. O líder deve ser o espelho da mudança em um mundo onde tudo muda de maneira inexorável, e as organizações precisam se ajustar sempre e continuamente a ele. O segredo está em incentivar o uso maciço de redes sociais para flexibilizar o trabalho e aumentar a produtividade. O velho estilo de comando e controle precisa passar para a liderança, a fim de melhorar o trabalho em equipe e obter colaboração. O lado bom da mudança é o resultado para quem dá os passos certos.

A mudança organizacional requer uma adequada plataforma de suporte e apoio em termos de estrutura organizacional flexível e adaptável, uma cultura organizacional participativa e aberta e um estilo de gestão baseado na liderança democrática. No entanto, para que essa plataforma provoque engajamento e compromisso das pessoas, ela precisa ser alavancada por estimuladores como comunicação e apoio, motivação e recompensas e incentivos. Somente com todo esse quadro é que a mudança – por meio de todas as pessoas envolvidas, e não apenas de algumas delas – pode acontecer nas organizações.

```
          Engajamento e compromisso das pessoas
                            ▲
  Comunicação e apoio    Motivação    Reconhecimento e recompensas
                  Estimulando a mudança
                            ▲
     Desenho          Cultura organizacional    Estilo de gestão
  organizacional flexível     participativa         democrático
                   Plataforma da mudança
```

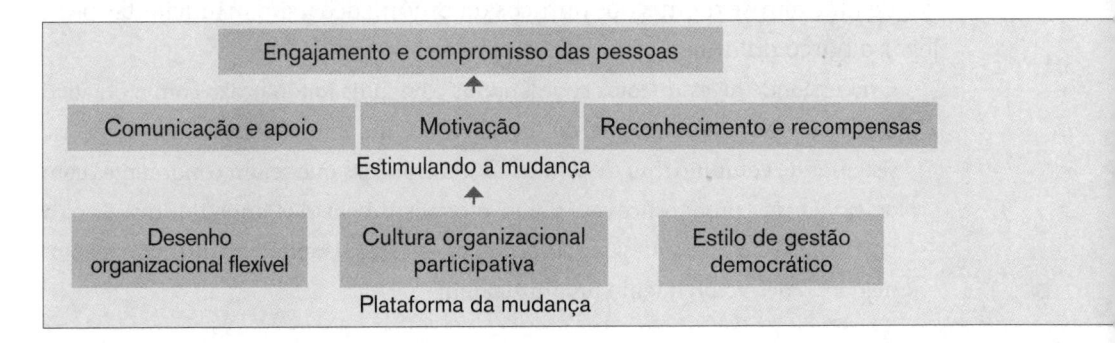

Figura 16.7. A plataforma e o incentivo estimulador para alavancar a mudança organizacional.

Todavia, a mudança organizacional não é apenas um episódio linear que acontece de vez em quando, mas um processo contínuo e ininterrupto que precisa acompanhar a velocidade da mudança que ocorre no ambiente. Mais do que tudo, a mudança é um verdadeiro estado de espírito. É preciso saber como criá-lo, mantê-lo e, sobretudo, como dinamizá-lo continuamente. Além do mais, saber como alinhar e convergir os objetivos organizacionais e os objetivos individuais.

Forças exógenas e forças endógenas

O processo de mudança organizacional começa com o aparecimento de forças que vêm de fora ou de algumas partes da organização. Essas forças podem ser exógenas ou endógenas à organização.

- *Forças exógenas*: são as forças externas que provêm do ambiente, como as novas tecnologias, mudança de valores da sociedade e novas oportunidades ou limitações do ambiente (econômico, político, legal e social). Essas forças externas criam a necessidade de mudança organizacional interna. As tentativas de mudança interna podem ser conscientemente planejadas para que o ajustamento às novas condições externas se processe com a mínima perturbação do equilíbrio estrutural e de comportamento existente dentro da organização.[24]
- *Forças endógenas*: são as forças internas que criam necessidades de mudança estrutural e comportamental; provêm da tensão organizacional: tensão nas atividades, interações, sentimentos ou resultados de desempenho no trabalho. Essas forças de mudança representam condições de equilíbrio já perturbado em uma ou mais partes da organização.

Toda essa multiplicidade de variáveis complexas, mutáveis, explosivas e poderosas leva a uma conclusão: apenas esforços isolados, lentos e gradativos de taparem-se alguns dos buracos da organização são insuficientes para levar o barco adiante. Tornou-se imperiosa

> a necessidade de estratégias coordenadas e de mais longo prazo com o objetivo de desenvolver *climas* dentro da organização, maneiras de trabalhar, relações, sistemas de comunicação e sistemas de informações que sejam congruentes com as exigências prognosticáveis e não prognosticáveis dos anos futuros. E foi a partir dessas necessidades que surgiram os esforços sistemáticos de mutação planejada: o desenvolvimento organizacional.[29]

O DO é vital para a organização que concorre e luta pela sobrevivência em condições de mudança. As mudanças que ocorrem no mundo moderno exigem a revitalização e reconstrução das organizações. Estas têm de se adaptar às mudanças do ambiente. As mudanças organizacionais não podem ser feitas ao acaso, ao sabor da inércia ou da improvisação, mas devem ser planejadas.

Forças ambientais
- Globalização
- Competição
- Clientes
- Concorrentes
- Fornecedores

Forças organizacionais
- Missão
- Visão de futuro
- Objetivos
- Planos
- Novas necessidades
- Novas tecnologias

Necessidade de mudança → Diagnóstico da mudança → Implementação da mudança

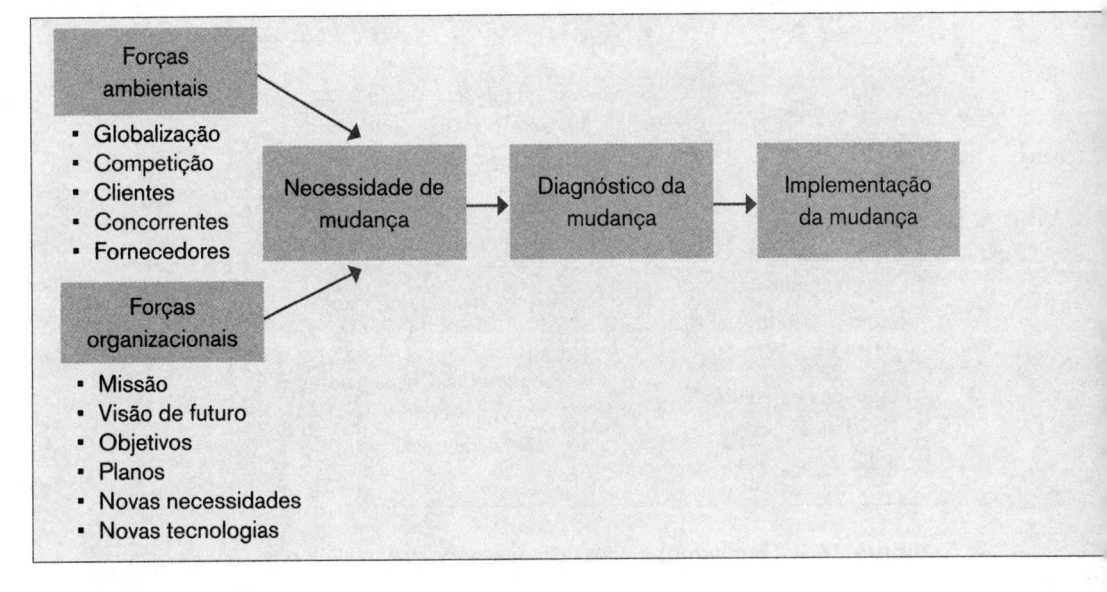

Figura 16.8. As etapas da mudança organizacional.

A mudança organizacional significa a absorção de uma nova ideia ou novo comportamento por uma organização. A administração da mudança começa com a análise das forças exógenas (exigências da economia globalizada, da tecnologia, consumidores, concorrentes, etc.) e das forças endógenas (como decisões e atividades internas, demandas de novos processos e tecnologias, novos produtos ou serviços, exigências dos empregados e sindicatos, etc.) que criam a necessidade de mudanças na organização. As forças externas e internas são transferidas para necessidades percebidas na organização. Daí decorre a lacuna de desempenho (*performance gap*), ou seja, a disparidade entre os níveis existente e desejado de desempenho. A lacuna de desempenho ocorre em função dos procedimentos atuais, que não estão adequados às novas exigências. A organização deve estar atenta aos problemas e às oportunidades, porque a necessidade percebida de mudança é que permite o estágio seguinte, que é o diagnóstico da mudança. Trata-se de verificar o que deve ser mudado na empresa: estrutura organizacional, cultura organizacional, tecnologia, produtos ou serviços. Por fim, a última etapa é a implementação da mudança de maneira planejada e organizada.

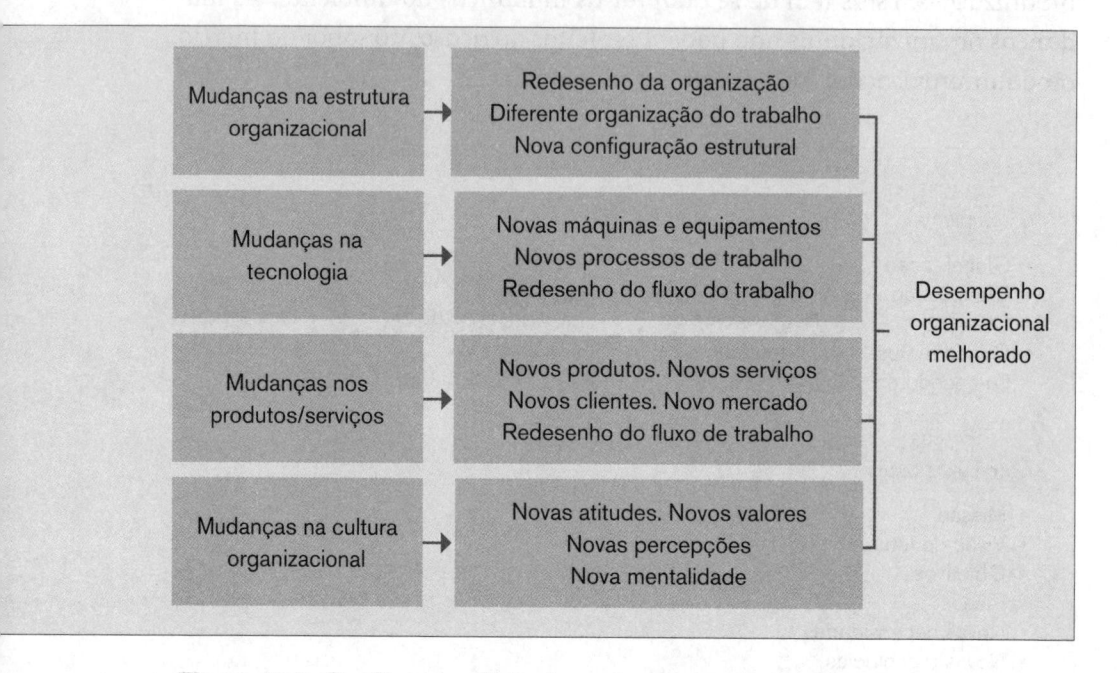

Mudanças na estrutura organizacional	→	Redesenho da organização Diferente organização do trabalho Nova configuração estrutural	
Mudanças na tecnologia	→	Novas máquinas e equipamentos Novos processos de trabalho Redesenho do fluxo do trabalho	Desempenho organizacional melhorado
Mudanças nos produtos/serviços	→	Novos produtos. Novos serviços Novos clientes. Novo mercado Redesenho do fluxo de trabalho	
Mudanças na cultura organizacional	→	Novas atitudes. Novos valores Novas percepções Nova mentalidade	

Figura 16.9. Os diferentes tipos de mudança organizacional.

Conceito de desenvolvimento

A tendência natural da organização é crescer e desenvolver-se em função de fatores endógenos (internos e relacionados com a própria organização, estruturais ou comportamentais) e exógenos (externos e relacionados com as demandas e influências do ambiente). O desenvolvimento é um processo lento e gradativo que conduz à realização das potencialidades da organização. O desenvolvimento da organização permite:

- Conhecimento profundo e realístico de si própria e de suas possibilidades e potencialidades.
- Conhecimento profundo e realístico do meio ambiente em que ela opera.
- Planejamento das relações com o meio ambiente e com seus participantes.
- Estrutura interna flexível para se adaptar às mudanças que ocorrem no meio ambiente e entre seus participantes.
- Meios de informação a respeito das mudanças e da adequação de sua resposta adaptativa.

As *organizações* devem dispor de estruturas orgânicas adaptáveis e capazes de resolver problemas.[30] Para tanto, o desenvolvimento da organização pode ser feito por meio de três tipos de estratégias de mudança, a saber:[31]

- *Mudança evolucionária*: quando a mudança é pequena, lenta e dentro dos limites das expectativas. Há uma tendência a repetir e reforçar soluções que foram eficientes no passado e a abandonar soluções fracas e deficientes, sem provocar maiores resistências.
- *Mudança revolucionária*: quando a mudança é rápida, intensa, brutal e rompe ou destrói os arranjos do *status quo*. A mudança revolucionária transgride e rejeita antigas expectativas e introduz expectativas totalmente novas. As mudanças revolucionárias são súbitas e causadoras de impacto.
- *Desenvolvimento sistemático*: os responsáveis pela mudança delineiam modelos do que a organização deveria ser em comparação com o que é, enquanto aqueles cujas ações serão afetadas estudam, avaliam e criticam o modelo de mudança para recomendar alterações baseadas em seu próprio discernimento e compreensão. As mudanças resultantes traduzem-se por apoio e compromisso, e não por resistências ou ressentimentos. Os autores do DO adotam o desenvolvimento sistemático.[32]

Ciclos de vida da organização

As organizações assumem diferentes formas organizacionais em diferentes ambientes e em diferentes épocas. Durante sua existência, as organizações percorrem cinco fases distintas:[33]

- Fase 1   *Pioneira*: é a fase inicial da organização. Por ser ainda pequena, seus processos são supervisionáveis e controláveis. Existem tarefas de rotina e um enorme volume de improvisações. A capacidade para realizar inovações é elevada. Reina o espírito empreendedor.
- Fase 2   *Expansão*: é a fase em que a organização cresce e expande suas atividades, intensifica suas operações e aumenta o número de participantes. A preocupação é aproveitar oportunidades que surgem e nivelar a sua produção com as necessidades ambientais.
- Fase 3   *Regulamentação*: com o crescimento das suas atividades, a organização é obrigada a estabelecer normas de coordenação entre os diversos departamentos ou setores que vão surgindo, bem como definir rotinas e processos de trabalho.

■ Fase 4   *Burocratização*: o crescimento da organização provoca a necessidade de regulamentação burocrática para preestabelecer o comportamento organizacional dentro de padrões rígidos e um sistema de regras e procedimentos para lidar com as contingências relacionadas às atividades do trabalho. Definem-se a cadeia de comando, a divisão do trabalho (especialização) e a impessoalidade nas relações humanas. A organização piramidal e monocrática não tem flexibilidade para as mudanças e inovação.

■ Fase 5   *Reflexibilização*: é a readaptação à flexibilidade e a busca da capacidade inovadora perdida, pela introdução de sistemas organizacionais flexíveis. O DO é um esforço de reflexibilização.

TABELA 16.3. PRÁTICAS DA ORGANIZAÇÃO NAS CINCO FASES DE EVOLUÇÃO[34]

Aspectos	FASE 1 Pioneira	FASE 2 Expansão	FASE 3 Regulamentação	FASE 4 Burocratização	FASE 5 Reflexibilização
Meta da gerência	Produção e venda	Expansão do mercado	Eficiência das operações	Consolidação da organização	Inovação
Estrutura da organização	Organização informal	Descentralizada e geográfica	Centralizada funcional	Rígida e centralizada	Desenvolvimento de equipes
Estilo da alta administrativa	Individualista e empresarial	Delegativo	Diretivo	Observador	Participativo
Sistema de controle	Resultados do mercado	Relatórios e centros de lucro	Modelos e centros de custo	Planos e centros de investimentos	Metas múltiplas dirigidas
Tipo de remuneração da gerência	Posse	Gratificações individuais	Salários e merecimentos aumentados	Participação nos lucros	Gratificações por equipe

Críticas às estruturas convencionais

Os especialistas em DO salientam que as estruturas organizacionais convencionais não estimulam a atividade inovadora nem se adaptam às circunstâncias em mudança. As críticas às estruturas convencionais são:

■ *O poder da administração frustra e aliena o empregado*: a organização utiliza o poder e autoridade formal para controlar seus participantes e cumprir os seus objetivos. O poder é inerente e indispensável a toda organização e diferencia os interesses da organização dos interesses dos empregados, fazendo que estes não se identifiquem com ela, alienando-se no desempenho de suas funções ou opondo-se ao poder organizacional sob formas de comportamento e atitudes negativas.

- *A divisão e fragmentação do trabalho impedem o compromisso emocional do empregado*: quando a organização é dividida em departamentos e seções, ocorre uma fragmentação na qual o esforço humano é limitado a fazer o que foi estabelecido dentro de rotinas rígidas e predeterminadas. Os sentimentos, emoções e atitudes das pessoas não são considerados no processo, pois este deve ser racional e lógico. O comprometimento pessoal é uma emoção. Se esta é ignorada, a tarefa passa a ser executada mecânica e automaticamente, sem motivação. A motivação é um estado de espírito relacionado à emoção. Se a emoção não existir em uma organização, não haverá comprometimento pessoal das pessoas.
- *A autoridade única ou unidade de comando restringe a comunicação e afeta negativamente o comprometimento da pessoa para com a organização*: a autoridade linear limita a organização a uma estrutura simples e provê apenas um canal de comunicação de cima para baixo. Cada pessoa tem um supervisor, que é o terminal de sua comunicação. Se este canal não funciona, a pessoa encontra uma barreira e perde o único contato com a organização. A partir daí, não há comprometimento pessoal.
- *As funções permanentes tornam-se imutáveis e fixas*: isso conduz a uma inflexibilidade, tornando as organizações estáticas. O movimento dentro das organizações passa a depender das demissões, aposentadorias e mortes. As tarefas são executadas por longos períodos dentro da mesma rotina e levando à perda da participação espontânea e à monotonia.

TABELA 16.4. DIFERENTES VALORES ORGANIZACIONAIS

Tópicos da Administração Tradicional	Tópicos do Desenvolvimento Organizacional
Concepção do homem como essencialmente mau	Concepção do homem como essencialmente bom
Avaliação negativa dos indivíduos ou simplesmente abstenção de avaliação	Consideração dos indivíduos, sobretudo, como seres humanos
Visão do homem como um ser rígido ou definitivo	Visão do homem como um ser em processo e em crescimento
Resistência e temor à aceitação das diferenças individuais	
Utilização dos indivíduos basicamente em relação à descrição de seu cargo	Aceitação plena e utilização das diferenças individuais
Supressão da possibilidade de expressão dos sentimentos	Visão do indivíduo como uma personalidade integral
	Possibilidade de expressão e uso eficaz dos sentimentos
Utilização de máscara e representação no comportamento	Adoção de comportamento autêntico e espontâneo
Uso do *status* para a manutenção e o poder e prestígio social	Uso do *status* para o alcance dos objetivos da organização
Desconfiança das pessoas	Confiança nas pessoas
Fuga à aceitação de riscos	Desejo e aceitação de riscos
Ênfase na competição entre as pessoas	Ênfase na colaboração entre pessoas

Método do caso

Revitalização das Organizações Pontes

Regina Drumont foi nomeada para substituir o antigo Presidente das Organizações Pontes (OP) e proceder à tarefa de sua renovação organizacional. Ela sabe que não será fácil migrar de uma cultura retrógrada e conservadora para uma mentalidade aberta e participativa. Os gerentes e funcionários da empresa não estão acostumados com mudanças e muito menos com participação nas decisões. Como iniciar o processo de mudança?

O QUE É DESENVOLVIMENTO ORGANIZACIONAL

O foco do DO está em mudar as pessoas, a natureza e a qualidade de suas relações de trabalho. Sua ênfase está na mudança da cultura da organização. Em princípio, o DO é uma mudança organizacional planejada.

French e Bell definem o DO como

> esforço de longo prazo, apoiado pela alta direção, no sentido de melhorar os processos de resolução de problemas de renovação organizacional, particularmente por meio de um eficaz e colaborativo diagnóstico e administração da cultura organizacional – com ênfase especial nas equipes formais de trabalho, equipes temporárias e cultura intergrupal – com a assistência de um consultor-facilitador e a utilização da teoria e tecnologia das ciências comportamentais, incluindo ação e pesquisa.[35]

Essa definição inclui os seguintes significados:[36]

1. *Processos de solução de problemas*: são métodos pelos quais a empresa se defronta com ameaças e oportunidades no seu ambiente e soluciona impasses.
2. *Processos de renovação*: são maneiras pelas quais os gerentes adaptam seus processos de solução de problemas às demandas do ambiente. O DO visa a melhorar os processos organizacionais de autorrenovação, tornando os gerentes capazes de adaptar e mudar o seu estilo gerencial aos problemas e oportunidades.
3. *Administração participativa*: outro objetivo do DO é o compartilhamento da administração com os funcionários. A administração participativa –

Sistema 4 de Likert – significa que gerentes colocam abaixo a estrutura hierárquica e dão aos funcionários um papel importante na tomada de decisões. Para obter essa mudança, os gerentes devem conscientemente mudar a cultura organizacional por meio da mudança de atitudes, crenças e atividades de todas as pessoas.

4. *Desenvolvimento e fortalecimento* (empowerment) *de equipes*: o DO utiliza equipes com uma abordagem participativa. *Empowerment* significa o fortalecimento das equipes no sentido de dotá-las de liberdade de atuação, de participação nas decisões, plena autonomia no desempenho das tarefas, responsabilidade pela tarefa total e pelos seus resultados. O *empowerment* significa que a equipe passa a gerenciar (e não ser gerenciada) suas atividades, e o gerente passa do papel de chefe para o de orientador, impulsionador e estimulador.

5. *Pesquisa-ação*: o DO utiliza a pesquisa para o diagnóstico e a ação da mudança. Com a pesquisa, os agentes de mudança aprendem sobre os diferentes aspectos das necessidades organizacionais de melhoria e como a organização pode ser ajudada a fazer, ela própria, essas melhorias. A pesquisa-ação envolve os seguintes passos:

- Diagnóstico preliminar do problema.
- Obtenção de dados para apoio (ou rejeição) do diagnóstico.
- Retroação de dados aos participantes da organização.
- Exploração dos dados pelos participantes da organização.
- Planejamento da ação apropriada pelos participantes.
- Execução da ação apropriada.

A metodologia de pesquisa-ação do DO foi escolhida pelos especialistas em treinamento das Nações Unidas como a estratégia de mudança utilizada em organizações do setor público e privado de países da África e América Latina, com o nome de Programa de Melhoria do Desempenho.[37]

Pressupostos básicos do Desenvolvimento Organizacional

Os pressupostos básicos do DO são os seguintes:

1. *Constante e rápida mutação do ambiente*: o mundo moderno caracteriza-se por mudanças rápidas, constantes e em uma progressão explosiva. Há mudanças científicas, tecnológicas, econômicas, sociais, políticas, etc., que influenciam o desenvolvimento e o êxito das organizações.

2. *Necessidade de contínua adaptação*: o indivíduo, o grupo, a organização e a comunidade são sistemas dinâmicos e vivos de adaptação, ajustamento e reorganização, como condição básica de sobrevivência em um *ambiente* em contínua mudança. São sistemas vivos, abertos, que dependem de intercâmbios com o ambiente para sua sobrevivência e desenvolvimento.
3. *Interação entre indivíduo e organização*: a organização é um sistema social. O ser humano é dotado de aptidões para a produtividade que podem permanecer inativas se o contexto em que vive e trabalha lhe é restritivo e hostil, impedindo o crescimento e a expansão de suas potencialidades. Se a organização proporcionar um ambiente capaz de satisfazer as exigências dos indivíduos, estes poderão crescer, expandir-se e encontrar satisfação e autorrealização ao promover os objetivos da organização. É possível conciliar os objetivos dos indivíduos com os objetivos da organização, desde que o trabalho seja estimulante e gratificante e comporte possibilidades de desenvolvimento pessoal.
4. *A mudança organizacional deve ser planejada*: a mudança não deve ocorrer ao acaso. Ela precisa ser planejada em um processo contínuo e permanente. Para mudar uma empresa, é necessário mudar a empresa toda, envolvendo todos os membros da organização em um compromisso conjunto. É necessário que aqueles que a dirigem liderem a mudança para que a atitude positiva à mudança seja comunicada de cima para baixo. A mudança deve ser responsabilidade pessoal de todos os que são responsáveis pelos resultados da empresa.[38]
5. *A necessidade de participação e de comprometimento*: a mudança planejada é uma conquista coletiva, e não o resultado do esforço de poucas pessoas. As resistências são normais quando se trata de explorar atitudes, crenças, valores e comportamentos já sedimentados e sólidos nas relações entre os participantes. O aprendizado de novos comportamentos deve melhorar a competência interpessoal (relacionamento humano isento de bloqueios e preconceitos) e a adaptabilidade às mudanças. A maneira correta de fazer o DO é ter a participação ativa, aberta e não manipulada de todos os elementos que serão sujeitos ao seu processo.[39]
6. *A melhoria da eficácia organizacional e do bem-estar da organização*: dependem da compreensão da natureza humana por meio da utilização das ciências do comportamento. É fundamental criar um excelente ambiente de trabalho e um clima organizacional adequado, em que cada pessoa possa dar sua melhor contribuição e, ao mesmo tempo, ter consciência do seu potencial.

7. *Há uma variedade de modelos e estratégias de* DO: existem modelos e estratégias para situações ou problemas em função do diagnóstico feito.
8. *O DO é uma resposta às mudanças*: é um esforço educacional complexo, destinado a mudar atitudes, valores, comportamentos e estrutura da organização, de tal maneira que esta possa se adaptar às demandas ambientais, caracterizadas por novas tecnologias, novos mercados, novos problemas e desafios. A qualidade mais importante da organização é a sua sensibilidade: a capacidade para mudar diante de mudanças de situações. A organização sensível e flexível tem a capacidade de realocar e redistribuir seus recursos de forma a otimizar a realização da sua tarefa, pois ela é um subsistema em um ambiente que consiste de muitos outros sistemas, todos dinamicamente interdependentes.[40]

Características do Desenvolvimento Organizacional
A definição do DO pressupõe certas características, como:[41]

1. *Focalização na organização como um todo*: o DO envolve a organização como um todo para que a mudança possa ocorrer efetivamente. A organização necessita de todas as suas partes trabalhando em conjunto para resolver os problemas e as oportunidades que surgem.
2. *Orientação sistêmica*: o DO está voltado às interações entre as partes da organização que se influenciaram reciprocamente, para as relações de trabalho entre as pessoas, bem como para a estrutura e os processos organizacionais. O objetivo do DO é fazer todas essas partes trabalharem juntas com eficácia. A ênfase é como as partes se relacionam entre si, e não com o que faz cada uma dessas partes tomada isoladamente.
3. *Agente de mudança*: o DO utiliza agentes de mudança, que são as pessoas que desempenham o papel de estimular, orientar e coordenar a mudança dentro de um grupo ou organização. O agente principal de mudança pode ser um consultor de fora da empresa, para que opere independentemente e sem vinculações com a hierarquia ou políticas da empresa. O executivo de recursos humanos (RH) costuma ser o agente de mudança *in-house* que coordena o programa com a diretoria e o agente de mudança externo, resultando em uma relação de três vias envolvendo o executivo de RH, a diretoria e o consultor. Algumas organizações têm o seu consultor *in-house*. Existem outras que têm um departamento de DO para detectar e conduzir as mudanças

necessárias para aumentar a competitividade organizacional. O administrador está tornando-se um poderoso agente de mudança dentro das organizações. O seu novo papel está exigindo a aprendizagem de habilidades de diagnóstico da situação e implementação da mudança.

4. *Solução de problemas*: o DO enfatiza a solução de problemas, e não apenas os discute teoricamente. Para focalizar os problemas, utiliza a pesquisa-ação, ou seja, a melhoria organizacional por meio da pesquisa e do diagnóstico dos problemas e da ação necessária para resolvê-los.

5. *Aprendizagem experiencial*: os participantes aprendem pela experiência quais os problemas com que se defrontam no trabalho. Discutem e analisam sua própria experiência imediata e aprendem com ela. Essa abordagem produz mais mudança de comportamento do que a tradicional leitura e discussão de casos, na qual as pessoas falam sobre ideias e sobre conceitos abstratos. A teoria é necessária e desejável, mas o teste final está na situação real. O DO ajuda a aprender com a própria experiência e a solidificar ou recongelar novas aprendizagens.

6. *Processos de grupo e desenvolvimento de equipes*: o DO repousa em processos grupais, como discussões em grupo, confrontações, conflitos intergrupais e procedimentos para cooperação. Há um esforço para desenvolver equipes, melhorar as relações interpessoais, abrir canais de comunicação, construir confiança e encorajar responsabilidades entre as pessoas. O DO é basicamente antiautoritário. Seu objetivo é construir equipes de trabalho na organização. Enfatiza grupos, pequenos ou grandes. Propõe cooperação e integração e ensina como ultrapassar as diferenças individuais ou grupais para obter cooperação e compromisso.

7. *Retroação*: o DO proporciona informação de retorno e retroação às pessoas para que elas tenham dados concretos que fundamentem suas decisões. A retroação fornece informação de retorno sobre o comportamento e encoraja as pessoas a compreender as situações em que estão envolvidas e a tomar ação autocorretiva para serem mais eficazes nessas situações.

8. *Orientação contingencial*: o DO não segue um procedimento único, rígido e imutável. Ele é situacional e orientado para as contingências. É flexível e pragmático, adequando-se a necessidades específicas e particulares que foram diagnosticadas. Os participantes discutem as alternativas possíveis e não se restringem a uma única maneira de abordar os problemas.

9. *Desenvolvimento de equipes*: o DO é feito por intermédio de equipes. A sua proposição é a mudança planejada. Parte do princípio de que não há um modelo ideal de organização válido para todas as circunstâncias. As organizações devem adaptar-se às suas circunstâncias específicas de maneira planejada, atuando principalmente sobre sua cultura organizacional. A cultura organizacional tornou-se o objeto por excelência da mudança planejada. E nada melhor do que fazê-lo por meio de equipes. O avanço do DO em relação à Teoria Comportamental reside no fato de que o DO persegue a mudança da cultura, e não apenas das pessoas. Daí a necessidade de atuar sobre o comportamento individual e grupal para chegar à mudança do comportamento organizacional.
10. *Enfoque interativo*: as interações humanas e comunicações constituem os aspectos fundamentais do DO para obter multiplicação de esforços rumo à mudança. A sinergia é fundamental nas interações.

TABELA 16.5. CARACTERÍSTICAS BÁSICAS DO DESENVOLVIMENTO ORGANIZACIONAL	
Focaliza a organização global	Processos grupais
Orientação sistêmica	Retroação intensiva
Utiliza agentes de mudança	Orientação contingencial
Ênfase na solução de problemas	Desenvolvimento de equipes
Aprendizagem experiencial	Enfoque interativo

Método do caso

Como mudar a Compass?

Em uma organização muito grande, as mudanças custam mais para acontecer; pois, em virtude do seu tamanho, a estrutura, a cultura e as pessoas estão organizadas para manter e conservar o *status quo*. Para implementar mais rapidamente as mudanças na Compass, Júlio Ribeiro decidiu criar equipes multifuncionais para analisar e tratar de problemas interdepartamentais, como definição de objetivos, planejamento de mudanças, coordenação, etc. Júlio quer manter a estrutura atual e mudar a cultura por meio do trabalho de equipes. Como deveria fazê-lo?

PROCESSO DE DESENVOLVIMENTO ORGANIZACIONAL

O DO constitui um processo amplo e contínuo para mudar uma organização. O apoio decidido da alta administração é essencial. Para Kotter, o DO é um processo que segue oito etapas, a saber:[42]

- Decisão da empresa de utilizar o DO e escolha do consultor.
- Diagnóstico dos problemas da organização pela direção e consultor.
- Coleta e obtenção dos dados necessários.
- Retroação de dados e reuniões de confrontação entre grupos de trabalho.
- Planejamento das ações pelos grupos de trabalho.
- Desenvolvimento de equipes para análise dos problemas.
- Desenvolvimento intergrupal e reuniões de confrontação entre equipes.
- Avaliação e acompanhamento dos resultados pelo consultor.

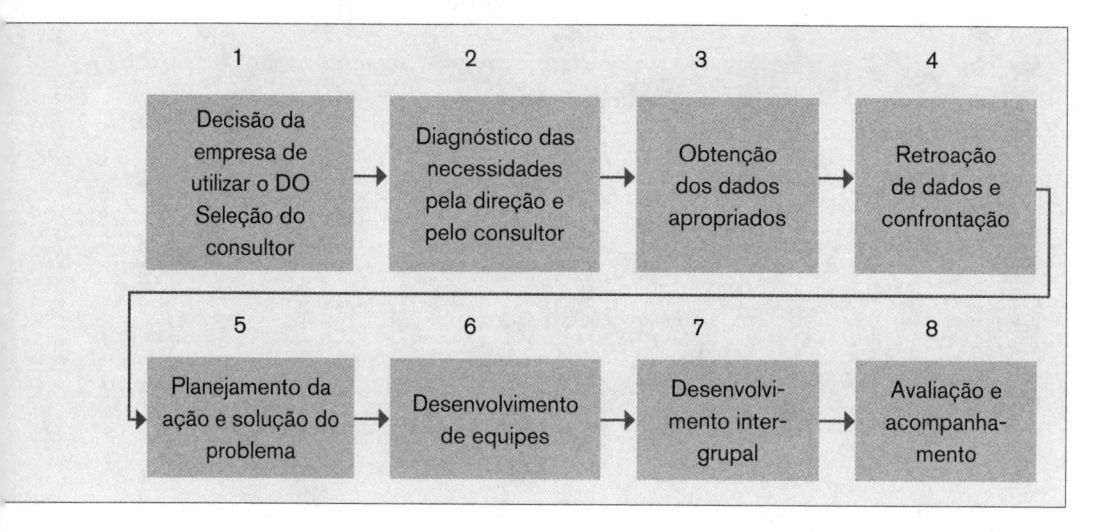

Figura 16.10. As etapas do processo de desenvolvimento organizacional.

Outros autores propõem um processo mais simples, com três etapas, a saber:[43]

- *Coleta de dados*: é a determinação dos dados que devem ser coligidos e dos métodos utilizados para coletá-los. Envolve técnicas e métodos para descrever o sistema organizacional, as relações entre seus elementos ou subsistemas e as maneiras de identificar os problemas mais importantes da organização.

- *Diagnóstico organizacional*: focaliza principalmente o processo de solução de problemas. Envolve a identificação das disfunções da organização, seus pontos fracos, áreas de desentendimento, bem como suas prioridades e objetivos. Inclui também a geração de estratégias alternativas e o desenvolvimento de planos para sua implementação.
- *Ação de intervenção*: é a aplicação das técnicas de DO, ou seja, é a fase do processo de DO que define a ação planejada.

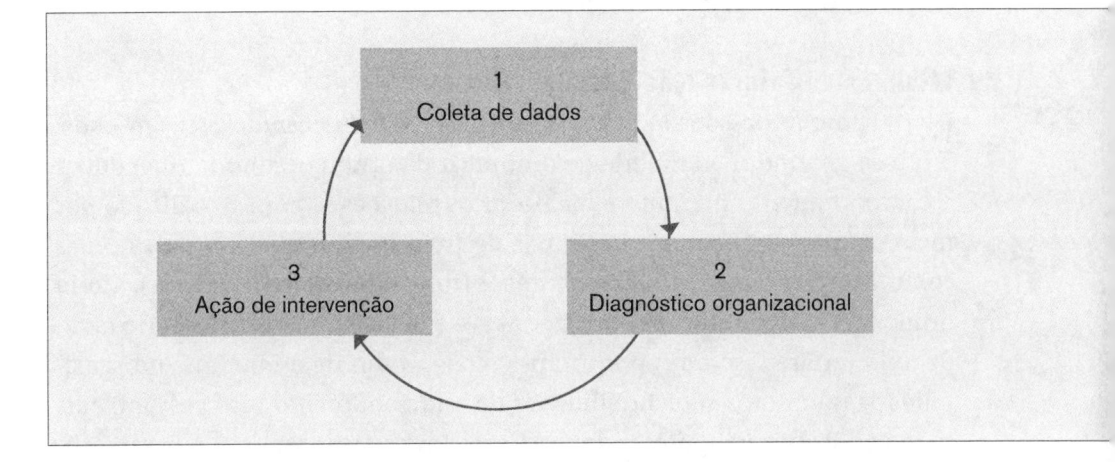

```
        1
   Coleta de dados
        ↓
3                    2
Ação de          Diagnóstico
intervenção      organizacional
```

Figura 16.11. O processo de desenvolvimento organizacional em uma base contínua.

As três etapas do processo de desenvolvimento organizacional são interdependentes e atuam de maneira contínua.

Etapas do processo de DO	Fases da mudança planejada
• Coleta de dados • Diagnóstico organizacional • Ação de intervenção	• Desenvolvimento de uma necessidade de mudança (descongelamento) • Estabelecimento de uma relação de mudança • Trabalho em direção à mudança (movimento) • Generalização e estabilização da mudança (congelamento) • Alcance de um relacionamento terminal

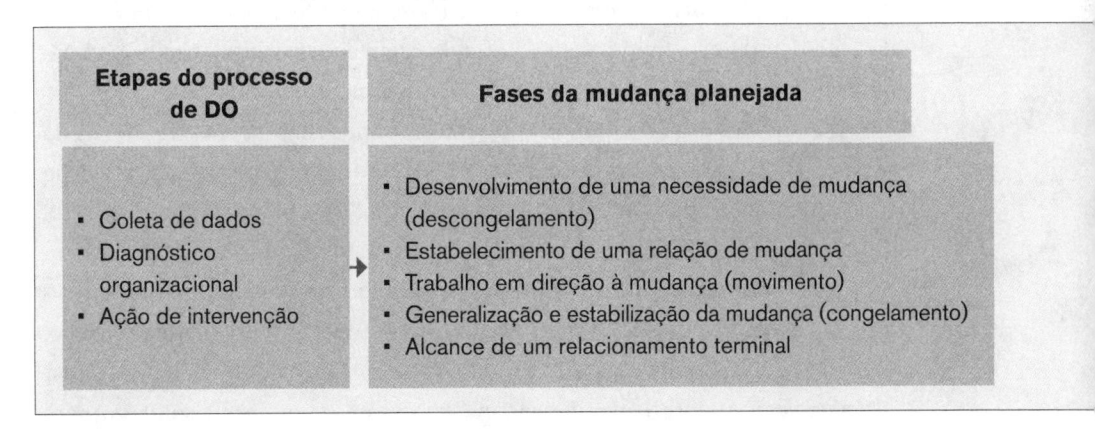

Figura 16.12. O processo de desenvolvimento organizacional e as fases da mudança planejada.

TIPOS DE ATIVIDADES DE DESENVOVIMENTO ORGANIZACIONAL

Os agentes de mudança utilizam várias técnicas de DO para fazer coleta de dados, diagnóstico organizacional e ação de intervenção. As técnicas são utilizadas para melhorar a eficácia de pessoas, as relações entre duas ou três pessoas, o funcionamento de grupos, as relações entre grupos ou a eficácia da organização como uma totalidade. A variedade de técnicas de DO é impressionante.

Técnicas de intervenção para indivíduos

É o DO para as pessoas. A principal técnica é o *treinamento da sensitividade*. Trata-se de uma modalidade de dinâmica de grupo destinada a reeducar o comportamento humano e melhorar as relações sociais. É realizado por meio de grupos (*T-groups* ou grupos de treinamento que recebem nomes como *learning groups*, grupos de encontro, grupos autoanalíticos). Cada grupo tem ao redor de dez participantes e é orientado em laboratório (sala de aula ou área isolada) por um psicólogo, a fim de aumentar sua sensibilidade quanto às suas habilidades de relacionamento interpessoal. Nas reuniões, os participantes diagnosticam e experimentam o seu comportamento em grupo, atuando, ao mesmo tempo, como sujeitos e experimentadores e recebendo assessoria de um psicólogo.

> O laboratório de sensitividade é uma comunidade residencial temporária, estruturada de acordo com os requisitos de aprendizagem dos participantes. O termo laboratório é intencional e significa que o treinamento se dá em comunidade dedicada a apoiar a mudança e a aprendizagem experimental. Novos padrões de comportamento são inventados e testados num clima que favorece a mudança e no qual os participantes são protegidos das consequências práticas da ação inovadora. A parte central dessa espécie de treinamento é uma inovação educacional chamada 'T-Group', grupo relativamente não estruturado no qual os indivíduos participam como aprendizes. Os dados para cada aprendizagem estão nos próprios indivíduos e decorrem de sua experiência imediata no 'T--Group': são as transações entre os participantes, seu comportamento no grupo, à medida que se esforçam em criar uma organização produtiva e viável, uma sociedade em miniatura, e à medida que procuram estimular e apoiar a aprendizagem recíproca dentro dessa sociedade. Os membros do 'T-Group' precisam

estabelecer um processo de investigação, no qual os dados acerca de seu próprio comportamento sejam coletados e analisados, de forma simultânea a sua experiência geradora. A aprendizagem assim conseguida é testada e generalizada para uso contínuo.[44]

O laboratório de sensitividade pressupõe o afastamento da situação que normalmente o indivíduo ocupa na organização e a inexistência de relações hierárquicas entre os participantes. O objetivo é o autoconhecimento e o conhecimento do impacto que cada indivíduo exerce sobre as outras pessoas, além do aperfeiçoamento da comunicação interpessoal pela eliminação de suas barreiras. Com isso, o indivíduo torna-se menos defensivo acerca de si mesmo, menos temeroso das intenções alheias, e suas necessidades deixam de ser interpretadas de maneira negativa pelos outros. O resultado será maior criatividade (menor temor dos outros e menos posição defensiva), menor hostilidade aos outros (graças à melhor compreensão dos outros) e maior sensitividade às influências sociais e psicológicas sobre o comportamento em trabalho.[45] O treinamento da sensitividade é projetado para desenvolver a sensitividade social de uma pessoa e a flexibilidade de seu comportamento com relação aos outros por meio da prática e da experiência. Daí ser experiencial.

Técnicas de intervenção para duas ou mais pessoas

É o DO bilateral ou de relações interpessoais. A Análise Transacional (AT) é a técnica mais conhecida e visa ao autodiagnóstico das relações interpessoais.[46] É uma técnica destinada a pessoas, e não a grupos, pois analisa as transações e o conteúdo das comunicações interpessoais. Ela ensina as pessoas a enviar mensagens claras e ágeis e dar respostas naturais e razoáveis, reduzindo os hábitos destrutivos de comunicação – os chamados jogos –, nos quais a intenção ou significado das mensagens fica obscurecido. O objetivo é fazer que as pessoas reconheçam o contexto de suas comunicações para torná-las mais abertas e honestas e melhor endereçar as suas mensagens.

A AT funciona como um conjunto de normas de terapia psicológica para melhorar o relacionamento interpessoal, permitindo à pessoa autodiagnosticar sua inter-relação e modificá-la oportunamente. Muitas organizações têm utilizado a AT para melhorar as relações entre seu pessoal e os clientes (como empresas áreas, bancos, hospitais, etc.). A polícia de Nova

York utilizou-a para melhorar sua imagem e serviços à comunidade, pois os policiais tendem a se comportar mais como pais do que como adultos, criando problemas de relacionamento com a população.

No fundo, a AT é um programa mais pragmático que teórico para construir relacionamentos de maneira construtiva e positiva. A identificação de situações com que cada indivíduo se defronta no seu cotidiano já é, em si, um meio caminho para o bom relacionamento humano.

Técnicas de intervenção para equipes ou grupos

As duas principais técnicas de DO para equipes ou grupos são a consultoria de procedimentos e o desenvolvimento de equipes.

1. *Consultoria de procedimentos*: também denominada consultoria de processos, é uma técnica que utiliza equipes coordenadas por um consultor interno ou externo. O consultor promove intervenções nas equipes para torná-las mais sensíveis aos seus processos internos de estabelecer metas e objetivos, participação, expressão de sentimentos, liderança, tomada de decisões, confiança e criatividade. O consultor trabalha com os membros da equipe para ajudá-los a compreender a dinâmica de suas relações de trabalho em situações de grupo ou equipe, a mudar os meios por meio dos quais eles trabalham juntos e a desenvolver o diagnóstico e habilidades de solução de problemas de que eles necessitam para poder aumentar sua eficácia.
2. *Desenvolvimento de equipes*: é uma técnica de alteração comportamental na qual grupos de pessoas de vários níveis e áreas reúnem-se sob a coordenação de um consultor e criticam-se mutuamente, procurando um ponto de encontro em que a colaboração seja mais frutífera, eliminando as barreiras interpessoais de comunicação por meio do esclarecimento e da compreensão das suas causas. Cada equipe autoavalia seu desempenho e comportamento a partir de determinadas variáveis, como na Figura 16.13.

A ideia é criar e desenvolver equipes eliminando diferenças hierárquicas e interesses específicos de cada departamento de onde se originam os participantes. Cada equipe é coordenada por um consultor que faz intervenções para tornar a equipe mais sensível aos seus próprios processos internos de metas, participação, confiança mútua, comunicação de sentimentos, etc. O consultor diagnostica as barreiras para o desempenho eficaz da equipe, fortalece o senso de unidade entre seus membros, incrementa as relações entre eles, melhora o trabalho do grupo. McGregor[48] recomenda uma escala de 1 a 7 pontos para avaliar a eficiência de uma equipe, conforme a Figura 16.14.

Fraco ←──────────────────→ Excelente		
Confusas, divergentes, conflitantes, indiferentes	A. Metas e objetivos 1 2 3 4 5 6 7 8 9 10	Claras, partilhadas por todos, interesse e envolvimento
Poucos dominam, alguns são passivos e não prestam atenção	B. Participação 1 2 3 4 5 6 7 8 9 10	Todos prestam atenção, todos participam
Sentimentos inesperados, ignorados ou criticados	C. Sentimentos 1 2 3 4 5 6 7 8 9 10	Expressados livremente, respostas categóricas
Tratam dos sintomas em vez de atacar as causas, passam diretamente para as propostas	D. Diagnóstico dos problemas grupais 1 2 3 4 5 6 7 8 9 10	Cada problema é diagnosticado antes de se propor uma ação As soluções atacam as causas
As necessidades de liderança do grupo não coincidem O grupo depende demais de uma única ou de algumas pessoas	E. Liderança 1 2 3 4 5 6 7 8 9 10	As necessidades de liderança, quando surgem, são suprimidas por diversos membros Qualquer membro participa como líder
Decisões tomadas por uma parte do grupo Os demais não participam	F. Tomada de decisões 1 2 3 4 5 6 7 8 9 10	Divergências são apreciadas e o consenso é buscado e testado Apoio amplo
Não há confiança recíproca Os membros são fechados, reservados, ouvem com superficialidade, receiam criticar ou ser criticados	G. Confiança recíproca 1 2 3 4 5 6 7 8 9 10	Confiança mútua e respeito recíproco Expressão livre sem receio de represálias
Rotina, estereotipação e rigidez Não há progresso	H. Criatividade e crescimento 1 2 3 4 5 6 7 8 9 10	Grupo flexível busca novos caminhos, modifica-se e cresce com criatividade

Figura 16.13. Avaliação da eficiência grupal.[47]

1. Grau de confiança recíproca Muita confiança	(1)	(4)	(7)	Confiança elevada
2. Comunicações Restritas, cautelosas	(1)	(4)	(7)	Francas, autênticas
3. Grau de apoio recíproco Cada um por si	(1)	(4)	(7)	Preocupações pelos outros
4. Objetivos da equipe Não compreendidos	(1)	(4)	(7)	Compreendidos claramente
5. Tratamento dos conflitos dentro da equipe Por meio da recusa, escapatória, repressão ou acomodação	(1)	(4)	(7)	Aceitação e solução de conflitos
6. Utilização das habilidades dos membros As habilidades da equipe não são utilizadas	(1)	(4)	(7)	As habilidades da equipe são utilizadas
7. Métodos de controle O controle é imposto	(1)	(4)	(7)	O controle é feito internamente
8. Ambiente organizacional Restritivo, pressão para que haja conformismo	(1)	(4)	(7)	Livre, de apoio, com respeito por diferenças pessoais

Figura 16.14. Avaliação da eficiência de equipe.

O desenvolvimento de equipes permite criar times capazes de diagnosticar as barreiras para o desempenho eficaz do grupo, fortalecer o senso de unidade entre seus membros, incrementar as relações entre eles, melhorar o cumprimento das tarefas e o processo operativo do grupo. Algumas organizações, não satisfeitas com o desenvolvimento de equipes, estão fazendo uma etapa mais avançada, que é o chamado *empowerment* ou fortalecimento de equipes. O *empowerment* dá ênfase, força, importância, valor e liberdade às equipes. Por meio do *empowerment*, a equipe decide sobre suas tarefas, métodos e processos, com plena participação de todos os membros, em um ambiente democrático e livre. Em muitas organizações, o desenvolvimento de equipes recebe o nome de *empowerment*.

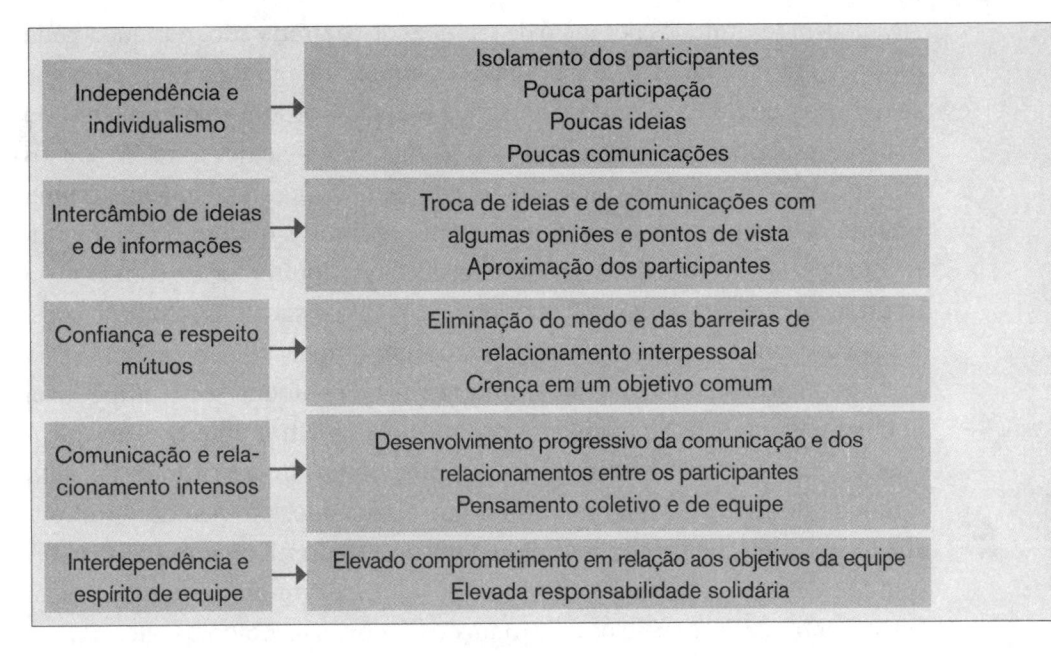

Independência e individualismo →	Isolamento dos participantes Pouca participação Poucas ideias Poucas comunicações
Intercâmbio de ideias e de informações →	Troca de ideias e de comunicações com algumas opniões e pontos de vista Aproximação dos participantes
Confiança e respeito mútuos →	Eliminação do medo e das barreiras de relacionamento interpessoal Crença em um objetivo comum
Comunicação e relacionamento intensos →	Desenvolvimento progressivo da comunicação e dos relacionamentos entre os participantes Pensamento coletivo e de equipe
Interdependência e espírito de equipe →	Elevado comprometimento em relação aos objetivos da equipe Elevada responsabilidade solidária

Figura 16.15. As etapas do desenvolvimento do espírito de equipe.

Na realidade, as equipes são mais do que simples grupos. Embora sejam grupos de pessoas, as equipes apresentam duas características próprias, a saber:

1. Tanto o grupo quanto a equipe constituem um conjunto de pessoas que mantêm relações entre si, mas na equipe essas relações caracterizam-se pela confiança mútua e recíproca e pelo forte desejo de ajudar os outros. A cooperação na equipe conduz ao efeito sinergístico por meio da multiplicação – e não apenas adição – de esforços.
2. O grupo e a equipe têm responsabilidades; porém, enquanto no grupo as responsabilidades são solitárias ou individuais, na equipe elas são solidárias e coletivas, isto é, todos os membros assumem responsabilidades ante os objetivos da equipe.

Técnicas de intervenção para relações intergrupais

A principal técnica de DO para as relações intergrupais é a técnica das reuniões de confrontação. Reuniões de confrontação constituem uma técnica de alteração comportamental a partir da atuação de um consultor interno ou externo (chamado terceira parte), como moderador. Dois grupos antagônicos em conflito (por desconfiança recíproca, discordância, antagonismo, hostilidade, etc.) podem ser tratados por meio de reuniões de confrontação, nas quais cada grupo se autoavalia, bem como avalia o comportamento do outro, como que se colocado de frente a um espelho. Nas reuniões, cada grupo apresenta ao outro os resultados das suas avaliações e é interrogado no que se refere às suas percepções. Segue-se uma discussão, inicialmente acalorada, tendendo a uma posição de compreensão e de entendimento recíprocos quanto ao comportamento das partes envolvidas. O consultor facilita a confrontação, com isenção de ânimo, ponderando as críticas, orientando a discussão para a solução construtiva do conflito, eliminando as barreiras intergrupais.[49]

A reunião de confrontação é uma técnica de enfoque socioterapêutico. O objetivo é melhorar a saúde da organização, melhorando as comunicações e relações entre diferentes departamentos ou áreas. Trata-se de uma reunião que envolve diferentes grupos que discutem os problemas, analisam suas causas mais profundas e planejam ações corretivas e profiláticas. A reunião de confrontação é utilizada após grandes mudanças organizacionais, como fusões, aquisições, introdução de novas tecnologias, etc.

Técnicas de intervenção para a organização como uma totalidade

A principal técnica de DO para toda a organização é a retroação de dados. Retroação de dados, *feedback* de dados ou, ainda, levantamento e suprimento de informações, é uma técnica de mudança de comportamento que parte do princípio de que quanto mais dados cognitivos o indivíduo recebe, tanto maior será a sua possibilidade de organizar os dados e agir criativamente. A retroação de dados proporciona aprendizagem de novos dados a respeito da própria pessoa, dos outros, dos processos grupais ou da dinâmica de toda a organização – os quais nem sempre são levados em consideração. A retroação refere-se às atividades e aos processos que refletem e espelham a maneira pela qual a pessoa, grupo ou a organização é percebida ou visualizada pelas demais pessoas, grupos ou organizações.[50]

A retroação de dados parte do levantamento de dados obtidos por meio de entrevistas ou questionários aplicados na organização para verificar aspectos dos processos organizacionais, como moral, sistema de recompensas, estilo administrativo, comunicações, liderança, processo de tomada de decisões, relacionamento interpessoal, etc. Os dados são coletados, triados e submetidos a várias reuniões com todo o pessoal de um determinado nível ou área da organização por vez, para analisar em profundidade os resultados e planejar as medidas de correção.

Teoria do Desenvolvimento Organizacional

A retroação de dados requer um fluxo de informações dentro da organização, por meio de:

- Distribuição interna de informações para as posições principais.
- Documentação e distribuição de resultados de pesquisas internas.
- Discussões periódicas entre pessoas das várias áreas da organização.
- Palestras sobre assuntos internos, programas e planos de trabalho, etc.

O uso criativo de novas informações para reuniões e palestras pode ser uma das melhores e mais dinâmicas diretrizes para o DO. Embora a presunção de que o simples suprimento sistemático de informações garanta a ação criativa e inovadora das pessoas nos pareça discutível, não resta dúvida de que a criação de um esquema de documentação e distribuição de informações em uma organização é interessante para a atualização dos membros quanto às mudanças ocorridas no ambiente externo e dentro da própria organização.

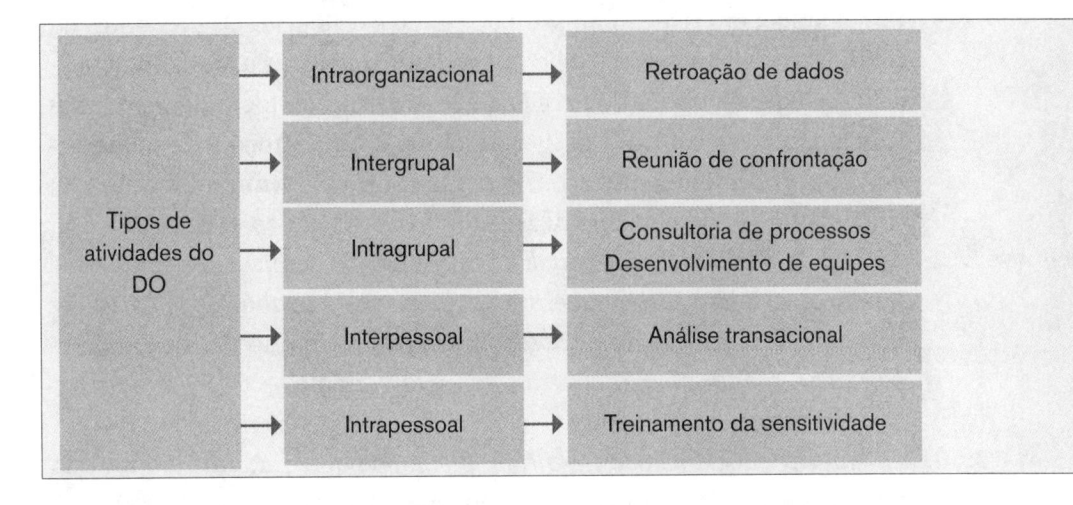

Tipos de atividades do DO		
→	Intraorganizacional →	Retroação de dados
→	Intergrupal →	Reunião de confrontação
→	Intragrupal →	Consultoria de processos / Desenvolvimento de equipes
→	Interpessoal →	Análise transacional
→	Intrapessoal →	Treinamento da sensitividade

Figura 16.16. Os tipos de atividades do desenvolvimento organizacional.

Método do caso

O desenvolvimento organizacional na Sernambetiba

A *Sernambetiba* é uma empresa bem-sucedida. Sua diretoria é democrática e aberta a discussões. Um problema que aflige a diretoria é qual das técnicas de DO poderia ser aplicada para mudar e arejar a cultura da empresa. O diretor de RH, Bernardo Neves, preparou um trabalho para mostrar em uma reunião de diretoria as características de cada técnica de DO para ajudar os demais diretores na decisão. O que você faria?

MODELOS DE DESENVOLVIMENTO ORGANIZACIONAL

Existem vários modelos de DO com processos ou procedimentos variados. Os principais modelos são: Managerial Grid ou DO do tipo Grid proposto por Blake e Mouton, modelo de DO de Lawrence e Lorsch e o modelo 3-D de Eficácia Gerencial, de Reddin.

Managerial Grid[51] ou desenvolvimento organizacional tipo *Grid*[52]

A tecnologia de DO adotada por Blake e Mouton repousa sobre três premissas a respeito das organizações:[52]

1. O *Excellence Gap*: a organização é um sistema complexo que deve ser analisado globalmente e verificar qual é o seu *excellence gap*, isto é, a discrepância em relação ao seu padrão de excelência. Os dirigentes da organização definem o modelo que a organização seria se eles a dirigissem mediante critérios de excelência.[53] A partir daí, identificam os *gaps* (discrepâncias e contradições) entre o que a organização é e o que deveria ser. Isto permite definir as providências que façam a organização movimentar-se de suas operações atuais na direção da excelência.
2. *Rubrica da excelência empresarial*: é utilizada para verificar se a empresa é ou não excelente. A rubrica empresarial permite avaliar as seis funções da empresa (recursos humanos, administração financeira, operações – produção –, *marketing*, pesquisa e desenvolvimento – P&D –, bem como a empresa como um todo).
3. O *Managerial Grid (Grade Gerencial)*: pressupõe que o administrador está voltado para dois assuntos: produção, ou seja, os resultados dos esforços, e pessoas, ou seja, os colegas ou pessoas cujo trabalho ele dirige. O *Managerial Grid* é uma grade composta de dois eixos:
    - *Eixo horizontal do Grid*: representa a preocupação com a produção. É uma série contínua de nove pontos, na qual 9 significa elevada preocupação com a produção, e 1, baixa preocupação com a produção.
    - *Eixo vertical do Grid*: representa a preocupação com as pessoas. Também é uma série contínua de nove pontos, em que 9 é um grau elevado, e 1, um grau baixo de preocupação com as pessoas.

Alta

Preocupação com as pessoas

9 — **Estilo 1.9**
Atenção concentrada nas necessidades das pessoas, pois relacionamentos satisfatórios conduzem a uma atmosfera confortadora e a um ritmo de trabalho de organização cordial

Estilo 9.9
A realização do trabalho é conseguida da parte de pessoas comprometidas: a interdependência por meio de um "interesse comum" no objetivo da organização conduz a relacionamentos de confiança e de respeito

Estilo 5.5
Um adequado desempenho organizacional torna-se possível por meio do equilíbrio entre a necessidade de conseguir que o trabalho seja executado e a manutenção do moral das pessoas em um nível satisfatório

Estilo 1.1
A aplicação de um esforço mínimo para conseguir que o trabalho necessário seja executado é adequada e suficiente para conservar a prerrogativa de membro da organização

Estilo 9.1
A eficiência nas operações resulta de fazer um arranjo das condições de trabalho de tal modo que os elementos humanos interfiram em um grau mínimo

Baixa 1 2 3 4 5 6 7 8 9 **Alta**

Baixa **Preocupação com a produção (resultados)** Alta

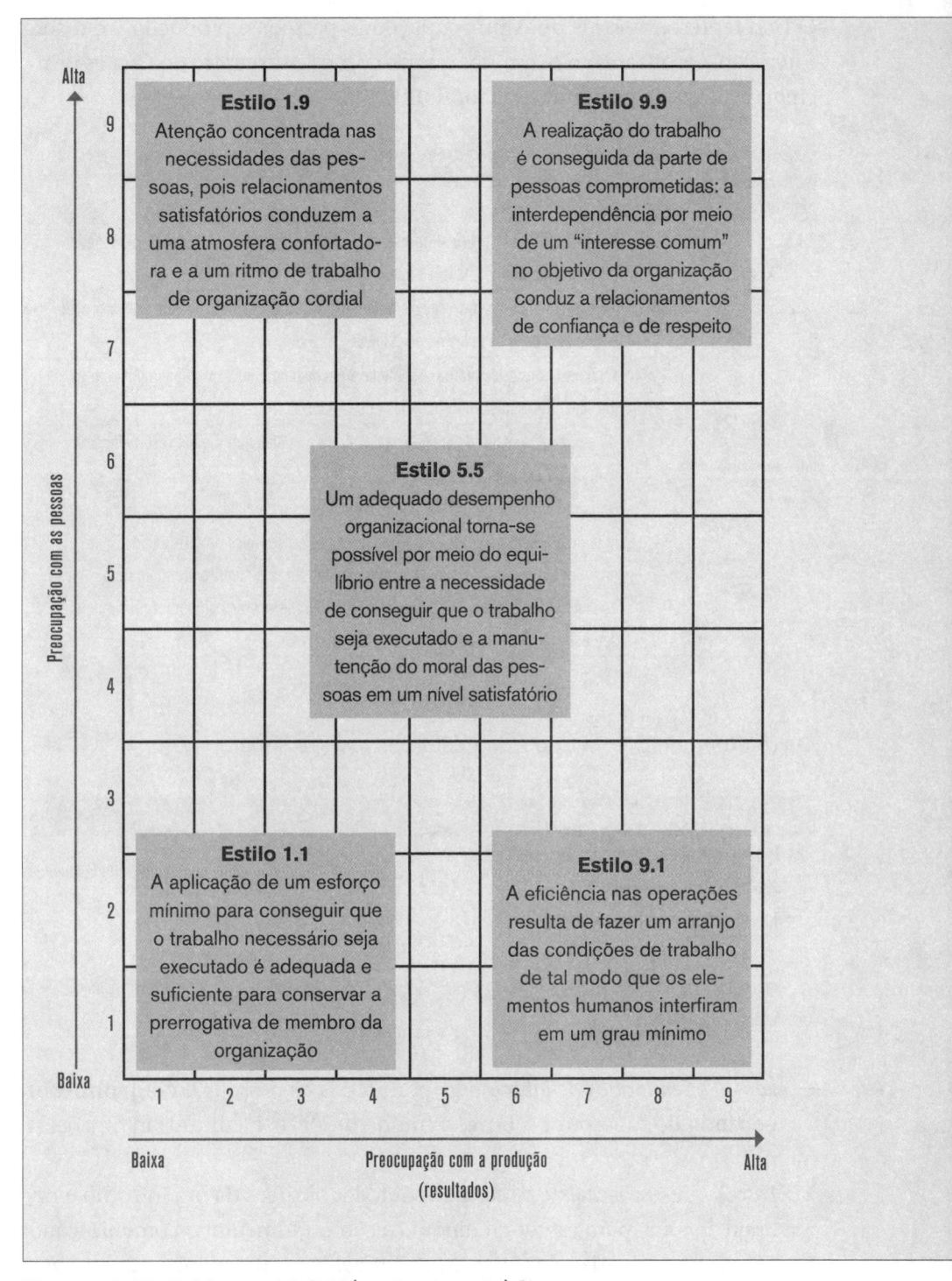

Figura 16.17. O *Managerial Grid* (grade gerencial).[54]

233

O *Grid* representa essas duas preocupações – pessoas e produção – e a sua interação. Os autores colocam nos quatro cantos e no centro do *Grid* os principais estilos que os administradores utilizam.

TABELA 16.6. OS PRINCIPAIS ESTILOS DO *MANAGERIAL GRID*

Estilos de Administração	Significado
9.1	No canto inferior do *Grid*. Representa forte preocupação com a produção e pouca preocupação com as pessoas que produzem
1.9	No canto superior esquerdo. É o estilo que enfatiza as pessoas, com pouca preocupação com os resultados da produção
1.1	No canto inferior esquerdo. Nenhuma preocupação com a produção nem com as pessoas. Não são executores, mas encostadores
5.5	No centro. É o estilo do meio termo. Atitude de conseguir alguns resultados, mas sem muito esforço. É a mediocridade
9.9	No canto superior direito. Demonstra elevada preocupação com a produção e igualmente com as pessoas. Os problemas são discutidos em profundidade, de maneira aberta, para alcançar compreensão mútua e comprometimento em relação às conclusões obtidas. A equipe desenvolve um interesse comum no resultado do seu esforço. O estilo 9.9 é um esforço sinergístico

O Programa de DO do tipo *Grid* inclui seis fases, a saber:

TABELA 16.7. AS SEIS FASES DO *GRID*

1. Treinamento por meio de seminário de laboratório	
2. Desenvolvimento de equipes	Desenvolvimento gerencial
3. Reuniões de confrontação intergrupal	
4. Estabelecimento de objetivos organizacionais	
5. Implementação por meio de equipes	Desenvolvimento organizacional
6. Avaliação dos resultados	

- *Fase 1 – Seminários de laboratório*: para todas as pessoas da organização, partindo do topo para a base, a fim de analisar a cultura organizacional.
- *Fase 2 – Desenvolvimento de equipes*: em todas as áreas da organização, partindo do topo, para estudar a dinâmica comportamental da organização.
- *Fase 3 – Reuniões de confrontação intergrupal*: para desenvolver a interface entre as equipes e melhorar a coordenação entre elas. É o desenvolvimento intergrupal.

■ *Fase 4 – Estabelecimento de objetivos organizacionais* pela cúpula (equipe de topo) por meio da *rubrica da excelência empresarial*. Esta fase procura mudar de uma *abordagem evolucionária* ou *revolucionária* para um *modelo de desenvolvimento sistemático*.

■ *Fase 5 – Implementação por meio de equipes*: cada equipe de planejamento elabora seu plano operacional, como se o seu centro de lucro fosse independente dos demais.

■ *Fase 6 – Avaliação dos resultados*: isto é, das mudanças ocorridas no sentido de estabilizar os objetivos alcançados e estabelecer novos objetivos para o futuro. É um trabalho de crítica e avaliação.

TABELA 16.8. TIPOS DE PARTICIPAÇÃO DAS PESSOAS	
Teorias ou estilo	Tipos de participação
9.1	Não há muita oportunidade para participar. As pessoas sentem que, embora tenham contribuições a dar, estas não são procuradas e provavelmente serão rejeitadas se apresentadas voluntariamente
1.9	As pessoas procuram não criticar para não ser mal interpretadas ou com receio de não receber apoio imediato. As soluções são do "mínimo denominador comum", e o comportamento é superficial e efêmero
1.1	Há pouco envolvimento e pouco comprometimento. As pessoas podem estar facilmente presentes, mas mentalmente ausentes
5.5	A tomada de decisões é do tipo acomodativo ou do "meio do caminho", do "remendo de acolchoado", que deixa todos descontentes
9.9	A participação faz-se necessária para alcançar melhor resposta. A solução do problema se dá pela participação e pelo comprometimento. Todavia, a situação 9.9 deve basear-se em pessoas com conhecimento e competência, sem o que poderá levar a soluções errôneas

Modelo de Lawrence e Lorsch

Lawrence e Lorsch propõem um modelo de diagnóstico e ação para o DO[55] cujos conceitos principais são:

1. *Diferenciação e integração*: os autores propõem o modelo de diferenciação-e-integração. A organização representa a coordenação de diferentes atividades de contribuintes individuais com a finalidade de efetuar transações planejadas com o ambiente.[56] A divisão do traba-

lho na organização provoca a diferenciação dos órgãos, e esta conduz à necessidade de integração entre eles. A diferenciação depende das características que cada grupo deve desenvolver para levar a efeito transações planejadas com a parte do ambiente que lhe foi designada. A diferenciação exige integração a fim de que as diferentes partes trabalhem conjuntamente. Quanto maior a diferenciação, mais necessária a integração. A organização é o meio de mediação entre o indivíduo e seu ambiente mais amplo. Ela proporciona um contexto que estrutura e canaliza suas transações com o ambiente. A organização tem uma natureza sistêmica: ela é um sistema aberto, complexo, multifuncional, com vários objetivos, em um processo de modificação contínua, interagindo de múltiplas formas com o ambiente e composta de uma série de subsistemas em interação constante, apresentando interdependência e ativação recíproca. As organizações são sistemas essencialmente sociais.

2. *Defrontamentos*: todo sistema social é constituído de grupos de pessoas ocupadas em intercambiar e permutar constantemente seus recursos com base em certas expectativas. Esses recursos incluem recursos materiais, ideias, conhecimentos, habilidades, sentimentos e valores. No intercâmbio de recursos nos sistemas sociais, desenvolvem-se contratos psicológicos (defrontamentos) entre pessoas e sistemas, pessoas e grupos e entre sistemas e subsistemas, em que prevalece o sentimento de reciprocidade: cada um avalia o que está oferecendo e o que está recebendo em troca. Se desaparecer ou diminuir o sentimento de reciprocidade, ocorrerá uma modificação dentro do sistema. Em suma, o objetivo da organização é atender às suas próprias necessidades e, ao mesmo tempo, atender às necessidades da sociedade por meio da produção de bens ou serviços, pelos quais ela recebe uma compensação monetária. No intercâmbio de recursos, os principais defrontamentos (interfaces) são: defrontamento organização × ambiente; defrontamento grupo × grupo e defrontamento indivíduo × organização.

3. *Fases do processo de DO*: os autores propõem um modelo de diagnóstico e ação que forma um ciclo de quatro fases: diagnóstico, planejamento da ação, implementação da ação e avaliação. Cada defrontamento deve ser submetido às quatro fases.

```
         Diagnóstico
              ↓
         Planejamento da ação
                  ↓
              Implementação da ação
                       ↓
                   Avaliação
```

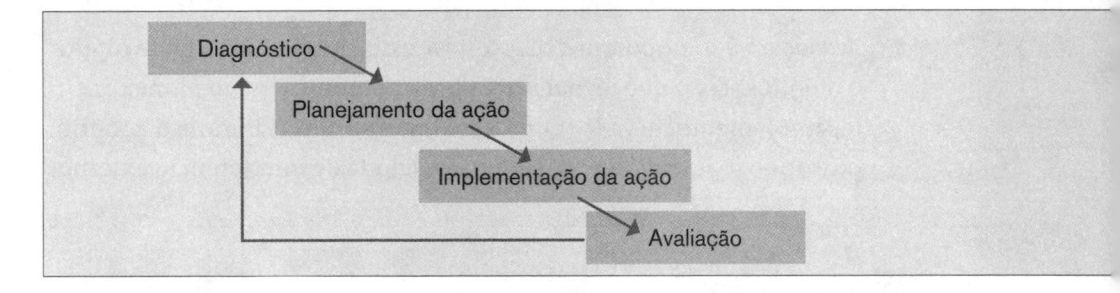

Figura 16.18. Estágios do desenvolvimento organizacional segundo Lawrence e Lorsch.

- *Diagnóstico*: é um levantamento do defrontamento entre organização e seu ambiente para verificar as alterações estruturais necessárias. Um segundo passo é o levantamento dos defrontamentos entre grupos para verificar as alterações estruturais e comportamentais. Um terceiro passo é o levantamento dos defrontamentos entre participantes e a organização para verificar as alterações de ordem comportamental. O diagnóstico da situação real e da situação desejada. Nele se determina a direção para o DO, que parte da situação real para alcançar a situação desejada.

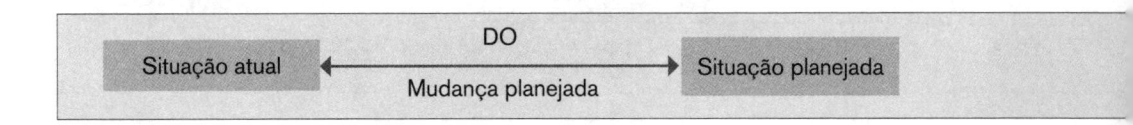

```
                            DO
   Situação atual  ←——————————————————→  Situação planejada
                      Mudança planejada
```

Figura 16.19. A direção do desenvolvimento organizacional.

- *Planejamento da ação*: constitui o planejamento da ação da mudança que permitirá a alteração requerida, os métodos de mudança e a sequência para modificar o desempenho do sistema para a direção desejada. As ações de mudança podem ser de:
  - *Natureza educacional*: para mudar as expectativas dos contribuintes.
  - *Natureza estrutural*: para mudar a estrutura organizacional, divisão do trabalho, rede de comunicações, etc.
  - *Natureza transacional:* para mudar o contrato psicológico de contribuição-incentivos.
- *Implementação da ação*: é a etapa em que se obtém comprometimento das pessoas, dota-se a mudança dos recursos necessários e faz-se o acompanhamento do processo *(follow-up)*.

■ *Avaliação*: é a etapa que fecha o processo. A avaliação pode alterar o diagnóstico, o que leva a novos levantamentos, novo planejamento, implementação, etc. O processo ganha uma dinâmica própria, passando a desenvolver-se sem necessidade de interferência externa.

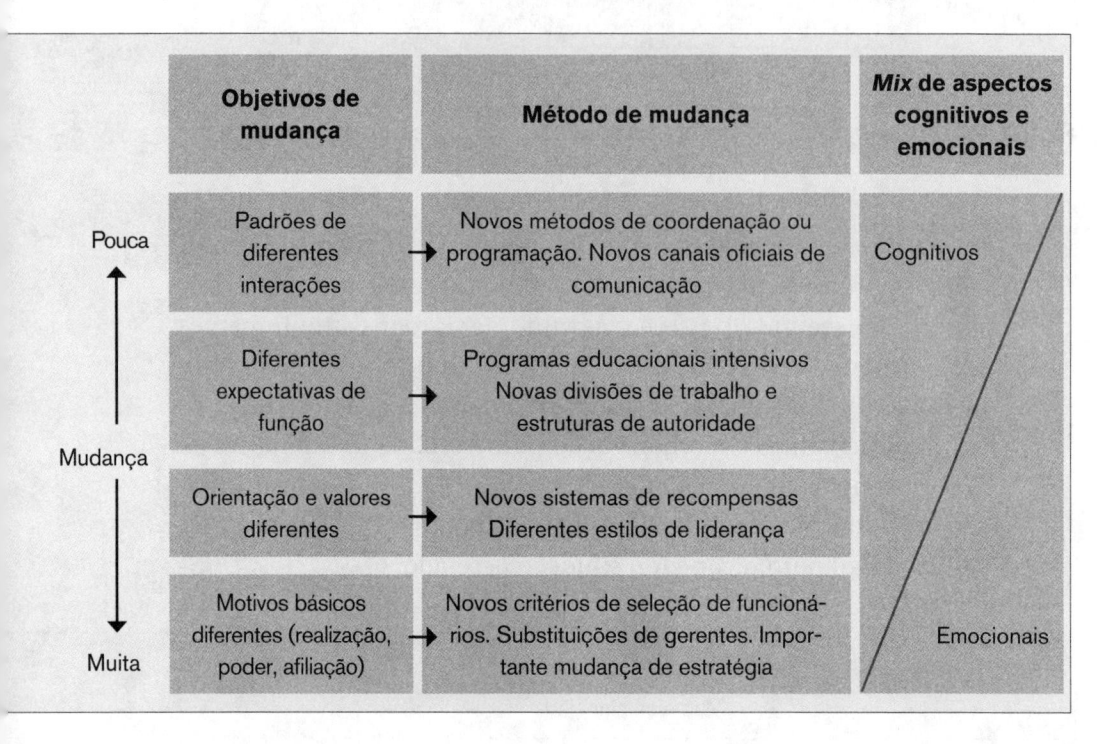

	Objetivos de mudança	Método de mudança	*Mix* de aspectos cognitivos e emocionais
Pouca	Padrões de diferentes interações	Novos métodos de coordenação ou programação. Novos canais oficiais de comunicação	Cognitivos
Mudança	Diferentes expectativas de função	Programas educacionais intensivos Novas divisões de trabalho e estruturas de autoridade	
	Orientação e valores diferentes	Novos sistemas de recompensas Diferentes estilos de liderança	
Muita	Motivos básicos diferentes (realização, poder, afiliação)	Novos critérios de seleção de funcionários. Substituições de gerentes. Importante mudança de estratégia	Emocionais

Figura 16.20. Níveis em que a mudança pode ser planejada e implementada.[57]

Teoria 3-D da eficácia gerencial de Reddin

Reddin apresenta um modelo para o desenvolvimento da eficácia gerencial, denominado Teoria 3-D.[58] O modelo de Reddin[59] baseia-se no fato de que o administrador é solicitado a ser eficaz em uma variedade de situações, e sua eficácia é medida na proporção em que ele é capaz de transformar o seu estilo de maneira apropriada em situações de mudança. A única tarefa do administrador é ser eficaz. Os principais conceitos da Teoria 3-D são:

1. *Eficácia gerencial*: deve ser avaliada em termos de produto (resultado) em vez de insumo, ou seja, mais por aquilo que o administrador alcança em resultados do que por aquilo que ele faz. É resultado, não insumo. Todas as

posições são criadas para uma finalidade que pode ser avaliada em termos de *resultado*. A eficácia administrativa não é um aspecto de personalidade do administrador, mas é função da correta manipulação da situação. É desempenho, ou seja, não é que o administrador faz, mas o que ele obtém. O quadro abaixo mostra as diferenças entre o gerente eficiente e o eficaz:

TABELA 16.8. O GERENTE EFICIENTE E O GERENTE EFICAZ

Gerente eficiente	Gerente eficaz
Faz as coisas de maneira certa	Faz as coisas certas
Resolve os problemas	Produz alternativas criativas
Cuida dos recursos	Otimiza a utilização dos recursos
Cumpre seu dever	Alcança resultados
Reduz custos	Aumenta lucros

2. *Estilos gerenciais*: o comportamento gerencial é composto de dois elementos básicos: a tarefa de realizar e as relações com as pessoas. Os gerentes podem enfatizar a tarefa ou as relações com as pessoas. Há o gerente "orientado para a tarefa" (OT) e o gerente "orientado para as relações" (OR). A Figura 16.21 mostra os quatro estilos básicos.

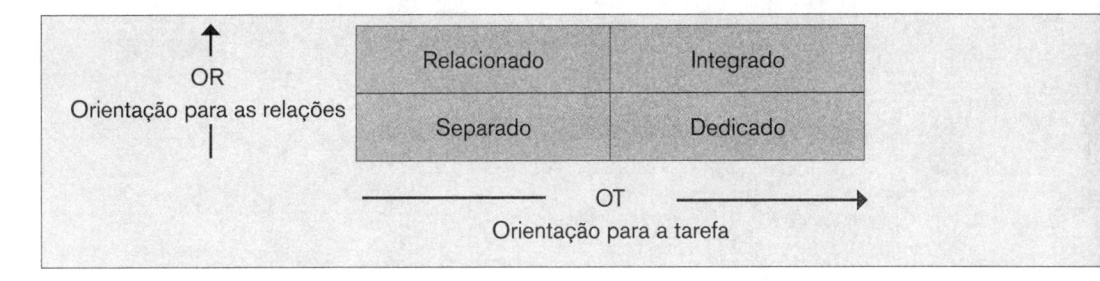

	OT (Orientação para a tarefa)	
OR (Orientação para as relações) ↑	Relacionado	Integrado
	Separado	Dedicado

Figura 16.21. Os quatro estilos básicos da Teoria 3-D.

Os quatro estilos básicos servem como ponto de referência. O estilo relacionado caracteriza-se por exclusiva orientação às relações, enquanto o estilo dedicado, por exclusiva orientação à tarefa. O estilo separado caracteriza-se por deficiente orientação tanto às relações como à tarefa. O estilo integrado, por orientação integrada tanto às relações como à tarefa. Esses quatro estilos gerenciais básicos podem ter um equivalente mais efetivo ou menos efetivo, dando lugar, assim, a oito estilos gerenciais, que constituem uma utilização respectivamente mais eficaz ou menos eficaz dos quatro estilos básicos. Assim:

TABELA 16.A. AS TRÊS DIMENSÕES E OS QUATRO ESTILOS BÁSICOS E SUAS VARIAÇÕES

Estilos gerenciais básicos	Estilos gerenciais menos eficazes	Estilos gerenciais mais eficazes
Integrado	De transação (transigente)	Executivo
Dedicado	Autocrata	Autocrata benevolente
Relacionado	Missionário	Promotor
Separado	Desertor	Burocrata

O modelo completo de Estilo 3-D consiste em quatro estilos gerenciais básicos, quatro estilos gerenciais mais eficazes e quatro estilos gerenciais menos eficazes. Daí as três dimensões (3-D) de estilos de comportamento gerencial no Modelo 3-D. Assim, cada estilo gerencial tem três dimensões: a básica, a mais eficaz e a menos eficaz.

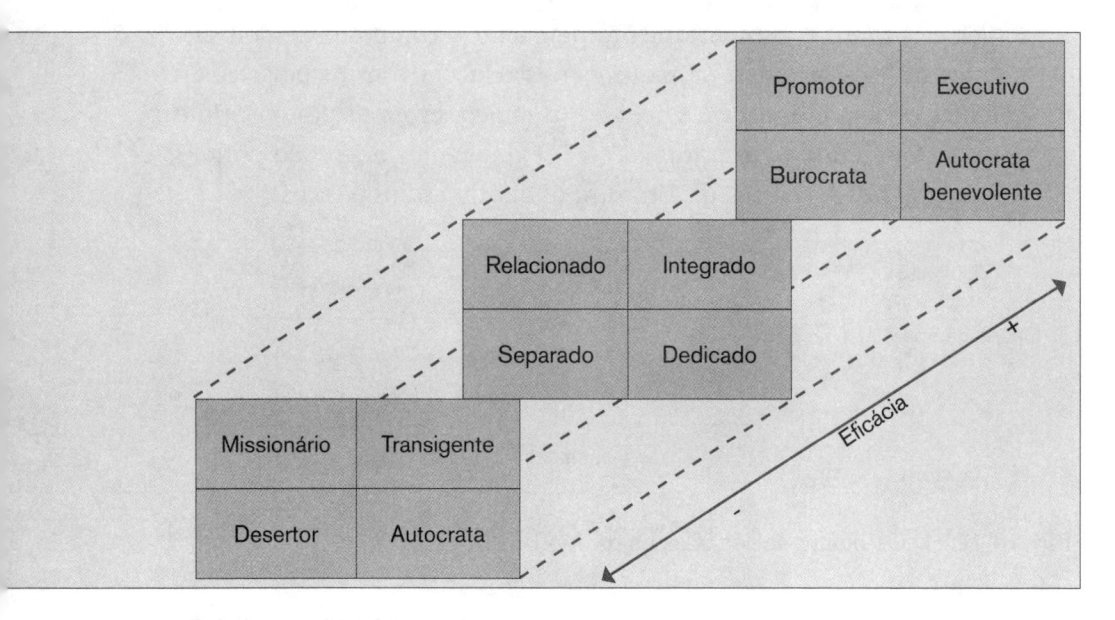

Figura 16.22. Modelo de estilo 3-D.[60]

3. *As habilidades gerenciais básicas*: A Teoria 3-D busca desenvolver três habilidades gerenciais básicas:

- *Sensitividade situacional*: para diagnosticar situações e as forças que jogam na situação.
- *Flexibilidade de estilo*: é a habilidade de se adequar às forças em jogo, devidamente analisadas e diagnosticadas.

■ *Destreza de gerência situacional*: é a habilidade de gestão situacional, ou seja, a capacidade de modificar a situação que deve ser modificada.

A eficácia é o grau em que o executivo alcança os resultados desejados de sua função. Para alcançar *eficácia* é necessário conhecer as *áreas de* eficácia (resultados desejados) e possuir as três habilidades gerenciais (diagnóstico, flexibilidade e gestão situacional).[61]
A *Teoria 3-D* baseia-se em cinco conceitos teóricos básicos:[62]

■ *A mudança organizacional é um processo de reunir gerentes* em combinações pouco usuais, para intercambiar critérios sobre temas que deveriam ser discutidos em um clima de confiança e com interesse, visando à conquista da *eficácia*. Os executivos – mais que os consultores externos – são os que conhecem ou devem fixar a melhor direção para a organização.
■ *O programa 3-D não dá uma direção*: propõe apenas que se considere a eficácia como valor central, mas reconhece que os meios de obtê-la variam. Não se propõe um estilo ideal. Busca-se insistentemente uma resposta para a pergunta: "Que fazer para ser eficaz nesta situação?"
■ *Os executivos não aplicam tudo o que sabem*. Por isto os cursos e conferências que fornecem mais informação não resolvem o problema. A solução está em dar aos executivos a oportunidade de aplicarem efetivamente o que sabem. A Teoria 3-D trata de criar as condições para isto.
■ A *mudança deve envolver todas as unidades sociais*. Uma organização é integrada por indivíduos, equipes, departamentos, relações verticais etc. Para que a mudança afete a totalidade da organização, todos devem participar do processo.
■ A *flexibilidade é condição necessária da mudança*. Se a mudança é realmente desejada, as condições para que ela aconteça devem ser estimuladas e criadas as condições necessárias.

O programa de ação da teoria 3-D envolve várias etapas e é flexível. O seu objetivo é liberar e canalizar toda a reserva e eficácia potencial que os executivos sabem que podem conseguir.

> **Método do caso**

A continuação do desenvolvimento organizacional na Sernambetiba
Bernardo Neves, o diretor de RH da Sernambetiba, queria também mostrar em outra reunião da diretoria como funcionam os principais modelos de DO, como a Grade Gerencial e os modelos de Lawrence & Lorsch e de Reddin. Se você estivesse no seu lugar, como procederia nessa reunião de explicação?

APRECIAÇÃO CRÍTICA DO DESENVOLVIMENTO ORGANIZACIONAL
O DO trouxe à TGA uma literatura ampla e rica de abordagens variadas. No fundo, porém, existe uma convicção de que o DO é um rótulo utilizado para a embalagem de princípios da Teoria Comportamental dentro de novas formulações. Com a crise das Relações Humanas e do Behaviorismo, o DO passou a ser a saída para o aumento da eficácia organizacional. As principais críticas ao DO são as seguintes:

Aspecto mágico do desenvolvimento organizacional
Existem características mágicas do DO criadas a partir de quatro mitos:[63]

- *O mito da disciplina de DO*: tem-se dado ênfase à visão do DO como disciplina delimitada, independente e baseada no método científico. Alguns autores consideram o uso do treinamento da sensitividade e as relações entre cliente e consultor como áreas pertencentes ao DO. Na verdade, são áreas de conhecimento que o DO absorveu de outras disciplinas.
- *O mito das variáveis não pesquisáveis*: parece haver resistência à pesquisa convencional dentro do DO. A suposição é de que os programas de DO são difíceis de pesquisar, que as variáveis envolvidas são difíceis de medir e que a pesquisa interfere no processo de DO. Há uma contradição entre a afirmação de que o DO é baseado no conhecimento científico e a resistência encontrada na utilização de métodos científicos no DO.
- *O mito da novidade*: existe a noção de que o DO é um conjunto de novas técnicas que facilitam a mudança. Todavia, os métodos e processos do DO são relativamente antigos, embora catalogados com novos rótulos.

■ *O mito da eficácia aumentada*: os autores do DO argumentam que suas técnicas aumentam a capacidade da organização para alcançar seus objetivos com eficácia. Todavia, os resultados apresentados são discutíveis.

Imprecisão no campo do desenvolvomento organizacional

O desenvolvimento de grupos-T, de treinamento de laboratório e de outras formas de interação ou de terapia de grupo provocou o surgimento do DO, o qual passou a ser um código para designar programas e atividades originadas de várias tendências, dentro de uma nova abordagem de educação e treinamento. Essa imprecisão no campo do DO dificulta a sua definição. As várias conceituações concordam que o DO procura integrar as necessidades dos indivíduos e as da organização por meio de técnicas de laboratório. Para o DO, as necessidades da organização são a adaptabilidade de suas unidades e indivíduos diante das mudanças ambientais para aumentar a produtividade, identificação e lealdade dos participantes. De outro lado, o indivíduo sofre dentro da organização, de sentimentos de inautenticidade, alienação, solidão e de falta de poder. O DO pretende satisfazer essas necessidades pessoais incentivando nos indivíduos habilidades sociais, maior abertura e relacionamento interpessoal e maior segurança, em qualquer nível e tipo de organização.[64] Dentro desse extenso panorama, dificilmente o campo do DO poderá ser adequadamente delimitado.

Aplicações distorcidas do desenvolvimento organizacional

Muitas organizações aproximam-se do modelo monocrático sustentado no direito da propriedade privada. Os dirigentes das organizações têm um poder e elevado *status* social e econômico. Na medida em que a legitimidade baseada no direito de propriedade privada perde substância, os dirigentes recorrem a procedimentos para manter ou melhorar seu *status quo* e promoção pessoal. Em muitos casos, o DO tem sido utilizado como um instrumento para assegurar tais objetivos e sua utilização decorre do efeito demonstração, visando muito mais à legitimação externa e seus efeitos sobre a imagem pública da organização do que propriamente à legitimação interna. Na prática, os métodos de DO não são novos ou cientificamente válidos. Nenhuma comprovação científica demonstrou que as técnicas de DO melhoram a capacidade da organização de alcançar seus objetivos. Apesar de todas essas restrições e do utopismo de muitas abordagens, o DO afigura-se como uma das melhores opções humanistas de abordagem da teoria administrativa.

Ênfase na educação emocional

O DO focaliza o treinamento de habilidades no relacionamento interpessoal, tendo por base as ciências do comportamento. Ele enfatiza técnicas de relações humanas, mas não se preocupa com as habilidades de direção e gerência. O treinamento de habilidades é importante, mas não constitui a essência da administração. Ao enfatizar o treinamento da sensibilidade em laboratório e ao fundamentar-se nas ciências do comportamento, o DO corre o perigo de se transformar em uma técnica terapêutica afastada dos objetivos da organização.[65] Uma alternativa mais recente é a ênfase na educação emocional e na melhoria do quociente emocional (QE) para melhorar o relacionamento interpessoal.

Ênfase nas equipes

O DO teve o mérito de introduzir e reforçar o trabalho em equipe nas organizações, aspecto que não havia recebido atenção especial das teorias administrativas, desde a Teoria das Relações Humanas. Na verdade, o trabalho em equipe constitui um efeito colateral de uma concentração cada vez mais intensa no trabalho que não obedece às fronteiras funcionais da estrutura organizacional e se encaixa perfeitamente na tendência em direção ao *empowerment*. Uma equipe pode incluir pessoas de toda a organização, juntando cabeças diferentes a fim de obter os melhores resultados. Em vez de transferir documentos ou relatórios de um departamento para outro, as equipes constituem um local de encontro dinâmico onde as ideias podem ser compartilhadas e o conhecimento dos participantes pode ser direcionado a questões importantes da organização.[66]

As equipes são formadas e constituídas quando algumas pessoas têm uma meta comum e reconhecem que seu sucesso pessoal depende do sucesso dos outros. Elas tornam-se totalmente interdependentes. Na verdade, isto significa que as pessoas contribuem com habilidades individuais diferentes. Também significa que as tensões e o equilíbrio do comportamento humano devem ser demonstrados na equipe. Todavia, não é suficiente reunir um conjunto aleatório de habilidades individuais. Os vários comportamentos dos membros da equipe precisam interagir para que o grupo atinja seus objetivos. Para que as pessoas trabalhem bem em equipe é preciso que se comportem de determinada maneira. É preciso que algumas pessoas se concentrem na tarefa a ser executada (executores). É preciso que outras contribuam com conhecimento especializado (especialistas); que algumas resolvam os problemas quando eles surgirem (solucionadores); que outras verifiquem se as coisas estão acontecendo da melhor forma possível e se toda a equipe está contribuindo com todo seu potencial (verificadores). Também é preciso que algumas pessoas se certifiquem de que a equipe está atuando como uma unidade social coesa e integrada (protetores).[67] A Tabela 16.11 dá uma ideia dessa distribuição de atividades.

TABELA 16.11. QUEM É QUEM NO TRABALHO EM EQUIPE[68]
Executor
Função: concentra-se na tarefa, iniciando, continuando e finalizando o trabalho ou certificando-se de que foi concluído. Algumas pessoas podem se concentrar em um aspecto da tarefa
Características: energia, motivação, impulsiona os outros à ação, firmeza, senso prático, autocontrole, disciplina, abordagem sistemática, atenção aos detalhes, acompanhamento
Solucionador
Função: ajuda a equipe a resolver os problemas, sugerindo ideias ou procurando recursos fora da equipe Consegue ver as possíveis saídas
Características: inovação, geração de ideias, imaginação, pensamento não ortodoxo, habilidade de reunir pessoas, habilidade de negociar recursos
Verificador
Função: preocupa-se com o processo como um todo, tenta garantir a participação de todos, fornecendo uma visão equilibrada de qualidade, tempo e realismo
Características: prudência, reflexão, pensamento crítico, julgamentos ponderados, faz que os outros trabalhem em prol das metas comuns, uso de talentos individuais
Protetor
Função: preocupa-se com as pessoas da equipe e como estão se desenvolvendo e se relacionando umas com as outras
Características: apoia os outros, sociabilidade, preocupação com as pessoas, democrático, flexibilidade
Especialista
Função: fornece conhecimento especializado ou experiência
Características: dedicação, padrões, foco

A maior parte das pesquisas sobre trabalho em equipe mostra que elas continuam sendo guiadas por regras próprias. As equipes geralmente surgem de maneira espontânea ou incluem uma combinação incomum de membros. O segredo não reside na seleção dos membros da equipe, mas na genuína delegação de poder e responsabilidade às equipes para que elas possam resolver seus próprios problemas. O importante é atribuir responsabilidades às pessoas e permitir que elas próprias determinem seus padrões e cronogramas de trabalho, dentro de certos limites. Os limites devem ser muito simples e claros. As pessoas precisam saber exatamente onde estão, como o sistema funciona e o que se espera delas. Aí, a equipe funciona bem.

Mudar e mudar: nada é muito simples

Uma organização pode mudar facilmente um produto, um serviço ou um indivíduo. Contudo, mudar uma estrutura sem mudar mais nada é tempo perdido. Não faz sentido mudar a estrutura organizacional sem mudar sistemas e pessoas. É preciso mudar a cultura organizacional. Na verdade, existem muitas abordagens à mudança.

Do ponto de vista de sua condução, Mintzberg visualiza três abordagens básicas no processo de mudança, indo em uma escala de formal para informal, a saber:[69]

- *Mudança planejada*: é programática e baseia-se em um sistema ou conjunto de procedimentos a ser seguido. Estes vão desde programas de melhoria da qualidade e treinamento (microabordagem) até programas de desenvolvimento organizacional e planejamento estratégico (macroabordagem).
- *Mudança conduzida*: é guiada por um indivíduo influente ou pequeno grupo de alto nível que supervisiona o esforço e garante que a mudança aconteça. A mudança conduzida utiliza palavras que começam com "r", que vão desde racionalização e reestruturação até revitalização, passando por mudanças em custos operacionais, estrutura organizacional, posições estratégicas, mentalidade gerencial e cultura global da organização.
- *Mudança evoluída*: é orgânica e acontece quando guiada por pessoas que não ocupam posições de autoridade significativa em lugares obscuros na organização. Esta abordagem não é gerenciada como as duas anteriores e se dá espontânea e informalmente.

Do ponto de vista de sua dinâmica, a mudança pode ser:

- *Mudança gradativa*: é contínua e constante, continua o tempo todo, aqui e ali. A maior parte das mudanças é gradativa, do tipo pegar pedaços e não deixar atolar, como ampliar o treinamento do pessoal, reorganizar o laboratório de pesquisa. É uma mudança que funciona mais no concreto e no micro do que no abstrato e no marco.
- *Transformação*: é um programa maciço e abrangente de mudança para combinar vários métodos de mudança em sequências lógicas a fim de

reformular (revolução rápida e drástica) ou renovar (um desenvolvimento mais lento de mudanças abrangentes) uma organização.

Do ponto de vista de seu direcionamento, a mudança pode ser:

- *Mudança de cima para baixo*: começa pelo topo e é ampliada para toda a organização. É o tipo mais comum de mudança. Provavelmente, a mais popular seja o esquema de mudanças iniciado por Jack Welch na General Electric nos últimos 15 anos. Em geral, é uma mudança imposta pela cúpula a toda a organização. Essa mudança pode ocorrer em um episódio em três atos: despertar, prever e rearquitetar, como mostra a Figura 16.23.[70]

	Dinâmicas organizacionais	Dinâmicas individuais
Ato I: Despertar	**Necessidade de transformação** • Percepção da necessidade de mudança • Resistência à mudança • Evitar o conserto rápido	**Términos** • Soltar-se do passado • Desidentificar-se com o passado • Lidar com o desencanto
Ato II: Prever	• Criar uma visão • Difundir uma visão motivadora • Mobilizar comprometimento	**Transições** • Processo de morte e de renascimento • Perspectiva em términos e em novos inícios
Ato III: Rearquitetar	**Arquitetura social** • Destruição criativa • Refazer o tecido social • Motivar as pessoas	**Novos inícios** • Alinhamento interior • Novos programas • Nova energia
Epílogo: A história se repete		

Figura 16.23. O drama em três atos da mudança organizacional.

A mudança de cima para baixo também pode ser caracterizada de modo diferente, em um processo de cinco etapas que podem ocorrer simultaneamente ou em sequência, como na Figura 16.24.[71]

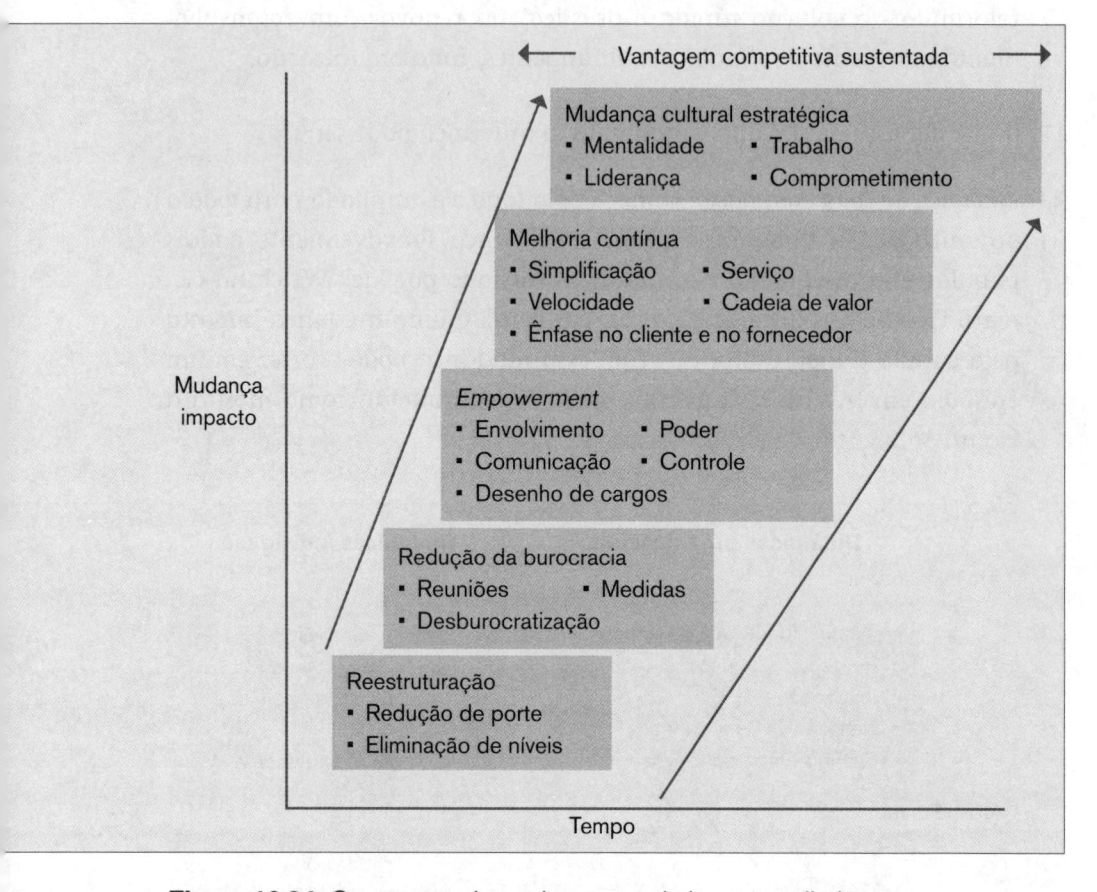

Figura 16.24. O processo de mudanças gradativas e ampliadas.

Em geral, a cultura é mudada gradativa e progressivamente, ou seja, a magnitude do impacto da mudança vai aumentando na medida em que se passa da simples reestruturação para a mudança cultural estratégica.

O modelo de mudança e rejuvenescimento da organização passa por um crescendo, a saber:[72]

1. *Galvanizar*: isto é, criar uma equipe no topo dedicada à conscientização da necessidade de mudança e à renovação.
2. *Simplificar*: isto é, eliminar complexidades e complicações desnecessárias e confusas.
3. *Construir*: isto é, desenvolver novas capacidades.
4. *Alavancar*: isto é, manter impulso, criar novas energias e ampliar vantagens.
5. *Mudança de baixo para cima*: na qual as pequenas e múltiplas mudanças dentro da organização conduzem todo o processo de mudança. O

caminho é das partes para o todo. A mudança é considerada mais uma jornada exploratória do que uma trajetória predeterminada, ou seja, um processo mais de aprendizado do que planejado ou conduzido. Em um artigo na *Harvard Business Review* instituldo "Por que os programas de mudança não produzem mudanças", Beer salienta que os melhores executivos principais criam um mercado para mudanças na organização e deixam outros decidirem como iniciá-las para depois usarem as unidades revitaliza-das com mais sucesso como modelos para o restante da organização. Os seis passos da conduta prescritiva são os seguintes:[73]

1. Mobilizar o empenho para mudar por meio do diagnóstico conjunto dos problemas da organização.
2. Desenvolver uma visão comum de como organizar e gerenciar para obter competitividade.
3. Promover o consenso para a nova visão, competência para decretá-la e coesão para levá-la em frente.
4. Disseminar a revitalização em todos os departamentos sem empurrá-la de cima para baixo.
5. Institucionalizar a revitalização por meio de políticas, sistemas e estruturas formais.
6. Monitorar e ajustar as estratégias em resposta a problemas no processo de revitalização. A finalidade da mudança é criar uma organização que aprende, capaz de se adaptar a um ambiente competitivo e mutável. Essa responsabilidade não é só do principal executivo, mas de todas as pessoas da organização.

Todas as organizações acabam enfrentando condições que ameaçam sua própria existência. A maior parte sucumbe. Saber como e quando mudar é o desafio. O percurso entre crise e renovação é cíclico nas organizações bem-sucedidas. A renovação requer destruição e reconstrução. Na verdade, o padrão para as transformações eficazes em prazos mais longos é o seguinte:[74]

- *Do foco interno para o foco externo*: primeiro melhorar a eficiência para depois criar novas oportunidades externas.
- *Da ordem de cima para baixo para a ação delegada*: o processo de rompimento da inércia costumava ser conduzido a partir da cúpula, mesmo que a transformação envolvesse uma simples unidade, antes de ser implementada em toda a empresa. As atividades subsequentes eram de iniciativa das subunidades. Hoje, a ação delegada a todas as pessoas passou a ser a regra básica.

■ *Da emoção e intelecto para a organização*: o ciclo inicial de transformação era movido por uma nova compreensão estratégica, que era posta em foco por meio de um processo emocional e, mais tarde, refletia-se em mudanças mais externas e multifacetadas no contexto organizacional. Hoje, parte-se para o aprendizado e renovação permanentes por parte de todas as pessoas da organização.

Em suma, o DO está intimamente relacionado à capacidade de mudar: descongelar, aprender e recongelar. Malgrado todas as críticas, o DO desponta como a maneira mais viável de manter as organizações adequadas e ajustadas às profundas mudanças e transformações que estão ocorrendo no cenário do mundo dos negócios. Renovação e revitalização organizacional são as bandeiras do DO. O *empowerment* é a principal ferramenta.[75]

Método do caso

As oportunidades na Andersen Consulting
A Andersen Consulting é uma das maiores e mais avançadas empresas de consultoria organizacional no mundo. Suas filiais de São Paulo e Rio de Janeiro publicam nos jornais o seguinte anúncio de empregos:[76]

Do you bring out the best in people?
Opportunities in Change Management Consulting. You were always the organizer, the kid with the great ideas. Today, your skills with people could create tangible business results and have a profound impact on the future of some of the world's most successful organizations.

Andersen Consulting is a leading global management and technology consulting organization. Working with us, you'll develop tools, training and techniques to help our clients unleash the full performance potential of their work forces. On large-scale projects, you'll help organizations align their strategy, people, process and technology – a holistic approach that can transform visionary ideas into successful, working realities. It's an environment where you can learn quickly, gain broad business exposure, and achieve real, measurable results.

We are looking for professionals with experience in:
1. Organizational design.
2. Organizational culture analysis and development.
3. Communication planning to ensure commitment from all levels in organizational change processes.

4. Management of human factors during organizational change process.
5. Measurement and evaluation of change impacts.
6. Training program development for new technologies.
7. Team building and empowerment.

An excellent academic background, fluency in English and willingness to travel are required. Send your resumé, under code "Change Management", to: Caixa Postal nº 3096, CEP 01060-970 – São Paulo – SP.
Bring your people skills to us. Visit our web site at www.ac.com.

QUESTÕES

1. Como você interpreta o anúncio publicado pela AC?
2. Como as habilidades e experiências acima estão relacionadas com o DO?
3. Por que muitas organizações contratam consultorias especializadas em mudança organizacional como agentes externos de mudança?
4. Por que os esforços de DO são importantes no mundo de negócios da atualidade?

Mudanças e organizações
- Um novo conceito de organização
- Cultura organizacional
- Clima organizacional
- Mudança cultural e de clima
- Conceito de mudança
- Conceito de desenvolvimento
- Fases da organização
- Crítica às estruturas organizacionais

Técnicas do DO
- Intervenção individual
- Intervenção interindividual
- Intervenção grupal
- Intervenção intergrupal
- Intervenção organizacional

Natureza do DO
- Solução de problemas e conflitos
- Renovação
- Administração participativa
- Fortalecimento de equipes
- Pesquisa-ação

Aplicação do DO
- Solução de problemas e conflitos
- Renovação
- Administração participativa
- Fortalecimento de equipes

Modelos do DO
- *Managerial Grid*
- Modelo de diagnóstico e ação
- Teoria 3-D

Apreciação crítica do DO
- Aspecto mágico do DO
- Imprecisão no campo do DO
- Ênfase na educação emocional
- Aplicações distorcidas do DO

Figura 16.25. Mapa Mental da Teoria do desenvolvimento organizacional.

REFERÊNCIAS

1. BRADFORD, L. (Ed.). T-group theory and laboratory methods. New York: John Wiley, 1964.
2. BENNIS, W. G. Desenvolvimento organizacional: sua natureza, origens e perspectivas, p. 23-7.
3. SCHEIN, E. H. Consultoria de procedimentos: seu papel no desenvolvimento organizacional. São Paulo: Edgard Blücher, 1972. p. 10-2.
4. SCHEIN, E. H., op. cit., p. 11-2.
5. WALTON, R. E. Pacificação interpessoal: confrontações e consultoria de uma terceira parte. São Paulo: Edgard Blücher, 1972.
6. SCHEIN, E. H.; BENNIS, W. Personal and organizational change through group methods. New York: John Wiley, 1965.
7. BENNIS, W. G. The planning of change. New York: Holt, 1969.
8. BENNIS, W. G. Changing organizations. New York: McGraw-Hill Book, 1966.
9. SCHEIN, E. H. Organizational psychology. Englewood Cliffs: Prentice-Hall, 1965.
10. LAWRENCE, P. R.; LORSCH, J. W. O desenvolvimento de organizações: diagnóstico e ação. São Paulo: Edgard Blücher, 1972.
11. LODI, J. B. História da administração. São Paulo: Pioneira, 1971. p. 130.
12. Dentre os mais importantes, destacam-se: Lelland Bradford (o fundador do movimento); Warren G. Bennis; Edgard H. Schein; Richard Beckhard; Paul R. Lawrence; Jay W. Lorsch; Chris Argyris; Kenneth Benne; Robert R. Blake; Jane S. Mouton; Jack Gibb; Robert Tannenbaum; Irving Weschler; Fred Massarick; W. Warner Burke.
13. LAWRENCE, P. R.; LORSCH, J.W. , op. cit., p. 3.
14. BENNIS, W. G. Desenvolvimento organizacional: sua natureza, origens e perspectivas. São Paulo: Edgard Blücher, 1972. p. 15.
15. LIKERT, R. Novos padrões em administração. São Paulo: Pioneira, 1971.
16. BENNIS, W. G. Desenvolvimento organizacional, op. cit., p. 15.
17. CHIAVENATO, I. Comportamento organizacional: a dinâmica do sucesso das organizações. Rio de Janeiro: Elsevier, 2005. p. 126.
18. WEICK, K. E. The social psychology of organizing. Reading: Addison-Wesley, 1979.
19. PETTIGREW, A. M. The awakening giant: continuity and change in imperial chemical industries. Oxford: Basil Blackwell, 1985. p. 44.
20. CHIAVENATO, I. Administração nos novos tempos. Rio de Janeiro: Elsevier, 2004. p. 173.
21. CHIAVENATO, I. Comportamento organizacional. Rio de Janeiro: Elsevier, 2005. p. 128.
22. BECKHARD, R. Desenvolvimento organizacional: estratégia e modelos. São Paulo: Edgard Blücher, 1972. p. 19.
23. GLEN, F. Psicologia social das organizações. Rio de Janeiro: Zahar, 1976. p. 80.
24. GILMES, B. H. Industrial and organizational psychology. New York: McGraw-Hill Book, 1971. p. 81.

25. LEWIN, K Frontiers in group dynamics: concept, method, and reality in social science. Human Relations, v. 1, n. 1, 1947. p. 5-41.
26. Fonte: HAYS, L. Gerstner is struggling as he tries to change ingrained IBM culture. The Wall Street Journal, p. A1, 13 may 1994.
27. SCHEIN, E. H. Organizational psychology. Englewood Cliffs: Prentice-Hall, 1980. p. 243-7.
28. Baseado em: SENGE, P et al. Presence: human purpose and the field of the future. Cambridge: Society for Organizational Learning, SOL, 2004. p. 225.
29. SHIRLEY, R. Um modelo para análise da mudança organizacional. Revista de Administração de Empresas, Rio de Janeiro, v. 16, n. 6, p. 37, nov./dez. 1976.
30. BECKHARD, R. Desenvolvimento organizacional: Estratégia e Modelos, op. cit., p. 9.
31. BENNIS, W. G. Changing organizations, op. cit.
32. BLAKE, R. R.; MOUTON, J. S. A estruturação de uma empresa dinâmica por meio do desenvolvimento organizacional. São Paulo: Edgard Blücher, 1972.
33. GREINER, L. E. Evolution and revolution as organizations grow. Harvard Business Review, jul./ago. 1972.
34. GREINER, L. E. Patterns of organization change. Harvard Business Review, v. 45, n. 3, maio/jun. 1967.
35. FRENCH, W. L.; BELL JR.; CECIL H. Organizational development: behavioral science interventions for organizational improvement. Englewood Cliff: Prentice-Hall, 1981. p. 17.
36. STONER, J. A. F.; FREEMAN, R. E. GILBERT JR., D. R. Management. Englewood Cliffs, 1995. p. 421-2.
37. UNITED NATIONS. A practical guide to performance improvement programming in public organizations. United Nations Publication: ST/ESA/SER.
38. BLAKE, R. R.; MOUTON, J. S., op. cit., p. 11-5.
39. BLAKE, R. R.; MOUTON, J. S., op. cit., p. 15-6.
40. ROEBER, R. J. C. The organization in a changing environment. Reading: Addison-Wesley, 1973. p. IX-X.
41. DAVIS, K. Human behavior at work organizational behavior. New York: McGraw-Hill, 1981. p. 221-4.
42. KOTTER, J. P. Organizational dynamics: diagnosis and intervention. Reading: Addison-Wesley, 1978.
43. MARGULIES, N.; RAIA, A. P. Organization development. New York: McGraw, 1972. p. 3.
44. AZEVEDO, C. B. Os laboratórios de sensitividade e o desenvolvimento das organizações. Revista de Administração de Empresas, Rio de Janeiro, v. 9, n. 3, 1969. p. 45-6.
45. KORMAN, A. K. Industrial and organizational psychology. Englewood Cliffs: Prentice-Hall, 1971. p. 272.
46. BERNE, E. Jogos da vida. Rio de Janeiro: Artenova, 1973. Ver também: HARRIS, T. A. Eu estou OK, você está OK. Rio de Janeiro: Artenova, 1973.

47. SCHEIN, E. H. Consultoria de procedimentos: seu papel no desenvolvimento organizacional. São Paulo: Edgard Blücher, 1972. p. 46-7.
48. MCGREGOR, D. M. The professional manager. New York: McGraw-Hill, 1967.
49. BENNIS, W. G. Desenvolvimento organizacional: sua natureza, origens e perspectivas. São Paulo: Edgard Blücher, 1972.
50. BENNIS, W. G. Changing organizations. New York: McGraw-Hill, 1966.
51. Managerial Grid é marca registrada dos autores, razão pela qual citamos o nome original, e não a sua tradução, que seria "grade gerencial".
52. BLAKE, R. R.; MOUTON, J. S. A estruturação de uma empresa dinâmica através do desenvolvimento organizacional do tipo Grid. São Paulo: Edgard Blücher, 1972. Consultamos também: BLAKE, R. R.; MOUTON, J. S. The managerial Grid. Houston: Gulf, 1964 e a tradução brasileira: O Grid gerencial, São Paulo, Pioneira, 1976.
53. DUTTON, J. M. Corporate excellence through Grid organization development: a systems approach. Review of R. R. Blake & J. S. Mouton. Administrative Science Quarterly, v. 14, p. 608-10, 1969.
54. BLAKE, R. R.; MOUTON, J. S. A estruturação de uma empresa dinâmica através do desenvolvimento organizacional do tipo Grid, op. cit., p. 66.
55. LAWRENCE, P. R.; LORSCH, J. W. O desenvolvimento de organizações: diagnóstico e ação. São Paulo: Edgard Blücher, 1972.
56. LAWRENCE, P. R.; LORSCH, J. W., op. cit., p. 3.
57. LAWRENCE, P. R.; LORSCH, J. W. , op. cit., p. 96.
58. REDDIN, W. J. Managerial effectiveness. New York: McGraw-Hill, 1971.
59. REDDIN, W. J. Eficácia gerencial. São Paulo: Atlas, 1975.
60. REDDIN, W. J. Eficácia gerencial, op. cit., p. 58.
61. CHAPIRO, J.; CHAPIRO, E. D. Desenvolvimento da eficácia organizacional. Revista IDORT, p. 7-13, jul./ago. 1972.
62. GOULDNER, V. A. W. The coming crisis of wester sociology. New York: Basic Books, 1970; MILLS, C. W. A imaginação sociológica, op. cit., p. 106-7.
63. MARGULIES, N. The myth and the magic in D.O. Business Horizons, Indiana University, Graduate School of Business, v. XV, n. 4, ago. 1972.
64. LOBOS, J. Desenvolvimento organizacional: teoria e aplicações. Revista de Administração de Empresas, Rio de Janeiro, v. 15, n. 3, p. 30, maio/junho 1975.
65. ELLUL, J. The technological society. New York: Vintage Books, 1964.
66. CRAINER, S. Key management ideas: thinkers that changed the management world. New York: Pearson Education, 1999. p. 233-6.
67. OBENG, E. All change! London: FT/Pitman, 1994.
68. Adaptado de: OBENG, E. All change!, London: FT/Pitman, 1994.
69. MINTZBERG, H.; AHLSTRAND, B.; LAMPEL, J. Safári de estratégia: um roteiro pela selva do planejamento estratégico. Porto Alegre: Bookman, 2000. p. 240-1.
70. TICHY, N. M.; SHERMAN, S. Control your destiny or someone else will: how Jack Welch is making general electric the world's most competitive organization. New York: Doubleday, 1993. p. 305.

71. BEATTY, R. W.; ULRICH, D. O. Re-energizinb the mature organization. Organizational Dynamics, p. 25, Summer 1991.
72. BADEN-FULLER, C.; STOPFORD, J. M. Rejuvenating the mature business: the competitive challenge. Boston: Harvard Business School. Chapter 6, 1992.
73. BEER, M.; EISENSTAT, R. A.; SPECTOR, B.Why change programs don't produce change. Harvard Business Review, p. 161-164, November-December 1990.
74. DOZ, Y. L.; THANLEISER, H. Embedding transformational capacity. ICEDR, October 1996, Forum Embedding Transformation Capabilities, INSEAD, Fontainebleau, França, 1996, p. 10-1.
75. MILLS, D. Q.; FRIESEN, B. Empowerment. Financial times handbook of management, London: FT/Pitman, 1995.
76. Anúncio publicado no jornal O Estado de São Paulo, 1 de Agosto de 1999, Caderno de Emprego, p. 8.

GLOSSÁRIO BÁSICO

Agente de mudança: é uma pessoa externa ou interna à organização que tenta modificar uma situação organizacional existente.

Análise transacional: é uma técnica de alteração comportamental que visa ao autodiagnóstico das relações interpessoais e à melhoria nas transações entre as pessoas.

Aprendizagem: é uma mudança relativamente permanente em uma pessoa e que ocorre como resultado da experiência.

Aprendizagem organizacional: é o processo de aquisição de conhecimento, distribuição, interpretação e retenção da informação dentro da organização.

Aprendizagem social: é a aprendizagem adquirida a partir da interação recíproca entre pessoas e seus ambientes.

Atitude: é a predisposição para reagir de maneira positiva ou negativa diante de pessoas, objetos ou situações.

Clima organizacional: significa o ambiente psicológico existente na organização em decorrência do estado motivacional das pessoas.

Consultoria de procedimentos: ou consultoria de processos, é uma técnica de mudança comportamental coordenada por um consultor que promove intervenções sobre a equipe a fim de estudar, analisar e melhorar seus processos internos de tomada de decisões, participação, confiança e criatividade.

Criatividade: é o desenvolvimento de respostas novas e únicas a problemas ou oportunidades do momento.

Cultura organizacional: é o sistema de crenças e valores compartilhados que se desenvolve dentro de uma organização ou de uma subunidade e que guia e orienta o comportamento de seus membros.

Descongelamento: é a primeira etapa do processo de mudança em que as pessoas experimentam a necessidade de aprender novos comportamentos e esquecer velhos comportamentos. Representa a redução de forças que mantém o *status quo* e o aumento das forças que forçam a mudança.

Desenvolvimento de equipes: é uma técnica de alteração comportamental na qual vários grupos de pessoas de vários níveis e áreas da organização reúnem-se sob a coordenação de um consultor e criticam-se mutuamente procurando um ponto de encontro em que a colaboração seja melhor, eliminando as barreiras interpessoais de comunicação e incentivando o espírito de equipe.

Desenvolvimento organizacional: ou DO, é a aplicação do conhecimento das ciências comportamentais em um esforço conjugado para melhorar a capacidade de uma organização confrontar-se com o ambiente externo e incrementar sua capacidade de resolver problemas. O DO utiliza técnicas e modelos de mudança organizacional planejada.

Diagnóstico organizacional: é o levantamento de dados a respeito de uma organização a fim de definir e interpretar quais são os problemas e fragilidades da organização, para que estes possam ser remediados e resolvidos.

***Empowerment*:** é o estilo de dar aos funcionários autoridade, informações e ferramentas de que eles necessitam para realizar suas tarefas com maior autonomia, liberdade e confiança. É um passo além da criação e desenvolvimento de equipes.

Equipes: são grupos de pessoas com habilidades complementares que trabalham juntas para alcançar um propósito comum pelo qual se ajudam mutuamente e se tornam coletivamente responsáveis.

Equipes autônomas: são grupos de trabalho com total autonomia e recursos para administrar suas atividades e tomar decisões no sentido de alcançar objetivos ou metas previamente determinadas.

Equipes semiautônomas: são grupos de trabalho que detêm considerável autonomia para administrar as atividades em sua área de trabalho e que são, ainda, supervisionados por um gerente ou supervisor.

Grade gerencial: ou *Managerial Grid*, é o modelo teórico baseado na premissa de que a preocupação com a produção e a preocupação com as pessoas são as duas atitudes primárias que influenciam o estilo administrativo.

Implementação: significa a aplicação das técnicas e modelos de DO para resolver os problemas organizacionais.

Intervenções de DO: são atividades iniciadas para apoiar um programa de DO e desenhadas para melhorar a eficácia do trabalho de indivíduos, grupos ou da organização como um todo.

Mudança: é a segunda etapa do processo de mudança e que resulta em uma mudança comportamental, ou seja, o estado em que um indivíduo começa a experimentar o desempenho por meio de novos comportamentos.

Mudança planejada: é a mudança que ocorre como resultado de esforços específicos por meio da condução de um agente de mudança.

Participação: é o estilo de administração baseado no consenso das pessoas e no seu envolvimento no processo decisorial para o alcance dos objetivos definidos.

Pesquisa-ação: é o processo de coletar dados das pessoas a respeito de um sistema que tenha necessidade de mudança e realimentando as pessoas com esses dados para que elas possam analisá-los, identificar problemas, desenvolver soluções e tomar as ações por si mesmas.

Recongelamento: é a terceira fase do processo de mudança e que resulta em uma mudança comportamental.

Retroação de dados: ou *feedback* de dados, é uma técnica de mudança comportamental baseada na aprendizagem de novos dados cognitivos para incrementar criatividade e inovação nas pessoas.

Reuniões de confrontação: é uma técnica de alteração comportamental na qual dois grupos antagônicos em conflito reúnem-se com a moderação de um consultor para discutir, avaliar e reduzir suas diferenças.

Socialização: é o processo de transformar novos funcionários em participantes comprometidos com os valores e tradições da organização.

Teoria do DO: é a abordagem baseada nas ciências comportamentais em um esforço conjugado para melhorar a capacidade de uma organização confrontar-se com o ambiente externo e incrementar sua capacidade de resolver problemas. O DO utiliza técnicas e modelos de mudança organizacional planejada.

Treinamento da sensitividade: ou treinamento de laboratório ou *T-group*, é uma técnica de DO que aumenta a percepção dos participantes quanto ao seu próprio comportamento intrapessoal ou interpessoal e encoraja a expressão aberta dos sentimentos.

Valores: são crenças básicas a respeito do que é importante e que constituem guias que orientam as práticas em uma organização.

Parte VIII
ABORDAGEM SISTÊMICA DA ADMINISTRAÇÃO

O biólogo alemão Ludwig von Bertalanffy elaborou no final da década de 1950 uma teoria interdisciplinar para transcender os problemas exclusivos de cada ciência e proporcionar *princípios gerais* (sejam físicos, biológicos, sociológicos, químicos, etc.) e *modelos gerais* para todas as ciências envolvidas, de modo que as descobertas efetuadas em cada uma pudessem ser utilizadas pelas demais. Essa teoria interdisciplinar – denominada *Teoria Geral dos Sistemas (TGS)* – demonstra o *isomorfismo* das ciências, permitindo a eliminação de suas fronteiras e o preenchimento dos espaços vazios (espaços brancos) entre elas. A *TGS* é essencialmente totalizante: os *sistemas* não podem ser compreendidos apenas pela análise separada e exclusiva de cada uma de suas partes. A *TGS* baseia-se na compreensão da dependência recíproca de todas as disciplinas e da necessidade de sua integração. Os vários ramos do conhecimento – até então estranhos uns aos outros pela especialização e consequente isolamento – passaram a tratar os seus objetivos de estudo (sejam físicos, biológicos, psíquicos, sociais, químicos etc.) como sistemas, inclusive a Administração.

A *Teoria Geral da Administração* passou por uma gradativa e crescente ampliação do enfoque desde a *abordagem clássica* – passando pela *humanística, neoclássica, estruturalista* e *behaviorista* – até a *abordagem sistêmica*. Na sua época, a abordagem clássica havia sido influenciada por três princípios intelectuais dominantes em quase todas as ciências no início deste século: o *reducionismo*, o *pensamento analítico* e o *mecanicismo*.

- *Reducionismo*: é o princípio que se baseia na crença de que todas as coisas podem ser decompostas e reduzidas em seus elementos fundamentais simples, que constituem as suas unidades indivisíveis. O reducionismo desenvolveu-se na Física (estudo dos átomos), na Química (estudo das substâncias simples), na Biologia (estudo das células), na Psicologia (estudo dos instintos e necessidades básicas), na Sociologia (indivíduos sociológicos). O taylorismo na Administração é um exemplo clássico do reducionismo. O reducionismo faz que as pessoas raciocinem dentro de jaulas mentais, como se cada raciocínio estivesse dentro de um escaninho ou compartimento intelectual apropriado para cada tipo de problema ou assunto. É graças ao reducionismo que existem as diversas ciências, como a Física, a Química, a Biologia, etc. Mas teria sido a natureza ou o homem quem fez essa separação entre as ciências?
- *Pensamento analítico*: é utilizado pelo reducionismo para explicar as coisas ou tentar compreendê-las melhor. A análise consiste em decompor o todo, tanto quanto possível, nas suas partes mais simples, que são mais facilmente solucionadas ou explicadas para, posteriormente, agregar essas soluções ou explicações parciais em uma solução ou explicação do todo. A solução ou explicação do todo constitui a soma ou resultante das soluções ou explicações das partes. Os conceitos de *divisão do trabalho* e de *especialização do operário* são manifestações típicas do *pensamento analítico*. O pensamento analítico provém do *método cartesiano*: vem de Descartes (1596-1650) a tradição intelectual ocidental quanto à metodologia de solução de problemas.

- *Mecanicismo*: é o princípio que se baseia na relação simples de causa e efeito entre dois fenômenos. Um fenômeno constitui a causa de outro fenômeno (seu efeito), quando ele é necessário e suficiente para provocá-lo. Como a causa é suficiente para o efeito, nada além dela era cogitado para explicá-lo. Essa relação utiliza o que hoje chamamos *sistema fechado*: o meio ambiente era subtraído na explicação das causas. As leis excluíam os efeitos do meio. Além disso, as leis de causa e efeito não preveem as exceções. Os efeitos são totalmente determinados pelas causas em uma visão determinística das coisas.

Com o advento da TGS, os princípios do *reducionismo*, do *pensamento analítico* e do *mecanicismo* passam a ser substituídos pelos princípios opostos, do *expansionismo, pensamento sintético* e da *teleologia*.

- *Expansionismo*: é o princípio que sustenta que todo fenômeno é parte de um fenômeno maior. O desempenho de um sistema depende de como ele se relaciona com o todo maior que o envolve e do qual faz parte. O expansionismo não nega que cada fenômeno seja constituído de partes, mas a sua ênfase reside na focalização do todo do qual aquele fenômeno faz parte. Essa transferência da visão voltada aos elementos fundamentais para a visão voltada ao todo denomina-se *abordagem sistêmica*.
- *Pensamento sintético*: mostra que cada fenômeno é parte de um sistema maior e é explicado em termos do papel que desempenha nesse sistema maior. Os órgãos do organismo humano são explicados pelo papel que desempenham no organismo, e não pelo comportamento de seus tecidos ou estruturas de organização. A abordagem sistêmica está mais interessada em juntar as coisas do que em separá-las.
- *Teleologia*: é o princípio segundo o qual a causa é uma condição necessária, mas nem sempre suficiente para que surja o efeito. Em outros termos, a relação causa e efeito não é uma relação determinística ou mecanicista, mas simplesmente probabilística. A teleologia é o estudo do comportamento com a finalidade de alcançar objetivos e passou a influenciar poderosamente as ciências. Enquanto na *concepção mecanicista* o comportamento é explicado pela identificação de suas causas, e nunca do seu efeito, na *concepção teleológica* o comportamento é explicado por aquilo que ele produz ou por aquilo que é seu propósito ou objetivo produzir. A relação simples de *causa e efeito* é produto de um *raciocínio linear* que tenta

resolver problemas a partir de uma análise variável por variável. Isto está superado. A lógica sistêmica procura entender as inter-relações entre as diversas variáveis a partir de uma visão de um *campo dinâmico de forças* que atuam entre si. Esse campo dinâmico de forças produz um emergente sistêmico: o todo é diferente de cada uma de suas partes. O sistema apresenta características próprias que podem não existir em cada uma de suas partes integrantes. Os sistemas são visualizados como entidades globais e funcionais em busca de objetivos e finalidades.

TABELA VIII.1. A REVOLUÇÃO DA ABORDAGEM SISTÊMICA	
Abordagem clássica	**Abordagem sistêmica**
Reducionismo ➜	Expansionismo
Pensamento analítico ➜	Pensamento sintético
Mecanicismo ➜	Teleologia

Com esses três princípios – expansionismo, pensamento sintético e teleologia –, a TGS proporcionou o surgimento da *Cibernética* e da *informática* e desaguou na *Teoria Geral da Administração*, redimensionando totalmente as suas concepções.

CRONOLOGIA DOS PRINCIPAIS EVENTOS DA TEORIA DOS SISTEMAS

Ano	Autores	Livros
1932	W. J. Cannon	*Wisdom of the Body*
1944	J. V. Neumann & O. Morgenstern	*Theory of Games and Economic Behavior*
1948	Norbert Wiener	*Cybernetics or Control and Communication in the Animal and the Machine*
1949	C. E. Shannon & W. Weaver	*The Mathematical Theory of Communication*
	Norbert Wiener	*The Human Use of Human Beings*
1950	L. von Bertalanffy	*General Systems Theory*
1956	A. Newell & H. A. Simon	*The Logic Theory Machine: Transations of Information Theory*
	W. R. Ashby	*Introduction to Cybernetic*
1957	C. W. Churchman & E. C. Arnoff	*Introduction to Operations Research*
	Pierre de Latil	*Thinking by Machine: A Study of Cybernetics*
1960	R. A. Johnson, F. E. Kast & J. E. Rosenzweig	*The Theory and Management of Systems*
1962	F. E. Kast & J. Rosenzweig	*Science, Technology and Management*
	E. L. Trist, G. Higgin & A. Pollock	*Organizational Choice*

(Continua)

(Continuação)

Ano	Autores	Livros
1963	A. K. Rice	*The Enterprise and its Environment: A System Theory of Management Organization*
1964	R. L. Kahn, D. M. Wolfe, R. P. Quinn, J. D. Snoeck & R. A. Rosenthal	*Organizational Stress*
	H. A. Simon	*The Shape of Automation*
	R. Antony	*Planning and Control Systems: A Framework of Analysis*
1966	D. Katz & R. L. Kahn	*The Social Psychology of Organizations*
	J. A. Seiler	*A Systems Approach to Organizational Behavior*
1968	L. von Bertalanffy	*General System Theory*
1970	F. E. Kast & J. E. Rosenzweig	*Organizational Management - A Systems Approach*
1971	R. L. Katz	*Management of the Total Enterprise*
1982	Jeremy Campbell	*Grammatical Man: Information, Entropy, Language and Life*
1988	Bruce Gregory	*Inventing Reality: Physics as a Language*
1994	Kevin Kelly	*Out of Control: the New Biology of Machines, Social Systems, and the Economic World*
	Antonio D'Amasio	*Descarte's Error*
2000	D. Tapscott, D. Ticoll & A. Lowry	*Digital Capital*

A *abordagem sistêmica* será desenvolvida nos três próximos capítulos: "Tecnologia e Administração", "Teoria Matemática da Administração" e "Teoria de Sistemas".

CAPÍTULO 17
Tecnologia e Administração

OBJETIVOS DESTE CAPÍTULO

- Descrever os conceitos da Cibernética que aportaram na Administração.
- Definir os conceitos básicos de: sistemas, sua classificação, propriedades e representação (modelos).
- Mostrar as consequências da Cibernética na Administração.
- Identificar as contribuições da Informática na Administração.

A tecnologia sempre influenciou poderosamente o funcionamento das organizações. A Revolução Industrial foi o resultado da tecnologia de aplicação da força motriz do vapor na produção e que logo substituiu o esforço humano, permitindo o aparecimento das fábricas e indústrias. No final do século XVIII, a invenção da máquina de escrever foi o primeiro passo para a aceleração do processo produtivo nos escritórios. A invenção do telefone, no final do século XIX, permitiu a expansão e descentralização das organizações rumo a novos e diferentes mercados. O navio, o automóvel e o avião proporcionaram uma expansão sem precedentes aos negócios mundiais. O desenvolvimento tecnológico sempre constituiu a plataforma básica que impulsionou o desenvolvimento das organizações e permitiu o aparecimento da globalização. Todavia, foi a invenção do computador, na segunda metade do século XX, que permitiu que as organizações passassem a apresentar as atuais características de automatização e automação de suas atividades. Sem o computador não haveria a possibilidade de se administrarem grandes organizações com uma variedade incrível de produtos, processos, clientes, fornecedores e empregados. O computador ofereceu às organizações a possibilidade de lidar com grandes números e com grandes e diferentes negócios simultaneamente a um custo mais baixo e com maior rapidez e confiabilidade.

O computador tem sua origem na Cibernética: o primeiro esforço científico integrado no sentido de reunir diferentes áreas e especialidades da ciência – matemática, engenharia, medicina, eletrônica, física, neurologia, etc. – para a construção de uma máquina complexa que teria o funcionamento parecido com o cérebro humano: o cérebro eletrônico. Esse foi o primeiro nome dado ao computador, então uma máquina gigantesca dotada de válvulas e de circuitos complicados. Uma máquina burra que precisava ser previamente programada em seus mínimos detalhes para poder funcionar. Um enorme *hardware* que requeria um enorme *software*. Logo, surgiram os *mainframes* (computadores de grande porte para uso corporativo). Mas foi o aparecimento do computador pessoal (PC), em 1975, que popularizou o computador e proporcionaria a Informática em larga escala – tanto corporativa, como individual ou doméstica – e a substituição dos antigos centros de processamento de dados corporativos em redes corporativas de informação. Um novo mundo organizacional estava sendo criado. A tecnologia estava oferecendo soluções para atender às necessidades organizacionais de crescimento e complexidade. Mais adiante, a tecnologia passaria a se antecipar a essas necessidades, gerando novas perspectivas e oportunidades para as organizações.

PONTO DE PARTIDA DA CIBERNÉTICA

A Cibernética é uma ciência relativamente jovem e que foi assimilada pela Informática e pela Tecnologia da Informação (TI). A Cibernética foi criada por Norbert Wiener[1] entre os anos de 1943 e 1947,[2] na época em que Von Neuman e Morgenstern (1947) criavam a Teoria dos Jogos,[3] Shannon e Weaver (1949) criavam a Teoria Matemática da Informação[4] e Von Bertalanffy (1947) definia a Teoria Geral dos Sistemas.[5] A palavra Cibernética vem do grego *kybernytiky*. Etimologicamente, a palavra parece ter sua origem no século VI a.C., quando a mitologia grega conta que Teseu fez uma viagem para Creta conduzido por dois pilotos de barco pelo mar. Para glorificar o feito, Teseu instituiu uma festa aos "cibernéticos", os pilotos do mar. Posteriormente, Platão (427-347 a.C.) utilizou a palavra *kybernytiky* em seus diálogos "Alcebiades" e "Górgias" (com o sentido de arte de dirigir um navio), em "Clítofo" (com o significado de arte de dirigir homens) e na "República" (significando governar, em geral). Mais recentemente, em 1834, Ampère (1775-1836) retomou a palavra com o sentido de significar controle ou direção e, em 1868, James MaxWell (1831-1879) a utilizou com o significado de regulador ou governador. Assim, a palavra Cibernética significa originalmente a arte de governar navios, isto é, dirigi-los por meio da comunicação e controle. O piloto é o processador da informação entre o alvo e o meio ambiente para conduzir a ação. A raiz grega deu origem à palavra latina *gubernator*, que designa a arte de governar navios ou estados.

A Cibernética surgiu como uma ciência interdisciplinar para relacionar todas as ciências, preencher os espaços vazios não pesquisados por nenhuma delas e permitir que cada ciência utilizasse os conhecimentos desenvolvidos pelas outras. O seu foco está na sinergia, conceito que veremos adiante.

Origens da Cibernética

As origens da Cibernética[6] estão ligadas aos seguintes fatos:

- *O movimento iniciado por Norbert Wiener (1894-1965) em 1943 para esclarecer as chamadas áreas brancas no mapa da ciência. A Cibernética co-*

meçou como uma ciência interdisciplinar de conexão entre as ciências. E como uma ciência diretiva: a *kybernytikys* das ciências. A ideia era juntar, e não separar. O mundo não se encontra separado por ciências estanques como Física, Química, Biologia, Botânica, Psicologia, Sociologia, etc., com divisões arbitrárias e fronteiras solidamente definidas. Elas constituem diferentes especialidades inventadas pelo homem para abordar as mesmas realidades, deixando de lado fecundas áreas fronteiriças do conhecimento humano – as áreas brancas –, que passaram a ser negligenciadas, formando barreiras que impedem ao cientista o conhecimento do que está se passando nos outros campos científicos. A única maneira de explorar essas áreas brancas é reunir uma equipe de cientistas de diferentes especialidades e criar uma ciência capaz de orientar o desenvolvimento de todas as demais ciências.

- *Os primeiros estudos sobre o cálculo de variações da matemática*, o princípio da incerteza na mecânica quântica, a descoberta dos filtros de onda, o aparecimento da mecânica estatística, etc. levaram a inovações na Física, na Engenharia, na Medicina, etc., as quais exigiram maiores ligações entre esses novos domínios, ou seja, maior intercâmbio de descobertas nas áreas brancas entre as ciências. A ciência que cuidaria desse intercâmbio foi chamada por Wiener de Cibernética: a ciência da comunicação e do controle.

- *Os primeiros estudos e experiências com computadores* para a solução de equações diferenciais e os requisitos que deveriam ter os equipamentos de computação. As máquinas, rápidas e precisas, deveriam imitar o sistema nervoso humano. A comunicação e o controle no homem e animal deveriam ser imitados pela máquina. A partir de 1940 surgiu a preocupação com os requisitos que os computadores deveriam ter em termos de autocontrole e autorregulação, independentes de ação humana exterior. Eram os primeiros cérebros eletrônicos. Atualmente, as máquinas e computadores com comportamento similar ao humano pertencem ao ramo da inteligência artificial (IA).

- *A Segunda Guerra Mundial* provocou o desenvolvimento de equipamentos de artilharia aérea para defesa aérea. Wiener colaborou no projeto de um engenho de defesa aérea baseado no computador em uso na época, o analisador diferencial de Bush. Esse engenho preestabelecia a orientação de voo dos aviões rápidos, para dirigir projéteis do tipo terra-ar capazes de interceptá-los em voo. Exigia-se um servomecanismo de precisão capaz de autocorrigir-se rapidamente, a fim de ajustar-se a um alvo em movimento variável. Surgiu o conceito de retroação (*feedback*): o instrumento detectava o padrão de movimento do avião e ajustava-se a ele, autocorrigindo o seu funcionamento. A variação do movimento do avião funcionava como uma entrada de dados (retroação) que fazia a parte regulada reorientar-se no sentido do alvo em movimento.

- *A Cibernética ampliou o seu campo de ação* com o desenvolvimento da *Teoria Geral dos Sistemas*: por Von Bertalanffy, em 1947,[7] e com a Teoria da Comunicação, por Shannon e Weaver[8], em 1949. A Teoria Geral dos Sistemas é uma abordagem organicista que localiza o que as diversas ciências têm de comum sem prejuízo daquilo que elas têm de específico. O movimento sistêmico teve um cunho pragmático voltado à ciência aplicada.
- *No início, a Cibernética* – como ciência aplicada – limitava-se à criação de máquinas de comportamento autorregulável semelhante a aspectos do comportamento do homem ou do animal (como o robô, o computador eletrônico denominado cérebro eletrônico e o radar baseado no comportamento do morcego; o piloto automático dos aviões, etc.), e onde eram necessários conhecimentos vindos de diversas ciências.[9] A seguir, as aplicações da Cibernética estenderam-se da Engenharia para a Biologia, Medicina, Psicologia, Sociologia, etc., chegando à Teoria Administrativa.

Conceito de Cibernética

Cibernética é a ciência da comunicação e do controle, seja no animal (homem, seres vivos), seja na máquina. A comunicação torna os sistemas integrados e coerentes, e o controle regula o seu comportamento. A Cibernética compreende os processos e sistemas de transformação da informação e sua concretização em processos físicos, fisiológicos, psicológicos, etc. Na verdade, a Cibernética é uma ciência interdisciplinar que oferece sistemas de organização e de processamento de informações e controles que auxiliam as outras ciências. Para Bertalanffy,

> a Cibernética é uma teoria dos sistemas de controle baseada na comunicação (transferência de informação) entre o sistema e o meio e dentro do sistema e do controle (retroação) da função dos sistemas com respeito ao ambiente.[10]

PRINCIPAIS CONCEITOS DERIVADOS DA CIBERNÉTICA

Os conceitos desenvolvidos pela Cibernética são amplamente utilizados na Teoria Administrativa. As noções derivadas da cibernética, como sistema, retroação, homeostasia, comunicação e autocontrole fazem parte da linguagem utilizada na Administração. Dentre os principais conceitos da Cibernética, estão os seguintes:

Campo de estudo da Cibernética: os sistemas

O campo de estudo da Cibernética são os sistemas. Sistema (do grego: *sun* = com e *istemi* = colocar junto) "é um conjunto de elementos que estão dinamicamente relacionados".[11] O sistema dá a ideia de conectividade: "o universo parece estar formado de conjunto de sistemas, cada qual contido em outro ainda maior, como um conjunto de blocos para construção".[12] O mecanicismo ainda está presente nessa conceituação.

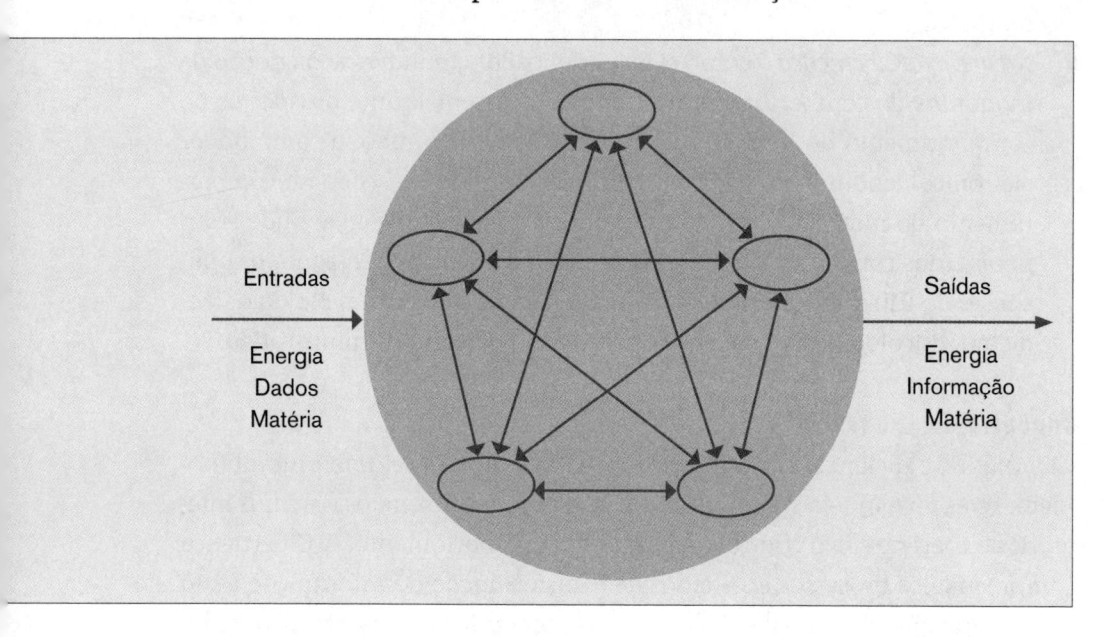

Figura 17.1. Exemplo de sistema.

Um sistema é um conjunto de elementos dinamicamente relacionados entre si, formando uma atividade para atingir um objetivo, operando sobre entradas (informação, energia ou matéria) e fornecendo saídas (informação, energia ou matéria) processadas. Os elementos, as relações entre eles e os objetivos (ou propósitos) constituem os aspectos fundamentais da definição de um sistema. Os elementos constituem as partes ou órgãos que compõem o sistema e estão dinamicamente relacionados entre si, mantendo uma constante interação. A rede que caracteriza as relações entre os elementos (rede de comunicações entre os elementos) define o estado do sistema, isto é, se ele está operando todas essas relações (estado dinâmico ou estável) ou não. As linhas que formam a rede de relações constituem as comunicações existentes no sistema. A posição das linhas reflete a quantidade de informações do sistema, enquanto os eventos que fluem para a rede que constitui o sistema são as decisões. Essa rede é fundamentalmente um processo decisório; as decisões são descritíveis (e mesmo previsíveis) em termos de informação no sistema e de estruturação das comunicações. Em resumo, o sistema é:

- Um conjunto de elementos (que são as partes ou órgãos do sistema), dinamicamente relacionados em uma rede de comunicações (em decorrência da interação dos elementos).
- Formando uma atividade (que é a operação ou processamento do sistema).
- Para atingir um objetivo ou propósito (finalidade do sistema).
- Operando sobre dados/energia/matéria (que são insumos ou entradas de recursos para o sistema operar).
- Para fornecer informação/energia/matéria (que são as saídas do sistema).

Classificação arbitrária dos sistemas

Beer[13] propõe uma *classificação arbitrária dos sistemas* para facilitar o seu estudo. Essa classificação baseia-se em dois critérios:

1. Quanto à complexidade, os sistemas podem ser:
   - *Complexos simples*, mas dinâmicos: são os sistemas menos complexos.
   - *Complexos descritivos*: são sistemas altamente elaborados e profusamente inter-relacionados.
   - *Excessivamente complexos*: extremamente complicados e não podem ser descritos de forma precisa e detalhada.
2. Quanto ao seu desempenho, os sistemas podem ser:
   - *Determinísticos*: nos quais as partes integrantes interagem de uma forma perfeitamente previsível, não dando lugar a dúvidas. A partir do último estado do sistema e do programa de informação, pode-se prever, sem nenhum risco ou erro, o seu estado seguinte.[14] Por exemplo, quando se gira a roda da máquina de costura, pode-se prever o comportamento da agulha.

- *Probabilísticos*: são os sistemas que não permitem uma previsão de seu comportamento futuro. Podem ser previstos probabilisticamente diante de determinadas circunstâncias.[15] Não é predeterminado. A previsão se enquadrará nas limitações lógicas da probabilidade. Por exemplo, o comportamento de um cão, quando se lhe fornece um osso: poderá aproximar-se, não ligar ou afastar-se.

Daí a classificação de Beer em seis categorias de *sistemas*:[16]

- *Sistema determinístico simples*: possui poucos componentes e inter-relações e que revelam comportamento dinâmico completamente previsível. É o caso de jogo de bilhar que, quando adequadamente definido, é um sistema de geometria dinâmica muito simples (enquanto abstrato). Quando real, o jogo de bilhar torna-se probabilístico.
- *Sistema determinístico complexo*: é o caso do computador eletrônico. Se o seu comportamento não for totalmente previsível, ele estará funcionando mal.
- *Sistema determinístico excessivamente complexo*: é o caso do Universo.
- *Sistema probabilístico simples*: é um sistema simples, mas imprevisível, como jogar uma moeda. O controle estatístico de qualidade é um sistema probabilístico simples.
- *Sistema probabilístico complexo*: é um sistema probabilístico que, embora complexo, pode ser descrito. O estoque e o conceito de lucratividade na empresa são exemplos.
- *Sistema probabilístico excessivamente complexo*: é um sistema tão complicado que não pode ser totalmente descrito. É o caso do cérebro humano ou da economia nacional. O melhor exemplo de um sistema industrial dessa categoria é a própria empresa.

TABELA 17.1. CLASSIFICAÇÃO DE SISTEMAS DE BEER			
Sistemas	Simples	Complexos	Hipercomplexos
Determinísticos	Encaixe de janela	Computador digital	
	Bilhar	Sistema planetário	Universo
	Arranjo físico da fábrica	Automação	
Probabilísticos	Jogos de dados	Mercado de capitais	Economia nacional
	Movimento de um molusco	Reflexos condicionados	Cérebro
	Controle estatístico de qualidade	Lucratividade empresarial	Empresa

Segundo Beer, a Cibernética refere-se aos sistemas excessivamente complexos e probabilísticos. Os sistemas vivos são modelos importantes para a Cibernética, porque são muito superiores à eficácia e à coesão dos sistemas não biológicos. "A velocidade da resposta, a integração de informações, a capacidade de deduzir conclusões relativamente fidedignas a partir de informações incompletas são atributos animais superiores aos atributos das máquinas".[17]

Propriedades dos sistemas cibernéticos

Os sistemas são conjuntos coerentes e integrados de coisas. Todas as máquinas são sistemas orientados a objetivos e propósitos. Para Beer,[18] os sistemas cibernéticos apresentam três propriedades principais:

- São *excessivamente complexos*: portanto, devem ser focalizados dentro do conceito de *caixa negra*, que veremos adiante.
- São *probabilísticos*: portanto, devem ser focalizados com base na *estatística* para a *Teoria da Informação*.
- São *autorregulados*: portanto, devem ser focalizados com base na *retroação* que garante a *homeostase*.

Das três propriedades principais dos sistemas cibernéticas (probabilísticos, excessivamente complexos e autorregulados) ressalta o probabilismo ou indeterminação. A indeterminação no nível dos sistemas mais simples pode ser abordada pela estatística. Nos sistemas mais complexos, as noções estatísticas elementares são substituídas por critérios mais avançados de Pesquisa Operacional (que veremos no próximo capítulo). Nos sistemas excessivamente complexos (cibernéticos), a Pesquisa Operacional é substituída pela Teoria da Informação.

O sistema cibernético apresenta diversidade e é extremamente complexo. No fundo, é uma máquina que manipula informações pelas suas relações com o meio ambiente. A atividade do seu mecanismo (seja o cérebro, a economia, etc.) depende de sua capacidade de receber, armazenar, transmitir e modificar informações. É uma máquina de operar informações: pela sua grande diversidade, tem grande grau de incerteza, sendo descritível apenas em termos de probabilidades. À medida que aumenta a diversidade, aumenta também a capacidade permutativa das condições da máquina.

Beer[19] classifica as organizações e empresas na categoria dos sistemas excessivamente complexos e probabilísticos. Apesar de não ter vida, ela funciona como um organismo vivo que desenvolve técnicas de sobrevivência em um ambiente em alteração contínua. O modelo biológico fornece à empresa os critérios de sobrevivência que têm de ser encontrados na natureza interna da organização e no modelo que ela faz do ambiente para si própria.

Hierarquia dos sistemas

Os sistemas são hierárquicos ou piramidais, isto é, são constituídos de sistemas ou de subsistemas relacionados entre si por um processo ou padrão de interação. O próprio universo é um sistema constituído por uma infinidade de sistemas e subsistemas intimamente relacionados entre si.

Kenneth Boulding[20] propõe uma hierarquia de sistemas, de acordo com sua complexidade, apresentando nove diferentes níveis de sistemas:

1. *Nível dos sistemas estáticos* (frameworks): compostos de estruturas e de armações. É o nível mais estudado e o que tem maior número de descrições. É o caso do universo e do sistema solar.
2. *Nível dos sistemas dinâmicos simples* (clock-works): compostos de movimentos predeterminados e variáveis, como os mecanismos de relojoaria, as alavancas, roldanas, etc. São os sistemas preditíveis por natureza, próprios das ciências naturais clássicas, como a Física e a Química.
3. *Nível dos sistemas cibernéticos simples* ou *mecanismos de controle*: é o caso do termostato, no qual o sistema mantém o seu equilíbrio por autorregulação dentro dos limites estabelecidos. Este nível recebeu muita atenção, porém, carece ainda de modelos teóricos adequados.
4. *Nível dos sistemas abertos*: de existência autônoma e autorregulável. Neste nível, começa a diferenciação entre a vida e a não vida, entre o orgânico e o não orgânico. É o nível da célula, dos sistemas de circuito aberto com estruturas autônomas e capacidade de reprodução. Rios e chamas de fogo são sistemas abertos extremamente simples.
5. *Nível genético-societário*: da vida vegetal, que integra o mundo da botânica. Aqui ocorre uma divisão de trabalho entre as células formadoras das sociedades de raízes, folhas, sementes, etc. Seu protótipo é a planta.
6. *Nível do sistema animal*: que se caracteriza pelo aumento da mobilidade e comportamento teleológico. Os órgãos sensoriais captam informações por meio de receptores (olhos, ouvidos, etc.); desenvolve-se o sistema nervoso, o que permite que o cérebro organize as informações tendo em vista a mobilidade e o comportamento.

7. *Nível humano*: ou seja, a criatura humana, considerada um sistema que tem consciência de si mesmo e capacidade de utilizar linguagem e simbolismo na sua comunicação. O homem é dotado de qualidade autorreflexiva, inteligência, memória altamente desenvolvida, capacidade de falar, absorver e interpretar símbolos e de armazenar conhecimentos.
8. *Nível do sistema social*: isto é, o sistema da organização humana. A unidade, neste caso, não é o indivíduo, mas o papel por ele desempenhado e relacionado à organização ou à situação. As organizações sociais são conjuntos de papéis enfeixados em sistemas pelos seus respectivos canais de comunicação.
9. *Nível dos sistemas transcendentais*: que completa a classificação dos níveis de sistemas. São os sistemas superiores, absolutos, inevitáveis, mas ignorados ou conhecidos apenas parcialmente em face da sua excessiva complexidade e que também obedecem a uma estrutura sistemática lógica.

Assim, a teoria de sistemas proporciona um arcabouço ou esqueleto para todo o conhecimento científico, provendo um modelo viável para a compreensão dos fenômenos em seus próprios níveis de análise ou de pesquisa.

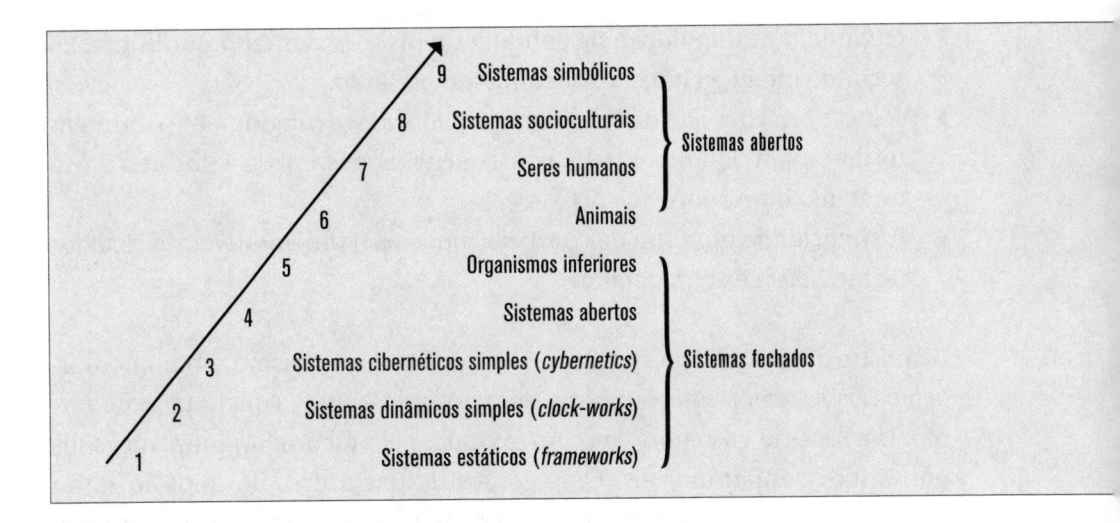

Figura 17.2. A hierarquia de sistemas.[21]

Na medida em que se sobe aos níveis mais elevados, a teoria torna-se progressivamente precária e insuficiente. Em cada um dos níveis, podem-se também detalhar os demais níveis inferiores, isto é, cada nível também se caracteriza por um sistema de sistemas.

As organizações – como sistemas – são também caracterizadas por uma hierarquia de sistemas que as constituem. A hierarquização de sistemas, embora seja uma preocupação recente na TGA, é um ponto de partida muito importante para o conhecimento mais amplo das organizações, seja da sua estrutura, seja do seu funcionamento. Na realidade, a empresa – como classe de organizações – é um sistema de sistemas hierarquizados. Na empresa, cada área é constituída de várias divisões; cada divisão é constituída de vários departamentos; cada departamento, de vários setores; cada setor, de várias seções, e assim por diante, dentro de uma hierarquização de sistemas bem definida. Cada sistema maior é formado de subsistemas hierarquicamente subordinados a ele.

Representação dos sistemas: os modelos

A Cibernética busca a representação de sistemas originais por meio de outros sistemas comparáveis, que são denominados modelos. Os modelos – sejam físicos ou matemáticos – são fundamentais para a compreensão do funcionamento dos sistemas. Modelo é a representação simplificada de alguma parte da realidade. Existem três razões para a utilização de modelos:[22]

- Quando a manipulação de entidades reais (pessoas ou organizações) é socialmente inaceitável ou legalmente proibida.
- A incerteza com que a Administração lida cresce rapidamente e aumenta desproporcionalmente as consequências dos erros. A incerteza é o anátema da Administração.
- A capacidade humana de construir modelos representativos da realidade melhorou enormemente.

A construção de um modelo deve considerar o isomorfismo e o homomorfismo. Os sistemas são isomorfos quando apresentam semelhança de forma. Um sistema é isomorfo a outro quando, pelo menos formalmente, suas partes forem intermutáveis. Os produtos de um artigo, ao final da linha de montagem, são exemplos de sistemas isomorfos, pois são perfeitamente iguais entre si, pelo menos na sua forma. Os sistemas são homomórficos (ou homomorfos) quando guardam entre si proporcionalidades de formas, embora nem sempre do mesmo tamanho. A construção de modelos de sistemas extremamente complexos nem sempre permite o isomorfismo, principalmente quando há impossibilidade de verificá-lo. É o caso de o sistema ser representado por um modelo reduzido e simplificado, por meio do homomorfismo do sistema original, como maquetes, plantas de edifícios, diagramas de circuitos elétricos ou eletrônicos, organogramas de empresas, fluxogramas de rotinas e procedimentos, modelos matemáticos de decisão, etc.[23]

Método do caso

Sistema de informações da QuimPaulista

Como gerente do departamento de sistemas da QuimPaulista, Severo Bento está montando um sistema de informações em rede capaz de interligar os vários departamentos da empresa: produção, finanças e *marketing*. Severo quer um sistema global e que integre a companhia como um todo. O problema é convencer a diretoria. Severo está elaborando o material de apresentação. Como você faria?

PRINCIPAIS CONCEITOS DE SISTEMAS

Os principais conceitos relacionados a sistemas são: entrada, saída, retroação, caixa negra, homeostasia e informação.

Conceito de entrada (*input*)

O sistema recebe entradas (*inputs*) ou insumos para poder operar. A entrada de um sistema é tudo o que o sistema importa ou recebe do seu mundo exterior para poder funcionar. A entrada pode ser constituída de informação, energia e materiais.

- *Informação*: é aquilo que permite reduzir a *incerteza* a respeito de alguma coisa. Quanto maior a informação, tanto menor a incerteza. A informação proporciona orientação e conhecimento a respeito de algo, permitindo planejar e programar o funcionamento do sistema.
- *Energia*: é a capacidade utilizada para movimentar e dinamizar o sistema, fazendo-o funcionar.
- *Materiais*: são os recursos físicos utilizados pelo sistema como meios para produzir as saídas (produtos ou serviços). Os materiais são chamados operacionais quando são usados para transformar ou converter outros recursos (p. ex., máquinas, equipamentos, instalações, ferramen-

tas, instruções e utensílios), e são chamados produtivos (ou matérias-primas) quando são transformados ou convertidos em saídas (isto é, em produtos ou serviços).

Conceito de saída (*output*)

Saída (*output*) é o resultado final da operação de um sistema. Todo sistema produz uma ou várias saídas. A partir da saída, o sistema exporta o resultado de suas operações para o meio ambiente. É o caso de organizações que produzem saídas como bens ou serviços e uma infinidade de outras saídas (informações, lucros, pessoas aposentadas ou que se desligam, poluição e detritos, etc.).

Conceito de caixa negra (*black box*)

O conceito de caixa negra refere-se a um sistema cujo interior não pode ser desvendado, cujos elementos internos são desconhecidos e que só pode ser conhecido "por fora", por meio de manipulações externas ou de observação externa. Na Engenharia Eletrônica o processo de caixa negra é utilizado quando se manipula uma caixa hermeticamente fechada, com terminais de entrada (nos quais se aplicam tensões ou qualquer outra perturbação) e terminais de saída (nos quais se observa o resultado causado pela perturbação). O mesmo se dá em Medicina, quando o médico clínico observa externamente o paciente queixoso, ou na Psicologia, quando o experimentador observa o comportamento do rato no labirinto quando sujeito a perturbações ou estímulos. Utiliza-se o conceito de caixa negra em duas circunstâncias: quando o sistema é impenetrável ou inacessível por alguma razão (p. ex., o cérebro humano ou o corpo humano, etc.) ou quando o sistema é complexo, de difícil explicação ou detalhamento (como um computador eletrônico ou a economia nacional).

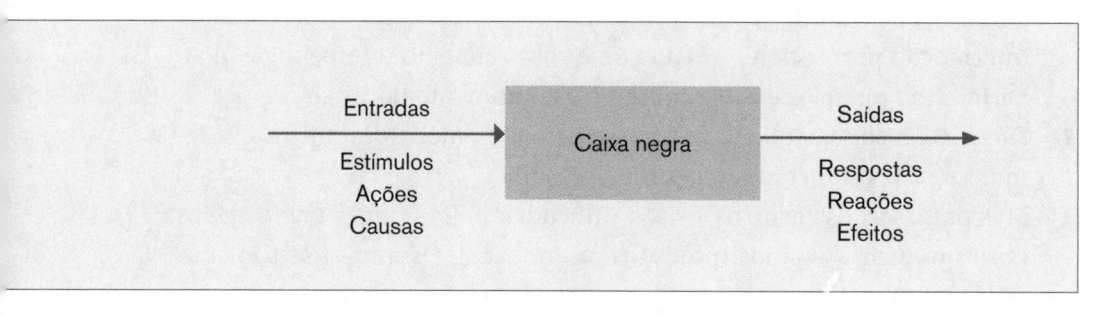

Entradas	Caixa negra	Saídas
Estímulos		Respostas
Ações		Reações
Causas		Efeitos

Figura 17.3. O desvendamento da caixa negra.

Conceito de retroação (*feedback*)

A retroação é um mecanismo pelo qual parte da energia de saída de um sistema ou de uma máquina volta ou retorna à entrada. A retroação (do inglês, *feedback*), também chamada de servomecanismo, retroalimentação ou realimentação, é um subsistema de comunicação de retorno proporcionado pela saída do sistema à sua entrada, no sentido de alterá-la de alguma maneira.

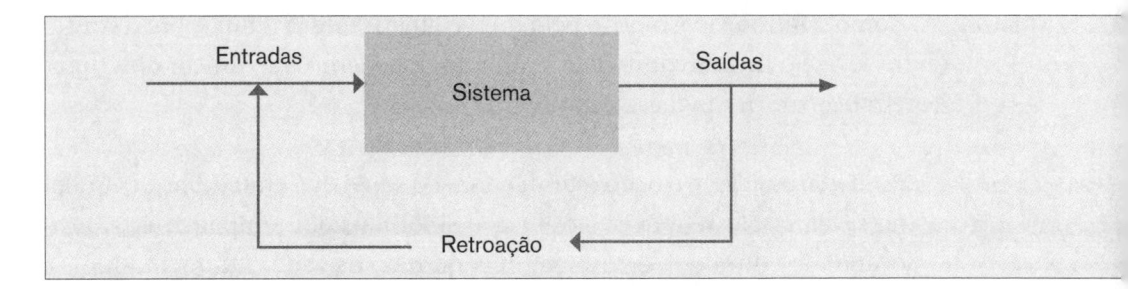

Figura 17.4. Retroação.

A retroação serve para comparar a maneira como um sistema funciona em relação ao padrão estabelecido para ele funcionar. Quando ocorre alguma diferença (desvio ou discrepância) entre ambos, a retroação incumbe-se de regular a entrada para que a saída se aproxime do padrão estabelecido.

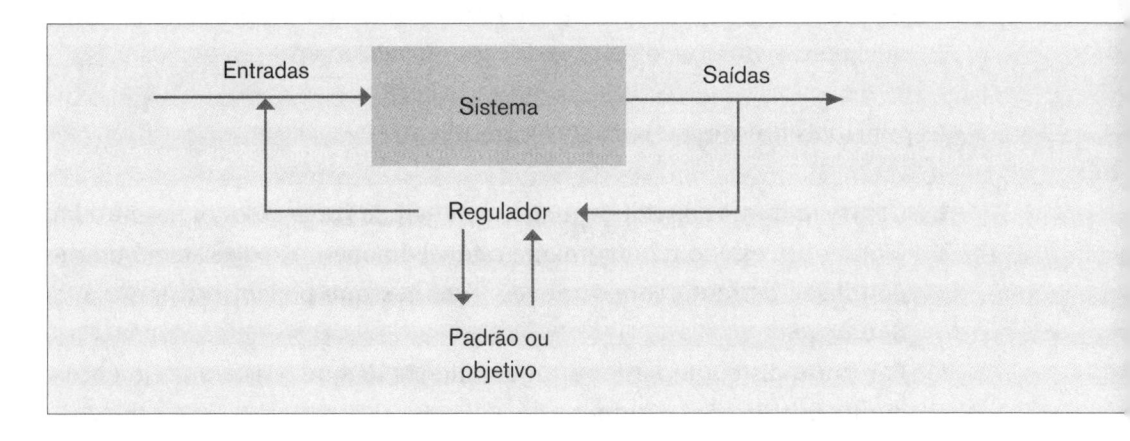

Figura 17.5. Retroação em um sistema.

O sistema nervoso do ser humano e dos animais funciona basicamente como um mecanismo de retroação. Quando uma pessoa pretende pegar algum objeto, o cérebro transmite a ordem aos músculos e, durante o movimento destes, os órgãos sensoriais (visão, tato, coordenação visual-motora, etc.) informam continuamente o cérebro sobre a posição da mão e do objeto; o cérebro vai repetindo a ordem para corrigir eventuais desvios até que o objeto seja alcançado. O sistema nervoso funciona por meio de processos circulares de ida e de retorno (retroação) de comunicação, que partem dele para os músculos e retornam através dos órgãos dos sentidos. A retroação confirma se o objetivo foi cumprido, o que é fundamental para o equilíbrio do sistema.

Como a retroação é a ação pela qual o efeito (saída) reflui sobre a causa (entrada), seja incentivando-a ou inibindo-a, podemos identificar dois tipos de retroação: a positiva e a negativa.

- *Retroação positiva*: é a ação estimuladora da saída que atua sobre a entrada do sistema. Na retroação positiva, o sinal de saída amplifica e reforça o sinal de entrada. É o caso em que, quando as vendas aumentam e os estoques saem com mais rapidez, ocorre a retroação positiva no sentido de aumentar a produção e a entrada de produtos em estoque, a fim de manter um volume adequado.
- *Retroação negativa*: é a ação frenadora e inibidora da saída que atua sobre a entrada do sistema. Na retroação negativa, o sinal de saída diminui e inibe o sinal de entrada. É o caso em que, quando as vendas diminuem e os estoques saem com menor rapidez, ocorre a retroação negativa no sentido de diminuir a produção e reduzir a entrada de produtos no estoque, para evitar que o volume de estocagem aumente em demasia.

As principais funções da retroação são:[24]

- Controlar a saída enviando mensagens geradas ao regulador de entrada.
- Manter um estado relativamente estável da operação do sistema quando este se defronta com variáveis externas que podem ocasionar sua flutuação.
- Por causa disto, aumentar a probabilidade de que o sistema seja eficaz diante de situações externas.
- A retroação impõe correções no sistema para adequar suas entradas e saídas e reduzir os desvios ou discrepâncias para regular seu funcionamento.[25]

Conceito de homeostasia

A homeostasia (do grego *homeo* = semelhante e *stasis* = situação) é o equilíbrio dinâmico obtido pela autorregulação, ou seja, pelo autocontrole. É a capacidade que tem o sistema de manter certas variáveis dentro de limites, mesmo quando os estímulos do meio externo forçam essas variáveis a assumir valores que ultrapassam os limites da normalidade, como no caso da temperatura do corpo humano e do piloto automático em aviação.

O conceito de *homeostasia* nasceu na filosofia animal com Claude Bernard (1813-1878), ao propor que "todos os mecanismos vitais têm por objetivo conservar constantes as condições de vida no ambiente interno". Claude Bernard definia a noção de "meio interior" e salientava que "a estabilidade do meio interno é a condição primordial da vida livre". Cada porção do corpo é cercada por seu meio e precisa manter a sua integridade e suas condições estáveis, apesar das variações desse meio. Em 1929, Walter Bradford Cannon (1871-1945) ampliou o conceito de "meio interior" com a noção de homeostasia: cada parte do organismo funciona normalmente em um estado de equilíbrio. Todos os seres vivos – desde os mais simples unicelulares até as aves e mamíferos – precisam manter essa estabilidade interna. Sempre que uma de suas partes sai do equilíbrio, algum mecanismo é acionado para restaurar a normalidade. Os seres vivos vivem em um processo contínuo e incessante de desintegração e de reconstituição. A tendência à manutenção de um equilíbrio interno manifesta-se em todos os níveis da atividade orgânica. O organismo serve-se dos mais variados recursos (mecanismos homeostáticos) para anular o efeito de qualquer fator estranho que venha a ameaçar o seu equilíbrio. Assim, todo organismo apresenta mecanismos de regulação que lhe permitem manter o equilíbrio interno, alheio às variações que ocorrem no ambiente externo. Nos seres mais evoluídos na escala animal, as funções reguladoras são orientadas pelo sistema nervoso e pelos hormônios produzidos pelo sistema endócrino.[26] Cannon adotou o termo "homeostase" para os sistemas biológicos para evitar qualquer conotação estática e a fim de realçar as propriedades dinâmicas, processuais, mantenedoras de potencial dos sistemas fisiológicos basicamente instáveis. A palavra não implica uma coisa fixa e móvel, uma estagnação. Significa uma condição – condição que pode variar, mas que é relativamente constante.[27]

Os seres humanos vivem por meio de um processo contínuo de desintegração e reconstituição dentro do ambiente: é a homeostase. Se esse equilíbrio homeostático não resistir ao fluxo de desintegração e corrupção, o ser humano começa a desintegrar mais do que pode reconstruir e morre.[28] A homeostase é, portanto, o equilíbrio dinâmico entre as partes do sistema. Os sistemas têm uma tendência a se adaptar a fim de alcançar um equilíbrio interno face às mudanças externas do meio ambiente.

A homeostasia é um equilíbrio dinâmico obtido por meio da autorregulação, ou seja, por meio do autocontrole. É a capacidade que o sistema tem de manter certas variáveis dentro de limites, mesmo quando os estímulos do meio externo forçam essas variáveis a assumir valores que ultrapassam os limites da normalidade. Todo mecanismo homeostático é um dispositivo de controle para manter certa variável dentro de limites desejados (como é o caso do piloto automático em aviação). A homeostasia apresenta enorme importância para os sistemas e organismos estudados pela Cibernética. Todas as organizações são semelhantes em relação a certas características fundamentais: elas mantêm-se integradas pela comunicação, pela transmissão de mensagens e, com elas, pelas informações. É essa capacidade de transmitir mensagens e de reagir às mensagens recebidas que torna as organizações – no nível da célula, do computador eletrônico, do grupo social ou da empresa – eminentemente dinâmicas.

A homeostase funciona a partir de dispositivos de retroação (*feedback*), chamados de servomecanismos. Os dispositivos de retroação são sistemas de comunicação que reagem ativamente a uma entrada de informação. O resultado dessa ação-reação transforma-se em nova informação, que modifica seu comportamento subsequente. A homeostase é um equilíbrio dinâmico que ocorre quando o organismo ou sistema dispõe de mecanismos de retroação capazes de restaurarem o equilíbrio perturbado por estímulos externos. A base do equilíbrio é a comunicação e a consequente retroação positiva ou negativa.

Uma variação diacrônica da homeostase é a chamada homeorese, que ocorre quando o sistema busca o equilíbrio, em ocasiões de enormes desvios externos, por meio de nova sincronia, em um outro plano ou com outros parâmetros que definem outra homeostasia. A homeorese envolve uma reorganização interna do sistema sempre que a organização existente se torna incapaz de absorver as perturbações do meio exterior. E o caso da aprendizagem ou maturação (no nível individual), da evolução ou revolução (no nível coletivo), ou da mutação (no nível da evolução biológica).

A eficiência de um sistema em manter sua homeostasia em relação a uma ou mais variáveis pode ser avaliada pelos seus erros ou desvios, pelas sub ou supercorreções que faz quando pretende restabelecer seu equilíbrio. Se o número de erros tende a aumentar em vez de diminuir, o objetivo jamais será atingido: o sistema entrará em oscilação e perderá sua integridade.

Conceito de informação

O conceito de informação, tanto do ponto de vista popular como do ponto de vista científico, envolve um processo de redução de incerteza. Na linguagem diária, a ideia de informação está ligada à de novidade e utilidade, pois informação é o conhecimento (não qualquer conhecimento) disponível para uso imediato e que permite orientar a ação, ao reduzir a margem de incerteza que cerca as decisões cotidianas.[29] Na sociedade moderna, a importância da disponibilidade da informação ampla e variada cresce proporcionalmente ao aumento da complexidade da própria sociedade.

O conceito de informação requer dois outros conceitos: de dados e de comunicação.

- *Dado*: é um registro ou anotação a respeito de um evento ou ocorrência. Um banco de dados é um meio de se acumular e armazenar conjuntos de dados para serem posteriormente combinados e processados. Quando um conjunto de dados tem um significado (um conjunto de números ao formar uma data, ou um conjunto de letras ao formar uma frase), ele torna-se uma informação. O desafio das organizações de hoje é conseguir aglutinar, integrar e arquivar um impressionante volume de dados a partir de suas operações cotidianas no sentido de extrair algum sentido, tendência ou inteligência a partir deles.
- *Informação*: é um conjunto de *dados* organizados, agrupados e categorizados em padrões para criar um significado. A informação reduz a incerteza ou aumenta o conhecimento a respeito de algo. É o significado que transforma um dado em informação. Um conjunto de dados numéricos como 16, 01 e 46 transforma-se em informação quando significa a data de nascimento de uma pessoa muito querida.
- *Comunicação*: quando uma informação é transmitida a alguém, sendo, então, compartilhada também por essa pessoa. Para que haja comunicação, é necessário que o destinatário da informação a receba e a compreenda. A informação transmitida, mas não recebida, não foi comunicada. Comunicar significa tornar comum a uma ou mais pessoas uma determinada informação.

A informação pode ser definida como tudo aquilo que realiza trabalho lógico para a orientação do organismo. A informação é a função organizadora do organismo e permite que ele escolha os possíveis estados de orientação perante o meio ambiente.[30] "Um organismo solitário mantém atualizado o seu sistema orientador em resposta a sinais físicos do estado do meio recebidos pelos seus órgãos dos sentidos. A essa atualização adaptativa do estado de orientação damos o nome de percepção. A comunicação funciona como extensão desse processo em que o organismo receptor é induzido a adaptar-se em resposta a sinais físicos percebidos como símbolos – como se exigissem uma atividade orientadora, além daquela que constitui a percepção deles como acontecimentos físicos".[31]

Wiener[32] salienta o fato de que, no indivíduo, toda informação do ambiente é recebida e coordenada pelo sistema nervoso central, que seleciona, arquiva e ordena os dados, enviando ordens aos músculos, as quais voltam recebidas pelos órgãos de movimentação, passando a combinar com o conjunto de informações já armazenadas para influenciar as ações atuais e futuras. Assim, o conteúdo do que permutamos com o ambiente, ao nos adaptarmos a ele, é a própria informação. Receber e utilizar a informação constitui, basicamente, um processo de ajustamento do indivíduo à realidade e o que lhe permite viver, comportar-se e sobreviver no ambiente. Da mesma forma, as organizações recebem e utilizam informações que lhes permitem viver, comportar-se e sobreviver no ambiente que as rodeia.

TEORIA DA INFORMAÇÃO

A teoria da informação é um ramo da matemática aplicada que utiliza o cálculo de probabilidades. Originou-se em 1920, com os trabalhos de Leo Szilar e H. Nyquist, desenvolvendo-se com as contribuições de Hartley, Claude Shannon, Kolmogorov, Norbert Wiener e outros.

Em 1832, um dos precursores da teoria da informação, Samuel Morse, ao observar uma caixa de tipos gráficos para tipografia, verificou um fenômeno que o levaria a criar o código telegráfico que leva seu nome: as divisões da caixa reservadas para certas letras (como a letra "e" ou "a") eram maiores do que para outras. Fez um levantamento estatístico e estabeleceu uma tabela de frequência de utilização das letras na língua inglesa e aplicou uma codificação de pontos e traços. Para economizar tempo, associou sinais mais curtos às letras mais frequentemente utilizadas.

Em 1928, Hartley, no seu livro *Transmissão da Informação*, salienta que "a informação é tanto maior quanto mais possibilidades forem excluídas". A frase "as maçãs são vermelhas" contém mais informação do que a frase "as maçãs são de cor", pois naquela o substantivo exclui tudo o que não for maçã e o adjetivo exclui todas as cores que não forem vermelhas. Afirma

Hartley que "a informação é proporcional à quantidade de alternativas". Assim, a transmissão da informação precisa ser direta e inequívoca. Os sinais usados na comunicação visual, por exemplo, possuem uma potencialidade própria: alguns carregam maior ou menor taxa de informação.

Claude E. Shannon e Warren Weaver[33] formularam, em 1949, uma teoria geral da informação com base em resultados da física estatística para medir e calcular a quantidade de informação. A teoria de ambos inovava em dois aspectos: na introdução da estatística e na visão macroscópica e não microscópica do assunto.[34] O sistema de comunicação tratado pela teoria da informação consiste em seis componentes: fonte, transmissor, canal, receptor, destino e ruído.

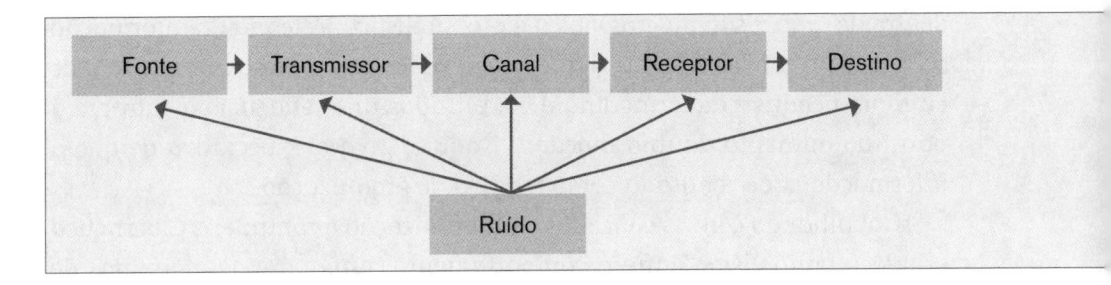

Figura 17.6. O sistema de comunicação.

- *Fonte*: é a pessoa, coisa ou processo que emite ou fornece as mensagens por intermédio do sistema. É o ponto de partida do sistema.
- *Transmissor*: é o processo ou equipamento que opera a mensagem, transmitindo-a da fonte ao canal. O transmissor codifica a mensagem fornecida pela fonte para poder transmiti-la. Em princípio, todo transmissor é um codificador de mensagens.
- *Canal*: é o equipamento ou espaço intermediário entre o transmissor e o receptor. Em telefonia, o canal é o circuito de fios condutores da mensagem de um telefone para outro. Em radiotransmissão, canal é o espaço livre pelo qual a mensagem se propaga a partir da antena.
- *Receptor*: é o processo ou equipamento que recebe a mensagem no canal. O receptor decodifica a mensagem para colocá-la à disposição do destino. Em princípio, todo receptor é um decodificador de mensagem.
- *Destino*: é a pessoa, coisa ou processo a quem é destinada a mensagem no ponto final do sistema de comunicação.
- *Ruído*: significa a quantidade de perturbações indesejáveis que tendem a deturpar e alterar, de maneira imprevisível, as mensagens transmitidas. O

conceito de ruído inclui as perturbações internas presentes nos componentes do sistema, como é o caso das perturbações provocadas pelos defeitos no transmissor ou receptor, ligações inadequadas nos circuitos, etc. A palavra interferência é utilizada para conotar uma perturbação de origem externa ao sistema, mas que influencia negativamente o seu funcionamento, como é o caso de ligações cruzadas, ambiente barulhento, interrupções, interferências climáticas, etc. No sistema de comunicações, toda fonte de erros ou distorções está incluída no conceito de ruído. Uma informação ambígua ou que induz a erro é uma informação que contém ruído.

A teoria da informação substitui cada bloco da Figura 17.6 por um modelo matemático que reproduz o seu comportamento e sua interdependência, dentro de uma visão macroscópica e probabilística. A teoria da informação baseia-se no conceito de que a informação é uma expressão isomórfica à de entropia negativa da termodinâmica: ultrapassar a tendência à entropia a partir do aumento da informação.[35] Daqui deriva a expectativa de que a informação pode ser usada como medida de organização.[36]

Trabalhando com os conceitos de comunicação e controle, a Cibernética estuda o paralelismo entre o comportamento humano e as máquinas de comunicação. Esse paralelo não é simples metáfora, pois consiste em uma semelhança de estrutura entre os processos da máquina e os do comportamento humano.[37]

TABELA 17.2. EXEMPLOS DE SISTEMAS DE COMUNICAÇÕES

Componentes	Sistema telefônico	Porta automática	Programa de TV
Fonte	Voz humana	Afluência de pessoas interrompendo um raio de luz	Palcos e atores
Transmissor	Aparelho telefônico	Célula fotoelétrica e circuitos auxiliares	Câmera, transmissores e antenas
Canal	Fio condutor que liga um aparelho a outro	Fios conduzindo ao solenoide que move a porta	Espaço livre
Receptor	O outro aparelho telefônico	Mecanismo solenoidal	Antena e aparelho de TV
Destino	Ouvido humano	Porta	Telespectador
Ruído	Estática, interferência, linha cruzada, ruídos	Mau funcionamento de algum dos dispositivos	Estática, interferência, mau funcionamento de algum dos componentes

Conceito de redundância

Redundância é a repetição da mensagem para que sua recepção correta seja mais garantida. A redundância introduz no sistema de comunicação certa capacidade de eliminar o ruído e prevenir distorções e enganos na recepção da mensagem. Por isso, quando se quer entrar em uma sala, bate-se na porta mais de duas vezes, ou, quando se quer comprovar o resultado de uma operação aritmética complexa, torna-se a fazê-la.

Conceito de entropia

Entropia (do grego *entrope* = transformação) é um conceito controvertido nas ciências da comunicação. A entropia é a segunda lei da termodinâmica e refere-se à perda de energia em sistemas isolados, levando-os à degradação, à desintegração e ao desaparecimento. A entropia significa que partes do sistema perdem sua integração e comunicação entre si, fazendo que o sistema se decomponha, perca energia e informação e degenere. Como a entropia é um processo pelo qual o sistema tende à exaustão, desorganização, desintegração e, por fim, à morte, para sobreviver o sistema precisa abrir-se e reabastecer-se de energia e de informação para manter a sua estrutura. A esse processo reativo de obtenção de reservas de energia e de informação dá-se o nome de entropia negativa ou negentropia. Na medida em que aumenta a informação, diminui a entropia, pois a informação é a base da configuração e dá ordem. A negentropia, portanto, utiliza a informação como meio ou instrumento de ordenação do sistema. A negentropia é o reverso da entropia, ou seja, o suprimento de informação adicional capaz não apenas de repor as perdas, mas de proporcionar integração e organização no sistema. Toda informação sofre uma perda ao ser transmitida. Todo sistema de informação tem uma tendência entrópica. Daí decorre o conceito de ruído. Quando nenhum ruído é introduzido na transmissão, a informação permanece constante.

Conceito de sinergia

Sinergia (do grego, *syn* = com e *ergos* = trabalho) significa, literalmente, *trabalho conjunto*. O conceito de sinergia também é controvertido. Existe sinergia quando duas ou mais causas produzem, atuando conjuntamente, um efeito maior do que a soma dos efeitos que produziriam atuando individualmente. É o caso da aspirina, que é um febrífugo, e a cafeína também. Ambas as substâncias atuando simultaneamente produzem um efeito febrífugo multiplicado. As organizações são exemplos maravilhosos de efeito sinergístico. Quando as partes de um sistema mantêm entre si um estado sólido, uma estrita inter-relação, integração e comunicação, elas se ajudam mutuamente e o resultado do sistema passa a ser maior que a soma dos resultados de suas partes tomadas isoladamente. Assim, a sinergia constitui o efeito multiplicador das partes de um sistema que alavanca o seu resultado global. A sinergia é um exemplo de emergente sistêmico: uma característica do sistema que não é encontrada em nenhuma de suas partes tomadas isoladamente. A água é diferente do hidrogênio e oxigênio que a formam.

Conceito de comunicação

A comunicação tem um importante papel na organização, como sistema aberto, não só no que tange ao relacionamento interno e externo, mas também no que diz respeito ao controle por retroalimentação. O termo comunicação é usado não somente para focalizar o relacionamento pessoa-pessoa, pessoa-grupo, grupo-pessoa e grupo-grupo, mas também para indicar o fluxo de informação no processo decisório da organização e o relacionamento entre a organização e seus membros, bem como com seu ambiente externo. Essas são as multifacetadas direções da comunicação.

A palavra "comunicação" (do latim, *communis* = comum) refere-se ao processo total da vida do homem em relação ao ambiente social. Cobre um vasto e variado campo da ação humana. "Comunicação é o intercurso através de palavras, letras ou meios similares e envolve o intercâmbio de pensamentos, opiniões e significados. Ela também envolve o conceito de sistemas de comunicação como o telefone, o telégrafo ou a televisão. Comunicação significa também informação: os termos são parte da mesma família".[39] Enfim, a comunicação significa a transmissão da informação para outros, isto é, o compartilhamento da informação com outros. A informação é a substância dos sistemas de comunicação em suas várias formas: impulsos eletrônicos, palavras faladas ou escritas, relatórios formais ou informais ou mensagens para permitir o ingrediente básico para a tomada de decisões.

O aparato de comunicação do ser humano é composto de:[40]

- Órgãos sensoriais (visão, audição, etc.): os receptores.
- Órgãos efetores (voz, corpo, movimentos): os transmissores.
- Centro de comunicação (centro nervoso): o local de origem e destinação de todas as mensagens.
- Partes restantes do corpo, protegendo a maquinaria de comunicação.

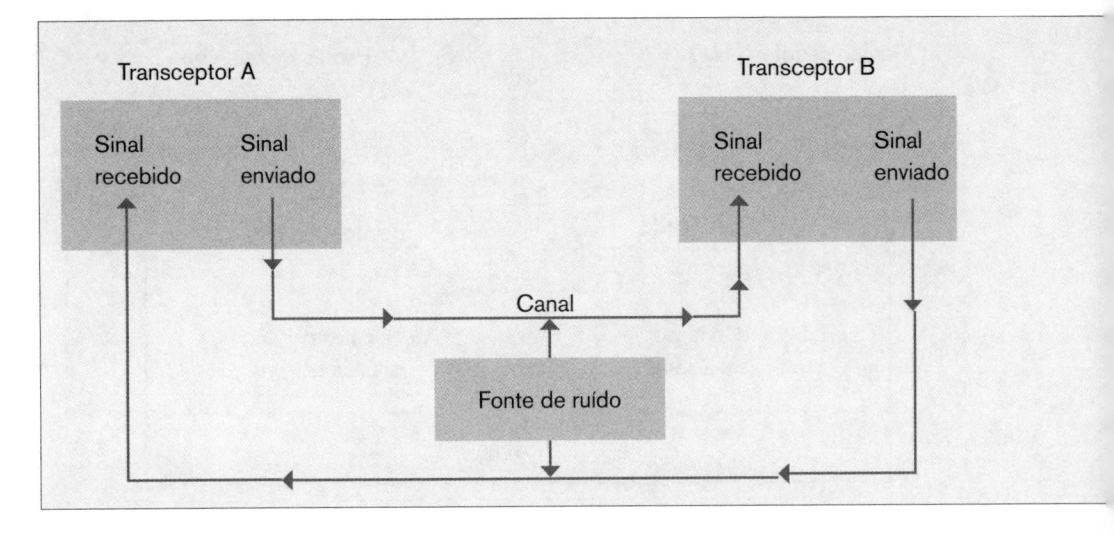

```
┌─────────────────────────────────────────────────────────────────┐
│  Transceptor A                      Transceptor B               │
│  ┌──────────────────┐               ┌──────────────────┐        │
│  │ Sinal    Sinal   │               │ Sinal    Sinal   │        │
│  │ recebido enviado │               │ recebido enviado │        │
│  └──▲────────┬──────┘               └────▲─────────┬───┘        │
│     │        │         Canal             │         │            │
│     │        └─────────────►─────────────┘         │            │
│     │                    ▲                         │            │
│     │             ┌──────┴───────┐                 │            │
│     │             │ Fonte de ruído│                │            │
│     │             └──────┬───────┘                 │            │
│     └────────────────────◄────────────────────────┘            │
└─────────────────────────────────────────────────────────────────┘
```

Figura 17.7. O âmago de um sistema mecânico de comunicações.[41]

Basicamente, o ser humano usa seu sistema de comunicação para:[42]

- Receber e transmitir mensagens e reter informação.
- Desempenhar operações com a informação disponível com o propósito de derivar novas conclusões que não são diretamente percebidas e para reconstruir o passado e antecipar futuros eventos.
- Iniciar e modificar processos filosóficos dentro de sua mente.
- Influenciar e dirigir outras pessoas e eventos externos.

Comunicação e controle são processos decisivos nas organizações. A comunicação é aquilo que torna as organizações coerentes; o controle é aquilo que regula seu comportamento. Se pudermos mapear as trajetórias pelas quais a informação é comunicada entre as diferentes partes da organização e pelas quais ela é aplicada ao comportamento da organização em relação ao mundo exterior, poderemos melhorar nossa compreensão da organização. Uma organização é composta de células em um organismo, ou de máquinas em uma cadeia de comunicações automáticas, ou de seres humanos em uma organização social. Os processos fundamentais de comunicação e controle em todos estes tipos de organização seguem as mesmas regularidades fundamentais. Em qualquer campo em que sejam estudados – na biologia, psicologia, sociologia, neurofisiologia ou na engenharia de comunicação – esses processos fundamentais podem sugerir questões para pesquisas em outros campos do conhecimento humano.[43]

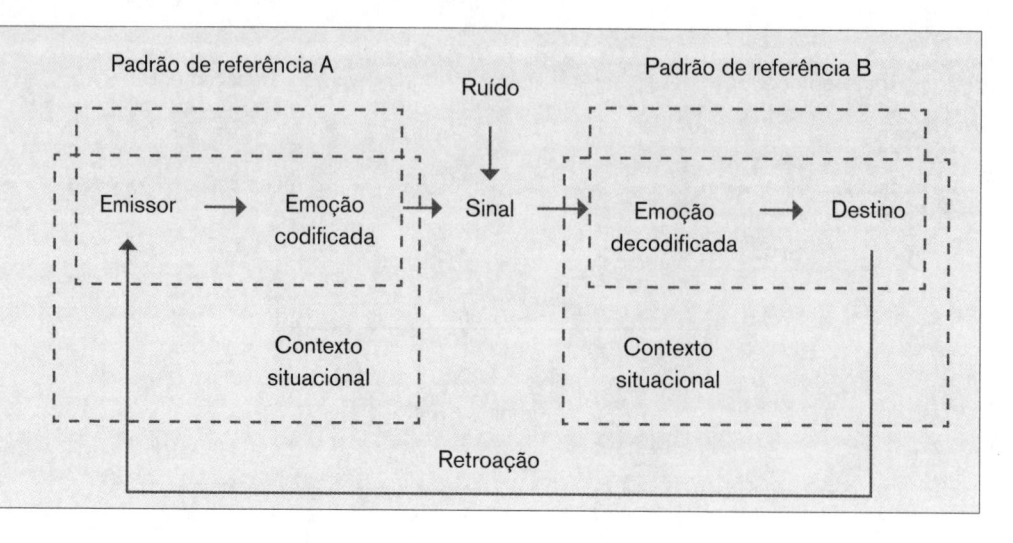

```
                Padrão de referência A                              Padrão de referência B
                                              Ruído
       ┌─────────────────────────────┐              ┌─────────────────────────────┐
       │  ┌──────────────────────┐   │              │   ┌──────────────────────┐  │
       │  │                      │   │              │   │                      │  │
       │  │ Emissor  →  Emoção   ├───┼→  Sinal  ───→│   │ Emoção   →  Destino  │  │
       │  │            codificada│   │              │   │ decodificada         │  │
       │  │                      │   │              │   │                      │  │
       │  └──────────────────────┘   │              │   └──────────────────────┘  │
       │                             │              │                             │
       │         Contexto            │              │           Contexto          │
       │         situacional         │              │           situacional       │
       └─────────────────────────────┘              └─────────────────────────────┘
                                         Retroação
```

Figura 17.8. O aspecto contingencial da comunicação.[44]

Conceito de informática

A informática é a disciplina que lida com o tratamento racional e sistemático da informação por meios automáticos e eletrônicos. Representa o tratamento automático da informação. Constitui o emprego da ciência da informação por meio do computador. Embora não se deva confundir Informática com computadores, na verdade ela existe porque existem os computadores. Na realidade, a Informática é a parte da Cibernética que trata das relações entre as coisas e suas características de maneira a representá-las por meio de suportes de informação; trata, ainda, da forma de manipular esses suportes em vez de manipular as próprias coisas. A informática é um dos fundamentos da teoria e dos métodos que fornecem as regras para o tratamento da informação. No fundo, baseia-se na informação, que por sua vez é resultante do conceito de documentação. Há quem veja na Informática um tratamento tecnológico, sofisticado e atualizado da ênfase nos aspectos formais do velho modelo burocrático. Ela transformou-se em importante ferramental tecnológico à disposição das organizações e das pessoas para promover o desenvolvimento econômico e social, pela agilização do processo de decisão e pela otimização da utilização dos recursos disponíveis.

Os tradicionais fatores de produção – natureza, capital e trabalho – já estão exauridos. Hoje, o capital não se acumula mais no dinheiro nem no maquinário, mas na informação. Quem tem informação tem poder. Antes da Revolução Industrial o moinho de vento representava o mundo agrário e primitivo. A máquina a vapor e a lâmpada elétrica marcaram o surgimento da Era Industrial. A base do mundo na Era da Informação e no novo milênio é o computador. A informática é a responsável pela reestruturação do capitalismo. É ela que dinamiza os processos de produtividade, competitividade, circulação de mercadorias, a administração das organizações e responde pelo fenômeno da globalização do mercado, que não seria possível sem a rede de conexões entre os agentes econômicos e financeiros do mundo todo. O volume crescente de informações cruzando o planeta na velocidade da luz serve para organizar a vida humana em todos os setores. O sucesso da informática reside no espetacular aumento da eficácia em todas as operações que dependam dela. A Informática é um poderoso instrumento de produção e dinamização das informações.

O processamento da informação levou ao surgimento do computador eletrônico, o qual deu início à era da Informática, a partir de 1945. O primeiro computador eletrônico foi o Eniac, construído na Universidade da Pensilvânia para o exército americano entre 1942 e 1945. Para Wiener, há um sistema análogo e paralelo de recepção e processamento de informações entre o ser humano e o computador, isto é, há um paralelismo e uma analogia entre o funcionamento físico do indivíduo e o das máquinas de comunicação. Ambos buscam dominar a entropia (tendência à deterioração, à desorganização, à indiferenciação) pela retroação. Em ambos, há um mecanismo de recepção de informações do ambiente externo a níveis muito altos de velocidade e precisão e a níveis muito baixos de energia, tornando-as acessíveis. Ainda em ambos, as informações são acolhidas, não no seu estado puro, mas por meio de meios internos de transformação. Os sistemas nervosos do homem e do animal funcionam como sistemas de computação e contêm neurônios ou células nervosas que funcionam como relés. Cada nervo tem dois estados típicos do relé: disparo e repouso. A informação é passada ou retida. Também o computador é um sistema que lê, registra e processa informações, guardando os resultados desse processamento em uma memória, acessível por dispositivos de entrada e de saída. De um modo simplificado, o computador é constituído por uma unidade central de processamento, uma memória e dispositivos de entrada e de saída.

Nossos antepassados passavam a maior parte do seu tempo buscando encontrar energia ou informação para dirigir suas organizações. Hoje, precisamos apenas ligar um interruptor ou um computador. Enquanto no passado, o administrador passava a maior parte de seu tempo catando e vasculhando informações duvidosas sobre o que aconteceu no dia anterior, hoje temos essas informações disponíveis, seguras, baratas e em tempo real. A tecnologia da informação mostra que precisamos começar a aprender mais sobre o lado empreendedor da nossa função de administradores.

Método do caso

Descentralização da rede de informações da Simposium

Seguindo a tendência da grande maioria das organizações, a Simposium pretende substituir o seu centro de processamento de dados (CPD) por uma rede integrada de microcomputadores. A ideia é descentralizar o sistema de informações para proporcionar agilidade e flexibilidade às comunicações. Quais as vantagens e desvantagens dessa descentralização? Como você planejaria essa migração?

CONSEQUÊNCIAS DA INFORMÁTICA NA ADMINISTRAÇÃO

A Cibernética marca o início da era da eletrônica nas organizações. Até então, o aparato tecnológico resumia-se a máquinas elétricas ou manuais sempre associadas aos conceitos de automação. Com a mecanização que se iniciou com a Revolução Industrial, o esforço muscular do homem foi transferido para a máquina. Porém, com a automação provocada inicialmente pela Cibernética e depois pela Informática, muitas tarefas que cabiam no cérebro humano passaram a ser realizadas pelo computador. Se a primeira Revolução Industrial substituiu o esforço muscular humano, a segunda Revolução Industrial – provocada pela Cibernética e Informática – está levando a uma substituição do cérebro humano por *softwares* cada vez mais complexos.[45] O computador tende a substituir o ser humano em uma gama crescente de atividades – como no diagnóstico médico, na cirurgia médica, no planejamento e nas operações de manufatura, nos diversos ramos da engenharia, além de um infindável número de outras aplicações – e com enorme vantagem.

No mundo dos negócios, a tecnologia é conhecida como Informática e aparece sob a forma de centros de processamento de dados (em algumas organizações, como bancos e órgãos públicos) ou de redes descentralizadas e integradas de computadores. Por intermédio da Informática, as organizações implementam bancos de dados, sistemas de informação e redes de comunicações integradas.

As principais consequências da Informática na Administração são: automação, TI, sistemas de informação, integração do negócio e *e-business*.

Automação

A automação é uma síntese de ultramecanização, super-racionalização (melhor combinação dos meios), processamento contínuo e controle automático (pela retroação que alimenta a máquina com o seu próprio produto). Com a automação surgiram os sistemas automatizados e as fábricas autogeridas. Algumas indústrias químicas, como as refinarias de petróleo, apresentam uma automação quase total. O mesmo ocorre em organizações cujas operações são relativamente estáveis e cíclicas, como as centrais elétricas, ferrovias, metrôs, etc. Os bancos e financeiras estão entre as organizações que mais estão investindo em automação de suas operações, seja em âmbito interno, seja em sua periferia com os clientes.

Em Cibernética, os autômatos são engenhos que contêm dispositivos capazes de tratar informações (ou estímulos) que recebem do meio exterior e produzir ações (ou respostas). A teoria dos autômatos estuda de forma abstrata e simbólica as maneiras pelas quais um sistema pode tratar as informações recebidas. As máquinas automáticas são capazes de realizar uma sequência de operações até certo ponto semelhantes aos processos mentais humanos, podendo, ainda, corrigir erros que ocorrem no curso de suas operações, seguindo critérios preestabelecidos. Os equipamentos automatizados podem cuidar das funções de observação, memorização e decisão. A automação abrange três setores bem distintos:

- Integração em cadeia contínua de diversas operações realizadas separadamente, como o processo de fabricação, a automação bancária, a automação no comércio, por exemplo.
- Utilização de dispositivos de retroação e regulagem automática (*retroação*), para que as próprias máquinas corrijam os seus erros, como é o caso da indústria petroquímica e da robotização.
- Utilização do computador ou rede de computadores para acumular volumes de dados em bancos de dados e analisá-los por meio de operações lógicas complexas, com incrível rapidez, inclusive na tomada de deci-

sões programadas, como é o caso do cadastro de clientes dos bancos e de contribuintes da Receita Federal.

Com a Cibernética surge a noção de máquinas organizadas: o conceito de máquina aproxima-se do conceito de organização (dotada de controle, retroação e análise da informação). A nova mudança dos tempos atuais: estamos passando da organização da produção (transformação de coisas em coisas) para a organização da produção em termos de fluxo de coisas e de informação. Na verdade, a automação é uma extensão lógica da Administração Científica de Taylor. Desde que as operações tenham sido analisadas como se fossem operações de máquinas e organizadas como tal (e a Administração Científica realizou isto com sucesso), elas deveriam poder ser feitas por meio de máquinas capazes de substituir a mão do homem.

Muito do que se faz em automação depende da robótica, termo criado por Isaac Asimov em 1942. Robótica é a disciplina que estuda o desenho e a aplicação de robôs para qualquer campo da atividade humana. Um robô (do eslavo *robota* = trabalho) é um mecanismo programável desenhado para aceitar entradas simbólicas ou materiais e operar processos físicos, químicos ou biológicos, mediante a mobilização de materiais de acordo com pautas especificadas. Segundo o Instituto Americano de Robótica (RIA), robô é "um manipulador reprogramável e multifuncional, projetado para movimentar ferramentas, operar dispositivos, transportar materiais, por meio de movimentos variáveis, para execução de um conjunto diversificado de tarefas". Assim, sua tecnologia é tanto mais avançada quanto maior for o número e a complexidade das tarefas executadas no menor tempo possível. Inspirado nos braços e mãos humanas – sua configuração mais conhecida – o robô tem eixos no lugar do que seriam as articulações de um braço, tem peças e ferramentas substituindo as mãos. É o número de eixos (chamados graus de liberdade) que determina a capacidade de movimentação (horizontal, vertical ou circular) e a flexibilidade para aplicação em diferentes funções. Essa tecnologia deve envolver a criação e o desenvolvimento de *hardware* (o equipamento em si), bem como o de *software* (o programa para o equipamento funcionar).

A primeira geração de robôs – os autômatos – surgiu em 1962: eram robôs eletromecânicos que faziam movimentos simples como dobrar o braço ou deslocar coisas. A segunda geração – os robôs equipados com comandos eletrônicos que representam a maioria dos robôs industriais – apareceu dez anos depois, com movimentos mais complexos e flexíveis, podendo ser programados para uma série de tarefas diferentes, como soldar, parafusar, pintar, etc. No entanto, embora mais aperfeiçoados, são incapazes de fazer algo por conta própria, pois apenas executam ordens contidas em sua programação. A terceira geração – os robôs inteligentes – permite lidar com situações novas, graças à chamada inteligência artificial. O computador do robô é alimentado por programas que reproduzem mecanismos do raciocínio humano, tornando-o capaz de comparar aquilo que desconhece com experiências passadas, formar conceitos diferentes e até planejar ações futuras. O robô inteligente tem sensores que transmitem informações sobre o ambiente ao computador, e suas articulações têm mais flexibilidade e precisão de movimentos que as do ser humano, como os robôs que colhem frutas das árvores sem que alguém indique quais estão maduras ou os robôs usados em hospitais que realizam microcirurgias complexas localizando tumores cerebrais com absoluta precisão, serrando a caixa craniana na espessura exata e reduzindo os riscos na cirurgia. Há robôs programáveis que tocam piano. Isso tudo mostra que o robô veio para substituir o homem em certas atividades duras, insalubres ou complexas – e não apenas para aumentar a produtividade do homem. Daí a terceira Revolução Industrial: a primeira introduziu as máquinas, a segunda levou a eletrônica às fábricas e a terceira deslocará o homem destas, provocando profundas mudanças nas técnicas industriais, nos níveis de produtividade e nos custos de produção. As organizações do futuro exigirão uma força de trabalho com alto grau de capacidade intelectual, ficando a habilidade manual relegada a um papel menos relevante no processo produtivo.

Tecnologia da informação

A tecnologia da informação (TI) – o principal produto da Cibernética – representa a convergência do computador com televisão e telecomunicações. Ela está invadindo e permeando a vida das organizações e das pessoas provocando profundas transformações, a saber:

- *Compressão do espaço*: a *Era da Informação* trouxe o conceito de escritório virtual ou não territorial. Prédios e escritórios sofreram uma brutal redução em tamanho. A compactação fez que arquivos eletrônicos acabassem com o papelório e com a necessidade de móveis, liberando espaço para outras finalidades. A fábrica enxuta foi decorrência da mesma ideia aplicada aos materiais em processamento e à inclusão dos fornecedores como parceiros no processo produtivo. Os centros de processamento de dados (CPD) foram enxugados (*downsizing*) e descentralizados por meio de redes integradas de microcomputadores nas organizações. Surgiram as empresas virtuais conectadas eletronicamente, dispensando prédios e reduzindo despesas fixas que se tornaram desnecessárias. A miniaturização, a portabilidade e a virtualidade passaram a ser a nova dimensão espacial fornecida pela TI.

- *Compressão do tempo*: as comunicações tornaram-se móveis, flexíveis, rápidas, diretas e em tempo real, permitindo maior tempo de dedicação ao cliente. A instantaneidade passa a ser a nova dimensão temporal fornecida pela TI. O *just-in-time* (JIT) foi o resultado da convergência de tempos reduzidos no processo produtivo. A informação em tempo real e *online* permite a integração de vários processos diferentes nas organizações e passou a ser a nova dimensão temporal fornecida pela TI.
- *Conectividade*: com o microcomputador portátil, multimídia, trabalho em grupo (*workgroup*), estações de trabalho (*workstation*), celular, *smartphones*, *tablets* surgiu o teletrabalho, em que as pessoas trabalham juntas, embora distantes fisicamente. A teleconferência e a telerreunião permitem maior contato entre as pessoas sem necessidade de deslocamento físico ou viagens para reuniões ou contatos pessoais.

Com essas mudanças e transformações, a tecnologia constitui a principal ferramenta ou instrumento a serviço do homem, e não mais a variável independente e dominadora que impunha condições e características tanto à estrutura como ao comportamento das organizações, como ocorria nas duas eras industriais anteriores. Tecnologia servil e escrava, e não mais tecnologia dominadora e desumana. É a tecnologia que guarda, recupera, processa, divulga e propaga a informação. E é a informação que leva ao *conhecimento*. Na era da informação instantânea, as coisas mudam rápida e incessantemente. A administração em uma economia globalizada torna-se um artigo de primeira necessidade, e não é mais possível implementar estratégias de terceira geração (para enfrentar os desafios da Era da Informação) com estruturas empresariais de segunda geração (concebidas na Era Industrial Neoclássica), com executivos de primeira geração (treinados para trabalhar na Era Industrial Clássica).

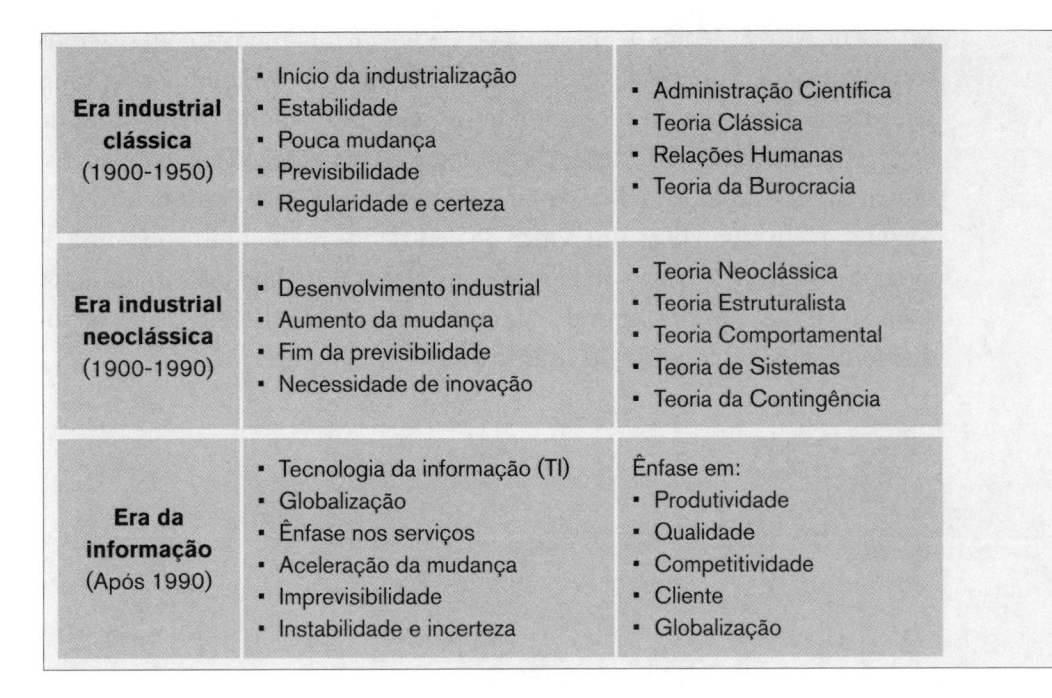

Era industrial clássica (1900-1950)	• Início da industrialização • Estabilidade • Pouca mudança • Previsibilidade • Regularidade e certeza	• Administração Científica • Teoria Clássica • Relações Humanas • Teoria da Burocracia
Era industrial neoclássica (1900-1990)	• Desenvolvimento industrial • Aumento da mudança • Fim da previsibilidade • Necessidade de inovação	• Teoria Neoclássica • Teoria Estruturalista • Teoria Comportamental • Teoria de Sistemas • Teoria da Contingência
Era da informação (Após 1990)	• Tecnologia da informação (TI) • Globalização • Ênfase nos serviços • Aceleração da mudança • Imprevisibilidade • Instabilidade e incerteza	Ênfase em: • Produtividade • Qualidade • Competitividade • Cliente • Globalização

Figura 17.9. As três eras da administração no século XX.

Sistemas de informação

Da mesma forma como todo e qualquer organismo vivo, as organizações recebem e utilizam informações que lhes permitem viver e sobreviver no ambiente que as rodeia. As decisões tomadas nas organizações baseiam-se necessariamente nas informações disponíveis. Para melhorar seu processo decisorial, as organizações criam sistemas específicos de busca, coleta, armazenamento, classificação e tratamento de informações importantes e relevantes para o seu funcionamento. Tais sistemas são geralmente denominados Sistemas de Informação Gerencial (*Management Information System* – MIS).

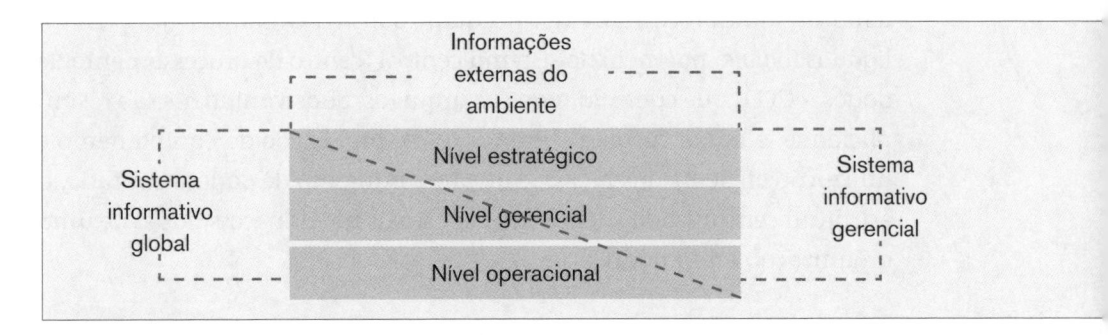

Figura 17.10. A empresa e a informação.

Na essência, os Sistemas de Informação Gerencial (SIG) constituem sistemas computacionais capazes de proporcionar informação como matéria-prima para todas as decisões a serem tomadas pelos participantes tomadores de decisão dentro da organização. Os Sistemas de Informação Gerencial constituem uma combinação de sistema de computação, de procedimentos e de pessoas, e têm como base um banco de dados, que nada mais é que um sistema de arquivos (coleção de registros correlatos) interligados e integrados. Todo SIG apresenta três tipos de componentes: dados, sistema de processamento de dados e canais de comunicação.

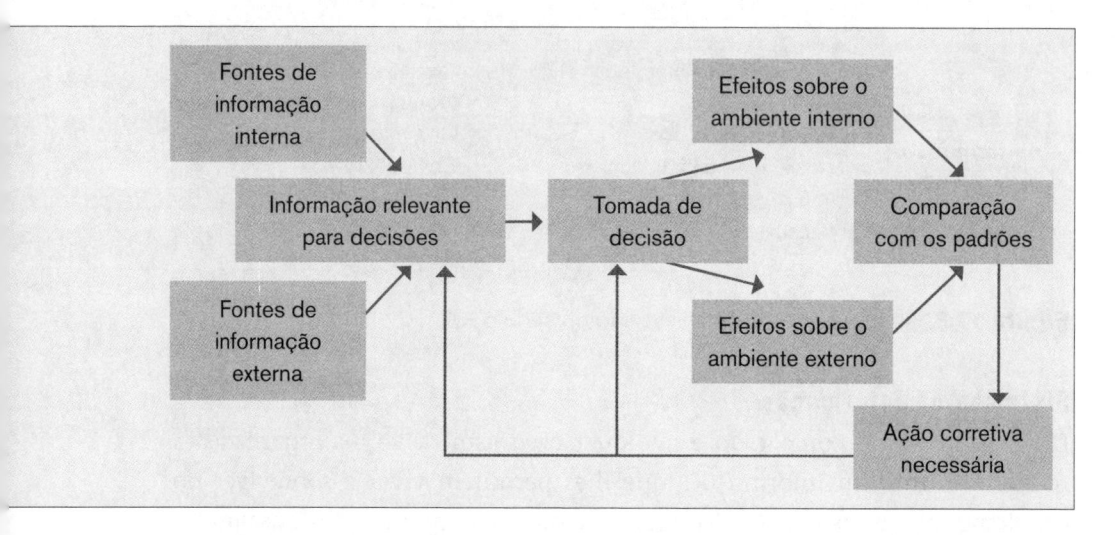

Figura 17.11. Componentes básicos de um sistema de informação gerencial.[46]

O SIG pode apresentar-se sob quatro tipos de estrutura:[47]

■ *Estrutura centralizada*: coloca o computador central (*mainframe*) como o ponto focal de todos os serviços de processamento de dados. É um sistema de multiprocessamento, no qual todas as comunicações passam ligadas (*online*) por meio do sistema central (centro de processamento de dados – CPD) que controla todos os arquivos. Suas vantagens são a simplicidade, o baixo custo, a eliminação de duplicação do equipamento e utilização eficiente dos recursos de processamento de dados. Contudo, a estrutura centralizada é lenta na resposta às novas necessidades de uma organização em mudança.

- *Estrutura hierarquizada*: distribui as informações por meio de uma organização de acordo com as necessidades específicas de cada nível organizacional. Também é um sistema de multiprocessamento, no qual os dados são processados conforme cada nível hierárquico, independentemente dos demais.
- *Estrutura distribuída*: vários computadores separados fornecem dados a diferentes centros independentes, mas que interagem entre si. É também um sistema de multiprocessamento, mas envolve uma estrutura muito cara, por se tratar de um sistema múltiplo com linhas de comunicação e com assessorias separadas.
- *Estrutura descentralizada*: é basicamente uma divisionalização dos recursos computacionais. Cada divisão ou região tem as suas necessidades computacionais e, portanto, o seu centro de processamento de dados específico. É a mais cara de todas as estruturas, mas proporciona segurança e maior rapidez no fornecimento da informação.

A TI modifica o trabalho dentro das organizações e fora delas. A internet – com suas avenidas digitais ou infovias e a democratização do acesso à informação – é um sinal disso. A ligação com a internet e a adoção de redes internas de comunicação a partir da intranet e da extranet intensificam a globalização da economia pela globalização da informação. Quanto mais poderosa a tecnologia da informação, tanto mais informado e poderoso se torna o seu usuário, seja ele uma pessoa, organização ou um país. A informação torna-se a principal fonte de energia da organização: seu principal combustível e o mais importante recurso ou insumo.

Integração do negócio

Cada vez mais a passagem do mundo real para o mundo virtual passa pela TI, que proporciona os meios adequados para que as organizações organizem e agilizem seus processos internos, sua logística e seu relacionamento com o ambiente. Cada vez mais as organizações estão buscando meios para encontrar modelos capazes de integrar todas as soluções para alcançar sucesso nos negócios tradicionais e nos negócios virtuais. Integração, conectividade e mobilidade são as palavras de ordem no mundo atual. Incorporar a moderna TI à dinâmica da organização torna-se hoje imprescindível para o sucesso organizacional. A implantação de um sistema integrado de gestão empresarial passa por quatro etapas:

1. *Construir e integrar o sistema interno*: o primeiro passo para a utilização intensiva da TI é a busca de competitividade operacional, ou seja, a organização interna por meio da adoção de *softwares* complexos e integrados de gestão organizacional. Estes são conhecidos pela sigla ERM (*Enterprise Resource Management*) e são desdobramentos da tecnologia denominada *Computer-Integrated Manufacturing* (CIM), envolvendo a totalidade da organização. Por meio de módulos específicos que são implantados de forma customizada para cada área da organização e interligados entre si, esse conjunto compõe geralmente um único programa capaz de manter o fluxo de processos e controlar e integrar todas as transações internas da organização. Um pedido de venda ilustra bem como o ERM permite controlar e acompanhar as transações da organização, pois permite que ele seja cadastrado no módulo de vendas, disparando automaticamente a programação de produção no módulo de manufatura, ao mesmo tempo em que é gerada uma ordem de cobrança no módulo financeiro. Os resultados: maior eficiência, menores custos, maior rapidez e cliente satisfeito. Isso significa arrumar a própria casa.
2. *Integrar as entradas, a cadeia integrada de fornecedores*: para que esse complexo sistema possa garantir a disponibilidade do produto no tempo certo deve haver também uma logística de materiais: ou seja, dispor dos produtos no tempo certo, local exato e na quantidade esperada, e tudo isso ao menor custo possível da operação. Essa logística começa antes do pedido, já na entrega da matéria-prima do fornecedor ao fabricante, passando, depois, por eventuais atacadistas, transportadores, varejista e, finalmente, do estoque do mercado para o cliente. Isso significa arrumar também a casa dos parceiros e fornecedores, buscando soluções adequadas ao gerenciamento da cadeia logística. As soluções conhecidas no mercado recebem a sigla de SCM (*Supply Chain Management*). Muitos *softwares* de SCM são capazes de chegar à sofisticação de considerar em sua programação dados históricos de horário de pico e vias de tráfego congestionadas, a fim de determinar a rota de menor custo e maior eficiência.[48] Todo o processo é dinâmico, possibilitando que cada programação diária seja diferente da outra. O SCM cuida do gerenciamento de toda a cadeia de fornecimento para uma operação ou empresa: todo o fluxo de informações, materiais e serviços envolvidos no negócio – desde o fornecimento de matéria-prima pelos fornecedores até o usuário final, passando pelos produtores e distribuidores

ou intermediários. A filosofia do SCM mostra como a organização deve administrar suas várias redes de fornecedores para alcançar vantagem estratégica. O objetivo do SCM é sincronizar os requisitos do cliente final com o fluxo de materiais e de informação ao longo da cadeia de suprimentos no sentido de alcançar um balanço entre elevada satisfação do cliente, serviços e custo. Para obter esse balanço entre custos e satisfação do consumidor, a organização toda deve pensar em termos de cadeias simples e integradas, e não em segmentos separados.

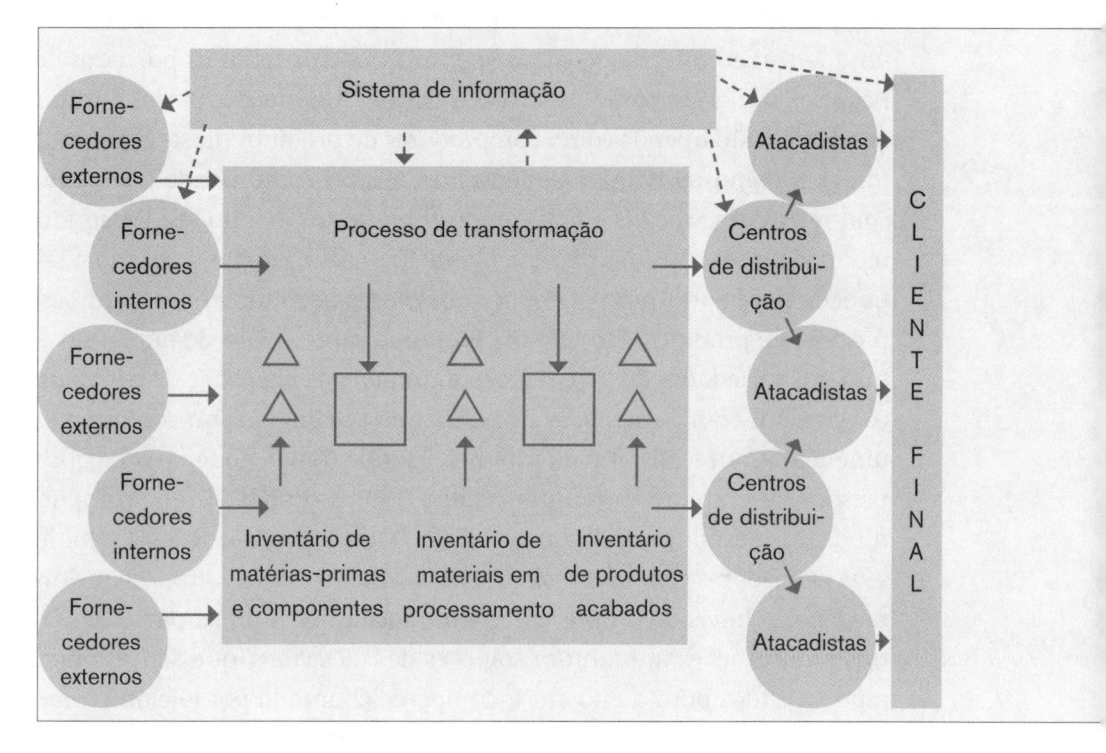

Figura 17.12. A cadeia de fornecedores (*supply chain*).

3. *Integrar as saídas*: isto é, o relacionamento com os clientes. O relacionamento com o cliente constitui o foco das estratégias organizacionais para facilitar o seu acesso a membros da organização, a informações e a produtos oferecidos pela organização. Como o cliente é parte da essência das organizações, nada mais importante que aplicar esforços e recursos na manutenção de um primoroso relacionamento com ele. Isso significa ir além da realização de pesquisas de mercado e de satisfação

do cliente para introduzir possíveis melhorias em produtos e serviços. Ter um sistema interno integrado e excelente e uma logística bem programada não basta. Deve-se considerar o atendimento impecável ao cliente, por meio de *softwares* que gerenciem esse relacionamento e que são conhecidos pela sigla CRM (*Customer Relationship Management*). O objetivo é buscar a fidelização do cliente, oferecendo serviços pós-venda que podem contar muito mais que o fator custo na escala de valores de um cliente consumidor de produtos diferentes entre si. No atual cenário competitivo, a tecnologia é o fator diferenciador. O CRM funciona como uma ferramenta tecnológica que permite encarar todos os parceiros de negócios e clientes como uma comunidade. Além disso, permite tratar os clientes não apenas como compradores de produtos ou serviços, mas também como indivíduos pertencentes a uma comunidade que conta com referências sociais e que compartilha gostos e opiniões. Dessa forma, podem ser considerados agentes de pesquisa, proporcionando a retroação necessária para que as organizações aprimorem seus padrões, processos e produtos. É o que diz Prahalad sobre o fato de que a estrutura das sociedades de hoje se parece com *uma comunidade de estranhos*: convivemos com outras pessoas no mesmo prédio, mas na conhecemos ninguém. Com o advento da internet, usando o *chat*, podemos descobrir pessoas que moram um andar abaixo do nosso prédio e que compartilham a mesma opinião que a nossa. Muitas organizações equipam seus vendedores com *notebooks* dotados de sofisticados *softwares* que armazenam dados da empresa e até a relação dos últimos pedidos. Outras organizações implantam soluções de *call centers*, que são sistemas especializados para atender a todo tipo de chamada por telefone como forma de melhorar o relacionamento com seus clientes.
4. *Integrar o sistema interno com as entradas e saídas*: com a internet, as organizações estão se concentrando no modelo digital de fazer negócios: compram, vendem, pagam, informam e se comunicam com esse novo ambiente. Bancos e órgãos públicos começaram a oferecer serviços aos clientes, permitindo a obtenção de informações, envio de documentos. A relação torna-se mais intensa quando as organizações decidem casar suas operações via internet, buscando maior rapidez e eficiência em seus processos, com redução de custos e aumento da lucratividade, além de produtos e serviços cada vez mais aprimorados para os seus clientes.

Tecnologia e Administração

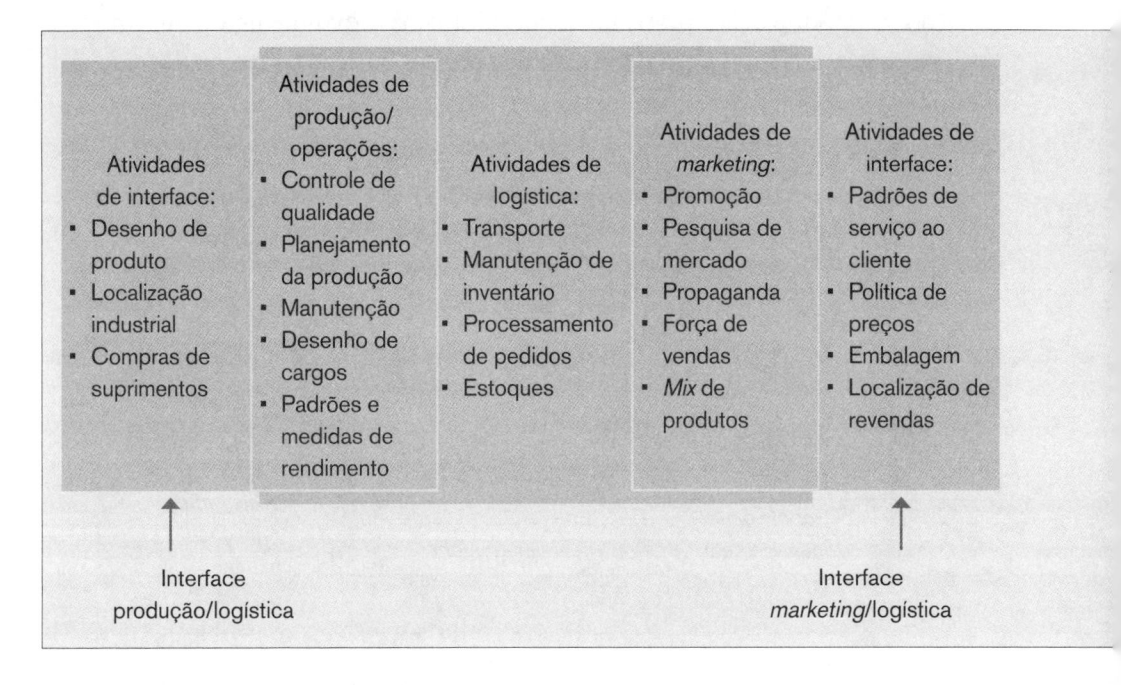

Atividades de interface: • Desenho de produto • Localização industrial • Compras de suprimentos	Atividades de produção/operações: • Controle de qualidade • Planejamento da produção • Manutenção • Desenho de cargos • Padrões e medidas de rendimento	Atividades de logística: • Transporte • Manutenção de inventário • Processamento de pedidos • Estoques	Atividades de *marketing*: • Promoção • Pesquisa de mercado • Propaganda • Força de vendas • *Mix* de produtos	Atividades de interface: • Padrões de serviço ao cliente • Política de preços • Embalagem • Localização de revendas

↑ Interface produção/logística   ↑ Interface *marketing*/logística

Figura 17.13. Interface entre produção, *marketing* e logística.[49]

A internet está quebrando paradigmas, tanto na relação empresa-cliente, conhecida como B2C (ou *b-to-c* = *business to customer*), quanto na relação empresa-empresa conhecida como B2B (ou *b-to-b* = *business to business*), agilizando transações, aumentando a velocidade da comunicação, eliminando fronteiras, reduzindo custos e facilitando a forma de fazer negócios. Todo esse processo de *e-business* é feito por sistemas informatizados e seguros e integrados ao sistema de gestão organizacional. Desde a solicitação da compra até a autorização de pagamentos, todos os aspectos são registrados durante o processo.

Todos os dados provenientes dos sistemas instalados na organização, bem como aqueles externos (entradas e saídas) são armazenados em grandes bases de dados, conhecidas por *Data Warehouse*. Estas são estruturadas para permitir acessibilidade, análise e conversão dos dados em informações consistentes e úteis que podem ser compreendidas e utilizadas por todos os membros para melhor condução dos negócios e aumento da vantagem competitiva da organização. Trata-se de integrar as diversas tecnologias e suas implementações a respeito do fluxo de dados para dentro e fora. Essa inteligência do negócio é também denominada *Business Information Management* (BIM) e constitui a chave do sucesso da organização que pretende ingressar na nova economia ou, melhor dizendo, na Era Digital. Na Era da Informação, as organizações precisam saber lidar com a avalanche de informações em que se baseiam para a tomada de decisões básicas do negócio.

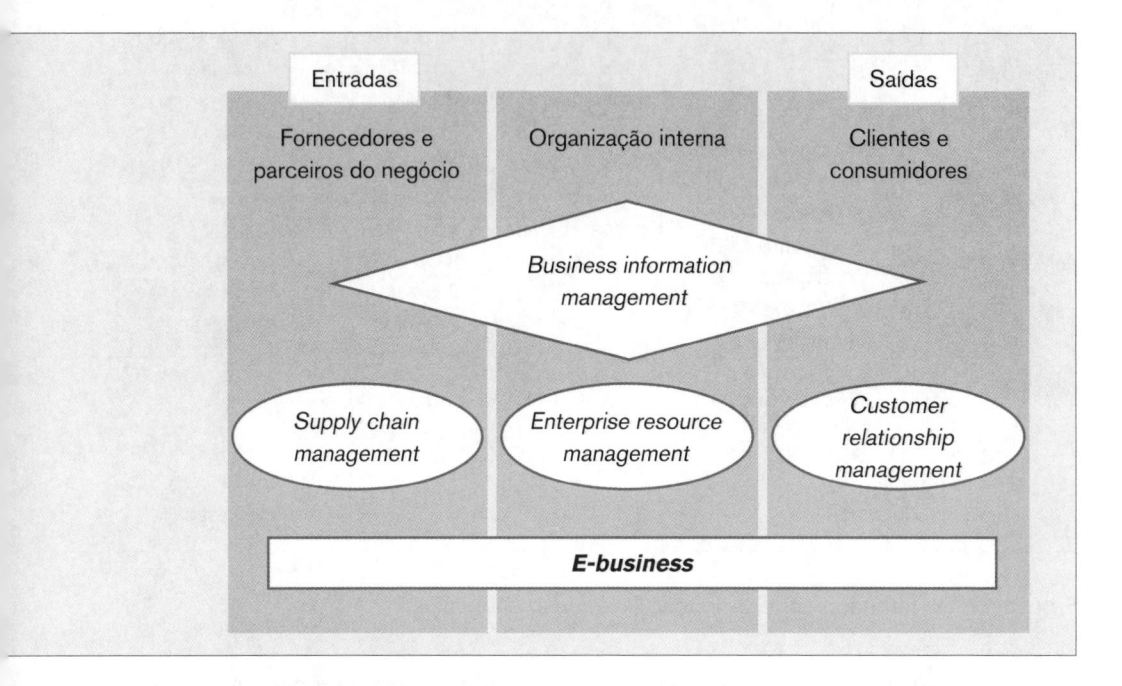

Figura 17.14. As soluções da era digital para o *e-business* e *e-commerce*.

Essas modernas ferramentas estão trabalhando um conceito novo: a filosofia de que a base está não somente na organização do conhecimento da empresa, mas também em como visualizar e utilizar todas as informações internas e externas em prol dos negócios, para tornar a empresa mais produtiva, dinâmica e competitiva. Nenhum negócio consegue viver isolado: é como se cada parte envolvida fosse uma peça de um grande quebra-cabeça que precisa ser encaixada corretamente para montá-lo. Permanece a visão sistêmica: o objetivo é reduzir a incerteza e riscos na cadeia de fornecimento para aumentar o nível dos serviços, processos, estoques, etc.

A chegada da Era da Informação trouxe um novo contexto de administração e uma avalanche de problemas para as organizações. Pegou a maior parte das organizações totalmente despreparadas para a nova realidade. A velocidade e a intensidade das mudanças vão além do que se esperava. O diferencial entre o que as organizações estão fazendo e o que deveriam fazer tornou-se enorme e inultrapassável.[50] A solução? Recorrer a medidas extremas e rápidas para a busca da sobrevivência e da excelência. Assim, começaram a surgir modismos na Administração.

> **Visão Prática – Como aplicar a teoria: *Analytics*.**
>
> Toda organização gera diariamente uma infinidade de dados a respeito de suas operações e nem sempre consegue construir um *insight* (visão global) adequado a respeito. Em outras palavras, os números fluem e escorrem por todos os lados, acima e abaixo, de dentro para fora e de fora para dentro, e ficam sem uma adequada leitura, integração e compreensão. A TI e complexos programas analíticos (*analytics*) permitem integrá-los e "enxergar" neles com maior rapidez as tendências e oportunidades de mercado que estão escondidas entre os números e que passariam despercebidas e desaproveitadas. O termo *analytics* refere-se à aplicação de técnicas estatísticas para ganhar compreensão e valor de informações estruturadas ou não. A *analytics* mede razões e porcentagens para compreender relações com e entre conjuntos de dados para fornecer *insights* e cenários para compreender o mundo ao redor. É a informação a serviço de uma organização mais inteligente e capaz de pensar inteligentemente.

Desde os tempos da Cibernética até os dias de hoje, a tecnologia trouxe uma enorme e valiosa contribuição para a administração. Ela facilitou a vida do administrador ao dispor todas as informações, de maneira integrada, inteligente e em tempo real, a respeito de tudo o que se passa dentro da organização e ao seu redor.

E-business

O *e-business* é o motor da Nova Economia. Dá-se o nome de *e-business* aos negócios virtuais feitos pela mídia eletrônica. Essa mídia, que recebe o nome de *Web* (*Wide World Web*), está proporcionando todas as condições para uma enorme malha interligada de sistemas – portais de intermediação de negócios, *sites* para assegurar o pagamento de bens e serviços, publicidades atualizadas dinamicamente com as últimas notícias de jornais ou de segmentos de mercados, *sites* para oferta e procura de todos os tipos de bens e serviços, *softwares* para oferta de treinamento e conhecimento e uma infinidade de outras aplicações totalmente inseridas na gestão das organizações. Isso significa que cada organização – independentemente do seu tamanho ou área de atuação – precisa construir por si própria ou utilizar por meio de terceiros uma infraestrutura de *hardware* e *software* que permita a ela se manter conectada à malha. E isso passou a ser condição essencial para participar ativamente das oportunidades que estão surgindo no mundo do *e-business* – compras eletrônicas, parcerias, logística virtual, produção sob medida e tudo o mais.

A TI proporcionou a internet, a rede mundial de computadores, a chamada infovia global ou superestrada de informação, cuja capacidade de tráfego permite que o mundo se torne uma verdadeira aldeia global. A internet permite que se receba e forneça informação, isto é, que se ligue diretamente a empresas, fornecedores, clientes e consumidores no mundo inteiro por meio de um simples micro, iniciando a Era Digital. A partir da internet surge a intranet, que são redes internas que usam a mesma tecnologia e que permitem a comunicação direta entre empresas ou dentro da mesma empresa. Ela é ligada à internet, mas protegida dela por um programa de segurança que permite aos usuários da rede doméstica navegarem na internet, mas impede a entrada de intrusos no espaço virtual da corporação. A Intranet funciona sem a intermediação dos monopólios estatais (correios e empresas de telefonia ou de telecomunicações) ou de operadoras privadas. O correio eletrônico (*e-mail*) promove grupos de discussão, reuniões virtuais, tráfego de documentos, etc. Aliás, o *e-mail* sem intermediários segue a mesma direção do dinheiro eletrônico (*e-money*), ou seja, da moeda digital que representa um meio de pagamento virtual e que pode dar a volta ao mundo em milésimos de segundo. Isto faz que conceitos clássicos e imperturbáveis, como base monetária, meio circulante, nível de liquidez na economia estejam a caminho da aposentadoria. A idade digital está derrubando conceitos clássicos e colocando em seu lugar novos e diferentes conceitos de um mundo sem fronteiras. Mas a coisa não fica por aí. Graças à sua interatividade, as intranets apresentam possibilidades ilimitadas e podem criar organizações baseadas no conhecimento, derrubando as barreiras e paredes internas, bem como romper as ilhas de informação, fazendo que a informação flua livremente no interior das organizações e derrubando os gerentes como fontes exclusivas e monopolizadoras de informação. O principal impacto do computador foi criar funções ilimitadas para as pessoas.

A tecnologia sempre foi associada aos conceitos de automação, velocidade, precisão e rapidez. Até o advento da internet e sua incrível capacidade de interconectar organizações e pessoas a um baixo custo, a tecnologia teve um papel de facilitadora dos processos de negócios. Agora, no mundo do *e-business*, tecnologia significa outra coisa: ela é o próprio ambiente de negócios em que vão aparecer as oportunidades e no qual serão realizadas as transações.[51]

Homo digitalis

Já que a Administração Científica enfatizou o *Homo economicus*, e a Escola de Relações Humanas, o homem social; o estruturalismo apontou o homem organizacional e a Teoria Comportamental conduziu ao homem administrativo, não é de se estranhar que muitos autores estejam falando do homem digital: aquele cujas transações com seu meio ambiente são efetuadas predominantemente por meio do computador.

TABELA 17.3. AS CONCEPÇÕES DO SER HUMANO POR MEIO DAS TEORIAS ADMINISTRATIVAS

Teorias administrativas	Conceito de ser humano
Administração Científica	Homem econômico
Teoria das Relações Humanas	Homem social
Teoria Clássica	Homem econômico e social
Teoria Estruturalista	Homem organizacional
Teoria Comportamental	Homem administrativo
Informática	Homem digital

Método do caso

A intranet na Gama Associados

Para incrementar e dinamizar ainda mais a sua rede interna de comunicações, a Gama Associados pretende utilizar os meios proporcionados pela internet para criar a sua própria rede interna, a intranet. Como diretor de planejamento da Gama, como você poderia apresentar as vantagens disso?

APRECIAÇÃO CRÍTICA

O recurso corporativo que desempenha o papel mais importante na criação da nova organização é a TI. Por trás dela, está o computador. Contudo, salienta Crainer,[52] a TI não conseguiu ainda gerar os benefícios de produtividade e desempenho projetados pelas organizações. As razões são muitas:

- A primeira: os administradores têm uma compreensão limitada do que a TI pode proporcionar à sua organização. Quase sempre estão preocupados apenas com redução de custos e economias. Querem reduzir tarefas e pessoas. O pior é que as tarefas a ser eliminadas ou automatizadas quase sempre são as que envolvem contato direto com os clientes.
- A segunda: a TI é geralmente utilizada nas tarefas erradas, como um meio de coletar dados e sustentar processos com estatísticas. O foco no processamento de dados já era. A TI é muito mais do que uma ferramenta para coletar dados que se transformam em informações.
- A terceira: quase sempre ela se transformou em mais uma função na organização, quando deveria ser um recurso à disposição de todos.

As contribuições deste movimento baseado inicialmente nas ciências exatas vão desde os conceitos básicos de sistemas – como entradas, saídas, processamento, retroação, homeostasia, informação, sinergia, entropia, informática, etc. – passando pela automação, tecnologia da informação, integração do negócio, inteligência competitiva, *e-business* e chegando à organização digital e organização virtual. O recurso corporativo que desempenha um papel fundamental na criação da nova organização é a TI. Por trás dela está o computador e a *web*. Apesar da globalização o mundo todo ficou mais próximo e acessível graças à TI. Com ela veio a Era da Informação.

Contudo, em vez de automatizar tarefas, a TI deveria, acima de tudo, informar as pessoas.[53]

CRONOLOGIA DOS PRINCIPAIS EVENTOS DA INFORMÁTICA

2500 a.C.	O ábaco (um sistema de bolas para cálculo) aparece no Oriente Médio como meio para facilitar as transações comerciais
1200	Surge o ábaco chinês, baseado no sistema decimal
1643	Blaise Pascal cria uma máquina para cálculo (para somar e subtrair), movida por mecanismos de relojoaria
1835	Charles Babbage, matemático inglês, idealiza uma máquina precursora do computador, inspirada no tear de Jacquard. Usava cartões perfurados para dar "ordens" à máquina, realizava as quatro operações de forma sequencial e tinha estrutura semelhante à do computador, com unidade aritmética e lógica, memória (baseada nos cartões), unidade de comando, unidade de entrada e unidade de saída
1886	Criada a máquina de calcular de Burroughs

(Continua)

Tecnologia e Administração

(Continuação)

1890	Utilizada na tabulação dos resultados do censo, nos Estados Unidos, a máquina eletromecânica, inventada pelo engenheiro Hollerith (1860-1929). Usava cartões perfurados e a leitura feita por agulhas que faziam contatos elétricos por meio das perfurações dos cartões. Um mostrador apontava os resultados
1896	Hollerith funda a empresa Tabulating Machine Company, que em 1917 passa a chamar-se International Business Machines (IBM)
1930	A IBM constrói o Difference Tabulator, interligando um multiplicador IBM, uma tabuladora e uma máquina contábil
1939	Surge o Complex Tabulator, o primeiro calculador universal, usando relês telefônicos na unidade central
1945	Surge o primeiro computador eletrônico a válvulas, de primeira geração. A nova tecnologia, a eletrônica, foi utilizada por dois cientistas da Universidade de Pensilvânia, para construir o Electronic Numerical Integrator and Computer (Eniac), com válvulas no lugar de relês telefônicos. Pesava 30 toneladas e tinha 18 mil válvulas, gastando muita energia
1948	Criado o Selective Sequence Electronic Calculator (IBM-SSEC), com 13.500 válvulas e 21.400 relês telefônicos
1948	Criado na Inglaterra um computador inteiramente eletrônico, o Manchester Automatic Digital Machine (NADM)
1951	Lançado o primeiro computador comercial, o Universal Automatic Computer (UNIVAC)
1953	A IBM lança o IBM 701, computador comercial de grande porte
1956	Criado o computador de segunda geração, com transistores, de tamanho menor e sem irradiar calor
1961	Criado o computador de terceira geração, com circuitos integrados microminiaturizados, de pequeno tamanho e maior potência. A IBM lança o IBM/360, computador de alta velocidade
1970	Criado o microprocessador que reduz a unidade central de processamento, o "cérebro" do computador, a uma pequena pastilha de silício, o chip. A IBM lança o IBM/370
1975	A Apple Computer lança nos Estados Unidos o Apple II, o microcomputador pessoal, revolucionando o mercado. Outras empresas lançam-se em seguida à comercialização de microcomputadores de menor custo
1981	A IBM lança o seu primeiro PC *(personal computer)*

Método do caso

A Digital Equipment Corporation[54]

Os acionistas da DEC – sigla como é conhecida a Digital Equipment Corporation no mercado internacional de computadores – têm recebido boas notícias. A companhia voltou a operar com lucro e seu faturamento anual ultrapassou 15 bilhões de dólares. O valor de mercado da companhia de Boston, cujo nome está associado à invenção dos minicomputadores, ultrapassou 8 bilhões de dólares. Tempo de festa.

A DEC representa um caso de ressurreição de uma empresa que estava em queda livre, com bilhões de dólares acumulados em prejuízos em uma sequência funesta de sete anos seguidos no vermelho, quando as despesas cresciam mais rapidamente que as receitas. Todos davam-na como morta.

O novo presidente, Robert Palmer começou virando a mesa. Aplicou todo o receituário de praxe para salvar o defunto: demitiu cerca de 60 mil pessoas – metade da força de trabalho da companhia –, reduziu a estrutura organizacional eliminando níveis hierárquicos (*downsizing*), cortou fundo as despesas, desbastou os vários ramos da empresa até reduzi-la ao seu núcleo essencial (*core business*). Depois, promoveu três reestruturações subsequentes, cada uma delas em direção oposta à reestruturação anterior. Como a sobrevivência da empresa estava em jogo, Palmer não podia esperar até saber exatamente o que fazer. Simplesmente, tinha de fazer alguma coisa. E grande.

Os processos de reengenharia não resolveram muito. Os seus famosos minicomputadores VAX perdiam mercado e a marca DEC continuava anônima no mercado de computadores pessoais. A companhia que havia revolucionado a computação na década de 1970, criando a primeira alternativa barata aos grandes computadores (*mainframes*) da IBM, parecia agora sem fôlego para chegar ao novo milênio. Palmer procurou atuar firme em duas frentes distintas: sistemas abertos e alianças estratégicas.

Com a revolução dos micros, desencadeou-se no mercado de informática uma tendência à pulverização de produtores de programas e de computadores. As empresas que desejavam certo tipo de solução passaram a buscar no mercado a combinação de *software* e *hardware* que oferecessse melhor preço e desempenho. A DEC estivera caminhando em sentido inverso, fornecendo minicomputadores com programas exclusivos, que só funcionavam em suas próprias máquinas. Era uma solução total, cara e datada. Era necessário levar a empresa ao mercado aberto.

A consequência prática dessa percepção foi a busca por alianças estratégicas. Como era incapaz de competir com a variedade de soluções oferecida pelo novo mercado, a DEC concentrou-se na produção de computadores e passou a buscar parceiros na área de *software* e equipamentos periféricos. O sucesso com que essa política foi implementada é a principal razão do bom desempenho da companhia. A política de alianças começou com a venda à Oracle, maior produtora mundial de programas para armazenamento de informações, a sua bem-sucedida linha de programas de bancos de dados RDB, recebendo em troca a garantia de que a Oracle adaptaria seus produtos aos novos computadores da DEC. Resultado: a DEC vendeu milhares de computadores dedicados à formação de banco de dados, ao valor unitário de 100 mil dólares cada. Na mesma direção, a de transformar concorrentes em aliados, a DEC passou seus discos rígidos à Quantum. Outra aliança estratégica foi firmada com a Microsoft, adaptando a totalidade de sua linha de produtos aos programas da Microsoft. Dona do mercado de programas para computadores de mesa, a Microsoft encontrava resistência no mercado de redes corporativas. É exatamente onde está o filé da Informática. A Microsoft treinou centenas de técnicos e vendedores da DEC – inclusive no Brasil – para dar suporte à sua linha de produtos.

QUESTÕES
1. Qual a atuação da DEC em *hardware* e em *software*?
2. Como você caracterizaria a estratégia da DEC para sair do sufoco?
3. Qual seria o núcleo essencial do negócio (*core business*) da DEC?
4. Como você vê o mercado de informática? Quais as características que deve ter uma empresa para operar nesse mercado, em termos de sistema aberto?

A abertura da cibernética
- Conceito de sistemas e de modelos
- Conceito de:
  - Entradas
  - Saídas
  - Caixa negra
  - Retroação
  - Homeostasia
  - Informação

Teoria da informação
- Fonte
- Transmissor
- Canal
- Receptor
- Destino
- Ruído
- Redundância
- Sinergia
- Entropia
- Informática

Consequências da informática
- Automação
- Tecnologia da informação (TI)
- Sistemas de informação
- Integração do negócio
- *e-business*
- *Homo digitalis*

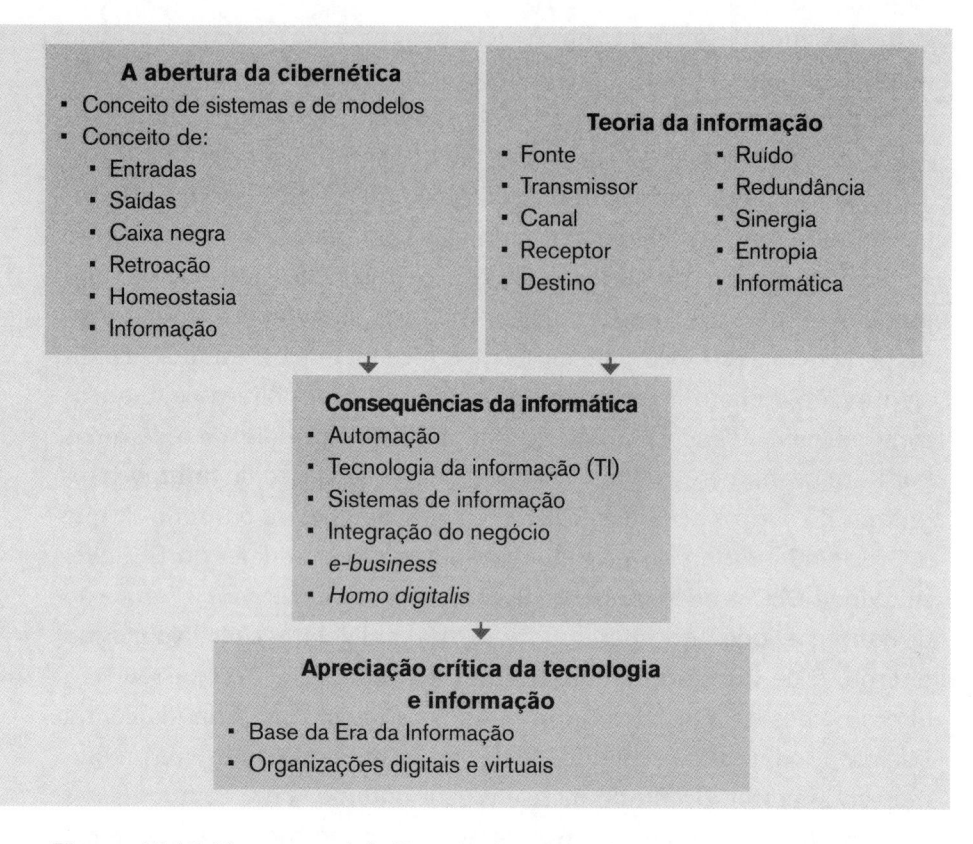

Apreciação crítica da tecnologia e informação
- Base da Era da Informação
- Organizações digitais e virtuais

Figura 17.15. Mapa mental de Tecnologia e Administração.

REFERÊNCIAS

1. WIENER, Norbert (1894-1963), matemático americano, considerado o fundador da Cibernética.
2. WIENER, N. Cybernetics: or control and communication in the animal and the machine. Cambridge: The Technology Press of Massachusetts Institute of Technology, 1948.
3. NEUMANN, J. von; MORGENSTERN, O. Theory of games and economic behavior. Princeton University, 1947.
4. SHANNON, C. E.; WEAVER, W. The mathematical theory of communication, Urbana: University of Illinois, 1949.
5. BERTALANFFY, L. von. The theory of open systems in physics and biology. Science, v. III, p. 23-8, 1947.
6. Para melhor informação histórica ver: LATIL, P. Thinking by machine: a study of cybernetics. Boston: Houghton Mifflin, 1957.
7. BERTALANFFY, L. von The theory of open systems in physics and biology, op. cit.
8. SHANNON, C. E.; WEAVER, W., op. cit.

9. ASHBY, W. R. Introduction to cybernetics. New York: John Wiley & Sons, 1956.
10. BERTALANFFY, L. von. Teoria geral dos sistemas. Petrópolis: Vozes, 1975. p. 41.
11. BEER, S. Cibernética e administração industrial. Rio de Janeiro: Zahar, 1969. p. 25.
12. BEER, S., op. cit., p. 25.
13. BEER, S., cit., p. 28.
14. Ver: TEICHROEN, D. Introduction to management science: deterministic models. New York: John Wiley, 1964. GASS, S. I. Linear programming. New York: McGraw-Hill, 1969.
15. Ver: SPURR, W. A.; BONINI, C. P. Statistical analysis for business decisions. New York: Richard D. Irwin, 1969.
MILLER, D. W.; STARR, M. K. A estrutura das decisões humanas. Rio de Janeiro: Fundação Getúlio Vargas, Serviço de Publicações, 1970.
SCHALAIFER, R. Probability and statistics for business decisions. New York: McGraw-Hill, 1959.
16. BEER, S., op. cit., p. 28.
17. BEER, S., op. cit., p. 28.
18. BEER, S., op. cit., p. 34-5.
19. BEER, S., op. cit., p. 28.
20. BOULDING, K. General systems theory: the skeleton of science. Management Science, april 1956.
21. Adaptado de: BOULDING, K. General systems theory: the skeleton of science. In: Management Science, abr. 1956.
22. STARR, M. K. Management: a modern approach. New York: Harcourt Brace Jovanovich, 1971. p. 32-3.
23. BLACK, M. Models and archetypes. In: BLACK, M. Models and metaphors. Ithaca: Cornell University, 1962. p. 219-43.
24. EPSTEIN, I. Homeostasia. In: Enciclopédia Abril. São Paulo: Abril, p. 2372.
25. No decorrer da Segunda Guerra Mundial, Wiener participou de dois projetos importantes: o aperfeiçoamento de computadores eletrônicos e do sistema de defesa antiaérea. Verificou que ambos usurpavam funções típicas de seres humanos: o primeiro, ao organizar informações recebidas, e o segundo, ao prever o movimento de um alvo variável. Concluiu que, no homem, o uso da experiência anterior (ensaio e erro) é básico para tornar eficaz a ação presente. E isso era exatamente o que os engenheiros de controle denominavam retroalimentação (*feedback*) e que passou a ser o princípio básico da Cibernética. Em um sistema cibernético, a retroação verifica se o objetivo está sendo atingido ou não.
26. CANNON, W. B. The wisdom of the body. New York: W. W. Norton & Company, 1939. p. 20-4.
27. CANNON, W. B., op. cit., p. 20-4.
28. ASHBY, N. R. Adaptation in the multistable system. In: EMERY, F. E. (Ed.). Systems thinking. Middlesex: Penguin Books, 1972.
29. EPSTEIN, I. Informação. In: Enciclopédia Abril. São Paulo: Abril, p. 2556.

30. MACKAY, D. M. The informational analysis of questions and commands. In: CHERY, C. (Org.). Information theory: fourth London symposium. London: Butterworth and Company, 1961.
31. MACKAY, D. M., op. cit., p. 470-1.
32. WIENER, N. Cibernética. São Paulo: Polígono, 1970.
33. SHANNON, C. E.; WEAVER, W., op. cit.
34. SLEPIAN, D. apud MCCLOSKEY, J.; TREFETHEN, F. N. Teoria das informações. In: Pesquisa operacional como instrumento de gerência. São Paulo: Edgard Blücher, 1966.
35. O conceito de informação está intimamente ligado à noção de seleção e escolha. Quanto mais frequente for um sinal, menos ele informa, pois a sua ocorrência pode ser parte de outras mensagens. A escolha mais simples entre duas possibilidades é representada pela alternativa sim/não (1/0, ou cara/coroa ou interruptor ligado/desligado). A quantidade de informação produzida por essa escolha pode ser considerada uma unidade básica que é denominada bit de informação (bit é uma palavra formada do prefixo bi = binary e do sufixo t = digit; binary digit = número binário). A medida de informação fundamenta-se na possibilidade quantitativa de comparar aqueles dois estados: um, no qual o sistema ainda não dispõe da informação; e outro, no qual o sistema já teve acesso a ela. Por causa de sua extrema simplicidade, o sistema binário foi escolhido como sistema básico de referência nos modelos matemáticos dos sistemas de comunicações. É o caso, por exemplo, do computador que usa os dígitos binários: 0 ou 1. Byte é a unidade de armazenamento de informação e corresponde a um caráter de dado composto de 8 bits.
36. BERTALANFFY, L. von. Teoria geral dos sistemas. Petrópolis: Vozes, 1975. p. 42.
37. KAPLAN, A. Sociology learns the language of mathematics. Commentary, v. 14, 1952. p. 274-84.
38. KAPLAN, A. Sociology learns the language of mathematics, op. cit., p. 169.
39. JOHNSON, R. A.; KAST, F. E.; ROSENZWEIG, J. E. The theory and management of systems. New York: McGraw-Hill, 1963. p. 74.
40. RUESCH, J.; BATESON, G. Communication. New York: W. W. Norton, 1951. p. 16-7.
41. PIGORS, P.; MYERS, C. A. Personnel administration: a point of view and a method. New York: McGraw-Hill, 1965. p. 79.
42. RUESCH, J.; BATESON, G, op. cit., p. 17-8.
43. DEUTSCH, K. On communication models in the social sciences. In: SEXTON, W. P. (Ed.). Organization theories. Columbus: Charles E. Merrill, 1970. p. 248.
44. TORGERSEN, P. E.; WEINSTOCK, l. T. Management: an integrated approach. Englewood Cliffs: Prentice-Hall, 1972. p. 388.
45. DONOVAN, J. J. The second industrial revolution: reinventing your business on the web. Upper Sadle River: Prentice Hall, 1997.
46. HICKS, H. G.; GULLETT, C. R. The management of organizations. New York: McGraw-Hill, 1976. p. 527.

47. ORILIA, L. S. Introduction to business data processing. New York: McGraw-Hill, 1982. p. 539-41.
48. POIRIER, C. C.; REITER, D. E. Supply chain optimization: building the strongest total business network. San Francisco: Berrett-Koehler, 1996.
49. Adaptado de: BAILOU, R. Business logistics management. Upper Saddle River: Prentice-Hall, 1985.
50. TAPSCOTT, D.; TICOLL, D.; LOWRY, A. Digital capital. Boston: Harvard Business School, 2000.
51. LOZINSKY, S. A malha eletrônica dos negócios. Ícaro Brasil, Varig, jan. 2001. p. 46.
52. CRAINER, S. Key management ideas: thinkers that changed the management world. New York: Pearson Education, 1999. p. 69.
53. ZUBOFF, S. In: The age of the smart machine. Boston: Harvard Business School, 1998.
54. MARTINS, I. Como Lázaro, a DEC voltou. Exame, n. 611, 5 jun. 1996. p. 52-3.

GLOSSÁRIO BÁSICO

Automação: é a operação automática de um sistema, processo ou máquina. Significa a transferência das operações de controle, regulagem e correção do processo para equipamentos que substituem o trabalho intelectual do homem, possível com a invenção dos computadores, servomecanismos e reguladores com o desenvolvimento da cibernética.

B2B: ou *business to business,* é um tipo de *e-business* feito entre uma organização e outras.

B2C: ou *business to consumer,* é um tipo de *e-business* feito entre uma organização e seus clientes.

CAD: ou *computer aided design,* é uma técnica computadorizada para desenhar novos produtos ou modificar os produtos existentes ou simular condições que afetam os desenhos.

CAM: ou *computer aided manufacturing,* é uma técnica que utiliza computadores para planejar e projetar programas de produção e os equipamentos.

Cibernética: é o estudo do controle e da comunicação no animal e na máquina, segundo Norbert Wiener, em seu livro *Cybernetics* (1948). Constitui um ramo da teoria da informação que compara os sistemas de comunicação e controle de aparelhos produzidos pelo homem àqueles dos organismos biológicos.

Computador: aparelho eletrônico dotado de placas e circuitos que proporcionam esquemas lógicos de raciocínio e memória, capaz de aceitar e interpretar dados, efetuar operações e relatar os resultados dessas operações.

Comunicação: é o fenômeno pelo qual um emissor enviar uma mensagem a um destinatário e vice-versa, por meio de um processo de transmissão e recepção por intermédio de um canal que os separa fisicamente.

Conhecimento: é a informação coordenada e sistematizada.

Controle: é o subsistema que assegura que o sistema funcione dentro da normalidade e que as suas atividades estão alcançando os resultados esperados.

CRM: ou *Consumer Relationship Management*, é um sistema de integração do negócio que envolve todas as transações de saídas com o cliente como parceiro da organização.

Data Warehouse: são bancos de dados integrados e compartilhados por diversos usuários na organização.

e-business: ou negócios eletrônicos, são todas as transações virtuais efetuadas pela *web*.

Entrada (*input*): são os recursos requeridos para a operação ou funcionamento de um sistema.

Entropia: corresponde à segunda lei da termodinâmica e significa a tendência do sistema para a perda de energia e consequente desagregação, degradação e desaparecimento, quando essa perda é maior do que sua capacidade de manutenção.

Equilíbrio: é um estado de estabilidade do sistema de forças em um sistema. Um sistema está em equilíbrio quando todas as suas variáveis permanecem imutáveis em determinado período.

Equilíbrio dinâmico: ver homeostasia.

Era digital: é o nome dado à era em que o computador e a Informática predominam no ambiente de negócios.

ERM: ou *Enterprise Resource Management*, é um sistema de integração do negócio em módulos interligados para interligar todos os fluxos de informação e gerenciar as transações da organização.

Hardware: é o mesmo que sistema físico ou concreto composto de máquinas e equipamentos.

Homem digital: é a concepção do ser humano cujas transações com seu meio ambiente são feitas predominantemente pelo computador.

Homeostasia: é o estado de equilíbrio dinâmico que permite ao sistema manter seu funcionamento estável apesar das flutuações ambientais.

Informação: é um conjunto de dados organizados, agrupados e categorizados em padrões para criar um significado específico.

Informática: área que cuida da coleta, processamento, acumulação e distribuição da informação.

Inteligência artificial: é a capacidade do computador de cumprir tarefas de maneira inteligente, ou seja, por meio da aprendizagem e da tomada de decisões.

Interferência: é o estímulo que concorre negativamente com a mensagem quanto à atenção do decodificador/destinatário.

Integração do negócio: refere-se ao conjunto integrado de *softwares* complexos que interligam a organização em si e com seu ambiente, como o *Enterprise Resource Management* (ERM), o *Supply Chain Management* (SCM) e o *Consumer Relationship Management* (CRM).

Mensagem: é uma informação codificada que a fonte/emissor pretende compartilhar com outros.

Processamento (*throughtput*): é o funcionamento interno de um sistema.

Redundância: é a repetição da mensagem para que sua recepção correta seja garantida. É utilizada para neutralizar o ruído.

Retroação (*feedback*): é um mecanismo pelo qual parte da energia de saída de um sistema volta à sua entrada no sentido de alterá-la. É também denominada servomecanismo, retroalimentação ou realimentação.

Robótica: é o estudo do desenvolvimento e uso de robôs. Um robô é um artefato mecânico construído para desempenhar tarefas repetitivas eficientemente.

Ruído: é a quantidade de perturbações indesejáveis que tendem a deturpar e alterar, de maneira imprevisível, as mensagens transmitidas.

Saída (*output*): são os resultados diretos de um sistema, ou seja, o produto final de um sistema.

SCM: ou *Supply Chain Management*, é um sistema de integração do negócio que envolve todas as transações de entradas da organização e seus respectivos fornecedores.

Semântica: é o significado das palavras.

Sinergia: quando as partes integradas de um sistema produzem um resultado maior do que a soma de seus resultados particulares. É o efeito multiplicador em que 2 + 2 é maior do que 5.

Sistema: é um conjunto de partes interdependentes que funcionam como uma totalidade para algum propósito.

Sistema de informação: é um conjunto de equipamentos, dados e procedimentos que trabalham juntos para restaurar, guardar, processar e disseminar informação para apoiar a tomada de decisão e o controle.

***Software*:** é o mesmo que sistema abstrato e conceitual composto de filosofias, políticas e diretrizes da organização ou, então, programas e aplicativos destinados ao computador.

Subsistema: é um sistema que faz parte de um sistema maior.

CAPÍTULO 18
Teoria Matemática
da Administração

OBJETIVOS DESTE CAPÍTULO

- Proporcionar uma visão da influência das técnicas matemáticas sobre a Administração, principalmente sobre o processo decisório.
- Mostrar a aplicação de modelos matemáticos em Administração.
- Introduzir os conceitos de pesquisa operacional e suas técnicas.

A TGA recebeu muitas contribuições da Matemática sob a forma de modelos matemáticos para proporcionar soluções de problemas empresariais. Muitas decisões administrativas são tomadas com base em soluções contidas em equações matemáticas que simulam situações reais que obedecem a certas leis ou regularidades.

A Teoria Matemática aplicada à solução dos problemas administrativos é conhecida como Pesquisa Operacional (PO). A denominação PO consagrada universalmente é genérica e vaga. A Teoria Matemática não é propriamente uma escola (como a Teoria Clássica ou a Teoria das Relações Humanas), mas uma corrente que encontramos em vários autores que enfatizam o processo decisório e procuram tratá-lo de modo lógico e racional, por meio de uma abordagem quantitativa, lógica e determinística.

Atualmente, a maior aplicação da Teoria Matemática reside na chamada Administração das Operações em organizações de manufatura e de serviços, envolvendo as seguintes atividades:[1]

- Planejamento dos produtos ou serviços.
- Desenho de processos e de tecnologia.
- Planejamento da capacidade de produção.
- Localização industrial ou organizacional.
- Gerenciamento da qualidade.
- Organização da manufatura ou de serviços.
- Planejamento e controle de operações.

Os temas mais tratados pela Administração das Operações – nome geralmente dado aos assuntos da Teoria Matemática – são os seguintes:

- *Operações*: focalizando os processos produtivos e produtividade, especialmente quando a globalização está impondo produtos mundiais (como o carro mundial cujos componentes são fabricados em diferentes países).
- *Serviços*: tratando de sistemas de operações de serviços.
- *Qualidade*: envolvendo o tratamento estatístico da qualidade, a melhoria contínua, programas de qualidade total e certificação da ISO.
- *Estratégia de operações*: definindo o alinhamento estratégico e a natureza estratégica da administração das operações.
- *Tecnologia*: a utilização do computador na administração das operações.
- *Cadeia de suprimentos e logística*: envolvendo toda a cobertura de movimentação interna e externa de materiais e produtos.

ORIGENS DA TEORIA MATEMÁTICA NA ADMINISTRAÇÃO

A Teoria Matemática surgiu na teoria administrativa a partir de quatro causas básicas:

- *O trabalho clássico sobre Teoria dos Jogos de Von Neumann e Morgenstern* (1947) e de *Wald* (1954) e *Savage* (1954) para a teoria estatística da decisão. A contribuição de H. Raiffa, R. Schalaifer e R. Howard foi fundamental.[2]
- *O estudo do processo decisório* por *Herbert Simon*, então um autor behaviorista, e o surgimento da *Teoria das Decisões* ressaltaram a importância mais da decisão do que da ação dela decorrente na dinâmica organizacional. A tomada de decisão passou a ser considerada decisiva no sucesso da organização como um sistema cooperativo.
- *A existência de decisões programáveis:* Simon[3] definira as *decisões qualitativas* (não programáveis e tomadas pelo homem) e as *decisões quantitativas* (programáveis e programadas para a máquina). Apesar da complexidade do processo decisório e das variáveis envolvidas, certas decisões podem ser quantificadas e representadas por modelos matemáticos e operacionalizadas por computador.[4]
- *O desenvolvimento do computador* permitiu a aplicação e o desenvolvimento de técnicas matemáticas mais complexas e sofisticadas.

A Teoria Matemática surgiu com a concepção da Pesquisa Operacional (PO) no decorrer da Segunda Guerra Mundial. Visava à aplicação do método científico de investigação e experimentação na melhoria dos armamentos e técnicas militares e nas operações de guerra. Sua principal aplicação estava no campo da estratégia militar. A partir daí, a PO passou a ser utilizada em organizações públicas e privadas em virtude do seu sucesso nas operações militares.

A Teoria Matemática pretendeu criar uma Ciência da Administração em bases lógicas e matemáticas. Acabou produzindo uma importante área de atuação, hoje denominada Administração de Operações, voltada principalmente à administração de manufatura e de serviços.

PROCESSO DECISÓRIO

A Teoria Matemática desloca a ênfase na ação para a ênfase na decisão que a antecede. O processo decisório é o seu fundamento básico. Constitui o campo de estudo da Teoria da Decisão iniciada por Simon e que deu origem ao behaviorismo e que é aqui considerada um desdobramento da Teoria Matemática. A tomada de decisão é o ponto focal da abordagem quantitativa, isto é, da Teoria Matemática. O processo decisório constitui a sequência de etapas que formam uma decisão. A tomada de decisão é estudada sob duas perspectivas: a do processo e a do problema.[5]

1. *Perspectiva do processo*: é uma perspectiva genérica e concentra-se nas etapas da tomada de decisão, isto é, no processo decisório como uma sequência de atividades. Dentro desta perspectiva, o objetivo da Administração é selecionar a melhor alternativa de decisão. Dentro desta perspectiva, o processo decisório envolve uma sequência de três etapas simples:
   - Definição do problema.
   - Quais as alternativas possíveis de solução do problema.
   - Qual é a melhor alternativa de solução (escolha).

   A perspectiva do processo concentra-se na escolha dentre as possíveis alternativas de solução daquela que produza melhor eficiência. Sua ênfase está na busca dos meios alternativos. Trata-se de uma abordagem criticada por se relacionar exclusivamente com o procedimento, e não com o conteúdo da decisão. Há modelos matemáticos que retratam as possíveis decisões a serem tomadas e que variam desde a racionalidade (meios visando a objetivos) até a irracionalidade (onde predominam escolhas baseadas em emoções e impulsos irracionais).

2. *Perspectiva do problema*: está orientada à resolução de problemas. Sua ênfase está na solução final do problema. Essa perspectiva é criticada pelo fato de não indicar alternativas para implementação direta e pela sua deficiência quando as situações demandam vários modelos de implementação. Na perspectiva de problemas, o tomador de decisão aplica métodos quantitativos para tornar o processo decisório o mais racional possível, concentrando-se na determinação e equacionamento do problema a ser resolvido. Preocupa-se com a eficácia da decisão.

Para a Teoria da Decisão, todo problema administrativo equivale a um processo de decisão. Existem dois extremos de decisão: as decisões programadas e as não programadas.[6] Esses dois tipos não são mutuamente exclusivos, mas representam dois pontos extremos, entre os quais existe uma gama contínua de decisões intermediárias.

Teoria Matemática da Administração

TABELA 18.1. CARACTERÍSTICAS DAS DECISÕES PROGRAMADAS E NÃO PROGRAMADAS[7]

Decisões programadas	Decisões não programadas
Dados adequados	Dados inadequados
Dados repetitivos	Dados únicos
Condições estatísticas	Condições dinâmicas
Certeza	Incerteza
Previsibilidade	Imprevisibilidade
Rotina	Inovação

Está ocorrendo uma verdadeira revolução nas técnicas de tomada de decisão. A análise matemática, a pesquisa operacional, o processamento de dados, a análise de sistemas, a simulação pelo computador e os sistemas de integração do negócio são técnicas utilizadas em operações programadas que antes eram executadas pelo pessoal do escritório. O computador assumiu o trabalho do homem, está assumindo o da média administração e logo mais assumirá o da alta direção, produzindo decisões programadas que governarão a empresa. A automação e a racionalização da decisão estão conduzindo a sistemas estruturados que permitem diagnóstico e solução integrada de problemas de forma analítica e objetiva. É o que vimos no último capítulo com o *Consumer Relationship Management* (CRM), o *Supply Chain Management* (SCM) e o *Enterprise Resource Management* (ERM).

Método do caso

Os estoques da CustomCar

Leda Jardim trabalha na CustomCar, uma concessionária de automóveis. Um dos problemas que a aflige é o de definição de estoques de carros e de autopeças para assegurar as operações cotidianas da empresa. Leda conhece bem os volumes mensais médios de vendas dos diversos modelos de carros e da enorme variedade de autopeças. Como os valores unitários são elevados, não deve haver estoques desnecessários nem insuficientes. Como ela poderia aplicar modelos matemáticos na definição desses estoques?

MODELOS MATEMÁTICOS EM ADMINISTRAÇÃO

A Teoria Matemática preocupa-se em construir modelos matemáticos capazes de simular situações reais na empresa. A criação de modelos matemáticos focaliza a resolução de problemas de tomada de decisão. Vimos que o modelo é a representação de alguma coisa ou o padrão de algo a ser feito. É por meio do modelo que se fazem representações da realidade.

Na Teoria Matemática, o modelo é usado como simulação de situações futuras e a avaliação da probabilidade de sua ocorrência. O modelo delimita a área de ação de forma a proporcionar o alcance de uma situação futura com uma razoável esperança de ocorrência. Os modelos representam simplificações da realidade. Sua vantagem reside nisso: manipular de maneira simulada as complexas situações reais por meio de simplificações da realidade. Sejam matemáticos ou comportamentais, os modelos proporcionam um instrumento valioso de trabalho para a administração lidar com problemas. Um problema é uma discrepância entre o que é (isto é, a realidade) e o que poderia ou deveria ser (isto é, os valores, metas e objetivos).[8]

A organização defronta-se com uma variedade de problemas em diferentes graus de complexidade. Os problemas podem ser classificados em problemas estruturados e não estruturados.[9]

Problemas estruturados

Um problema estruturado é aquele que pode ser perfeitamente definido, pois suas principais variáveis – como os estados da natureza, ações possíveis e possíveis consequências – são conhecidas.

O problema estruturado pode ser subdividido em três categorias:[10]

- *Decisões sob certeza*: as variáveis são conhecidas e a relação entre as ações e suas consequências é determinística.
- *Decisões sob risco*: as variáveis são conhecidas e a relação entre a consequência e a ação é conhecida em termos probabilísticos.
- *Decisões sob incerteza*: as variáveis são conhecidas, mas as probabilidades para avaliar a consequência de uma ação são desconhecidas ou não são determinadas com algum grau de certeza.

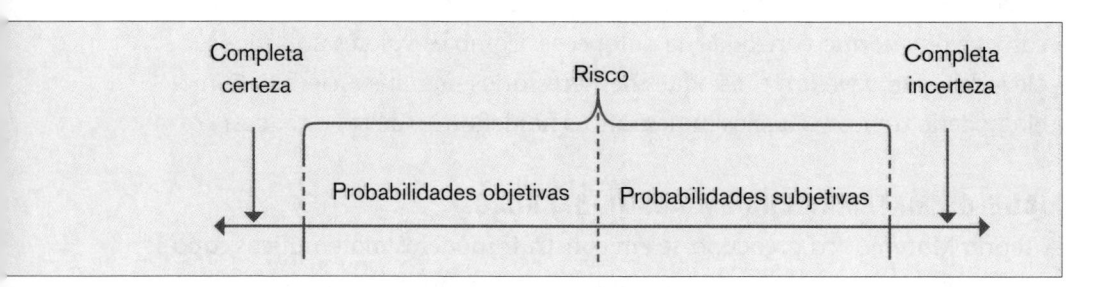

Figura 18.1. *Continuum* certeza-incerteza.[11]

Problemas não estruturados

O problema não estruturado não pode ser claramente definido, pois uma ou mais de suas variáveis é desconhecida ou não pode ser determinada com algum grau de confiança. O modelo matemático pode tratar os problemas estruturados e não estruturados com vantagens, pois:[12]

- Permite descobrir e entender os fatos de uma situação, melhor do que permitiria uma descrição verbal.
- Descobre relações existentes entre os vários aspectos do problema que não transpareceriam na descrição verbal.
- Permite tratar do problema em seu conjunto e considerar todas as variáveis principais simultaneamente.
- É suscetível de ampliação por etapas e incluir fatores abandonados nas descrições verbais.
- Utiliza técnicas matemáticas objetivas e lógicas.
- Conduz a uma solução segura e qualitativa.
- Permite respostas imediatas e em escala gigantesca por meio de computadores e equipamentos eletrônicos.

TABELA 18.2. OS PROBLEMAS (ESTRUTURADOS E NÃO ESTRUTURADOS) E AS DECISÕES (PROGRAMADAS E NÃO PROGRAMADAS)[13]

		Decisões	
		Programadas	Não programadas
Problemas	Estruturados	Dados adequados e repetitivos, certos e corretos	Dados inadequados, novos, incertos e não confiáveis
		Previsibilidade	Imprevisibilidade
		Problemas com situações conhecidas e estruturadas	Problemas com situações conhecidas e variáveis estruturadas
		Processamento de dados convencional	Tomada de decisão individual e rotineira
	Não estruturados	Dados adequados e repetitivos, certos e corretos	Dados inadequados, novos, incertos e não confiáveis
		Previsibilidade	Imprevisibilidade
		Problemas com situações desconhecidas e não estruturadas	Problemas com situações desconhecidas e variáveis não estruturadas
		Pesquisa operacional	Tomada de decisão individual e criativa
		Técnicas matemáticas	

Tipos de decisão

Em função dos problemas estruturados e não estruturados, as técnicas de tomada de decisão – programadas e não programadas – funcionam da seguinte maneira:

TABELA 18.3. OS TIPOS DE DECISÃO E AS TÉCNICAS DE TOMADA DE DECISÃO[13]

		Técnicas de tomada de decisão	
		Tradicionais	Modernas
Tipos de decisão	Decisões repetitivas de rotina: Decisões com base em processos rotineiros da organização	Hábito Rotina (procedimento padronizado de ação) Estrutura organizacional, métodos e processos previamente definidos	Pesquisa operacional Análise matemática Modelos Simulação em computador Processamento de dados
	Não programadas: Decisões de momento, mal-estruturadas ou tratadas pelos processos gerais de solução	Julgamento, intuição e criatividade Regras empíricas Decisões de executivos Políticas e diretrizes, normas e regulamentos	Técnicas heurísticas de solução de problemas aplicadas a: • treinamento de executivos para a tomada de decisão • definição de programas heurísticos para computador

Método do caso

A Companhia Kapa de Cimento

Alguns problemas operacionais das empresas podem ser resolvidos por meio de modelos matemáticos. A Companhia Kapa de Cimento possui uma fábrica totalmente automatizada, na qual o problema fundamental é definir a produção (saída ou resultado em termos de toneladas de cimento) e o tempo de processamento (em termos de horas ou dias de trabalho). Em função dessas duas variáveis, podem-se calcular os insumos (entradas) necessários, como matérias-primas, eletricidade, mão de obra, equipamentos, etc. Como você poderia aplicar a Teoria Matemática neste caso?

PESQUISA OPERACIONAL

O ramo da Pesquisa Operacional (PO) descende – sob vários aspectos – da Administração Científica, à qual acrescentou métodos matemáticos refinados, como a tecnologia computacional e uma orientação mais ampla.[15] Ambas têm em comum a sua aplicação ao nível operacional. A PO adota o método científico como estrutura para a solução dos problemas, com forte ênfase no julgamento objetivo. Os autores da escola matemática provieram da Matemática, da Estatística, da Engenharia e da Economia e possuem uma orientação técnico-econômica racional e lógica.

As definições de PO variam desde técnicas matemáticas específicas até o método científico em si. Em geral, essas definições incluem três aspectos básicos comuns à abordagem de PO quanto à tomada de decisão administrativa:[16]

- Visão sistêmica dos problemas a serem resolvidos.
- Uso do método científico na resolução de problemas.
- Utilização de técnicas específicas de estatística, probabilidade e modelos matemáticos para ajudar o tomador de decisão a resolver o problema.

A PO é considerada uma teoria da decisão aplicada:

> utiliza meios científicos, matemáticos ou lógicos para resolver problemas que se apresentam quando o executivo procura um raciocínio eficaz para enfrentar seus problemas de decisão.[17] No seu sentido mais amplo, a PO é a aplicação de métodos científicos, técnicas científicas e instrumentos científicos a problemas que envolvem operações de sistemas, de modo a munir os executivos, responsáveis pelas operações, de soluções ótimas para os problemas.[18]

A abordagem de PO incorpora a abordagem sistêmica ao reconhecer que as variáveis internas e externas nos problemas decisórios são inter-relacionadas e interdependentes. A PO focaliza a análise de operações de um sistema, e não apenas com um problema particular. Para tanto, ela utiliza:

- A probabilidade na abordagem de PO para decisões sob condições de risco e de incerteza.
- A estatística na sistematização e análise de dados para obter soluções.
- A matemática na formulação de modelos quantitativos.

PO é "a aplicação de métodos, técnicas e instrumentos científicos a problemas que envolvem as operações de um sistema, de modo a proporcionar, aos que controlam o sistema, soluções ótimas para o problema em foco".[19] Ela se "ocupa de operações de um sistema existente...", isto é, "materiais, energias, pessoas e máquinas já existentes...".[20] "O objetivo da PO é capacitar a administração a resolver problemas e tomar decisões".[21] Embora haja diversidade nas definições sobre a PO, há unanimidade quanto ao seu objetivo: fornecer subsídios racionais para a tomada de decisões nas organizações. A PO pretende tornar científico, racional e lógico o processo decisório nas organizações.

O método da PO utiliza seis fases, a saber:[22]

- *Formular o problema*. Com a análise do sistema e seus objetivos e das alternativas de ação.
- *Construir um modelo matemático para representar o sistema*. O modelo expressa o sistema como um conjunto de variáveis, das quais uma, pelo menos, está sujeita a controle.
- *Deduzir uma solução do modelo*. A solução ótima de um modelo por meio do processo analítico ou do processo numérico.
- *Testar o modelo e a solução*. Construir o modelo que represente a realidade e que deve ser capaz de prever com exatidão o efeito das mudanças no sistema e a eficiência geral do sistema.
- *Estabelecer controle sobre a solução*. A solução de um modelo será adequada enquanto as variáveis incontroladas conservarem seus valores e as relações entre as variáveis se mantiverem constantes.
- *Colocar a solução em funcionamento (implementação)*. A solução precisa ser testada e transformada em uma série de processos operacionais.

Em resumo, a PO é utilizada para visualizar uma operação como um todo e, nesse sentido, é utilizada no nível operacional das organizações.[23] Suas aplicações são muito amplas: fluxos de produção, controle de qualidade, planejamento e controle da produção, transporte, estoque, distribuição e manipulação de materiais ou produtos (envolvendo logística), eficiência e produtividade, pesquisas de mercado, prevenção de acidentes, etc.[24]

Técnicas de PO

As principais técnicas de PO são:

- Teoria dos Jogos.
- Teoria das Filas.
- Teoria da Decisão.
- Teoria dos Grafos.
- Programação linear.
- Programação dinâmica.
- Probabilidade e estatística matemática.

Teoria dos Jogos

A Teoria dos Jogos, apresentada pelos matemáticos Johann von Neumann (1903-
-1957) e Oskar Morgenstern (1902-1962),[25] propõe uma formulação matemática para a análise dos conflitos. O conceito de conflito envolve oposição de forças ou de interesses ou de pessoas que origina uma ação dramática. A situação de conflito ocorre quando um jogador ganha e outro perde, pois os objetivos visados são indivisíveis, antagônicos e incompatíveis entre si. A Teoria dos Jogos é aplicada aos conflitos (chamados jogos) que envolvem disputa de interesses entre dois ou mais intervenientes, no qual cada jogador pode assumir uma variedade de ações possíveis, delimitadas pelas regras do jogo.[26] O número de estratégias disponíveis é finito e, portanto, enumerável. Cada estratégia descreve o que será feito em qualquer situação. Conhecidas todas as estratégias possíveis dos jogadores, podem-se estimar os resultados possíveis.

A Teoria dos Jogos é aplicável quando:

- O número de participantes é finito.
- Cada participante dispõe de um número finito de cursos possíveis de ação.
- Cada participante conhece os cursos de ação ao seu alcance.
- Cada participante conhece os cursos de ação ao alcance do adversário, embora desconheça qual será o curso de ação escolhido por ele.
- As duas partes intervêm de cada vez e o jogo é "zero-soma", ou seja, puramente competitivo: os benefícios de um jogador são as perdas do outro, e vice-versa.

Quando os participantes escolhem seus respectivos cursos de ação, o resultado do jogo acusará as perdas ou ganhos finitos, que são dependentes dos cursos de ação escolhidos. Os resultados de todas as combinações possíveis de ações são perfeitamente calculáveis.

A Teoria dos Jogos tem uma terminologia própria.[27]

- *Jogador*: cada participante envolvido.
- *Partida* (ou disputa): quando cada jogador escolhe um curso de ação.
- *Estratégia*: regra de decisão pela qual o jogador determina seu curso de ação. O jogador nem sempre conhece a estratégia do adversário.
- *Estratégia mista*: quando o jogador usa todos seus cursos de ação disponíveis, em uma proporção fixa.
- *Estratégia pura*: quando o jogador utiliza apenas um curso de ação.
- *Matriz*: é a tabela que mostra os resultados de todas as partidas possíveis.

Os números da matriz representam os valores ganhos pelo jogador. Os valores negativos traduzem perdas. A teoria é estática (pois trabalha apenas com valores dados, fixos e independentes do resultado do jogo), enquanto as situações concretas são dinâmicas (seus valores não são fixos). Como qualquer outra teoria científica, a Teoria dos Jogos representa um mapa simplificado, isomorfo, da realidade. Sua utilidade reside na razão direta do isomorfismo em relação a algum aspecto do mundo real.

A Teoria dos Jogos é aplicável em análises de concorrência em mercados competitivos, como por exemplo:

- Na disputa de clientes ou consumidores quando há forte competição.
- Na disputa de recursos financeiros no mercado financeiro ou de capitais.
- Na disputa de recursos de produção no mercado de fornecedores ou de matérias-primas, etc.

Teoria das Filas

A Teoria das Filas refere-se à otimização de arranjos em condições de aglomeração e de espera e utiliza técnicas matemáticas variadas. A Teoria das Filas é a teoria que cuida dos pontos de estrangulamento e dos tempos de espera, ou seja, das demoras verificadas em algum ponto de serviço. A maior parte dos trabalhos de Teoria das Filas situa-se em problemas de gargalos e esperas, como ligação telefônica, problemas de tráfego, suprimentos, logística e atendimento a clientes.[28]

Em uma situação de fila, existem os seguintes componentes:

- Clientes ou operações.
- Uma passagem ou ponto de serviço por onde devem passar os clientes ou operações.
- Um processo de entrada (*input*).
- Uma disciplina sobre a fila.
- Uma organização de serviço.

A situação de fila ocorre quando clientes desejam prestação de serviço; quando cada cliente se aproxima do ponto de serviço, ocorre um período de prestação de serviço que termina quando o cliente se retira. Os outros clientes que chegam, enquanto o primeiro está sendo atendido, esperam a sua vez, isto é, formam uma fila. Na Teoria das Filas, os pontos de interesse são: o tempo de espera dos clientes; o número de clientes na fila; e a razão entre o tempo de espera e o tempo de prestação de serviço.

A Teoria das Filas é aplicável em análises de tráfego, como no trânsito viário em situações de congestionamento ou de gargalos; no dimensionamento de caixas de atendimento nas agências bancárias ou em supermercados; no balanceamento de linhas de montagem; no dimensionamento de centrais telefônicas; e em logística e materiais.

A Teoria das Filas trouxe muitos aportes à Administração, como a chamada Teoria das Restrições[29]. Essa teoria salienta que as maiores filas encontram-se na frente dos gargalos que obstruem e atrasam o processo produtivo. Tais gargalos funcionam como restrições ao sistema. A ideia é a de que toda corrente é tão forte quanto o seu elo mais fraco. São as restrições que definem o andamento do sistema produtivo, e não os seus pontos de eficiência. O importante é identificar as restrições, atuar sobre elas no sentido de reduzir os gargalos, subordinar a eficiência do processo aos pontos de gargalo ou engarrafamento.

Outra decorrência da Teoria das Filas é a técnica japonesa denominada *Just-in-Time* (JIT), que levou ao conceito de fábrica enxuta. O JIT é um sistema de controle de inventário que programa os materiais a fim de que cheguem precisamente no momento em que sejam necessários à linha de produção. O objetivo do JIT é desenvolver processos produtivos simples e enxutos, sem materiais em estoque, com um mínimo de materiais em processamento e com uma linha dotada de filas eficientes e sem gargalos ou restrições. Também o *kanbam* (do japonês, cartão) é um método para facilitar o uso e reposição de inventários para evitar esperas (quando insuficientes) ou excesso de materiais em estoque ou em processamento (quando demasiados).

Teoria dos Grafos

A Teoria dos Grafos baseia-se em redes e diagramas de flechas para várias finalidades. Oferece técnicas de planejamento e programação por redes (CPM, Pert, etc.) utilizadas nas atividades de construção civil e de montagem industrial. Tanto o *Programm Evaluation Review Technique* (Pert), como o *Critical Path Method* (CPM) são diagramas de flechas que identificam o caminho crítico estabelecendo uma relação direta entre os fatores de tempo e custo, indicando o "ótimo econômico" de um projeto. Esse "ótimo econômico" é alcançado por meio de certa sequência das operações de um projeto que permita o melhor aproveitamento dos recursos disponíveis por meio de um prazo otimizado. O *Neopert* é uma variação simplificada do Pert, possibilitando economia de tempo na sua elaboração.

As redes ou diagramas de flechas são aplicáveis em projetos que envolvam várias operações e etapas, vários recursos, diferentes órgãos envolvidos, prazos e custos mínimos. Tudo isso deve ser articulado, coordenado e sincronizado da melhor maneira. Os cronogramas convencionais e o Gráfico de Gantt não permitem a sincronização de todas essas variáveis. As redes ou diagramas de flechas apresentam vantagens, a saber:

- Execução do projeto no prazo mais curto e ao menor custo.
- Mostram o inter-relacionamento das etapas e operações do projeto.
- Distribuição ótima dos recursos disponíveis e facilitam a sua redistribuição em caso de modificações.
- Fornecem alternativas para a execução do projeto e facilitam a tomada de decisão.
- Identificam as tarefas ou operações "críticas", ou seja, aquelas que não oferecem folga de tempo para a sua execução. As tarefas ou operações "críticas" que afetam o prazo para o término do projeto global, permitindo que a administração concentre nelas a sua atenção.
- Definem a responsabilidade dos órgãos ou pessoas envolvidos no projeto.

TABELA 18.4. ESQUEMA PREPARATÓRIO PARA ELABORAÇÃO DO GRÁFICO PERT

Evento (n°)	Evento (descrição)	Tempo (dias)	Evento (pré-requisito)	Tempo otimista Início	Tempo otimista Fim	Tempo pessimista Início	Tempo pessimista Fim	Folga
1	Obter informação sobre produto e fabricação	5	-	1	5	1	5	0
2	Preparar planos e orçamentos de fabricação	20	1	6	25	6	25	0
3	Montar equipamentos e ferramentas de produção	25	2	26	50	26	50	0
4	Preparar local de produção	13	3	51	63	51	63	0
5	Comprar materiais e componentes de produção	4	3	26	29	42	45	16
6	Receber materiais e componentes	20	5	30	49	46	65	16
7	Admitir ou transferir pessoal	10	2	26	35	54	63	28
8	Treinar pessoal	2	4 e 7	64	65	64	65	0
9	Produzir primeiras unidades	1	6 e 8	66	66	66	66	0
10	Corrigir operações de produção	5	9	67	71	67	71	0
11	Atingir a produção normal	8	10	72	79	72	79	0

Teoria Matemática da Administração

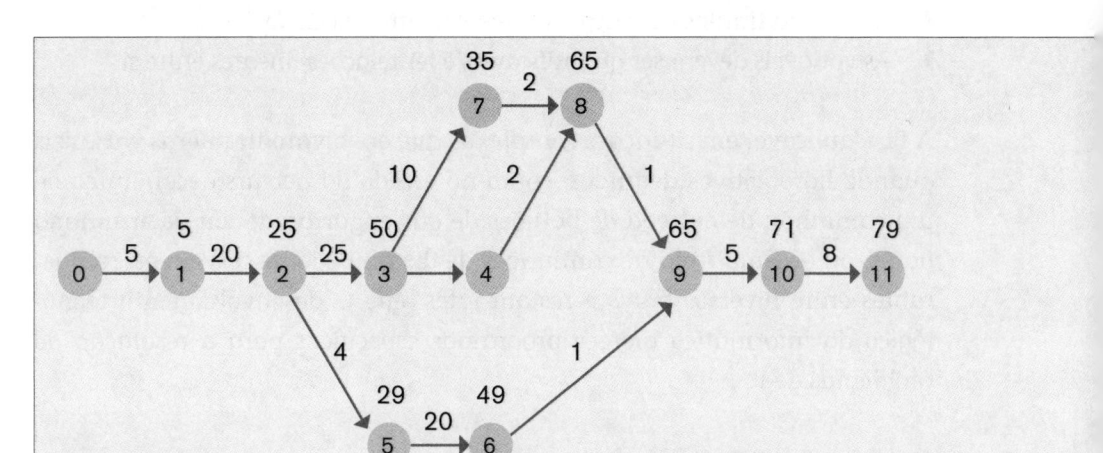

Com os dados anteriores, o passo seguinte é montar o gráfico PERT:

Figura 18.2. Diagrama de PERT: introdução de nova linha de produtos.

Programação linear

Programação Linear (PL) é uma técnica matemática que permite analisar os recursos de produção no sentido de maximizar o lucro e minimizar o custo. É uma técnica de solução de problemas que requer a definição dos valores das variáveis envolvidas na decisão para otimizar um objetivo a ser alcançado dentro de um conjunto de limitações ou restrições, que constituem as regras do jogo. Tais problemas envolvem alocação de recursos, relações lineares entre as variáveis da decisão, objetivo a alcançar e restrições. Quase sempre essa técnica focaliza problemas de buscar a melhor maneira de alocar recursos escassos entre atividades concorrentes. O problema da alocação envolve situações como programar a produção para maximizar lucros, misturar ingredientes de um produto para minimizar custos, selecionar um portfólio excelente de investimentos, alocar pessoal de vendas em um território ou definir uma rede de transportes intermodais com o menor custo e maior rapidez.[30] Assim, a PL é aplicável à programação de processos decisórios para obter o custo mínimo ou o rendimento máximo. A PL apresenta as seguintes características:

■ Procura a posição ótima em relação a um objetivo. A finalidade é minimizar custos e maximizar benefícios em função do objetivo prefixado.

- Supõe a escolha entre alternativas ou combinação destas alternativas.
- Considera limites ou restrições que cercam a decisão.
- As variáveis devem ser quantificáveis e ter relações lineares entre si.

A PL é aplicável em situações complexas que envolvam inúmeras variáveis quando há objetivos definidos, como no estudo do percurso econômico de um caminhão de entrega de botijões de gás engarrafado em determinado bairro ou de uma frota de caminhões de distribuição de cerveja ou refrigerantes entre diversos bares e restaurantes, etc. O desenvolvimento tecnológico da informática oferece programas específicos para a resolução de problemas de PL.

Programação dinâmica
A programação dinâmica é aplicada em problemas que possuem várias fases inter-relacionadas, em que se deve adotar uma decisão adequada a cada uma das fases, sem perder de vista o objetivo final. Somente quando o efeito de cada decisão for avaliado é que poderá ser efetuada a escolha final. A técnica pode ser ilustrada por meio de um exemplo supersimplificado do problema de um motorista que deseja ir de um ponto a outro da cidade, devendo, ainda, interromper a viagem para almoçar. Normalmente, o motorista soluciona o problema por fases. Primeiramente, seleciona vários locais intermediários nos quais poderá tomar a refeição. Em seguida, determina o trajeto ótimo de seu ponto de partida para cada local intermediário até seu ponto de chegada. A menor distância (ou o menor tempo de percurso, conforme o caso) determina o melhor ponto intermediário. Sua primeira decisão consiste em escolher o local da refeição, e a segunda, o melhor trajeto para esse local. Mas em qualquer tipo de soluções está presente a preocupação última de procurar o menor percurso ou o menor dispêndio de tempo até o ponto final.

A programação dinâmica é aplicável em casos de estudos de alternativas econômicas para decidir entre comprar/construir/manter máquinas e equipamentos, ou entre comprar/alugar imóveis ou, ainda, entre manter/desimobilizar ativos da organização.

Probabilidade e análise estatística
A análise estatística é o método matemático utilizado para obter a mesma informação com a menor quantidade de dados. Uma de suas aplicações mais

conhecidas é o controle estatístico de qualidade (CEQ) na área de produção. Os métodos estatísticos permitem produzir o máximo de informações a partir dos dados disponíveis. A análise estatística fornece meios para a escolha de amostras, suas características para serem "representativas" do universo de dados e qual o risco associado na decisão de aceitar ou rejeitar um lote de produção, em função das informações fornecidas pelo exame da amostra. A aplicação da estatística aos problemas de qualidade começou com Walter A. Shewhart no decorrer da Segunda Guerra Mundial. A partir de suas ideias, dois gurus iriam revolucionar o conceito de qualidade, inicialmente no Japão: W. Edwards Deming e J. M. Juran.

Controle estatístico da qualidade

A análise estatística encontrou seu maior divulgador em W. Edwards Deming[31] (1900-1993), que popularizou no Japão – e posteriormente no mundo ocidental – o controle estatístico da qualidade (CEQ) – ou SQC – *Statistical Quality Control*. A ideia inicial era aplicar metodologia estatística na inspeção de qualidade, passando, depois, ao controle estatístico de qualidade e chegando à qualidade assegurada a fim de obter conformidade com as especificações e proporcionar alto grau de confiabilidade, durabilidade e desempenho nos produtos. Sua influência foi tão grande que desde 1951 foi instituído no Japão o Prêmio Deming de Qualidade, como reconhecimento às empresas que obtêm destaque nesse campo. O controle estatístico da qualidade é baseado nas técnicas de determinação do momento em que os erros tolerados na produção começam a ultrapassar os limites de tolerância, quando então a ação corretiva torna-se necessária. As ideias de Deming conduziram ao conceito de melhoria contínua, que será discutido no Capítulo 21. Trata-se de uma filosofia e de um sistema administrativo no sentido de reduzir perdas e incrementar ganhos de maneira incessante.

O controle estatístico da qualidade tem por objetivo localizar desvios, erros, defeitos ou falhas no processo produtivo, comparando o desempenho com o padrão estabelecido. Essa comparação pode ser feita de três maneiras:

■ *Controle de qualidade 100%*: corresponde à inspeção total da qualidade. O controle de qualidade (CQ) total faz parte do processo produtivo e todos os produtos são inspecionados.

- *Controle de qualidade por amostragem*: é o CQ por lotes de amostras recolhidos para serem inspecionados. O controle amostral substitui o controle total por não interferir no processo produtivo. Se a amostra é aprovada, todo o lote é aprovado. Se a amostra é rejeitada, todo o lote deverá ser inspecionado.
- *Controle de qualidade aleatório*: é o CQ probabilístico e consiste em inspecionar apenas certa porcentagem de produtos ou do trabalho aleatoriamente.

A partir do movimento de melhoria contínua e incremental surgiram várias ferramentas para apoio dos processos produtivos. Os chamados 5 S's do *housekeeping* (arrumação da casa) constituem um exemplo clássico:

- *Simplify* (*seiri*): simplificar, isto é, separar e eliminar o que é desnecessário.
- *Straighten* (*seiton*): endireitar, isto é, organizar as coisas essenciais nos seus lugares de maneira que possam ser facilmente acessadas.
- *Scrub* (*seiso*): limpar, isto é, manter as máquinas limpas e tornar agradável o local de trabalho.
- *Stabilize* (*seiketsu*): estabilizar e padronizar, ou seja, fazer da limpeza e da verificação uma prática rotineira.
- *Sustain* (*shitsuke*): apoiar e disciplinar, isto é, retomar os primeiros S's de maneira que o processo seja contínuo e interminável.

Qualidade total

J. M. Juran (n. 1904)[32] estendeu os conceitos de qualidade para toda a empresa com o seu Controle Total da Qualidade (CTQ) – ou *Total Quality Control* – TQC. As ideias de Juran conduziram ao conceito estratégico de qualidade total, que será discutido no Capítulo 21.

Enquanto CEQ é aplicável apenas no nível operacional – e de preferência na área de produção e manufatura –, o CTQ estende o conceito de qualidade a toda a organização, desde o nível operacional até o nível institucional, abrangendo todo o pessoal de escritório e do chão da fábrica em um envolvimento total[33]. Mais ainda, o CTQ envolve também a rede de fornecedores indo até o cliente final em uma abrangência sem limites. As vantagens do CTQ são:

- Redução de desperdícios e de custos.
- Diminuição dos ciclos de tempo e dos tempos de resultados.
- Melhoria da qualidade dos resultados (produtos ou serviços).

TABELA 18.5. PROCESSOS UNIVERSAIS PARA ADMINISTRAR A QUALIDADE[34]

Planejamento da qualidade	Controle de qualidade	Melhoria da qualidade
• Definir objetivos de qualidade	• Escolher itens de controle	• Satisfazer a necessidade
• Identificar os clientes	• Escolher unidades de medição	• Identificar projetos
• Aprender com as necessidades dos clientes	• Definir objetivos	• Organizar equipes de projeto
• Desenvolver requisitos dos produtos	• Criar sensores	• Diagnosticar as causas
• Desenvolver requisitos dos processos	• Medir o desempenho atual	• Proporcionar remédios e garantir que os remédios sejam eficazes
• Estabelecer controles de processos e transferi-los para a produção	• Interpretar a diferença	• Lidar com a resistência à mudança
	• Tomar ação corretiva sobre a diferença	• Controlar para garantir os ganhos

Ambos – o CEQ e o CTQ – constituem abordagens incrementais para obter excelência em qualidade dos produtos e processos, além de proporcionar uma formidável redução de custos.

Método do caso

Dimensionamento de uma agência de turismo

Uma das principais características do trabalho do administrador é tomar decisões, principalmente decisões de natureza julgamental. Enquanto as decisões programadas e estruturadas podem ser tratadas por computador, as decisões programadas e não estruturadas precisam ser tratadas pela pesquisa operacional e outras técnicas matemáticas, mas sempre com o talento do administrador. Assis Pereira tem pela frente um problema que precisa ser resolvido: como dimensionar e organizar uma agência de turismo que precisa atender a clientes sofisticados, cada qual tomando mais de 30 minutos de atenção para esclarecer seus planos e solicitando diferentes cursos de ação? Quais as suas ideias a respeito?

ESTRATÉGIA ORGANIZACIONAL

Embora a Teoria Matemática não tenha se caracterizado por incursões na estratégia organizacional, ela preocupou-se com a competição típica dos jogos. Para Henderson, os elementos básicos da competição estratégica são os seguintes:[35]

- Capacidade de compreender o comportamento competitivo como um sistema no qual competidores, clientes, dinheiro, pessoas e recursos interagem continuamente em busca de resultados.
- Capacidade de usar essa compreensão para predizer como dado movimento estratégico vai alterar o equilíbrio competitivo.
- Recursos que possam ser permanentemente investidos em novos usos, mesmo se os benefícios consequentes só aparecerem no longo prazo.
- Capacidade de prever riscos e lucros com exatidão e certeza suficientes para justificar o investimento correspondente.
- Disposição de agir.

NECESSIDADE DE INDICADORES DE DESEMPENHO

Uma das maiores contribuições dos autores matemáticos foi o aporte de indicadores financeiros e não financeiros para medir ou avaliar o desempenho organizacional ou de parte dele, como indicadores departamentais, indicadores financeiros ou contábeis, de negócios, avaliação do desempenho humano, etc. O tratamento quantificado e objetivo é a marca principal de Henderson.

Por que medir?

Para os autores matemáticos, os indicadores de desempenho são os sinais vitais de uma organização. Os indicadores permitem mostrar às organizações o que elas estão fazendo e quais os resultados de suas ações. Um sistema de medição funciona como um painel de controle para que a organização ou cada departamento acompanhe seus indicadores de desempenho. O sistema de medição é um modelo da realidade e pode assumir várias formas, como relatórios periódicos, gráficos ou sistema de informação *online*, etc. O importante é que o sistema permita que o desempenho seja analisado e ações corretivas sejam tomadas quando necessárias.

A montagem de um sistema de medição do desempenho é geralmente feita da seguinte maneira:

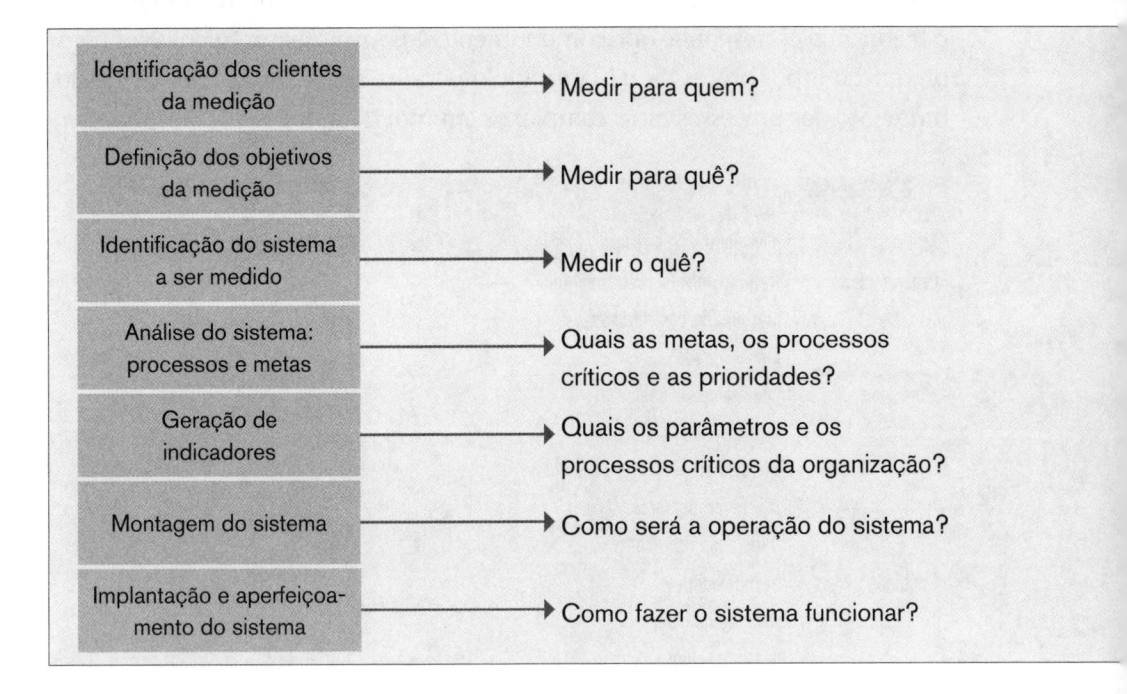

Identificação dos clientes da medição	Medir para quem?
Definição dos objetivos da medição	Medir para quê?
Identificação do sistema a ser medido	Medir o quê?
Análise do sistema: processos e metas	Quais as metas, os processos críticos e as prioridades?
Geração de indicadores	Quais os parâmetros e os processos críticos da organização?
Montagem do sistema	Como será a operação do sistema?
Implantação e aperfeiçoamento do sistema	Como fazer o sistema funcionar?

Figura 18.3. As etapas de um sistema de medição.

As principais vantagens de um sistema de medição são:

- Avaliar o desempenho e indicar as ações corretivas necessárias.
- Apoiar a melhoria do desempenho.
- Manter a convergência de propósitos e a coerência de esforços na organização por meio da integração de estratégias, ações e medições.

O que medir?

A preocupação principal das organizações está voltada à medição, avaliação e controle de três áreas principais:

- *Resultados*: isto é, os resultados concretos e finais que se pretendem alcançar dentro de um determinado período, como dia, semana, mês ou ano.
- *Desempenho*: ou seja, o comportamento ou os meios instrumentais que se pretendem colocar em prática.
- *Fatores críticos de sucesso*: isto é, os aspectos fundamentais para que a organização seja bem-sucedida em seus resultados ou em seu desempenho.

Tal como acontece com os objetivos organizacionais, os indicadores também obedecem a uma hierarquia na qual os indicadores mais simples são contidos naqueles mais complexos. Nas organizações com estruturas tradicionais, a hierarquia corresponde aproximadamente aos níveis hierárquicos. Naquelas organizadas por processos, a hierarquia dos indicadores corresponde ao desdobramento dos processos mais complexos em mais simples.

TABELA 18.6. EXEMPLOS DE INDICADORES DE DESEMPENHO	
Área	Indicador de desempenho
Organizacional	Retorno sobre o investimento
	Margem de contribuição
	Lucratividade
Marketing	Volume de vendas
	Participação no mercado
	Nível de atendimento de pedidos
	Mix de produtos/serviços
	Satisfação dos clientes
Produção	Produtividade
	Nível de qualidade
	Nível de refugo
	Rendimento da matéria-prima
Desenvolvimento	Lançamento de produtos/serviços
	Inovações em processos
Finanças	Índice de ganho financeiro
	Índice de clientes inadimplentes
	Nível de ciclo financeiro
	Redução de custos fixos
	Redução de custos variáveis
Logística	Pontualidade na entrega
	Nível de atendimento dos pedidos
	Custos de distribuição
	Giro do inventário
Suprimentos	Custo das matérias-primas
	Qualidade das matérias-primas
Recursos humanos	Índice de absenteísmo
	Índice de acidentes no trabalho
	Nível de satisfação dos empregados

Six-sigma

Sigma é uma medida de variação estatística. Quando aplicada a um processo organizacional, ela se refere à frequência com que determinada operação ou transação utiliza mais do que os recursos mínimos para satisfazer o cliente. A maioria das organizações está no nível "4-sigma", o que significa mais de 6 mil defeitos por 1 milhão de oportunidades. Isto representa 6 mil produtos defeituosos em cada 1 milhão de produtos fabricados. Uma organização que está no nível "6-sigma" registra apenas 3 defeitos em 1 milhão. Isso se traduz em uma vantagem de custos e, mais importante, faz com que sobrem recursos para serem dirigidos aos processos de diferenciar uma empresa 6-sigma em relação às demais.

O 6-sigma nasceu na Motorola no final dos anos 1970. A companhia estava perdendo participação no mercado, investigou as razões disso e percebeu que a qualidade dos produtos e a satisfação dos clientes tornaram-se aspectos críticos. Adotou um programa de administração participativa que se baseia em pessoas trabalhando juntas em equipe. Em 1982, a Motorola percebeu que os problemas enfrentados do lado de fora ocorriam nos processos internos e percebeu que se melhorasse os processos internos, o nível de satisfação dos clientes também aumentaria. Mudou o programa, chamando-o de "dez vezes melhor em cinco anos", concentrando-se mais no tempo dos ciclos de produção, para conjugar qualidade e rapidez. Em 1986, a Motorola recorreu ao *benchmarking* e descobriu que o seu hiato com os concorrentes em ascensão não era de 10 para 1, como pensava, mas de algo próximo a 1.000 para 1. O programa foi rebatizado de "6-sigma", para medir a frequência com que as pessoas cometem erros e aproximá-las da estatística próxima ao sexto nível sigma. Os 14 princípios de Deming foram fundamentais. A estratégia de implantação foi chamada de "treinamento de faixa-preta" (*black belt training*), graças à influência de Juran.

O programa 6-sigma utiliza várias técnicas em um metódico processo passo a passo para atingir metas bem definidas. A principal diferença é que com o 6-sigma já não se busca qualidade pela qualidade, mas pretende-se aperfeiçoar todos os processos de uma organização. Na prática, o 6-sigma diferencia-se da Qualidade Total em quatro áreas básicas:

- *Maior amplitude da aplicação*: a maior parte do TQM aplica-se dentro da área de produção e manufatura, e não no projeto, finanças, etc. O 6-sigma é para a organização toda. A Motorola afixa boletins de tempo de ciclo, dados de defeitos e metas de melhoria nos refeitórios e banheiros.

- *Estrutura de implementação mais simples*: os faixas-pretas dedicam-se inteiramente à mudança e ficam fora do cotidiano. A administração é premiada ou punida pela melhoria dos negócios.
- *Ferramentas mais profundas*: além das ferramentas do TQM, o 6-sigma aprofunda-se para descrever a situação atual e prever o futuro. Há uma forte dose de estatística aplicada e uma melhor compreensão de como os processos se comportam, um *software* para auxiliar e um mapa para a aplicação das ferramentas. O mapa de aplicação das ferramentas permite esclarecer os problemas e melhorar sua solução.
- *Forte vinculação com a saúde financeira dos negócios*: o 6-sigma aborda os objetivos da empresa e certifica-se de que todas as áreas-chave para a saúde futura da empresa contêm mensurações quantificáveis com metas de melhoria e planos de aplicação detalhados. Quantifica o que é necessário para atingir os objetivos financeiros da organização.

O 6-sigma busca a eficácia organizacional em três dimensões que devem funcionar conjuntamente:

- *Redução do desperdício*: por meio do conceito de empreendimento enxuto (*lean enterprise*), esforço de tempo futuro, redução do ciclo de tempo ou, ainda, eliminação do desperdício do sistema ou eliminar coisas que não têm valor para o cliente, imprimindo velocidade à empresa.
- *Redução dos defeitos*: é o 6-sigma em si.
- *Envolvimento das pessoas*: pela chamada "arquitetura humana".

Balanced scorecard (BSC)

As medidas e indicadores afetam de maneira significativa o comportamento das pessoas nas organizações. A ideia predominante é: o que se faz é o que se pode medir. O que uma organização define como indicador é o que ela vai obter como resultados. O foco dos sistemas e medidas tradicionalmente utilizados nas organizações – como balanço contábil, demonstrativos financeiros, retorno sobre investimento, produtividade por pessoa, etc. – concentra-se puramente em aspectos financeiros ou quantitativos – e tenta controlar comportamentos. Esse controle típico da Era Industrial, que já passou, não funciona adequadamente. Torna-se necessário construir um modelo direcionado à organização no futuro, colocando juntas diversas perspectivas em um sistema de contínua monitoração em substituição ao controle.

Em 1992, Kaplan e Norton[36] publicaram um artigo na *Harvard Business Review* sobre um sistema de gestão estratégica para atingir objetivos de curto, médio e longo prazos, de maneira a integrar as perspectivas organizacionais mais relevantes. Trata-se de muito mais que um sistema de medidas e indicadores, no qual o foco principal reside no alinhamento da organização, das pessoas e das iniciativas interdepartamentais de maneira tal que permitam identificar novos processos para o cumprimento dos objetivos globais da organização. Deram o nome de *Balanced Scorecard* (BSC) para proporcionar um conjunto claro de objetivos das diversas unidades ou áreas da organização em uma abordagem estratégica que se desdobra em ações adequadas para sua realização, em termos de resultados. O BSC pode ser entendido como um método de administração baseado no equilíbrio organizacional e baseia-se em quatro categorias básicas (denominadas perspectivas), a saber:[37]

- *Finanças*: para analisar o negócio do ponto de vista financeiro. Envolve os indicadores e medidas financeiras e contábeis que permitem avaliar o comportamento da organização perante itens como lucratividade, retorno sobre investimentos, valor agregado ao patrimônio e outros indicadores que a organização adote como relevantes para seu negócio.
- *Clientes*: para analisar o negócio do ponto de vista dos clientes. Inclui indicadores e medidas como satisfação, participação no mercado, tendências, retenção clientes e aquisição de clientes potenciais, bem como valor agregado aos produtos/serviços, posicionamento no mercado, nível de serviços agregados à comunidade pelos quais os clientes indiretamente contribuem, etc.
- *Processos internos*: para analisar o negócio do ponto de vista interno da organização. Inclui indicadores que garantem a qualidade intrínseca aos produtos e processos, a inovação, criatividade, capacidade de produção, alinhamento com as demandas, logística e otimização dos fluxos, assim como a qualidade das informações, da comunicação interna e das interfaces.
- *Aprendizagem/crescimento organizacional*: para analisar o negócio do ponto de vista daquilo que é básico para alcançar o futuro com sucesso. Considera as pessoas em termos de capacidades, competências, motivação, *empowerment*, alinhamento e a estrutura organizacional em termos de investimentos no seu futuro. Essa perspectiva garante a solidez e constitui o valor fundamental para as organizações de futuro.

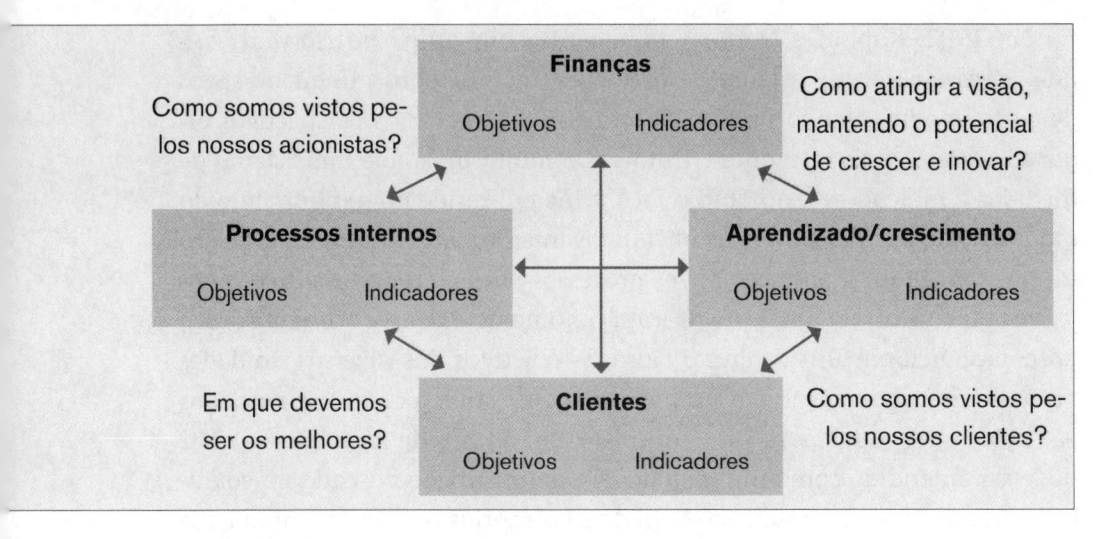

```
                        Finanças
Como somos vistos pe-                           Como atingir a visão,
los nossos acionistas?   Objetivos  Indicadores  mantendo o potencial
                                                 de crescer e inovar?

    Processos internos                    Aprendizado/crescimento

    Objetivos   Indicadores              Objetivos        Indicadores


    Em que devemos            Clientes            Como somos vistos pe-
    ser os melhores?                              los nossos clientes?
                        Objetivos    Indicadores
```

Figura 18.4. O *balanced scorecard*.

Essas perspectivas podem ser tantas quanto a organização necessite escolher em função da natureza do seu negócio, propósitos, estilo de atuação, etc. O BSC busca estratégias e ações equilibradas em todas as áreas que afetam o negócio da organização como um todo e ajuda a apontar o diferencial competitivo da organização, permitindo que os esforços sejam dirigidos às áreas de maior competência e detectando e indicando as áreas para eliminação de incompetências. É um sistema voltado ao comportamento, e não ao controle, e seus indicadores estão direcionados ao futuro e à estratégia organizacional em um sistema de contínua monitoração.

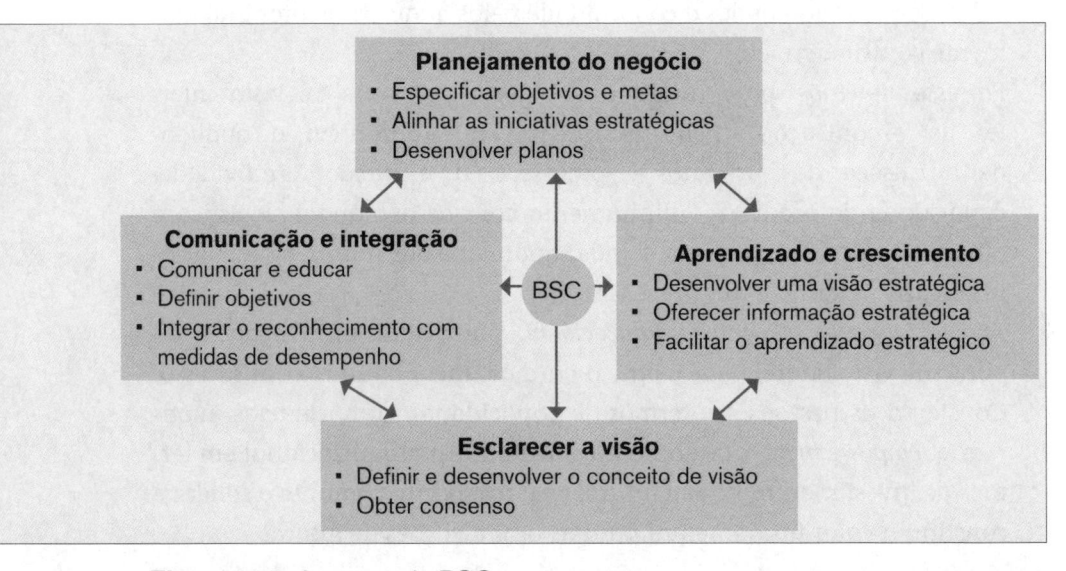

```
                    Planejamento do negócio
                  • Especificar objetivos e metas
                  • Alinhar as iniciativas estratégicas
                  • Desenvolver planos

Comunicação e integração                  Aprendizado e crescimento
• Comunicar e educar                      • Desenvolver uma visão estratégica
• Definir objetivos              ← BSC →  • Oferecer informação estratégica
• Integrar o reconhecimento com           • Facilitar o aprendizado estratégico
  medidas de desempenho

                        Esclarecer a visão
                  • Definir e desenvolver o conceito de visão
                  • Obter consenso
```

Figura 18.5. As ações do BSC.

Mais recentemente, em 2000, os autores passaram a usar o BSC para criar organizações focadas na estratégia.[38] Alinhamento e foco são as palavras de ordem. Alinhamento significa coerência da organização. Foco significa concentração. O BSC habilita a organização a focar suas equipes de executivos, unidades de negócios, recursos humanos, tecnologia da informação e recursos financeiros para sua estratégia organizacional.

O BSC permite construir um novo tipo de sistema organizacional para administrar a estratégia por meio de três dimensões:

- *Dimensão estratégica*: pois torna a estratégia a agenda central da organização, permitindo que ela seja compreendida e acionada por todas as pessoas.
- *Foco*: o BSC permite uma navegação focalizada em cada recurso ou atividade da organização alinhada à estratégia.
- *Organização*: o BSC cria uma arquitetura lógica que estabelece ligações entre as unidades do negócio, serviços compartilhados e mobiliza todas as pessoas para agir de diferentes maneiras.

Cada organização pode utilizar vários meios, em diferentes lugares e em diferentes sequências, por meio de cinco princípios para focalizar a estratégia, a saber:

- *Traduzir a estratégia em termos operacionais*: transmitindo e comunicando às pessoas de maneira consistente e significativa os objetivos globais. Para alcançar sucesso a estratégia organizacional deve ser descrita e comunicada de maneira significativa por meio de um mapa estratégico que permita mostrar uma arquitetura lógica sobre como os ativos intangíveis podem ser transformados em ativos tangíveis (ou financeiros).
- *Alinhar a organização com a estratégia*: para obter sinergia, todas as unidades organizacionais devem estar alinhadas com a estratégia. As organizações consistem de numerosos setores, unidades de negócios e departamentos, cada qual com sua estratégia. Para que o desempenho organizacional seja mais do que a soma de suas partes, as estratégias individuais devem ser lincadas e integradas. A sinergia é o objetivo do desenho organizacional. As organizações focadas na estratégia devem vencer as barreiras departamentais. Novos organogramas são necessários para substituir a organização tradicional.
- *Fazer da estratégia a tarefa diária de cada pessoa*: as organizações focadas na estratégia requerem que todas as pessoas compreendam a estratégia e conduzam suas atividades de maneira que contribua para o seu sucesso.

- *Fazer da estratégia um processo contínuo*: a estratégia deve estar ligada a um processo contínuo de aprendizagem e adaptação. Para muitas organizações, o processo administrativo é construído ao redor do plano operacional e orçamentário com reuniões mensais para rever o desempenho em relação ao que foi planejado e analisar as variações para aplicar as ações corretivas. Isto não está errado, mas está incompleto. É necessário introduzir um processo contínuo e ininterrupto para administrar a estratégia e que permita aprendizagem e adaptação da estratégia por meio de um sistema de retroação.
- *Mobilizar a mudança por meio da liderança de executivos*: trata-se de envolver a equipe de executivos no sucesso da estratégia. A estratégia requer espírito de equipe para coordenar as mudanças, e sua implementação precisa de atenção contínua e foco nas iniciativas de mudanças. Mobilização de todas as pessoas é fator indispensável. E um processo de governança para guiar a transição por meio de equipes estratégicas em toda a organização.

O BSC cria um contexto adequado para que as decisões relacionadas com as operações cotidianas possam ser sempre alinhadas com a estratégia e a visão organizacional, permitindo divulgar a estratégia, promover o consenso e o espírito de equipe, integrando as partes da organização e criando uma sistemática para envolver todos os programas do negócio, catalisar esforços e motivar as pessoas.

5. Mobilize mudanças por meio da liderança dos executivos
- Mobilização
- Processo de governança
- Sistema estratégico de administração

1. Traduza a estratégia em termos operacionais
- Mapas estratégicos
- *Balanced scorecards*

4. Faça da estratégia um processo contínuo
- Relacione *budgets* e estratégias
- Sistemas de informação
- Aprendizagem estratégica

Estratégia

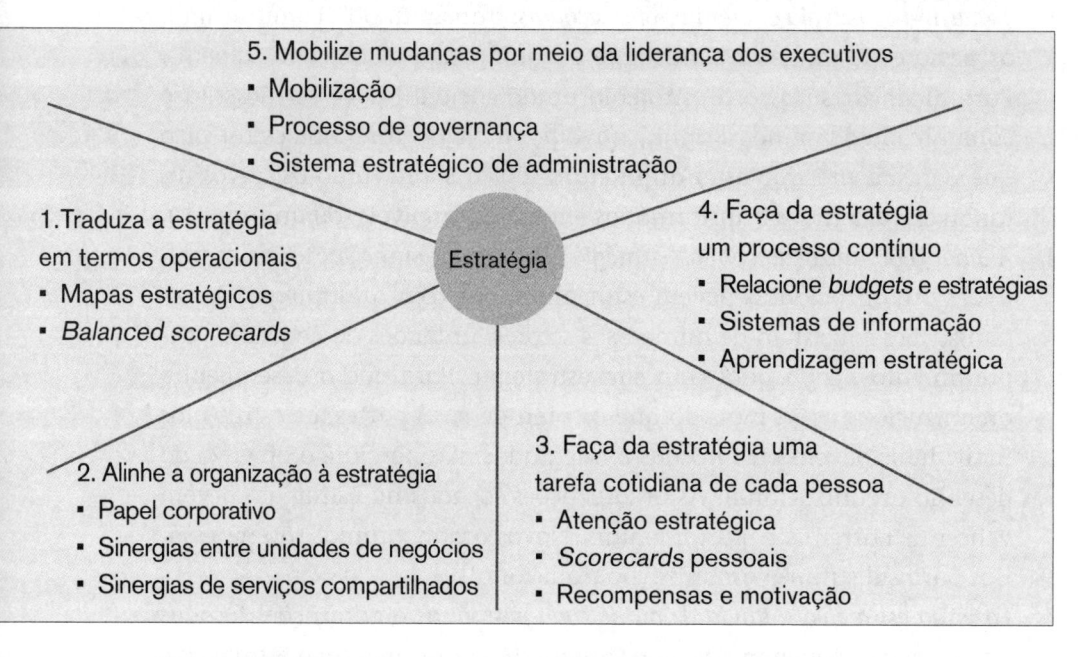

2. Alinhe a organização à estratégia
- Papel corporativo
- Sinergias entre unidades de negócios
- Sinergias de serviços compartilhados

3. Faça da estratégia uma tarefa cotidiana de cada pessoa
- Atenção estratégica
- *Scorecards* pessoais
- Recompensas e motivação

Figura 18.6. Princípios da organização focada na estratégia.[39]

O BSC permite decompor a estratégia em vários temas específicos para que se lide com prioridades de longo e de curto prazos. Os temas estão focalizados em criação de valor em quatro categorias:

- *Ampliar os negócios da organização*: criando valor por meio do desenvolvimento de novos produtos e serviços e penetração em novos mercados e segmentos de clientes.
- *Aumentar o valor para o cliente*: expandindo, aprofundando ou redefinindo os relacionamentos com os clientes atuais por meio de ciclos múltiplos de vendas.
- *Excelência operacional*: é o curto alcance da criação de valor por meio da produtividade interna e da gestão da cadeia de suprimento, que permite produção e entrega dos produtos e serviços existentes.
- *Cidadania corporativa*: significa administrar os relacionamentos com grupos de interesse externos e legitimadores, particularmente em setores sujeitos à regulamentação e/ou ao risco ambiental.

APRECIAÇÃO CRÍTICA DA TEORIA MATEMÁTICA

A Teoria Matemática trouxe enorme contribuição à Administração, permitindo novas técnicas de planejamento e controle no emprego de recursos materiais, financeiros, humanos, etc. e, sobretudo, um formidável suporte na tomada de decisões, no sentido de otimizar a execução de trabalhos e diminuir os riscos envolvidos nos planos que afetam o futuro em curto ou longo prazo.

Limitações da Teoria Matemática

Todavia, do ponto de vista de uma teoria administrativa, a Teoria Matemática apresenta enormes limitações, a saber:

- *A Teoria Matemática* presta-se a aplicações de projetos ou trabalhos que envolvam órgãos ou grupos de pessoas, mas não apresenta condições de aplicações globais envolvendo toda a organização como um conjunto. Nesse sentido, a Teoria Matemática é mais um conglomerado de técnicas de aplicação individualizada que um arcabouço teórico e abrangente da organização.
- Baseia-se na *total quantificação* dos problemas administrativos, abordando-os do ponto de vista estatístico ou matemático. Todas as situações devem ser reduzidas a números ou expressões matemáticas para serem adequadamente resolvidas. Do ponto de vista da organização, a

maior parte dos conceitos, situações ou problemas nem sempre apresenta condições de redutibilidade a expressões numéricas ou quantitativas, o que resulta na impossibilidade de aplicação extensiva da PO.

- Oferece técnicas de aplicação ao nível operacional situado na esfera de execução, mas pouquíssimas técnicas em níveis mais elevados na hierarquia empresarial. As técnicas de PO oferecem recursos de tomada de decisão visualizando a execução de projetos ou trabalhos. Em outros termos, a PO restringe-se à pesquisa e investigação das operações situadas no nível operacional da organização.

Características dos métodos de PO

Koontz e *O'Donnell* definem os métodos de PO da seguinte forma:[40]

- *Enfatizam modelos* para representação lógica de problemas – que podem ser simples ou complexos. A fórmula contábil "ativo menos passivo é igual a propriedade" é um modelo, pois representa uma ideia e simboliza a relação das variáveis envolvidas.
- *Enfatizam os objetivos numéricos* e *medidas de eficiência* a fim de determinar se uma solução atinge o objetivo. Se o objetivo é lucro, a medida de eficiência pode ser o índice de retorno sobre o investimento, e todas as soluções propostas farão que, no final, seja possível medir o resultado em relação a essa medida. Contudo, algumas variáveis podem ser controláveis pelo administrador, enquanto outras são incontroláveis.
- Tentam *incorporar todas as variáveis em um problema* ou todas aquelas variáveis que parecem ser importantes para a sua solução.
- Tentam *quantificar as variáveis em um problema*, pois somente dados quantificados podem ser inseridos em um modelo a fim de proporcionar um resultado definido.
- Tentam *suplementar dados quantificáveis* com *recursos matemáticos e estatísticos úteis*. As probabilidades são inseridas em uma situação, para que o problema matemático se torne prático e sujeito a uma pequena margem de erro.

A abordagem é eminentemente matemática, objetiva e quantitativa.

Similaridade com a Administração Científica

Alguns autores salientam que a PO está orientada operacionalmente, enquanto a Teoria Administrativa está dirigida à elaboração de uma teoria mais ampla e genérica.[41] Para outros, pelo contrário, não se pode traçar uma linha divisória para definir os limites entre a PO e a Administração Científica:

> para Leavitt, ambas criaram um conjunto de métodos técnicos para a solução de problemas do trabalho; ambas apresentam uma abordagem que separa o planejamento dos programas para solução dos problemas e as rotinas criadas com base nas soluções; além disso, a PO está criando na sua forma operacional uma classe de especialistas de *staff* que se assemelham aos antigos especialistas de *staff* da era de Taylor, só que no lugar do cronômetro está o computador e a mesma velha história do conflito entre tecnologia e humanidade.[42]

Além do mais, a PO apresenta outras limitações, a saber:

- A PO é apenas uma ferramenta para auxiliar o tomador de decisões. Ela não é, em si, a própria responsável pelas decisões.
- Muitos problemas não podem ser expressos em termos quantitativos, tornando inviável a aplicação da PO.
- Muitos problemas são amplos para ser resolvidos por meio de técnicas analíticas de PO, mesmo com a ajuda do computador.

Assim, para os autores matemáticos a Administração e a organização, como o planejamento ou a tomada de decisões, constituem processos lógicos que podem ser expressos em símbolos e relações matemáticas.[43] A abordagem central da escola matemática é o modelo que representa o problema em suas relações básicas e em termos de objetivos predeterminados.

Reducionismo da Teoria Matemática

Para Koontz,[44] trata-se mais de uma abordagem matemática dos problemas de Administração que uma escola definida de Administração. Talvez muito mais uma "escola" situada na Física, na Engenharia ou na Química que na Administração. Apesar da importância da Matemática na teoria e prática da Administração, torna-se necessário colocar as coisas nos seus devidos lugares. É o mesmo que pretender desenvolver uma teoria matemática na Astronomia, na Economia ou na Psicologia. Pode?

Administração de operações

Contudo, recentemente a Teoria Matemática está se transformando gradativamente em uma Administração das Operações. Cada vez mais a Administração das Operações está se concentrando nos seguintes aspectos:[45]

1. *Produção Just-in-Time*: é um sistema de produção que procura aumentar a resposta às demandas do cliente pela eliminação do desperdício e do aumento da produtividade. No sistema de manufatura JIT, o objetivo é produzir exatamente o que é necessário para satisfazer a demanda atual – nem mais nem menos. O sistema utiliza somente materiais e produtos requeridos para atender aos requisitos de produção ou de demanda, o que proporciona uma incrível redução de níveis de inventários, altos níveis de qualidade e tempos mais curtos de manufatura. O JIT requer alta coordenação da programação da produção e saídas livres de defeitos em cada estágio do processo, para que o sistema tenha pequenos inventários. Os administradores, empregados e fornecedores são completamente envolvidos e totalmente compromissados com o sistema. O objetivo é responder prontamente às demandas e necessidades do cliente pela redução contínua do tempo de manufatura por meio de melhorias incrementais no sistema.[46] O JIT conduz necessariamente ao conceito de fábrica enxuta, ou seja, o sistema de manufatura ou de serviços dimensionado exatamente para suas operações correntes, sem gorduras ou acréscimos desnecessários.
2. *Qualidade total*: a qualidade sempre foi, ao lado da quantidade, um aspecto importante da produção. Alguns princípios básicos caracterizam a visão japonesa sobre a qualidade, que é conhecida como *Total Quality Management* (TQM), a saber:
   - *Qualidade é construída e não inspecionada.* É fazer benfeito. Não se trata de corrigir erros ou desvios apenas, mas antes de tudo melhorar para evitar e prevenir futuros erros ou desvios.
   - *A melhoria da qualidade economiza dinheiro.* Se a qualidade é vista como resultado da inspeção, a qualidade custa dinheiro. Mas se a qualidade melhora porque a organização melhora o desenho do produto e do processo produtivo, a organização reduz o desperdício e rejeições, economiza dinheiro na produção e aumenta a satisfação do cliente.
   - *A qualidade repousa no princípio da melhoria contínua* (*kaizen*, em japonês) por meio de melhorias incrementais nos produtos e processos. O conceito de defeito zero estabelece o nível de defeitos que é aceitável, o que significa que a qualidade deve ser continuamente melhorada.
3. *Operações com tecnologias relacionadas a computador*: o efeito das tecnologias baseadas em computador na administração das operações, como o *Computer-Aided Design* (CAD) e o *Computer-Aided Manufacturing* (CAM), tem sido impressionante. Muitos sistemas de planejamento e controle da produção, como o *Manufacturing Resources Planning* (MRP), não podem ser usados sem

o computador. A tecnologia de produção baseada no computador está fazendo que os operários tenham de ser mais qualificados e capacitados para lidar com dados.[47] Também o computador está proporcionando sistemas flexíveis de manufatura na base de tempo real, favorecendo mecanismos rápidos de tomada de decisão graças a sistemas de suporte de decisão.

4. *Competição baseada no tempo*: os produtos e serviços concorrem não apenas em função de preço e qualidade. O tempo – rapidez de expedição ou tempo de mercado – é também um fator importante. A *Time-Based Competition* (TBC) estende os princípios do JIT a cada faceta do ciclo de expedição do produto, desde o início da pesquisa e desenvolvimento (P&D), passando pela manufatura ou operações e chegando ao mercado e distribuição, envolvendo também a logística.[48] A TBC considera duas forças impulsionadoras: a aplicação do JIT por meio do ciclo de expedição do produto e a crença de que a eficácia depende da proximidade com o cliente (conhecimento do cliente e habilidade em usar esse conhecimento para responder às demandas do cliente).[49] A tecnologia e a administração de operações facilitam a concorrência baseada no tempo, encurtando-o de maneira drástica. Os processos de *Electronic Data Interchange* (EDI) permitem enviar os pedidos automaticamente e orientar e monitorar todo o processo produtivo em relação a cada pedido de cliente. Um dos exemplos clássicos é o da Federal Express, a FedEx, que desenvolveu o conceito de expedição noturna de malotes e encomendas. Além disso, com a engenharia concorrente, os representantes de todas as áreas da organização – *marketing*, vendas, serviços, compras, engenharia, P&D e manufatura – formam equipes de produto. Os membros de cada equipe podem trabalhar em um só local, mas sua constante interação virtual agiliza o desenvolvimento de produtos, mas melhora a sua qualidade e reduz seus custos. Um time desses, quando bem coordenado eletronicamente, proporciona produtos melhores sob o ponto de vista de todas as especialidades e áreas envolvidas, bem como facilita sua manufatura e melhora sua qualidade.

5. *Reengenharia de processos*: representa um redesenho fundamental e drástico dos processos do negócio para melhorar custo, qualidade, serviço e velocidade. A reengenharia significa descartar todas as estruturas, processos e sistemas existentes e reinventá-los sob maneiras completamente diferentes para desenvolver o trabalho. A reengenharia apresenta aspectos comuns com a qualidade total – pois ambas reconhecem a importância dos processos organizacionais e ambas enfatizam as necessidades do cliente –, mas uma diferença entre ambas é significativa. Os programas

de qualidade funcionam a partir dos processos existentes na organização e procuram melhorá-los ou incrementá-los por meio da melhoria contínua. A reengenharia busca o desempenho excelente, descartando os processos existentes e partindo para outros inteiramente novos e diferentes.[50]

6. *Usina de serviços*: ou fábrica de serviços, é uma tendência no sentido de competir não somente com base nos produtos, mas também com base nos serviços. Serviços são atividades econômicas que produzem um lugar, tempo, forma ou utilidade psicológica para o consumidor. Tais serviços podem incluir suporte informacional para o cliente, entrega rápida e confiável, instalação do produto, serviço pós-venda e solução de problemas. A maioria das organizações industriais está se antecipando e respondendo a um amplo grau de necessidades dos clientes combinando produtos superiores com serviços correlatos. A unidade de manufatura torna-se o centro das atividades da organização para atrair e reter clientes – atividades que estão sendo localizadas em áreas separadas e distantes da organização.[51]

Movimento pela qualidade

Indiscutivelmente, foi graças à Teoria Matemática que surgiu o movimento pela qualidade, como base fundamental para a excelência e competitividade das organizações. Esse movimento começou no Japão, graças à aplicação de critérios estatísticos no chão da fábrica, tomando uma dimensão fora do comum e envolvendo logo toda a organização e suas interfaces com fornecedores e clientes. Vários desdobramentos importantes desse movimento estão acontecendo no mundo todo. Apenas como uma pequena amostra, citaremos o Prêmio Deming de Qualidade, o Baldrige Award, o Prêmio Nacional de Qualidade do Brasil e a ISO.

1. *Prêmio Deming de Qualidade*: surgiu no Japão, em 1951, como meio de consagrar as empresas com alto nível de qualidade. Rapidamente foi copiado em vários lugares do mundo. O Prêmio Deming – em homenagem ao americano que ajudou a reconstrução industrial do Japão.
2. *Malcolm Baldrige National Quality Award*: inspirado no Prêmio Deming e criado nos Estados Unidos em 1987 para encorajar as empresas e servir como modelo para melhorar os padrões de qualidade e competitividade. É administrado conjuntamente pelo National Bureau of Standards e pela American Society for Quality Control (ASQC) e premia anualmente duas empresas de manufatura, duas companhias de serviços e duas

pequenas empresas que se destacam pela elevada qualidade de seus produtos e de sua administração. Um *board* de examinadores avalia cada organização que se inscreve na disputa a partir de um conjunto de critérios que, no total, chegam a 1.000 pontos, conforme a Tabela 18.7. Os examinadores visitam apenas as organizações finalistas para investigar a qualidade de seus processos internos e melhorias efetuadas.

Tabela 18.7. Critérios e pontuação do Prêmio Baldrige	
Categorias	Pontos
1.0. Liderança	110
1.1. Sistema de liderança	80
1.2. Responsabilidade social e cidadania	30
2.0. Planejamento estratégico	80
2.1. Processo de desenvolvimento da estratégia	40
2.2. Estratégia global da companhia	40
3.0. Foco no cliente e no mercado	80
3.1. Conhecimento do cliente e do mercado	40
3.2. Relacionamento com o cliente e satisfação do cliente	40
4.0. Análise e informação	80
4.1. Seleção e uso de dados e informação	25
4.2. Seleção e uso de dados e informação comparativa	15
4.3. Análise e revisão do desempenho da companhia	40
5.0. Administração e desenvolvimento de recursos humanos	100
5.1. Sistemas de trabalho	40
5.2. Educação, treinamento e desenvolvimento dos empregados	30
5.3. Bem-estar e satisfação dos empregados	30
6.0. Gerenciamento de processos	100
6.1. Gerenciamento do produto e processos de serviços	60
6.2. Gerenciamento dos processos de suporte e apoio	20
6.3. Gerenciamento dos processos de suprimento e parcerias	20
7.0. Resultados do negócio	450
7.1. Resultados da satisfação do cliente	130
7.2. Resultados financeiros e mercadológicos	130
7.3. Resultados de recursos humanos	35
7.4. Resultados de fornecedores e parceiros	25
7.5. Resultados específicos da companhia	150
Total	1.000

Cada organização inscrita preenche um volumoso questionário baseado nos critérios anteriores e que funciona como um roteiro para melhorar e incrementar a qualidade. O aspecto pedagógico do prêmio é indiscutível, pois serve como *benchmarking* para todas as demais empresas que ainda não alcançaram o nível de qualidade e desempenho das empresas premiadas.

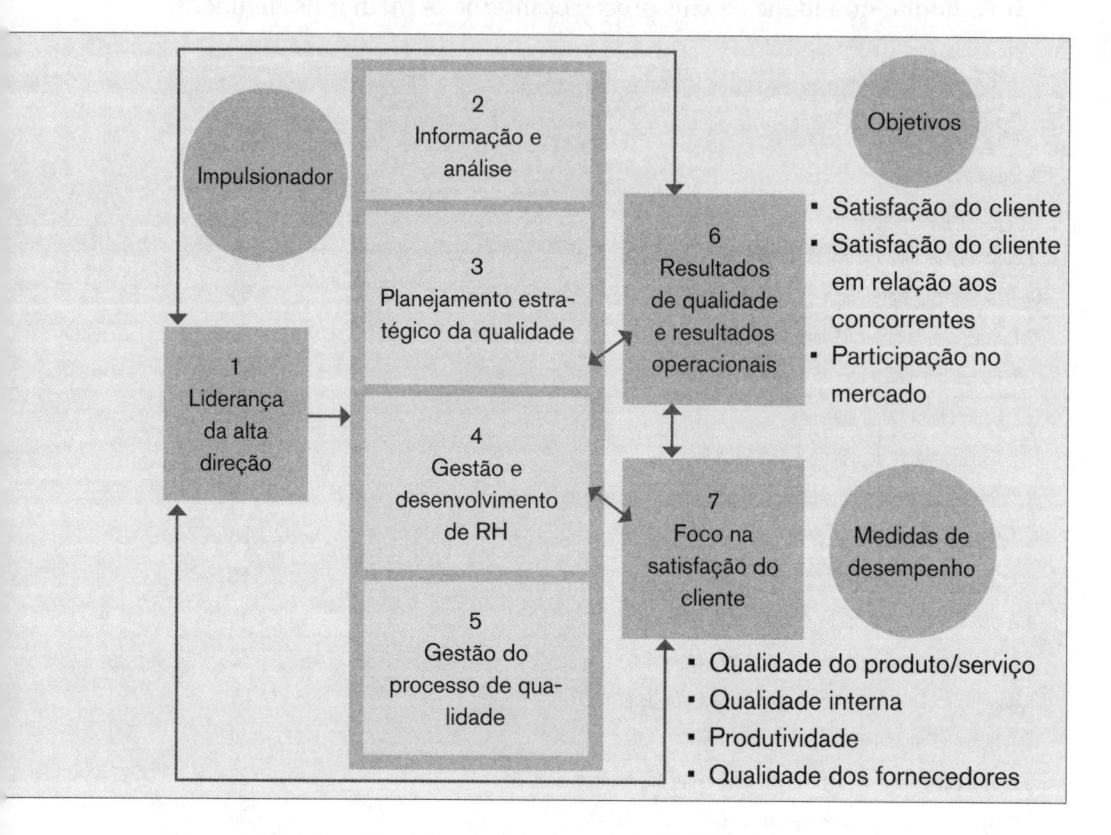

Figura 18.7. Modelo de avaliação do prêmio Baldrige de qualidade.

3. *Prêmio Nacional de Qualidade*: em 1991 foi criada a Fundação para o Prêmio Nacional da Qualidade (FPNQ), uma ONG localizada em São Paulo sem fins lucrativos para administrar o Prêmio Nacional da Qualidade (PNQ), inspirado nos prêmios Deming e Baldrige. Os principais valores e conceitos do PNQ são:
- Qualidade focada no cliente.
- Liderança.
- Melhoria contínua.
- Participação e desenvolvimento dos funcionários.
- Resposta rápida e velocidade.
- Enfoque preventivo e qualidade no projeto.
- Visão de futuro de longo alcance.

- Gestão baseada em fatos.
- Desenvolvimento de parcerias.
- Responsabilidade pública e cidadania.
- Foco nos resultados.
- Inovação e criatividade.
- Comportamento e transparência.

Anualmente, desenvolve-se o ciclo de avaliação e premiação a partir da publicação das instruções de candidatura, encerrando com a cerimônia de premiação. O prêmio tem vários objetivos, a saber:

- Estimular a melhoria da qualidade de produtos e serviços por meio da gestão para a excelência do desempenho.
- Focalizar a gestão das organizações na satisfação das necessidades e expectativas do cliente.
- Divulgar e compartilhar as estratégias bem-sucedidas das empresas premiadas, que são colocadas à disposição da comunidade empresarial.
- Incentivar a utilização dos referenciais mundiais de excelência como metas estratégicas.
- Promover a imagem e reputação internacionais de excelência dos produtos e serviços brasileiros.

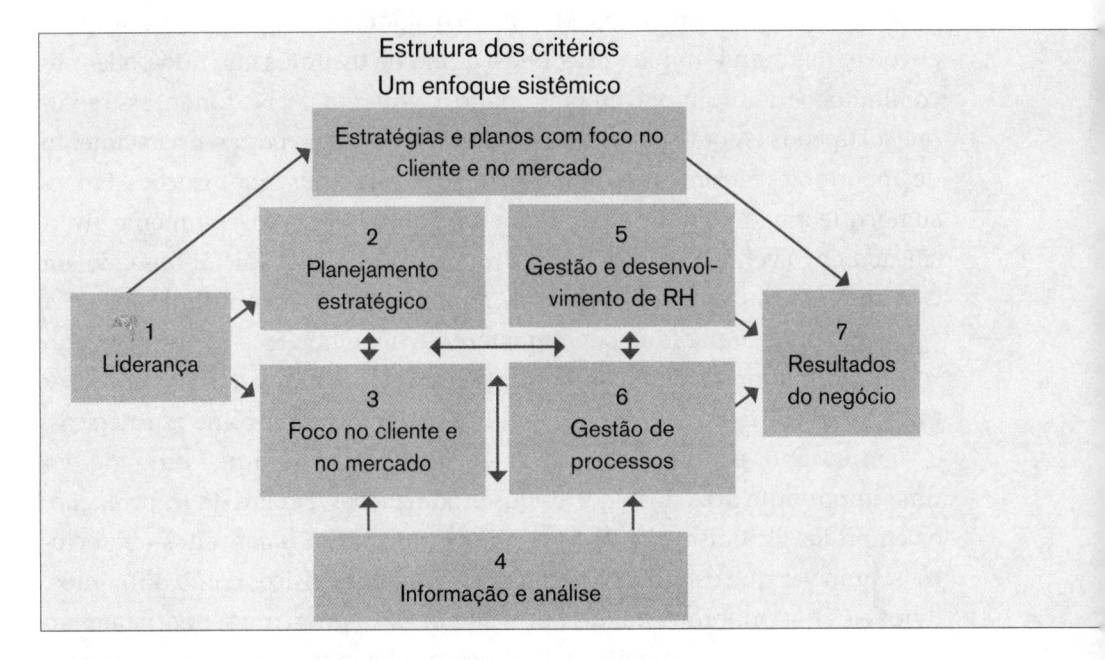

Figura 18.8. Estrutura de critérios do PNQ.

4. **International Standartization Organization (ISO):** a International Organization of Standards foi criada para estabelecer padrões internacionais de qualidade. Os padrões conhecidos pela série ISO 9000 definem os componentes da qualidade em diferentes tipos de indústrias. A ISO 9001 estabelece padrões de qualidade para desenho, produção, serviços e instalação de produtos. A ISO 9002 é a mesma da ISO 9001 exceto que omite o desenho e serviço dos produtos. A ISO 9003 não contém padrões para produção e é mais utilizada para operações de armazenamento. A ISO 9004 proporciona informação sobre como interpretar os padrões e não constitui em si mesma um conjunto de padrões. As organizações solicitam certificação naqueles padrões mais próximos de seu negócio, a fim de concorrer no mercado internacional. A certificação é baseada na capacidade da organização em estabelecer procedimentos documentados de seus processos. A certificação garante consistência, mas não significa necessariamente que a organização produza um produto de qualidade. Representa, sobretudo, que a organização adota padrões reconhecidos mundialmente.
Os padrões mais recentes constituem a ISO 14000, desenhados para ajudar a assegurar processos limpos de produção que reduzam os problemas ambientais – como prevenção à poluição e à camada de ozônio, aquecimento planetário, etc.

Pelo exposto, falar em Teoria Matemática significa um reducionismo para envolver toda uma ampla variedade e gama de assuntos que não podem ficar limitados a um simples enfoque exato e matemático. No fundo, esse enfoque foi apenas o ponto de partida – e não de chegada – para o aparecimento de importantes ferramentas administrativas em uso nas organizações. Em resumo, a Teoria Matemática representa uma abordagem extremamente diversificada envolvendo assuntos que extrapolam o seu foco inicial baseado em ciências exatas. Contudo, tivemos de reunir todas essas contribuições sob a égide matemática por falta de uma alternativa melhor. Essa abordagem está se transformando em uma importante área de negócios das organizações tanto no que se refere a aplicações e soluções operacionais como estratégicas.

Em resumo, a Administração de Operações está se transformando em uma importante área de negócios das organizações. Na Era da Informação, as empresas virtuais estão cada vez mais utilizando os conceitos operacionais, uma vez que os produtos – quando concretos e físicos como alimentos, livros e CDs – embora vendidos por sistemas B2C, precisam ser entregues ao cliente em sua casa. E aí entra a logística tradicional, física e concreta para levar o produto físico até as mãos de carne e osso do comprador virtual.

Método do caso

O dilema: maior produtividade ou o melhor serviço ao cliente?[52]

William H. Davidow e Bro Uttal, autores do livro *Total Customer Service: The Ultimate Weapon*, classificam as empresas em dois grupos. O primeiro grupo inclui as empresas que promovem qualidade e serviços ao consumidor em relação ao custo, como a IBM. Os produtos da Big Blue – *hardware* e *software* – são desenhados no sentido de facilitar a vida do usuário, e a empresa investe na reputação pelo serviço oferecido.

O segundo grupo inclui empresas que cortam custos no sentido de maximizar lucros. O ex-presidente da McDonald's e agora presidente da Burroughs considera o serviço ao consumidor uma escaramuça entre a empresa e seus consumidores. Os esforços de cortar custos salvaram dinheiro da Burroughs, mas as dificuldades e falhas nos programas de diagnóstico das máquinas fizeram-na perder vendas, provocaram devoluções e afetaram sua reputação.

Davidow e Uttal afirmam que as empresas podem melhorar simultaneamente a qualidade, a produtividade e os serviços ao consumidor desde que sigam seis componentes importantes:

1. *Desenvolver uma estratégia para o serviço ao consumidor.* Definir as expectativas do cliente e desenvolver um plano para oferecer os produtos e serviços que ele deseja.
2. *Comunicar a importância da estratégia de serviços e fazer que seus líderes visitem pessoalmente os consumidores.* É essencial que os executivos líderes da empresa deem o exemplo de serviços aos demais funcionários.
3. *Atribuir a autoridade e a responsabilidade aos funcionários para que respondam prontamente às demandas dos clientes.* O serviço ao cliente somente ocorre quando os consumidores interagem com os funcionários da linha de frente.
4. *Desenhar produtos e serviços com o cliente em mente.* Tanto os engenheiros como os técnicos de campo devem desenhar o produto para atender às expectativas do cliente.
5. *Reestruturar para criar equipes especiais devotadas ao produto ou serviço*: com o único propósito de visualizar as necessidades e desejos do consumidor.
6. *Medir o desempenho da empresa por meio do serviço ao consumidor*: envolver empregados no desenvolvimento de objetivos para o serviço ao consumidor e analisar os registros para proporcionar retroação adequada.

Em um ambiente de complexa tecnologia, o investimento em qualidade melhora tanto a produtividade como o serviço ao cliente. Trata-se de um investimento vital para a sobrevivência da empresa.

QUESTÕES

1. Qual sua opinião sobre os seis componentes descritos anteriormente?
2. Que outras ideias você poderia adicionar?
3. Dê exemplos de empresas dos dois grupos: aquelas que aumentam a produtividade e aquelas que melhoram o serviço ao cliente.
4. Você acha possível aumentar a produtividade (reduzindo custos) e oferecer melhores serviços ao cliente ao mesmo tempo? Como?
5. Como você poderia aplicar a Teoria Matemática nesses casos?

Processo decisório
- Perspectiva do processo
- Perspectiva do problema
- Decisões programadas
- Decisões não programadas

Balanced scorecard (BSC)
- Perspectiva financeira
- Perspectiva do cliente
- Perspectiva dos processos internos
- Perspectiva do aprendizado/crescimento

Apreciação crítica da teoria matemática
- Limitações do enfoque matemático e exato
- Reducionismo das técnicas de PO
- Determinismo da Teoria Matemática
- Similaridade com a administração científica
- Administração de operações
- Padronização e determinismo

Modelos matemáticos
- Problemas estruturados
- Problemas não estruturados

Pesquisa operacional
- Teoria dos Jogos
- Teoria das Filas
- Teoria dos Grafos
- Programação linear
- Programação dinâmica
- Análise estatística e probabilística
  - Controle de qualidade
  - Melhoria contínua da qualidade
  - Qualidade total

Movimento pela qualidade
- Prêmio Deming de Qualidade
- Malcolm Baldrige Award
- Prêmio Nacional de Qualidade
- ISO

Figura 18.9. Mapa mental da Teoria Matemática.

REFERÊNCIAS

1. MARKLAND, R. E.; VICKERY, S. K.; DAVIS, R. A. Operations management: concepts in manufacturing and services. Cincinnati: South-Western Publ., 1995. p. 27-33.

2. LUCE, R. D.; RAIFFA, H. Games and decisions. New York: Willey, 1957.
3. SIMON, H. A. The new science of management decision. New York: Harper & Row, 1960. p. 2.
4. SIMON, H. A. The new science of management decision. In: The shape of automation for men and management. New York: Harper & Row, 1965. Cap. III.
5. SIMON, H. A. The new science of management decision, op. cit., p. 2.
6. SIMON, H. A. The new science of management decision, op. cit., p. 10.
7. HAMPTON, D. R. Contemporary management. New York: McGraw-Hill, 1977. p. 175.
8. KILMANN, R. H. Social systems design, normative theory and the MPAS design technology. New York: Elsevier North-Holland, 1977. p. 210.
9. MITROFF, I. I.; SAGASTI, F. Epistemology as general systems theory: an approach to the design of complex decision-making experiments. Philosophy of Social Science, v. 3, p. 117-34, 1973.
10. RAIFFA, H. Decision analysis. Reading: Addison-Wesley Publishing, 1968.
11. HELLRIEGEL, D.; SLOCUM JR., J. W. Management: a contingency approach. Reading: Addison Wesley, 1974. p. 159.
12. VAZSONYI, A. Scientific programming in business and industry. New York: John Wiley & Sons, 1958. p. 18.
13. SIMON, H. A. The shape of automation for men and management. New York: Harper & Row, 1965. p. 62.
14. SIMON, H. A., op. cit., p. 64.
15. KAST, F. E.; ROSENZWEIG, J. E. Organization and management: a systems approach. New York: McGraw-Hill, 1976.
16. LUTHANS, F. Introduction to management: a contingency approach. New York: McGraw-Hill, 1976. p. 202.
17. MILLER, D. W.; STARR, M. K. Executive decisions and operations research. Englewood Cliffs: Prentice-Hall, 1960. p. 104.
18. CHURCHMAN, C. W.; ACKOFF, R. L.; ANNOFF, E. L. Introduction to operations research. New York: John Wiley & Sons, 1957. p. 8-9.
19. CHURCHMAN, C. W.; ACKOFF, R. L.; ANNOFF, E. L., op. cit., p. 18.
20. HALL, A. D. A. A methodology for systems engineering. New York: D. Van Nostrand, 1962. p. 18.
21. SIEGEL, G. D. A unidade do método sistêmico. Revista de Administração Pública, v. 5, n. 1, p. 26, 1º semestre 1971.
22. CHURCHMAN, C. W.; ACKOFF, R. L.; ANNOFF, E. L., op. cit.
23. JOHNSON, E. A. A direção executiva: a organização e a pesquisa operacional. In: MCCLOSKEY, J. F.; TREFETHEN, F. N. Pesquisa operacional como instrumento de gerência. São Paulo: Edgard Blücher, 1966. p. 16.
24. GOODEVE, C. apud MCCLOSKEY, J. F.; TREFETHEN, F. N. A direção executiva..., op. cit.
25. NEUMANN, J. von; MORGENSTERN, O. Theory of games and economic behavior. Princeton University, 1947.

26. POUNDSTONE, W. Prisoner's dilema: John von Neumann, game theory and the puzzle of the bomb. New York: Anchor Books, 1992.
27. EPSTEIN, I. Teoria dos jogos. In: Enciclopédia Abril. São Paulo: Abril, p. 2680-1.
28. MARSHALL JR., B. apud MCCLOSKEY, J.; TEFETHEN, F. N. Teoria das filas: pesquisa operacional como instrumento de gerência. São Paulo: Edgard Blücher, 1966. p. 152.
29. GOLDRATT, E. M.; COX, J. A meta: um processo de aprimoramento contínuo. São Paulo: Educator/IMAM, 1992.
30. MARKLAND, R. E.; VICKERY, S. K.; DAVIS, R. A. Operations management, op. cit., p. 841.
31. DEMING, W. E. Qualidade: a revolução da administração. São Paulo: Marques Saraiva, 1990.
Ver: JURAN, J. M.; GRYNA, F. M. Controle da qualidade: conceitos, políticos e filosofia da qualidade. v. I. São Paulo: Makron Books, 1991.
JURAN, J. M.; GRYNA, F M. Controle da qualidade: componentes básicos da função qualidade. v. II. São Paulo: Makron Books, 1991.
JURAN, J. M.; GRYNA, F. M. Controle da qualidade: ciclo dos produtos: do projeto à produção. v. III. São Paulo: Makron Books, 1991.
JURAN, J. M.; GRYNA, F. M. Controle da qualidade: ciclo dos produtos: inspeção e teste. v. IV. São Paulo: Makron Books, 1991.
JURAN, J. M. Managerial breakthrough. New York: McGraw-Hill, 1964.
JURAN, J. M. Juran on planning for quality. New York: Free, 1988.
32. Ver: MIRSHAWKA, V. A implantação da qualidade e da produtividade pelo método do Dr. Deming. São Paulo: Makron Books, 1991.
BERGAMO FILHO, V. Gerência econômica da qualidade através do TQC. São Paulo: Makron Books, 1991.
33. CROSBY, P. Qualidade: falado sério. São Paulo: Makron Books, 1991.
34. JURAN, J. M.; GRYNA, F. M. Quality planning and analysis. New York: McGraw-Hill, 1993. p. 9.
35. HENDERSON, B. D. As origens da estratégia. In: MONTGOMERI, C.; PORTER, M. E. (Orgs.). Estratégia: a busca da vantagem competitiva. Rio de Janeiro: Campus, 1998. p. 7.
36. KAPLAN, R. S.; NORTON, D. P. The balanced scorecard: measures that drive performance. Harvard Business Review, p. 71-79, jan.-fev.,1992. Ver também: KAPLAN, R. S.; NORTON, D. P. A estratégia em ação: balanced scorecard. Rio de Janeiro: Campus, 1996.
37. KAPLAN, R. S.; NORTON, D. P. The strategy-focused organization: how balanced scorecard companies thrive in the new business environment. Boston: Harvard Business School, 2000. Ver tradução em português: KAPLAN, R. S.; NORTON, D. P. Organização orientada para a estratégia: como as empresas que adotam o balanced scorecard prosperam no novo ambiente de negócios. Rio de Janeiro: Campus, 2001.
38. KAPLAN, R. S.; NORTON, D. P. The strategy-focused organization, op. cit., p. 9-17.

39. KAPLAN, R. S.; NORTON, D. P. The strategy-focused organization, op. cit., p. 9.
40. KOONTZ, H.; O'DONNELL, C. Princípios de administração: uma análise das funções administrativas, p. 175.
41. SIMON, H. A. The new science of management decision, p. 14-5.
42. LEAVITT, H. J. Applied organization change in industry: structural, technical, and human approaches. In: COOPER, W. W.; LEAVITT, H. J.; SHELLY II, M. W. (Eds.). New perspectives in organization research. New York: John Wiley & Sons, 1964.p. 61-2.
43. KOONTZ, H. The management theory jungle. In: The management process: cases and readings, p. 22.
44. KOONTZ, H. The management theory jungle, op. cit., p. 22.
45. MARKLAND, R. E.; VICKERY, S. K.; DAVIS, R. A. Operations management, op.cit., p. 27-33.
46. SHINGO, S. A revolution in manufacturing: the SMED system. Stanford: Productivity, 1985.
47. WALLACE, T. F. MRP II: making it happen: the implementer's guide to success with manufacturing resource planning. Essex Junction: Oliver Wright, 1985. p. 5.
48. BLACKBURN, J. D. Time-based competition: the next battleground in american manufacturing. Homewood: Business One-Irwin, 1991, p. 69.
49. MOODY, P. E. Strategic manufacturing: dynamic new directions for the 1990's. Homewood: Dow-Jones Irwin, 1990. p. 191.
50. HAMMER, M.; CHAMPY, J. Reengineering: the path to change. In: Reengineering the corporation: a manifesto for business revolution. New York: HarperBusiness, 1993, p. 31-49.
51. CHASE, R. B.; GARVIN, D. A. The service factory. Harvard Business Review, v. 67, jul.-ago., 1989. p. 61-9.
52. ELIAS, C. E. Putting the customer first again. Insight, oct., 16, p. 40-1, 1989.

GLOSSÁRIO BÁSICO

Análise estatística: é a técnica de PO que utiliza métodos estatísticos para obter o máximo de informações com o mínimo de dados disponíveis.

Árvore de decisão: é uma técnica para facilitar como as decisões sob condições de risco devem ser tomadas e onde se possa atribuir valores e ganhos ou perdas em cada alternativa.

Balanced scorecard **(BSC):** é um conjunto balanceado e equilibrado de indicadores e mensuradores para proporcionar a gestão estratégica das organizações.

Condição de certeza: é uma situação em que o tomador de decisão conhece exatamente quais os resultados de uma alternativa de ação escolhida. É a condição de saber antecipadamente os resultados de uma decisão.

Condição de incerteza: é uma situação em que o tomador de decisão não tem absolutamente ideia de quais os resultados de uma alternativa de ação escolhida.

Conflito ganhar/ganhar: ocorre por meio da colaboração das partes envolvidas em uma situação de conflito e que usam a solução de problemas para reconciliar diferenças mútuas.

Conflito ganhar/perder: ocorre quando uma parte alcança seus objetivos à custa da exclusão dos objetivos da outra parte.

Controle estatístico de qualidade (CEQ): é o processo utilizado para determinar em produtos de uma amostra de inspeção qual a probabilidade de que o universo alcance os padrões de qualidade.

Dados: são fatos ou estatísticas.

Decisão: é uma escolha racional entre várias alternativas disponíveis de cursos de ação.

Decisão sob certeza: ocorre quando as variáveis são conhecidas e a relação entre a ação e suas consequências é determinística, ou seja, uma relação de causa e efeito.

Decisão sob incerteza: ocorre quando as variáveis são conhecidas, mas as probabilidades para determinar a consequência de uma ação são desconhecidas ou não podem ser determinadas com algum grau de certeza.

Decisão sob risco: ocorre quando as variáveis são conhecidas e a relação entre a ação e a suas consequências é conhecida em termos probabilísticos.

Decisões programadas: são decisões que implementam soluções específicas determinadas pela experiência passada como adequadas para problemas similares.

Eventos: são aspectos específicos em um projeto, representados por círculos em um gráfico de PERT.

Governança: nome dado à administração estratégica.

Incerteza: é a ausência de informação a respeito de um determinado assunto.

Informação: é a conclusão derivada da análise de dados.

Informação em tempo real: significa a informação simultânea à ocorrência do evento.

ISO 9000: é o conjunto de padrões de qualidade estabelecidos pela Comunidade Europeia e estendidos ao mundo todo, por meio da International Organization for Standartization, ONG estabelecida em 1947.

Just-in-Time **(JIT):** é o conjunto de métodos de controle de produção usados para obter um mínimo nível de inventários para assegurar a expedição de materiais e componentes justamente quando eles devem ser usados. Também refere-se à filosofia de manufatura que almeja otimizar os processos de produção reduzindo o desperdício e as despesas.

Kanban: do japonês, cartão. É um sistema simples de controle de produção no qual as pessoas participam utilizando cartões coloridos para abastecer e repor materiais de produção.

Melhora contínua: é uma filosofia que prega o trabalho em equipe e a participação decisiva das pessoas na solução dos problemas organizacionais, principalmente relacionados ao processo produtivo. O objetivo é o aperfeiçoamento contínuo e sistemático da organização e das pessoas envolvidas no sentido de satisfazer o cliente.

Modelo matemático: é uma representação simbólica da realidade a partir de variáveis numéricas e quantitativas. O modelo matemático é uma construção lógica da realidade.

Passos críticos: é a sequência de eventos em um projeto que no total requerem maior tempo para completar-se.

Pesquisa operacional: é a aplicação de métodos científicos e quantitativos para a solução de problemas. A PO utiliza a matemática e estatística nas decisões de certeza e a probabilidade nas decisões de risco e de incerteza.

Problema: situação em que há uma discrepância entre o que é (realidade) e o que poderia ou deveria ser (objetivos, metas ou valores).

Problema estruturado: é o problema que pode ser perfeitamente definido, pois suas principais variáveis – como estados da natureza, ações possíveis, consequências possíveis – são conhecidas.

Problema não estruturado: é o problema que não pode ser claramente definido, porque uma ou mais de suas variáveis é desconhecida ou não pode ser determinada com algum grau de confiança.

Programação dinâmica: é uma técnica de PO aplicada em problemas de alternativas econômicas ou em árvores de decisões.

Programação linear: é uma técnica de PO que visa encontrar soluções ou alcance de objetivos que otimizem os resultados alcançados e minimizem os custos decorrentes.

Qualidade total: é o processo de envolver todos os membros da organização para assegurar cada atividade relacionada com a produção de bens e serviços dentro de um compromisso de melhorar continuamente e atender completamente às necessidades do cliente.

Sistema de informação gerencial: é uma rede estabelecida em uma organização para abastecer os gerentes de informações que fundamentem o seu processo decisorial.

Teoria das Filas: é a técnica de PO que visa à otimização de arranjos em situações de aglomeração de espera, em que haja gargalos ou restrições que bloqueiem o processo produtivo.

Teoria dos Jogos: é a técnica de PO utilizada para solução de conflitos, em que haja oposição de forças ou interesses oponentes, em que um jogador ganha e outro perde. É a aplicação da lógica matemática ao processo de tomada de decisões nos jogos e, por extensão, nas organizações, na economia, na política e na guerra, ou seja, nas situações caracterizadas por conflito de interesses, pelo acaso e por informações incompletas.

Teoria Matemática: é a corrente administrativa que utiliza a matemática na análise dos princípios e problemas organizacionais. Os autores expressam matematicamente questões teóricas tradicionais da Administração.

Teoria das Restrições: é uma técnica de PO derivada da Teoria das Filas e que visa a diagnosticar e localizar pontos de espera e de estrangulamento que constituem os gargalos que devem ser eliminados.

CAPÍTULO 19
Teoria de Sistemas

OBJETIVOS DESTE CAPÍTULO

- Proporcionar uma visão sistêmica das organizações.
- Definir os conceitos de sistemas e suas aplicações à Administração.
- Definir o conceito de sistema aberto e seu intercâmbio com o ambiente.
- Proporcionar uma visão da abordagem sistêmica de Katz e Kahn.
- Proporcionar uma visão da abordagem sociotécnica de Tavistock.
- Desenvolver uma apreciação crítica da Teoria de Sistemas.

A Teoria de Sistemas (TS) é um ramo específico da Teoria Geral de Sistemas (TGS). Representa a plenitude da abordagem sistêmica na TGA que ocorreu a partir da década de 1960.

ORIGENS DA TEORIA DE SISTEMAS

A TGS surgiu com os trabalhos do biólogo alemão Ludwig von Bertalanffy.[1] A TGS não busca solucionar problemas ou tentar soluções práticas, mas produzir teorias e formulações conceituais para aplicações na realidade empírica. Os pressupostos básicos da TGS são:

- Existe uma tendência à integração das ciências naturais e sociais.
- Essa integração parece orientar-se rumo a uma teoria dos sistemas.
- A teoria dos sistemas constitui o modo mais abrangente de estudar os campos não físicos do conhecimento científico, como as ciências sociais.
- A teoria dos sistemas desenvolve princípios unificadores que atravessam verticalmente os universos particulares das diversas ciências envolvidas, visando ao objetivo da unidade da ciência.
- Isto conduz a uma integração na educação científica.

Bertallanfy critica a visão dividida em diferentes especialidades, como Física, Química, Biologia, Psicologia, Sociologia, etc. São divisões arbitrárias e com fronteiras definidas. E espaços vazios (áreas brancas) entre elas. A natureza não está dividida em nenhuma dessas partes. A TGS pretende estudar os sistemas globalmente e envolvendo todas as interdependências de suas partes. A TGS fundamenta-se em três premissas básicas, a saber:[2]

- *Os sistemas existem dentro de sistemas*: cada sistema é constituído de subsistemas e, ao mesmo tempo, faz parte de um sistema maior, o suprassistema. Cada subsistema tem seus subsistemas componentes, e assim por diante. Também o suprassistema faz parte de um suprassistema maior. Esse encadeamento parece ser infinito. As moléculas existem dentro de células, que existem dentro de tecidos, que compõem os órgãos, que compõem os organismos, e assim por diante.
- *Os sistemas são abertos*: é uma decorrência da premissa anterior. Cada sistema existe dentro de um meio ambiente constituído por outros sistemas. Os sistemas abertos são caracterizados por um processo de intercâmbio infinito com o seu ambiente para trocar energia e informação.

■ *As funções de um sistema dependem de sua estrutura*: cada sistema tem um objetivo ou finalidade e que constitui o seu papel no intercâmbio com outros sistemas dentro do meio ambiente.

Não é propriamente a TGS que nos interessa, mas o seu produto principal: a sua abordagem de sistemas. Doravante, deixaremos a TGS de lado para falar de Teoria de Sistemas. O conceito de sistemas passou a dominar as ciências e, principalmente, a Administração.

O holismo ou abordagem holística é a tese que sustenta que a totalidade representa mais do que a soma de suas partes, como os organismos biológicos, sociedades ou teorias científicas. Na Medicina, a abordagem holística estabelece que os organismos vivos e o meio ambiente funcionam como um sistema integrado. O conceito de totalidade surgiu na Psicologia da Forma ou da Gestalt (do alemão, *gestalt* = forma, configuração, estrutura), tendo como princípio a ideia de que as leis estruturais do todo é que determinam as partes componentes, e não o inverso. A tese principal da Gestalt é a de que o todo é maior do que a soma das partes. O todo não deve ser comparado com agregações aditivas. Por essa razão, não vemos apenas linhas e pontos em uma figura, mas configurações, – isto é, um todo – e não ouvimos sons isolados em uma canção, mas a canção em si mesma.

O conceito de sistemas proporciona uma visão compreensiva, abrangente, holística e gestáltica de um conjunto de coisas complexas, dando-lhes uma configuração e identidade total.[3] A análise sistêmica – ou análise de sistemas – das organizações permite revelar o geral no particular, indicando as propriedades gerais das organizações de uma maneira global e totalizante, que não são reveladas pelos métodos ordinários de análise científica. Em suma, a Teoria de Sistemas permite reconceituar os fenômenos dentro de uma abordagem global, permitindo a inter-relação e integração de assuntos que são, na maioria das vezes, de naturezas completamente diferentes.[4]

CONCEITO DE SISTEMAS

O conceito de sistemas foi abordado no capítulo dedicado à *Cibernética*. A palavra sistema denota um conjunto de elementos interdependentes e interagentes ou um grupo de unidades combinadas que formam um todo organizado. Sistema é um conjunto ou combinações de coisas ou partes, formando um todo complexo ou unitário.[5]

Características dos sistemas

Os sistemas apresentam características próprias. O aspecto mais importante do conceito de sistema é a ideia de um conjunto de elementos interligados para formar um todo. O todo apresenta propriedades e características próprias que não são encontradas em nenhum dos elementos isolados. É o que chamamos de emergente sistêmico: uma propriedade ou característica que existe no sistema como um todo e não existe em seus elementos em particular. As características da água são totalmente diferentes do hidrogênio e oxigênio que a formam. O bosque é diferente das suas árvores. A cidade é diferente das suas ruas.

Da definição de Bertalanffy[6] – segundo a qual o sistema é um conjunto de unidades reciprocamente relacionadas – decorrem dois conceitos: o de propósito (ou objetivo) e o de globalismo (ou totalidade). Esses dois conceitos retratam duas características básicas do sistema.

- *Propósito* ou *objetivo*: todo sistema tem um ou alguns propósitos ou objetivos. As unidades ou elementos (ou objetos), bem como os relacionamentos, definem um arranjo que visa sempre a um objetivo ou finalidade a alcançar.
- *Globalismo* ou *totalidade*: todo sistema tem uma natureza orgânica, pela qual uma ação que produza mudança em uma das unidades do sistema, deverá produzir mudanças em todas as suas outras unidades. Em outros termos, qualquer estimulação em qualquer unidade do sistema afetará todas as unidades, em virtude do relacionamento existente entre elas. O efeito total dessas mudanças ou alterações proporcionará um ajustamento de todo o sistema. O sistema sempre reagirá globalmente a qualquer estímulo produzido em qualquer parte ou unidade. Na medida em que o sistema sofre mudanças, o ajustamento sistemático é contínuo. Das mudanças e dos ajustamentos contínuos do sistema decorrem dois fenômenos: o da entropia e o da homeostasia,[7] que já foram estudados no capítulo anterior.

O termo sistema é empregado no sentido de sistema total. Os componentes necessários à operação de um sistema são os subsistemas. Estes, por sua vez, são formados pela reunião de novos subsistemas menores. Assim, a hierarquia dos sistemas e o número de subsistemas dependem da complexidade do sistema. Os sistemas podem operar simultaneamente, em série ou em paralelo. Não há sistemas fora de um meio específico (ambiente): os sistemas existem em um meio e são por ele condicionados. Meio (ambiente) é tudo o que existe fora e ao redor de um sistema e que tem alguma influência sobre a operação do sistema. Os limites (fronteiras) definem o que é o sistema e o que é o ambiente que o envolve[8]. O conceito de sistema aberto pode ser aplicado a diversos níveis de abordagem: ao nível do indivíduo, ao nível do grupo, ao nível da organização e ao nível da sociedade, indo desde um microssistema até um suprassistema. Vai da célula ao universo.

Na verdade, o enfoque de sistemas – uma série de atividades e processos fazendo parte de um todo maior – é uma maneira de olhar o mundo e a nós mesmos. No passado, até era possível visualizar sistemas, mas não havia meios tecnológicos para se aperceber dessa visão. A produção em massa exemplifica um enfoque de sistemas. Ela não é apenas uma coleção de coisas, mas um conceito e uma visão unificadora do processo produtivo que requer um grande número de coisas – como máquinas, equipamentos e instalações – mas não começa com essas coisas: estas é que decorrem da visão do sistema. A ideia de sistema lembra conectividade, integração e totalidade.

Painel

Vários conceitos de sistemas

1. Sistema é um conjunto de elementos em interação recíproca.
2. Sistema é um conjunto de partes reunidas que se relacionam entre si formando uma totalidade.
3. Sistema é um conjunto de elementos interdependentes, cujo resultado final é maior do que a soma dos resultados que esses elementos teriam caso operassem de maneira isolada.
4. Sistema é um conjunto de elementos interdependentes e interagentes no sentido de alcançar um objetivo ou finalidade.
5. Sistema é um grupo de unidades combinadas que formam um todo organizado cujas características são diferentes das características das unidades.
6. Sistema é um todo organizado ou complexo; um conjunto ou combinação de coisas ou partes, formando um todo complexo ou unitário orientado para uma finalidade.

Tipos de sistemas

Há uma variedade de sistemas e várias tipologias para classificá-los. Os tipos de sistemas são:

1. *Quanto à sua constituição*: os sistemas podem ser físicos ou abstratos:
   - *Sistemas físicos* ou *concretos*: quando compostos de equipamentos, de maquinaria e de objetos e coisas reais. Em suma, quando compostos de *hardware*.[9] Podem ser descritos em termos quantitativos de constituição ou de desempenho.
   - *Sistemas abstratos* ou *conceituais*: quando compostos de conceitos, filosofias, planos, hipóteses e ideias. Aqui, os símbolos representam atributos e objetos, que muitas vezes só existem no pensamento das pessoas. São compostos de *software*.[10]

   Na realidade, há uma complementaridade entre sistemas físicos e sistemas abstratos: os sistemas físicos (como as máquinas, por exemplo), precisam de um sistema abstrato (programação) para poder funcionar e desempenhar suas funções. A recíproca também é verdadeira: os sistemas abstratos somente se realizam quando aplicados a algum sistema físico. *Hardware* e *software* complementam-se. É o exemplo de uma escola com suas salas de aulas, carteiras, lousas, iluminação, etc. (sistema físico) para desenvolver um programa de educação (sistema abstrato); ou um centro de processamento de dados, no qual o equipamento e circuitos processam programas de instruções ao computador.

2. *Quanto à sua natureza*: os sistemas podem ser fechados ou abertos:
   - *Sistemas fechados*: são os sistemas que não apresentam intercâmbio com o meio ambiente que os circunda, pois são herméticos a qualquer influência ambiental. Sendo assim, os sistemas fechados não recebem influência do ambiente e também não influenciam o ambiente. Não recebem nenhum recurso externo e nada produzem que seja enviado para fora. A rigor, não existem sistemas fechados, na acepção exata do termo. A denominação sistemas fechados é dada aos sistemas cujo comportamento é determinístico e programado e que operam com pequeno intercâmbio de matéria e energia com o meio ambiente. Também, o termo é utilizado para os sistemas estruturados, em que os elementos e relações combinam-se de maneira peculiar e rígida, produzindo uma saída invariável. São os chamados sistemas mecânicos, como as máquinas e equipamentos.
   - *Sistemas abertos*: são os sistemas que apresentam relações de intercâmbio com o ambiente, por meio de entradas e de saídas. Os sistemas abertos trocam matéria e energia regularmente com o

meio ambiente. São adaptativos, isto é, para sobreviver devem reajustar-se constantemente às condições do meio. Mantêm um jogo recíproco com o ambiente, e sua estrutura é otimizada quando o conjunto de elementos do sistema se organiza, por meio de uma operação adaptativa. A adaptabilidade é um contínuo processo de aprendizagem e de auto-organização.

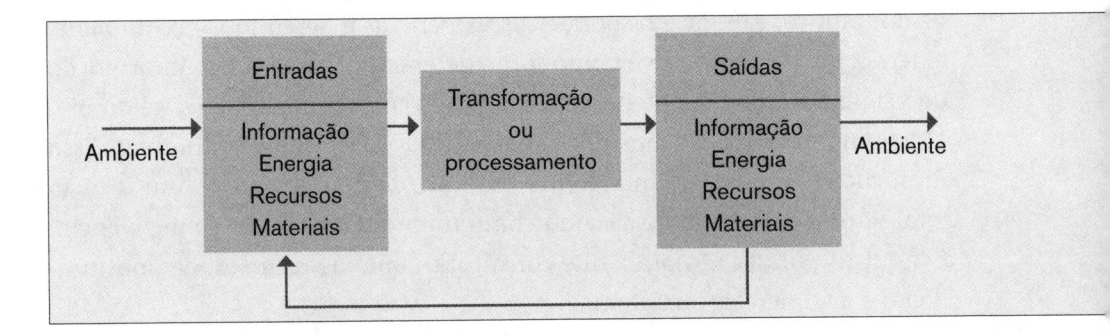

Figura 19.1. Modelo genérico de sistema aberto.

PARÂMETROS DOS SISTEMAS

O sistema caracteriza-se por determinados parâmetros que estudamos no capítulo dedicado à Informática e Cibernética. Parâmetros são constantes arbitrárias que caracterizam, por suas propriedades, o valor e a descrição dimensional de um sistema ou componente do sistema. Os parâmetros dos sistemas são:

- Entrada ou insumo (*input*).
- Processamento ou transformador (*throughput*).
- Saída ou resultado ou produto (*output*).
- Retroação ou retroalimentação ou retroinformação (*feedback*).
- Ambiente (*environment*).

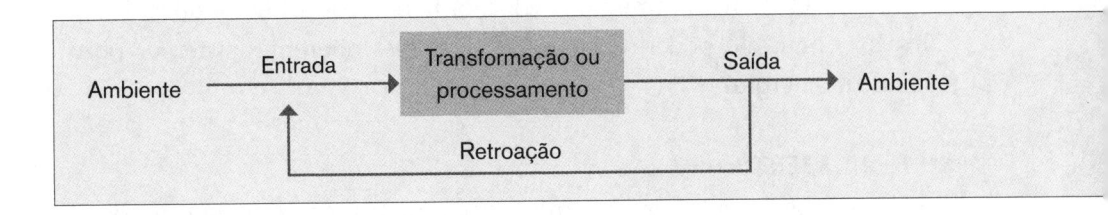

Figura 19.2. Os parâmetros de um sistema.

Ambiente é o meio que envolve externamente o sistema. O sistema aberto recebe entradas do ambiente, processa-as e efetua saídas ao ambiente, de tal forma que existe entre ambos – sistema e ambiente – uma constante interação e circularidade. O sistema e o ambiente encontram-se inter-relacionados e interdependentes. Para que o sistema seja viável e sobreviva, ele deve adaptar-se ao ambiente por meio de uma constante interação. Assim, a viabilidade ou sobrevivência de um sistema depende de sua capacidade de adaptar-se, mudar e responder às exigências e demandas do ambiente externo. O ambiente serve como fonte de energia, materiais e informação ao sistema. Como o ambiente está mudando continuamente, o sistema precisa ter um processo de ajustamento e adaptação sensitivo e dinâmico. Essa focalização "ecológica" indica que o ambiente pode ser tanto um recurso vital para a existência do sistema como uma ameaça à sua sobrevivência. Em outras palavras, o ambiente constitui a fonte de recursos, de oportunidades e de ameaças ao sistema.

Método do caso

O sistema integrado da Centrum Express

A Centrum Express é uma empresa dinâmica e inovadora. Verônica Gonçalves, a diretora geral está sempre introduzindo inovações na organização. Uma delas é a integração dos vários sistemas internos para obter coordenação de esforços e sinergia nos resultados. A Centrum tem vários sistemas separados que individualmente funcionam muito bem: um sistema financeiro (faturamento, bancos, investimentos, cobrança e tesouraria), um sistema de *marketing* (vendas, previsão de vendas, entregas, estoques de produtos, clientes e pedidos), um sistema de produção (programação de produção, programação de compras, programação de mão de obra, produtividade e produção diária) e um sistema de recursos humanos (classificação de cargos, salários, programas de treinamento, necessidades de recrutamento e seleção, benefícios e habilidades disponíveis). Como ela poderia integrar todos esses diferentes sistemas para alcançar sinergia?

SISTEMA ABERTO

O sistema aberto mantém um intercâmbio de transações com o ambiente e conserva-se constantemente no mesmo estado (autorregulação), apesar de a matéria e a energia que o integram se renovarem constantemente (equilíbrio dinâmico ou homeostase). O organismo humano, por exemplo, não pode ser considerado uma mera aglomeração de elementos separados, mas um sistema definido que apresenta integridade e organização. Assim, o sistema aberto, como o organismo, é influenciado pelo meio ambiente e influi sobre ele, alcançando um estado de equilíbrio dinâmico nesse meio. O modelo de sistema aberto é um complexo de elementos em interação e intercâmbio contínuo com o ambiente. Graças a esse posicionamento, a abordagem sistêmica teve profundas repercussões na teoria administrativa.

A categoria mais importante dos sistemas abertos são os sistemas vivos. Existem certas analogias entre a empresa e os organismos vivos. A empresa cresce em tamanho pelo acréscimo de partes, ingere coisas e processa-as em produtos ou serviços. Nesse processo, há entradas e saídas e um processo intermediário necessário à vida. A empresa reage ao seu ambiente (ajustando-se e adaptando-se a ele para sobreviver) e muda seus mercados, produtos, processos, técnicas e estrutura organizacional, podendo até reproduzir-se em empresas subsidiárias.

TABELA 19.1. DIFERENÇAS ENTRE SISTEMAS VIVOS E SISTEMAS ORGANIZADOS[11]

Sistemas vivos (organismos)	Sistemas organizados (organizações)
Nascem, herdam seus traços estruturais	São organizados, adquirem sua estrutura em estágios
Morrem, seu tempo de vida é limitado	Podem ser reorganizados, têm uma vida ilimitada e podem ser reconstruídos
Têm um ciclo de vida predeterminado	Não têm ciclo de vida definido
São concretos – o sistema é descrito em termos físicos e químicos	São abstratos – o sistema é descrito em termos psicológicos e sociológicos
São completos. O parasitismo e simbiose são excepcionais	São incompletos: dependem de cooperação com outras organizações. Suas partes são intercambiáveis
A doença é definida como um distúrbio no processo vital	O problema é definido como um desvio nas normas sociais

ORGANIZAÇÃO COMO UM SISTEMA ABERTO

O conceito de sistema aberto é aplicável à organização. A organização é um sistema criado pelo homem e mantém uma dinâmica interação com seu meio ambiente, sejam clientes, fornecedores, concorrentes, entidades sindicais, órgãos governamentais e outros agentes externos. Influi sobre o meio ambiente e recebe influência dele. Além disso, é um sistema integrado por diversas partes ou unidades relacionadas entre si que trabalham em harmonia umas com as outras com a finalidade de alcançar uma série de objetivos, tanto da organização como de seus participantes.

Em suma, o sistema aberto

pode ser compreendido como um conjunto de partes em constante interação e interdependência, constituindo um todo sinérgico (o todo é maior do que a soma das partes), orientado para determinados propósitos (comportamento teleológico orientado para fins) e em permanente relação de interdependência com o ambiente (entendida como a dupla capacidade de influenciar o meio externo e ser por ele influenciado).[12]

CARACTERÍSTICAS DAS ORGANIZAÇÕES COMO SISTEMAS ABERTOS

As organizações apresentam as características de sistemas abertos, a saber:

Comportamento probabilístico e não determinístico

Como todos os sistemas sociais, as organizações são sistemas abertos afetados por mudanças em seus ambientes, que são denominadas variáveis externas. O ambiente é vasto, difuso, não tem fronteiras e inclui variáveis desconhecidas e incontroladas pelas organizações. Por essa razão, suas consequências sobre os sistemas sociais são probabilísticas e não determinísticas. Assim, o comportamento das organizações nunca é totalmente previsível. Elas são complexas e respondem a muitas variáveis que não são totalmente compreensíveis.[13]

Organizações são partes de uma sociedade maior e são constituídas de partes menores

As organizações são sistemas dentro de sistemas. Os sistemas são "complexos de elementos dispostos em interação recíproca".[14] A focalização incide mais sobre as relações entre os elementos interagentes, cuja interação produz uma totalidade que não pode ser compreendida pela simples análise das várias partes tomadas isoladamente. Como um sistema, a organização está continuamente submetida a uma mudança dinâmica, requerendo um interminável jogo de balanço e de equilíbrio. Cada organização é imbuída dos valores dominantes do seu ambiente. Os membros de uma organização são simultaneamente membros de muitos outros grupos competidores entre si ou mantendo lealdade complementar. Sua posição de poder nas organizações depende de suas relações com tais grupos.[15]

Interdependência das partes

A organização é um sistema social com partes independentes, mas intimamente inter-relacionadas. "O sistema organizacional compartilha com os sistemas biológicos a propriedade de uma intensa interdependência de suas partes, de modo que a mudança em uma das partes provoca impacto sobre as outras".[16] A organização não é um sistema mecânico, no qual qualquer das partes pode ser mudada sem um efeito concomitante sobre as outras partes. Em razão da diferenciação provocada pela divisão do trabalho, as partes precisam ser coordenadas por intermédio de meios de integração e de controle para manter viável o sistema todo.

Homeostase ou "estado firme"

A organização alcança um estado firme – ou seja, um estado de equilíbrio interno – quando satisfaz dois requisitos básicos: a unidirecionalidade e o progresso.[17]

- *Unidirecionalidade ou constância de direção*: apesar das mudanças do ambiente ou da própria organização, os mesmos resultados são atingidos. O sistema continua orientado para o mesmo fim, usando variados meios para chegar lá.
- *Progresso com relação ao fim*: o sistema mantém, em relação ao fim desejado, um grau de progresso dentro dos limites definidos como toleráveis. Esse grau de progresso pode ser melhorado quando a empresa alcança o mesmo resultado com menor esforço, com maior precisão e sob condições de variabilidade.

Os dois requisitos para alcançar o estado firme – unidirecionalidade e progresso – exigem liderança e comprometimento das pessoas com o objetivo final a ser alcançado.

Além do mais, a organização – como um sistema aberto – precisa conciliar dois processos opostos e contraditórios, ambos imprescindíveis para a sua sobrevivência, a saber:[18]

- *Homeostasia*: é a tendência do sistema em permanecer estático ou em equilíbrio dinâmico, mantendo inalterado o seu *status quo* interno. A homeostasia está ligada à manutenção e preservação do sistema.
- *Adaptabilidade*: é a mudança do sistema no sentido de ajustar-se aos padrões requeridos na sua interação com o ambiente externo, alterando o seu *status quo* interno para alcançar um equilíbrio perante novas situações. A adaptabilidade requer mudança interna do sistema.

A homeostasia garante a rotina do sistema, enquanto a adaptabilidade leva à ruptura, à mudança e à inovação. Rotina e ruptura. Manutenção e inovação. Estabilidade e mudança. Identidade e ajustamento. Ambos esses processos opostos e contraditórios são levados a cabo pela organização para garantir a sua viabilidade.

Fronteiras ou limites

É a linha que demarca e define o que está dentro e o que está fora do sistema. As organizações têm fronteiras que as diferenciam dos ambientes. As fronteiras variam quanto ao grau de permeabilidade: são linhas de demarcação que podem deixar passar maior ou menor intercâmbio com o ambiente. As transações entre organização e ambiente são feitas pelos elementos situados nas fronteiras organizacionais, isto é, na periferia da organização. A permeabilidade das fronteiras define o grau de abertura do sistema em relação ao ambiente. É por meio da fronteira que existe a interface. Interface é a área ou canal entre os diferentes componentes de um sistema, pelo qual a informação é transferida ou o intercâmbio de energia, de matéria ou informação é realizado com o meio ambiente.

Morfogênese

Diferentemente dos sistemas mecânicos e mesmo dos sistemas biológicos, a organização é um sistema que tem a capacidade de modificar a si próprio: é a propriedade morfogênica das organizações, considerada por Buckley[19] a característica identificadora das organizações. Uma máquina não pode mudar suas engrenagens e um animal não pode criar uma cabeça ou perna a mais. Porém, a organização pode modificar e alterar sua constituição e estrutura por um processo cibernético – que detecta os erros que devem ser corrigidos para melhorar a situação –, criando novos órgãos ou eliminando órgãos ultrapassados, aceitando novos membros ou dispensando membros não desejados, assumindo novas atividades e deixando de lado atividades obsoletas, criando e inovando produtos e serviços, modificando processos, etc.

Resiliência

Em linguagem científica, a resiliência é a capacidade de um sistema de superar o distúrbio imposto por um fenômeno externo e manter-se inalterado. As organizações, como sistemas abertos, apresentam capacidade de enfrentar e superar perturbações externas provocadas pela sociedade sem que desapareça o seu potencial de auto-organização. É a resiliência que determina o grau de defesa ou de vulnerabilidade do sistema a pressões ambientais externas. Isso explica que quando uma organização apresenta elevada resiliência, as tentativas de mudança e de recauchutagem de modelos tradicionais e burocráticos sofrem resistência ao avanço da inovação e da modernidade. É uma espécie de imunidade organizacional contra o vírus da mudança. A resiliência do modelo burocrático faz que as tentativas de mudança e de inovação não sejam bem-sucedidas.

Método do caso

A Global Face
Meditando a respeito de sua empresa – a Global Face –, Waldomiro Pena começou a pensar em uma nova forma de gestão dos seus negócios. A Global Face tinha passado por várias mudanças de produtos e serviços, novas exigências de clientes, alterações na legislação e nas políticas governamentais, e agora a globalização e o forte desenvolvimento tecnológico que envelhece rapidamente qualquer produto e o torna obsoleto em questão de momentos. A Global Face passara por tudo isso e continuava firme. Mas perdera terreno para empresas concorrentes. Waldomiro acha que a empresa poderia ser mais sensitiva ao mercado e mais aberta ao ambiente de negócios. Quais as sugestões que você daria a Waldomiro a respeito da Global Face?

MODELOS DE ORGANIZAÇÃO
O conceito de organização recebeu novas contribuições por meio da Teoria de Sistemas. Schein[20] propõe alguns conceitos da teoria de sistemas na definição de organização:

- *A organização é um sistema aberto* em constante interação com o meio, recebendo matéria-prima, pessoas, energia e informações e transformando-as ou convertendo-as em produtos e serviços que são exportados para o meio ambiente.
- *A organização é um sistema com objetivos ou funções múltiplas* que envolvem interações múltiplas com o meio ambiente.
- *A organização é um conjunto de subsistemas em interação dinâmica* uns com os outros. Deve-se analisar o comportamento dos subsistemas em vez de focalizar os comportamentos individuais.

- *Os subsistemas são mutuamente dependentes*, e as mudanças ocorridas em um deles afetam o comportamento dos outros.
- *A organização existe em um ambiente dinâmico* que envolve outros sistemas. O funcionamento da organização não pode ser compreendido sem considerar as demandas e as limitações impostas pelo meio ambiente.
- *Os múltiplos elos de vinculação entre a organização e seu meio ambiente* tornam difícil uma clara definição das fronteiras organizacionais.

Serão discutidos a seguir dois modelos de organização: o modelo de Katz e Kahn e o modelo sociotécnico de Tavistock.

Modelo de Katz e Kahn

Katz e Kahn desenvolveram um modelo de organização[21] por meio da aplicação da Teoria dos Sistemas à teoria administrativa. No modelo proposto por ambos, a organização apresenta as características típicas de um sistema aberto.

Organização como um sistema aberto

A organização é um sistema aberto que apresenta as seguintes características:

- *Importação (entradas)*: a organização recebe insumos do ambiente e depende de suprimentos renovados de energia de outras organizações ou de pessoas. Nenhuma estrutura social é autossuficiente ou autocontida.
- *Transformação (processamento)*: os sistemas abertos transformam a energia recebida. A organização processa e transforma seus insumos em produtos acabados, mão de obra treinada, serviços prestados, etc. Essas atividades acarretam alguma reorganização das entradas.
- *Exportação (saídas)*: os sistemas abertos exportam seus produtos, serviços ou resultados para o meio ambiente.
- *Os sistemas são ciclos de eventos que se repetem*: "O funcionamento do sistema aberto consiste em ciclos recorrentes de importação – transformação – exportação. A importação e a exportação são transações que envolvem o sistema e setores do seu ambiente imediato, enquanto a transformação é um processo contido dentro do próprio sistema".[22] As organizações reciclam constantemente suas operações ao longo do tempo dentro dessa incessante circularidade.

- *Entropia negativa*: é um processo pelo qual todas as formas organizadas tendem à exaustão, desorganização, desintegração e, no fim, à morte. Para sobreviver, os sistemas abertos precisam mover-se para deter o processo entrópico e se reabastecer de energia, a fim de manter indefinidamente a sua estrutura organizacional. É um processo reativo de obtenção de reservas de energia que recebe o nome de entropia negativa ou negentropia. A negentropia consiste em abastecer-se de um volume de energia ou informação muito maior para poder compensar e ultrapassar as perdas ao longo do processo.
- *Informação como insumo, retroação negativa e processo de codificação*: os sistemas abertos recebem insumos, como materiais ou energia, que são transformados ou processados. Recebem também entradas de caráter informativo, que proporcionam sinais à estrutura sobre o ambiente e sobre seu próprio funcionamento em relação a ele. O tipo mais simples de entrada de informação é a retroação negativa (*negative feedback*), que permite ao sistema corrigir seus desvios da linha certa. As partes do sistema enviam de volta informação sobre os efeitos de sua operação a algum subsistema ou mecanismo central, o qual atua sobre tal informação e mantém o sistema na direção correta. Quando a retroação negativa é interrompida, o estado firme do sistema desaparece e sua fronteira se desvanece, pois esse dispositivo permite que o sistema se mantenha no curso certo sem absorver excesso de energia ou gastá-la em demasia. Por outro lado, o processo de codificação permite ao sistema reagir seletivamente apenas em relação aos sinais de informação para os quais esteja sintonizado. A codificação é um sistema de seleção de entradas por meio do qual os materiais irrelevantes são rejeitados enquanto os relevantes são aceitos e traduzidos para a estrutura. A organização racionaliza a confusão do ambiente estabelecendo algumas categorias significativas e simplificadas para o sistema entender-se com o ambiente.
- *Estado firme e homeostase dinâmica*: o sistema aberto mantém certa constância no intercâmbio de energia importada e exportada do ambiente, assegurando o seu caráter organizacional e evitando o processo entrópico. Assim, os sistemas abertos caracterizam-se por um estado firme: existe um influxo contínuo de energia do ambiente exterior e uma exportação contínua dos produtos do sistema, porém o quociente de intercâmbios de energia e as relações entre as partes continuam sempre os mesmos. O estado firme é observado no processo homeostático que regula a temperatura do corpo humano: as condições externas de temperatura e umidade podem

variar, mas a temperatura do corpo permanece a mesma. A tendência mais simples do estado firme é a homeostase e o seu princípio básico é a preservação do caráter do sistema: o equilíbrio quase estacionário proposto por Lewin. Segundo esse conceito, os sistemas reagem à mudança ou antecipam-na por intermédio do crescimento que assimila as novas entradas de energia nas suas estruturas. Os altos e baixos desse ajustamento contínuo nem sempre trazem o sistema de volta ao seu nível primitivo. Assim, os sistemas vivos apresentam um crescimento ou expansão, no qual maximizam seu caráter básico, importando mais energia do que a necessária para a sua saída, a fim de garantir sua sobrevivência e obter alguma margem de segurança além do nível imediato de existência.

- *Diferenciação*: como sistema aberto, a organização tende à diferenciação, isto é, à multiplicação e elaboração de funções, o que lhe traz também multiplicação de papéis e divisão do trabalho. Os padrões difusos e globais são substituídos por funções especializadas, hierarquizadas e diferenciadas. A diferenciação é uma tendência para a elaboração de estrutura.
- *Equifinalidade*: os sistemas abertos são caracterizados pelo princípio de equifinalidade: um sistema pode alcançar, por uma variedade de caminhos, o mesmo resultado final, partindo de diferentes condições iniciais. Na medida em que os sistemas abertos desenvolvem mecanismos regulatórios (homeostase) para regular suas operações, a quantidade de equifinalidade é reduzida. Porém, a equifinalidade permanece: existe mais de um modo de o sistema produzir um determinado resultado, ou seja, existe mais de um caminho para o alcance de um objetivo. O estado estável do sistema pode ser atingido a partir de condições iniciais diferentes e por intermédio de meios diferentes.
- *Limites ou fronteiras*: como um sistema aberto, a organização apresenta limites ou fronteiras, isto é, barreiras entre o sistema e o ambiente. Os limites ou fronteiras definem a esfera de ação do sistema, bem como o seu grau de abertura (receptividade de insumos) em relação ao ambiente.

Todos os sistemas sociais – inclusive as organizações – consistem em atividades padronizadas de uma quantidade de indivíduos. Essas atividades padronizadas são complementares ou interdependentes em relação a alguma saída ou resultado comum. Elas são repetidas, duradouras e ligadas no espaço e no tempo. Manter essa atividade padronizada requer renovação contínua do influxo de energia, o que, nos sistemas sociais, é garantido pelo retorno de energia do produto ou resultado. O sistema aberto não se esgota porque pode importar mais energia do mundo que o rodeia: por isso, a tendência à entropia é contrariada pela importação de energia. O sistema vivo caracteriza-se mais pela entropia negativa que pela positiva. É a negentropia.

Cultura organizacional e clima organizacional

Para Katz e Kahn,

> cada organização cria sua própria cultura com seus próprios tabus, costumes e usos. A cultura do sistema reflete as normas e valores do sistema formal e sua reinterpretação pelo sistema informal, bem como reflete as disputas internas e externas das pessoas que a organização atraí, seus processos de trabalho e distribuição física, as modalidades de comunicação e o exercício da autoridade dentro do sistema. Assim como a sociedade tem uma herança cultural, as organizações sociais possuem padrões distintivos de sentimentos e crenças coletivos, que são transmitidos aos novos membros.[23]

A cultura organizacional é a consciência coletiva que se expressa em significados compartilhados por todos os membros da organização. Cada organização tem a sua própria cultura que a identifica e diferencia das demais organizações.

Do conceito de cultura decorre o conceito de clima organizacional, que representa as percepções que as pessoas têm a respeito da organização da qual são membros e opinião formada sobre suas características, como estrutura, recompensa, autonomia, consideração, cordialidade, apoio e abertura. O clima pode ser percebido como agradável, caloroso, receptivo e amigável ou como desagradável, frio, distante e inamistoso, dependendo das condições com que se apresenta às pessoas.

Conceito de eficiência e eficácia organizacional[24]

> Como sistemas abertos, as organizações sobrevivem somente enquanto forem capazes de manter negentropia, isto é, importação sob todas as formas de quantidades maiores de energia do que elas devolvem ao ambiente como produto. A razão é óbvia. Uma parte da entrada de energia em uma organização é investida diretamente e transformada como saída organizacional: são os produtos ou serviços. Porém, uma parte da entrada absorvida é consumida pela organização para que ela possa trabalhar e funcionar. Para fazer o trabalho de transformação de entradas e saídas, a organização também precisa receber energia para funcionar e compensar a inevitável perda de energia entre a entrada e a saída.[25]

Assim, a eficiência refere-se ao quanto de entrada de uma organização resulta como produto e quanto é absorvido ou gasto pelo sistema. A eficiência relaciona-se à necessidade de sobrevivência da organização. A eficácia organizacional relaciona-se à extensão em que todas as formas de rendimento para a organização são maximizadas, o que é determinado pela combinação da eficiência da organização e seu êxito em obter condições vantajosas ou entradas de que necessita. A eficiência busca incrementos a partir de soluções técnicas e econômicas, enquanto a eficácia procura a maximização do rendimento para a organização, por meios técnicos e econômicos (eficiência) e por meios políticos (não econômicos).

Organização como um sistema de papéis
Papel é o conjunto de atividades solicitadas de um indivíduo que ocupa determinada posição em uma organização. Os requisitos podem ser óbvios ao indivíduo, em virtude do seu conhecimento do processo técnico e da tarefa da organização ou lhe podem ser comunicados pelos membros da organização que solicitam ou dependem de seu comportamento de papel para que possam atender às expectativas de seus próprios cargos. Assim, a organização consiste de papéis ou aglomerados de atividades esperadas dos indivíduos e que se superpõem. A organização é uma estrutura de papéis. Melhor dizendo, um sistema de papéis. O papel define qual é o comportamento solicitado ou esperado de cada pessoa. Algumas organizações definem cargos ou funções como especificações de papel aos seus ocupantes.

Modelo sociotécnico de Tavistock
O modelo sociotécnico de Tavistock foi proposto por sociólogos e psicólogos do Instituto de Relações Humanas de Tavistock, em Londres.[26] A organização é um sistema aberto em interação constante com seu ambiente. Mais que isso, a organização é um sistema sociotécnico estruturado sobre dois subsistemas:

- *Subsistema técnico*: compreende as tarefas a serem desempenhadas, instalações físicas, equipamentos e instrumentos utilizados, arranjo físico, exigências da tarefa (cargos), técnicas operacionais, ambiente físico, bem como a operação das tarefas. Em resumo, o subsistema técnico envolve a tecnologia, o território e o tempo.[27] É o responsável pela eficiência potencial da organização.

■ *Subsistema social*: compreende as pessoas, suas características físicas e psicológicas, as relações sociais entre os indivíduos encarregados de execução da tarefa, bem como as exigências de sua organização formal como informal na situação de trabalho. O subsistema social transforma a eficiência potencial em eficiência real.

```
Sistema sociotécnico
├─ Subsistema técnico → • Instalações físicas
│                        • Máquinas e equipamentos
│                        • Tecnologia
│                        • Exigência da tarefa         → Eficiência potencial
└─ Subsistema social  → • Pessoas
                         • Relações sociais
                         • Habilidades e competências
                         • Necessidades e aspirações   → Eficiência real
```

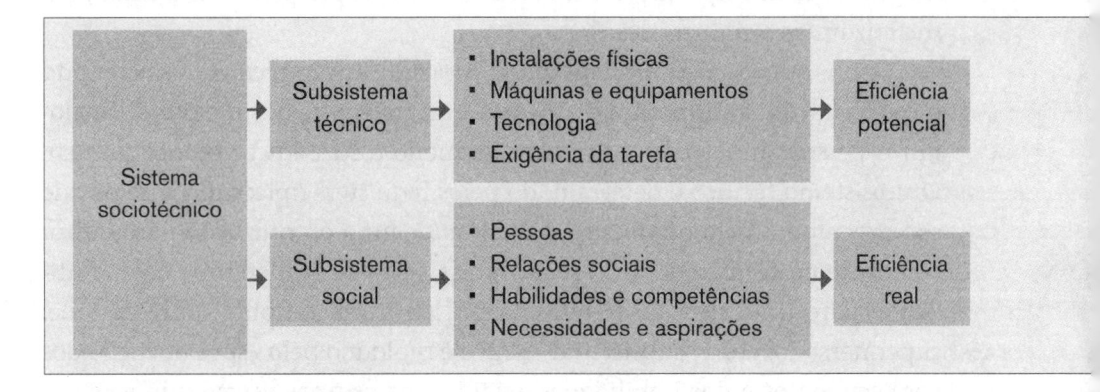

Figura 19.3. O sistema sociotécnico.

A abordagem sociotécnica concebe a organização como a combinação da tecnologia (exigências de tarefa, ambiente físico, máquinas e equipamentos disponíveis) com um subsistema social (sistema de relações entre as pessoas que realizam a tarefa). O subsistema tecnológico e o social acham-se em uma interação mútua e recíproca e cada um determina o outro, até certo ponto. A natureza da tarefa influencia (e não determina) a natureza da organização (órgãos, cargos, atividades) e das pessoas (quais são suas aptidões, habilidades, conhecimentos, etc.). Por outro lado, as características psicossociais das pessoas influenciam (e não determinam) a maneira em que os cargos serão executados e como as tarefas serão realizadas. Essa influência mútua conduz à mudança no sistema.

O modelo de sistema aberto proposto pela abordagem sociotécnica[28] parte do pressuposto de que toda organização importa várias coisas do meio ambiente e utiliza essas importações em processos de conversão, para então exportar produtos e serviços que resultam do processo de conversão. As importações são constituídas de informações sobre o meio ambiente, matérias-primas, dinheiro, equipamento e pessoas implicadas na conversão em algo que deve ser exportado e que cumpre exigências do meio ambiente. A tarefa primária da organização reside em sobreviver dentro desse processo cíclico de:

- *Importação*: pela aquisição de matérias-primas.
- *Conversão*: por meio da transformação das importações em exportações, ou seja, dos insumos em produtos ou serviços.
- *Exportação*: colocação dos resultados da importação e da conversão.

Os processos de importação-exportação (entrada-processamento-saída) caracterizam as organizações.

Assim, as organizações têm dupla função: função técnica (relacionada à coordenação do trabalho) e função social (referente aos meios de relacionar a pessoas umas com as outras, de modo a fazê-las trabalhar juntas). O subsistema técnico é determinado pelos requisitos típicos das tarefas que são executadas pela organização. Variam de uma organização para outra: o subsistema técnico de uma refinaria de petróleo é diferente daquele utilizado para a fabricação de automóveis, para um hospital, universidade, supermercado, etc. O subsistema técnico é moldado pela especialização dos conhecimentos e das habilidades exigidas, pelos tipos de máquinas, equipamentos e matérias-primas utilizados e pelo arranjo físico das instalações. Quase sempre é a tecnologia quem determina o tipo de entrada humana necessário à organização: cientistas e engenheiros para a avançada tecnologia computacional ou empregados braçais para a execução das construções civis. A tecnologia é o fator principal na determinação da estrutura organizacional e das relações entre os serviços. O subsistema técnico é o responsável pela eficiência potencial da organização. Além do subsistema técnico, toda organização tem em seu interior um subsistema social: ambos não podem ser focalizados isoladamente, mas no contexto da organização total. Alterações em um provocarão repercussões no outro.

A abordagem sociotécnica utiliza o modelo de importação-conversão-exportação derivado da teoria de sistema aberto: a organização empresarial ajusta-se a esse modelo, pois ela realiza importações e exportações de materiais, pessoal, dinheiro, produtos, informação.[29]

Método do caso

A W. Monteiro

Depois de alguns anos proporcionando um forte impulso inicial à sua empresa, Doralice Monteiro resolveu começar a pensar em uma organização madura, coesa e integrada, principalmente do ponto de vista humano e social. Como presidente da W. Monteiro, uma empresa de alta tecnologia, Doralice queria que sua empresa constituísse um sistema social aberto, dinâmico e direcionado para a excelência. Para tanto, passou a imaginar um modelo capaz de proporcionar eficácia organizacional, que orientasse seus funcionários quanto aos seus papéis na organização e integrasse aspectos sociais e tecnológicos. Como você poderia ajudar Doralice a estabelecer as bases de uma nova W. Monteiro?

APRECIAÇÃO CRÍTICA DA TEORIA DE SISTEMAS

De todas as teorias administrativas a Teoria de Sistemas é a menos criticada, pelo fato de que a perspectiva sistêmica parece concordar com a preocupação estrutural-funcionalista típica das ciências sociais dos países capitalistas de hoje.[30] A teoria de sistemas desenvolveu os conceitos dos estruturalistas e behavioristas pondo-se a salvo das suas críticas. Contudo, uma apreciação crítica da Teoria de Sistemas revela o seguinte:

Confronto entre Teorias de Sistema Aberto e de Sistema Fechado

O conceito de sistemas tem sua origem nas disciplinas científicas (como Biologia, Sociologia, etc.). Estas têm um denominador comum: o chamado sistema aberto, que descreve as ações e interações de um organismo em um ambiente. Os sistemas abertos trocam energia e informação com seus ambientes e são por eles influenciados. A abordagem de sistema aberto trouxe uma nova e moderna concepção para a Administração, a partir dos seguintes aspectos:[31]

- A natureza essencialmente dinâmica do ambiente conflita com a tendência essencialmente estática da organização. A organização é constituída para autoperpetuar-se ou, na pior hipótese, para preservar-se e dar continuidade à sua estrutura, critérios, métodos e metas e não para mudar esses elementos de acordo com as transformações ocorridas no ambiente.
- Um sistema organizacional rígido não pode sobreviver na medida em que não consegue responder eficazmente às mudanças contínuas e rápidas do ambiente.
- Um sistema aberto, como um clube, hospital ou governo precisa garantir a absorção dos seus produtos pelo ambiente. Mais do que isso, o sistema precisa, às vezes, anestesiar certas necessidades inadequadas do ambiente e educá-lo, criando nele necessidades adequadas, como produtos ou serviços que o sistema acredita sejam melhores para o ambiente. Para garantir sua viabilidade, a organização oferece ao ambiente os produtos de que ele necessita ou, se for o caso, cria nele a necessidade

de tais produtos, pois só assim garante a continuidade da provisão de insumos e absorção dos produtos pelos clientes.
- O sistema precisa de constante e apurada informação do ambiente sobre sua natureza, sobre a qualidade e quantidade dos insumos disponíveis e sobre a eficácia ou adequação dos produtos ou respostas da organização ao ambiente. Em uma palavra, o sistema requer constante, apurada e rápida retroação. Isso porque a continuidade da oferta de produtos indesejáveis ou desnecessários resulta, em médio prazo, na redução dos insumos ou dos recursos, reduzindo a capacidade da organização para autossustentar-se e alcançar seus propósitos.

Ao contrário da abordagem de sistema aberto, a velha perspectiva de sistema fechado levou a TGA às seguintes distorções:[32]

- O estudo e a prática da Administração ficaram limitados às regras de funcionamento interno, à apologia da eficiência como critério básico da viabilidade organizacional e à ênfase em procedimentos rotineiros, e não em programas.
- A perspectiva de organização como sistema fechado é responsável pela insensibilidade da teoria administrativa tradicional às diferenças entre ambientes organizacionais e pela desatenção à interdependência entre a organização e o seu ambiente. É isso que explica a transferibilidade inadequada, a importação acrítica de certas soluções e técnicas que, embora eficazes em alguns ambientes, não funcionam em outros. A premissa, aparentemente lógica, de perspectiva da organização como sistema fechado trouxe soluções, instrumentos e técnicas intertransferíveis, já que o ambiente não faz diferença.
- Já que o ambiente não faz diferença, a perspectiva da organização como sistema fechado resulta na insensibilidade para a necessidade de mudanças e adaptação contínua e urgente das respostas da organização ao ambiente. Em um ambiente em que a velocidade e o ritmo de mudança são grandes, certas organizações tenderão a desaparecer por tornarem-se desnecessárias ao ambiente: os seus produtos não mais atendem às necessidades, anseios e solicitações do contexto.

Características básicas da análise sistêmica

As características da teoria administrativa baseada na análise sistêmica são as seguintes:[33]

- *Ponto de vista sistêmico*: a moderna teoria visualiza a organização como um sistema constituído de cinco parâmetros básicos: entrada, processo, saída, retroação e ambiente. A TGS inclui todos os tipos de sistemas, como biológicos, físicos e comportamentais. As ideias de controle, estrutura, propósito e processos operacionais provindos da TGS, da Cibernética e de áreas relacionadas são importantes na moderna teoria administrativa.
- *Abordagem dinâmica*: a ênfase da teoria moderna é sobre o dinâmico processo de interação que ocorre dentro da estrutura de uma organização. Essa abordagem contrasta com a visão clássica, que enfatiza a estrutura estática como um conjunto de peças montadas. A moderna teoria não descarta a ênfase na estrutura, mas adiciona a ênfase sobre o processo de interação entre as partes que ocorre dentro da estrutura.
- *Multidimensional e multinivelada*: a moderna teoria considera a organização do ponto de vista micro e macroscópico. A organização é micro quando considerada dentro do seu ambiente (nível da sociedade, comunidade, mercado ou país) e é macro quando se analisam as suas unidades internas. A teoria sistêmica considera todos os níveis e reconhece a importância das partes, bem como a "Gestalt" ou totalidade e a interação existente entre as partes em todos os níveis. Daí o efeito sinergístico que ocorre nas organizações.
- *Multimotivacional*: a Teoria de Sistemas reconhece que um ato pode ser motivado por muitos desejos ou motivos. As organizações existem porque seus participantes esperam satisfazer vários objetivos por meio delas. Esses objetivos não podem ser reduzidos a um objetivo único, como o lucro ou o ganho financeiro.
- *Probabilística*: a teoria moderna tende a ser probabilística. Suas frases estão saturadas de expressões como "em geral", "pode ser", etc., demonstrando que muitas variáveis podem ser explicadas em termos preditivos, e não com certeza. O determinismo foi substituído pelo indeterminismo.
- *Multidisciplinar*: a Teoria de Sistemas é uma teoria multidisciplinar com conceitos e técnicas derivados de muitos campos de estudo, como a Sociologia, Psicologia, Economia, Ecologia, pesquisa operacional, etc. A teoria moderna representa uma síntese integrativa de partes relevantes de todos os campos no desenvolvimento de uma teoria geral das organizações e da Administração.
- *Descritiva*: a teoria moderna é francamente descritiva. Ela descreve as características das organizações e da Administração. Enquanto as teorias tradicionais eram normativas e prescritivas, preocupadas em sugerir o

que fazer e como fazer, a teoria moderna contenta-se em procurar compreender e explicar os fenômenos organizacionais e deixar a escolha de objetivos e métodos ao administrador.

■ *Multivariável*: a teoria moderna assume que um evento pode ser causado por muitos e numerosos fatores que são inter-relacionados e interdependentes. Essa abordagem contrasta com as teorias tradicionais, que pressupõem causação simples e linear (causa e efeito) e de fator único. A teoria moderna reconhece a possibilidade de que fatores causais sejam afetados por influências que eles próprios causaram por meio da *retroação*.

■ *Adaptativa*: a moderna teoria administrativa assume que a organização é um sistema adaptativo. Se uma organização pretende permanecer viável (continuar a existir) em seu ambiente, ela deve continuamente adaptar-se aos requisitos cambiantes do ambiente. Assim, a organização e seu ambiente são vistos como interdependentes e em um contínuo equilíbrio dinâmico, rearranjando suas partes quando necessário em face da mudança. A moderna teoria visualiza a organização em um sentido ecológico, como um sistema aberto que se adapta a partir de um processo de retroação negativa para permanecer viável. Essa abordagem adaptativa e ecológica das organizações traz como consequência a focalização nos resultados (*output*) da organização em vez da ênfase sobre o processo ou sobre as atividades da organização, como o faziam as teorias tradicionais. Ênfase sobre a eficácia dos sistemas, e não exclusivamente ênfase sobre a eficiência das suas partes.

Caráter integrativo e abstrato da Teoria de Sistemas

A Teoria de Sistemas é demasiado abstrata e conceptual e, portanto, de difícil aplicação a situações gerenciais práticas.[34] Muito embora predomine na teoria administrativa e tenha "uma aplicabilidade geral ao comportamento de diferentes tipos de organizações e indivíduos em diferentes meios culturais",[35] a abordagem sistêmica é uma teoria geral que cobre amplamente todos os fenômenos organizacionais. Ela é uma teoria geral das organizações e da Administração,[36] uma síntese integrativa dos conceitos clássicos, neoclássicos, estruturalistas e behavioristas. Algumas variáveis novas passaram a ser incluídas nesse contexto. Todavia, embora o esquema geral dessa abordagem pareça completo no seu todo, muitos detalhes da teoria ainda permanecem por estudar e pesquisar.[37] Na prática, os campos da cibernética e da teoria dos sistemas praticamente fundiram-se, pois a área principal de aplicação teórica de ambos esses campos são os sistemas. Em suma, a Cibernética é uma

Teoria de Sistemas cujos fundamentos são a comunicação (tanto a circulação de informações entre o sistema e o ambiente como internamente dentro do sistema) e o controle (ou a regulação do funcionamento do sistema em decorrência do ambiente). O mesmo DNA da Cibernética – como ciência interdisciplinar, integradora e abrangente – está presente na Teoria de Sistemas.

Efeito sinergístico das organizações como sistemas abertos

Sinergia é o esforço simultâneo de vários órgãos que provoca um resultado ampliado e potenciado, muitas vezes multiplicado. Uma das razões para a existência das organizações é o seu efeito sinérgico ou sinergístico. A sinergia faz que o resultado de uma organização seja diferente em quantidade ou qualidade da soma de suas partes. A aritmética organizacional pode dar um resultado como 2 + 2 = 5 ou, então, 2 + 2 = 3, 4, 7, 13, A, X, Z unidades de saída. As unidades de saída podem ser iguais, maiores ou menores que as unidades de entrada. Neste caso, uma saída 3 significa uma organização malsucedida por não haver sinergia; uma saída 4 traduz uma organização em ponto de equilíbrio, também sem sinergia; as saídas 7 e 13 indicam uma organização bem-sucedida, pois a saída é muito maior que seu custo. As saídas A, X ou Z representam dimensões de saída que podem ser qualitativamente diferentes das unidades de entrada.[38]

Quando apresenta sinergia, o sistema aberto provoca um resultado maior que a soma de suas partes, porque a reunião das partes proporciona o surgimento de novas potencialidades para o conjunto, cujas qualidades emergentes retroalimentam as partes, produzindo um mecanismo multiplicador e altamente potencializador.

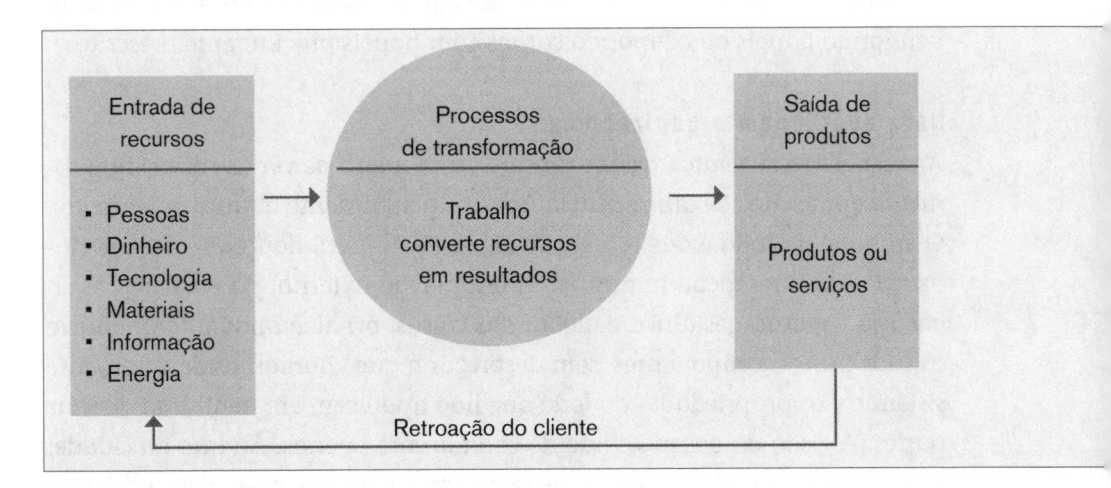

Figura 19.4. A organização como um sistema aberto.

Nesse sentido, as organizações produzem valor e geram riqueza por meio do efeito sinergístico. Os recursos humanos, materiais e financeiros – quando considerados fatores de produção – geram riqueza pela sinergia organizacional. É esse emergente sistêmico decorrente da sinergia que produz o lucro, a vantagem competitiva e o sucesso organizacional. A perspectiva sistêmica mostra que a organização deve ser administrada como um todo complexo. O presidente da organização deve ser perito em totalidade, e não apenas um coordenador geral de diversas áreas separadas.

Daí o paradoxo: para conhecer as partes e, assim, poder conhecer o todo e, ao mesmo tempo, conhecer o todo de modo a poder conhecer as partes, torna-se necessário reconhecer a circularidade nas explicações simultâneas do todo pelas partes e das partes pelo todo. Ambas as colocações são complementares, sem que nenhuma delas possa anular os aspectos antagônicos e concorrentes da outra.

"Homem funcional"

A Teoria de Sistemas utiliza o conceito do "homem funcional", em contraste com o conceito do *homo economicus* da Teoria Clássica, do "homem social" da Teoria das Relações Humanas, do "homem organizacional" da Teoria Estruturalista e do "homem administrativo" da Teoria Behaviorista. O indivíduo comporta-se em um papel dentro das organizações, inter-relacionando-se com os demais indivíduos como um sistema aberto. Nas suas ações em um conjunto de papéis, o "homem funcional" mantém expectativas quanto ao papel dos demais participantes e procura enviar aos outros as suas expectativas de papel. Essa interação altera ou reforça o papel. As organizações são sistemas de papéis nas quais os indivíduos agem desempenhando papéis ou ocupando cargos com papéis previamente prescritos.

Nova abordagem organizacional

A perspectiva sistêmica trouxe uma nova maneira de ver as coisas, não somente em termos de abrangência, mas principalmente quanto ao enfoque. O enfoque do todo e das partes, do dentro e do fora, do total e da especialização, da integração interna e da adaptação externa, da eficiência e da eficácia. A visão gestáltica e global das coisas, privilegiando a totalidade e as suas partes componentes, sem desprezar o que chamamos de emergente sistêmico: as propriedades do todo que não aparecem em nenhuma de suas partes. A visão do bosque e não de cada árvore apenas. A visão da cidade, e não de cada prédio ou rua. A visão da organização, e não apenas de cada uma de suas partes. Nessa nova abordagem organizacional, o importante é ver o todo, e não cada parte isoladamente, para enxergar o emergente sistêmico. É esse emergente sistêmico que faz que a água seja totalmente diferente dos elementos que a constituem, o hidrogênio e o oxigênio.

Ordem e desordem

A principal deficiência que se constata na noção de sistemas abertos é o conceito de equilíbrio. Aliás, o mesmo conceito perseguido pelos autores estruturalistas e comportamentais. O ciclo contínuo e ininterrupto de funcionamento de um sistema cibernético (em que a entrada leva ao processamento, que leva à saída, que leva à retroação e que leva à homeostasia) tem como produto final a busca e manutenção do estado de equilíbrio. Modernamente – e ao contrário do que se costumava acreditar antigamente –, percebe-se que na natureza as situações de equilíbrio constituem exceção, e não a regra geral. Nos novos tempos, atributos como estabilidade, permanência e equilíbrio são aqueles que menos existem nos aspectos sociais, econômicos, culturais, políticos, etc. Essa parece ser a falha maior de um modelo de descrição da realidade que procura compreendê-la como estando sempre em equilíbrio ou retornando sempre ao equilíbrio após ter sido afetada por alguma perturbação, ruído ou mudança.[39]

Atualmente, predomina o conceito de que toda organização é caracterizada simultaneamente por ordem e desordem. Ordem na medida em que congrega repetição, regularidade e redundância, e é capaz de autorregulação para a preservação da estabilidade. E desordem, pois é também produtora de eventos, perturbações, desvios e ruídos que conduzem à instabilidade e à mudança. Essa desordem pode ser de natureza objetiva (relacionada aos próprios eventos, desvios e ruídos efetivamente produzidos) ou subjetiva (relacionada à incerteza quanto ao futuro).

A ciência tradicional sempre procurou descobrir unicamente certezas. Todo conhecimento reduzia-se à ordem. Toda aleatoriedade seria apenas aparência e fruto de nossa ignorância. A racionalidade científica baseia-se em cinco conceitos fundamentais: ordem, determinismo, objetividade, causalidade e, principalmente, controle. O conhecimento das leis da natureza tinha por objetivo último controlá-la e colocá-la submissa aos desígnios do homem. E a incerteza e desordem seriam inimigas de tal projeto. Tanto assim, que toda a linguagem utilizada pelo ser humano para designar a desordem tem uma conotação negativa, como instabilidade, indeterminismo, incerteza, desordem, desequilíbrio, não linearidade, etc. Modernamente, a ciência está aceitando a inexorabilidade da incerteza. Hoje, o objetivo final do conhecimento já não reside em desvendar os segredos do mundo, mas propor dialogar com este mundo. A mesma incerteza que comprometia ou inviabilizava as antigas explicações simplificadoras e reducionistas agora faz parte indissociável da explicação complexa, aceitando-se que a desordem concorre para a produção da ordem.

Daí, o conceito de organização recursiva: os produtos da organização são necessários para sua própria causação e produção. Autoprodução para a auto-organização. Todo sistema é auto-organizante e, ao mesmo tempo, eco-organizante, ou seja, ambientalmente organizado. A auto-organização é uma organização que organiza a organização necessária à sua própria organização: ela é, ao mesmo tempo, desorganização e reorganização, ordem e desordem. Se tudo fosse ordem no universo, não haveria criação ou inovação, nem tampouco evolução. Se tudo fosse desordem no universo, haveria muita criação e inovação, mas nenhuma organização delas decorrente e, portanto, nenhuma evolução. Dentre todas as circularidades, a que exprime a essência da complexidade é o jogo contínuo e incessante entre ordem e desordem.[40]

Método do caso

Walmart

Você já ouviu falar de fronteiras organizacionais? E em sistemas abertos? Pois bem. A Walmart é uma empresa de venda a varejo, com dezenas de lojas abastecidas por centros de distribuição que dispõem de estoques suficientes para suprir os pedidos das lojas em sua área de jurisdição. Quando os estoques dos centros de distribuição atingiam um limite crítico, a empresa encomendava novos pedidos aos fornecedores. Contudo, o problema crítico da Walmart eram os artigos de grande volume e de pequeno valor unitário que exigiam muito espaço de armazenamento para tão pouco valor.[41] A Walmart queria um equilíbrio: nem estoques elevados que acarretam custos financeiros e de estocagem nem estoques insuficientes que provocam queda de vendas e reclamações dos clientes. Para tanto, entrou em contato com a Procter & Gamble para cuidar de seus estoques de fraldas descartáveis Pampers. Como a P&G conhece melhor a movimentação de fraldas e dispõe de informações sobre padrões de consumo e reposição de varejistas em todo o país, a Walmart pediu que a própria P&G assumisse toda a função de reposição de estoques. Com isso, o processo ultrapassou as suas fronteiras organizacionais, que se tornaram interfaces interempresas. E introduziu-se o reabastecimento contínuo entre fabricante e varejista. A gestão de estoques foi tão otimizada que as fraldas passam do centro de distribuição para as lojas e delas para o consumidor, antes que a Walmart tenha de pagá-las à P&G, o que é feito com o dinheiro já recebido do consumidor. Os custos de manutenção de estoques de fraldas foram eliminados e os estoques são geridos com mais eficácia pelo fornecedor, mais bem qualificado para tanto. A Walmart trabalha com menos estoque, menor necessidade de capital de giro e espaço liberado no centro de distribuição.

Por outro lado, a P&G tornou-se um fornecedor que adiciona valor ao produto que fornece pelo fato de executar todo o processo de gestão dos estoques. É fornecedor preferencial, com direito a espaço adicional nas prateleiras e nas extremidades dos corredores das lojas da Walmart. A P&G ganha também pelo fato de gerir sua produção e logística com mais eficiência por dispor de informação segura sobre a demanda do produto. Os estoques não são mais transferidos em grandes lotes e irregularmente para a Walmart, mas continuamente e em pequenas quantidades. Outro benefício para a P&G é a minimização do número de pontos de contato externo no seu processo de contas a receber. Normalmente, o processo de contas a receber executa a reconciliação dos pagamentos dos clientes com os pedidos deles e as faturas do próprio fornecedor, que devem bater entre si. O pedido é gerado pela P&G, e não pela Walmart. A P&G precisa agora apenas de dois pontos de contato nas suas contas a receber: a fatura e o pagamento.

QUESTÕES

1. Walmart e P&G estão trabalhando como sistemas abertos em íntima conexão no sentido de obter sinergia de esforços. Como você poderia explicar melhor esse aspecto?
2. Como você pode explicar a minimização do número de pontos de contato externo no processo de contas a receber? Para que serve?
3. Afinal, qual é a função das fronteiras organizacionais? Defender, limitar ou integrar?
4. Como se podem estabelecer entrelaçamentos com outras empresas para melhorar o desempenho da organização?
5. Como o caso acima poderia estar relacionado à Teoria de Sistemas?

Conceito de sistemas	Organizações como sistemas abertos

• Características
  • propósito ou objetivo
  • globalismo ou totalidade
• Tipos de sistemas:
  - físicos e abstratos
  - fechados e abertos
• Parâmetros dos sistemas:
  - entrada, saída, processamento, retroação, ambiente
	• Comportamento probabilístico
	• Partes da sociedade (suprassistema)
	• Têm partes menos (subsistemas)
	• Interdependência das partes
	• Homeostasia ou estado firme
	• Fronteiras ou limites
	• Morfogênese
	• Resiliência

Modelos de organização	Apeciação crítica da teoria de sistemas
• Modelo de Schein • Modelo de Katz e Kahn • Modelo sociotécnico de Tavistock	• Teorias de sistema fechado e aberto • Análise sistêmica • Caráter integrativo e abstrato • Efeito sinergístico das organizações • Conceito de homem funcional • Nova abordagem organizacional • Ordem e desordem

Figura 19.5. Mapa mental da Teoria de Sistemas.

REFERÊNCIAS

1. BERTALANFFY, L. von.The theory of open systems in physics and biology. Science, v. III, p. 23-9, 1950; General systems theory: a new approach to unity of science. In: Human biology, dec., 1951; General systems theory. In: Yearbook of the society for general systems research, 1956; General systems theory. New York: George Brasilier, 1968.
2. BERRIEN, F. K. General and social systems. New Brunswick: Rutgers University, 1968.
3. A Gestalt é uma corrente da Psicologia cuja tese principal é a de que "o todo é mais do que a soma das partes". O todo não deve ser comparado com agregações aditivas. Não se trata de somar as partes. O todo pode ser tanto um objeto concretamente organizado como pode ser uma organização. Ver: ANGYAL (Foundations for a Science of Personality. Harvard University, 1941. Propõe que a palavra "todo" seja utilizada apenas para designar um objeto concretamente organizado, enquanto a palavra organização seja chamada sistema.
4. EMERY, F. E. Systems thinking. Middlesex: Penguin Books, 1972. p. 8.
5. JOHNSON, R. A.; KAST, F. E.; ROSENZWEIG, J. E. Designing management systems. In: SCHODERBECK, P. P. Management systems. New York: John Wiley & Sons, 1968. p. 113.
6. BERTALANFFY, L. von, Teoria geral dos sistemas.
7. MILLER, J. G. Living systems: basic concepts. Behavioral Science, 10 jul. 1965, p. 196.

8. OPTNER, S. L. A análise de sistemas empresariais. Rio de Janeiro: Ao Livro Técnico, 1971.
9. PATERSON, T. T. Management theory. London: Business, 1969.
10. NASCIMENTO, K. T. A revolução conceptual... , op. cit., p. 34.
11. WIELAND, G. F.; ULRICH, R. A. Organizations, behavior, design and change. Homewood: Richard D. Irwin, 1976. p. 7.
12. BERTALANFFY, L. von. General systems theory, op. cit., p. 33.
13. GROSS, B. M. As empresas e sua administração: um enfoque sistêmico. Petrópolis: Vozes, 1973, p. 135.
14. LAWRENCE, P. R.; LORSCH, J. W. Desenvolvimento organizacional: diagnóstico e ação, op. cit., p. 9-10.
15. MILLER, J. G. Living systems: basic concepts. Behavioral Science, v. 10, p. 193--237, jul. 1965; EMERY, F. E. Systems thiking, op. cit., p. 9.
16. LEVY, A. R. Competitividade organizacional. São Paulo: Makron Books, 1992. p. 27. PERROW, C., op. cit., p. 80.
17. BUCKLEY, W. A sociologia e a moderna teoria dos sistemas. São Paulo: Cultrix, 1974, p. 92-102.
18. SCHEIN, E. H. Organizational psychology, p. 95.
19. KATZ, D.; KAHN, R. L., op. cit., p. 34-45.
20. KATZ, D.; KAHN, R. L., op. cit., p. 508.
21. KATZ, D.; KAHN, R. L., op. cit., p. 85.
22. KATZ, D.; KAHN, R. L., op. cit., p. 175-98.
23. KATZ, D.; KAHN, R. L., op. cit., p. 176-7.
24. É o chamado Modelo de Tavistock. Dentre eles: RICE, A. K. The enterprise and its envisomment. London: Tavistock, 1963; EMERY, F. E.; TRIST, E. L. T. Sociotechnical systems. In: CHURCHMAN, C. W.; VERHULST, M. (Eds.). Management sciences: models and techniques. New York: Pergamon, 1960.
25. MILLER, E. J. Technology, territory and time: the internal differentiation of complex production systems. In: FRANK, H. E. (Ed.). Organization structuring. London: McGraw-Hill, 1971. p. 81-115.
26. RICE, A. K. Productivity and social organization: the ahmedabad experiment. London: Tavistock Publications, 1958.
27. TRIST, E. L.; BAMFORTH, K. W. Some social and psychological consequences of the lonwall method of coal-getting. Human Relations, v. 4, p. 3-38, 1951.
28. MOTTA, F. C. P. Teoria geral da administração: uma introdução, p. 78.
29. NASCIMENTO, K. T. A revolução conceptual... , op. cit., p. 36.
30. NASCIMENTO, K. T. A revolução conceptual..., op. cit., p. 37.
31. HICKS, H. G.; GULLETT, C. R. Organizations: theory and behavior. Tokyo: McGraw-Hill Kogakusha, 1975. p. 213-9.
32. SCOTT, W. G.; MITCHELL, T. R. Organization theory: a structural and behavioral analysis. Homewood: Richard D. Irwin, 1976. p. 67.
33. ISARD, W. General theory. Cambridge: Massachusetts Institute of Technology, 1969. p. 494.

34. BECKETT, J. A. Management dynamics: the new synthesis. New York: McGraw--Hill, 1971. p. 72, 159 e 208.
35. HICKS, H. G.; GULLETT, C. R. , op. cit., p. 219-20.
36. HICKS, H. G.; GULLETT, C. R. The management of organizations. New York: McGraw-Hill, 1976. p. 12.
37. BAUER, R. Gestão da mudança: caos e complexidade nas organizações. São Paulo: Atlas, 1999. p. 48.
38. MORIN, E. Ciência com consciência. Rio de Janeiro: Bertrand Brasil, 1996.
39. HAMMER, M.; CHAMPY, J. Reengenharia: revolucionando a empresa em função dos clientes, da concorrência e das grandes mudanças da gerência. Rio de Janeiro: Campus, 1994. p. 45-7.

Leitura complementar

1. KATZ, D.; KAHN, R. L. Psicologia social das organizações. São Paulo: Atlas, 1972. p. 45.
2. KATZ, D.; KAHN, R. L., op. cit., p. 25.
3. KATZ, D.; KAHN, R. L., op. cit., p. 46-89.
4. NASCIMENTO, K. T. A revolução conceptual da administração: implicações para a formulação dos papéis e funções essenciais de um executivo. Revista de Administração Pública, v. 6, n. 2, p. 33, abr./jun. 1972.
5. NASCIMENTO, K. T. A revolução conceptual... Revista de Administração Pública, v. 6, n. 2, p. 5-52, abr./jun. 1972.
6. OPTNER, S. L., op. cit.
7. PARSONS, T. Suggestions for a sociological approach of the theory of organizations. Chicago: Aldine, 1969. p. 45.
8. PARSONS, T., op. cit., p. 45-6.
9. PERROW, C. Análise organizacional: um enfoque sociológico, p. 79-80.
10. SPENCER, H. Autobiography. v. II. New York, 1904. p. 56.
11. PERROW, C. A framework for the comparative analysis of organizations. American Sociological Review, v. 32, n. 2, p. 194, abr. 1967.
12. PERROW, C. A framework..., op. cit., p. 195.
13. PERROW, C. A framework..., op. cit., p. 195.

GLOSSÁRIO BÁSICO

Abordagem sociotécnica: é uma corrente baseada na Teoria de Sistemas que considera as organizações um conjunto integrado envolvendo um subsistema social (pessoas) e um subsistema técnico (tecnologias, máquinas, equipamentos, etc.).

Adaptabilidade: é a mudança no sistema para que ele se ajuste às demandas do ambiente. Envolve mudança, inovação e ruptura.

Ambiente: é o meio que envolve externamente o sistema.

Ecologia: área das ciências biológicas que estuda os seres vivos em relação com o ambiente. A maior unidade ecológica é a biosfera, que abrange todos os ambientes onde vivem os seres vivos e que pode ser dividida em subunidades ecológicas menores, os ecossistemas. Nos ecossistemas existe um delicado equilíbrio entre os organismos e o ambiente e qualquer modificação que altere esse equilíbrio modifica o ecossistema.

Entrada: ou insumo, é o material, energia ou informação que ingressa no sistema para fazê-lo funcionar. Recebe o nome de *input*.

Entradas de manutenção: são as entradas que sustentam o sistema.

Entradas de produção: são as entradas que são processadas para proporcionar uma saída ou resultado.

Entropia: é a segunda lei da termodinâmica e refere-se à perda de energia dos sistemas fechados. Significa a tendência à perda de energia e o desvanecimento do sistema, quando não consegue repor suas perdas.

Entropia negativa: ou negentropia, significa o contrário da entropia, ou seja, a busca de insumos de informação para conter e ultrapassar a tendência entrópica.

Equifinalidade: característica do sistema aberto pela qual pode chegar ao mesmo objetivo de maneiras diferentes e partindo de condições iniciais diferentes.

Equilíbrio dinâmico: o mesmo que *homeostasia* ou autorregulação.

Fronteiras ou limites: são as linhas que demarcam o que é o sistema e o que é o ambiente que o envolve.

Globalismo: ou totalidade representa a natureza orgânica do sistema pela qual o sistema age e reage como um todo, quando alguma de suas partes sofre influência externa.

Hardware: termo da linguagem dos computadores e da literatura científica. Não é traduzível. Significa a totalidade dos componentes físicos de um sistema. Pode ser utilizado mais restritivamente para significar o equipamento em oposição a *software*.

Homem funcional: é o conceito do ser humano para a teoria de sistemas: o indivíduo comporta-se em um papel dentro das organizações. As organizações são sistemas de papéis desempenhados pelas pessoas.

Homeostasia: ou homeostase (do grego, *homo* = o mesmo, e *stasis* = equilíbrio) é a tendência do sistema em manter seu equilíbrio interno apesar das perturbações ambientais. O mesmo que autorregulação ou estado firme. Envolve equilíbrio, permanência e estabilidade.

Limites: ver fronteiras.

Negentropia: é o mesmo que entropia negativa.

Papel: é um conjunto de atividades solicitadas a uma pessoa que ocupa uma posição em uma organização.

Permeabilidade: quando as fronteiras do sistema deixam passar maior intercâmbio com o ambiente.

Processamento: ou processador ou transformador, é o mecanismo interno do sistema que converte as entradas em saídas. Recebe o nome de *throughput*.

Progresso: significa o caminho em direção ao objetivo do sistema.

Propósito: ou finalidade, significa o objetivo do sistema.

Resiliência: é a capacidade do sistema de superar o distúrbio imposto por um fenômeno externo. As organizações, como sistemas abertos, apresentam capacidade de enfrentar e superar perturbações externas provocadas pela sociedade sem que desapareça seu potencial de auto-organização.

Retroação: ou realimentação, retroinformação ou alimentação de retorno, é a função do sistema que visa comparar a saída com um critério ou padrão previamente estabelecido a fim de manter o funcionamento do sistema dentro daquele critério ou padrão. Recebe o nome de *feedback*.

Saída: ou produto ou resultado, é a consequência do funcionamento do sistema. Recebe o nome de *output*.

Sinergia: significa o efeito multiplicador quando as partes do sistema interagem entre si ajudando-se mutuamente. O efeito sinergístico mostra que o resultado do todo é maior do que a soma das partes.

Sistema aberto: é o sistema que interage dinamicamente com o ambiente que o envolve, tendo várias entradas e saídas para garantir seu intercâmbio com o meio.

Sistema abstrato: ou conceitual, é o sistema composto de conceitos, ideias, filosofias, hipóteses e programas. Recebe o nome de *software*.

Sistema fechado: é um sistema que não é influenciado pelo seu ambiente externo nem interage com ele.

Sistema físico: ou concreto, é um sistema composto de elementos físicos, coisas e objetos reais, como máquinas e equipamentos. Recebe o nome de *hardware*.

Sistema sociotécnico: ver abordagem sociotécnica.

Sistemas: é um conjunto de elementos interdependentes e interagentes que formam um todo organizado no sentido de alcançar um objetivo.

Software: o termo também não é traduzível; significa um conjunto de programas e instruções. Pode ser utilizado mais restritivamente para significar manejo, funcionamento, programação.

Subsistema: significa um sistema que faz parte de um conjunto maior, ou seja, de um sistema de sistemas.

Teoria de Sistemas: é um ramo da Teoria Geral de Sistemas voltado à análise sistêmica.

Teoria Geral de Sistemas: é a teoria que busca os princípios unificadores capazes de interligar os universos particulares das ciências, de modo que os progressos alcançados em uma ciência possam beneficiar as demais. Trata-se de uma teoria interdisciplinar.

Unidirecionalidade: significa constância de direção das partes de um sistema.

Parte IX
ABORDAGEM CONTINGENCIAL DA ADMINISTRAÇÃO

A palavra contingência significa algo incerto ou eventual, que pode suceder ou não, dependendo das circunstâncias. Refere-se a uma proposição cuja verdade ou falsidade somente pode ser conhecida pela experiência e pela evidência, e não pela razão. A abordagem contingencial salienta que não se alcança a eficácia organizacional seguindo um único e exclusivo modelo organizacional, ou seja, não existe uma forma única e melhor para organizar no sentido de se alcançar os objetivos variados das organizações dentro de um ambiente também variado. Os estudos recentes sobre as organizações complexas levaram a uma nova perspectiva teórica: a estrutura da organização e seu funcionamento são dependentes da sua interface com o ambiente externo. Diferentes ambientes requerem diferentes desenhos organizacionais para obter eficácia. Torna-se necessário um modelo apropriado para cada situação. Por outro lado, diferentes tecnologias conduzem a diferentes desenhos organizacionais. Variações no ambiente ou na tecnologia conduzem a variações na estrutura organizacional. Estudos de Dill,[1] Burns e Stalker,[2] Chandler,[3] Fouraker e Stopford,[4] Woodward,[5] Lawrence e Lorsch,[6] entre outros, demonstraram o impacto ambiental sobre a estrutura e funcionamento da organização.

O paradigma mostrado é similar ao modelo de estímulo-resposta proposto por Skinner ao nível individual, que se preocupa com a adequação da resposta, deixando de lado os processos pelos quais um estímulo resulta na emissão de uma resposta. Para Skinner,[7] o comportamento aprendido opera sobre o ambiente externo para nele provocar alguma mudança. Se o comportamento causa uma mudança no ambiente, então a mudança ambiental será contingente em relação ao comportamento. A contingência é uma relação do tipo se-então.

O conceito skinneriano de contingência envolve três elementos: um estado ambiental, um comportamento e uma consequência. Skinner enfatiza as consequências ambientais como mecanismos controladores do comportamento aprendido. O comportamento atua sobre o ambiente para produzir uma determinada consequência. Ele pode ser mantido, reforçado, alterado ou suprimido de acordo com as consequências produzidas. Portanto, o comportamento é função de suas consequências. Essa abordagem é eminentemente externa: enfatiza o efeito das consequências ambientais sobre o comportamento observável e objetivo das pessoas.

Com a Teoria da Contingência ocorre o deslocamento da visualização de dentro para fora da organização: a ênfase é colocada no ambiente e nas demandas ambientais sobre a dinâmica organizacional. Para a abordagem contingencial são as características ambientais que condicionam as características organizacionais. É no ambiente que estão as explicações causais das características das organizações. Assim, não há uma única melhor maneira (*the best way*) de se organizar. Tudo depende (*it depends*) das características ambientais relevantes para a organização. As características organizacionais somente podem ser entendidas mediante a análise das características ambientais com as quais se defrontam.

CRONOLOGIA DOS PRINCIPAIS EVENTOS DA TEORIA DA CONTINGÊNCIA

Ano	Autores	Livros
1953	B. E. Skinner	Science and Human Behavior
1958	Joan Woodward	Management and Technology
	William R. Dill	Environment as an Influence on Managerial Autonomy
1961	Tom Burns & G. M. Stalker	The Management of Innovation
1962	Alfred D. Chandler, Jr.	Strategy and Structure
1964	Harold J. Leavitt	Applied Organization Change in Industry
1965	Joan Woodward	Industrial Organizations: Theory and Practice
	F. E. Emery & E. L. Trist	The Causal Texture of Organizational Environments
1966	Harvey Sherman	It All Depends: A Pragmatic Approach to Organization
	William M. Evan	Organization Set: Toward a Theory of Interorganizational Relations
1967	P. R. Lawrence & J. W. Lorsch	Organization and Environment: Managing Differentiation and Integration
	James D. Thompson	Organizations in Action
	Fred E. Fiedler	A Theory of Leadership Effectiveness
	Charles Perrow	Organization Analysys: A Sociological View
1968	L. E. Fouraker & J. M. Stopford	Organizational Structure and the Multinational Strategy
	Shirley Terreberry	The Evolution of Organizational Environments
	Edgar H. Shein	Organizational Psychology
1969	P. R. Lawrence & J. W. Lorsch	Developing Organizations: Diagnosis and Action
	Karl E. Weick	Psychology of Organization
1970	Alvin Toffler	The Future Shock
	J. W. Lorsch & P. R. Lawrence	Studies in Organization Design
	J. J. Morse & J. W. Lorsch	Beyond Theory 'Y'
	Joan Woodward	Industrial Organizations: Behavior and Control
1971	G. W. Dalton & P. R. Lawrence	Organizational Structure and Design
1972	Peter A. Clark	The Design of Organizations

(Continua)

(Continuação)

Ano	Autores	Livros
1973	Jay R. Galbraith	*Designing Complex Organizations*
	Donald R. Kingdon	*Matrix Organization: Managing Information Technologies*
	F. E. Kast & J. E. Rosenzweig	*Contingency Views of Organization and Management*
	Anant R. Negandhi	*Modern Organizational Theory*
1974	D. Hellriegel & J. W. Slocum, Jr.	*Management: A Contingency Approach*
	J. W. Lorsch & J. J. Morse	*Organizations and Their Members*
1976	R. H. Kilmann, L. E. Pondy & D. P. Slevin	*The Management of Organization Design: Research and Methodology*
	W. H. Starbuck	*Organizations and Their Environments*
1977	Ralph H. Kilmann	*Social Systems Design*
	Pradip N. Khardwalla	*The Design of Organizations*
	Jay R. Galbraith	*Organization Design*
	John Child	*Organization: A Guide to Problems and Practice*
	John Child	*Organizational Design*
1989	C. Bartlett & S. Ghoshal	*Managing Across Borders*
1990	Kenichi Ohmae	*World Without Frontiers*
1991	Richard Pascale	*Managing on the Edge*
1994	Robert Waterman	*The Frontiers of Excellence*
1996	Charles Savage	*Fifth Generation Management*

A Teoria da Contingência é um passo além da Teoria dos Sistemas em Administração. A visão contingencial da organização e da administração sugere que a organização é um sistema composto de subsistemas e definido por limites que o identificam em relação ao suprassistema ambiental. A abordagem contingencial procura analisar as relações dentro e entre os subsistemas, bem como entre a organização e seu ambiente e definir padrões de relações ou configuração de variáveis. Ela enfatiza a natureza multivariada das organizações e procura verificar como as organizações operam sob condições variáveis e em circunstâncias específicas. A visão contingencial está dirigida, acima de tudo, a desenhos organizacionais e sistemas gerenciais adequados a cada situação específica. Mudando a situação, muda também o desenho organizacional.[8]

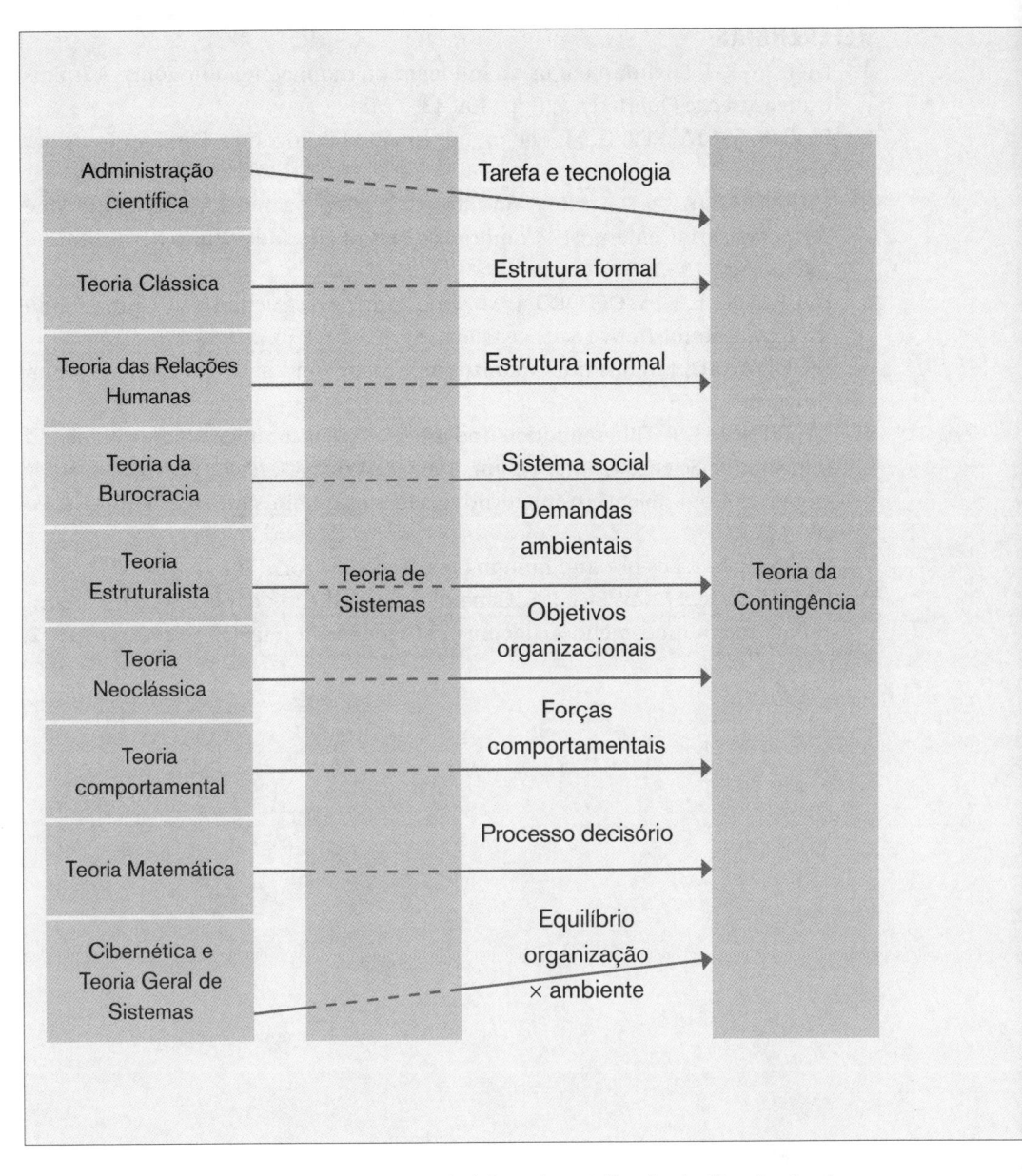

Figura IX.1. Contribuição das teorias administrativas à Teoria da Contingência.

É nesse contexto ambiental dinâmico e mutável que as organizações são desenhadas e modeladas de maneira altamente contingencial para que possam ser bem-sucedidas. A mudança está por trás disso.

REFERÊNCIAS

1. DILL, W. R. l. Environment as an influence on managerial autonomy. Administrative Science Quarterly, v. II, p. 409-43, 1958.
2. BURNS, T.; STALKER, G. M. The management of innovation. London: Tavistock, 1961.
3. CHANDLER JR., A. D. Strategy and structure: chapters in the history of the American industrial enterprise. Cambridge: The M.I.T., Massachusetts Institute of Technology, 1962.
4. FOURAKER, L. E.; STOPFORD, J. M. Organizational structure and multinational strategy. Administrative Science Quarterly, p. 47-64, jun. 1968.
5. WOODWARD, J. Industrial organizations, theory and practice. London: Oxford University, 1965.
6. LAWRENCE, P. R. Differentiation and integration in complex organizations. Administrative Science Quarterly, jun. 1967; LAWRENCE, P. R.; LORSCH, J. W. As empresas e o ambiente: a interação das teorias administrativas. Petrópolis: Vozes, 1973.
7. SKINNER, B. F. Science and human behavior. New York: The Free, 1953.
8. KAST, F. E.; ROSENZWEIG, J. E. General systems theory: applications for organization and management. Academy of Management Journal, p. 460, dez. 1972.

CAPÍTULO 20
Teoria da Contingência

OBJETIVOS DESTE CAPÍTULO

- Introduzir a visão relativista e contingencial das organizações, de seus ambientes e das pessoas, indicando que não existe uma única melhor maneira de administrar e organizar as empresas.
- Permitir uma caracterização dos ambientes organizacionais, seus estratos, variedades e tipologias, e as dificuldades da análise ambiental.
- Proporcionar uma visão da tecnologia utilizada pelas organizações e as diversas abordagens à sua administração.
- Verificar os níveis organizacionais e suas interfaces com o ambiente e com a tecnologia.
- Definir o conceito de homem complexo e o modelo contingencial de motivação.
- Proporcionar uma apreciação crítica da Teoria da Contingência.

A Teoria da Contingência enfatiza que não há nada de absoluto, seja nas organizações ou na teoria administrativa. Tudo é relativo. Tudo depende da situação. Existe uma relação funcional entre as condições do ambiente e as técnicas administrativas necessárias para o alcance eficaz dos objetivos da organização. As variáveis ambientais são variáveis independentes, enquanto as técnicas administrativas são variáveis dependentes dentro de uma relação funcional.[1] Na realidade, não há uma causalidade direta entre essas variáveis independentes e dependentes, pois o ambiente não causa a ocorrência de técnicas administrativas, mas uma relação funcional entre elas. Essa relação funcional é do tipo "se-então": se a variável independente for assim, então as técnicas administrativas deverão ser também.

Há um aspecto proativo, e não apenas reativo, na abordagem contingencial: a administração contingencial pode ser intitulada de abordagem do "se-então". O reconhecimento, diagnóstico e adaptação à situação são fundamentais para a abordagem contingencial. Mas não são suficientes. As relações funcionais entre as condições ambientais e as práticas administrativas precisam ser constantemente identificadas e ajustadas.

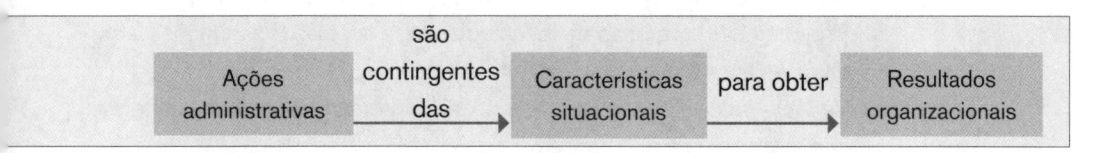

Ações administrativas → são contingentes das → Características situacionais → para obter → Resultados organizacionais

Figura 20.1. A abordagem contingencial.

ORIGENS DA TEORIA DA CONTINGÊNCIA

A Teoria da Contingência é também denominada Escola Ambiental e surgiu a partir dos resultados de várias pesquisas que procuraram verificar os modelos de estruturas organizacionais mais eficazes em determinados tipos de empresas.[2] As pesquisas, cada qual isoladamente, pretendiam confirmar se as organizações mais eficazes seguiam os pressupostos da Teoria Clássica, como divisão do trabalho, amplitude de controle, hierarquia de autoridade, etc. Os seus resultados conduziram a uma nova concepção de organização: a estrutura da organização e o seu funcionamento são dependentes das características do ambiente externo. Não há um único e melhor jeito (*the best way*) de organizar. Tudo depende. Essas pesquisas verificaram que as condições sob as quais as empresas trabalham são ditadas "de fora" delas, isto é, do seu ambiente. As contingências externas oferecem oportunidades e imperativos ou restrições e ameaças que influenciam a estrutura organizacional e os processos internos das empresas.[3]

Pesquisa de Chandler sobre estratégia e estrutura

Chandler[4] realizou uma investigação histórica sobre as mudanças estruturais de grandes organizações, relacionando-as com a estratégia de negócios. Estudou a experiência de quatro grandes empresas americanas – a DuPont, a General Motors, a Standard Oil Co. (New Jersey) e a Sears Roebuck & Co. – e examinou comparativamente essas corporações americanas, demonstrando como a sua estrutura foi sendo continuamente adaptada e ajustada à sua estratégia. A sua conclusão é que, na história industrial dos últimos cem anos, a estrutura organizacional das grandes empresas americanas foi sendo gradativamente determinada pela sua estratégia mercadológica. A estrutura organizacional corresponde ao desenho da organização, isto é, à forma organizacional que ela assumiu para integrar seus recursos, enquanto a estratégia corresponde ao plano global de alocação de recursos para atender às demandas do ambiente. Para Chandler, as grandes organizações passaram por um processo histórico que envolveu quatro fases distintas:[5] acumulação de recursos, racionalização do uso dos recursos, continuação do crescimento e racionalização dos recursos em expansão.

As diferentes espécies de estruturas organizacionais foram necessárias para tocar diferentes estratégias e enfrentar diferentes ambientes. A alteração ambiental é o fator principal da alteração da estrutura:

> durante todo o tempo em que uma empresa pertence a uma indústria cujos mercados, fontes de matérias-primas e processos produtivos permanecem invariáveis, são poucas as decisões empresariais que devem ser tomadas. Mas, quando a tecnologia, os mercados e as fontes de suprimento mudam rapidamente, os defeitos de sua estrutura tornam-se mais evidentes.[6]

Em resumo, diferentes ambientes levam as empresas a adotar novas estratégias e as novas estratégias exigem diferentes estruturas organizacionais. Uma coisa conduz à outra.

Pesquisa de Emery e Trist sobre os contextos ambientais

O estudo da organização como um sistema aberto permitiu que as características de relacionamento e interdependência entre as partes do todo e entre o todo e o seu meio ambiente fossem enriquecidas com um novo conceito de transações entre as partes do sistema e entre o sistema e o meio ambiente que o circunda. Além das trocas internas, o sistema processa trocas externas. Para compreender o comportamento da organização, é importante considerar também seu relacionamento com o ambiente. "A tarefa primária da administração de uma organização como um todo é relacionar o sistema total com o seu ambiente externo e não apenas a regulação interna entre si".[7]

Emery e Trist[8] procuraram identificar o processo e as reações que ocorrem no ambiente como um todo, no sentido de classificar a natureza do ambiente que circunda a organização e as consequências da natureza ambiental sobre a estrutura da organização. Para eles, existem quatro tipos de contexto ambiental, cada qual propiciando determinada estrutura e comportamento organizacional. Para cada tipo de contexto ambiental desenvolve-se um tipo de organização mais adequado, pois há uma interdependência causal entre a organização e o meio ambiente.

Os quatro tipos de contexto ambiental são:[9]

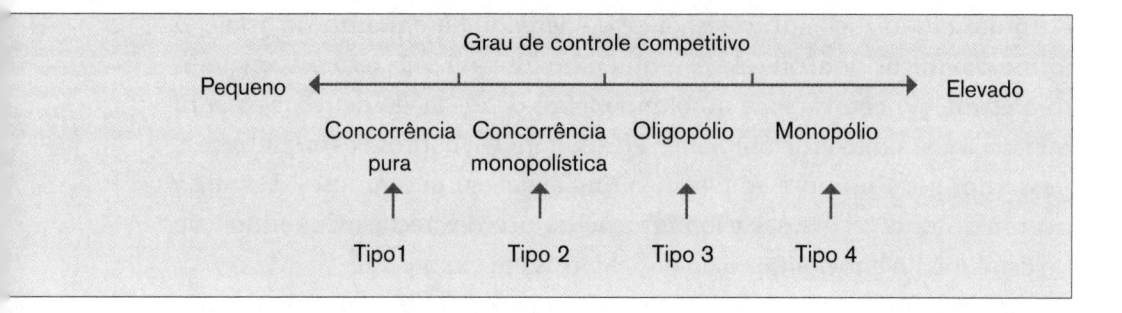

```
                    Grau de controle competitivo
Pequeno  ◄─────────┼─────────┼─────────┼─────────►  Elevado
          Concorrência  Concorrência  Oligopólio  Monopólio
             pura      monopolística
               ↑            ↑            ↑           ↑
             Tipo 1       Tipo 2       Tipo 3      Tipo 4
```

Figura 20.2. Os quatro tipos de contextos ambientais.

1. *Ambiente tipo 1: meio plácido e randômico.* É o meio ambiente mais simples e tranquilo. Corresponde ao "mercado clássico" dos economistas, no qual organizações puramente competitivas vendem produtos homogêneos. Justamente pelo seu pequeno tamanho, cada organização não pode afetar as outras organizações do ambiente nem pode, sozinha, influenciar o mercado. As organizações que se desenvolvem nesse tipo de contexto ambiental têm seus objetivos relativamente estáveis, distribuídos ao acaso (randomicamente), sem conexão entre as partes. Elas sobrevivem em pequenas unidades, isoladas, e dificilmente se adaptariam a outro tipo de ambiente: são bares, mercearias, pequenas oficinas artesanais situadas em pontos isolados ou que desenvolvem suas atividades de uma forma autônoma do ambiente. As suas atividades crescem de maneira isolada da causalidade ambiental. Para essas organizações não há diferença entre aspectos táticos e estratégicos. A melhor estratégia é a simples tática (escolha de uma ação imediata, dentro de um repertório de ações) para atender às pequenas variâncias locais por meio de tentativas e erros.

2. *Ambiente tipo 2: meio plácido e segmentado.* É um meio ambiente também estático, mas os objetivos são distribuídos randomicamente, porque estão concentrados de alguma forma. Corresponde ao modelo da

"competição imperfeita" dos economistas, no qual os produtos ou serviços oferecidos pelas organizações concorrentes são diferenciados. Cada organização precisa conhecer seu mercado e refletir esse conhecimento no projeto de seu produto ou serviço. Toda organização pode ter algum controle sobre o mercado, mas não pode afetar as outras organizações. As organizações que se desenvolvem nesse tipo de contexto ambiental caracterizam-se por objetivos relativamente concentrados, não distribuídos ao acaso. Dentro dessas condições ambientais, as organizações tendem a crescer em tamanho, tornam-se multifuncionais e muito hierarquizadas e têm controle e coordenação centralizados. Esse tipo de organização requer concentração de recursos, subordinação a um plano central principal e o desenvolvimento de "especialização distinta" em sua tecnologia, como, por exemplo, *know-how* de siderurgia, cimento, etc., para o alcance dos objetivos estratégicos. São as empresas que se dedicam a um tipo de produto em uma região onde não há um mercado competitivo. O alcance das metas organizacionais envolve controle de custos, qualidade e quantidade de produção, localização e outros fatores afins. Grandes empresas que dominam a tecnologia de um determinado produto ou região são representativas desse meio ambiente.

A resposta organizacional para esse tipo de ambiente é a estratégia distinta da tática: sua sobrevivência depende do seu conhecimento acerca do meio ambiente. A velocidade de resposta a cada variância ambiental, que ainda é pequena, torna-se vital para a organização.

3. *Ambiente tipo 3: ambiente perturbado e reativo.* Nesse ambiente mais dinâmico do que estático, desenvolvem-se organizações do mesmo tamanho, tipo, objetivos, dispondo das mesmas informações e pretendendo o mesmo mercado. Nesse contexto ambiental, as confrontações não mais acontecem ao acaso, uma vez que todos sabem o que os outros pretendem fazer e aonde a organização quer chegar. As chances de cada organização são aumentadas na medida do seu conhecimento a respeito do meio ambiente e da velocidade de suas ações sequenciais. A resposta organizacional emergente é um novo nível intermediário de ações, que são as operações complementando a tática e as estratégias. Por outro lado, a flexibilidade requerida nesse contexto encoraja certa descentralização, ao mesmo tempo em que premia a qualidade e velocidade das decisões em pontos periféricos da organização. Daí o caráter reativo e perturbado. Corresponde ao "mercado oligopólico" dos economistas, cuja característica primária é o fato de que, como são poucas as organizações, as atividades de uma organização causam repercussões adversas sobre as demais.

Como resultante, surgem as rivalidades, tornando necessário o conhecimento das reações dos rivais. A incerteza nas decisões decorre do grau em que as reações não podem ser previstas. Os objetivos organizacionais não tendem mais a ser centrados em termos de localização ou outros fatores, mas na capacidade de poder mudar rapidamente e na sua habilidade em criar oportunidades para desafios competitivos. As políticas internas tornam-se importantes somente como guias para as decisões locais.

Esse contexto ambiental tende a formar grupos com múltiplos interesses, a desenvolver a capacidade de reagir e de movimentar os centros de lucros de uma operação para outra. As organizações matriciais são as mais comuns a esse tipo de organização. Exemplo: organizações que se dedicam a negócios diversificados ou alguns tipos de organização que atuam em um mercado estreitamente disputado, como companhias de petróleo ou de cimento.

4. *Ambiente tipo 4: meio de campos turbulentos.* O ambiente tipo 4 caracteriza-se pela complexidade, turbulência e dinamicidade. Entretanto, essa dinamicidade não é causada somente pela presença de outras organizações, mas pelo complexo campo dinâmico de forças existente no próprio ambiente. A variância dos componentes organizacionais afeta o meio ambiente e vice-versa, criando um alto grau de incerteza para o sistema, levando-o a enfrentar situações cada vez mais mutáveis e imprevisíveis. As organizações não podem adaptar-se com sucesso apenas por meio da competição nas suas interações, mas por meio da colaboração para reduzir a incerteza tecnológica, permitindo um mecanismo de controle obedecido por todas as organizações do complexo. A turbulência é consequência da complexidade e do caráter multifacetado das interconexões causais. Não há modelo correspondente na teoria econômica em face da complexidade e da incerteza.

À medida que a turbulência do ambiente organizacional aumenta, cresce a necessidade de funções eficazes de limites organizacionais para proteger a organização. Como a turbulência tende a aumentar em ritmo exponencial no futuro, a atenção às funções de fronteiras e ao comportamento em papéis de fronteiras tem aumentado significativamente.[10]

Os autores notaram uma relação entre a complexidade ambiental e o modo de tomada de decisões e de adaptação das organizações, a saber:[11]

- *Ambiente 1*: no *ambiente randômico e plácido*, o mais simples e rotineiro de todos, ocorre a *certeza nas decisões*. Como qualquer comportamento é tão bom quanto algum outro, a aprendizagem é impossível. Como as organizações são relativamente isoladas das outras, a sua adaptação é randômica e casual.

- *Ambiente 2*: no *ambiente plácido e segmentado,* a necessidade de risco torna-se aparente. Como as decisões casuais e randômicas são ineficientes, a organização deve assumir decisões que envolvam riscos.

TABELA 20.1. CARACTERÍSTICAS DOS QUATRO TIPOS DE CONTEXTOS AMBIENTAIS[12]

Mercado / Características	Concorrência pura / Tipo 1	Concorrência monopolística / Tipo 2	Oligopólio / Tipo 3	Monopólio puro / Tipo 4
Número de empresas no mercado	Número infinito de empresas	Grande número	Pequeno	Uma ou poucas empresas
Tamanho das empresas	Geralmente pequenas	Grandes e pequenas	Geralmente grandes	Grandes
Natureza dos produtos	Homogêneos, padronizados, similares, idênticos e com infinitos substitutos	Diferenciados: similares, mas não idênticos. Há substitutos satisfatórios	Pouco diferenciados, similares e não idênticos. Poucos substitutos	Heterogêneos, não similares e não idênticos. Nenhum substituto adequado
Penetração de novas empresas no mercado	Fácil e sem obstáculos	Relativamente fácil	Restrita e difícil, exigindo enormes recursos	Bloqueada com barreiras artificiais. Quase impossível
Controle de preços	Nenhum controle pelas empresas. Preços são determinados pelo mercado	Algum controle pelas empresas. Preço determinado pelo grau de diferenciação do produto	Algum controle pelas empresas, mas limitado pela interdependência mútua entre concorrentes	Muito controle das empresas. Preço determinado exclusivamente pelas empresas
Estratégia utilizada pelas empresas	Permite a alocação mais eficaz de recursos. A ação individual tem efeito nulo sobre o preço ou fornecimento	Ninguém tem completa liberdade ou servidão às pressões competitivas. O grande número de empresas limita o controle de cada uma delas sobre o mercado. Insulamento das pressões competitivas por meio da diferenciação do produto	As empresas concorrentes podem antecipar as ações das rivais. Insulamento por meio de outros componentes do produto que não sejam o preço	Comportamento de prevenção contra qualquer forma de concorrência
Processo decisório	Nenhuma discrição. Meramente adaptativo ao mercado	Significativa discrição e sigilo	Voltado para novos produtos	Muita discrição e sigilo. Voltado para impor completo controle no mercado

■ *Ambiente 3*: o *ambiente perturbado e reativo* leva a uma incerteza *competitiva*. O ambiente organizacional é influenciado pelas decisões tomadas pelas outras organizações que atuam no mesmo ambiente. Nesse *ambiente*, os indivíduos que adquirem conhecimento do mercado (aprendizagem) tornam-se mais capazes que os outros – o conhecimento torna-se condição básica para as tomadas de decisões – e passam a supervisioná-los, surgindo, então, uma estrutura hierárquica formal para a tomada de decisão.

■ *Ambiente 4*: o *ambiente de campos turbulentos* requer alguma forma de acomodação entre organizações dissimilares. Essa condição requer um relacionamento que, enquanto maximiza a cooperação, reconhece a autonomia de cada organização. Além da *cooperação interorganizacional*, ocorre nesse tipo de ambiente uma contínua mudança associada à inovação, provocando incerteza e impulso para pesquisa e desenvolvimento ou tecnologia avançada.

TABELA 20.2. TIPOS DE AMBIENTE E SUA INFLUÊNCIA NO PROCESSO DECISÓRIO E NA ADAPTABILIDADE DA ORGANIZAÇÃO

Tipo de ambiente	Características	Processo decisório	Adaptação
1. Plácido e randômico	Simplicidade, rotina e certeza	Baseado na certeza, na rotina e na previsibilidade	Passividade, estabilidade, causalidade
2. Plácido e segmentado	Simples e previsível, mas diferenciado	Baseado na certeza, com algum risco em face da diferenciação	Algum conhecimento do ambiente
3. Perturbado e reativo	Complexo, mutável, com reações imprevisíveis	Hierarquizado com base no conhecimento do mercado concorrente	Previsão das mudanças
4. Campos turbulentos	Complexidade, mudança, turbulência e incerteza	Baseado na identificação das ameaças e das oportunidades ambientais. Proação	Antecipação às mudanças ambientais Cooperação

Segundo os autores, cada tipo de ambiente provoca o aparecimento de diferentes características organizacionais. Estas não são ditadas pela própria organização, mas são impostas externamente pelas condições ambientais. Daí a conclusão de que

> a capacidade de qualquer sistema em se adaptar a contingências mutáveis em seu ambiente está inversamente relacionada com sua dependência ao instinto, ao hábito ou à tradição. A adaptabilidade existe na medida em que um sistema possa sobreviver às mudanças externamente causadas, em suas interdependências transacionais; portanto, viabilidade é igual à adaptabilidade.[13]

Duas hipóteses são sugeridas pelos autores: primeiro, a mudança organizacional é, em grande parte, provocada externamente; segundo, a adaptabilidade do sistema é uma função da capacidade de aprender e de desempenhar de acordo com as contingências ambientais.

Pesquisa de Burns e Stalker sobre organizações

Tom Burns e G. M. Stalker[14] pesquisaram vinte indústrias inglesas para verificar a relação entre as práticas administrativas e o ambiente externo dessas indústrias. Classificaram as empresas pesquisadas em dois tipos: organizações "mecanísticas" e "orgânicas".[15]

As organizações mecanísticas apresentam as seguintes características:[16]

- Estrutura burocrática baseada em uma minuciosa divisão do trabalho.
- Cargos ocupados por especialistas com atribuições bem definidas.
- Centralização das decisões na cúpula da organização.
- Hierarquia rígida de autoridade baseada no comando único.
- Sistemas rígidos de controle: a informação ascendente acontece por meio de uma sucessão de filtros e as decisões descem por meio de uma sucessão de amplificadores.
- Predomínio da interação vertical entre superior e subordinado.
- Amplitude de controle administrativo mais estreita.
- Maior confiança nas regras e procedimentos formais.
- Ênfase nos princípios universais da Teoria Clássica.

As organizações orgânicas apresentam as seguintes características:[17]

- Estruturas organizacionais flexíveis e com pouca divisão de trabalho.
- Cargos continuamente redefinidos por interação entre as pessoas que participam conjuntamente da tarefa.
- Descentralização das decisões, que são delegadas aos níveis inferiores.
- Tarefas executadas por meio do conhecimento que as pessoas têm da empresa como um todo.
- Hierarquia flexível, com predomínio da interação lateral sobre a vertical.
- Amplitude de controle administrativo mais ampla.
- Maior confiabilidade nas comunicações informais.
- Ênfase nos princípios da Teoria das Relações Humanas.

TABELA 20.3. CARACTERÍSTICAS DOS SISTEMAS MECÂNICOS E ORGÂNICOS		
Características	Sistemas mecânicos	Sistemas orgânicos
Estrutura organizacional	Burocrática, permanente, rígida e definitiva	Flexível, mutável, adaptativa e transitória
Autoridade	Baseada na hierarquia e no comando	Baseada no conhecimento e na consulta
Desenho de cargos e tarefas	Definitivo. Cargos estáveis e definidos. Ocupantes especialistas e univalentes	Provisório. Cargos mutáveis, redefinidos constantemente. Ocupantes polivalentes
Processo decisório	Decisões centralizadas na cúpula da organização	Decisões descentralizadas *ad hoc* (aqui e agora)
Comunicações	Quase sempre verticais	Quase sempre horizontais
Confiabilidade colocada sobre	Regras e regulamentos formalizados por escrito e impostos pela empresa	As pessoas e as comunicações informais entre elas
Princípios predominantes	Princípios gerais da Teoria Clássica	Aspectos democráticos da Teoria das Relações Humanas
Ambiente	Estável e permanente	Instável e dinâmico

Nos sistemas mecanicistas ou mecanistas, os problemas e as tarefas com que o conjunto se defronta são divididos por especialistas. Cada indivíduo empenha-se na sua tarefa como se esta fosse separada das demais tarefas da firma enquanto totalidade, como se a tarefa fosse objeto de um subcontrato. Alguém na cúpula tem a responsabilidade de cuidar da coordenação. Os métodos, as obrigações e os poderes técnicos atribuídos a cada função são bem definidos. A interação é vertical, isto é, entre o superior e o subordinado. As operações e o comportamento de trabalho são governados por regras, regulamentos, instruções e decisões emitidas pelos superiores. O modelo mecanicista mantém uma hierarquia de comando na suposição de que todo conhecimento relacionado à situação da empresa e suas tarefas só se encontra no vértice do topo e opera um sistema de informação vertical descendente e ascendente, que se assemelha a uma pirâmide.

Os sistemas orgânicos são adaptáveis e ajustáveis a condições ambientais instáveis e quando os problemas e exigências de ação não podem ser fragmentados e distribuídos entre especialistas em uma hierarquia definida. Os indivíduos realizam suas tarefas específicas à luz do conhecimento que possuem das tarefas da firma em sua totalidade. Os trabalhos perdem sua definição formal em termos de métodos, obrigações e poderes, pois devem ser continuamente redefinidos por interação com outros indivíduos participantes da tarefa. A interação efetua-se lateral e verticalmente. A comunicação entre pessoas de categorias diferentes assemelha-se mais à consulta lateral do que ao comando vertical. Não se atribui onisciência nem poder total à chefia.[16]

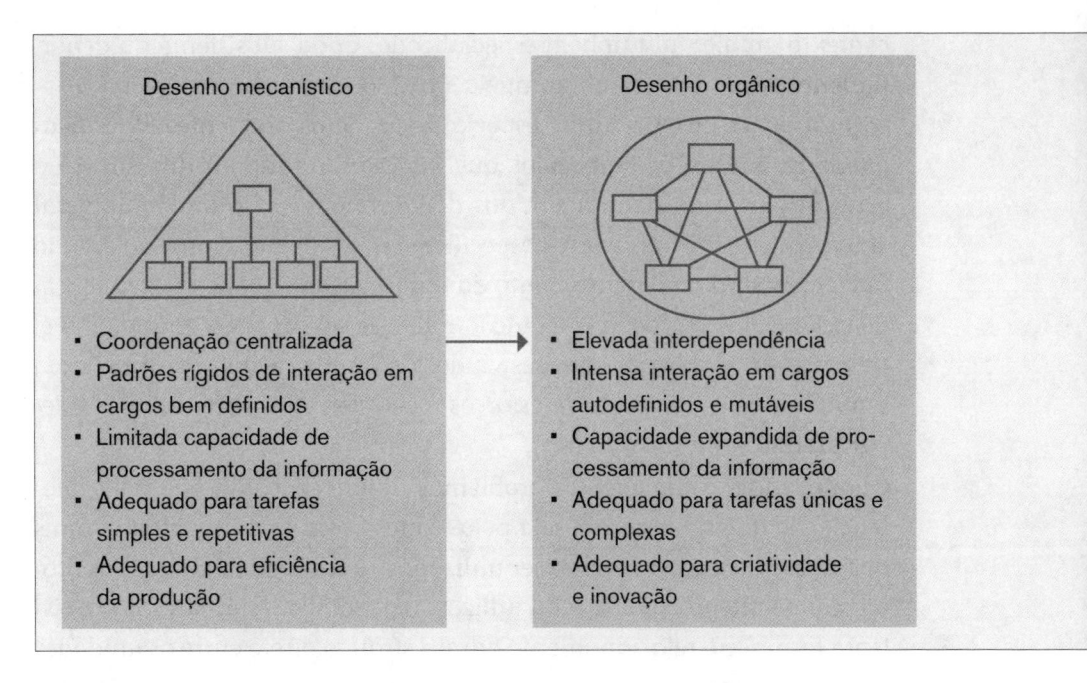

Desenho mecanístico	Desenho orgânico
• Coordenação centralizada • Padrões rígidos de interação em cargos bem definidos • Limitada capacidade de processamento da informação • Adequado para tarefas simples e repetitivas • Adequado para eficiência da produção	• Elevada interdependência • Intensa interação em cargos autodefinidos e mutáveis • Capacidade expandida de processamento da informação • Adequado para tarefas únicas e complexas • Adequado para criatividade e inovação

Figura 20.3. As propriedades da estrutura mecanista e da orgânica.

Burns e Stalker concluíram que a forma mecanística de organização é apropriada para condições ambientais estáveis, enquanto a forma orgânica é apropriada para condições ambientais de mudança e inovação. A máquina burocrática é limitada pelo fato de não comportar mudanças no ambiente interno ou externo. Para eles, no fundo, existe um imperativo ambiental: é o ambiente que determina a estrutura e o funcionamento das organizações.

Pesquisa de Lawrence e Lorsch sobre ambientes

Lawrence e Lorsch fizeram uma pesquisa sobre o defrontamento entre organização e ambiente, a qual marca o aparecimento da Teoria da Contingência. A denominação Teoria da Contingência derivou dessa pesquisa. A pesquisa envolveu dez empresas em três diferentes meios industriais – plásticos, alimentos empacotados e recipientes (contêineres) – para verificar como o meio ambiente as influenciava.[19] Os autores concluíram que os problemas organizacionais básicos são a diferenciação e a integração.

- *Conceito de diferenciação*: as organizações apresentam a característica de diferenciação: é a divisão da organização em subsistemas ou departamentos, cada qual desempenhando uma tarefa especializada para um contexto ambiental também especializado. Cada subsistema ou departamento reage unicamente àquela parte do ambiente que é relevante para a sua própria tarefa especializada. Se os ambientes específicos diferirem quanto às demandas que impõem, aparecerá diferenciação na estrutura e na abordagem dos departamentos. Do ambiente geral emergem, assim, ambientes específicos, a cada qual correspondendo um subsistema ou departamento da organização.

- *Conceito de integração*: a integração refere-se ao processo oposto, isto é, ao processo gerado por pressões vindas do ambiente da organização no sentido de obter unidade de esforços e coordenação entre os vários departamentos (ou subsistemas).

Quanto mais complexos os problemas de integração – seja pela diferenciação da organização, seja pelas fortes pressões ambientais –, mais meios de integração deverão ser utilizados. Quanto mais simples os problemas de integração, maior a utilização de soluções simples como o sistema formal e o relacionamento administrativo direto entre as unidades organizacionais.

Ambos os estados – diferenciação e integração – são opostos e antagônicos: quanto mais diferenciada é uma organização, mais difícil é a solução de pontos de vista conflitantes dos departamentos e a obtenção de colaboração efetiva. À medida que os sistemas crescem de tamanho, diferenciam-se em partes e o funcionamento dessas partes separadas tem de ser integrado para que o sistema inteiro se torne viável.[20] Assim, os autores falam também de diferenciação e integração requeridas. Estas não se referem à diferenciação e à integração existentes na empresa, mas ao quanto de diferenciação e integração que o ambiente exige delas. A empresa que mais se aproxima das características requeridas pelo ambiente terá mais sucesso que a empresa que se afasta muito delas.[21]

Em função da pesquisa, os autores formularam a Teoria da Contingência: não existe uma única maneira melhor de organizar. Ao contrário, as organizações precisam ser sistematicamente ajustadas às condições ambientais. Para eles, a Teoria da Contingência apresenta os seguintes aspectos básicos:

- A organização é de natureza sistêmica, isto é, ela é um sistema aberto.
- As características organizacionais apresentam uma interação entre si e com o *ambiente*. Isto explica a íntima relação entre as variáveis externas e as características da organização (*diferenciação* e *integração* organizacionais).
- As características ambientais são variáveis independentes, enquanto as características organizacionais são variáveis dependentes daquelas.

A Teoria da Contingência explica que não há nada de absoluto nos princípios gerais de administração. Os aspectos universais e normativos devem ser substituídos pelo critério de ajuste constante entre a organização e o seu ambiente e tecnologia.

Pesquisa de Woodward sobre tecnologia

Joan Woodward fez uma pesquisa para saber se os princípios de administração propostos pelas teorias administrativas correlacionavam-se com o êxito do negócio.[22] A pesquisa envolveu uma amostra de 100 firmas, cujo tamanho oscilava de 100 a 8.000 empregados, situadas no sul da Inglaterra. As firmas foram classificadas em três grupos de tecnologia de produção:[23]

- *Produção unitária ou oficina*: a produção é feita por unidades ou pequenas quantidades, cada produto a seu tempo sendo modificado à medida que é feito. Os trabalhadores utilizam uma variedade de instrumentos e ferramentas. O processo produtivo é menos padronizado e menos automatizado. É o caso da produção de navios, aviões, locomotivas, geradores e motores de grande porte e confecções sob medida.
- *Produção em massa ou mecanizada*: a produção é feita em grande quantidade. Os operários trabalham em linha de montagem ou operando máquinas que desempenham uma ou mais operações sobre o produto. É o caso da produção que requer máquinas operadas pelo homem e linhas de produção ou montagem padronizadas, como as empresas montadoras de automóveis, brinquedos, etc.
- *Produção em processo ou automatizada*: produção em processamento contínuo em que um ou poucos operários monitoram um processo total ou parcialmente automático de produção. A participação humana é mínima. É o caso do processo de produção de refinarias de petróleo, cimento, produção química ou petroquímica, siderúrgicas, etc.

Teoria Geral da Administração

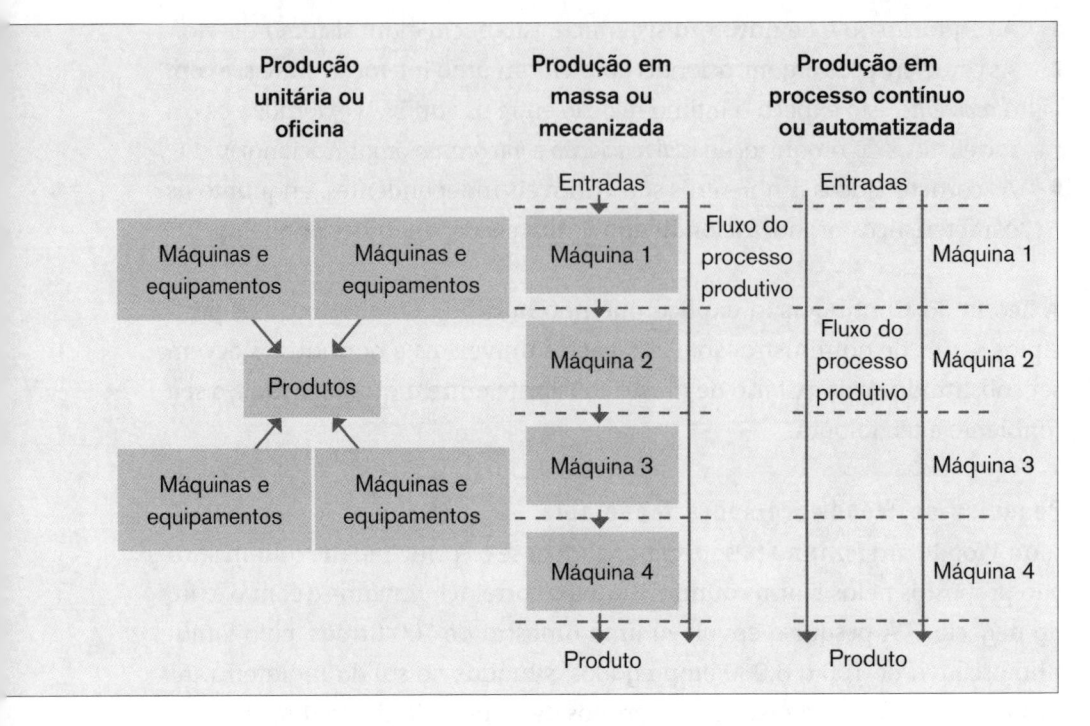

```
        Produção              Produção em            Produção em
       unitária ou             massa ou           processo contínuo
         oficina               mecanizada          ou automatizada

                                Entradas              Entradas
                                   ↓                     ↓
  Máquinas e     Máquinas e                  Fluxo do
  equipamentos   equipamentos   Máquina 1    processo    Máquina 1
                                             produtivo
         ↘      ↙                  ↓
                                             Fluxo do
          Produtos               Máquina 2   processo    Máquina 2
                                             produtivo
         ↗      ↖                  ↓

  Máquinas e     Máquinas e     Máquina 3                Máquina 3
  equipamentos   equipamentos
                                   ↓

                                Máquina 4                Máquina 4

                                   ↓                     ↓
                                Produto               Produto
```

Figura 20.4. Arranjo físico da produção conforme a tecnologia utilizada.

Os três tipos de tecnologia envolvem diferentes abordagens na manufatura dos produtos. Woodward verificou que a tecnologia extrapola a produção e influencia toda a organização empresarial.

TABELA 20.4. OS TRÊS TIPOS DE TECNOLOGIA DE PRODUÇÃO		
Tecnologia de produção	Tecnologia utilizada	Resultado da produção
Produção unitária ou oficina	Habilidade manual ou operação de ferramentas. Artesanato. Pouca padronização e pouca automatização. Mão de obra intensiva e não especializada	Produção em unidades. Pouca previsibilidade dos resultados e incerteza quanto à incerteza das operações
Produção em massa	Máquinas agrupadas em baterias do mesmo tipo (seções ou departamentos). Mão de obra intensiva e barata, utilizada com regularidade	Produção em lotes e em quantidade regular conforme cada lote. Razoável previsibilidade dos resultados. Certeza quanto à sequência das operações
Produção contínua	Processamento contínuo por meio de máquinas especializadas e padronizadas, dispostas linearmente. Padronização e automação. Tecnologia intensiva. Pessoal especializado	Produção contínua e em grande quantidade. Forte previsibilidade dos resultados. Certeza absoluta quanto à sequência das operações

As conclusões de Woodward são as seguintes:[24]

- *O desenho organizacional é afetado pela tecnologia*: as firmas de produção em massa bem-sucedidas são organizadas em linhas clássicas, com deveres e responsabilidades definidos, unidade de comando, distinção entre linha e *staff* e estreita amplitude de controle (cinco a seis subordinados para cada executivo). A tecnologia de produção em massa bem-sucedida utiliza a forma burocrática de organização, enquanto nos outros tipos de tecnologias – produção unitária e produção contínua – a forma organizacional mais viável nada tem a ver com os princípios clássicos.
- *Há uma forte correlação entre estrutura organizacional e previsibilidade das técnicas de produção*: a previsão de resultados é alta para a produção por processamento contínuo e baixa para a produção unitária (oficina). Quanto menor a previsibilidade dos resultados, tanto menor a necessidade de níveis hierárquicos, e quanto maior a previsibilidade, tanto maior o número de níveis hierárquicos da organização.
- *Organizações com operações estáveis e permanentes requerem estruturas burocráticas com um sistema mecanístico* de administração: enquanto as organizações inovativas e com tecnologia mutável requerem um sistema "orgânico" e adaptativo.[25]
- *Há um predomínio nítido das funções na empresa*: a importância de cada função, como vendas, finanças, produção e engenharia na empresa depende da tecnologia utilizada.

TABELA 20.5. TECNOLOGIA E SUAS CONSEQUÊNCIAS

Tecnologia de produção	Previsibilidade dos resultados	Níveis hierárquicos	Padronização e automação	Áreas predominantes
Produção unitária ou oficina	Pouca	Poucos	Pouca	Engenharia (pesquisa & desenvolvimento)
Produção em massa	Média	Médio	Média	Produção (operações)
Produção contínua	Elevada	Muitos	Muita	*Marketing* (vendas)

Em resumo, para Woodward há um imperativo tecnológico: a tecnologia adotada pela empresa determina sua estrutura e seu comportamento organizacional.

Essas cinco pesquisas – de Chandler, Emery e Trist, Burns e Stalker, Lawrence e Lorsch, e de Woodward – revelam a estreita dependência da organização em relação ao seu ambiente e à tecnologia adotada. As características da organização não dependem dela própria, mas das circunstâncias ambientais que a cercam e da tecnologia que ela utiliza. A Teoria da Contingência mostra que as características organizacionais são variáveis dependentes e contingentes em relação ao ambiente e à tecnologia. Isto explica a importância do estudo do ambiente (variável externa) e da tecnologia (variável interna).

Método do caso

Foco interno da BioVita

Como executivo principal da BioVita, Edmundo Correia sempre procurou organizar a empresa de acordo com padrões racionais e lógicos. Seu ponto de vista é que a empresa é uma organização viva e cuja estrutura e funcionamento devem ser melhorados ao longo do tempo, de acordo com as teorias tradicionais. Contudo, Edmundo nota que apesar da elevada eficiência interna de sua organização, alguma coisa estranha está acontecendo. Apesar de seus padrões excelentes de trabalho, a empresa está perdendo mercado e clientes. Por outro lado, os concorrentes estão passando disparadamente à frente. Edmundo fica matutando: "O que será que está acontecendo? Sempre fizemos o melhor. E agora?".

AMBIENTE

Ambiente é o contexto que envolve externamente a organização (ou o sistema). É a situação dentro da qual uma organização está inserida. Como a organização é um sistema aberto, ela mantém transações e intercâmbio com o ambiente que a rodeia. Por decorrência, tudo o que ocorre externamente no ambiente passa a influenciar internamente o que ocorre na organização.

A análise das organizações dentro de uma abordagem múltipla envolvendo a interação entre organização e ambiente foi iniciada pelos estruturalistas.[26] Na medida em que a análise organizacional passou a ser influenciada pelas abordagens de sistemas abertos, aumentou a ênfase no estudo do meio ambiente como base para a compreensão da eficácia das organizações. Ainda hoje, as organizações pouco sabem a respeito de seus ambientes.

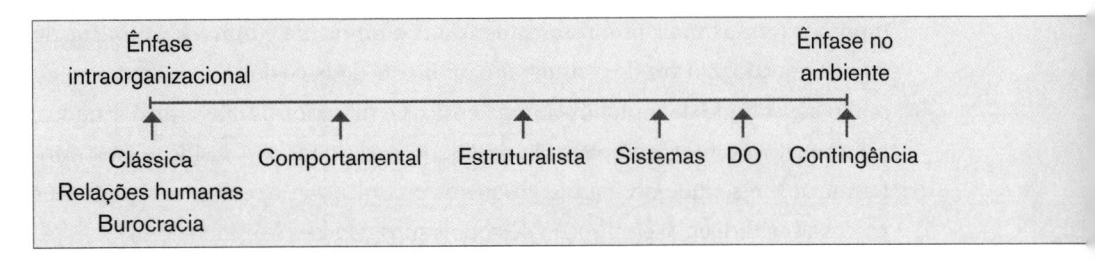

```
Ênfase                                                    Ênfase no
intraorganizacional                                       ambiente
   ↑              ↑              ↑           ↑       ↑       ↑
 Clássica    Comportamental  Estruturalista Sistemas DO  Contingência
 Relações humanas
 Burocracia
```

Figura 20.5. As teorias da administração e o ambiente: *continuum* da ênfase voltada para o interior e para o exterior da organização.

Mapeamento ambiental

Como o ambiente é extremamente vasto e complexo, as organizações não podem absorvê-lo, conhecê-lo e compreendê-lo em sua totalidade e complexidade, o que seria inimaginável. O ambiente é um contexto externo que apresenta uma enorme variedade de condições extremamente variáveis e complexas, difíceis de ser abordadas no seu conjunto e analisadas com objetividade. Assim, as organizações precisam tatear, explorar e discernir o ambiente, para reduzir a incerteza a seu respeito. Em outros termos, a organização precisa mapear seu espaço ambiental. Tal mapeamento não é feito pela organização em si, mas por pessoas – sujeitas a diferenças individuais – que nela ocupam cargos ou posições destinados a isso.

Seleção ambiental

As organizações não são capazes de compreender todas as condições variáveis do ambiente de uma só vez, pelo fato de que algumas das variáveis estão sujeitas a influências que as empresas não podem sequer prever ou controlar. Para lidar com essa complexidade, as organizações selecionam seus ambientes e passam a visualizar o seu mundo exterior apenas em algumas partes escolhidas e selecionadas desse enorme conjunto. É a chamada seleção ambiental: apenas uma pequena porção das inúmeras variáveis ambientais possíveis participam do conhecimento e da experiência da organização ou dos seus dirigentes.[27] Essa porção não é uma amostra fortuita do que está objetivamente ao alcance da organização, mas o resultado de uma seleção dos estímulos ambientais e que depende basicamente de três fatores localizados nos indivíduos incumbidos do mapeamento ambiental:[28] a natureza dos estímulos ambientais; o que a empresa está preparada para perceber; e os motivos específicos que estão em jogo no momento.

Weick afirma que

> uma das formas mais promissoras de tratar o ambiente é através da utilização da informação. Em vez de considerar o ambiente decisivo das organizações como sendo constituído de matérias-primas básicas e matérias-primas transformadas, a interpretação mais completa da realidade se dá quando considerarmos a informação e o sentido dos bens com que as organizações operam, aos quais seus processos se dirigem e em função dos quais suas relações se estabelecem.[29]

Assim, "se o ambiente significativo para a organização é descrito por meio de termos da informação, é possível sustentar que a organização procura resolver a ambiguidade existente em informações recebidas e consideradas significativas".[30] A informação é fundamental para que a organização possa compreender o ambiente que a envolve.

Percepção ambiental

Por outro lado, as organizações percebem subjetivamente seus ambientes de acordo com suas expectativas, suas experiências, seus problemas, suas convicções e suas motivações. A maneira pela qual uma organização percebe e interpreta o seu ambiente pode ser completamente diferente da percepção e da interpretação que outra organização tem a respeito do mesmo ambiente. Em outros termos, um mesmo ambiente pode ser percebido e interpretado diferentemente por duas ou mais organizações. É a chamada percepção ambiental, que é uma construção, um conjunto de informações selecionadas e estruturadas em função da experiência anterior, das necessidades e das intenções da organização ou dos seus dirigentes.[31]

Geralmente, as informações utilizadas na construção perceptual são selecionadas; algumas são eliminadas e nem sequer são percebidas, enquanto outras são imaginadas ou inventadas para preencher as lacunas existentes. Em outros termos, a percepção ambiental depende muito daquilo que cada organização considera relevante no seu ambiente. A percepção do espaço ambiental responde a uma necessidade fundamental a todo organismo articulado e dotado de mobilidade: a necessidade de deslocar-se e de posicionar-se de maneira inteligente nesse espaço. Daí a necessidade de exploração perceptiva do espaço ambiental. Quanto maior a ambiguidade e complexidade das variáveis ambientais, maior a necessidade de sua interpretação e decodificação. Ao interpretar estímulos ambíguos, a organização assume presunções sobre a realidade que a cerca. Como o ambiente não é estático nem fixo, mas extremamente mutável, as organizações são informadas das variações que ocorrem em certas características do meio que as envolve, desde que essas variações lhes sejam suficientemente claras, importantes ou relevantes, e que se produzam dentro de um certo limiar de sensibilidade capaz de alertar-lhes a atenção. A percepção ambiental está ligada à captação e ao tratamento imediato da informação externa considerada útil. A resposta organizacional às variações do meio exterior visa à adaptação e sobrevivência da organização a um ambiente mutável e é orientada pela captação da informação. Dessa maneira, a percepção torna-se um mecanismo regulador essencial da atividade adaptativa da organização.

Obviamente, quando falamos em seleção e percepção ambiental das organizações, estamos querendo dizer que não são as organizações em si que selecionam e percebem seus ambientes, mas as pessoas que, nas organizações, têm a função de interligar as atividades organizacionais com o contexto ambiental. Essas pessoas não atuarão à vontade e com total liberdade de comportamento, mas terão de ajustar-se e balizar-se dentro dos padrões e critérios adotados pela organização e que variam enormemente e uma organização para outra.

Consonância e dissonância

Existe uma forte necessidade de consonância e de coerência na vida das organizações. Existe consonância quando as presunções da organização a respeito de seu ambiente são confirmadas na prática e no cotidiano. Essa confirmação serve para reforçar ainda mais aquelas presunções. Com isto, a organização mantém a coerência em seu comportamento, ou seja, o seu comportamento decorre de acordo com suas presunções. Para manter a consonância com o ambiente e a coerência com seu comportamento, as organizações adotam como informação de referência o resultado da elaboração lógica de outras informações anteriores tomadas como reais e verdadeiras. Cada informação recebida é comparada com essas deduções anteriores. Se a comparação revela algum forte desvio ou incoerência, a organização tende a restabelecer o equilíbrio desfeito, seja modificando as suas crenças anteriores, seja desacreditando na nova informação recebida. Esse mecanismo foi descrito em nível individual por Festinger, como redução da dissonância cognitiva[32] para definir o ajuste contínuo das ideias e dos pensamentos do indivíduo em relação àquilo que ocorre no seu meio ambiente. O processo de redução da dissonância nada mais é do que a tentativa de restabelecer a consonância.

> O que complica um pouco mais as coisas é o fato de que as organizações são partes constituintes do ambiente de outras organizações e unidades da sociedade. Como o ambiente é formado por pessoas, grupos, organizações e pela sociedade em geral, cada organização faz parte do ambiente de outras entidades e, como tal, detém alguma influência ou poder sobre as demais entidades, ao mesmo tempo em que delas recebe considerável influência.[33] Não se pode esquecer que, embora fortemente influenciadas pelas circunstâncias ambientais, as organizações normalmente desempenham um papel influencial ativo em seus próprios ambientes e elas têm bastante consciência desse papel.[34]

Essa reciprocidade representa um mecanismo interativo entre organização e ambiente.

Limites ou fronteiras

São os aspectos que definem o que é a organização e o que é o ambiente. Servem para separar a organização do contexto ambiental que a envolve. Os limites ou fronteiras entre uma organização e seu ambiente podem ser definidos em termos de valores e atitudes de seus empregados (quando se identificam com as regras e os regulamentos internos da organização) ou em termos legais (o que é propriedade da organização e o que não é) ou, ainda, em termos fiscais (o que é definido como "território" da organização e o que não é), como também podem ser definidos por meio de uma infinidade de outras abordagens diferentes.

Uma dificuldade inerente ao estudo das relações entre a organização e seu ambiente reside no fato de que a organização deve ser diferenciada do seu ambiente, ou seja, deve existir alguma separação entre a organização e seu ambiente.[35] De fato, ambos não são perfeitamente separáveis, e o limite organizacional – ou fronteira da organização – passa a ser uma invenção arbitrária do percebedor.[36] É o caso de uma organização com várias filiais e unidades situadas em várias cidades diferentes: como delimitar as fronteiras dessa organização? Além disso, os limites organizacionais que separam a organização do seu ambiente externo são muitas vezes ambíguos. Uma organização pode ter diferentes contornos e limites, dependendo de quais fenômenos organizacionais estão sendo observados ou percebidos. Também pode acontecer que um específico componente organizacional (ou mesmo departamental) apareça como um elemento central, quando medido por algum fenômeno ou como um elemento periférico e secundário, quando medido por outro fenômeno. Um componente ambiental (como um segmento de mercado, por exemplo) pode aparecer como próximo de acordo com um fenômeno, e remoto de acordo com algum outro.

Alguns autores[37] salientam que as organizações devem ser distintas de seus ambientes e que os componentes ambientais podem ser classificados dicotomicamente em relevantes (importantes para a organização considerada) ou irrelevantes (que não têm importância para a organização). Essa separação é simplista, pois não existe separação absoluta entre componentes ambientais relevantes ou irrelevantes, uma vez que as dimensões organização e do ambiente são contínuas. Também sugerir que algo é interno ou externo, relevante ou irrelevante para uma organização é uma maneira muito simplista de reduzir certas variáveis importantes e complexas. Há muito ainda a ser pesquisado e desenvolvido nesse campo relativamente novo da teoria administrativa.[38]

TIPOLOGIA DE AMBIENTES

Para facilitar seu estudo, o ambiente pode ser analisado em dois segmentos: o ambiente geral (ou macroambiente) e o ambiente de tarefa (ou microambiente).

Ambiente geral

É o ambiente genérico e comum a todas as organizações, indiscriminadamente. Tudo o que acontece no ambiente geral afeta direta ou indiretamente todas as organizações nele contidas. O ambiente geral é extremamente multivariado e complexo: as organizações vivem em um mundo humano, social, político e econômico em constante mudança.[39] Na verdade, o ambiente geral constitui um conjunto de condições semelhantes para todas as organizações. Por essa razão, é também chamado macroambiente.[40] O ambiente geral não é uma entidade concreta com a qual a organização pode interagir diretamente, mas um conjunto de condições genéricas e externas às organizações e que contribui de um modo geral para tudo aquilo que ocorre em cada organização.[41] O ambiente geral é constituído de:

- *Condições tecnológicas*: o desenvolvimento tecnológico provoca influências nas organizações. As organizações precisam constantemente adaptar-se e incorporar tecnologias que provêm do ambiente geral, para não perder a sua competitividade.
- *Condições legais*: constituem a legislação vigente e que afeta direta ou indiretamente as organizações, auxiliando-as ou impondo-lhes restrições

às suas operações. São leis de caráter comercial, trabalhista, fiscal, civil, etc. que constituem elementos normativos para a vida das organizações.
- *Condições políticas*: são decisões e definições políticas tomadas em nível federal, estadual e municipal que influenciam as organizações.
- *Condições econômicas*: constituem a conjuntura que determina o desenvolvimento econômico ou a retração econômica e que condicionam fortemente as organizações. A inflação, a balança de pagamentos do país, a distribuição da renda interna, etc. constituem aspectos econômicos que impactam as organizações.
- *Condições demográficas*: como taxa de crescimento, população, raça, religião, distribuição geográfica, distribuição por sexo e idade, que determinam as características do mercado atual e futuro das organizações.
- *Condições ecológicas*: constituem o quadro demográfico que envolve a organização. O ecossistema refere-se ao sistema de intercâmbio entre os seres vivos e seu meio ambiente.[42] No caso das organizações, é chamada ecologia social: as organizações influenciam e são influenciadas por aspectos como poluição, clima, transportes, comunicações, etc.[43]
- *Condições culturais*: a cultura de um povo penetra nas organizações por meio das expectativas de seus participantes e de seus consumidores.

As condições tecnológicas, econômicas, sociais, legais, políticas, culturais, demográficas e ecológicas são fenômenos ambientais que formam um campo dinâmico de forças que interagem entre si. Esse campo de forças tem um efeito sistêmico. Mais do que isso, um efeito sinergético, cujas resultantes são difíceis de prever. Daí, a incerteza a respeito do ambiente, que decorre da enorme complexidade dos fatores interagentes. Enquanto o ambiente geral é genérico e comum a todas as organizações, cada organização tem o seu ambiente particular e próprio: o ambiente de tarefa.

Ambiente de tarefa

É o ambiente mais próximo e imediato de cada organização. É o segmento do ambiente geral do qual cada organização extrai suas entradas e deposita suas saídas.[44] É o ambiente de operações de cada organização e é constituído por:

- *Fornecedores de entradas*: isto é, fornecedores de todos os tipos de recursos de que uma organização necessita para trabalhar: recursos materiais (fornecedores de matérias-primas, que formam o mercado de fornecedores), recursos financeiros (fornecedores de capital que formam o mercado de capitais), recursos humanos (fornecedores de pessoas que formam o mercado de recursos humanos), etc.

- *Clientes ou usuários*: isto é, consumidores das saídas da organização.
- Concorrentes: cada organização não está sozinha nem existe no vácuo, mas disputa com outras organizações os mesmos recursos (entradas) e os mesmos tomadores de seus resultados (saídas). Daí, os concorrentes quanto a recursos e os concorrentes quanto a consumidores.
- *Entidades reguladoras*: cada organização está sujeita a uma porção de outras organizações que procuram regular ou fiscalizar as suas atividades, como sindicatos, associações de classe, órgãos regulamentadores do governo, órgãos protetores do consumidor, Organizações Não Governamentais (ONG), etc.

Cada um desses elementos ambientais pode ser uma organização, grupo, instituição ou indivíduo. Pode ser o governo ou outros países. Podem também ser reconhecidos a partir do conceito de mercado.[45]

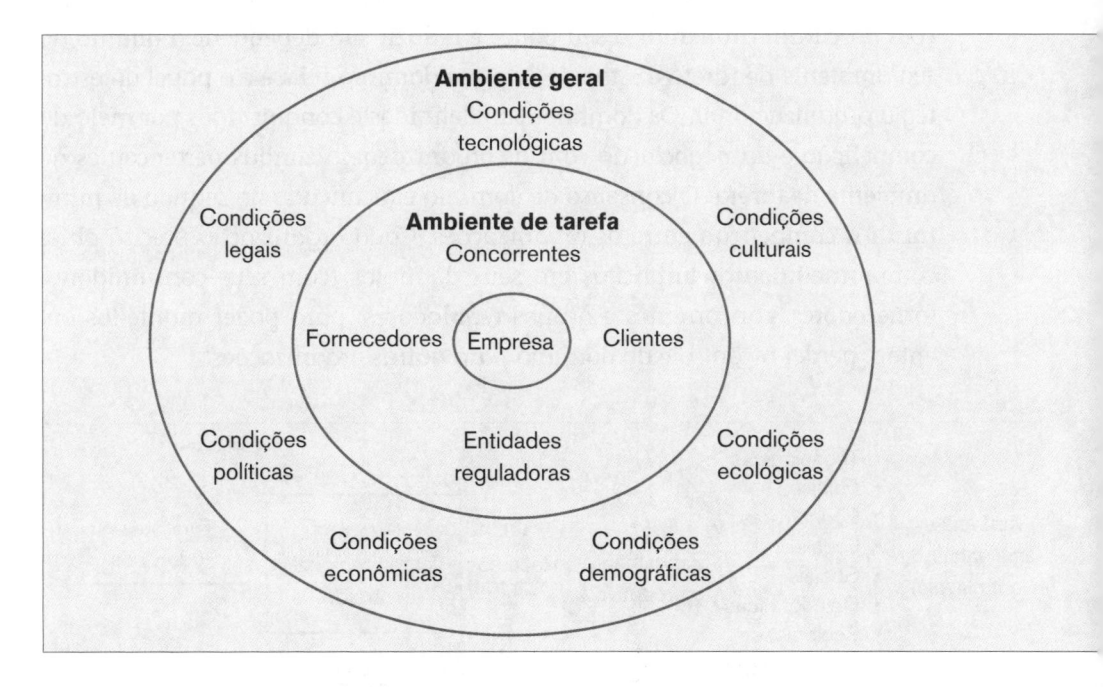

Figura 20.6. O ambiente geral e o ambiente de tarefa.

Quando a organização escolhe o seu produto ou serviço e quando escolhe o mercado no qual pretende colocá-los, ela está definindo o seu ambiente de tarefa. É no ambiente de tarefa que uma organização localiza o seu nicho ecológico e ali desenvolve suas atividades. Em outros termos, é no ambiente de tarefa que a organização estabelece o seu domínio ou, pelo menos, procura estabelecê-lo. O domínio representa as obrigações assumidas por uma organização em termos de:[46]

- Produtos e serviços, incluindo a tecnologia.
- População a ser servida ou atendida.
- Serviços a serem prestados.

O domínio identifica os pontos em que a organização depende de entradas do ambiente e os pontos de saída para o ambiente, podendo ambos ser direta ou indiretamente ligados. O domínio é a área de influência e de poder, como também é a área de dependência da organização em relação ao seu ambiente. A organização tem poder sobre seu ambiente de tarefa quando as suas decisões afetam as decisões dos fornecedores de entradas ou consumidores de saídas. Ao contrário, a organização tem dependência em relação ao seu ambiente de tarefa quando as suas decisões dependem das decisões tomadas pelos seus fornecedores de entradas ou consumidores de saídas. As organizações procuram aumentar o seu poder e reduzir sua dependência quanto ao seu ambiente de tarefa e estabelecer o seu domínio.[47] Esse é o papel da estratégia organizacional. Os domínios são definidos e conquistados por meio da competição e da negociação com as organizações vizinhas pertencentes ao ambiente de tarefa. O consenso de domínio é alcançado no sentido de minimizar a competição entre as organizações. Cada organização precisa obter comprometimentos implícitos em seus domínios (com seus consumidores, fornecedores, concorrentes e grupos reguladores) para poder mantê-los ou, então, perder o controle do domínio para outras organizações.

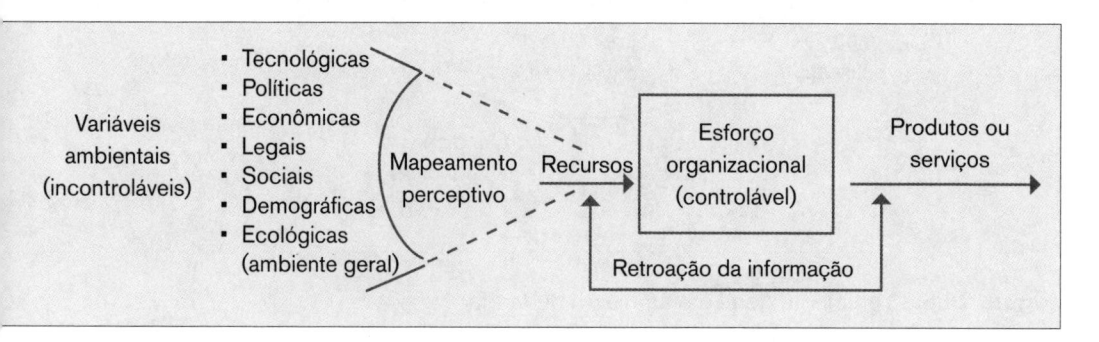

Figura 20.7. A organização como um sistema adaptativo.[48]

Dá-se o nome de interface para descrever a área de contato entre uma organização e seu ambiente. É no ponto da interface que as entradas e as saídas passam entre limites ou fronteiras entre uma organização e o seu ambiente. A interface inclui os elementos de ligação com consumidores, usuários, fornecedores, concorrentes e agências reguladoras. Uma organização pode manter interface com vários ambientes de tarefa quando ela diversifica produtos, serviços ou mercados. As variações ou mudanças nos produtos ou serviços provocam alterações no seu ambiente de tarefa e são decididas para defender ou explorar melhor um domínio estabelecido ou, ainda, para mudar um domínio já existente, porém exaurido ou ameaçado. As organizações criam esquemas cognitivos para perceber e interpretar informações e eventos que ocorrem em seus domínios.

O conceito de ambiente de tarefa é fundamental para se ter uma ideia do alcance da interação entre uma organização e seu ambiente externo por meio de uma complexa gama de influências e de reações, de estímulos e de respostas, de contingências e de ajustamento. O entendimento das relações entre uma organização e o seu ambiente requer o reconhecimento daqueles componentes ambientais que são relevantes para a organização, para as suas atividades e para o alcance de seus objetivos. A tarefa executada por uma organização pressupõe o seu relacionamento e interdependência com uma multiplicidade de outras organizações e pessoas. Uma indústria automobilística requer para a produção de seus produtos a contribuição de uma multidão de outras empresas (mineração e produção de aço, produção de peças plásticas, tapeçaria, componentes elétricos, produção de borracha, autopeças, etc.) que fornecem matérias-primas e componentes, de outras empresas (serviços externos de recrutamento de pessoal, de treinamento, de consultaria legal, de propaganda, de relações públicas, etc.) que fornecem serviços especializados relacionados com pessoal e propaganda, além de bancos, financeiras, etc. No fundo, nenhuma organização é autossuficiente, mas dependente de outras para o seu funcionamento.

O reconhecimento do ambiente de tarefa corresponde à resposta à indagação: quais os elementos do ambiente que são ou podem ser oportunidades ou ameaças para a organização? Isso permite verificar:

- Quais os *clientes* (reais e potenciais) da organização?
- Quais os *fornecedores* (reais e potenciais)?
- Quais os *concorrentes* (para entradas e saídas)?
- Quais os *elementos regulamentadores* (reais e potenciais)?

Cada um desses elementos pode ser uma organização, grupo, instituição ou indivíduo. Por outro lado, a característica de ser uma ameaça ou oportunidade à organização será uma decorrência do papel que cada elemento desempenha no ambiente. A identificação de cada elemento do ambiente de tarefa (seja ameaça ou oportunidade) decorrente de um domínio estabelecido pela organização é fundamental à ação organizacional, pois localiza os agentes que produzem as coações e contingências que a organização precisa atender. A interação da organização com o ambiente produz incerteza. O simples fato de reconhecer os elementos ambientais relevantes pode favorecer a diminuição progressiva dessa incerteza na medida em que a organização consiga obter controle sobre esses elementos. A incerteza que se produz na organização acerca do seu ambiente é a incerteza de saber quais as oportunidades e ameaças do ambiente e como as utilizar ou as evitar.

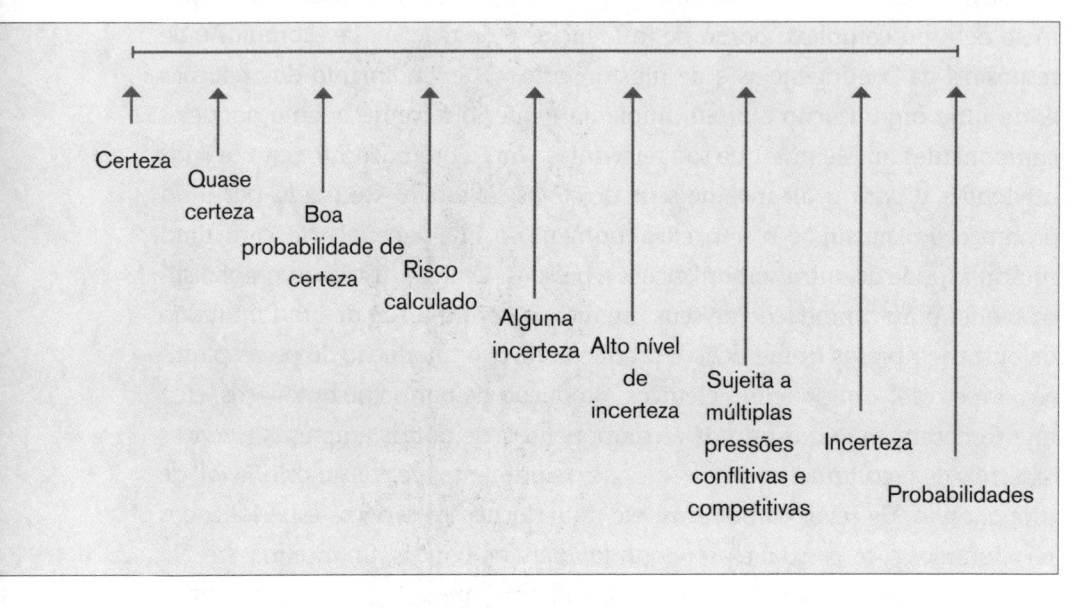

Figura 20.8. *Continuum* certeza-incerteza.

Em função da complexidade ambiental, o problema atual com que as organizações se defrontam é a incerteza. A incerteza é o desafio atual da Administração. Contudo, a incerteza não está no ambiente. A incerteza está na percepção e na interpretação das organizações, e não na realidade ambiental percebida. Parece mais adequado falar em incerteza na organização, pois o mesmo ambiente pode ser percebido de maneiras diferentes por organizações diferentes. Melhor dizendo, a incerteza está na cabeça dos seus administradores. O simples fato de reconhecer os elementos ambientais relevantes já diminui a incerteza da organização. A incerteza que se produz na organização acerca do ambiente é a incerteza de saber quais são as oportunidades e ameaças existentes no ambiente e como utilizá-las ou evitá-las, respectivamente. Isto explica que, enquanto as antigas abordagens prescritivas e normativas baseadas na lógica de sistema fechado sempre enfatizaram a certeza e a previsibilidade, as abordagens explicativas e descritivas baseadas na lógica do sistema aberto passaram a enfatizar a incerteza e a imprevisibilidade.

Como as organizações estão sempre contidas em sistemas de ação maiores, certas partes da organização precisam ser interdependentes em relação a outras organizações do seu ambiente de tarefa. As unidades transpositoras de limites, isto é, as unidades ou departamentos situados na periferia da organização em constante contato com segmentos do ambiente de tarefa (como compras, vendas, etc.) defrontam-se com um problema crucial: a coordenação de variáveis sob controle da organização fica em segundo plano, e a preocupação principal passa a ser o ajuste às coações e contingências não controladas pela organização, isto é, as variáveis exógenas contidas no ambiente de tarefa.

Além do mais, o ambiente impõe restrições, coações, contingências, problemas e oportunidades para as organizações.

- *Restrição*: é uma limitação causada pelo ambiente, a qual reduz o grau de liberdade da organização. É o caso do salário mínimo, do tabelamento de preços pelo Governo, do racionamento de certos recursos escassos, etc.
- *Coação*: é uma imposição coercitiva do ambiente à qual a organização não se pode furtar. É o caso de pedidos de falências, quando algumas empresas se mostram extremamente impontuais em seus pagamentos.
- *Contingência*: é um evento futuro provável (mas não certo) que pode afetar seriamente o trabalho de uma organização, como greve, guerra, mudanças de preços ou de políticas governamentais.
- *Problema*: é um evento corrente que afeta desfavoravelmente o desempenho da organização, como a quebra de um equipamento, por exemplo.
- *Oportunidade*: é uma situação potencialmente favorável que deve, quando reconhecida e localizada, ser explorada pela organização.

Assim, o ambiente é uma fonte de recursos, mas, ao mesmo tempo, fonte de muitas pressões e ameaças que variam de forma considerável. Algumas organizações estão sujeitas a grandes pressões ambientais, enquanto outras ou não estão sujeitas a essas pressões ou se insulam, protegendo-se com eficácia. Para tanto, as organizações procuram aproveitar as influências positivas e facilitadoras do ambiente, embarcando nas oportunidades que surgem e procuram amortecer e absorver as influências negativas ou simplesmente adaptar-se a elas. Essa resposta organizacional às forças ambientais realimenta o processo de uma maneira positiva ou negativa, fazendo com que a organização identifique e aprenda a comportar-se diante de uma multiplicidade de forças ambientais diferentes, de modo que saiba aproveitar o embalo das forças favoráveis e evitar o impacto das forças desfavoráveis para manter sua sobrevivência e crescimento. Isto é o que chamamos de aprendizagem organizacional.

Influências	Facilidades e incentivos
	Oportunidade
	Condições favoráveis
Neutralidade	Condições neutras, indefinidas e ambíguas
	Contingências imprevisíveis
	Condições desfavoráveis
Influências negativas	Restrições e limitações
	Problemas e desafios
	Coações, pressões e ameaças
	Hostilidade ambiental

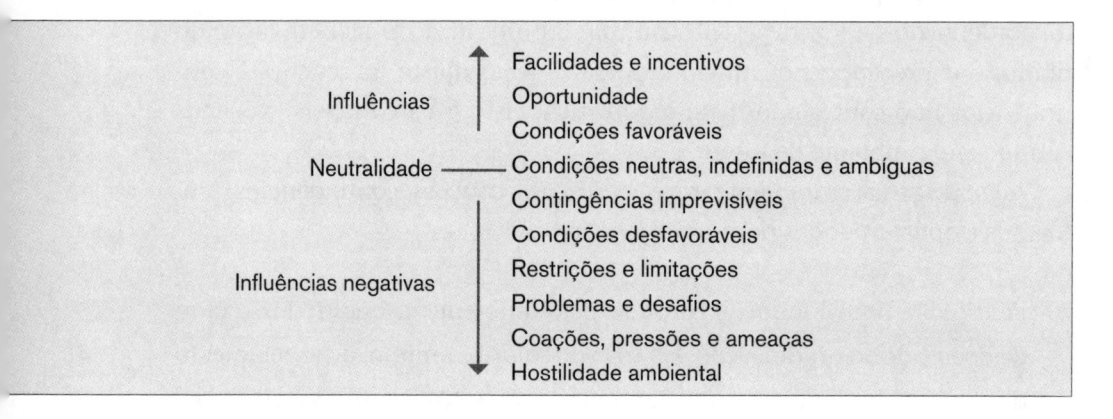

Figura 20.9. A influência das forças ambientais.[49]

Desse modo, as organizações somente conseguem sobreviver e crescer na medida em que se adaptam às circunstâncias ambientais, aproveitando as oportunidades e amortecendo ou neutralizando as coações e contingências que lhes são impostas pelo ambiente de tarefa.

Existe uma correlação teórica entre a complexidade ambiental e o nível de processamento da informação (complexidade comportamental):[50] à medida que aumenta a complexidade ambiental, ocorre um aumento do nível de processamento da informação até determinado ponto (y), a partir do qual a capacidade do indivíduo, grupo ou organização para processar a informação diminui por completo. Isto significa que há um limite para a capacidade comportamental do organismo ou da organização de lidar com alguma combinação de excesso de informação, diversidade de informação e grau de mudança da informação.

Tipologia da estrutura ambiental

Embora o ambiente seja um só, cada organização está exposta a apenas uma parte dele, e essa parte apresenta características que a diferem das demais. Para facilitar o estudo e a análise ambiental existem tipologias de ambientes. Certamente estamos nos referindo ao ambiente de tarefa. O ambiente pode ser classificado segundo sua estrutura em: ambientes homogêneos e heterogêneos.[51]

- *Ambiente homogêneo*: quando é composto de fornecedores, clientes e concorrentes semelhantes. O ambiente é homogêneo quando há pouca segmentação ou diferenciação dos mercados.
- *Ambiente heterogêneo*: quando ocorre muita diferenciação entre os fornecedores, clientes e concorrentes, provocando uma diversidade de problemas diferentes à organização. O ambiente é heterogêneo quando há muita diferenciação dos mercados.

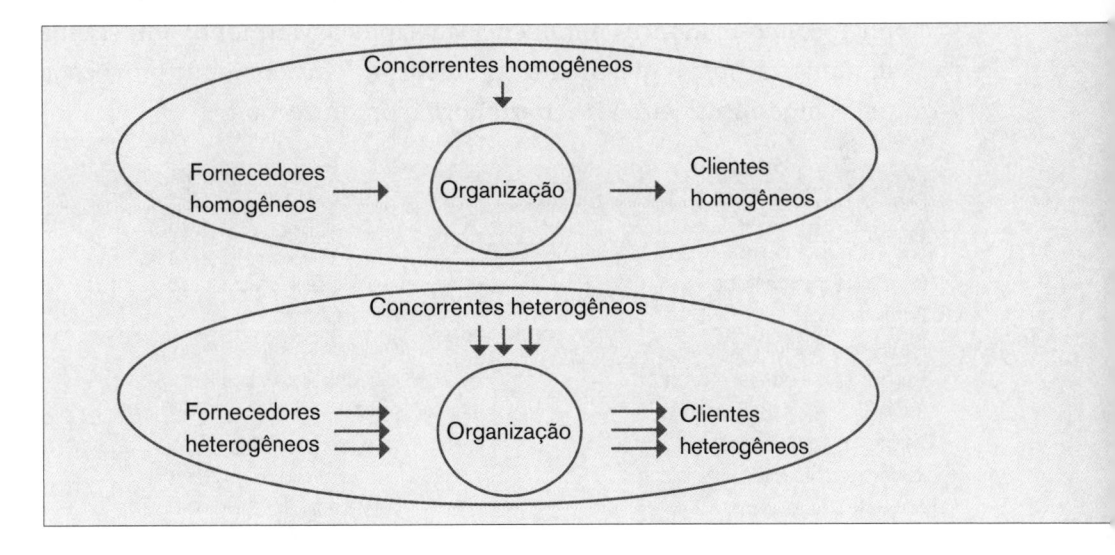

Figura 20.10. Homogeneidade e heterogeneidade ambiental.

Na realidade, os ambientes homogêneos e heterogêneos constituem dois extremos de um *continuum*, e não simplesmente dois tipos de ambientes.

TABELA 20.6. O *CONTINUUM* HOMOGENEIDADE-HETEROGENEIDADE AMBIENTAL

Ambiente homogêneo ← *Continuum* →	Ambiente heterogêneo
Pouca segmentação de mercado	Muita segmentação de mercado
Características homogêneas de fornecedores, clientes e concorrentes	Características heterogêneas de fornecedores, clientes e concorrentes
Simplicidade ambiental	Complexidade ambiental
Problemas ambientais homogêneos	Problemas ambientais heterogêneos
Reações uniformes da organização	Reações diferenciadas da organização
Estrutura organizacional simples	Estrutura organizacional diferenciada

Tipologia da dinâmica ambiental

Os ambientes podem ser classificados em estáveis e instáveis:

- *Ambiente estável*: é o ambiente que se caracteriza por pouca ou nenhuma mudança. É o ambiente onde quase não ocorrem mudanças ou quando as mudanças são lentas, progressivas e perfeitamente previsíveis. É um ambiente tranquilo e previsível.
- *Ambiente instável*: é o ambiente dinâmico que se caracteriza por muitas mudanças. É o ambiente onde os agentes estão constantemente provocando mudanças e influências recíprocas, formando um campo dinâmico de forças que produz turbulência. A instabilidade provocada pelas mudanças gera a incerteza para a organização.

TABELA 20.7. O *CONTINUUM* ESTABILIDADE-INSTABILIDADE AMBIENTAL

Ambiente estável ← *Continuum* →	Ambiente instável
Estabilidade e permanência	Instabilidade de variação
Pouca mudança	Muita mudança
Problemas ambientais rotineiros	Problemas ambientais novos
Previsibilidade e certeza	Imprevisibilidade e incerteza
Rotina	Ruptura
Manutenção do *status quo*	Inovação e criatividade
Reações padronizadas e rotineiras	Reações variadas e inovadoras
Tendência à burocracia	Tendência à adhocracia
Lógica do sistema fechado	Lógica do sistema aberto
Preocupação com a organização	Preocupação com o ambiente
Intraorientação para a produção	Extraorientação para o mercado
Ênfase na eficiência	Ênfase na eficácia

A tipologia ambiental pode ser reduzida a dois *continua*: homogeneidade-heterogeneidade e estabilidade-instabilidade:

Teoria da Contingência

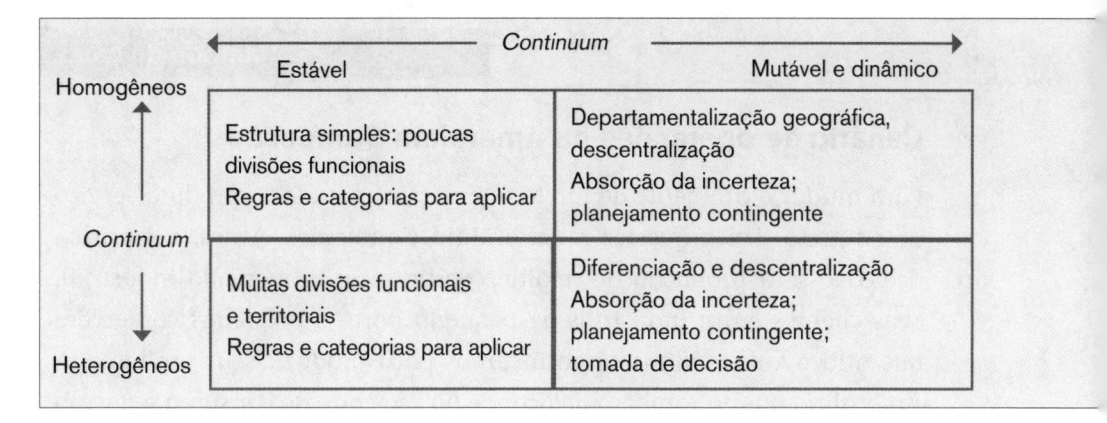

	Continuum	
Homogêneos	Estável	Mutável e dinâmico
↑ Continuum ↓ Heterogêneos	Estrutura simples: poucas divisões funcionais Regras e categorias para aplicar	Departamentalização geográfica, descentralização Absorção da incerteza; planejamento contingente
	Muitas divisões funcionais e territoriais Regras e categorias para aplicar	Diferenciação e descentralização Absorção da incerteza; planejamento contingente; tomada de decisão

Figura 20.11. Correlação entre o *continuum* do ambiente e o *continuum* dos ambientes operacionais.

Quanto mais homogêneo for o ambiente de tarefa, menor diferenciação será exigida da organização, pois as limitadas coações impostas à organização poderão ser tratadas por meio de uma estrutura organizacional simples e com pouca departamentalização. Por outro lado, quanto mais heterogêneo for o ambiente de tarefa, maiores e diferentes serão as coações impostas à organização, exigindo maior diferenciação por meio da departamentalização. Além disso, quanto mais estável o ambiente de tarefa, menores serão as contingências impostas à organização, permitindo-lhe adotar uma estrutura burocrática e conservadora, já que o ambiente se caracteriza por poucas mudanças e inovações. Quanto mais dinâmico é o ambiente de tarefa, tanto maiores as contingências impostas à organização, exigindo que esta absorva a incerteza por meio de uma estrutura organizacional mutável e inovadora.[52]

		Estável	Mutável
		Reações empresariais padronizadas e uniformes no tempo	Reações empresariais diferenciadas e variadas no tempo
Homogêneo	Estrutura organizacional simples e centralizada no espaço	Coações uniformes do ambiente	Contingências uniformes do ambiente
Heterogêneo	Estrutura organizacional complexa, diferenciada e descentralizada no espaço	Coações diferenciadas do ambiente	Contingências diferenciadas do ambiente

Figura 20.12. Influência do ambiente de tarefa na estrutura e no comportamento das organizações.

Método do caso

Cenário de operações da Amaralina Confecções

Para mudar o ambiente de tarefa, é necessário mudar o produto/serviço da empresa. Foi o que fez a Amaralina Confecções. Antes, a empresa dedicava-se à produção de retalhos destinados ao mercado industrial. Seus clientes eram indústrias de pequeno porte e pequenas confecções que utilizavam retalhos como insumos para produzir seus produtos. A Amaralina queria também dedicar-se ao mercado de consumo e passou a produzir tecidos e roupas (blusas, camisas, saias e calças). Assim, para alcançar heterogeneidade de mercados, a Amaralina provocou uma heterogeneidade interna. Quais as novas características da empresa e do seu entorno?

TECNOLOGIA

Ao lado do ambiente, a tecnologia constitui outra variável independente que influencia as características organizacionais (variáveis dependentes). Além do impacto ambiental (para muitos autores, imperativo ambiental), existe o impacto tecnológico (para muitos outros autores, imperativo tecnológico) sobre as organizações.

As organizações utilizam alguma forma de tecnologia para executar suas operações e realizar suas tarefas. A tecnologia adotada pode ser tosca e rudimentar (como a faxina e limpeza com o uso da vassoura ou do escovão), como pode ser sofisticada (como o processamento de dados pelo computador).

Tecnologia (do grego *technikós* = arte de dominar um ofício e *logos* = estudo) é uma palavra formada para designar a aplicação dos conhecimentos científicos à produção em geral, no campo (mecanização da lavoura e da pecuária) e na indústria (mecanização dos processos industriais).

Sob um ponto de vista administrativo, a tecnologia desenvolve-se nas organizações por meio de conhecimentos acumulados e desenvolvidos sobre o significado e a execução de tarefas – *know-how* – e pelas suas manifestações físicas – máquinas, equipamentos, instalações –, constituindo um complexo de técnicas usadas na transformação dos insumos recebidos em resultados, isto é, em produtos ou serviços.

A tecnologia pode estar ou não incorporada a bens físicos. A tecnologia incorporada está contida em bens de capital, matérias-primas intermediárias ou componentes, etc. Nesse sentido, a tecnologia corresponde ao conceito de *hardware*. A tecnologia não incorporada encontra-se nas pessoas – como técnicos, peritos, especialistas, engenheiros, pesquisadores – sob a forma de conhecimentos intelectuais ou operacionais, facilidade mental ou manual para executar as operações, ou em documentos que a registram e visam a assegurar sua conservação e transmissão – como mapas, plantas, desenhos, projetos, patentes, relatórios. Corresponde ao conceito de *software*. As duas formas de tecnologia frequentemente se confundem.[53]

Na realidade, a tecnologia permeia toda atividade industrial, como também todo tipo de atividade humana e em todos os campos de atuação. O homem moderno utiliza no seu comportamento cotidiano, e quase sem perceber, uma avalanche de contribuições da tecnologia: o automóvel, relógio, celular, fax, telecomunicações, etc. Sem toda essa parafernália, o comportamento do homem moderno seria completamente diferente. A tecnologia é o tipo de conhecimento utilizado no sentido de transformar insumos materiais – matérias-primas, componentes, etc. – ou simbólicos – dados, informações, etc. – em bens ou serviços, modificando sua natureza ou suas características.

A tecnologia pode ser considerada, ao mesmo tempo, sob dois ângulos diferentes: como uma variável ambiental e externa e como uma variável organizacional e interna. Como uma variável ambiental (exógena), ela influencia a organização no sentido de fora para dentro, como se fosse uma força externa e estranha à organização e sobre a qual a organização tem pouco entendimento e controle, como uma variável organizacional (endógena), ela influencia a organização como se fosse um recurso próprio e interno atuando sobre os demais recursos e proporcionando melhor desempenho na ação e maior capacidade para a organização defrontar-se com as forças ambientais.

Para alguns autores, a tecnologia não é algo concreto, mas, sim, conhecimento que o homem acumulou durante milhares de anos, em milhões de livros. A tecnologia é o conhecimento de como fazer as coisas para alcançar objetivos humanos. Com os artefatos que a tecnologia lhe permite, o homem é capaz de produzir uma infinidade de coisas. Essas coisas em si não constituem tecnologia, mas o produto dela. A tecnologia como conhecimento acumulado provoca sérios impactos na sociedade e nas pessoas, pois aumenta a capacidade humana de alcançar objetivos individuais ou coletivos, proporciona caminhos alternativos na perseguição de objetivos ou oferece ferramentas para analisar, compreender e gerar sistemas ou instrumentos de operação.[54]

O desenvolvimento tecnológico nos diversos campos costuma ocorrer com extrema rapidez, como verdadeiras "revoluções" que causam enorme impacto sobre o ambiente e as empresas e organizações nele contidas. A tecnologia permite:[55]

- Maior capacidade de diminuir o tempo e a distância na movimentação de cargas e passageiros, por meio de ferrovias, automóveis e caminhões, aviões, veículos espaciais, etc.
- Maior capacidade de gerar, armazenar, transportar e distribuir energia: eletricidade, energia nuclear, raios *laser*, etc.
- Maior capacidade de desenhar e projetar novos materiais e mudar as propriedades dos já existentes, para melhor atender às necessidades: ligas de aço, alumínio, fibras sintéticas, plásticos, novos remédios, etc.
- Mecanização ou automação dos processos físicos, a fim de liberar o esforço humano para outras atividades: máquinas e equipamentos de produção.
- Mecanização ou automação de certos processos até então mentais: o computador que permite expandir a habilidade de armazenar, manipular, selecionar e fornecer dados.
- Extensão da capacidade humana para sentir coisas: radar, microscópio eletrônico, instrumentos de orientação noturna, micro-ondas, etc.
- Maior compreensão do comportamento individual e grupal e de como lidar com ele: bases psicológicas da motivação, padrões de comportamento de grupo, melhoria de técnicas administrativas, etc.
- Maior compreensão das doenças e seu tratamento: vacinas, transplante de órgãos humanos, diagnósticos laboratoriais, etc.

Em sentido amplo, a tecnologia abrange todos os conhecimentos técnicos, patenteados ou não, fórmulas, manuais, planos, projetos, marcas, bem como métodos de direção e de administração, procedimentos técnicos, métodos e processos de operação, conhecimentos técnicos normalmente requeridos para montar e operar instalações produtivas, e o próprio conhecimento para selecionar e escolher tecnologias variadas, estudos de análise e viabilidade econômica, financeira, mercadológica, etc. A tecnologia envolve aspectos físicos e concretos (*hardware*) – como máquinas, equipamentos, instalações, circuitos, etc. –, bem como aspectos conceituais e abstratos (*software*) – como políticas, diretrizes, processos, procedimentos, regras e regulamentos, rotinas, planos, programas e métodos de trabalho.

A tecnologia representa uma ampla área de aplicações intencionais cujo conteúdo provém de diversas ciências. Ambas – tecnologia e ciência – andam de mãos dadas, mas não se confundem jamais. A ciência é o

> conjunto organizado dos conhecimentos relativos ao universo objetivo. A ciência pura é inteiramente desligada de preocupações práticas, enquanto a ciência aplicada, embora usando métodos análogos, visa às consequências determinadas.[56]

A tecnologia distingue-se da ciência por duas características principais: a tecnologia pode ignorar as causas dos fenômenos que utiliza e encontra-se estreitamente ligada a preocupações de ordem econômica.

No item anterior, verificamos a relação entre a organização e seu ambiente. Neste item, verificaremos a relação existente entre organização e sua tecnologia. Alguns autores representativos da Teoria da Contingência verificaram que a organização é eficaz quando tem uma estrutura que se adapta ao tipo de tecnologia que ela utiliza e quando se adapta aos resultados finais desejados. A ideia básica é que a natureza da tecnologia utilizada pela organização (além de outros fatores com os quais se defronta a organização em termos de oportunidades ou ameaças) é revelada pela sua estrutura organizacional. Em razão da complexidade da tecnologia, vários autores propõem classificações ou tipologias de tecnologias para facilitar o estudo de sua administração.

Tipologia de tecnologias de Thompson

A tecnologia é uma importante variável para a compreensão das ações das empresas,[57] que são ditadas pelas convicções do homem sobre como alcançar resultados desejados e constituem a tecnologia ou racionalidade técnica. A racionalidade técnica é avaliada por critérios, dentre os quais o instrumental (que permite conduzir aos resultados desejados) e o econômico (que permite alcançar os resultados desejados com o mínimo de recursos necessários). Assim, a tecnologia instrumentalmente perfeita produz o resultado desejado, enquanto a tecnologia menos perfeita promete um resultado provável ou possível. Thompson propõe uma tipologia de tecnologias, conforme o seu arranjo dentro da organização:[58]

Tecnologia de elos em sequência

Baseada na interdependência serial das tarefas necessária para completar um produto: o ato Z poderá ser executado depois de completar com êxito o ato Y que, por sua vez, depende do ato X, e assim por diante, dentro de uma sequência de elos encadeados e interdependentes. É o caso da linha de montagem da produção em massa. Cada tarefa depende da anterior.

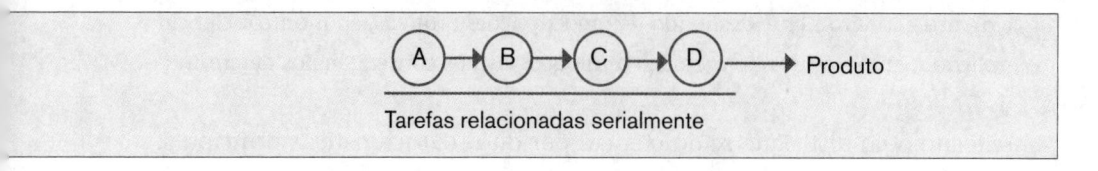

```
A → B → C → D ────→ Produto
────────────────────
Tarefas relacionadas serialmente
```

Figura 20.13. Tecnologia de elos em sequência.

Aproxima-se da perfeição instrumental quando produz um produto padrão, repetitivamente e a uma taxa constante. A repetição dos processos produtivos proporciona a experiência para eliminar imperfeições na tecnologia. A experiência leva a modificações do maquinário e proporciona a base para a manutenção preventiva programada. A repetição permite melhores métodos para melhorar os movimentos humanos, como prática e treinamento, reduzindo os erros e perdas de energia a um mínimo. É neste sentido que a Administração Científica prestou sua maior contribuição.[59]

Tecnologia mediadora

A tecnologia mediadora tem por função interligar clientes que são ou desejam ser interdependentes. O banco comercial liga os depositantes àqueles que tomam dinheiro emprestado. A companhia de seguros liga aqueles que desejam se associar em riscos comuns. A empresa de propaganda vende tempo ou espaço, ligando os veículos às demais organizações. A companhia telefônica liga aqueles que querem chamar aos que querem ser chamados. A agência de colocações faz a mediação entre a procura e a oferta de empregos.

```
Cliente → Organização mediadora → Cliente
```

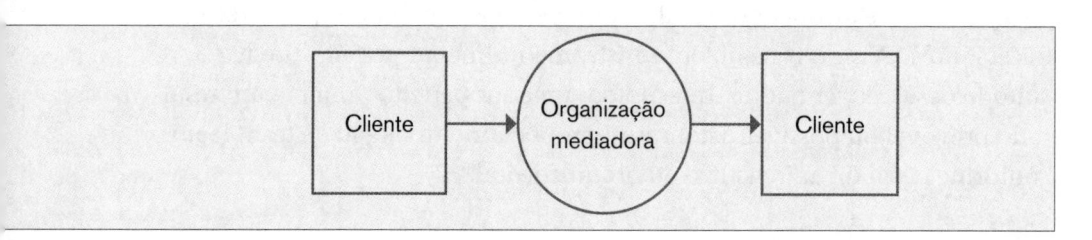

Figura 20.14. Tecnologia mediadora.

A complexidade da tecnologia mediadora reside no fato de requerer um funcionamento padronizado e extensivo, envolvendo clientes ou compradores múltiplos distribuídos no tempo e no espaço. O banco comercial precisa encontrar e agregar depósitos de diversos depositantes; mas, por mais diversos que sejam, a transação deve corresponder aos termos padronizados e a procedimentos de escrituração e contabilização uniformes. É preciso encontrar os que desejam tomar emprestado; mas não importa quão variados são seus desejos ou necessidades, os empréstimos são feitos de acordo com critérios padronizados e a condições aplicadas de maneira uniforme. A tecnologia mediadora permite utilizar as dimensões de tempo e de espaço, assim como a aplicação de técnicas burocráticas de categorização e aplicação impessoal dos regulamentos.[60]

Tecnologia intensiva

Representa a convergência de várias habilidades e especializações sobre um único cliente e a seleção, combinação e ordem de aplicação são determinadas pela retroação proporcionada pelo cliente.

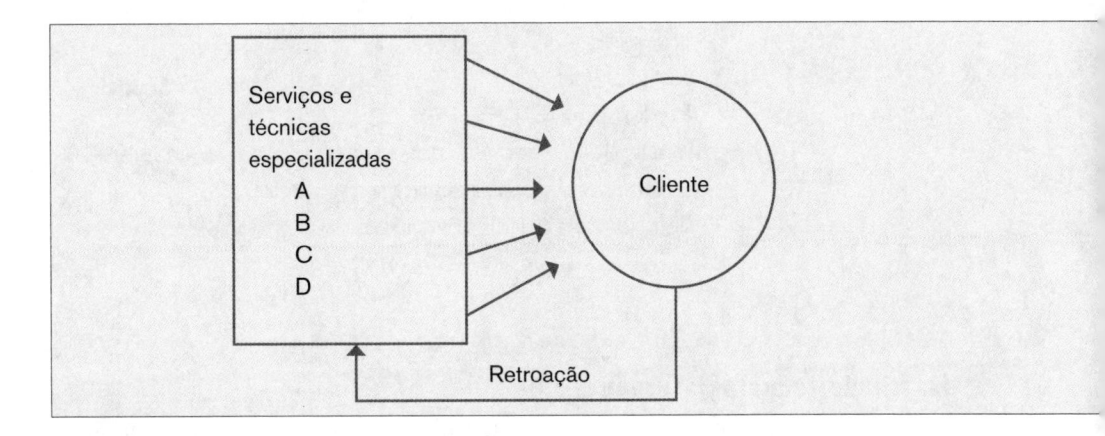

Figura 20.15. Tecnologia intensiva.

O hospital geral ilustra a aplicação da tecnologia intensiva: uma internação de emergência exige a combinação de serviços dietéticos, radiológicos, laboratoriais, etc., em conjunto com várias especialidades médicas, serviços farmacêuticos, terapias ocupacionais, serviço social e serviços espirituais religiosos. Tudo isso só poderá ser determinado pela evidência do estado do paciente ou pela sua resposta ao tratamento. A tecnologia intensiva requer a aplicação de parte ou de toda a disponibilidade das aptidões potencialmente necessárias, dependendo da correta combinação exigida pelo caso ou projeto individual. Ela conduz a uma organização (departamentalização) do tipo de projeto. A tecnologia intensiva utiliza os conceitos da Teoria da Contingência.

Tabela 20.8. tipologia de tecnologias	
Tecnologia	Principais características
Elos em sequência	• Interdependência serial entre as diferentes tarefas • Ênfase no produto • Tecnologia fixa e estável • Repetitividade do processo produtivo, que é cíclico • Abordagem típica da Administração Científica
Mediadora	• Diferentes tarefas padronizadas são distribuídas extensivamente em diferentes locais • Ênfase em clientes separados, mas interdependentes, que são mediados pela empresa • Tecnologia fixa e estável, produto abstrato • Repetitividade do processo produtivo, padronizado e sujeito a normas e procedimentos • Abordagem típica da Teoria da Burocracia
Intensiva	• Diferentes tarefas são convergidas e focalizadas sobre o cliente tomado individualmente • Ênfase no cliente • Tecnologia flexível • Processo produtivo envolve variedade e heterogeneidade de técnicas determinadas pela retroação fornecida pelo próprio objeto (cliente) • Abordagem típica da Teoria da Contingência

Matriz de tecnologia/produto

Em outra obra,[61] Thompson e Bates classificam a tecnologia em dois tipos básicos.

- *Tecnologia flexível*: a flexibilidade da tecnologia refere-se à extensão em que as máquinas, o conhecimento técnico e as matérias-primas podem ser usados para outros produtos ou serviços diferentes. A maleabilidade da tecnologia permite que ela tenha outras aplicações.
- *Tecnologia fixa*: é a tecnologia inflexível que não permite utilização em outros produtos ou serviços. É destinada a um único fim.

TABELA 20.9. OS TIPOS DE TECNOLOGIA QUANTO À SUA VERSATILIDADE

Tecnologia	Fixa ou imutável	Siderúrgicas
		Refinarias de petróleo
		Cimento
		Química e petroquímica
		Processamento de dados
	Flexível	Oficinas em geral
		Linhas de montagem
		Mão de obra intensa

Por outro lado, os autores classificam os *produtos* em dois tipos básicos:

- *Produto concreto*: produto que pode ser descrito com precisão, identificado com especificidade, medido e avaliado. É o produto palpável e tangível.
- *Produto abstrato*: não permite descrição precisa nem identificação e especificação notáveis. É o produto não palpável ou intangível.

A influência da tecnologia – seja flexível ou fixa – é mais perceptível quando associada ao tipo de produto da organização. Ambas as classificações podem ser reunidas em uma tipologia binária de tecnologia e produtos. Daí as quatro combinações seguintes:

- *Tecnologia fixa e produto concreto*: típica de organizações nas quais as possibilidades de mudanças tecnológicas são pequenas ou difíceis. A preocupação reside na possibilidade de que o mercado venha a rejeitar ou dispensar o produto oferecido pela organização. A formulação da estratégia global da organização enfatiza a colocação ou distribuição do *produto*, com especial reforço na área mercadológica. O exemplo típico é o das empresas do ramo automobilístico.
- *Tecnologia fixa e produto abstrato*: a organização é capaz de mudar, mas dentro dos limites impostos pela tecnologia fixa ou inflexível. A formulação da estratégia global da organização enfatiza a obtenção do suporte ambiental necessário para a mudança. As partes relevantes do ambiente de tarefa precisam ser influenciadas para que aceitem novos produtos que a organização deseja oferecer. As instituições educacionais baseadas em conhecimentos especializados e que oferecem cursos variados são exemplos típicos.

- *Tecnologia flexível e produto concreto*: a organização efetua com relativa facilidade mudanças para um produto novo ou diferente pela adaptação das máquinas e equipamentos, pessoal, técnicas, conhecimentos, etc. A estratégia global enfatiza a inovação por meio da pesquisa e desenvolvimento, isto é, a criação constante de produtos diferentes ou de características novas para antigos produtos. São as empresas do ramo de plásticos, equipamentos eletrônicos, sujeitas a mudanças e inovações tecnológicas, fazendo que as tecnologias adotadas sejam constantemente modificadas ou adaptadas.
- *Tecnologia flexível e produto abstrato*: encontrada em organizações com grande adaptabilidade ao meio ambiente. A estratégia global enfatiza a obtenção do consenso externo em relação ao produto ou serviço a ser oferecido ao mercado (consenso de clientes) e aos processos de produção (consenso dos empregados), já que as possibilidades de mudanças tecnológicas são muitas. O problema maior da organização reside na escolha entre qual é a alternativa mais adequada. São as organizações secretas ou mesmo abertas, mas extraoficiais, empresas de propaganda e relações públicas, de consultoria administrativa, consultoria legal, auditoria, etc.

TABELA 20.10. MATRIZ DE TECNOLOGIA/PRODUTO

Tecnologia		Produto	
		Concreto	Abstrato
	Fixa	• Pouca possibilidade de mudanças: pouca flexibilidade • Estratégia voltada à colocação do produto no mercado • Ênfase na área mercadológica da empresa • Receio de ter o produto rejeitado pelo mercado	• Possibilidades de mudança, nos limites da tecnologia • Estratégia voltada à obtenção da aceitação de novos produtos pelo mercado • Ênfase na área mercadológica (promoção e propaganda) • Receio de não obter o suporte ambiental necessário
	Flexível	• Mudanças nos produtos pela adaptação ou mudança tecnológica • Estratégia voltada para a inovação e criação de produtos ou serviços • Ênfase na área de pesquisa e desenvolvimento (P&D)	• Adaptabilidade ao meio ambiente e flexibilidade • Estratégia para a obtenção de consenso externo (quanto aos novos produtos) e consenso interno (quanto aos novos processos de produção) • Ênfase nas áreas de P&D (novos produtos e processos), mercadológica (consenso dos clientes) e recursos humanos (consenso dos empregados)

As coações e contingências impostas pela tecnologia e pelos produtos apresentam problemas bastante semelhantes. Uma organização comprometida com uma tecnologia específica pode perder a oportunidade de produzir determinado produto para outras organizações de tecnologias mais flexíveis. Na medida em que uma tecnologia torna-se mais especializada, a flexibilidade da organização de passar de um produto para outro com relativa rapidez tende a decrescer. No entanto, na medida em que uma tecnologia torna-se complicada, fica mais difícil a entrada de novos concorrentes no seu mercado de produtos ou serviços.

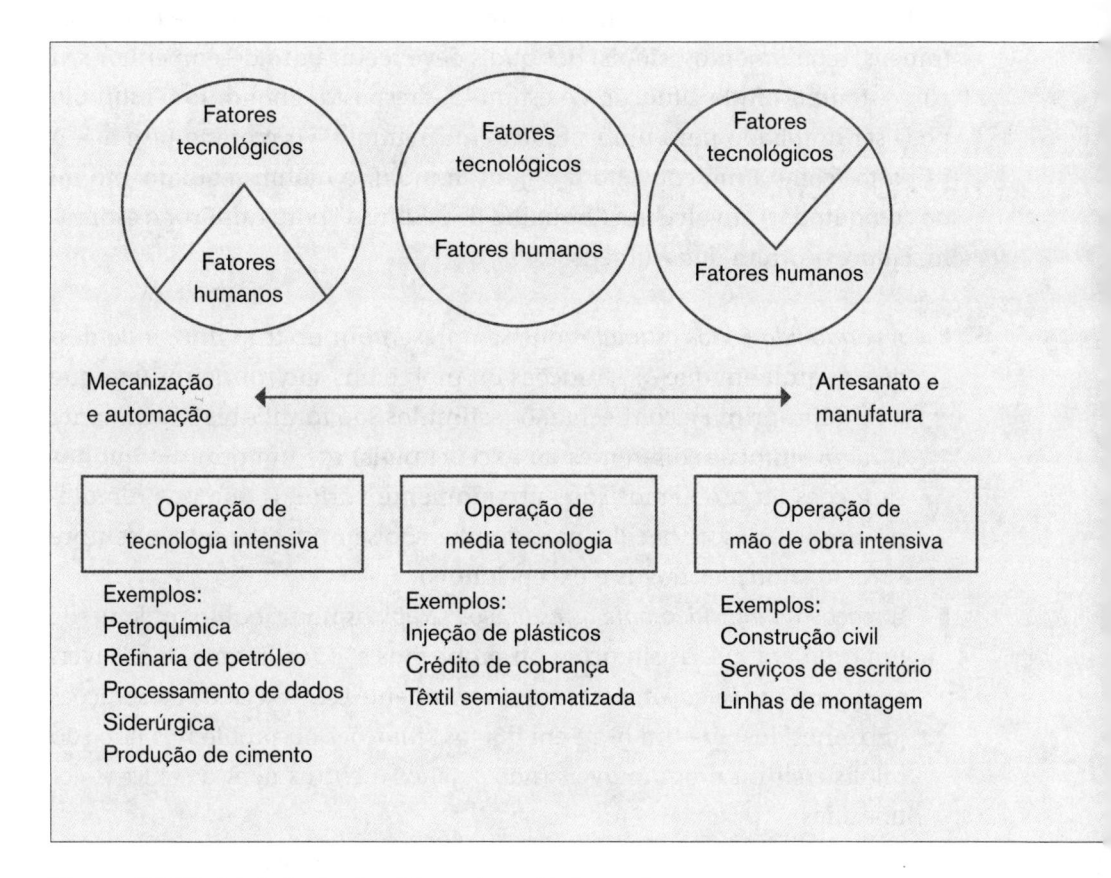

Figura 20.16. A influência dos fatores tecnológicos e humanos.

Tipologia de tecnologias de Perrow

Para Perrow,[62] todas as organizações destinam-se à realização de algum tipo de trabalho, para o que necessitam de uma tecnologia adequada. Perrow define tecnologia como os meios de transformar matérias-primas (humanas, simbólicas ou materiais) em bens ou serviços desejáveis. As máquinas, os equipamentos e suprimentos naturalmente podem ser considerados como componentes da tecnologia, porém o mais importante componente é o processo pelo qual as matérias-primas são transformadas em resultados desejados. Para ele, a tecnologia é a técnica que habilita essa transformação. Um aspecto crítico na determinação das técnicas de transformação é o conhecimento. As máquinas e equipamentos são apenas instrumentos, e não a tecnologia em si. A tecnologia, em sentido estrito, pode ser encontrada na mente de cada indivíduo: ela indica a competência técnica com que cada profissional desempenha seu cargo. Cada indivíduo recebe estímulos (ordens, regulamentos, sinais) aos quais deve reagir para desempenhar seu cargo. É uma nítida situação de estímulo e resposta. Enquanto o estímulo pode ser ampliado para uma situação mais ampla – a matéria-prima –, a resposta (como uma consulta a algum manual, a algum regulamento ou ao computador) envolve um "trabalho de pesquisa" para analisar o estímulo. Então, ocorrem duas dimensões:[63]

- *A variabilidade dos estímulos* que se apresentam no trabalho, indo desde um grau em que as situações ou problemas são rotineiros (em que a matéria-prima é conhecida, os estímulos são familiares e raramente surgem situações diferentes ou excepcionais) até um grau no qual as situações ou problemas são extremamente variados (em que a matéria-prima é desconhecida, os estímulos são sempre diferentes e sempre surgem situações novas e excepcionais).
- *A reação do indivíduo ante os estímulos recebidos* no trabalho, indo desde um grau em que as situações ou problemas são facilmente analisáveis e programáveis (sujeitos a regras previamente estabelecidas ou soluções já conhecidas) até um grau em que as situações ou problemas não são analisáveis ou programáveis (não sujeitos a regras nem a soluções conhecidas).

Colocando essas duas dimensões em uma tabela de dupla entrada, derivam-se as seguintes relações:

| | | Variabilidade dos estímulos ||
		Pouca situações excepcionais	Muitas situações excepcionais
Resposta do indivíduo	Resposta não conhecida	Artesanato (firmas de moda e costura) Supervisão descentralizada 1	Ausência de rotina (firmas de pesquisa e desenvolvimento) Supervisão flexível e policentralizada 2
	Resposta conhecida	Rotina (firmas de processamento contínuo) Supervisão formal e burocrata 4	Engenharia (firmas de protótipos e equipamento pesado) Supervisão flexível e centralizada 3

Figura 20.17. As variáveis da tecnologia segundo Perrow.

Perrow acha melhor fazer a análise comparativa das organizações utilizando a tecnologia em vez de outras variáveis, como os objetivos organizacionais, beneficiários principais, estruturas de poder, etc. Assim, propõe duas dimensões para a análise organizacional:

- Conhecimento da matéria-prima: o grau em que a matéria-prima é percebida como pouco conhecida ou muito conhecida.
- Variabilidade do trabalho: o grau em que o trabalho é uniforme, rotineiro e padronizado ou é variável, não uniforme e mutável.

| | | Variabilidade percebida do trabalho ||
		Uniforme e estável	Não uniforme e instável
Natureza percebida da matéria-prima	Pouco conhecida	Instituições socializantes (como algumas escolas) 1	Agências de propaganda e consultorias 2
	Bastante conhecida	Indústrias em geral, bancos, comércio 4	Oficinas, escolas de ensino dirigido 3

Figura 20.18. Bases para a análise organizacional.

Essas duas dimensões inter-relacionadas permitem uma visualização de como a matéria-prima pode ser conceptualizada de um modo mais abstrato. Assim, se a *tecnologia* de uma organização move-se da Célula 2 para alguma das outras células, ela poderá reduzir a variabilidade do material e, portanto, reduzir o número de casos excepcionais que ocorrem ou aumentar o conhecimento do material e, por conseguinte, utilizar mais técnicas analíticas do que antes, ou ambos.[64] Agrega Perrow que se o conhecimento técnico aumenta, aumenta a contabilidade dos processos de investigação, movendo-se da Célula 2 à Célula 3. Se ambas as coisas ocorrem – e isto é a meta de muitas organizações –, move-se da Célula 2 à Célula 4.[65]

Baseados em trabalhos de Perrow e de Litwak,[66] Hage e Aiken[67] investigaram 16 fábricas com características similares para verificar a relação existente entre a tecnologia e a estrutura organizacional. Com base nas respostas fornecidas pelos participantes dessas fábricas aos questionários, os autores classificaram as organizações dentro de um *continuum* cujos extremos vão de categorias desde "rotineiras" até "não rotineiras". Notaram que, apesar de serem organismos sociais, existe uma marcada diferença no grau de rotina em cada organização: as organizações com trabalho rotineiro são propensas a ter uma formalização maior das funções organizacionais.

Em resumo, os quatro fundamentos da abordagem de Perrow são:[68]

- A tecnologia constitui a característica que define as organizações.
- A tecnologia é uma variável independente e os arranjos organizacionais para fazer as coisas são as variáveis dependentes.
- As organizações devem ser estudadas como "totalidades", em vez de lidar com processos específicos ou com subseções.
- A tecnologia é a melhor base para comparar as organizações em função das tipologias até agora existentes.

Impacto da tecnologia

A influência da tecnologia sobre a organização e seus participantes é enorme, pelas seguintes razões:[69]

- A tecnologia determina a natureza da estrutura e do comportamento organizacional das empresas. Alguns autores falam de imperativo tecnológico: a tecnologia determina a estrutura da organização e o seu comportamento. Apesar do exagero da afirmação, não há dúvida de

que existe um forte impacto da tecnologia sobre a vida, natureza e funcionamento das organizações.
- A tecnologia, isto é, a racionalidade técnica, tornou-se um sinônimo de eficiência. E a eficiência tornou-se o critério normativo pelo qual as organizações são avaliadas.
- A tecnologia leva os administradores a melhorar cada vez mais a eficácia, dentro dos limites do critério normativo de produzir eficiência.

Método do caso

Tecnologias do Banco Múltiplo

O Banco Múltiplo está querendo inovar. Uma de suas novidades foi a criação do banco virtual, disponível via Internet durante as 24 horas de cada dia, na casa do cliente. Outra novidade foi a criação de um sistema integrado de autoatendimento eletrônico em que o cliente tem à sua disposição no local da agência física um menu completo de alternativas de produtos, serviços e informações na ponta dos dedos. Como você poderia explicar essas inovações em termos de tecnologia?

ORGANIZAÇÕES E SEUS NÍVEIS

Para a Teoria da Contingência, não existe uma universalidade dos princípios de administração nem uma única e melhor maneira de organizar e estruturar as organizações. A estrutura e o comportamento organizacional são variáveis dependentes. As variáveis independentes são o ambiente e a tecnologia. O ambiente impõe desafios externos à organização, enquanto a tecnologia, desafios internos. Para se defrontar com os desafios externos e internos, as organizações – quaisquer que sejam seu tamanho ou natureza – diferenciam-se em três níveis organizacionais:[70]

- *Nível institucional ou estratégico*: corresponde ao nível mais elevado da empresa, composto dos diretores, proprietários ou acionistas e dos altos executivos. É o nível em que as decisões são tomadas e são estabelecidos os objetivos da organização, bem como as estratégias para alcançá-los. O nível institucional é predominantemente extrovertido, pois mantém a interface com o ambiente. Lida com a *incerteza*, pelo fato de não ter poder ou controle sobre os eventos ambientais atuais e nenhum meio de prever com razoável precisão os eventos ambientais futuros.

■ *Nível intermediário ou tático*: também chamado de *nível mediador* ou *nível gerencial*, é o nível colocado entre o nível institucional e o nível operacional, e cuida da articulação interna entre esses dois níveis. Trata-se da linha do meio de campo. É o nível que lida com os problemas de adequação das decisões tomadas ao nível institucional (no topo) com as operações realizadas no nível operacional (na base da organização). O nível intermediário compõe-se da média administração, isto é, das pessoas ou órgãos que transformam as estratégias formuladas para atingir os objetivos empresariais em programas de ação. A média administração forma uma cadeia escalar de autoridade.

O nível intermediário recebe o nome de nível mediador, pois defronta-se com dois componentes diferentes entre si: um componente sujeito à incerteza e ao risco por causa da sua interface com um ambiente externo mutável e complexo (que é o nível institucional), e outro voltado à certeza e à lógica, ocupado com a programação e execução de tarefas cotidianas muito bem definidas e delimitadas (que é o nível operacional). É o nível intermediário que amortece e limita os impactos e solavancos da incerteza trazida do ambiente pelo nível institucional, absorvendo-os e digerindo-os para trazer ao nível operacional os programas e procedimentos de trabalho rigidamente estabelecidos que este deverá seguir para executar as tarefas básicas da organização com eficiência, permitindo-lhe atender às demandas do ambiente e alcançar seus objetivos. Assim, o nível intermediário deve ser flexível, elástico, capaz de amortecer e conter os impactos e pressões ambientais para não prejudicar as operações internas que são realizadas no nível operacional, bem como deve ser capaz de dilatar ou reduzir certas demandas e exigências externas para compatibilizá-las com as possibilidades internas do nível operacional. Como o nível operacional tem pouca flexibilidade, cabe ao nível intermediário servir de bolsão mediador que possa cadenciar os ritmos mais rápidos ou mais lentos das forças ambientais com as possibilidades rotineiras e cotidianas de atuação do nível operacional. Daí ser também chamado de nível administrativo ou nível gerencial.[71]

■ *Nível operacional*: é o *nível técnico* ou *núcleo técnico*, e está localizado nas áreas inferiores da organização. Está relacionado aos problemas ligados à execução cotidiana e eficiente das tarefas e operações da organização e orientado às exigências impostas pela natureza da tarefa técnica a ser executada, com os materiais a serem processados e com a cooperação de numerosos especialistas necessários ao andamento dos trabalhos. É o nível no qual as tarefas são executadas, e as operações, realizadas: envolve o trabalho básico relacionado com a produção dos produtos ou serviços da organização.

O nível operacional é composto pelas áreas encarregadas de programar e executar as tarefas e operações básicas da organização. É nele que estão máquinas e equipamentos, instalações físicas, linhas de montagem, escritórios e balcões de atendimento, etc., cujo funcionamento deve atender a rotinas e procedimentos programados dentro de uma regularidade e continuidade que assegurem a utilização plena dos recursos disponíveis e a máxima eficiência das operações.

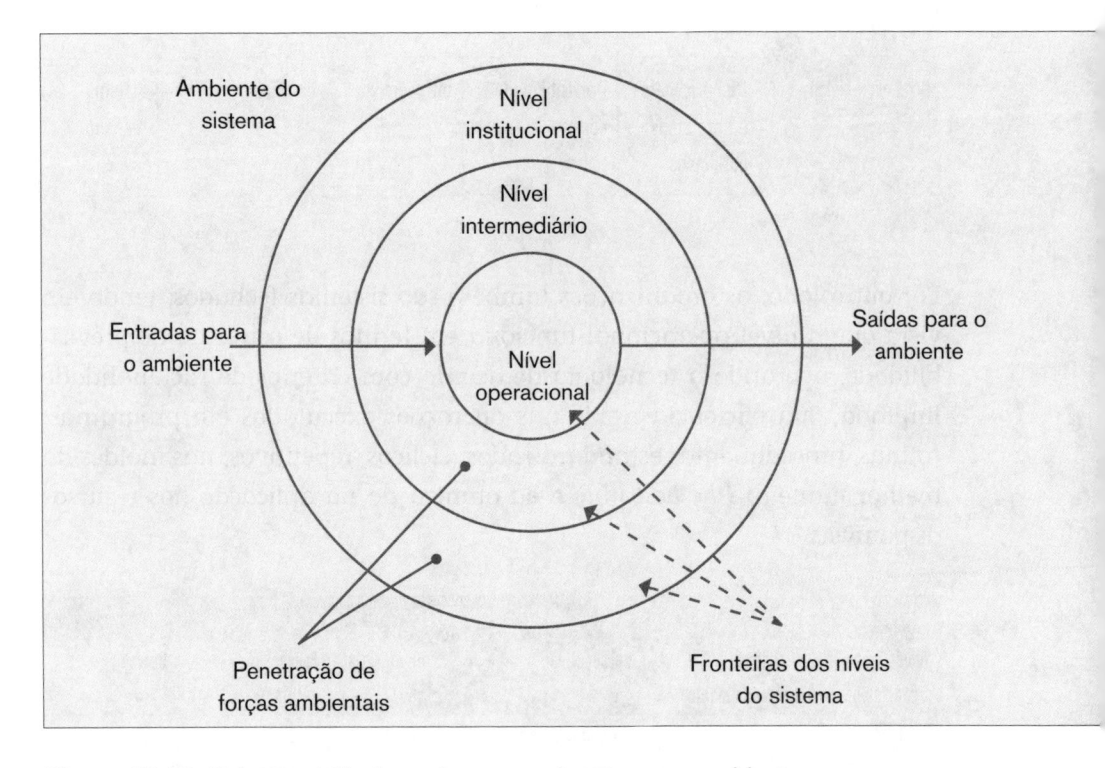

Figura 20.19. Relação sistêmica entre a organização e seu ambiente.

Conclui, assim, que as organizações são, de um lado, sistemas abertos, defrontando-se com a incerteza que provém das coações e contingências externas impostas pelo ambiente e que nelas penetram pelo nível institucional. Sua eficácia reside na tomada de decisões capazes de permitir que a organização se antecipe às oportunidades, defenda-se das coações e ajuste-se às contingências do ambiente.

TABELA 20.11. AS CARACTERÍSTICAS DOS TRÊS NÍVEIS ORGANIZACIONAIS

Subsistema organizacional	Principal tarefa administrativa	Contexto	Comportamento	Preocupação básica	Lógica
Nível institucional	Relacionar a empresa ao ambiente	Imprevisibilidade e incerteza	Extroversivo	Eficácia	Sistema aberto
Nível intermediário	Integrar e coordenar atividades internas	Amortecimento da incerteza	Elo de ligação	Integração	Bifocal
Nível operacional	Cumprir metas e programas cotidianos	Previsibilidade e certeza	Introversivo	Eficiência	Sistema fechado

Por outro lado, as organizações também são sistemas fechados, tendo em vista que o nível operacional funciona em termos de certeza e de previsibilidade, operando a tecnologia de acordo com critérios de racionalidade limitada. Sua eficiência reside nas operações executadas em programas, rotinas, procedimentos estandardizados, cíclicos, repetitivos, nos moldes da melhor maneira (*the best way*) e da otimização na aplicação dos recursos disponíveis.

TABELA 20.12. AS CARACTERÍSTICAS DOS TRÊS NÍVEIS ORGANIZACIONAIS

Subsistema organizacional	Visão predominante	Perspectiva	Ponto de vista	Processos gerais	Decisão
Nível institucional	Longo prazo	Futuro e destino da organização	Satisfatório	Não programados	Judicativo
Nível intermediário	Médio prazo	Condições de presente e futuro	Meio-termo	Não programados e programáveis	Meio-termo
Nível operacional	Curto prazo	Presente e cotidiano	Otimizante	Programáveis	Computacional

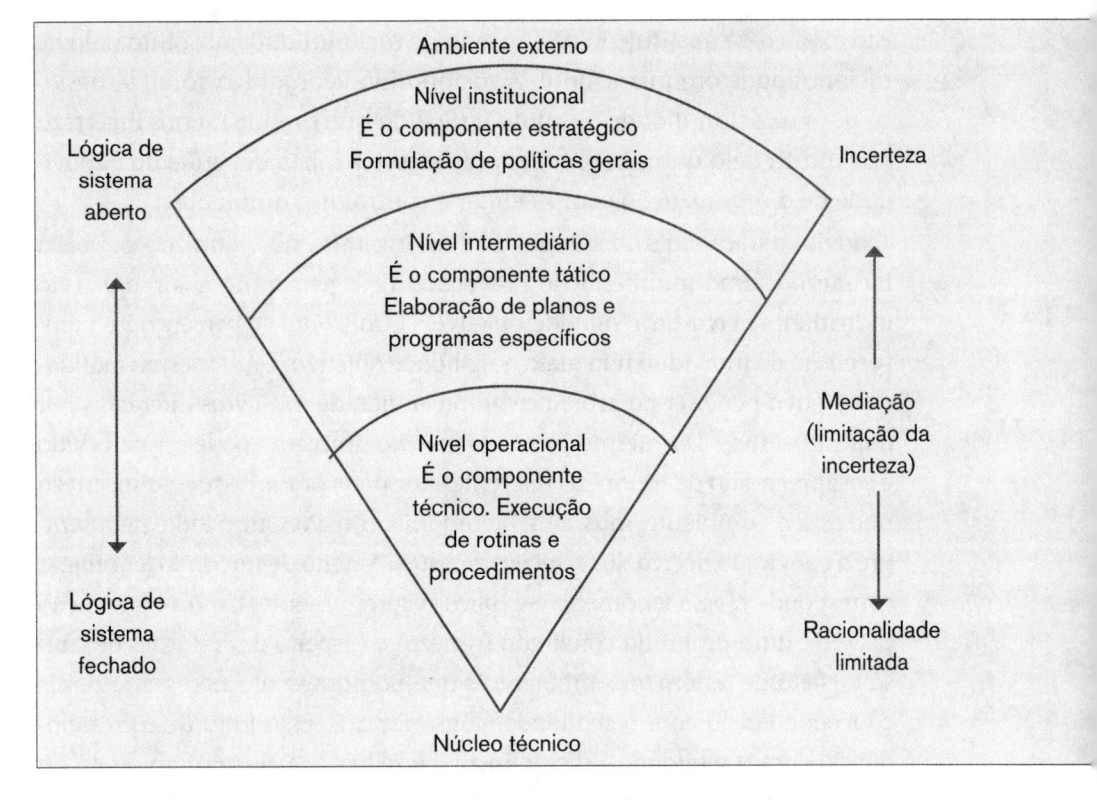

Figura 20.20. Os níveis organizacionais e seu relacionamento com a incerteza.

Defrontamento com a incerteza

O ambiente de tarefa é difícil de ser captado integralmente. A incerteza que se produz na organização acerca do seu ambiente é a de saber quais as oportunidades e ameaças desse ambiente e como as utilizar ou as evitar. Essa incerteza antepõe-se à organização como uma deficiência de sua percepção e compreensão das relações de causa e efeito a respeito dos fenômenos ambientais. Essa deficiência pode estar localizada na capacidade de captação e percepção das informações relevantes acerca do ambiente ou na capacidade de análise, integração e entendimento dessas informações. Nesse ponto, Thompson identifica dois componentes que interferem na produção da incerteza:

- *O componente objetivo*: que é o ambiente (caracterizado pela pertinência, clareza e suficiência das informações oferecidas), e um componente subjetivo da organização (caracterizado pela capacidade de captar e processar as informações, produzindo um entendimento acerca do fenômeno estudado). Todo esse fluxo está aberto à produção de incerteza:

isto explica a substituição do conceito de racionalidade absoluta pelo de racionalidade organizacional. A racionalidade organizacional se desloca para a racionalidade absoluta à medida que produz menos incerteza e se afasta dela quando produz mais incerteza. Isto depende da capacidade de a organização compreender e controlar o ambiente.

Todavia, parece mais adequado falar em incerteza na organização, pois a incerteza é uma manifestação provocada pela percepção e compreensão individual acerca da realidade objetiva visualizada. A percepção e compreensão do indivíduo não afeta a realidade objetiva. Uma mesma realidade objetiva pode ser percebida e compreendida de maneiras diferentes por dois indivíduos. Da mesma forma, o mesmo ambiente pode ser percebido e compreendido de maneiras diferentes por duas organizações: a incerteza não está no ambiente, mas, sim, na organização. Por outro lado, nem sempre a convicção acerca das relações de causa e efeito de um dado fenômeno corresponde a esse fenômeno e explica-o corretamente. Uma organização pode ter uma profunda convicção (certeza) a respeito das relações de causa e efeito de fenômenos ambientais que não apresenta necessariamente correspondência com a realidade (consonância). Essa falta de correspondência com a realidade – dissonância – é reduzida pelo contato direto ou indireto com a realidade, por meio da obtenção de informação.

De um modo geral, para Thompson, a incerteza aparece como o problema fundamental para as organizações complexas, e a luta contra ela constitui a essência do processo administrativo. As incertezas são apresentadas às organizações complexas como provenientes de três origens, duas externas à organização, e a terceira, interna:[72]

- *Incerteza generalizada*: ou falta de compreensão de causa e efeito na cultura em geral. Uma solução para essa origem seria oferecer um padrão pelo qual a ação da empresa poderia ser ordenada.
- *Contingência*: na qual os resultados da ação da empresa são em parte determinados pelas ações dos elementos do ambiente. Uma solução para essa origem seria proporcionar liberdade à empresa para, assim, ordenar a ação pelo padrão.
- *Interdependência de componentes*: é a origem interna da incerteza. Uma solução seria a ordenação propriamente dita da ação, de modo que se ajustasse ao padrão.

Para eliminar a incerteza e utilizar critérios de racionalidade, a empresa remove a maior quantidade possível de variáveis que possam afetar o funcionamento de seu núcleo técnico. Por isso, todos os problemas de aquisição de recursos, bem como de colocação dos produtos ou serviços no mercado – assuntos que dependem de elementos ambientais e, portanto, incertos e problemáticos –, precisam ser removidos do núcleo técnico para os outros níveis, a fim de que este chegue mais próximo ao fechamento e possa aumentar sua racionalidade e eficiência.

Para tanto, as empresas procuram proteger seus núcleos técnicos das variações ambientais. Como a racionalidade organizacional abrange três principais atividades componentes – atividades de entrada, atividades tecnológicas e atividades de saída –, e como estas são interdependentes, elas precisam ser acopladas corretamente entre si. Porém, as atividades de entrada e as de saída são interdependentes com os elementos ambientais. Para isolar suas tecnologias das influências e contingências ambientais, as empresas lançam mão de mecanismos de defesa dos seus núcleos técnicos, como:[73]

- *Amortecimento das influências ambientais*: isolando seus núcleos técnicos dos componentes de entrada e saída. Enquanto os volumes de entrada e de saída variam, o núcleo técnico permanece em operação constante. É o caso de estoque de matérias-primas (amortecimento da entrada) ou de produtos acabados (amortecimento da saída) para isolar e amortecer as variações ambientais.
- *Suavização das transações de entrada e saída*: diminuindo as flutuações do ambiente (em vez de isolá-las e amortecê-las como no caso anterior) que possam atuar sobre o núcleo técnico. É o caso de oferta de vantagens adicionais aos clientes em períodos de baixas vendas, de oferecer prêmios extras aos seus vendedores ou, então, de cobrar adicionais ou submeter a listas de espera, nos períodos de vendas exageradas. Algumas empresas oferecem preços e taxas reduzidos (caso de linhas aéreas e de hotéis) em dias ou estações de pouco movimento. São tentativas de Nivelamento para suavizar as variações ambientais.
- *Previsão ou adaptação das variações ambientais*: que não podem ser amortecidas ou suavizadas. A empresa procura analisar e descobrir a regularidade ou a probabilidade com que ocorrem certos períodos de extrema demanda, de grande baixa de produtos ou serviços (saídas) ou dos re-

cursos necessários (entradas). É o caso de empresas cuja sazonalidade é notória, enfrentando a demanda maior com elevação do número de empregados ou de horas extras ou enfrentando a baixa com a produção de outros produtos diferentes produzidos com a mesma tecnologia utilizada pelo núcleo técnico. Certas empresas do ramo alimentício, por exemplo, produzem sorvetes com maior intensidade no verão e chocolate e similares no inverno, como meio de previsão e adaptação às variações ambientais.

- *Racionamento dos produtos ou serviços*: quando estes são demasiadamente procurados. É o caso de a empresa impor cotas e restrições a atacadistas ou a revendedores para melhor distribuir sua produção quando esta é insuficiente para atender à demanda. O racionamento, contudo, é uma solução pouco feliz, pois significa que a tecnologia da empresa não está atendendo à demanda ambiental ou não está funcionando na sua capacidade máxima e apresenta pouca eficiência.

Dentro desse esquema, podem-se conceber as empresas "como sistemas abertos e, consequentemente, indecisas e confrontadas pela incerteza, mas ao mesmo tempo sujeitas a critérios de racionalidade e, portanto, necessitadas de resolução e certeza".[74]

Em resumo, a estrutura e o comportamento organizacional são contingentes, pelos seguintes motivos:[75]

- As organizações enfrentam coações inerentes em suas tecnologias e ambientes de tarefa. Como esses diferem para cada organização, a base de estrutura e de comportamento difere, não havendo "uma melhor maneira" de estruturar as organizações complexas.
- Dentro dessas coações, as organizações complexas procuram minimizar as contingências e lidar com as contingências necessárias, isolando-as para disposição local. Como as contingências surgem de maneiras diferentes para cada organização, há uma variedade de reações estruturais e comportamentais à contingência.
- Quando as contingências são muitas, as organizações procuram aglomerar as capacidades em unidades autossuficientes, cada uma delas equipada com todos os recursos necessários para a organização poder arcar com as contingências. Isso significa que as variáveis controladas pela organização são subordinadas às coações e contingências às quais ela

não pode fugir. Quanto mais sua tecnologia e seu ambiente de tarefa tendem a dilacerá-la, mais a organização terá de conservar sua integridade.

A estrutura e o comportamento organizacional são considerados "ótimos" quando compatíveis com o ambiente externo e a tecnologia utilizada. Para Thompson, o ambiente é a chave da incerteza. Para ele, a incerteza é causada pela tecnologia e pelo ambiente externo. A Administração Científica focalizava a organização baseada na certeza, ao passo que, hoje em dia, a organização é visualizada do ponto de vista do ambiente externo e da incerteza. Uma organização é adequadamente administrada quando ela é sintonizada com os requisitos da tecnologia e do ambiente. A abordagem de Thompson incorpora os fenômenos típicos do sistema fechado – racionalidade total – e os fenômenos típicos do sistema aberto – racionalidade limitada –, conforme seu predomínio em cada processo particular da organização. Obviamente, os fenômenos típicos do sistema fechado ocorrem nos processos mais íntimos e interiores à organização e protegidos da ação ambiental que impõe a incerteza. Os fenômenos típicos do sistema aberto ocorrem na periferia da organização relacionados aos processos de interação direta com o ambiente externo, trazendo a incerteza à organização.

TABELA 20.13. DESEMPENHO DOS TRÊS NÍVEIS ORGANIZACIONAIS				
Nível organizacional	Principal função	Papel predominante	Ponto de vista	Procedimento
Institucional	Intercâmbio e interação com o ambiente	Decisório	Satisfaciente	Não programável Aleatório
Intermediário	Integração e articulação interna da empresa	Administrativo	Coordenação	Entre não programável e programável
Operacional	Execução das tarefas e operações cotidianas	Técnico	Otimizante	Programável Regularidade

DESENHO ORGANIZACIONAL

A Teoria da Contingência focaliza o desenho das organizações dentro da abordagem de sistemas abertos. O desenho organizacional (*organizational design*) retrata a configuração estrutural da organização e implica o arranjo dos órgãos dentro da estrutura no sentido de aumentar a eficiência e eficácia organizacional. O esquema teórico para identificar as variáveis relevantes para o desenho organizacional é o seguinte:[76]

- *Entradas (inputs)*: são as características do ambiente geral e, principalmente, do ambiente de tarefa (fornecedores de recursos, clientes e usuários, concorrentes quanto a entradas e saídas e entidades reguladoras).
- *Tecnologias utilizadas:* para a execução das tarefas organizacionais, sejam *sistemas concretos e físicos* (como máquinas, instalações e equipamentos), sejam *sistemas abstratos e conceituais* (como o *know-how*).
- *Tarefas ou funções*: são as operações e os processos executados para obter determinadas saídas ou resultados (*outputs*).
- *Estruturas:* são as relações existentes entre os elementos componentes de uma organização. Incluem as interações, a própria configuração organizacional dos órgãos ou cargos (alta ou chata), as interações entre os órgãos ou cargos, a hierarquia de autoridade, ou seja, todos os esquemas de diferenciação e de integração.
- *Saídas ou resultados (outputs): p*odem ser os objetivos almejados ou os resultados realmente alcançados (como a quantidade e qualidade de produção, a lucratividade, a totalidade e o absenteísmo do pessoal, a satisfação dos clientes e usuários, o clima organizacional, etc.). São as medidas de *eficácia organizacional.*

Na realidade, o desenho organizacional deve envolver as contingências dos seguintes ingredientes básicos:[77]

- *Fatores de contexto* (papel da organização na sociedade, ambiente, tecnologia e recursos humanos envolvidos).
- *Dimensões anatômicas da organização* (como o tamanho, a configuração estrutural, a dispersão das unidades e os tipos de combinações de unidades).
- *Feições operacionais* (como a autoridade, as atividades e os controles).
- *Consequências comportamentais* (como o desempenho, a satisfação, o *turnover*, o conflito, a ansiedade e os padrões informais de relacionamento no trabalho, como principais variáveis).

Como a configuração dessas contingências pode variar entre diferentes organizações, o teórico da contingência assume a posição de que não existem princípios gerais para o desenho organizacional.[78]

O desenho de uma organização constitui uma das maiores prioridades da administração, pois a função de uma estrutura organizacional é ajudar no alcance dos objetivos em três aspectos principais, a saber:[79]

- *Como estrutura básica*: contribuindo para a implementação bem-sucedida de planos na alocação de pessoas e de recursos para as tarefas que devem ser feitas e proporcionando mecanismos para a sua *coordenação*. A estrutura básica toma a forma de descrições de cargos, organogramas, constituição de conselhos e de comissões, etc.
- *Mecanismos de operação*: indicando claramente aos membros de uma organização aquilo que deles é esperado, por meio de procedimentos de trabalho, padrões de desempenho, sistema de avaliação e de recompensas, programações e sistemas de comunicação.
- *Mecanismos de decisão*: permitindo provisões para auxiliar o processo de tomada de decisão e seus requisitos de processamento de informação. Estes mecanismos incluem arranjos para obter informações do meio externo, procedimentos para cruzar, avaliar e tornar disponíveis informações para os tomadores de decisão.

Assim, a alocação de responsabilidades, o agrupamento de funções, a tomada de decisão, coordenação e controle são os requisitos fundamentais para a operação contínua da organização. A estrutura organizacional é profundamente afetada por esses requisitos e por sua interação. O desenho de uma organização deve ser formulado dentro da abordagem da Teoria da Contingência, envolvendo fatores contextuais:

> as maiores contingências incluem as características e a diversidade dos ambientes dentro dos quais a organização opera, a tecnologia que ela utiliza, sua escala de operações e o tipo de pessoas que ela emprega. Como a configuração dessas contingências pode variar entre diferentes organizações, a Teoria da Contingência assume a posição de que não existem princípios gerais para o desenho organizacional.[80]

Lorsch propõe o desenho estrutural da organização baseado no modelo de diferenciação e integração, conceitos que já detalhamos anteriormente:[81]

- *Agrupar atividades em unidades*: é o primeiro passo lógico para desenhar uma estrutura básica. Os conceitos de diferenciação e de integração focalizam dois critérios para a tomada de decisão sobre o agrupamento de atividades. Em primeiro lugar, as unidades deverão ter orientações similares e as tarefas devem ser agrupadas, porque isso reforça as relações comuns de cada um para alcançar a necessária diferenciação e simplifica a tarefa coordenadora do chefe comum. Em segundo lugar, as unidades necessárias para integrar suas atividades estreitamente devem ser agrupadas, porque o superior comum pode trabalhar para alcançar a integração requerida pela hierarquia administrativa.

- *Desenhar esquemas integrativos*: é o segundo passo para determinar a estrutura básica. O agrupamento de atividades em si tem um efeito sobre o desenho de esquemas integrativos. Um esquema integrativo primário é a hierarquia administrativa.
- *Estruturar as unidades individuais*: é o terceiro passo no processo de desenho organizacional. Aqui, a ênfase é sobre os mecanismos operacionais, que deverão ser consistentes com a tarefa da unidade e com as necessidades dos membros.

TABELA 20.14. VISÃO CONTINGENCIAL DO SISTEMA ORGANIZACIONAL		
Dimensões do sistema organizacional	Características dos sistemas organizacionais	
	Fechado/estável/mecanístico	Aberto/adaptativo/orgânico
Fronteiras	Relativamente fechadas	Relativamente abertas
Estrutura de objetivos	Organização como maximizadora de objetivos	Organização como um sistema que pesquisa, adapta, aprende e ajusta continuamente seus múltiplos objetivos
Previsibilidade das ações	Relativamente certas e determinadas	Relativamente incertas, indeterminadas
Processos decisórios	Programáveis, computacionais	Não programáveis, judicativas
Ênfase da organização	Sobre o desempenho	Sobre a resolução de problemas

Como as organizações vivem em um mundo de mudança, a sua estrutura deve caracterizar-se pela flexibilidade e adaptabilidade ao ambiente e à tecnologia. Quanto maior a incerteza ambiental, tanto maior a necessidade de flexibilidade da estrutura organizacional. Daí a necessidade de desenhos como a estrutura matricial e a organização flexível.

Estrutura matricial

É denominada matriz ou organização em grade. A organização matricial combina duas formas de departamentalização – departamentalização funcional com departamentalização de produto ou projeto – na mesma estrutura organizacional. Trata-se, portanto, de uma estrutura mista; ou melhor, híbrida.

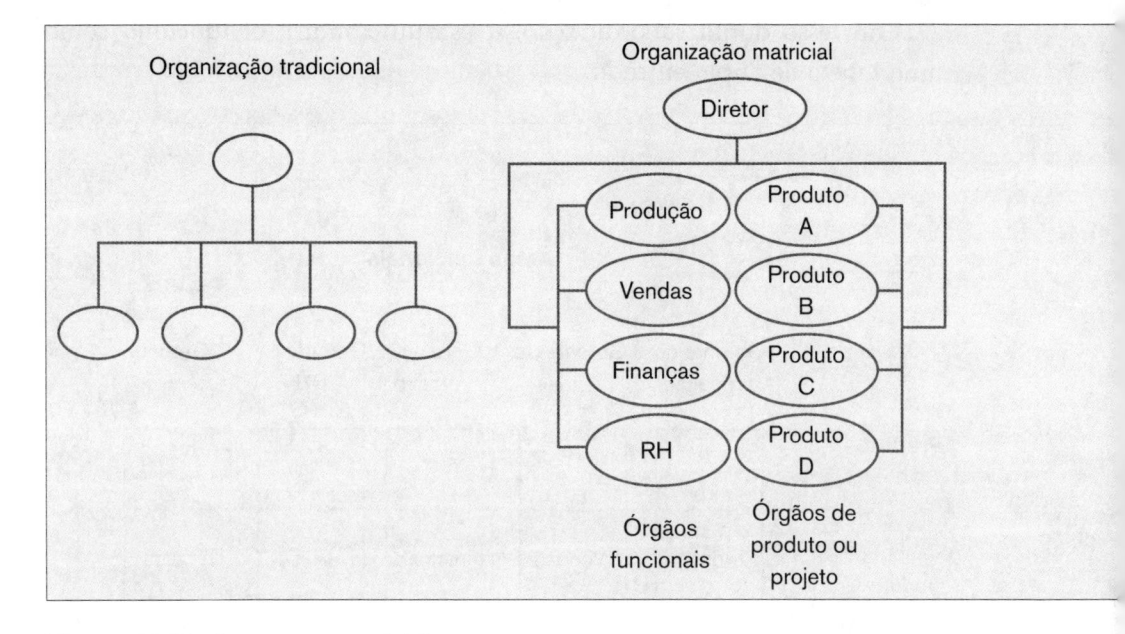

Figura 20.21. A estrutura matricial.

O *desenho matricial* é usado em duas dimensões: gerentes funcionais e gerentes de produtos ou de projeto. As pessoas atendem a uma dupla subordinação: a orientação dos gerentes funcionais e a dos gerentes de produto/projeto simultaneamente. Com isso, o princípio da unidade de comando vai para o espaço, e cria-se uma delicada balança de duplo poder que caracteriza a matriz.

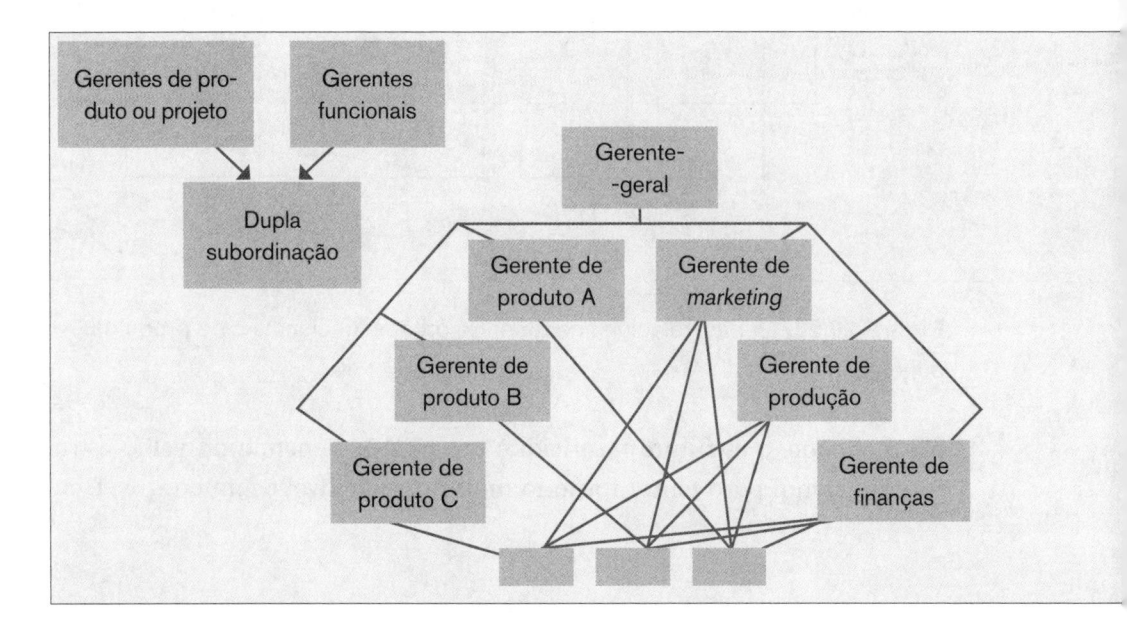

Figura 20.22. A dupla subordinação na estrutura matricial.

Com essa dupla subordinação, a estrutura matricial funciona como uma tabela de dupla entrada.

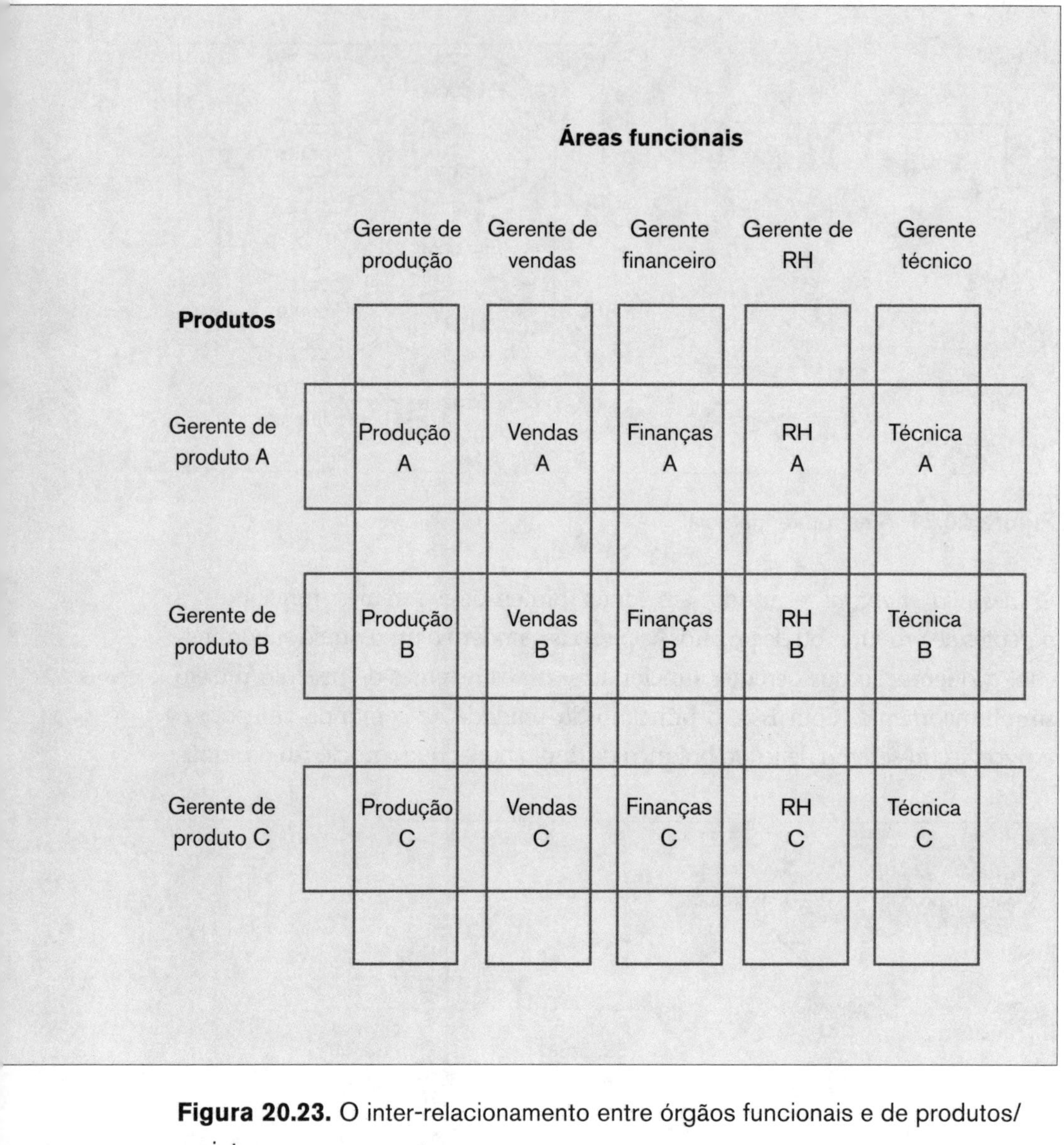

Áreas funcionais

	Gerente de produção	Gerente de vendas	Gerente financeiro	Gerente de RH	Gerente técnico
Produtos					
Gerente de produto A	Produção A	Vendas A	Finanças A	RH A	Técnica A
Gerente de produto B	Produção B	Vendas B	Finanças B	RH B	Técnica B
Gerente de produto C	Produção C	Vendas C	Finanças C	RH C	Técnica C

Figura 20.23. O inter-relacionamento entre órgãos funcionais e de produtos/projetos.

Na realidade, a estrutura matricial é um tipo de remendo na velha estrutura funcional para tentar torná-la mais ágil e flexível às mudanças. Uma espécie de turbo adaptado a um motor velho e exaurido para fazê-lo funcionar com mais potência e velocidade.

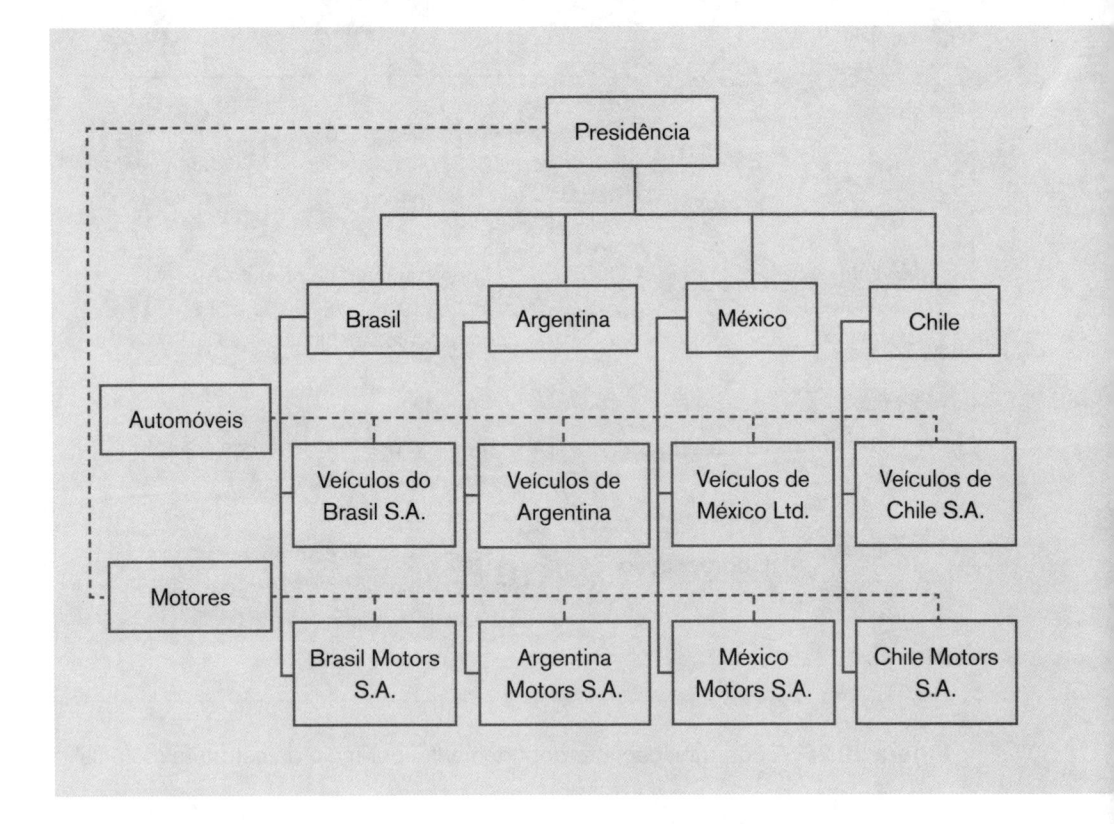

Figura 20.24. Estrutura matricial de uma empresa multinacional.

■ *Vantagens da estrutura matricial*: o desenho em matriz permite o ganho das vantagens de ambas as estruturas (funcional e de produto/projeto), enquanto neutraliza as fraquezas e desvantagens de ambas. A estrutura funcional enfatiza a especialização, mas não enfatiza o negócio, enquanto a estrutura de produto/projeto enfatiza o negócio, mas não enfatiza a especialização. Quando a organização é do tipo multiprodutos ou multisserviços, a saída é tentar sobrepor o gerente de produto com responsabilidade pelo lucro com os gerentes funcionais que administram os recursos da empresa por meio de seus departamentos. O desenho matricial permite satisfazer simultaneamente as duas necessidades básicas da organização: especialização e coordenação.

```
                                    ┌─────────┐
                                    │ Gerente-│
                                    │  -geral │
                                    └─────────┘
                    ┌──────────────────┼──────────────────┐
              ┌───────────┐      ┌───────────┐      ┌───────────┐
              │ Gerente de│      │ Gerente de│      │ Gerente de│
              │departamento│     │departamento│     │departamento│
              │funcional A │     │funcional B │     │funcional C │
              └───────────┘      └───────────┘      └───────────┘
```

Gerente de departamento produto A	Coordenação →	O departamento de produto A coordena o pessoal cedido pelos departamentos funcionais A, B, C
Gerente de departamento produto B	Coordenação →	O departamento de produto B coordena o pessoal cedido pelos departamentos funcionais A, B, C
Gerente de departamento produto C	Coordenação →	O departamento de produto B coordena o pessoal cedido pelos departamentos funcionais A, B, C

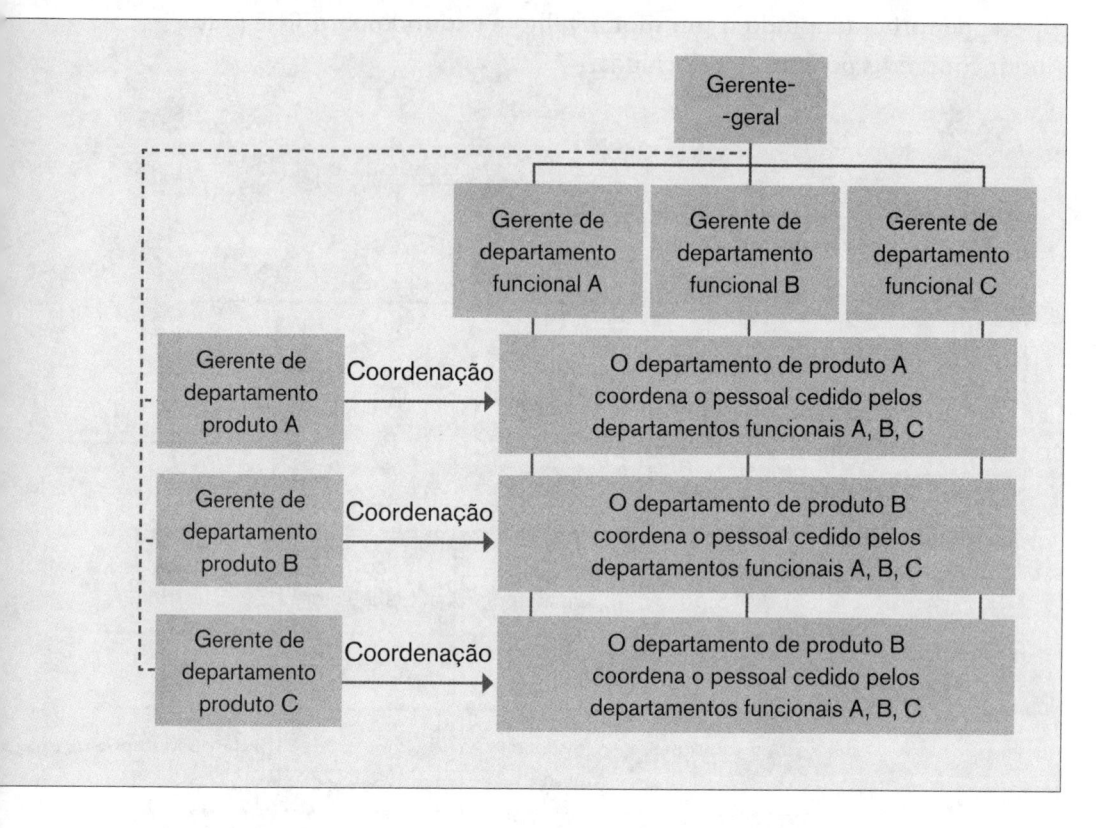

Figura 20.25. A coordenação interdepartamental por meio da estrutura matricial.

- *Limitações da estrutura matricial*: embora muito utilizada pelas grandes organizações nas décadas de 1970 a 1990 como meio de trazer inovação e flexibilidade, a estrutura em matriz viola a unidade de comando e introduz conflitos inevitáveis de duplicidade de supervisão, enfraquecendo a cadeia de comando e a coordenação vertical, enquanto tenta melhorar a coordenação lateral. O desenho matricial impõe uma nova cultura organizacional, uma nova mentalidade e um novo tipo de comportamento dentro da organização.
- *Aplicações da estrutura matricial*: a matriz constitui um esquema participativo e flexível, pois depende da colaboração das pessoas envolvidas e enfatiza a interdependência entre departamentos. A necessidade de lidar com a complexidade é uma das razões para sua utilização, pois ela utiliza equipes cruzadas (funcionais e por produto/projeto) como uma resposta à mudança e inovação. Na realidade, a estrutura matricial é um meio-termo em uma gama de combinações de desenhos organizacionais, como na Figura 20.26.

Teoria da Contingência

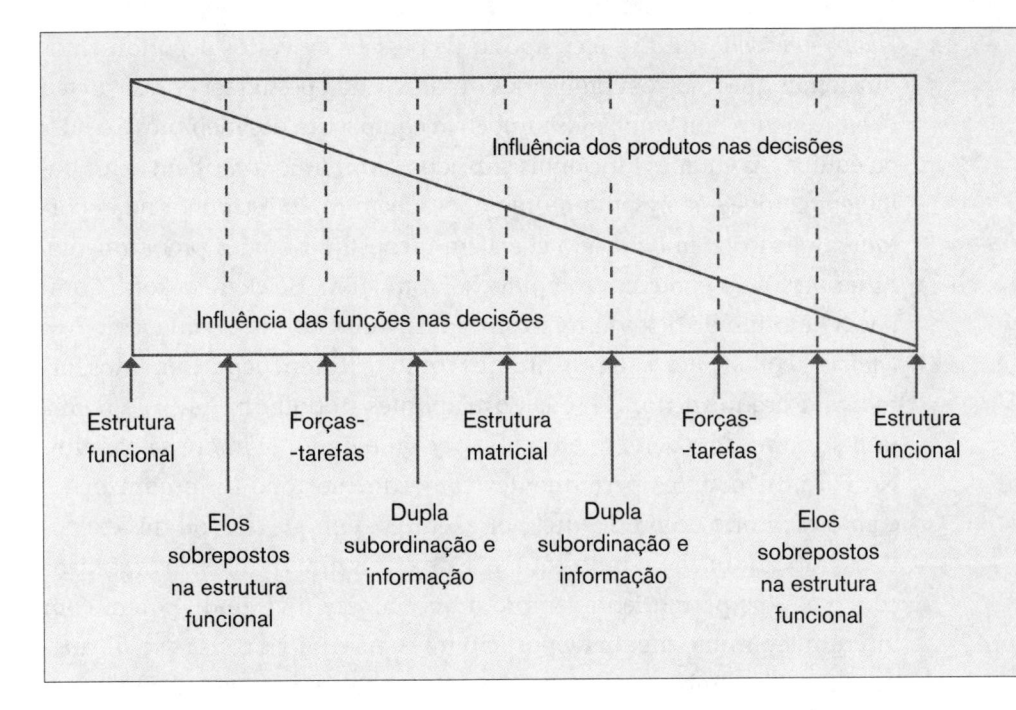

```
                    Influência dos produtos nas decisões

    Influência das funções nas decisões


Estrutura      Forças-        Estrutura      Forças-        Estrutura
funcional      -tarefas       matricial      -tarefas       funcional

               Elos           Dupla          Dupla          Elos
               sobrepostos    subordinação e subordinação e sobrepostos
               na estrutura   informação     informação     na estrutura
               funcional                                    funcional
```

Figura 20.26. *Continuum* de desenhos organizacionais.[82]

Dentro dessas várias alternativas, a escolha do desenho organizacional depende do ambiente e da tecnologia.

Organização por equipes

Uma forte tendência tem sido o esforço das organizações em implementar os conceitos de equipe. A cadeia vertical de comando constitui um poderoso meio de controle, mas seu ponto frágil é jogar a responsabilidade para o topo. A partir da década de 1990, as organizações começaram a desenvolver meios para delegar autoridade e dispersar a responsabilidade em todos os níveis por meio da criação de equipes participativas para alcançar o comprometimento das pessoas. A abordagem de equipes torna as organizações mais flexíveis e ágeis ao ambiente global e competitivo, principalmente quando se adota o seu fortalecimento (*empowerment*). O *empowerment* significa dar força às equipes, autonomia no trabalho, liberdade no comportamento e responsabilidade pelas metas a alcançar.

1. *Tipos de Equipes*: basicamente, existem dois tipos de equipes: a funcional cruzada e a permanente.

- *Equipe funcional cruzada*: é composta de pessoas de vários departamentos funcionais que resolvem problemas mútuos. Cada pessoa reporta-se ao seu departamento funcional, mas também à equipe. Um dos membros é o líder da equipe. As equipes funcionais cruzadas criam uma atmosfera de trabalho em equipe e representam uma abordagem multidisciplinar na departamentalização, embora não cheguem a constituir órgãos propriamente. As empresas baseadas em computação, como IBM, Hewlett-Packard, Compaq, Quantum e Microsoft utilizam exaustivamente esta abordagem.
- *Equipes permanentes*: são constituídas como se fossem departamentos formais na organização. Os seus participantes trabalham juntos e reportam-se ao mesmo gerente para resolver problemas de interesse comum. Na Ford, as equipes permanentes começam no topo da organização, com o escritório do presidente, por exemplo, em que dois ou três executivos trabalham como uma equipe. Nos níveis mais baixos da organização, a equipe permanente lembra a abordagem divisional, porém com um número muito menor de participantes. As equipes consistem de apenas 20 a 30 membros, cada qual funcionando em uma especialidade. A reengenharia tem transformado departamentos funcionais em equipes orientadas aos processos empresariais.

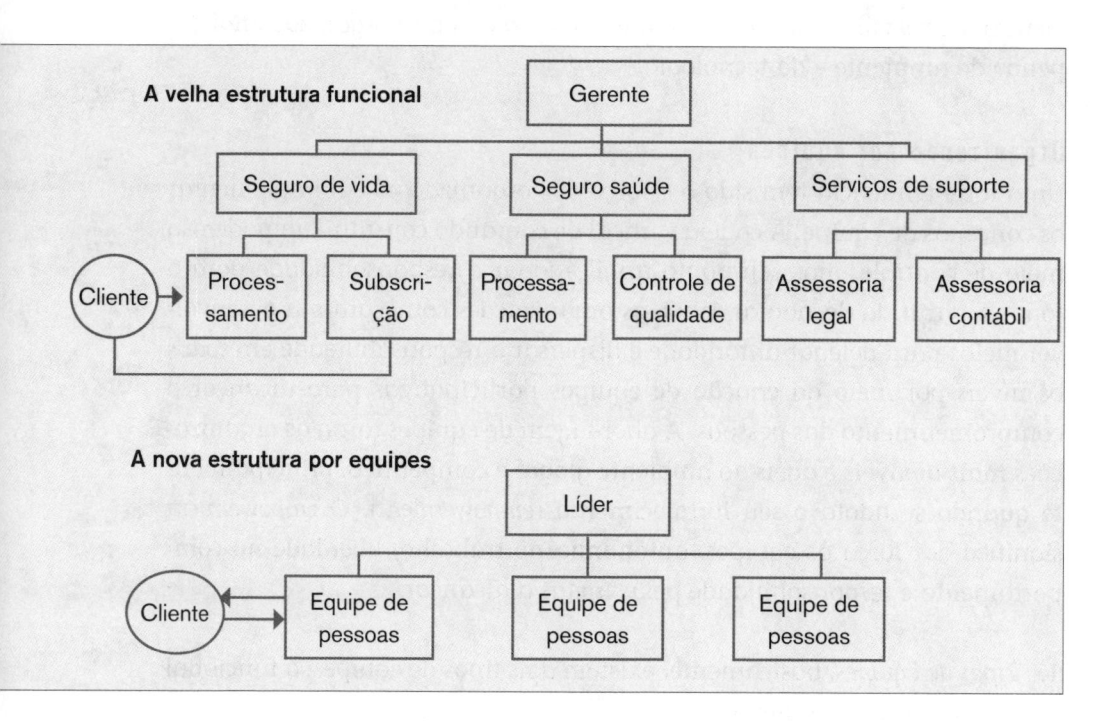

Figura 20.27. Substituição da estrutura funcional por estrutura de equipes.

2. *Vantagens da estrutura de equipes*: a estruturação das atividades por meio de equipes traz as seguintes vantagens:
- Aproveita as vantagens da estrutura funcional, como economias de escala e treinamento especializado com as vantagens do relacionamento grupal mais intenso.
- Redução das barreiras entre departamentos, aumentando o compromisso pela maior proximidade entre as pessoas.
- Menor tempo de reação aos requisitos do cliente e às mudanças ambientais, pois as decisões da equipe envolvida são mais rápidas, por dispensar a aprovação hierárquica.
- Participação das pessoas, em virtude do total envolvimento em projetos amplos em vez de tarefas estreitas e monótonas do departamento. As tarefas são enriquecidas e ampliadas.
- Menores custos administrativos, pois a criação de equipes derruba a hierarquia, requerendo poucos gerentes para sua supervisão.

3. *Limitações da estrutura por equipes*: a estruturação por equipes apresenta desvantagens, como:
- Embora os participantes experimentem entusiasmo pela sua participação, eles sentem conflitos e uma dupla lealdade. Uma *equipe funcional cruzada* pode exigir diferentes solicitações aos seus membros provocando conflitos que precisam ser resolvidos.
- Tempo e recursos despendidos em reuniões, o que aumenta o tempo dedicado à coordenação.
- Pode provocar uma descentralização exagerada e não planejada.
- Enquanto os gerentes departamentais tradicionalmente tomam decisões de acordo com os objetivos organizacionais, nem sempre os membros da equipe têm uma noção corporativa e tendem a tomar decisões que são boas para a equipe e que podem ser más para a organização como um todo.

Abordagens em redes

Uma das abordagens mais recentes de organização é a *rede dinâmica*. Por meio da estrutura em rede (*network organization*), a organização desagrega as suas funções principais e transfere-as para empresas ou unidades separadas que são interligadas por uma pequena organização coordenadora, que passa a constituir o núcleo central. Assim, produção, vendas, engenharia, contabilidade passam a constituir centros de serviços, ou seja, serviços fornecidos por organizações separadas que trabalham sob contrato e são conectadas eletronicamente a um escritório central para efeito de coordenação e integração. A companhia central retém o aspecto essencial do negócio (*core business*), enquanto transfere para terceiros aquelas atividades não essenciais que as outras companhias podem fazer melhor e mais barato. Coca-Cola, Pepsi-Cola, McDonald's e KFC são empresas organizadas em redes no mundo todo. Trata-se de uma abordagem revolucionária e que torna difícil reconhecer onde começa e termina a organização em termos tradicionais[12,33].

As empresas multinacionais adotam a organização em redes para poder deitar suas raízes pelo mundo todo: os motores de uma indústria automobilística são produzidos em um país, as carrocerias, em outro, a parte eletrônica em um terceiro. Não só a empresa, mas também os próprios carros são multinacionais. Contudo, cada vez mais as organizações deixam de ser organizadas em nacionais e internacionais para atuar como transnacionais, por meio de uma rede mundial na qual cada uma das tarefas distintas – pesquisa, projeto, engenharia, desenvolvimento, testes, manufatura e *marketing* – é organizada de maneira transnacional. Além disso, as alianças estratégicas estão eliminando as tradicionais fronteiras organizacionais entre empresas.

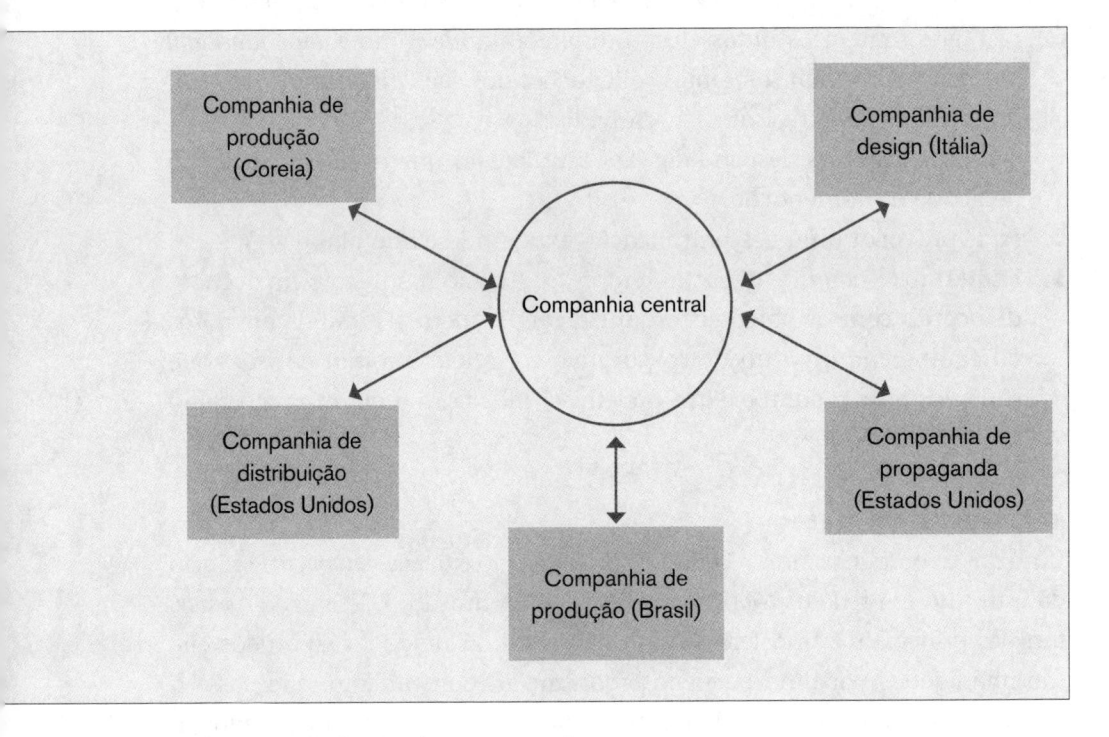

Figura 20.28. A organização em redes.

1. *Vantagens da estrutura em redes*:
- *Competitividade em escala global*: pois aproveita as melhores vantagens no mundo todo e alcança qualidade e preço em seus produtos e serviços.
- *Flexibilidade da força de trabalho* e habilidade em fazer as tarefas onde elas são necessárias. Também flexibilidade para mudar rapidamente sem restrições ou limitações de fábricas próprias ou de equipamentos fixos. A organização pode redefinir-se continuamente em direção a novos produtos e novas oportunidades de mercado.
- *Custos administrativos reduzidos*, pois pode ter uma hierarquia de apenas dois ou três níveis contra dez ou mais das organizações tradicionais.

   A abordagem em redes apresenta algumas alternativas, a saber:
   - *Modularidade*: constitui uma alternativa em que áreas ou processos da organização compõem módulos completos e separados. Cada módulo funciona como um bloco em um caleidoscópio, permitindo conectividade, transferências e, principalmente, agilidade nas mudanças.
   - *Sistema celular*: constitui uma combinação de processos e arranjos de produtos, nos quais as pessoas e máquinas são agrupadas em células autônomas e autossuficientes, contendo todas as ferramentas e operações requeridas para produzir um particular produto ou família de produtos. Cada célula de produção tem total autonomia para funcionar.

2. *Limitações da estrutura em redes*
   - *Falta de controle global*: pois os gerentes não têm todas as operações dentro de sua empresa e dependem de contratos, coordenação, negociação e mensagens eletrônicas com outras empresas para tocar todas as coisas em conjunto.
   - *Maior incerteza e potencial de falhas*: pois se uma empresa subcontratada deixa de cumprir o contrato, o negócio pode ser prejudicado. A incerteza é maior porque não existe o controle direto sobre todas as operações.
   - *A lealdade dos empregados é enfraquecida*, pois as pessoas sentem que podem ser substituídas por outros contratos de serviços. A cultura corporativa torna-se frágil. Com produtos e mercados mutáveis, a organização pode precisar mudar os empregados para poder adquirir o composto adequado de novas habilidades humanas.

Adhocracia

Em seu livro *Choque do Futuro*, Toffler[83] retoma as conclusões de Burns e Stalker – sobre as organizações mecanísticas e orgânicas – ao salientar que a nova sociedade do futuro será extremamente dinâmica e mutável. Para poder acompanhar o ambiente turbulento e mutável, as organizações precisarão ser orgânicas, isto é, inovadoras, temporárias e antiburocráticas. Elas precisarão mudar suas feições internas com tal frequência que os cargos mudarão e as responsabilidades se deslocarão continuamente. As estruturas organizacionais serão flexíveis e mutáveis, fazendo que departamentos e divisões irrompam subitamente para se integrar em outras organizações. A flexibilidade aparece mais dramaticamente nos "projetos" ou "forças-tarefas", nos quais os grupos reúnem-se a fim de resolver problemas específicos, temporários e evanescentes. Uma nova forma de organização surgirá: a adhocracia, o inverso da burocracia. A adhocracia (do latim, *ad hoc* = para isso ou para este fim) significa uma estrutura flexível capaz de amoldar-se contínua e rapidamente às condições ambientais em mutação.[84] Essa organização temporária – que se agrupa e se dissolve, que se modifica e se altera a cada momento – faz que as pessoas, em lugar de preencher cargos ou posições fixas no quadro organizacional, passem rapidamente de um lugar para o outro. A hierarquia dentro das organizações sofrerá um colapso: haverá a exigência de maior número de informações dentro de um ritmo mais rápido, o que derrubará a hierarquia vertical típica da burocracia. Os sistemas deverão ser temporários, adaptáveis e capazes de mutações rápidas e substanciais. A adhocracia caracteriza-se pelos seguintes aspectos:

- Equipes temporárias e multidisciplinares de trabalho, isto é, autônomas e autossuficientes.
- Autoridade totalmente descentralizada, ou seja, por equipes autogerenciáveis ou autoadministradas.
- Atribuições e responsabilidades fluidas e mutáveis.
- Poucas regras e procedimentos, ou seja, muita liberdade de trabalho.

A adhocracia é um sistema temporário – do tipo *ad hoc*, aqui e agora – variável, fluido, adaptativo e que é organizado em função dos problemas a serem resolvidos por equipes de pessoas estranhas entre si e dotadas de habilidades profissionais diversas. Cada equipe é autônoma e autossuficiente para resolver tais problemas. A origem remota da adhocracia está na criação das forças-tarefas durante a Segunda Guerra Mundial (1939-1945), quando os militares criavam equipes *ad hoc* (aqui e agora), que eram logo dissolvidas após a execução de suas missões específicas e temporárias.

TABELA 20.15. BUROCRACIA *VERSUS* ADHOCRACIA[85]

Práticas administrativas	Burocracia	Adhocracia
Planejamento	• Detalhado e abrangente • Situado em longo prazo • Envolve políticas, procedimentos, regras e regulamentos	• Genérico e amplo • Situado em curto prazo • Envolve apenas situações rotineiras e previsíveis
Organização	• Apenas a organização formal • Especialização e responsabilidades específicas • Departamentalização funcional • Centralização da autoridade	• Algumas vezes, informal • Responsabilidades vagamente definidas • Departamentalização por produto ou por cliente • Descentralização da autoridade
Direção	• Diretiva e autoritária • Supervisão fechada • Autoridade estrita e impessoal • Centrada na tarefa	• Participativa e democrática • Supervisão genérica e ampla • Centrada na pessoa e na tarefa
Controle	• Controles compreensivos • Para assegurar cumprimento dos procedimentos • Acentua e reforça as regras	• Controles genéricos • Orientados para resultados • Acentua e reforça o autocontrole
Características	• Formal, especializado e centrado nas regras	• Informal, baseado em equipes temporárias

A adhocracia não leva à anarquia, pois ela baseia-se em unidades pequenas, relativamente autogerenciadas e profundamente centradas nas pessoas. As equipes de tarefas podem ser criadas e dispersas quando necessário. A organização ideal é formada de equipes *ad hoc*[86] e departamentos funcionais não permanentes. A característica central da adhocracia são grupos cooperativos que resolvem problemas e desempenham o trabalho. A autoridade é descentralizada entre aqueles que cumprem as tarefas particulares, e não mais fixada em oficiais remotos, como na cadeia de comando burocrática. A adhocracia reflete a crença de que a burocracia já não dá mais resultados.

Convém lembrar que a ausência de posições permanentes em uma hierarquia permanente é também uma característica da chamada autogestão, uma forma organizacional altamente participativa, gerida por si própria e igualitária, encontrada em alguns países da Europa.[87] A diferença é que a adhocracia envolve equipes temporárias de tarefas e responsabilidades mutáveis no cargo das pessoas, enquanto a autogestão é permanente. Muitas empresas estão desenvolvendo sistemas adhocráticos, como a IBM, General Electric, Texas Instruments, Polaroid e General Foods – nos Estados Unidos – e a Saab e Volvo – na Europa.[88]

A adhocracia significa uma trajetória nítida e clara rumo a uma "desadministração" das organizações para liberá-las do excesso de peso da burocracia e torná-las mais flexíveis e adaptativas às mutáveis circunstâncias do meio ambiente.

ESTRATÉGIA ORGANIZACIONAL

A abordagem contingencial trouxe novos ares para a estratégia organizacional. Em primeiro lugar, a estratégia deixa de ser um processo formal, rígido e sequencial que segue etapas preestabelecidas para definir os meios necessários a fim de alcançar os objetivos. Ela passa a ser um comportamento global e contingente em relação aos eventos ambientais. Em segundo lugar, ela deixa de ser uma ação organizacional unilateral pura e simples para tentar compatibilizar as condições internas da organização às condições externas e ambientais para definir alternativas de comportamento da organização no sentido de tirar vantagens das circunstâncias e evitar possíveis ameaças ambientais. O quadro referencial passa a envolver ambiente e organização.

São várias as abordagens contingenciais à estratégia organizacional: a escola ambiental, a escola do design e a escola do posicionamento são as mais importantes.

Escola ambiental

Os autores da teoria da contingência visualizam o ambiente mais como um ator, e não um fator. Como consequência, consideram a organização o elemento passivo e que reage a um ambiente que estabelece as condições do jogo. A organização está subordinada ao ambiente externo, e a formação da estratégia funciona como um processo reativo às forças ambientais. O ambiente é um complexo conjunto de forças vagas e é delineado por um conjunto de dimensões abstratas. A organização deve localizar seu nicho ecológico, no qual ela possa competir com entidades como ela mesma. O conceito de nicho para a escola ambiental corresponde ao de mercado para a escola de posicionamento. As principais características da escola ambiental são:[89]

- O ambiente constitui um conjunto de forças gerais e é o agente central no processo de geração da estratégia.
- A organização precisa responder a essas forças, ou será "eliminada".
- A liderança na organização deve saber ler o ambiente e garantir uma adaptação adequada pela organização. Essa é a chamada resposta estratégica.
- As organizações acabam se agrupando em nichos distintos, posições nas quais permanecem até que os recursos se tornem escassos ou as condições demasiado hostis. Então, elas morrem. Trata-se de uma espécie de isomorfismo institucional para descrever a convergência progressiva pela imitação entre as organizações.

TABELA 20.16. POSSÍVEIS RESPOSTAS ESTRATÉGICAS[90]

Estratégias	Táticas	Exemplos
Aquiescência	Hábito	Seguir normas invisíveis, dadas como certas
	Imitar	Imitar modelos institucionais
	Aceder	Obedecer regras e aceitar normas
Compromisso	Equilibrar	Equilibrar as expectativas de públicos múltiplos
	Pacificar	Aplacar e acomodar elementos institucionais
	Barganhar	Negociar com interessados institucionais
Evitação	Ocultar	Disfarçar a não conformidade
	Amortecer	Afrouxar as ligações institucionais
	Escapar	Mudar metas, atividades ou domínios
Desafio	Contestar	Ignorar normas e valores explícitos
	Descartar	Contestar regras e exigências
	Atacar	Assaltar as fontes de pressão institucional
Manipular	Cooptar	Importar pessoas influentes
	Influenciar	Moldar valores e critérios
	Controlar	Dominar públicos e processos institucionais

Escola do design

A escola do desenho estratégico é, sem dúvida, a abordagem mais influente sobre o processo de formação da estratégia organizacional. É também denominada abordagem de adequação, pois procura a compatibilização entre aspectos internos da organização e os aspectos externos do ambiente. Define a formação da estratégia como um processo de concepção, ou seja, como um processo deliberado de pensamento consciente voltado para objetivos previamente definidos. A responsabilidade pela estratégia pertence ao executivo principal: ele é o estrategista da organização. Permanece, ainda, uma mentalidade de comando e de controle. O modelo da formação da estratégia deve ser simples e formal, e a estratégia deve ser única e feita sob medida para cada organização.

As premissas básicas desse modelo são as seguintes:[91]

- *Mapeamento ambiental*: o modelo começa com um diagnóstico externo para verificar as oportunidades (que devem ser exploradas) e as ameaças ambientais (que devem ser neutralizadas). Em suma, o que existe no ambiente.
- *Avaliação interna da organização*: a seguir se faz um diagnóstico interno para verificar os pontos fortes (que devem ser ampliados) e os pontos fracos (que devem ser corrigidos ou melhorados) da organização. Em suma, o que existe na organização.
- *Compatibilização*: feito esse duplo diagnóstico, passa-se à prescrição, ou seja, a maneira de compatibilizar os aspectos internos (endógenos) com os aspectos externos (exógenos) da melhor maneira possível.
- *Definição da estratégia organizacional*: finalmente, a ação, ou seja, a mudança estratégica. Assim, a estrutura organizacional, a cultura, os produtos e serviços, os processos internos, etc., seguem a estratégia que proporciona a viga mestra da organização e os rumos que esta deverá seguir no longo prazo.

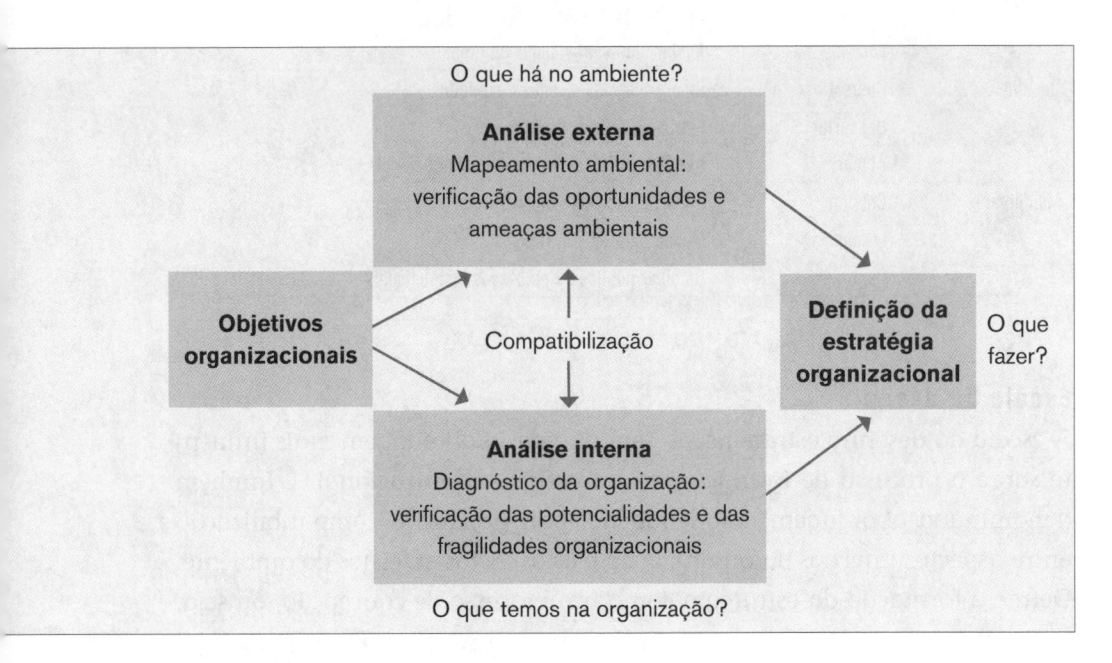

Figura 20.29. A escolha estratégica na abordagem contingencial.

Escola do posicionamento: modelo do Boston Consulting Group (BCG)

O BCG é uma empresa de consultoria estratégica criada por Bruce Henderson, que montou um modelo de posicionamento estratégico para atender aos seus clientes corporativos.[92] O modelo do BCG parte da premissa de que a organização precisa ter um portfólio de produtos com diferentes taxas de crescimento e diferentes participações de mercado. A composição desse portfólio é uma função do equilíbrio entre fluxos de caixa. Produtos de alto crescimento exigem injeções de dinheiro para crescer. Produtos de baixo crescimento devem gerar excesso de caixa. Ambos são necessários simultaneamente. O modelo está baseado em quatro regras que determinam o fluxo de caixa de um produto:[93]

- As margens e o caixa gerado são funções da participação de mercado. Altas margens e alta participação de mercado devem seguir lado a lado.
- O crescimento requer recursos para financiar os ativos adicionais. Esses recursos são uma função das taxas de crescimento.
- Uma alta participação de mercado precisa ser conquistada ou comprada. A compra de participação de mercado requer investimento adicional.
- Nenhum produto e/ou mercado pode crescer indefinidamente. O retorno do investimento deve vir quando o crescimento fica mais lento, ou não virá. O retorno é um dinheiro que não pode ser reinvestido naquele produto.

Assim, os produtos com alta participação de mercado e crescimento lento são chamados "vacas leiteiras", pois produzem grandes volumes de caixa, acima do reinvestimento necessário para manter a participação. Esse excesso não precisa, nem deve, ser reinvestido nesses produtos. Os produtos com baixa participação de mercado e baixo crescimento são chamados "cães", pois podem apresentar um lucro contábil, mas o lucro precisa ser reinvestido para manter a participação, não sobrando nenhum em caixa. O produto é essencialmente sem valor, exceto em liquidações. Todos os produtos acabam tornando-se vacas leiteiras ou cães. Produtos com baixa participação de mercado e alto crescimento são chamados "crianças-problema", e quase sempre exigem mais dinheiro do que podem gerar. Se este não for fornecido, eles irão cair e morrer. O produto de alta participação e alto crescimento é a "estrela", e quase sempre apresenta lucros, mas pode ou não gerar todo o seu próprio caixa.

Torna-se óbvia a necessidade de um portfólio de negócios. Toda organização necessita de produtos nos quais investir e de produtos que gerem caixa. Todo produto deve vir a ser um gerador de caixa, pois, caso contrário, ele não tem valor. Somente a organização com um portfólio integrado e equilibrado pode usar suas forças para aproveitar realmente as oportunidades de crescimento. O portfólio equilibrado deve apresentar:[94]

- *Estrelas*: cuja alta participação e alto crescimento garantem o futuro.
- *Vacas leiteiras*: que fornecem fundos para aquele crescimento futuro.
- *Crianças-problema*: a serem convertidas em estrelas com os fundos adicionais.
- *Cães*: são produtos desnecessários ao portfólio, pois são evidências de fracasso, tanto na obtenção de posição de liderança durante a fase de crescimento quanto para sair e cortar os prejuízos.

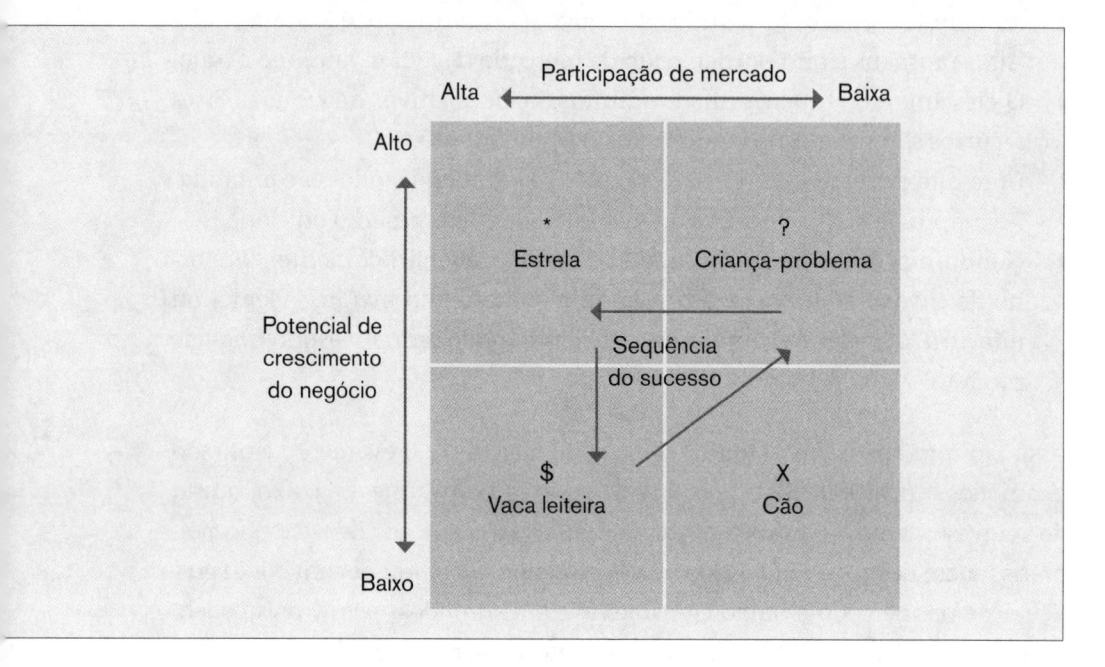

Figura 20.30. Matriz de crescimento-participação do BCG.

Na prática, o BCG simplificou as coisas: tomou as duas principais categorias do modelo da escola do design (ambiente externo e capacidades internas), selecionou uma dimensão-chave para cada uma (crescimento do mercado e participação relativa do mercado), ordenou-as ao longo dos dois eixos de uma matriz, dividida em alto e baixo, e inseriu em cada um dos campos rótulos para as quatro estratégias genéricas resultantes. Tudo o que a organização tem a fazer é demarcar sua condição e selecionar sua estratégia ou, então, sequenciar suas estratégias ao passar pela matriz, transferindo dinheiro de um negócio para outro da maneira prescrita. Isto é melhor do que um livro de receitas.[95]

Escola do posicionamento: modelo de Porter de análise competitiva

Uma terceira abordagem contingencial à estratégia foi proposta por Porter.[96] Porter não é um autor da teoria da contingência, e sua inclusão neste capítulo foi baseada apenas no seu foco no mercado e na busca por relações entre condições externas e estratégias internas. Sua primeira preocupação foi analisar sistematicamente o ambiente, ao qual dá o nome de indústrias. Para ele, a estratégia de negócios deve ser baseada na estrutura do mercado no qual as organizações operam. No fundo, Porter tomou a abordagem da escola do design e aplicou-a ao ambiente externo da organização, utilizando os procedimentos típicos da escola do planejamento (que vimos na Teoria Neoclássica).

O modelo de Porter identifica cinco forças no ambiente de uma organização que influenciam a concorrência, a saber:

- *Ameaça de novos entrantes*: para entrar em uma indústria, as empresas precisam superar certas barreiras à entrada, tais como economias de escala, requisitos básicos de capital, de lealdade dos clientes às marcas estabelecidas, etc. Barreiras elevadas desencorajam a entrada de novos concorrentes. Barreiras baixas conduzem a uma elevada competição.
- *Poder de barganha dos fornecedores da organização*: como os fornecedores querem cobrar preços mais altos possíveis pelos seus produtos, surge uma luta de poder entre as empresas e seus fornecedores. A vantagem pende para o lado que tem mais opções ou com menos a perder com o término da relação.
- *Poder de barganha dos clientes da organização*: os clientes querem que os preços baixem ou que a qualidade suba. Sua capacidade de consegui-lo depende do quanto compram, de até que ponto estão bem informados, da sua disposição para experimentar outras alternativas, etc.
- *Ameaça de produtos substitutos*: como ninguém é insubstituível, a concorrência depende da extensão até a qual os produtos em uma indústria são substituíveis por produtos de outra. Os serviços postais concorrem com os serviços de mensageiros, os quais concorrem com máquinas de fax, as quais concorrem com o correio eletrônico, e assim por diante. Quando uma indústria inova, outra pode sofrer.
- *Intensidade da rivalidade entre organizações concorrentes*: todos os fatores anteriores convergem para a rivalidade, que constitui um cruzamento entre a guerra aberta e a diplomacia pacífica. As empresas manobram para conquistar posições. Elas podem atacar-se umas às outras ou concordar tacitamente em coexistir, talvez até formando alianças.

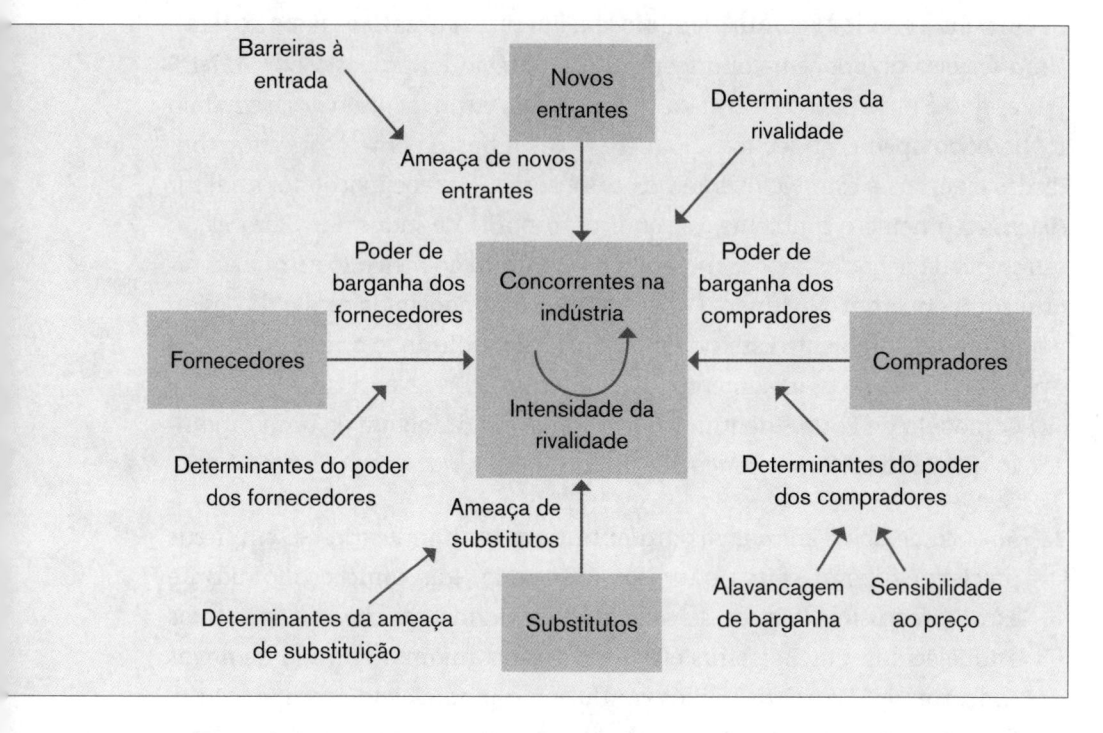

```
                    Barreiras à
                      entrada              Novos
                         ↘               entrantes        Determinantes da
                                             ↓               rivalidade
                              Ameaça de novos                  ↙
                                 entrantes

                Poder de                            Poder de
               barganha dos      Concorrentes na   barganha dos
               fornecedores        indústria       compradores
                                        ↻
  Fornecedores ─────────→                     ←───────────── Compradores
                                  Intensidade da
                                    rivalidade
  Determinantes do poder              ↑          Determinantes do poder
    dos fornecedores        Ameaça de                dos compradores
                ↗          substitutos       ↗       ↖
                                         Alavancagem  Sensibilidade
  Determinantes da ameaça   Substitutos   de barganha   ao preço
     de substituição
```

Figura 20.31. Elementos que constituem uma indústria.[97]

As características de cada uma dessas forças explicam por que as organizações adotam determinada estratégia. Se o poder de barganha dos fornecedores é alto, uma empresa pode seguir uma estratégia de integração vertical para trás – fornecendo a si mesma. Como a gama das forças externas é elevada, a gama de estratégias possíveis também é. Contudo, Porter assume a posição oposta: apenas umas poucas estratégias "genéricas" sobrevivem à concorrência em longo prazo. Essa noção, parecida com a dos blocos de construção de Clausewitz, é que define a escola do posicionamento. As empresas precisam fazer uma opção entre três estratégias genéricas para alcançar um desempenho acima da média em uma indústria: liderança em custo, diferenciação e foco. A empresa que se engaja em duas estratégias genéricas, mas não consegue alcançar nenhuma delas, está atolada no meio. As estratégias genéricas de Porter são:

■ *Liderança em custo*: visa à produção de baixo custo da indústria. É realizada por intermédio do ganho de experiência, do investimento em instalações para produção em grande escala, do uso de economias de

escala e da monitoração cuidadosa dos custos operacionais totais (como programas de *downsizing* e gerenciamento da qualidade total).
- *Diferenciação*: envolve o desenvolvimento de produtos ou serviços únicos, com base na lealdade à marca e do cliente. A empresa pode oferecer uma qualidade mais alta, melhor desempenho ou características únicas. Qualquer desses fatores pode justificar preços mais elevados.
- *Foco*, ou seja, escopo estreito, procura atender a segmentos de mercado definidos e estreitos. A empresa pode focalizar grupos de clientes, linhas de produtos ou mercados geográficos. A estratégia pode ser de foco na diferenciação, pela qual as ofertas são diferenciadas no mercado desejado, ou de foco na liderança em custo, pelo qual a empresa vende a baixo custo no mercado almejado. Isto permite que a empresa se concentre no desenvolvimento de seu conhecimento e de suas competências.

Porter introduziu também o conceito de cadeia de valor. Ele sugere que uma organização pode ser desagregada em atividades primárias e de suporte. As atividades primárias estão diretamente envolvidas no fluxo de produtos até o cliente e incluem logística de entrada (recebimento, armazenagem, etc.), operações (ou transformações), logística de saída (processamento de pedidos, distribuição física, etc.), *marketing* e vendas e serviços (instalação, reparos, etc.). As atividades de suporte existem para apoiar as atividades primárias, e incluem suprimento, desenvolvimento tecnológico, gerenciamento de recursos humanos e provisão da infraestrutura da organização, incluindo finanças, contabilidade, etc. A palavra margem indica que as organizações alcançam margens de lucro baseadas em como é gerenciada a cadeia de valor.

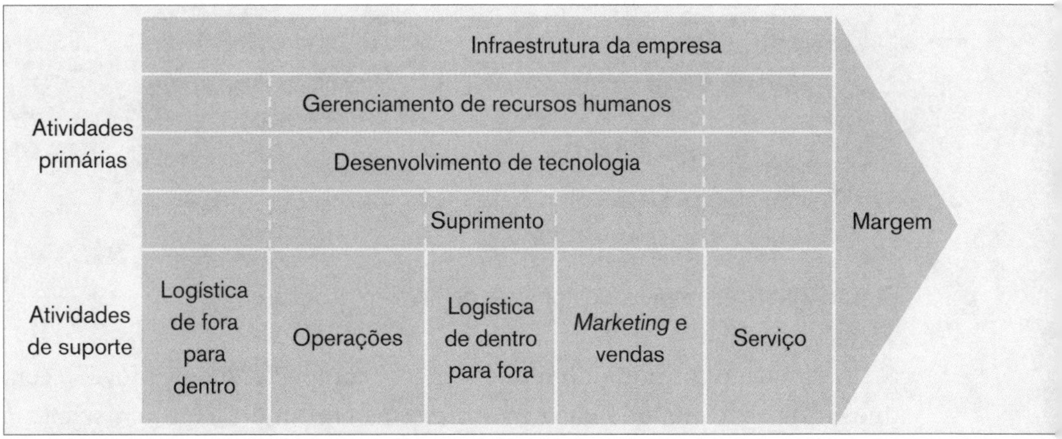

Atividades primárias	Infraestrutura da empresa					Margem
	Gerenciamento de recursos humanos					
	Desenvolvimento de tecnologia					
	Suprimento					
Atividades de suporte	Logística de fora para dentro	Operações	Logística de dentro para fora	Marketing e vendas	Serviço	

Figura 20.32. Cadeia de valor genérico de Porter.[98]

HOMEM COMPLEXO

Para a Teoria da Contingência, as antigas concepções a respeito da natureza humana contam apenas uma parte da história, sem considerar toda a complexidade do homem e os diversos fatores que influenciam a sua motivação para alcançar os objetivos organizacionais. A concepção contingencial focaliza o "homem complexo": o homem como um sistema complexo de valores, percepções, características pessoais e necessidades. Ele opera como um sistema capaz de manter seu equilíbrio interno diante das demandas feitas pelas forças externas do ambiente. Esse sistema interno desenvolve-se em resposta à premência do indivíduo de solucionar os problemas apresentados no seu defrontamento com o ambiente externo, seja na família, com os amigos, nas organizações onde atua, etc.

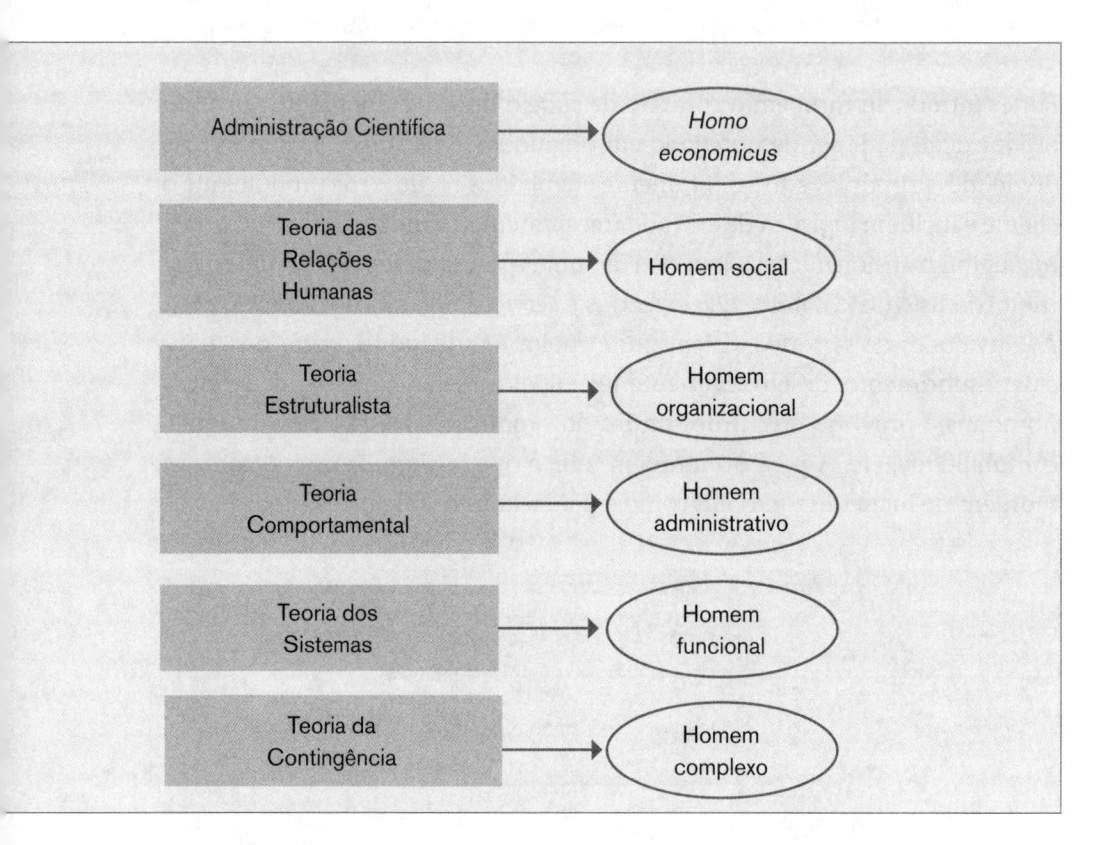

Administração Científica	Homo economicus
Teoria das Relações Humanas	Homem social
Teoria Estruturalista	Homem organizacional
Teoria Comportamental	Homem administrativo
Teoria dos Sistemas	Homem funcional
Teoria da Contingência	Homem complexo

Figura 20.50. As origens do conceito de homem complexo.

Na realidade, o ser humano não é somente complexo, mas variável e contingencial: tem muitas motivações dispostas em uma hierarquia sujeita a mudanças em função de seu relacionamento com o ambiente. Os motivos se inter-relacionam e se combinam em perfis motivacionais complexos. A motivação é um processo, e não um evento isolado. Motivação é consequência, e não causa. Por outro lado, o ser humano é capaz de aprender novas motivações por meio de suas experiências e de sua interação com o meio que o cerca. O modelo de homem complexo aproxima-se muito da concepção de Kurt Lewin.[99] As características básicas do homem complexo são:

- *O homem é um ser transacional* que não só recebe insumos do ambiente, como reage aos mesmos e adota uma postura proativa, antecipando-se e provocando mudanças no seu ambiente. O homem é um modelo de sistema aberto.[100]
- *O homem tem um comportamento dirigido para objetivos*: cada sistema individual desenvolve seus próprios padrões de percepções, valores e motivos. As percepções referem-se à informação que cada sistema individual recolhe do seu ambiente. Os valores são o conjunto de crenças e convicções sobre a realidade externa. Os motivos são os impulsos ou necessidades que se desenvolvem inconscientemente na medida em que o indivíduo experimenta sucesso ou fracasso ao dominar seu ambiente. Essas três variáveis – percepções, valores e motivos – são inter-relacionadas: o que um indivíduo percebe em uma situação é influenciado pelos seus valores e motivos; e o desenvolvimento de valores e motivos é influenciado pelo processo de percepção, que determina qual a informação que o sistema deve recolher do ambiente.[101]
- *Os sistemas individuais não são estáticos*, mas em desenvolvimento contínuo, embora mantendo sua identidade e individualidade ao longo do tempo. A maneira pela qual um indivíduo é motivado a se comportar em uma situação é função tanto da história do seu sistema individual quanto da natureza do contexto ambiental em que se encontra.

O homem complexo é sujeito ativo, e não objeto da ação. É com a Teoria da Contingência que se passou a aceitar a enorme variabilidade humana dentro das organizações: em vez de selecionar as pessoas e padronizar o comportamento humano – como nas teorias tradicionais –, passou-se a realçar as diferenças individuais e a respeitar a personalidade das pessoas, aproveitando e canalizando as suas diferentes habilidades e capacidades. Ficou mais difícil a gestão das pessoas? Sem dúvida. Mas ficou melhor.

MODELO CONTINGENCIAL DE MOTIVAÇÃO

Os autores da contingência substituem as teorias de McGregor, Maslow e de Herzberg baseadas em uma estrutura uniforme, hierárquica e universal de necessidades por teorias que rejeitam ideias preconcebidas e que reconhecem tanto as diferenças individuais quanto as diferentes situações em que as pessoas estão envolvidas.

Modelo de Vroom

O modelo contingencial proposto por Victor H. Vroom[102] parte do princípio de que o nível de produtividade depende de três forças básicas que atuam em cada indivíduo, a saber:

- *Expectativas*: são os objetivos individuais, que podem incluir dinheiro, segurança no cargo, aceitação social, reconhecimento e uma infinidade de combinações de objetivos.
- *Recompensas*: é a relação percebida entre produtividade e alcance dos objetivos individuais.
- *Relações entre expectativas e recompensas*: é a capacidade percebida de aumentar a produtividade para satisfazer suas expectativas com as recompensas.

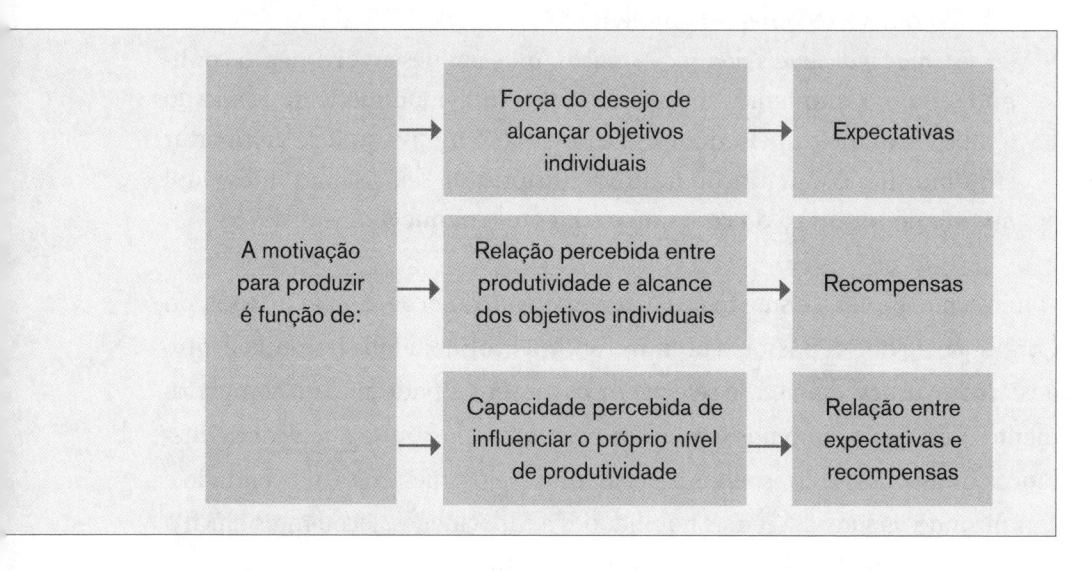

Figura 20.34. As três dimensões básicas da motivação.

Esses três fatores – expectativas, recompensas e suas relações – determinam a motivação do indivíduo para produzir em qualquer circunstância em que se encontre. Esse modelo parte da hipótese de que a motivação é um processo que orienta opções de comportamento (resultados intermediários) para alcançar determinado resultado final. Os resultados intermediários compõem uma cadeia de relações entre meios e fins. Quando uma pessoa deseja alcançar um objetivo individual (resultado final), ela busca-o por intermédio do alcance de vários resultados intermediários. É o que chamamos de objetivos gradativos (*path-goal*) para o alcance de um objetivo final.[103]

Os resultados finais adquirem valências. Dentro da terminologia de Lewin, uma valência positiva indica desejo de alcançar certo resultado final, enquanto uma valência negativa indica um desejo de fugir ou evitar um resultado final. Os resultados intermediários adquirem valências em função de sua relação percebida com o resultado final desejado.

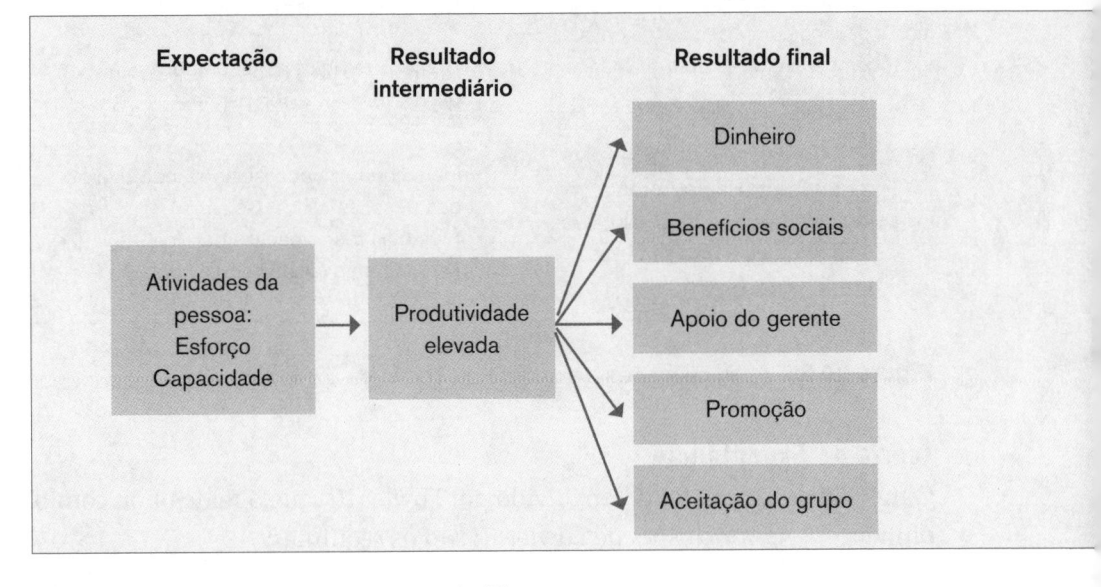

Figura 20.35. O modelo de expectância.[104]

O modelo de Vroom enfatiza as diferenças individuais entre as pessoas e as situações em que elas podem se encontrar. Por essa razão, o nível de motivação de uma pessoa é contingente sob duas forças que atuam simultaneamente: as diferenças individuais e a maneira de operacionalizá-las. Contudo, o modelo contingencial deixa algumas questões no ar. Em primeiro lugar, somente quando a pessoa tem a possibilidade de escolher entre várias alternativas é que o modelo pode ser utilizado. Na maioria das vezes, a tarefa é projetada pela organização no sentido de restringir as opções do empregado. Em segundo lugar, é difícil saber de antemão quais os objetivos que apresentam valência positiva em uma situação de trabalho. Em terceiro, é difícil saber quanto uma diferença é necessária entre alternativas de resultados para levar o indivíduo a escolher uma alternativa e não outra.[105]

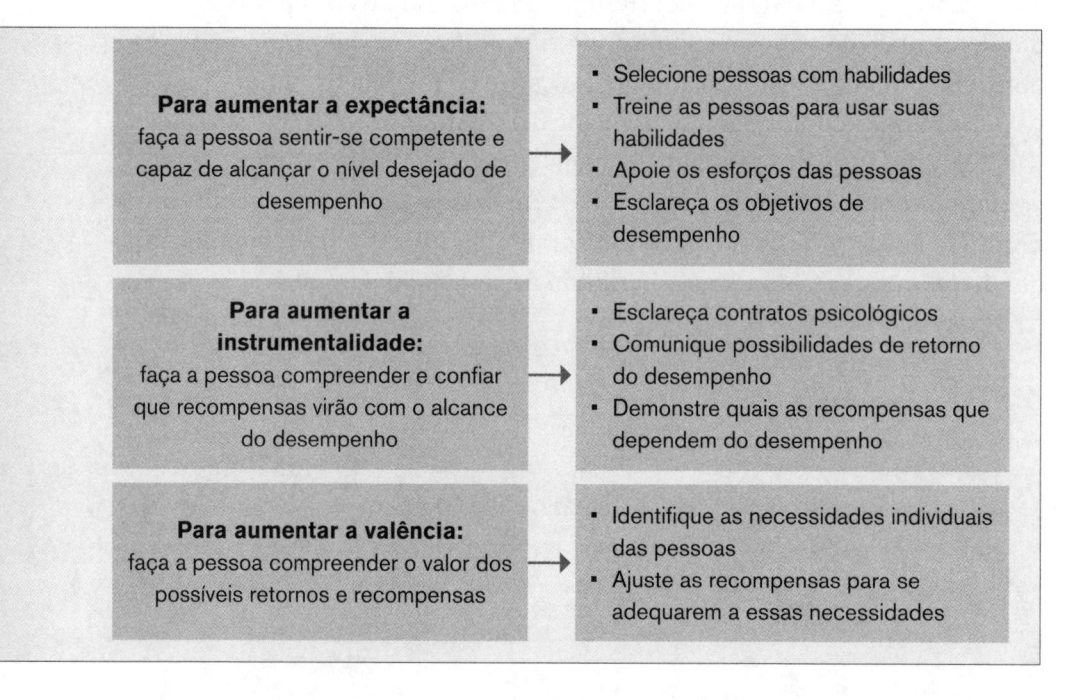

Para aumentar a expectância: faça a pessoa sentir-se competente e capaz de alcançar o nível desejado de desempenho	→	• Selecione pessoas com habilidades • Treine as pessoas para usar suas habilidades • Apoie os esforços das pessoas • Esclareça os objetivos de desempenho
Para aumentar a instrumentalidade: faça a pessoa compreender e confiar que recompensas virão com o alcance do desempenho	→	• Esclareça contratos psicológicos • Comunique possibilidades de retorno do desempenho • Demonstre quais as recompensas que dependem do desempenho
Para aumentar a valência: faça a pessoa compreender o valor dos possíveis retornos e recompensas	→	• Identifique as necessidades individuais das pessoas • Ajuste as recompensas para se adequarem a essas necessidades

Figura 20.36. As implicações gerenciais da Teoria da Expectância.

Teoria da Expectância

O modelo de Vroom foi desenvolvido por Lawler III, que o relacionou com o dinheiro.[106] As conclusões de Lawler III são as seguintes:[107]

- As pessoas desejam o dinheiro porque o dinheiro permite a satisfação de necessidades fisiológicas e de segurança (alimentação, conforto, padrão de vida, etc.), como também dá plenas condições para a satisfação de necessidades sociais (relacionamentos, amizades, etc.), de estima (*status*, prestígio) e de autorrealização (realização do potencial e dos talentos individuais).
- Se as pessoas acreditam que a obtenção do dinheiro (resultado final) depende do desempenho (resultado intermediário), elas irão se dedicar a melhorar esse desempenho. O desmpenho terá valor de expectação quanto ao alcance do resultado final.

| Necessidades não satisfeitas | + | Crença de que o dinheiro satisfará as necessidades Crença de que a obtenção do dinheiro requer desempenho | = | Motivação para desempenhar |

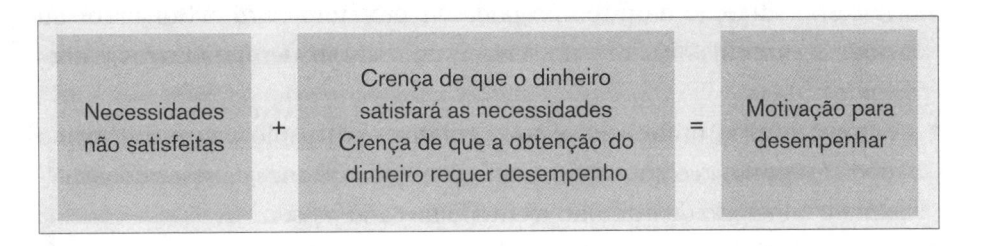

Figura 20.37. Teoria da expectância.[108]

O dinheiro sempre foi bastante criticado como fator motivador desde os tempos da Administração Científica, quando os incentivos salariais e prêmios de produção foram abusivamente utilizados no sentido de elevar a produtividade. Desde então, o dinheiro tem sido afigurado como o vilão da história, que compra a dedicação do empregado. Lawler encontrou evidências de que o dinheiro motiva não somente o desempenho excelente, mas também companheirismo, relacionamento com colegas e dedicação ao trabalho. O dinheiro tem apresentado pouca potência motivacional face à sua inadequada aplicação pela maior parte das empresas. O dinheiro é um resultado intermediário com elevada expectância para o alcance de resultados finais. Afinal, o bolso continua sendo a parte mais sensível do ser humano.

CLIMA ORGANIZACIONAL

O conceito de clima organizacional representa o quadro mais amplo da influência ambiental sobre a motivação.[109] O clima organizacional é a qualidade ou propriedade do ambiente organizacional que é percebida ou experimentada pelos participantes da organização e que influencia o seu comportamento e suas atitudes.[110] As propriedades do ambiente organizacional são os aspectos internos que provocam motivação para determinados comportamentos, como:[111]

- *Estrutura organizacional*: está relacionada com ordem, restrições e limitações impostas na situação de trabalho, como regras, regulamentos, procedimentos, autoridade, especialização, etc. A estrutura pode impor limites e controles como pode proporcionar liberdade de atuação.
- *Responsabilidade*: como dependência do superior, negação da iniciativa pessoal, restrição quanto a decisões pessoais, etc. A responsabilidade tanto pode coibir como pode incentivar o comportamento das pessoas.

- **Riscos**: a situação de trabalho pode ser protetora para evitar riscos ou pode ser impulsionadora no sentido de assumir desafios novos e diferentes.
- **Recompensas**: a organização pode enfatizar criticismo e punições como pode estimular recompensas e incentivos pelo alcance de resultados, deixando o método de trabalho a critério de cada pessoa.
- **Calor e apoio**: a organização pode manter um clima frio e negativo de trabalho, como também pode desenvolver calor humano, boa camaradagem e apoio à iniciativa pessoal e grupal.
- **Conflito**: a organização pode estabelecer regras e procedimentos para evitar choques de opiniões diferentes como também pode incentivar diferentes pontos de vista e administrar os conflitos decorrentes por meio da confrontação.

Essas são as principais dimensões do clima organizacional. Diferentes climas organizacionais podem ser criados por meio de variações em algumas dessas dimensões. O importante é que o clima organizacional tem uma influência poderosa na motivação das pessoas e sobre o desempenho e satisfação no trabalho.[112] As melhores empresas para se trabalhar cuidam exaustivamente da melhoria do clima organizacional.

Método do caso

Novo desenho organizacional da Colmeia

Para manter a competitividade da empresa, a diretoria da Colmeia está debruçada sobre o futuro desenho organizacional a ser adotado. A velha estrutura funcional departamentalizada não tem mais fôlego para a corrida atual, e torna-se necessário migrar para outro formato organizacional mais ágil, flexível, dinâmico e inovador. Nícia Medina foi incumbida de explicar aos diretores da Colmeia quais são as novas alternativas organizacionais, seus pontos positivos e suas limitações para que eles possam fazer suas opções e tomar decisões. Se você estivesse no lugar de Nícia, como você procederia?

TEORIA CONTINGENCIAL DA LIDERANÇA

A Teoria da Contingência desenvolveu muitas pesquisas para averiguar o estilo de liderança mais adequado para promover um desempenho eficaz do trabalho. Os resultados desses estudos têm mostrado inconsistência, o que levou os pesquisadores a considerar a situação em que o líder e os subordinados atuam. Assim, o estilo de liderança mais apropriado depende da situação em que os atores – líder e subordinados – estão envolvidos.

Abordagem de Fiedler

Fiedler[113] desenvolveu um modelo contingencial de liderança segundo o qual não existe um estilo único e melhor (*the best way*) de liderança para toda e qualquer situação: os estilos eficazes de liderança são situacionais. Fiedler verificou que quando o descreve favoravelmente, a pessoa com quem foi mais capaz de trabalhar tende a mostrar um comportamento orientado para relações humanas (abordagem não diretiva e participativa). Por outro lado, o líder que descreve desfavoravelmente a pessoa com quem foi mais capaz de trabalhar tende a ser orientado para a tarefa (abordagem diretiva e controladora). Associando o estilo de liderança e o desempenho do grupo, notou a presença de variáveis situacionais. A partir daí, construiu um modelo para avaliar as dimensões que mais favorecem o líder (favorabilidade para o líder), ou seja, quais as dimensões da situação do grupo ou da tarefa que facilitam ou dificultam ao líder exercer influência sobre o desempenho do grupo.

Fiedler identificou três dimensões situacionais que influenciam a liderança eficaz:

- *Relação líder-membros*: refere-se ao sentimento de aceitação do líder pelos membros do grupo e vice-versa.
- *Estrutura da tarefa*: refere-se ao grau de estruturação da tarefa, ou seja, o grau em que o trabalho dos subordinados é rotineiro e programado (em um extremo de um *continuum*) ou vago e indefinível (em outro extremo).
- *Poder da posição do líder*: refere-se à autoridade formal atribuída ao líder independentemente do seu poder pessoal.

Essas três dimensões podem ser mescladas em diferentes combinações, que proporcionam ao líder diferentes oportunidades de influenciar o desempenho do grupo em graus que variam de oportunidade muito favorável à oportunidade muito desfavorável (grau de favorabilidade ao líder) de obter bons resultados.

A Figura 20.38 mostra as oito combinações diferentes em que essas três dimensões podem aparecer ao longo do eixo horizontal, que retrata a favorabilidade da situação para o líder. Essa curva pode ser interpretada da seguinte maneira: todos os pontos abaixo da linha horizontal divisória indicam uma relação negativa entre estilo de liderança e desempenho no trabalho. Isto significa que um líder que tende a avaliar desfavoravelmente a pessoa com quem foi mais capaz de trabalhar obtém melhor desempenho que um líder que avalia favoravelmente aquela pessoa. Em outros termos, um líder orientado à tarefa é aqui mais eficaz que um líder orientado a relações humanas. O oposto é válido para todos os pontos acima da linha divisória, isto é, um líder orientado a relações humanas é mais eficaz que um líder orientado à tarefa.

Relações líder--membros	Boas				Pobres			
Estrutura da tarefa	Estruturada		Não estruturada		Estruturada		Não estruturada	
Poder da posição do líder	Forte	Fraca	Forte	Fraca	Forte	Fraca	Forte	Fraca
Situação	1	2	3	4	5	6	7	8

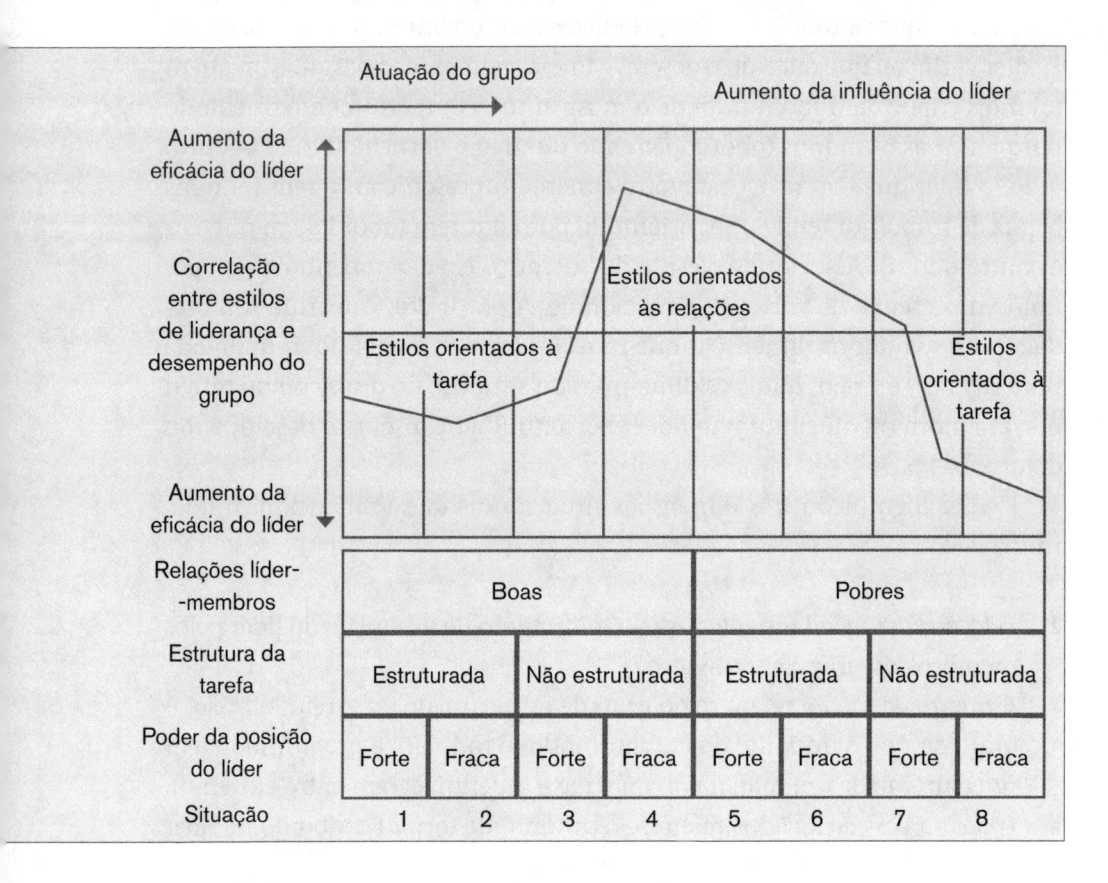

Figura 20.38. A liderança eficaz.[114]

A situação 1 é a mais favorável e a situação 8 a mais desfavorável para o líder. Pelo comportamento da curva, conclui-se que em condições muito favoráveis (situações 1 a 3) e em condições muito desfavoráveis (situação 8) o líder orientado à tarefa é mais eficaz. Por outro lado, em condições intermediárias de favorabilidade (situações 4 a 6), o líder orientado a relações humanas apresenta um desempenho melhor. A situação 7 é, aparentemente, um caso especial que apresenta correlação zero e na qual o estilo de liderança parece fazer pouca diferença.

As relações entre líder e membros, o poder da posição do líder e a favorabilidade da situação para o líder podem ser configurados da seguinte maneira:

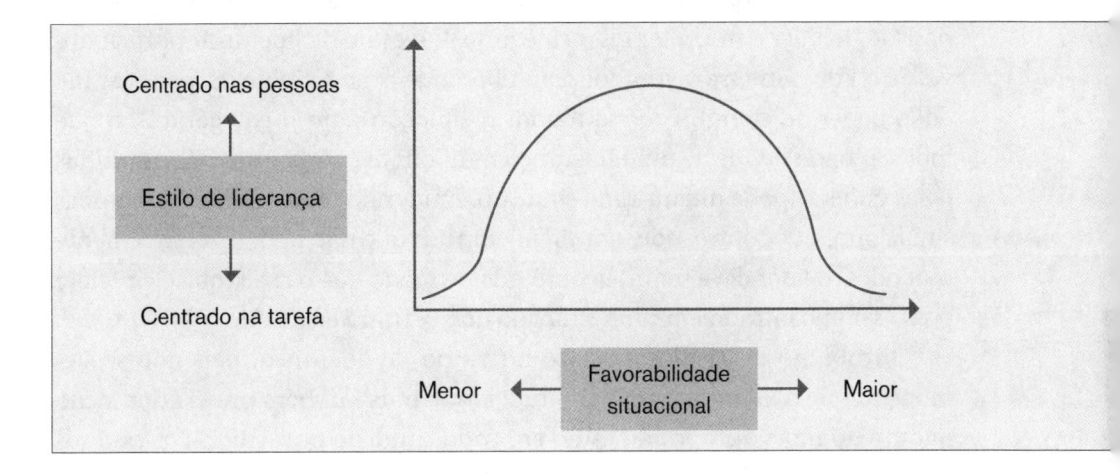

Figura 20.39. Favorabilidade situacional e o estilo de liderança mais indicado.[115]

Fiedler salienta que as relações líder-membros são mais importantes, e o poder da posição, menos importante. Um líder que sente que é aceito pode muitas vezes compensar sua inadequação em outras dimensões, enquanto um líder com pouco poder de posição pode ser bem-sucedido se ele atua em uma tarefa altamente estruturada.

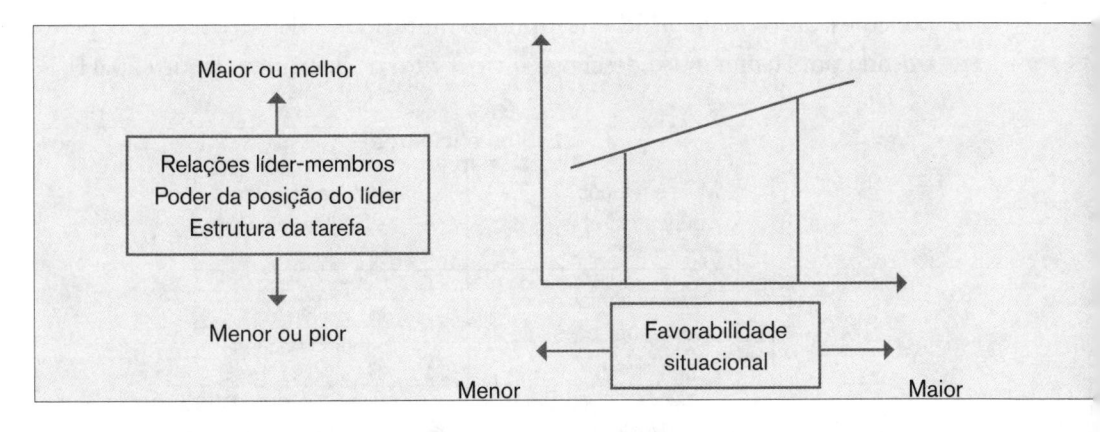

Figura 20.40. Relação entre relações líder-membros, poder da posição do líder e favorabilidade da situação para o líder.[116]

As pesquisas têm demonstrado boas possibilidades de aplicação do modelo de Fiedler[117] no que se refere ao posicionamento em cargos de chefia e liderança de acordo com as características da pessoa. Fiedler alega que os líderes modificam seus estilos dependendo de circunstâncias e que os cargos podem ser mudados para encontrar a abordagem de liderança com que o gerente se sinta melhor. Por exemplo: em uma situação em que as relações líder--membros são boas, quando a tarefa é desestruturada e quando o poder da posição do líder é fraco, temos a categoria 4, o estilo de liderança participativa. Se o líder sente-se à vontade com abordagens participativas, pode ser-lhe dado poder adicional. Pode-se mudar a situação para a categoria 3, o que indica a necessidade de uma liderança mais diretiva. Este é um dos caminhos pelos quais se pode alterar uma situação, mudando uma ou mais dimensões situacionais. Por outro lado, em circunstâncias que não podem ser facilmente mudadas, o líder deve ser intercambiado de modo que o estilo que ele prefere possa ser encontrado em uma situação que permita esse estilo.[118]

O trabalho de Fiedler é básico na teoria de liderança, pois não só demonstra que a liderança eficaz é situacional, mas também provê orientação quanto ao mais apropriado estilo em cada situação particular. Por essa razão, é chamada Teoria Contingencial da Liderança.

Abordagem de Hersey e Blanchard

A partir do modelo de Fiedler, Hersey e Blanchard[119] desenvolveram uma Teoria do Ciclo Vital da Liderança, na tentativa de integrar os conceitos de Fiedler, Argyris, Maslow, Herzberg, Likert, Schein, Reddin em uma abordagem única e compreensiva. Os autores utilizam os quatro quadrantes de estilos básicos do Modelo 3-D de Eficiência do Líder do modelo de Reddin,[120] os componentes do *continuum* de imaturidade-maturidade de Argyris[121] e o perfil traçado por Fiedler, para descrever o ciclo vital de liderança (Figura 20.41).

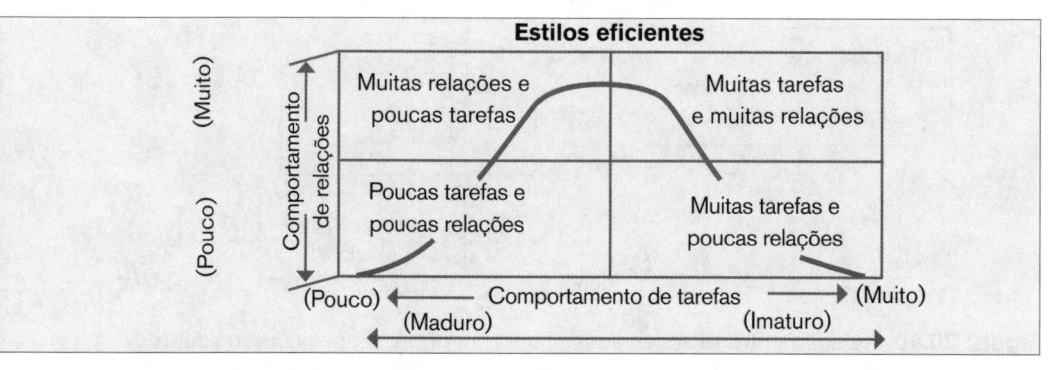

Figura 20.41. A Teoria do Ciclo Vital da Liderança.[122]

À medida que o nível de maturidade dos seguidores tende a aumentar, o comportamento adequado do líder passa a exigir cada vez menos estrutura (tarefa), ao mesmo tempo em que exige relações de apoio socioemocional (relações). Examinando-se a função curvilínea do ciclo, pode-se verificar que os estilos tendem a corresponder às várias necessidades descritas por Maslow, conforme refletem os fatores higiênicos e motivadores de Herzberg.

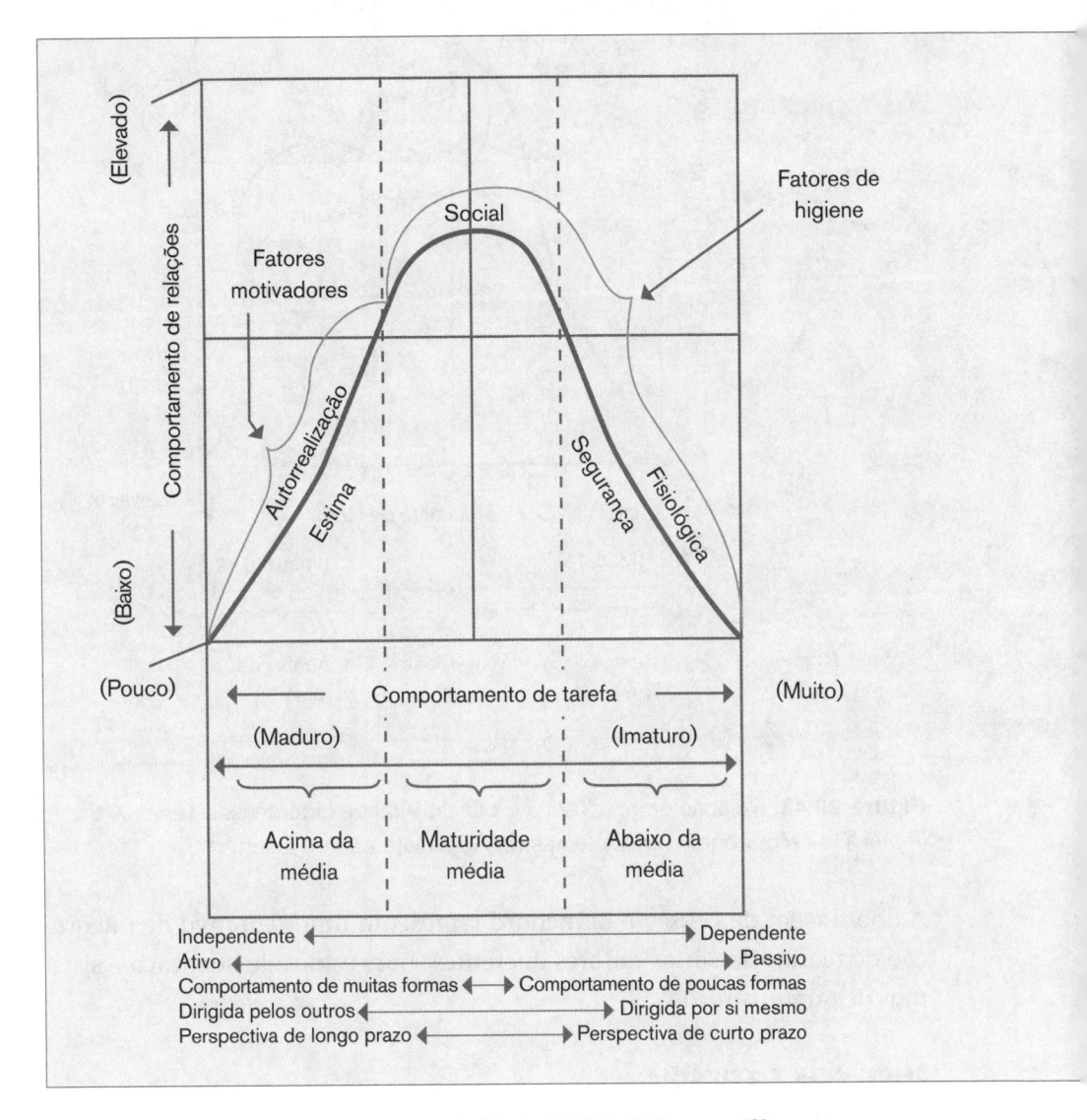

Figura 20.42. As relações da Teoria do Ciclo Vital de Liderança.[123]

A Teoria do Ciclo Vital de Liderança também se mostra compatível com as Teorias X e Y de McGregor[124] e com os Sistemas de Administração de Likert.[125]

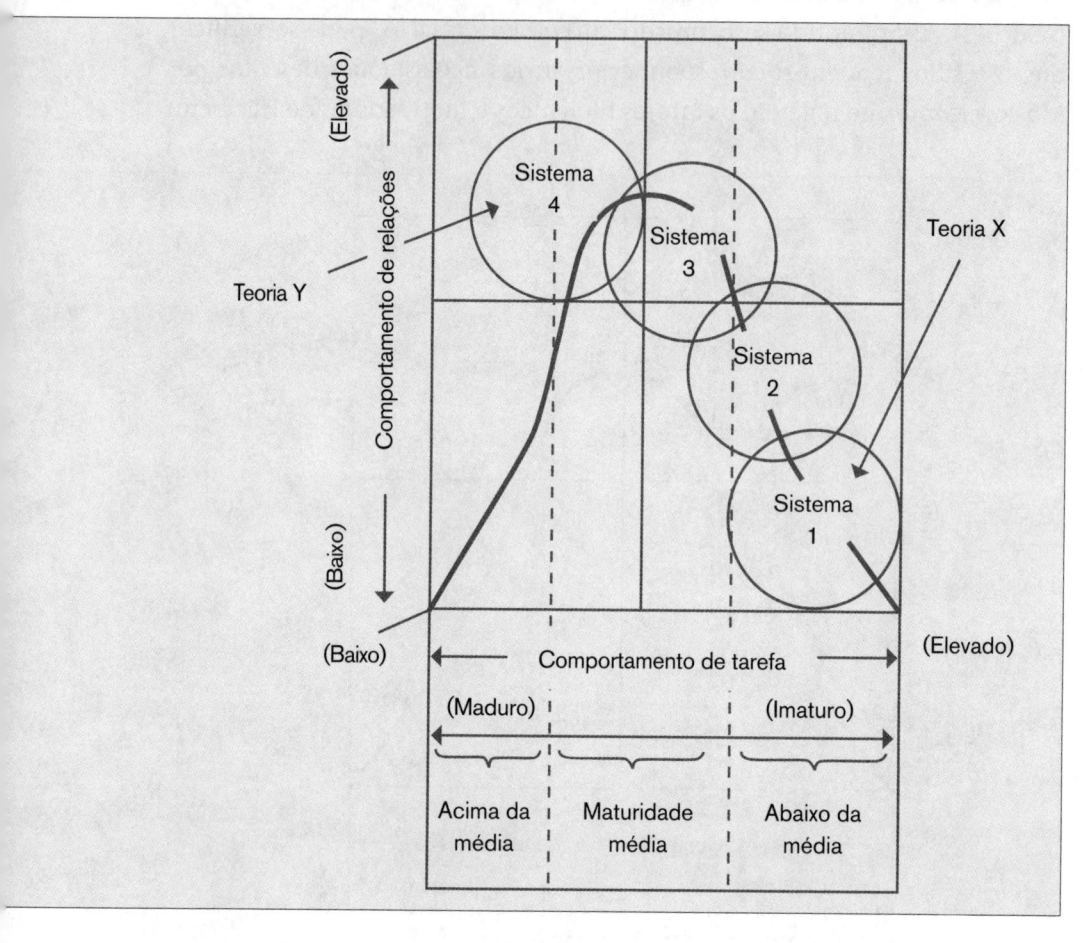

Figura 20.43. Relação entre a Teoria de Ciclo Vital de Liderança, a Teoria X e a Teoria Y de McGregor e os Sistemas de Administração de Likert.[126]

A abordagem de Hersey e Blanchard representa uma tentativa de integração de teorias de vários autores diferentes sobre estilos de liderança e sistemas de administração.

EFICIÊNCIA E EFICÁCIA

A Teoria da Contingência trouxe novas colocações a respeito dos conceitos de eficácia e de eficiência. Para seus autores, toda organização deve ser considerada sob o duplo ponto de vista de eficácia e de eficiência, simultaneamente. Eficácia é uma medida normativa do alcance de resultados, enquanto a eficiência é uma medida normativa da utilização dos recursos disponíveis nesse processo. Em termos econômicos, a eficácia de uma organização refere-se à sua capacidade de satisfazer uma necessidade da sociedade por meio do suprimento de seus produtos (sejam bens ou serviços), enquanto a eficiência é uma relação técnica entre entradas (insumos) e saídas (resultados). Nesses termos, a eficiência é uma relação entre custos e benefícios.

Praticamente todas as teorias administrativas dentro das abordagens prescritivas e normativas seguiram o modelo de sistema fechado e preocuparam-se exclusivamente com a eficiência. O modelo burocrático aborda o conceito de eficiência sob o prisma da adequação dos meios aos fins visados. A preocupação reside na relação entre recursos aplicados e o produto final obtido, isto é, na razão entre o esforço e o resultado, entre a despesa e a receita, entre o custo e o benefício resultante. A Administração Científica focalizou a melhor maneira (*the best way*) pela qual as coisas devem ser feitas ou executadas (métodos), a fim de que os recursos (pessoas, máquinas, matérias-primas) sejam aplicados da forma mais racional possível. A eficiência preocupa-se com os meios, com os métodos e os procedimentos mais indicados que precisam ser devidamente planejados e organizados, a fim de assegurar a otimização da utilização dos recursos disponíveis. A eficiência não se preocupa com os fins, mas simplesmente com os meios. O alcance dos objetivos visados não entra na esfera de competência da eficiência; é um assunto ligado à eficácia.

TABELA 20.17. DIFERENÇAS ENTRE EFICIÊNCIA E EFICÁCIA[127]

Eficiência	Eficácia
Ênfase nos meios	Ênfase nos resultados
Fazer corretamente as coisas	Fazer as coisas corretas
Resolver problemas	Atingir objetivos
Salvaguardar os recursos	Otimizar a utilização de recursos
Cumprir tarefas e obrigações	Obter resultados
Treinar os subordinados	Proporcionar eficácia aos subordinados
Manter as máquinas	Máquinas disponíveis
Presença nos tempos	Prática dos valores religiosos
Rezar	Ganhar o céu

Na medida em que o administrador se preocupa em fazer corretamente as coisas, ele estará se voltando para a eficiência (melhor utilização dos recursos disponíveis). No entanto, quando ele utiliza esses instrumentos fornecidos por aqueles que executam para avaliar o alcance dos resultados, isto é, para verificar se as coisas benfeitas são aquelas que realmente deveriam ser feitas, então ele estará voltando-se à eficácia (alcance dos objetivos por meio dos recursos disponíveis). Enquanto a eficiência se preocupa em como as coisas são feitas e de que maneira elas deverão ser executadas, a eficácia se preocupa em para que as coisas são feitas, quais os resultados que elas trazem e quais os objetivos que elas alcançam.

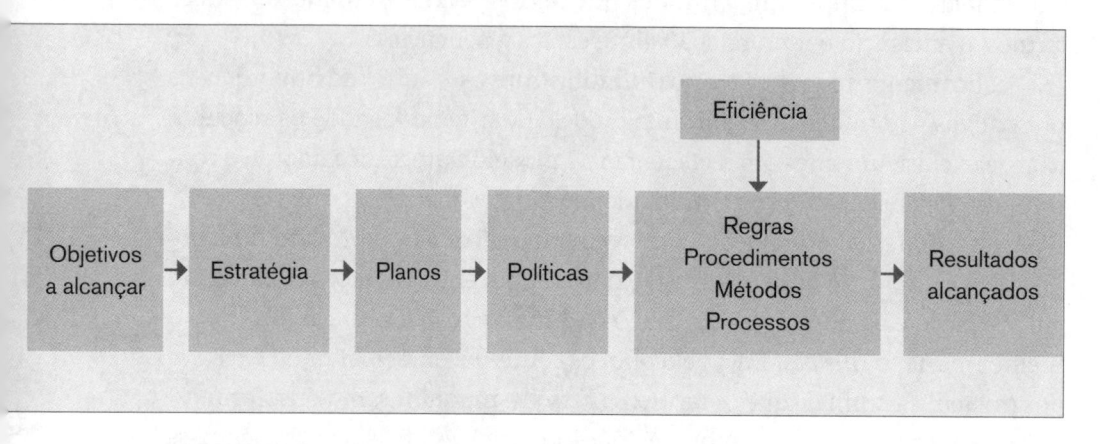

```
Objetivos      Estratégia    Planos    Políticas    Regras           Resultados
a alcançar  →              →         →           → Procedimentos  → alcançados
                                                   Métodos
                                                   Processos
                                                        ↑
                                                   Eficiência
```

Figura 20.44. Relações entre eficiência e eficácia.

Entretanto, nem sempre a eficácia e a eficiência andam de mãos dadas. Uma organização pode ser eficiente em suas operações e pode não ser eficaz no alcance dos seus objetivos, ou vice-versa. Pode ser ineficiente em suas operações e, apesar disso, ser eficaz no alcance de seus objetivos, muito embora a eficácia fosse bem melhor quando acompanhada de eficiência. A organização pode também não ser nem eficiente nem eficaz. O ideal seria uma organização igualmente eficiente e eficaz. A eficiência preocupa-se em fazer corretamente as coisas e da melhor maneira possível (*the best way*). Daí a ênfase nos métodos e procedimentos internos. A eficácia preocupa-se em fazer as coisas adequadas para atender às necessidades da organização e do ambiente que a circunda. Enquanto a eficiência se concentra nas operações e tem a atenção voltada aos aspectos internos da organização, a eficácia se concentra no sucesso quanto ao alcance dos objetivos e tem a atenção voltada aos aspectos externos da organização.

TABELA 20.18. RELAÇÕES ENTRE EFICÁCIA E EFICIÊNCIA				
		Eficiência (otimização na utilização dos recursos disponíveis)		
		Baixa	Elevada	
Eficácia (alcance dos objetivos empresariais)	Baixa	Baixo retorno de investimento, pois os recursos são precariamente utilizados (desperdício de materiais, de equipamentos, de mão de obra e de tempo, com elevado custo operacional Dificuldade no alcance dos objetivos empresariais (redundando em perda de mercado, baixo volume de vendas, reclamações dos consumidores e prejuízos elevados)	Elevado retorno do investimento, pois os recursos são utilizados racionalmente, sem o menor desperdício, graças a métodos e procedimentos bem planejados e organizados, redundando em baixos custos operacionais Apesar disso, há dificuldades no alcance dos objetivos empresariais. Embora as coisas sejam bem feitas dentro da organização, o sucesso empresarial é precário	
	Elevada	A atividade operacional é deficiente, e recursos são precariamente utilizados Os métodos e procedimentos conduzem a um desempenho inadequado e insatisfatório Apesar disso, os objetivos empresariais são alcançados, embora o desempenho e os resultados pudessem ser melhores A empresa obtém vantagens no seu ambiente (por meio da manutenção ou ampliação do mercado, do volume de vendas pretendido, da satisfação do consumidor e da lucratividade pretendida)	A atividade é bem executada e o desempenho individual e departamental é bom, pois os métodos e procedimentos são racionais. As coisas são bem feitas, executadas da melhor maneira, com o menor custo e ao menor tempo e esforço A atividade produz resultados vantajosos para a empresa, pois ela é estratégica ou tática para a obtenção dos objetivos que a empresa se propõe a alcançar. As coisas são feitas para alcançar resultados visados pela empresa e lhe asseguram sobrevivência, estabilidade ou crescimento	

Eficácia organizacional

Dentro de um ponto de vista mais amplo, a eficácia organizacional é a habilidade da organização de explorar o seu meio ambiente, seja para obter recursos, seja para nele colocar o resultado de suas operações. A tentativa de exercer domínio sobre o ambiente de tarefa e de tornar as outras organizações (seja fornecedoras de recursos ou seja usuárias dos seus produtos ou serviços) dependentes de sua atuação é uma das mais importantes forças motivadoras no comportamento das organizações.

O nível operacional está voltado predominantemente à busca e à manutenção da eficiência, e esta constitui a sua preocupação fundamental. O nível institucional está voltado predominantemente à busca e à manutenção da eficácia, por meio da adequação da organização às necessidades do seu ambiente de tarefa. O nível intermediário está empenhado em compatibilizar as necessidades de eficácia do nível institucional com as necessidades de eficiência do nível operacional.

Essa dupla preocupação com a eficácia e eficiência da organização permeia todo o processo administrativo. Para que a organização seja eficiente e eficaz, ela precisa ser planejada, organizada, dirigida e controlada. Assim, as funções administrativas que compõem o processo administrativo – planejamento, organização, direção e controle – agem umas sobre as outras, isto é, cada uma afeta as demais e por elas é afetada dentro de uma atuação sistêmica que provoca efeitos sinergísticos.

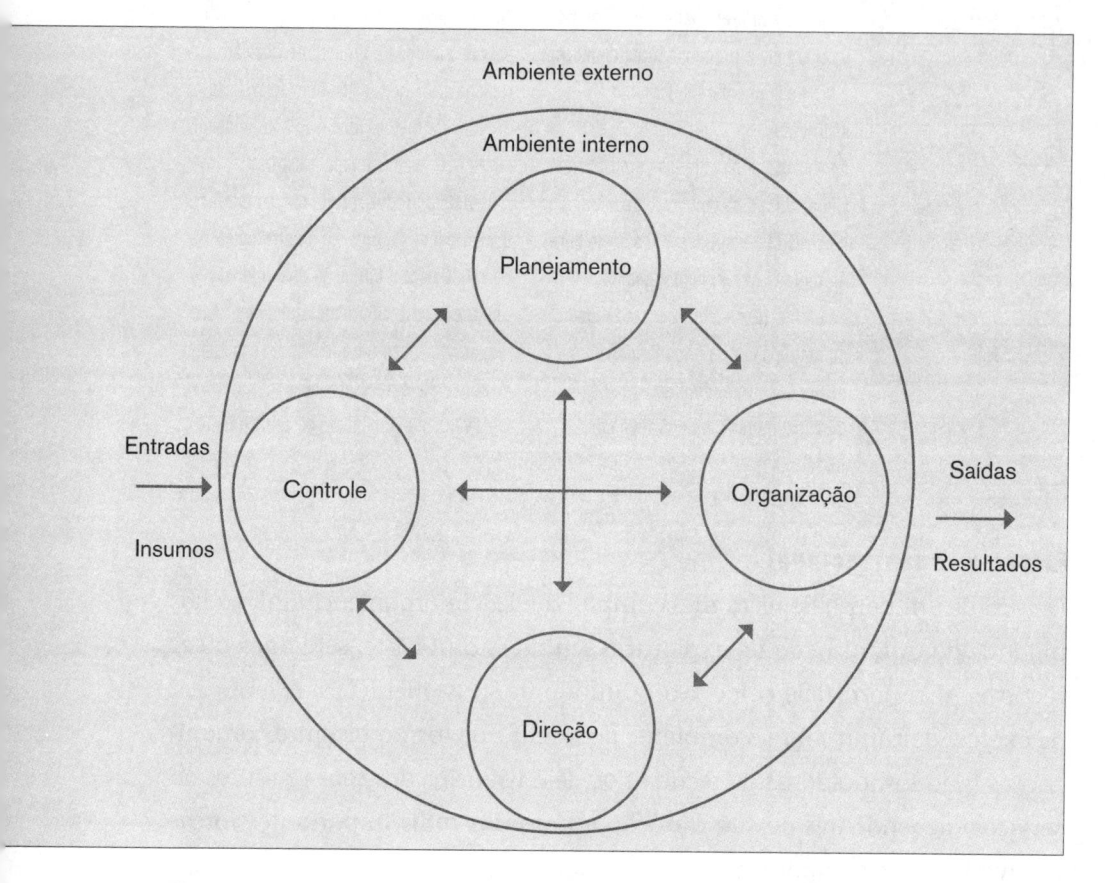

Figura 20.45. O processo administrativo como um sistema aberto.

Na medida em que o processo administrativo se repete e se renova por meio da reciclagem, ele tende a se aperfeiçoar, corrigindo os erros anteriores. Também, à medida que conhece seus resultados por meio da retroação, tende a um melhor ajustamento entre as várias funções administrativas.

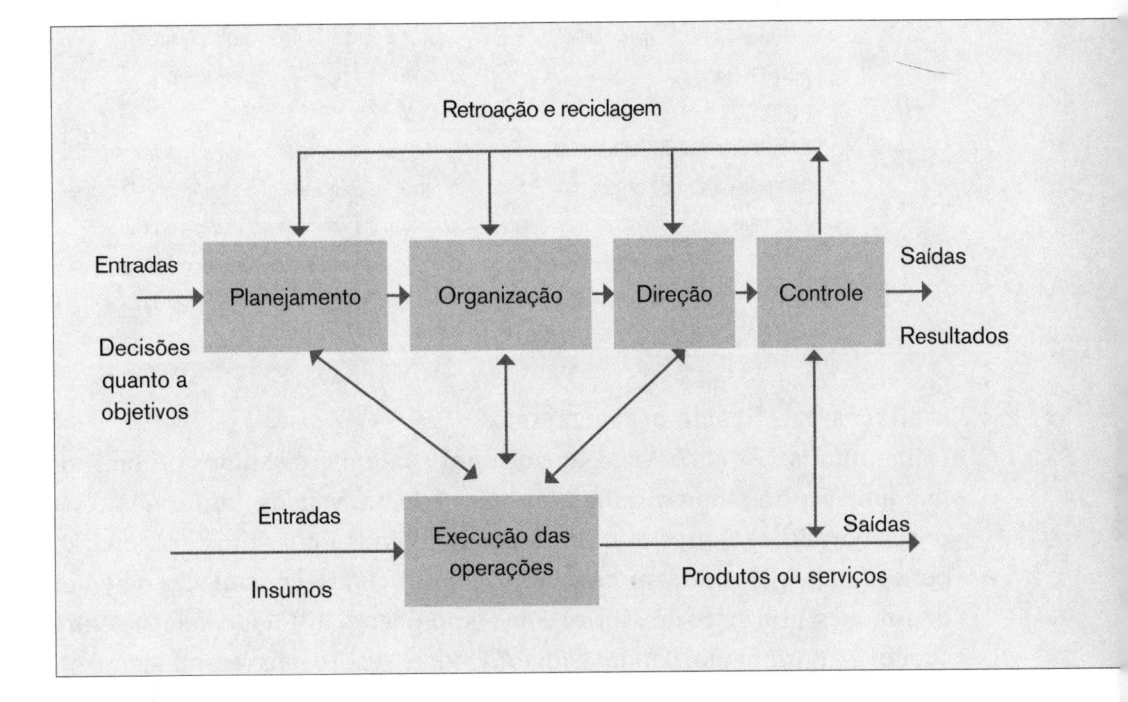

Figura 20.46. O processo administrativo e os mecanismos de retroação e reciclagem.

Assim, as funções administrativas que compõem o processo administrativo são necessariamente diferentes em cada um dos níveis da organização. Como cada nível organizacional é incumbido de um diferente papel, os níveis institucional, intermediário e operacional assumem, cada qual, um diferente papel também em relação ao processo administrativo. Se o nível institucional funciona dentro da lógica de sistema aberto e voltado a uma racionalidade organizacional para alcançar eficácia, e o nível operacional funciona dentro da lógica de sistema fechado e voltado a uma racionalidade técnica para alcançar eficiência, com o nível intermediário atuando como elemento integrador e sincronizador, o processo administrativo necessariamente é diverso em cada um dos níveis organizacionais, como mostra a Tabela 20.19.

TABELA 20.19. PROCESSO ADMINISTRATIVO NOS DIVERSOS NÍVEIS DA ORGANIZAÇÃO

Níveis de atuação	Planejamento	Organização	Direção	Controle
Institucional	Determinação de objetivos de planejamento estratégico	Desenho da estrutura organizacional	Políticas e diretrizes de direção e condução do pessoal	Controles globais e avaliação do desempenho
Intermediário	Planejamento tático e alocação de recursos	Estrutura de órgãos e de cargos Rotinas e procedimentos	Gerência e aplicação de recursos visando à ação empresarial e liderança	Controles departamentais e avaliação do desempenho departamental
Operacional	Planos operacionais	Métodos e processos de trabalho e de operação	Chefia, supervisão e motivação do pessoal	Controles individuais e avaliação do desempenho individual

Avaliação da eficácia organizacional

A literatura sobre eficácia organizacional é volumosa. Muitos autores falam em eficácia empresarial em termos de lucro, vendas, faturamento ou coisas parecidas. Outros autores sugerem critérios financeiros, como custo por unidade, porcentagem de lucro sobre as vendas, crescimento de valor de estoques, utilização da fábrica e do equipamento instalado, relação entre capital e faturamento, capital e lucratividade, etc. Apenas recentemente alguns teóricos da administração sugeriram medidas de eficácia administrativa com a utilização dos ativos humanos e ativos intangíveis. Entre outros, Argyris,[128] Bennis,[129] Etzioni,[130] Likert,[131] Georgopoulos, Mahoney e Jones.[132] McGregor[133] e Selznick[134] reforçaram a necessidade de se relacionar a eficácia organizacional com os recursos humanos e com ativos intangíveis.

Likert critica fortemente as medidas tradicionais de eficácia administrativa:
Todas as medidas de resultado final são dados passados. É o que ocorre com as medidas de produção, refugos, custos, lucros e outros dados financeiros. Como a administração de negócios bem-sucedidos tem demonstrado, estas medidas são facilmente disponíveis. Porém, quase sempre as medidas de resultado final podem ser usadas para fechar a porta do celeiro quando o cavalo já fugiu.[135]

Isto é, são avaliações do passado, em contraposição às variáveis finais. Likert considera como variáveis intervenientes alguns fatores como qualidades da organização humana, nível de confiança e responsabilidade, motivação, lealdade, desempenho e a capacidade de a organização comunicar abertamente, interagindo de forma afetiva e alcançando decisões adequadas. Essas variáveis intervenientes refletem o estado interno e a saúde da organização. São avaliações do presente.

Negandhi[136] salienta que a sobrevivência e o crescimento da organização como negócio depende de sua força financeira ou econômica e que alguns dados como lucro, custo por unidade, volume de vendas, etc. constituem bons indicadores da força financeira da empresa. Todavia, esses *outputs* são resultados daquilo que a organização inteira faz (incluindo a sua tecnologia, recursos, etc.), e não simplesmente resultados da ação administrativa. Hipoteticamente, os administradores podem sobrecarregar uma organização, drenar seus potenciais de longo prazo e impedi-la de alcançar altos lucros e vendas elevadas em curto prazo. Assim, é errado utilizar simplesmente esses indicadores econômicos para medir a eficácia administrativa, em especial em países subdesenvolvidos, nos quais prevalecem as condições de mercado vendedor. Nessas circunstâncias, tornam-se necessários outros critérios para avaliar a eficácia administrativa.

Há uma porção de medidas orientadas para o comportamento para avaliar a eficácia administrativa. Baseando-se em Argyris e Likert, Negandhi sugere as seguintes medidas de eficácia administrativa:[137]

- Capacidade da administração em atrair talentos de alto nível.
- Moral dos empregados e satisfação no trabalho.
- Níveis baixos de rotatividade de pessoal e de absenteísmo.
- Relações interpessoais nos conjuntos organizacionais.
- Relações departamentais (relações entre subsistemas).
- Percepção dos executivos a respeito dos objetivos globais da organização.
- Utilização da força de trabalho de alto nível.
- Eficácia organizacional em adaptar-se ao ambiente externo.

Para a Teoria da Contingência, a eficácia da organização está no seu relacionamento com o meio ambiente. Em outros termos: na sua sobrevivência, desenvolvimento e na sua capacidade de adaptação e de direção das mudanças. Ou, mais ainda, no êxito organizacional.

Todas as organizações navegam em um ambiente (a cultura, a estrutura social da sociedade, as outras organizações, etc.) que é extremamente mutável. Cada organização deve cumprir certas funções e atender a certas necessidades para poder sobreviver.[138] A sobrevivência da organização depende, em última instância, da sua capacidade de ser útil. Como o ambiente se caracteriza por transformações rápidas e imprevisíveis, tanto a sobrevivência como o desenvolvimento da organização estão vinculados intimamente à adaptação e às mudanças na direção: a organização deve ter flexibilidade e capacidade para se defrontar com um grande número de novos problemas. Essa flexibilidade e a capacidade de enfrentar transformações dependem dos recursos humanos que a organização possui. Se os diretores e empregados são flexíveis, o organograma poderá ser alterado de modo consciente e racional para fazer frente às mudanças externas. O problema fundamental de uma organização consiste em "como criar em seu pessoal esse tipo de flexibilidade e de adaptabilidade necessário para que a organização viva em um meio ambiente variável".[139]

Para Argyris, a eficácia organizacional depende do grau de integração entre as necessidades do indivíduo e as da organização,[140] quase dentro da mesma formulação de McGregor.[141] Este propunha a integração de objetivos pessoais e da organização. Se a administração desenvolve estilos baseados em suposições válidas acerca da natureza das pessoas, essa integração será possível e haverá como consequência maior eficácia. Likert propõe o sistema 4 para obtenção da eficácia organizacional.[142] Blake e Mouton solicitam a integração com base no interesse pela produção e pelas pessoas (*Managerial Grid*): a eficácia organizacional só é obtida quando se consegue uma administração centrada tanto na produção como nas pessoas que formam a estrutura por meio do estilo 9.9.[143]

Bennis salienta que

> se considerarmos a organização como uma estrutura orgânica, adaptativa e que resolve problemas, devemos então estabelecer uma série de distinções sobre a eficácia, porém não de um ponto de vista estático, embora todas elas possam ser úteis, mas na base dos processos por meio dos quais a organização se defronta com os problemas. Em outras palavras, nenhuma medida simples de eficácia de uma organização ou de sua satisfação pode nos proporcionar indicadores válidos sobre a sua saúde.[144]

Assim, Bennis propõe três critérios para avaliar a saúde organizacional, muito provavelmente extraídos das proposições de Jahoda[145] sobre saúde mental:

1. *Adaptabilidade*: é a capacidade para resolver problemas e para reagir com flexibilidade ante as exigências variáveis do meio ambiente.

2. *Sentido de identidade*: é conhecimento ou intuição de quais os objetivos das diversas partes da organização, e do que devem realizar. Esses objetivos são compreendidos e principalmente compartilhados pelos diversos participantes da organização?
3. *Capacidade para examinar a realidade*: é a capacidade para investigar, perceber com exatidão e interpretar corretamente as propriedades reais do meio ambiente, em especial aquelas que se relacionam com o funcionamento da organização.
4. Schein adiciona um quarto critério:[146] *estado de integração interna das subpartes da organização total:* é a coordenação de tal maneira que as partes alcancem efeito sinergístico.

Para a Teoria da Contingência, o critério em nível de sistema para avaliar a eficiência organizacional deve ser um critério múltiplo que inclua todas as variáveis envolvidas: a adaptabilidade, o sentido de identidade, a capacidade para examinar a realidade e a capacidade de integração interna.[147]

TABELA 20.20. A EQUIFINALIDADE NAS TEORIAS DA ADMINISTRAÇÃO	
Teorias	Conceitos de eficácia
Administração Científica	Máxima prosperidade da empresa e do trabalhador
Clássica	Alcance dos objetivos organizacionais
Relações humanas	Máxima satisfação do trabalhador
Neoclássica	Alcance dos objetivos organizacionais
A.P.O.	Alcance dos objetivos organizacionais e estabelecimento de condições para o alcance de objetivos individuais das pessoas
Burocracia	Alcance dos objetivos organizacionais
Estruturalismo	Alcance dos objetivos organizacionais e individuais
Comportamental	Alcance dos objetivos organizacionais e individuais
Desenvolvimento organizacional	Alcance dos objetivos organizacionais e individuais
Sistemas	Sobrevivência e desenvolvimento da organização por meio da adaptabilidade e interação com o meio ambiente
Contingência	Adaptabilidade ao ambiente e comportamento proativo da organização; idem com relação às pessoas

APRECIAÇÃO CRÍTICA DA TEORIA DA CONTINGÊNCIA

A Teoria da Contingência representa a mais recente abordagem integrada e coesa da teoria administrativa. Embora suas raízes remontem aos primeiros estudos de Woodward,[148] de Burns e Stalker,[149] de Chandler,[150] de Emery e

Trist,[151] de Sherman,[152] de Evan,[153] foi somente em 1967, com o trabalho de Lawrence e Lorsch[154], que a contingência passou a constituir uma preocupação consolidada e coerente.

A Teoria da Contingência leva em conta todas as teorias administrativas anteriores dentro do prisma da Teoria de Sistemas. Os antigos conceitos são redimensionados, atualizados e integrados dentro da abordagem sistêmica para permitir uma visão conjunta, molar e abrangente.

TABELA 20.21. AS TEORIAS ADMINISTRATIVAS E SEUS FUNDAMENTOS BÁSICOS	
Ênfase	Teorias Administrativas
Tarefas	• Administração Científica
Estrutura	• Teoria Clássica
	• Teoria da Burocracia
	• Teoria Estruturalista
	• Teoria Neoclássica
Pessoas	• Teoria das Relações Humanas
	• Teoria Comportamental
Tecnologia	• Teoria da Contingência
Ambiente	• Teoria de Sistemas
	• Teoria da Contingência

Como dizem Scott e Mitchell, "a visão contingencial das coisas parece ser algo mais do que colocar vinho velho em garrafas novas".[155] Para eles, a relação existente entre a abordagem contingencial e a Teoria de Sistemas é paralela à relação entre a abordagem neoclássica e a abordagem clássica. Os neoclássicos tentaram estender a Teoria Clássica adicionando aspectos das teorias comportamentais, mantendo intactas as premissas básicas da Teoria Clássica. A abordagem contingencial fez a mesma coisa com relação à Teoria de Sistemas: aceitou as suas premissas básicas a respeito da interdependência e natureza orgânica da organização, bem como o caráter aberto e adaptativo das organizações e a necessidade de preservar sua flexibilidade em face das mudanças ambientais. No entanto, como a Teoria de Sistemas é muito abstrata e de difícil aplicação a situações gerenciais práticas, a abordagem contingencial permite proporcionar meios para mesclar a teoria com a prática dentro de uma integração sistêmica.

Os principais aspectos críticos da Teoria da Contingência são apresentadas a seguir:

Relativismo em Administração

A Teoria da Contingência rechaça os princípios universais e definitivos de administração. A prática administrativa é situacional e circunstancial. Em outros termos, ela é contingente, pois depende de situações e circunstâncias diferentes e variadas. Para a teoria contingencial, tudo é relativo e tudo depende. Nada é absoluto ou universalmente aplicável. Se há uma variável situacional, então há um caminho adequado para fazer frente a ela. A abordagem contingencial representa a primeira tentativa séria de responder à questão de como os sistemas intercambiam com seu ambiente. Ela tenta proporcionar algo mais prático para a administração das organizações complexas. A visão contingencial requer habilidades de diagnóstico situacional, e não somente habilidades de utilizar ferramentas ou esquemas de trabalho. Administrar não é somente indicar o que fazer, mas principalmente analisar por que fazer as coisas. O enfoque contingencial proporciona conceitos, instrumentos, diagnósticos, métodos e técnicas apropriadas para a análise e resolução de problemas situacionais.

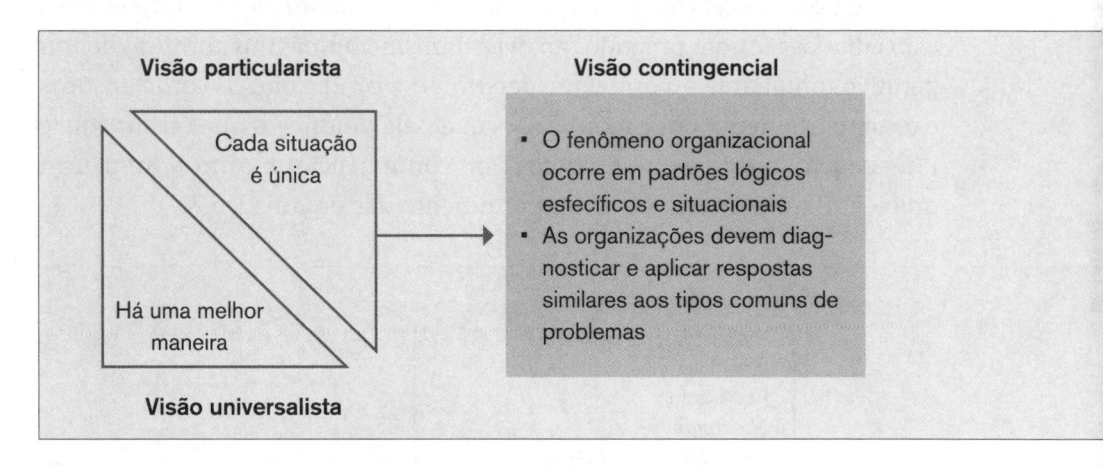

Visão particularista	Visão contingencial
Cada situação é única / Há uma melhor maneira / Visão universalista	• O fenômeno organizacional ocorre em padrões lógicos esfecíficos e situacionais • As organizações devem diagnosticar e aplicar respostas similares aos tipos comuns de problemas

Figura 20.47. A prática administrativa é situacional.

Bipolaridade contínua

Os conceitos básicos da Teoria da Contingência são utilizados em termos relativos, como em um *continuum*. Seus autores não utilizam conceitos únicos e estáticos e em termos absolutos e definitivos, mas como conceitos dinâmicos e que podem ser abordados em diferentes situações e circunstâncias e, sobretudo, em diferentes graus de variação.

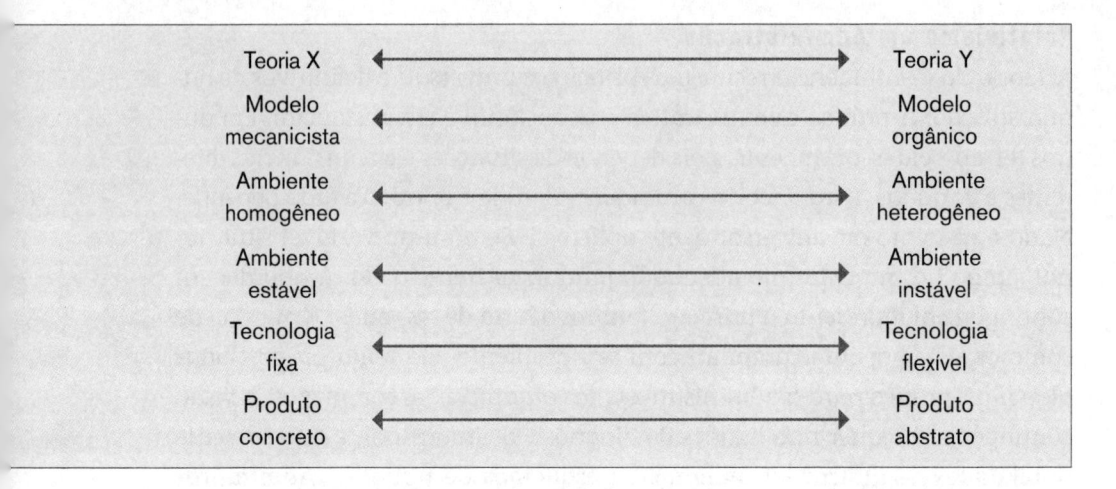

Teoria X	←————————→	Teoria Y
Modelo mecanicista	←————————→	Modelo orgânico
Ambiente homogêneo	←————————→	Ambiente heterogêneo
Ambiente estável	←————————→	Ambiente instável
Tecnologia fixa	←————————→	Tecnologia flexível
Produto concreto	←————————→	Produto abstrato

Figura 20.48. As várias dimensões bipolares e contínuas.

Ênfase no ambiente

A Teoria Contingencial focaliza as organizações de fora para dentro, deslocando o eixo de atenção para fora delas. Muito embora alguns autores mais exacerbados tenham pregado um determinismo ambiental por meio do imperativo ambiental – o ambiente determina e condiciona as características e o comportamento das organizações que nele atuam – o que certamente é um exagero, o fato é que a abordagem contingencial mostra a influência ambiental na estrutura e no comportamento das organizações.

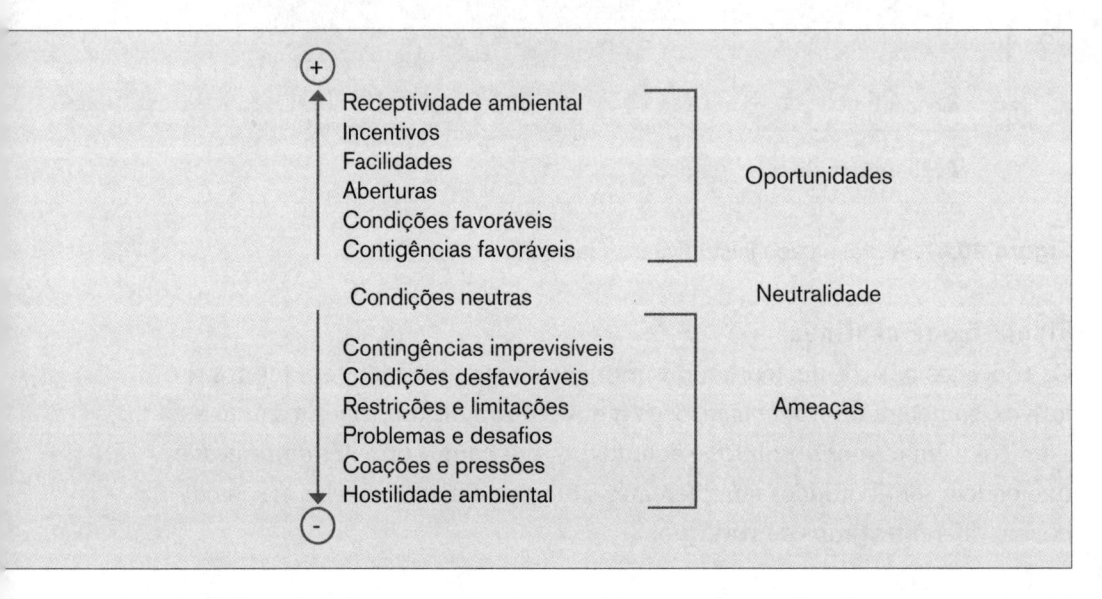

(+)
↑
- Receptividade ambiental
- Incentivos
- Facilidades   } Oportunidades
- Aberturas
- Condições favoráveis
- Contigências favoráveis

Condições neutras — Neutralidade

- Contingências imprevisíveis
- Condições desfavoráveis
- Restrições e limitações } Ameaças
- Problemas e desafios
- Coações e pressões
↓ Hostilidade ambiental
(–)

Figura 20.49. Os dois lados opostos do ambiente: fonte de oportunidades e de ameaças.

A Teoria da Contingência enfatiza a necessidade de consonância entre a organização e seu ambiente. Não há uma só e única maneira melhor de organizar. Cada organização requer sua própria estrutura organizacional dependendo das características do seu entorno e da sua tecnologia. Para ser bem-sucedida, a organização precisa ajustar-se contínua e adequadamente às demandas e características do ambiente onde opera. De um lado, o ambiente oferece oportunidades e recursos para a organização, mas, em contrapartida, o ambiente impõe coações, contingências e ameaças à organização.

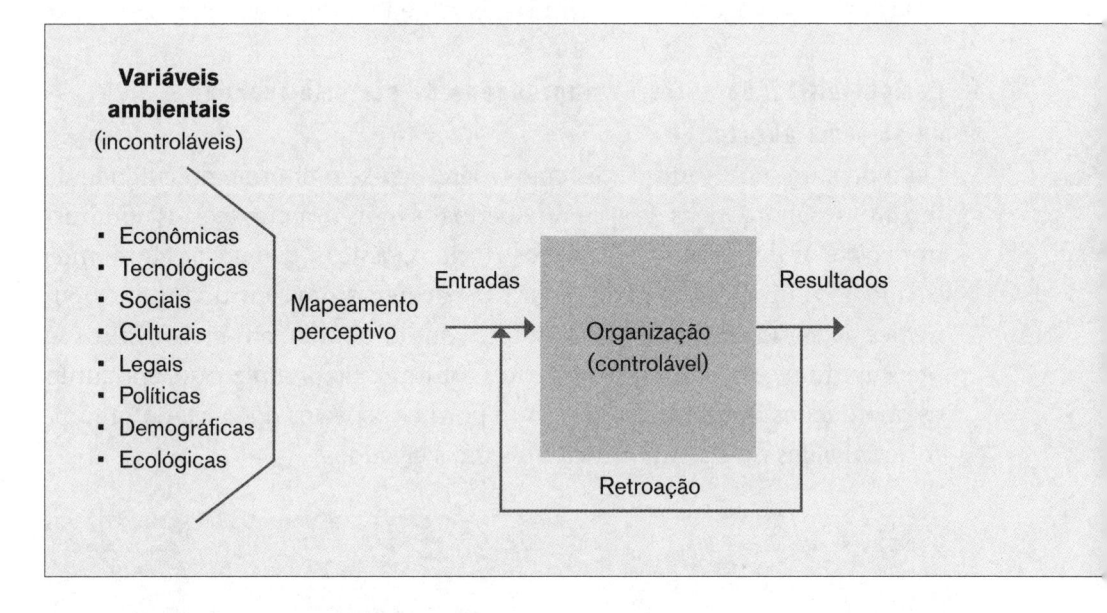

Figura 20.50. A consonância da organização com o ambiente.

Para ser bem-sucedida, a organização deve localizar e aproveitar rapidamente as oportunidades antes que outras organizações o façam e, simultaneamente, localizar e neutralizar as ameaças que provêm do ambiente. Esse jogo de cintura – ir de embalo a favor das favorabilidades ambientais e, ao mesmo tempo, evitar e escapar dos perigos e dificuldades ambientais – constitui o aspecto central da estratégia organizacional.

Ênfase na tecnologia

A visão contingencial focaliza a organização como um meio de utilização racional da tecnologia. Alguns autores apregoam um *imperativo tecnológico*: a tecnologia constitui a variável independente que condiciona a estrutura e o comportamento organizacional, que compõem as variáveis dependentes do sistema. Embora também se trate de evidente exagero, não resta dúvida de que a tecnologia impacta fortemente as características organizacionais. Até certo ponto, a organização funciona como um meio de utilizar adequadamente a tecnologia que lhe permite produzir e distribuir seus produtos e serviços. E, até certo ponto, a tecnologia influencia as características pessoais e conhecimentos que os membros organizacionais deverão oferecer do ponto de vista profissional. Além disso, a tecnologia representa simultaneamente uma importante variável ambiental e uma variável organizacional, ou seja, uma variável exógena e uma variável endógena para as organizações.

Compatibilização entre as abordagens de sistema fechado e de sistema aberto

Quando surgiu a Teoria de Sistemas, percebeu-se a enorme dificuldade de integrar as abordagens de sistema aberto (as mais recentes teorias administrativas) e as de sistema fechado (as teorias clássicas, de relações humanas e o modelo burocrático), já que suas perspectivas eram contraditórias e oponentes. A Teoria da Contingência mostra que as abordagens mecanísticas se preocuparam com os aspectos internos e íntimos da organização, enquanto as abordagens orgânicas voltaram-se para os aspectos da periferia organizacional e dos níveis organizacionais mais elevados.

TABELA 20.22. AS DIFERENÇAS ENTRE AS ABORDAGENS MECANICISTA E ORGÂNICA

Sistemas mecanicistas	Sistemas orgânicos
Rigidez	Flexibilidade
Permanência	Mudança
Definitivo	Adaptabilidade
Certeza	Incerteza
Previsibilidade	Imprevisibilidade
Ambiente estável	Ambiente mutável
Teorias tradicionais	Teoria da Contingência
Burocracia	Adhocracia

Com os trabalhos de Burns e Stalker, pensava-se que as organizações pudessem ser burocráticas ou mecanísticas, de um lado, e adhocráticas ou orgânicas, de outro. Era como se existissem apenas dois diferentes e exclusivos tipos de organização.

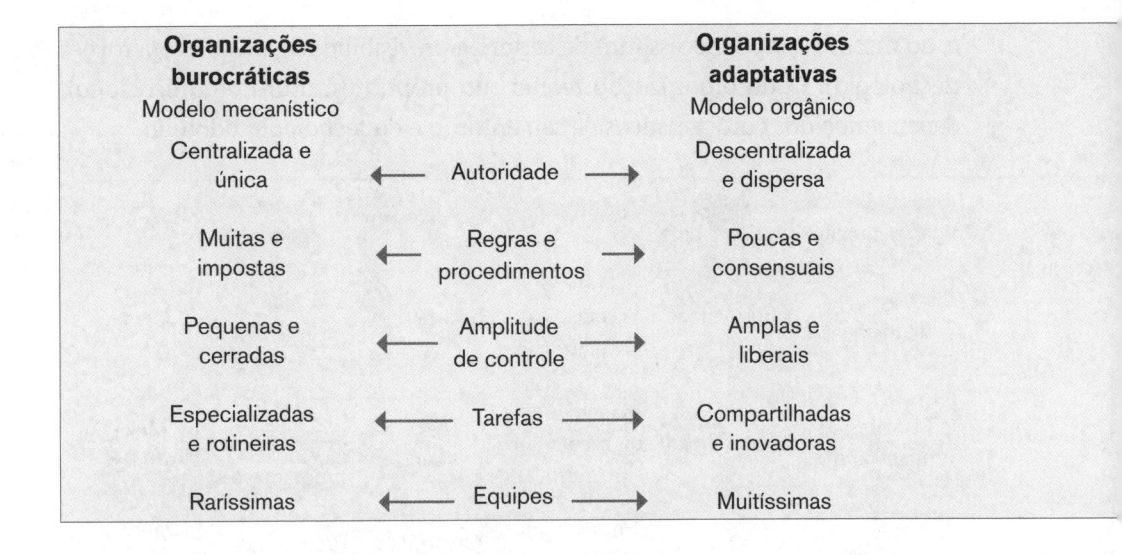

Organizações burocráticas Modelo mecanístico		Organizações adaptativas Modelo orgânico
Centralizada e única	← Autoridade →	Descentralizada e dispersa
Muitas e impostas	← Regras e procedimentos →	Poucas e consensuais
Pequenas e cerradas	← Amplitude de controle →	Amplas e liberais
Especializadas e rotineiras	← Tarefas →	Compartilhadas e inovadoras
Raríssimas	← Equipes →	Muitíssimas

Figura 20.51. Organizações burocráticas e adaptativas.

Contudo, percebeu-se que uma mesma organização pode apresentar características mecanísticas e orgânicas, simultaneamente. Verificou-se que enquanto os níveis inferiores e situados no âmago da organização trabalham dentro da lógica de sistema fechado, os níveis mais elevados e situados na periferia organizacional, e servindo como interface para os eventos ambientais, trabalham dentro da lógica aberta.

Subsistema organizacional	Principal tarefa administrativa	Contexto	Comportamento	Preocupação básica	Lógica
Nível institucional	Relacionar a empresa com o ambiente	Imprevisibilidade e incerteza	Extroversivo	Eficácia	Sistema aberto
Nível intermediário	Integrar e coordenar atividades internas	Amortecimento da incerteza	Elo de ligação	Integração	Bifocal
Nível operacional	Cumprir as metas e os programas cotidianos	Previsibilidade e certeza	Introversivo	Eficiência	Sistema fechado

Figura 20.52. As características dos três níveis organizacionais.

Assim, as organizações são ao mesmo tempo sistemas abertos dotados de componentes de sistemas fechados. Elas confrontam-se com a incerteza (ambiente) e, ao mesmo tempo, necessitam de certeza e previsibilidade em suas operações (tecnologia). Cada organização requer sua própria estrutura organizacional, dependendo das características de seu entorno e da tecnologia adotada.

Subsistema organizacional	Visão predominante	Perspectiva	Ponto de vista	Processos gerais	Decisão
Nível institucional	Longo prazo	Futuro e destino da organização	Satisfatório	Não programados	Judicativa
Nível intermediário	Médio prazo	Condições de presente e futuro	Meio--termo	Não programados e programáveis	Meio--termo
Nível operacional	Curto prazo	Presente e o cotidiano	Otimizante	Programáveis	Computacional

Figura 20.53. As características dos três níveis organizacionais.

A ação administrativa, isto é, o processo de planejar, organizar, dirigir e controlar, além de ser contingencial, é totalmente diferente conforme o nível organizacional considerado.

Níveis
- Institucional — Intermediário — Operacional

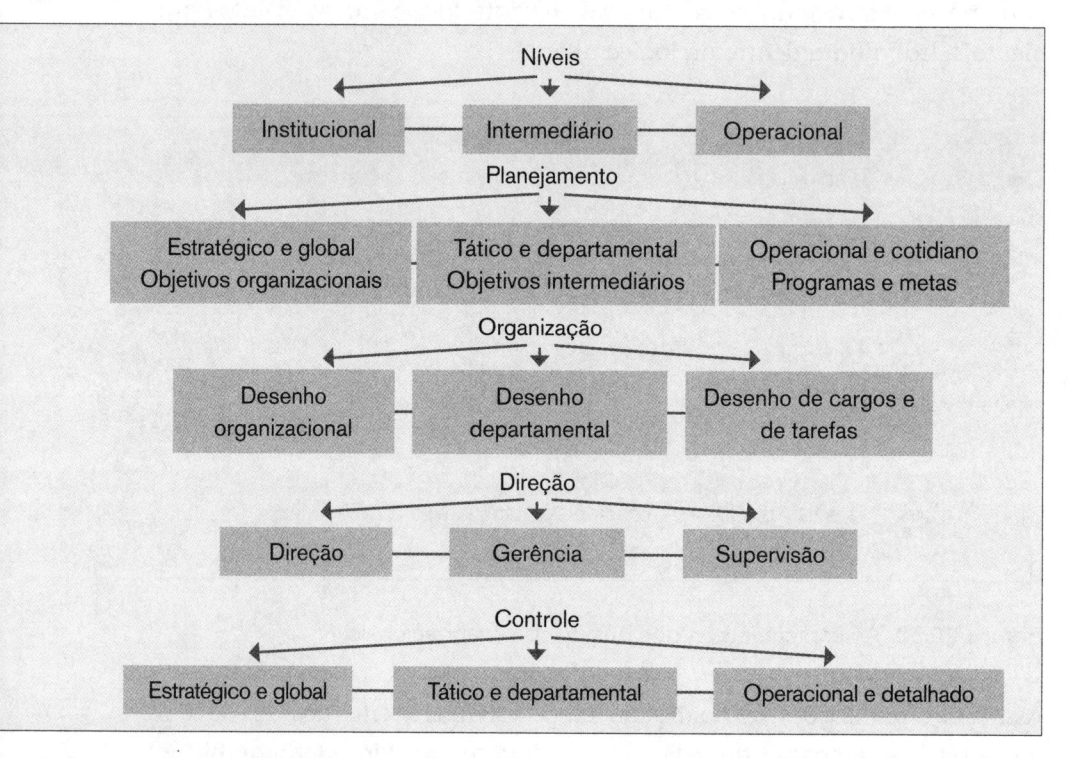

Planejamento
- Estratégico e global / Objetivos organizacionais
- Tático e departamental / Objetivos intermediários
- Operacional e cotidiano / Programas e metas

Organização
- Desenho organizacional
- Desenho departamental
- Desenho de cargos e de tarefas

Direção
- Direção
- Gerência
- Supervisão

Controle
- Estratégico e global
- Tático e departamental
- Operacional e detalhado

Figura 20.54. O processo administrativo nos três níveis organizacionais.

Caráter eclético e integrativo

A abordagem contingencial é eclética e integrativa, absorvendo os conceitos das diversas teorias administrativas no sentido de alargar horizontes e mostrar que nada é absoluto. A tese central da abordagem contingencial é a de que não há um método ou técnica que seja válido, ideal ou ótimo para todas as situações. O que existe é uma variedade de métodos e técnicas proporcionada pelas diversas teorias administrativas apropriadas para determinadas situações. Cada teoria administrativa foi forjada e desenvolvida para uma dada situação dentro da qual funciona adequadamente. Mudando-se a situação, ela deixa de produzir resultados. Em primeiro lugar, devem-se diagnosticar as características do ambiente e da tecnologia para verificar as características organizacionais requeridas e, a partir daí, adotar a abordagem mais adequada dentro do arsenal das teorias que compõem a TGA.

A abordagem contingencial é a mais eclética e integrativa de todas as teorias administrativas. Além de considerar todas as contribuições das diversas teorias anteriores, ela consegue abranger e dosar as cinco variáveis básicas da Teoria Administrativa, a saber: tarefas, estrutura, pessoas, tecnologia e ambiente. É com a Teoria da Contingência que se nota que as fronteiras entre as diversas teorias administrativas estão se tornando cada vez mais permeáveis e incertas, graças a um crescente e pujante intercâmbio de ideias e conceitos. Isso mostra que, no futuro, a TGA tende a ser cada vez mais uma teoria integrada e única, em vez de um emaranhado de teorias isoladas e individualizadas.

Método do caso

Fenômeno Xerox[156]

Na década de 1960, a Xerox decolou estupendamente como vendedora de um dos mais bem-sucedidos produtos da história dos negócios: a fotocopiadora. A uma genial invenção – antes rejeitada por algumas empresas que não viam nela nenhuma utilidade prática – juntou-se uma extraordinária força de vendas que foi rapidamente copiada por empresas de todo o mundo, principalmente do Japão. A Xerox foi a primeira companhia da história da Administração a alcançar um faturamento de 1 bilhão de dólares em menos de uma década de sua fundação. Ela dominou a indústria de copiadoras e foi a estrela de primeira grandeza. Mas começou a perder oportunidades para concorrentes japoneses que entraram no ramo das copiadoras pequenas, de menor velocidade e mais baratas. Sua participação no mercado mundial caiu de 95% para 13% em um período de dez anos. Seus sonhos grandiosos de tornar-se também uma empresa de informática, criando produtos para escritórios do futuro, tiveram consequências humilhantes. O problema é que muitas outras empresas agiram exatamente da mesma forma: a IBM, a GE e a AT&T foram as principais. Apesar de desenvolver tecnologias de excelente qualidade, a Xerox foi incapaz de tirar proveito delas, e os beneficiários foram a Apple Computer e as outras indústrias de computadores pessoais.

A recuperação da Xerox assenta-se em duas medidas estratégicas básicas. A primeira – refocalizar a empresa na produção de copiadoras – já produziu excelentes resultados. A segunda – para onde levar a companhia daqui para frente? – trata-se de redesenhar a empresa para um mundo no qual a cada dia aumentam os produtos digitais interligados em rede. Essa segunda estratégia pretende utilizar os pontos fortes da Xerox nos processos de copiar e imprimir para desenvolver produtos compatíveis com a nova Era da Informação. O desafio principal reside no fato de que o mundo está tornando-se mais digital a cada dia. Contudo, 80% do faturamento da empresa ainda provêm de equipamentos analógicos e não de produtos de tecnologia digital.

Para poder caminhar na direção do futuro, foram feitas duas grandes mudanças. Em primeiro lugar, a Xerox teve de mudar, deixando a sua tradicional forma de trabalhar isoladamente para fazer parcerias estratégicas – com a Sun, Novell, Microsoft, Lotus, etc. –, com o objetivo de dar saltos tecnológicos mais rapidamente. A segunda grande mudança ocorreu na reestruturação administrativa. A antiga Xerox – antes organizada e departamentalizada por funções, como manufatura, engenharia, vendas, finanças etc. – cedeu lugar à nova Xerox, dividida em unidades de negócios, cada qual centrando o foco no consumidor final. E com enorme ênfase no trabalho em equipe e na participação e comprometimento das pessoas.

Questões

1. Explique as razões do sucesso, da queda e da volta por cima (*turnaround*) da Xerox.
2. Como os fatores ambientais externos conduziram a uma nova estratégia da Xerox?

3. Explique o complicado ambiente de tarefa da Xerox.
4. Como você vê a utilização de alianças estratégicas pela Xerox?
5. Explique a mudança da estrutura organizacional da Xerox.
6. Se você dirigisse a Xerox, como deslancharia o processo de mudança na forma de fazer o negócio da empresa?

Ambiente
- Mapeamento ambiental
- Seleção ambiental
- Percepção ambiental
- Consonância e dissonância

Ambiente geral
- Condições sociais
- Condições econômicas
- Condições tecnológicas
- Condições culturais
- Condições legais
- Condições políticas
- Condições demográficas
- Condições ecológicas

Tecnologia
Tipologia de Thompson:
- Em elos de sequência
- Mediadora
- Intensiva

Tipologia de Thompson e Bates:
- Fixa × Flexível
- Produto concreto
- Produto abstrato

Tipologia de ambientes
Quanto à estrutura:
- Homogêneo
- Heterogêneo

Quanto à dinâmica:
- Estável
- Instável

Ambiente de tarefa
- Fornecedores
- Clientes ou usuários
- Concorrentes
- Entidades reguladoras

Ambiente
- Institucional (aberto)
- Intermediário
- Operacional (fechado)

Arranjos organizacionais
- Adhocracia
- Estrutura matricial
- Estrutura de equipes
- Abordagem em redes

Teorias da motivação
Modelo de Vroom:
- Instrumentalidade entre:
  - expectativas
  - recompensas
  - relações entre elas

Modelo de Lawler:
- Dinheiro como expectativa

Teoria da liderança
- Fiedler: liderança é contingencial:
- Relações líder/membros
- Estrutura da tarefa
- Poder de posição

Figura 20.55. Mapa mental 1 da Teoria da Contingência.

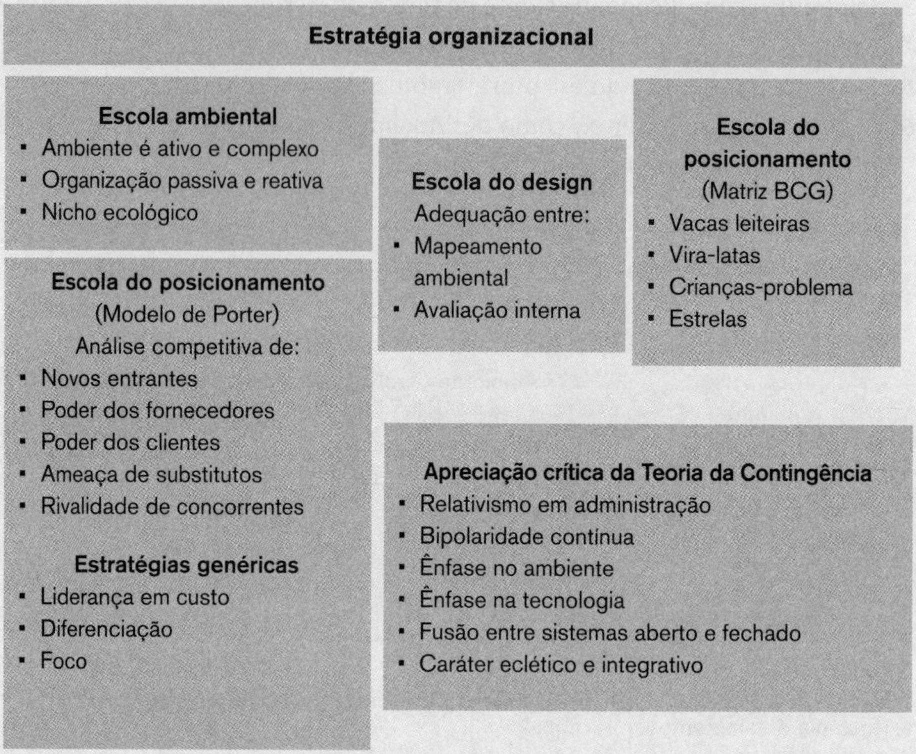

Estratégia organizacional

Escola ambiental
- Ambiente é ativo e complexo
- Organização passiva e reativa
- Nicho ecológico

Escola do posicionamento
(Modelo de Porter)
Análise competitiva de:
- Novos entrantes
- Poder dos fornecedores
- Poder dos clientes
- Ameaça de substitutos
- Rivalidade de concorrentes

Estratégias genéricas
- Liderança em custo
- Diferenciação
- Foco

Escola do design
Adequação entre:
- Mapeamento ambiental
- Avaliação interna

Escola do posicionamento
(Matriz BCG)
- Vacas leiteiras
- Vira-latas
- Crianças-problema
- Estrelas

Apreciação crítica da Teoria da Contingência
- Relativismo em administração
- Bipolaridade contínua
- Ênfase no ambiente
- Ênfase na tecnologia
- Fusão entre sistemas aberto e fechado
- Caráter eclético e integrativo

Figura 20.56. Mapa mental 2 da Teoria da Contingência.

REFERÊNCIAS

1. LUTHANS, F. Introduction to management: a contingency approach. New York: McGraw-Hill, 1976. p. 31.
2. Daí o nome de Neoestruturalismo dado por Schein a Lawrence, Lorsch, Galbraith, etc., pela abordagem inicialmente dada à estrutura organizacional como resposta às demandas ambientais. Ver: SCHEIN, E. H. Psicologia de la organización. Madri: Prentice/Hall Internacional, 1972. p. 125-7.
3. LAWRENCE, P. R.; LORSCH, J. W. As empresas e o ambiente: diferenciação e integração administrativas. Petrópolis: Vozes, 1973. p. 210.
4. CHANDLER JR., A. Strategy and structure: chapters is the history of american industrial enterprises. Cambridge: The MIT, Massachusetts Institute of Technology, 1976.
5. CHANDLER JR., A, op. cit., p. 380-96.
6. CHANDLER JR., A., op. cit., p. 41.
7. EMERY, F. E.; TRIST, E. L. Socio-technical systems. In: CHURCHMAN, W. C.; VERHULST, M. (Eds.). Management science, models and techniques. v. 2. Pergamon, 1960. p. 83-97. Reproduzido de EMERY, F. E.; TRIST, E. L. Socio-technical systems In: EMERY, F. E. (Ed.). Systems thinking. Middlesex: Penguin Books, p. 292.

8. EMERY, E.; TRIST, E. L. The causal texture of organization environments. Human Relations, v. 18, p. 21-32, fev. 1965. O mesmo artigo encontra-se em EMERY, F. E. (Ed.). Systems thinking, op. cit., p. 241-57.
9. EMERY, F. E.; TRIST, E. L. The causal texture of organization environments, op. cit., p. 21-32.
10. ADAMS, J. S. The structure and dynamics of behavior in organization boundary roles. In: DUNNETTE, M. D. (Ed.). Handbook of industrial and organization psychology. Chicago: Rand McNally College, 1976. p. 1175.
11. MCWINNEY, W. H. Organizational form, decision modalities and the environment. Research Paper, n. 17, the Graduate School of Business Administration, University of California at Los Angeles, 1967.
12. HOLLOWAY, Adaptado de: ROBERT, J.; HANCOK, R. S. Marketing in a changing environment. New York: John Wiley & Sons, 1973. p. 107. Ver também: ROSSETTI, J. P. Introdução à economia. São Paulo: Atlas, 1978. p. 294.
13. TERREBERRY, S. The evolution of organizational environments. Administrative Science Quarterly, v. 12, n. 4, p. 608, mar. 1968.
14. BURNS, T.; STALKER, G. M. do Tavistock Institute of Human Relations de Londres.
15. BURNS, T.; STALKER, G. M. The management of innovation. London: Tavistock Public, 1961.
16. BURNS, T.; STALKER, G. M., op. cit., p. 5-6.
17. BURNS, T.; STALKER, G. M., op. cit., p. 10.
18. BURNS, T.; STALKER, G. M., op. cit., p. 16.
19. LAWRENCE, P. R.; LORSCH, J. W., op. cit.
20. LAWRENCE, P. R.; LORSCH, J. W., op. cit., p. 24.
21. LODI, J. B. História da administração. São Paulo: Pioneira, 1971. p. 206-10.
22. WOODWARD, J. Management and technology. London: Her Majesty's Stationery Office, 1958.
23. A pesquisa envolveu 100 firmas: 24 de produção unitária, 31 de produção em massa, 25 de produção por processo e 20 de sistemas combinados de produção.
24. Os três livros de Woodward são: Management and technology, op. cit.; Industrial organizations: behavior and control. London: Oxford University, 1970; Industrial organizations: theory and practice. London: Oxford University, 1965.
25. WOODWARD, J. (Ed.) Industrial organization: theory and practice, op. cit., 1970.
26. Ver o capítulo dedicado à Teoria Estruturalista da Administração.
27. STARBUCK, W. H. Organizations and their environments. In: DUUNETTE, M. D. (Org.). Handbook of Industrial psychology. Chicago: Rand McNally College Publ. Co., 1976. p. 1069-82.
28. BERELSON, B.; STEINER, G. A. Comportamento humano. São Paulo: Brasiliense, 1971. p. 156.
29. WEICK, K. E. A psicologia social da organização. São Paulo: Edgard Blücher/EDUSP, 1973. p. 29.
30. WEICK, K. E., op. cit., p. 29.
31. REUCHLIN, M. Introdução à psicologia. Rio de Janeiro: Zahar, 1977. p. 59.
32. FESTINGER, L. A theory of cognitive dissonance. Stanford: Stanford University, 1957.

33. PERROW, C. Análise organizacional: um enfoque sociológico. São Paulo: Atlas, 1972. p. 161.
34. WEICK, K. E., op. cit., p. 28.
35. STARBUCK, W. H. Organizations and their environments, op. cit., p. 1070.
36. STARBUCK, W. H. Organizations and their environments, op. cit., p. 1071.
37. Autores como:
    - DILL, W. R. Environnment as an influence on managerial autonomy. Administrative Science Quarterly, n. 2, p. 409-43, 1958.
    - EMERY, F. E.; TRIST, E. L. The causal texture of organizational enviromnents. Human Relations, n. 18, p. 21-32, 1965.
    - EVAN, W. M. Toward a theory of interorganization relations. Management Science, n. 11, p. B217-30, 1965.
    - EVAN, W. M. The organization-set: toward a theory of interorganization relations. In: THOMPSON, J. D. (Org.). Approaches to organizational design. Pittsburgh: University of Pittsburgh, 1966. p. 174-91.
38. STARBUCK, W. H. Organizations and their environments, op. cit., p. 1075-6.
39. LEAVITT, H. J.; DILL, W. R.; HEYRING, H. B. The organizational world. New York: Harcourt Brace, Jovanovich, 1973. p. 285.
40. VASCONCELLOS FILHO, P. Análise ambiental para o planejamento estratégico. Revista de Administração de Empresas, v. 19, n. 2, p. 115-8, abr./jun. 1979.
41. HALL, R. H. Organizaciones: estructura y proceso. Madrid: Prentice-Hall Internacional, 1973. p. 275.
42. A Ecologia é a ciência que estuda as relações entre os seres vivos e seus ambientes. Geralmente, a Ecologia se preocupa com as relações ambientais das populações e comunidades de seres vivos. Por essa razão, os ecologistas estudam os meios pelos quais todos os aspectos do ambiente interagem uns com os outros. Todos os aspectos do ambiente são interdependentes, afetam os organismos vivos e são por eles afetados. Os organismos vivos fazem parte de um ecossistema (sistema ecológico) e dependem dele para viver. Todos os ecossistemas têm certas partes componentes ou funções, e todos necessitam de alguma fonte ou de várias fontes de energia. Todos os organismos são capazes de converter essa energia em outra forma de energia com que se alimentam. Todos os componentes vivos de um ecossistema formam uma comunidade biótica e cada espécie adapta-se a um papel particular no ecossistema e forma ali o seu "nicho ecológico". Cada espécie, para a sua sobrevivência, depende da presença de uma combinação viável de espécies, cada qual desempenhando uma tarefa especializada no sistema total. Todos os ecossistemas da Terra, em conjunto, formam a biosfera. A biosfera é a porção do planeta na qual existe vida. O homem faz parte da biosfera e depende dela para a sua existência. Ele pode modificar e muitas vezes destruir algum ecossistema, quando as modificações na biosfera não trazem risco para a sua existência, mas provocam problemas para os demais seres vivos. Todavia, o ambiente pode trazer alguns fatores limitativos que interagem entre si no sentido de reforçar ou diminuir os seus mútuos efeitos. Ver: DASMANN, R. F.; MILTON, J. P.; FREEMAN, P. H. Ecological principles for economic development. New York: John Wiley & Sons, Inc., 1973. p. 44.

43. Há alguns anos, a ecologia nem sequer era considerada um fator ambiental de importância, provavelmente em virtude da industrialização ainda incipiente de nosso país. Dois aspectos importantes vieram mudar essa situação. O primeiro foi a compreensão do equilíbrio ecológico, pois a ciência e o crescimento da população humana mudaram os fatores ecológicos, trazendo benefícios de um lado, mas degradando a natureza com a poluição. O segundo aspecto é uma mudança na mentalidade e nas atitudes sociais de preocupação pública quanto aos prejuízos naturais que a industrialização descuidada pode provocar. Além desse ponto de vista restrito – a Ecologia Natural – que trata exclusivamente dos aspectos ecológicos relacionados ao efeito sobre os seres vivos, existe um ponto de vista mais amplo: a Ecologia Social. São as condições decorrentes da proximidade de outras organizações e empresas. Podemos chamá-la de Ecologia Organizacional, para melhor explicitar o quadro ecológico das outras organizações e empresas com as quais uma determinada empresa mantém relações de intercâmbio e de contato para poder sobreviver e funcionar. Ver: EMERY, F. E.; TRIST, E. L. Toward a social ecology. London: Plenum, 1972.
44. DILL, W. R. Environment as an influence on managerial autonomy. Administrative Science Quarterly, v. 2, p. 409-43, march 1958.
45. O mercado pode ser definido como o conjunto de todas as pessoas ou organizações que compram ou podem ser induzidas a comprar determinado produto ou serviço. Há uma variedade de maneiras de visualizar o mercado. Para uma indústria automobilística, o mercado é composto de todos os compradores reais ou potenciais que podem ser abrangidos pela sua rede nacional (ou internacional) de distribuidores e concessionários e sobre os quais ela precisa tomar decisões quanto à propaganda, à distribuição, ao volume de carros a ofertar, aos preços e condições de venda etc. Para uma empresa produtora de pães, o mercado seria uma unidade geográfica (uma cidade ou um bairro), onde distribui o resultado diário de sua produção a determinado preço. Para uma empresa corretora de ações, o mercado é o lugar específico onde as ações são transacionadas diariamente. As fronteiras, nos três exemplos acima, definem a amplitude do mercado. Os mercados também podem ser classificados de acordo com as leis da oferta e da procura em dois tipos: mercado comprador e mercado vendedor. O mercado vendedor caracteriza-se pelo fato de que o produtor estabelece o preço com uma ampla liberdade, impondo ao mercado as condições de venda de seus produtos ou serviços: é o que acontece quando a procura é maior que a oferta, e torna-se mais evidente quanto menor for a concorrência. Para o mercado como um todo, ele é mercado vendedor, quando a demanda supera a oferta, enquanto para determinada empresa em particular ela é mercado vendedor, quando a concorrência é pequena. Para essa empresa, o ideal seria a situação de grande procura e demanda de seus produtos, tendo monopólio. O mercado comprador caracteriza-se quando a oferta é relativamente grande, havendo muitas opções de escolha por produtos substitutos: o comprador exerce uma influência reguladora no mercado, impondo aos produtores as suas condições. Estes, para poder sobreviver, precisam ajustar-se às exigências do mercado.

46. LEVINE, S.; WHITE, P. E. Exchange as a conceptual framework for the study of interorganizational relationships. Administrative Science Quarterly, v. 5, p. 583-601, 1961.
47. THOMPSON, J. D. Dinâmica organizacional: fundamentos sociológicos da teoria administrativa. São Paulo: McGraw-Hill, 1976. p. 41-55.
48. Adaptado de: YONG, S. Management: a decision-making approach. Belmont: Dickenson, 1968. p. 127.
49. Adaptado de: VASCONCELLOS FILHO, P. Um método para analisar o ambiente da empresa. Negócios em Exame, p. 69, abr. 1978.
50. KINGDON, R. R. Matrix organization. Managing information technologies. London: Tavistock, Assen, Van Gorkum, 1973. p. 23-6.
51. THOMPSON, J. D., op. cit., p. 87-95.
52. JURKOVICH, J. A core typology of organization environments. Administrative Science Quarterly, p. 380-94, set. 1974.
53. COSTA, J. F. Condições e fatores determinantes para uma política nacional de desenvolvimento tecnológico: aspectos externos. Revista de Administração de Empresas, v. 14, n. 3, p. 83-100, mai./jun. 1974.
54. SIMON, H. A. Technology and environment. In: LUTHANS, F. Contemporary readings in organizational behavior. New York: McGraw-Hill, 1977. p. 51.
55. KOONTZ, H.; O'DONNELL, C. Essentials of management. New York: McGraw-Hill, 1978. p. 36-7.
56. COSTA, J. F. Condições e fatores determinantes para uma política nacional de desenvolvimento tecnológico: aspectos externos. op. cit., p. 83.
57. THOMPSON, J. D. , op. cit., p. 30.
58. THOMPSON, J. D. , op. cit., p. 30-3.
59. THOMPSON, J. D., op. cit., p. 31.
60. THOMPSON, J. D., op. cit., p. 32.
61. THOMPSON, J. D.; BATES, F. L. Technology, organizations and administration. Administrative Science Quarterly, v. 2, p. 31-2, 1957.
62. PERROW, C. Análise organizacional: um enfoque sociológico. São Paulo: Atlas, 1976.
63. PERROW, C. A framework for the comparative analysis of organizations. American Sociological Review, v. 32, n. 2, p. 195-6, apr. 1967.
64. PERROW, C. A framework for the comparative analysis of organization, op. cit., p. 197.
65. PERROW, C. A framework for the comparative analysis of organization, op. cit., p. 197.
66. LITWAK, E. Modes of bureaucracy which permit conflict. American Journal of Sociology, v. 67, n. 2, sep. 1961.
67. HAGE, J.; AIKEN, M. Routine technology & social structure and organizational tools. Administrative Science Quarterly, v. 14, n. 3, p. 369, sep.
68. ARGYRIS, C. The applicability of organizational sociology. New York: Cambridge University, 1974. p. 35.
69. THOMPSON, J. D., op. cit., p. 30.

70. PARSONS, T. Some ingredients.... In: Structure and process in modern society.
71. THOMPSON, J. D., op. cit., p. 30.
72. THOMPSON, J. D., op. cit., p. 189.
73. THOMPSON, J. D., op. cit., p. 99.
74. THOMPSON, J. D., op.cit., p. 99.
75. THOMPSON, J. D., op.cit., p. 24.
76. TRIANDIS, H. C. Notes on the design of organizations. In: THOMPSON, J. D. (Ed.). Organizational design and research: approaches to organizational design. Pittsburgh: University of Pittsburgh, 1971. p. 58-78.
77. CHILD, J. Organizational design and performance: contingency theory and beyond. Organization and Administrative Sciences, v. 8, n. 2 e 3, p. 169, 1977.
78. PORTER, L. W.; LAWLER III, E. E.; HACKMAN, J. R. Behavior in organizations. New York: McGraw-Hill, 1975. p. 223.
79. CHILD, J. Organization: a guide to problems and practice. London: Harper & Row, 1977. p. 8-9.
80. CHILD, J. Organizational design and performance: contingency theory and beyond, op. cit., p. 169.
81. LORSCH, J. W. Introduction to the structural design of organizations. In: DALTON, G. W.; LAWRENCE, P. R. (Eds.). Organizational structure and design, 111. Richard D. Irwin/The Dorsey, 1971. p. 5.
82. Adaptado de: GALBRAITH, J. R. Matrix organization design: how to combine functional and project form. Business Horizons, v. 14, p. 37, 1971.
83. TOFFLER, A. O choque do futuro. Rio: Artenova, 1972. p. 101-24.
84. KATZENBACH, J. R. The works of teams. Boston: Harvard Business Review Book, 1998.
85. Adaptado de: HAMPTON, D. R. Contemporary management. New York: McGraw-Hill, 1977. p. 410-4.
86. ROBBINS, S. P. O processo administrativo: integrando teoria e prática. São Paulo: Atlas, 1978. p. 302-3.
87. GUILHERM, A.; BOURDET, Y. Autogestão: uma mudança radical. Rio de Janeiro: Zahar, 1976.
88. COURNELLE, R. De-managing America. New York: Randon House, 1975.
89. MINTZBERG, H.; AHLSTRAND, B.; LAMPEL, J. Safári de estratégia: um roteiro pela selva do planejamento estratégico. Porto Alegre: Bookman, 1998. p. 209-220.
90. OLIVER, C. Strategic responses to institutional processes. Academy of Management Review, v. 16, p. 152, 1991.
91. MINTZBERG, H. AHLSTRAND, B.; LAMPEL, J. , op.cit., p. 28-43.
92. HENDERSON, B. D. Henderson on corporate strategy. Cambridge: Abt Books, 1979.
93. MITZBERG, H.; AHLSTRAND, B.; LAMPEL, J. , op. cit., p. 77.
94. HENDERSON, B. D., op. cit., p. 163-166.
95. MINTZBERG, H. AHLSTRAND, B.; LAMPEL, J. , op. cit., p. 78.

96. Ver: PORTER, M. E. Competitive strategy: techniques for analyzing industries and competitors. New York: Free, 1980. Ver tradução brasileira: Estratégia competitiva: técnicas para análise de indústrias e da concorrência. Rio de Janeiro: Campus, 1986. PORTER, M. E. Competitive advantage: creating and sustaining superior performance. New York: Free, 1985. Ver tradução brasileira: Vantagem competitiva: criando e sustentando um desempenho superior. Rio de Janeiro: Campus, 1989.
97. Adaptado de: PORTER, M. E. Estratégia competitiva, op. cit., p. 23; PORTER, M. E. Vantagem competitiva, op. cit., p. 5.
98. PORTER, M. E. Vantagem competitiva, op. cit., p. 35.
99. O modelo de Lewin é representado pela equação: $C = f(P,M)$, em que o comportamento é função (f) ou resultado da interação entre a pessoa (P) e o meio ambiente (M). A pessoa (P), nesta equação, é determinada por suas características genéticas e pelas características adquiridas pela aprendizagem em contato com o meio ambiente.
100. SCHEIN, E. H. Organizational psychology. Englewood Cliffs: Prentice-Hall. 1970. p. 60-1.
101. LAWRENCE, P. R.; LORSCH, J. W. O desenvolvimento de organizações: diagnóstico e ação. São Paulo: Edgard Blucher, 1972. p. 74.
102. VROOM, V. H. Work and motivation. New York: John Wiley & Sons, 1964.
103. GEORGOPOULOS, B. S.; MANONEY, G. M.; JONES, N. W. A path-goal approach to productivity. Journal of Applied Psychology,v. 41, p. 345-53, 1957.
104. Fonte: HELLRIEGEL, D.; SLOCUM JR., J. W. Management: a contingency approach. Reading: Addison-Wesley, 1974. p. 321.
105. GALBRAITH, J.; CUMMINGS, L. An empirical lnvestigation of the motivational determinants of task performance: interactive effects between instrumentality-valence and motivation-ability. Organizational Behavior and Human Performance,v. 2, p. 237-57, 1967.
106. LAWLER III, E. E. Pay and organizational effectiveness. NewYork: McGraw-Hill, 1971; PORTER, L. W.; LAWLER III, E. E. Managerial attitudes and performances. Homewood: Irwin-Dorsey, 1968; PORTER, L. W.; LAWLER III, E. E.; HACKMAN, J. R. Behavior in organizations. New York: McGraw-Hill, 1975. cap. 12.
107. ATKINSON, J. W. An introduction to motivation. Princeton: Van Nostrand, 1964. p. 240-314.
108. Adaptado de: HAMPTON, D. R. Contemporary management, op. cit., p. 384.
109. LITWIN, G. H. Climate and motivation: an experimental study. In: KOLB, D. A.; RUBIN, I. M.; MCINTYRE, J. M. Organizational psychology: a book of readings. Englewood Cliffs: Prentice-Hall, 1971. p. 111.
110. ATKINSON, L. W., op. cit., p. 244.
111. LITWIN, G. H.; STRINGER JR., R. A. Motivation and organizational climate. Boston: Division of Research, Harvard Business School, 1968.
112. LITWIN, G. H. Climate and motivation: an experimentai study, op. cit., p. 121.
113. FIEDLER, F. E. Engineer the job to fit the manager. Harvard Business Review, p. 115-22, sept./oct., 1965. Ver também: FIEDLER, F. E. A contingency model of

leadership effectiveness. In: BERKOWITZ, L. (Ed.). Advances in experimental social psychology. New York: Academic, 1964.
114. Fonte: FIEDLER, F. E. Style or circunstance: the leadership enigma. Psychology Today Magazine, mar. 1969.
115. Fonte: HAMPTON, D. R. Contemporary management, op. cit., p. 290.
116. Fonte: HAMPTON, D. R. Contemporary management, op. cit., p. 289.
117. HUNT, J. G. Breakthrough in leadership research. In: WORTMAN JR., M. S.; LUTHANS, F. (Eds.). Emerging concepts in management. London: The Macmillan Co., Collier-Macmillan, 1969. p. 115-21.
118. FIEDLER, F. E. Engineer the job to fit the manager, op. cit., p. 115-22.
119. HERSEY, P.; BLANCHARD, K. H. Psicologia para administradores de empresas: a utilização de recursos humanos. São Paulo: EPU, 1974.
120. Ver o Modelo 3-D de Reddin no capítulo dedicado ao Desenvolvimento Organizacional.
121. Ver o *continuum* imaturidade-maturidade de Argyris no capítulo dedicado à Teoria Comportamental da Administração.
122. Fonte: HERSEY, P.; BLANCHARD, K. H., op. cit., p. 167.
123. HERSEY, P.; BLANCHARD, K. H., op. cit., p. 216.
124. Ver Teoria X e Teoria Y de McGregor no capítulo dedicado à Teoria Comportamental da Administração.
125. Ver Sistemas de Administração de Likert no capítulo dedicado à Teoria Comportamental da Administração.
126. HERSEY, P.; BLANCHARD, K. H., op. cit., p. 217.
127. Adaptado de: REDDIN, W. J. Administração por objetivos: o método 3-D. São Paulo: Atlas, 1978. p. 22, 43 e 79.
128. ARGYRIS, C. A integração de indivíduo: organização. São Paulo: Atlas, 1975.
129. BENNIS, W. G. Changing organizations: essays of the development and evaluation of human organization. New York: McGraw-Hill, 1966.
130. ETZIONI, A. Two approaches to organizational analysis: a critique and a suggestion. Administrative Science Quarterly, p. 257-8, 1960.
131. LIKERT, R. A organização humana. São Paulo: Atlas, 1975.
132. GEORGOPPOULOS, B. S.; MAHONEY, G. M.; JONES, N. W. A path-goal approach to productivity, op. cit.
133. MCGREGOR, D. M. O lado humano da empresa. In: BALCÃO, Y. F.; CORDEIRO, L. (Eds.). O comportamento humano na empresa. Rio de Janeiro: Fundação Getúlio Vargas, Serviço de Publicações, 1971. p. 45-60.
134. SELZNICK, P. Foundations of the theory of organizations. American Sociological Review, v. 13, p. 25-35, 1948.
135. LIKERT, R. , op. cit., p. 44.
136. NEGANDHI, A. R. A model for analysing organizations in cross-cultural settings: a conceptual scheme and some research findings. In: NEGANDHI, A. R. (Ed.). Modern organizational theory, contextual, environmental and socio-cultural variables. The Kent State University, 1973. p. 298-9.
137. NEGANDHI, A. R. A model for analysing organizations in cross-cultural settings: a conceptual scheme and some research findings, op. cit., p. 299.

138. Ver a tipologia das organizações segundo Blau e Scott no capítulo sobre Estruturalismo.
139. SCHEIN, E. H. Psicología de la organización. Madrid: Prentice-Hall Internac., 1972. p. 29.
140. ARGYRIS, C., op. cit.
141. MCGREGOR, D. O lado humano da empresa, op. cit.
142. LIKERT, R., op. cit.
143. BLAKE, R.; MOUTON, J. Group dynamics: key to decision making. Houston: Gulf, 1961.
144. BENNIS, W. G. Toward a truly scientific management: the concept of organizational health. General Systems Yearbook, v. 7, p. 273, 1962.
145. AHODA, M. Current concepts of positive mental health. New York: Basic Books, 1958.
146. SCHEIN, E. H., op. cit., p. 130.
147. SCHEIN, E. H., op. cit., p. 130-1.
148. WOODWARD, J. Management and technology, op. cit.
149. BURNS, T.; STALKER, G. M. The management of innovation, op. cit.
150. CHANDLER JR., A. D. Strategy and structure, op. cit.
151. EMERY, F. E.; TRIST, E. L. The causal texture of organizational environment, op. cit.
152. SHERMAN, H. It all depends: a pragmatic approach to organization.
153. EVAN, W. M. Organization set: toward a theory of interorganizational relations, op. cit.
154. LAWRENCE, P. R.; LORSCH, J. W. Organization and environment: managing differentiation and integration, op. cit.
155. SCOTT, W. G.; MITCHELL, T. R. Organization theory: a structural and behavioral analysis, op. cit., p. 67.
156. Extraído do artigo: Cópia de si mesma. in: Exame, ed. 561, 6 jul., 1994, p. 102-3.

GLOSSÁRIO BÁSICO

Adhocracia: é uma estrutura organizacional que enfatiza a tomada de decisão descentralizada, extrema especialização horizontal, poucos níveis administrativos, ausência virtual de controles formais e poucas regras, políticas e procedimentos escritos.

Ambiente: constitui tudo o que envolve externamente uma organização. O ambiente é constituído pela própria sociedade, pelas demais organizações e tudo o mais.

Ambiente de tarefa ou microambiente: é o ambiente de operações específico de cada organização. Constitui o segmento ambiental que está mais imediato e próximo à organização e do qual ela obtém suas entradas (fornecedores) e deposita suas saídas (clientes e consumidores). Além disso, o ambiente de tarefa abrange os concorrentes (tanto de entradas como de saídas) e as agências regulamentadoras. As partes do ambiente de tarefa podem ser chamadas de mercados.

Ambiente estável: é o ambiente de tarefa que apresenta regularidade e poucas mudanças, que geralmente são previsíveis, requerendo pouca mudança organizacional.

Ambiente geral ou macroambiente: é o ambiente geral comum a todas as organizações.

Ambiente heterogêneo: é o ambiente de tarefa constituído de fornecedores, clientes, concorrentes e órgãos reguladores com características diferentes, requerendo diferenciação das atividades organizacionais.

Ambiente homogêneo: é o ambiente de tarefa constituído de fornecedores, clientes, concorrentes e órgãos reguladores com características semelhantes, requerendo padronização das atividades organizacionais.

Ambiente mutável: ou incerto, turbulento ou instável, é o ambiente de tarefa que apresenta muitas mudanças, que geralmente são imprevisíveis, requerendo muita adaptabilidade organizacional.

Célula de produção: constitui uma unidade autônoma e autossuficiente, contendo todas as ferramentas e operações requeridas para produzir um determinado produto. Constitui uma combinação de processos e arranjos de produtos, nos quais estão presentes as pessoas e máquinas necessárias.

Contingência: algo que pode ou não acontecer, mas quando acontece passa a influenciar o comportamento da organização.

Estabilidade: situação do ambiente de tarefa que é caracterizada pela ausência relativa de flutuações ou alterações.

Expectância: em motivação, significa a probabilidade de que os esforços de uma pessoa conduzam a um desempenho.

Forças-tarefas: são grupos de membros organizacionais que interagem uns com os outros para realizar tarefas não rotineiras e transitórias.

Homem complexo: é a visão do homem como um sistema complexo de valores, percepções, características pessoais e necessidades. Ele opera como um sistema aberto capaz de manter seu equilíbrio interno diante das demandas feitas pelas forças externas do ambiente.

Imperativo ambiental: é a ideia de que a estrutura e comportamento da organização devem ser ajustados ao ambiente externo, se ela pretende ser bem-sucedida.

Imperativo tecnológico: é a ideia de que a estrutura e comportamento da organização devem ser ajustados à tecnologia, se ela pretende ser bem-sucedida.

Instabilidade: situação do ambiente de tarefa que é caracterizada por mudanças e transformações.

Instrumentalidade: é a correlação percebida entre desempenho bem-sucedido e a obtenção de recompensas.

Matriz: o mesmo que organização matricial.

Meios-objetivos: é o processo de encadear objetivos intermediários para o alcance de objetivos finais que dependem deles.

Modelo de expectação: é o modelo de motivação que enfatiza que as necessidades provocam o comportamento humano e que a força da motivação depende do grau de desejo de um indivíduo em desempenhar um comportamento.

Modularidade: constitui uma alternativa de organização em redes, em que áreas ou processos da organização constituem módulos completos e separados, para permitir intercâmbio, conectividade, transferências, mudanças e agilidade.

Organização matricial: é a superposição de uma ou mais formas de departamentalização sobre a estrutura organizacional existente. É uma estrutura organizacional tradicional modificada com o propósito de completar algum tipo específico de projeto.

Organização virtual: é uma organização que existe apenas por meio de uma rede temporária ou aliança com outras companhias independentes para conjuntamente alcançar objetivos particulares e comuns.

Produção em massa: é um tipo de processo de produção que utiliza uma linha de montagem e métodos padronizados, máquinas especializadas que produz grandes volumes de itens padronizados.

Sistema celular: é uma combinação de processos e arranjos de produtos, nos quais as pessoas e máquinas são agrupadas em células contendo todas as ferramentas e operações requeridas para produzir um particular produto ou família de produtos.

Sistema mecânico: é uma estrutura organizacional rígida e que enfatiza a especialização vertical (hierarquia) e horizontal (departamentos), a centralização das decisões, a utilização do princípio da unidade de comando e muitas regras, políticas e procedimentos escritos.

Sistema orgânico: é uma estrutura organizacional flexível que enfatiza a comunicação horizontal, a descentralização das decisões, a utilização intensa de coordenação e poucas regras, políticas e procedimentos escritos.

Reforço positivo: é a administração de consequências positivas que tendem a aumentar a vontade de repetir o comportamento em situações similares.

Tecnologia: é conjunto de conhecimentos, técnicas, ferramentas e atividades utilizadas para transformar os insumos organizacionais em saídas ou resultados.

Teoria da Contingência: é a abordagem que enfatiza que a administração depende de um determinado conjunto de circunstâncias, ou seja, de uma situação.

Parte X
NOVAS ABORDAGENS DA ADMINISTRAÇÃO

A Teoria Administrativa está atravessando um período de intensa e profunda revisão e crítica. Desde os tempos da Teoria Estruturalista não se via tamanha onda de revisionismo. O mundo mudou, e muita gente acha que também a Teoria Administrativa deve mudar. Certamente. Mas, para onde? Quais os caminhos? Algumas dicas podem ser oferecidas pelo que está acontecendo com a ciência moderna, que também está passando por uma forte revisão em seus conceitos. E a Teoria Administrativa não fica incólume ou distante desse movimento de crítica e renovação.

PARADOXOS DAS CIÊNCIAS

As ciências sempre guardaram um íntimo relacionamento entre si, principalmente depois da revolução sistêmica e cibernética. O que acontece em uma área científica logo permeia as demais, provocando um desenvolvimento científico que, se não é homogêneo, pelo menos torna-se relativamente concomitante ou se faz com relativo atraso. Um acontecimento na Biologia no século retrasado e cinco outros acontecimentos na Física no início do século XX estão produzindo intensa influência na Teoria Administrativa no início do século XXI:

Darwinismo organizacional

Em pleno século XIX, após coletar uma enorme massa de informações, Charles Darwin (1809-1882) escreveu seu famoso livro, *As Origens das Espécies*, no qual apresenta a sua teoria da evolução das espécies. Concluiu que todo organismo vivo – seja planta ou animal – é resultado não de um ato criador isolado ou de um evento estático no tempo, mas de um processo natural que vem se desenrolando há bilhões de anos. Tudo evolui gradativamente desde os sistemas simples até os mais complexos. A complexidade organizada dos seres vivos ocorre sem necessidade da intervenção de qualquer força não natural. Em outras palavras, a vida vem se transformando continuamente através dos tempos. A evolução é orientada por um mecanismo incrível chamado seleção natural das espécies. Esse mecanismo seleciona os organismos mais aptos a sobreviver e elimina automaticamente os demais. Não são os mais fortes da espécie os que sobrevivem, nem os mais inteligentes, mas os que se adaptam melhor às mudanças ambientais.[1] O raciocínio de Darwin é o seguinte: se em uma espécie existem variações nas características que os indivíduos herdam de uma geração para outra, e se algumas dessas características são mais úteis do que outras, então, estas últimas vão disseminar-se mais amplamente na população e, com o tempo, vão acabar predominando. O conjunto da população acabará tendo essas características mais eficientes na arte da reprodução, e essa espécie pode tornar-se completamente diferente daquilo que já foi.[2] Para que esse mecanismo seletivo possa atuar, são necessárias três condições:

- Deve haver variação, ou seja, as criaturas não podem ser idênticas.
- Deve haver um meio ambiente em que nem todas as criaturas possam sobreviver e no qual algumas se darão melhor que outras.

■ Deve haver algum mecanismo pelo qual a cria herde características dos pais.

A evolução pela seleção natural das espécies é que explica o mundo vivo. O ser humano é o último passo da caminhada evolutiva de um determinado tipo de chimpanzé. Passados quase duzentos anos de sua divulgação, a ideia da evolução também está sendo aplicada às organizações como organismos vivos.

Da mesma forma, não são mais as organizações grandes que engolem as pequenas. Hoje, tamanho não é documento. São as organizações mais ágeis – de qualquer tamanho – que quebram as pernas das organizações lerdas – de qualquer tamanho. Importa o dinamismo da organização, não o seu tamanho. Nessa corrida sem fim, ocorre uma verdadeira seleção darwiniana. Adaptação, aprendizagem e mudança são os ingredientes básicos das espécies organizacionais bem-sucedidas.

Teoria dos *Quanta*

No ano de 1900, o cientista alemão Max Planck (1858-1947) apresentou a sua Teoria dos *Quanta*, que iria operar uma completa revolução na física tradicional. Planck descobriu que no mundo das partículas subatômicas as leis de Newton não funcionam. Até então, a física clássica de Isaac Newton estabelecia uma exata correspondência entre causa e efeito. O mundo newtoniano e previsível como um mecanismo de relojoaria passou a ser entendido como aleatório tanto quanto um jogo de dados. Era como se Deus fosse um excelente jogador. A física quântica deixou de ser determinística para ser probabilística.

Ao estudar os problemas que envolviam trocas de energia e emissão de radiações térmicas, Planck chegou à conclusão de que a quantidade de energia emitida ou absorvida é igual a um múltiplo inteiro de certa quantidade mínima a que denominou *quantum* (significa uma quantidade de alguma coisa) elementar de ação. Essa quantidade é representada pela letra h, e as medidas efetuadas fixaram seu valor em $6,625 \times 10^{-27}$ ergs por segundo (erg é a unidade de energia no sistema cegesimal). Para a teoria quântica, a energia é algo descontínuo e discreto, ou seja, o seu crescimento se faz por acréscimos constantes, tais como um muro feito de tijolos que só pode aumentar segundo múltiplos inteiros de um tijolo. Em outras palavras, a energia é transmitida em pequenos pacotes – os *quanta* –, e não de modo contínuo. Um *quantum* de energia é dado pela expressão hv, em que v é a frequência da radiação emitida ou absorvida.

TABELA X.1. AS DUAS VISÕES DO MUNDO: A CLÁSSICA E A QUÂNTICA[3]	
Perspectiva newtoniana	Perspectiva quântica
1. Mundo material, visível e concreto	1. Mundo intangível, invisível e abstrato
2. Estático, estável, preciso, inerte	2. Dinâmico, vibratório, em contínua mudança
3. Previsível, controlável	3. Imprevisível, indeterminado
4. Não afetado pela observação; a realidade é objetiva	4. Sujeita ao impacto da consciência do observador, a realidade é subjetiva
5. Uma máquina: as coisas são mais bem entendidas se forem reduzidas às suas partes mais simples; as partes determinam o todo	5. Um sistema: tudo é parte de um todo inter-relacionado; o todo determina as partes
6. Localmente controlado; causa e efeito são claramente discerníveis	6. Afetado por muito mais do que aquilo que atinge o olho; as coisas acontecem a partir de certa distância
7. Dependente de fontes de energia extrínsecas; sem força externa, as coisas se desagregam	7. Pleno de energia; a energia é intrínseca à vida e aos seus sistemas

Alguns autores passaram a descrever mudanças em organizações como um *quantum*. Mudança quântica significa a mudança de muitos elementos ao mesmo tempo, em contraposição à mudança gradativa – um elemento por vez, como na estratégia e depois na estrutura e nos sistemas. A mudança quântica pode ser revolucionária ou gradual, mas é sempre imprevisível, intangível, dinâmica e auto-organizante.

TABELA X.2. AS DUAS DIFERENTES VISÕES ORGANIZACIONAIS[4]	
Visão mecanística	Visão sistêmica
As organizações são:	As organizações são:
1. Muito semelhantes a uma máquina; máquinas são construídas com partes padronizadas; portanto, são orientadas com base na estrutura	1. Organismos vivos, nos quais não há duas partes idênticas; portanto, são orientadas com base no processo
2. Estáticas, estáveis, passivas, inertes	2. Dinâmicas, em contínua mudança
3. Previsíveis; funcionam de acordo com uma cadeia linear de causa e efeito; rupturas são facilmente identificáveis	3. Imprevisíveis; funcionam de acordo com padrões cíclicos de informações (laços de retroação); rupturas são causadas pela interação de múltiplos fatores intervenientes
4. Externamente controladas por meio de estreita observação	4. Auto-organizadoras; a ordem é criada internamente, e é permitida ampla autonomia
5. São mais bem entendidas se forem reduzidas às suas partes mais simples; as partes determinam o todo Análise	5. São mais bem entendidas observando-se o todo; o todo determina as partes Síntese
6. Sistemas fechados; procedem em direção à entropia; obedecem à segunda lei da termodinâmica	6. Sistemas abertos; interagem continuamente com o ambiente; evoluem em direção a níveis cada vez mais elevados de ordem e de complexidade; renovam-se e transcendem a si mesmos

A física quântica mostra que no nível subatômico não há partículas estáveis nem blocos de construção de matéria, mas apenas ondas de energia em contínuo movimento que podem, em certas condições, formar partículas. Todos os fenômenos subatômicos podem atuar como onda (vibrações) ou como partículas (com posição localizada no espaço e no tempo). Assim, é a energia – e não a matéria – a substância fundamental do universo. Mas, os efeitos do mundo quântico não se limitam apenas ao pequeno. Einstein apontou seus efeitos macroscópicos no universo.

Teoria da Relatividade

Em 1905, Albert Einstein (1879-1955) aplicou a hipótese quântica ao efeito fotoelétrico para obter uma explicação para o fenômeno. Admitiu que cada elétron é liberado por um *quantum* de luz, denominando-o fóton, a que está ligada uma energia proporcional à respectiva frequência. Assim, a luz tem um caráter dual: ela é onda e é partícula ao mesmo tempo, o que confundia totalmente os cientistas. Daí surgiu a Teoria da Relatividade, profundamente vinculada às noções de espaço e de tempo, bem como aos métodos de medida dessas duas grandezas. Einstein demonstrou que:

- A massa é uma forma de energia variante em função da velocidade ($E = mc^2$), o que liquidou com a noção de objetos sólidos. Segundo essa fórmula, a energia (força) contida na matéria é equivalente à massa dessa matéria multiplicada pela velocidade da luz ao quadrado. Portanto, até mesmo a menor partícula de matéria contém um imenso potencial de energia concentrada. O espaço assemelha-se a um oceano invisível fervilhante de atividade, uma teia ou rede de campos de energia subatômicos.
- O espaço e tempo estão em permanente interação, ou seja, são relativos e não absolutos, são dependentes do observador e constituem partes integrantes de um *continuum* quadridimensional – o espaço-tempo. Na medida em que a velocidade das partículas se aproxima da velocidade da luz, a descrição até então tridimensional precisa incorporar o tempo como uma quarta coordenada determinada relativamente ao observador. Ocorre, então, uma espacialização do tempo.
- A força da gravidade tem o efeito de curvar o espaço-tempo, o que derrubou a geometria euclidiana e o conceito de espaço vazio.

Einstein partiu da relação existente entre nossas ideias habituais de espaço e de tempo e o caráter de nossas experiências. Os acontecimentos isolados que recordamos aparecem ordenados de acordo com o critério "anterior-posterior", que não é submetido a nenhuma análise. Existe, para cada pessoa, um tempo próprio, subjetivo, que não pode ser medido em si. Podemos enumerar cada evento de tal forma que ao último corresponda o maior número; porém, a maneira de numerar pode ser inteiramente arbitrária. Essa noção aparentemente trivial de simultaneidade, quando examinada com cuidado, não se apresenta tão simples. Dois acontecimentos ocorridos em lugares distantes entre si poderão parecer simultâneos para um observador, sucessivos para outro e invertidos para um terceiro. Embora possa parecer absurdo, os três observadores estarão certos, pois a ordem aparente dos acontecimentos no tempo depende do movimento do observador. Da mesma forma, todos os corpos do universo estão sempre se deslocando uns em relação aos outros, de maneira que a distância entre eles varia constantemente. Se quisermos falar da distância entre dois corpos, temos de determinar o momento em que essa distância deve ser medida. Como diferentes observadores podem discordar a respeito do que seja o mesmo instante, compreende-se também que a ideia de distância depende do movimento. Em resumo, as noções de tempo e de distâncias são relativas. A relatividade governa o mundo. Nos sistemas físicos mais complexos – como o universo, a atmosfera ou o mar – existem padrões ou regularidades por trás do comportamento aleatório. No espaço intergalático – como no mundo subatômico – também a física clássica não funciona.

Princípio da incerteza

Em 1927, Werner Heisenberg (1901-1976) propôs o seu princípio da incerteza: não é possível determinar precisamente, em um mesmo experimento, a posição e a velocidade de uma partícula, pois a medida precisa de uma dessas quantidades leva à indeterminação da outra. Aqui se enterra o velho determinismo clássico. Em 1932, Heisenberg ganhou o Prêmio Nobel de Física pela criação da mecânica quântica em substituição à mecânica clássica de Newton, para melhor interpretar o fenômeno das partículas atômicas, cujas quantidades de movimento são pequenas se comparadas com o produto da velocidade da luz no vácuo pelas respectivas massas. A mecânica (estudo do movimento) quântica constitui o estudo das partículas subatômicas em movimento. Essas partículas subatômicas não são coisas materiais, mas tendências probabilísticas, ou seja, energia com potencialidade. Essa energia, como implica a palavra mecânica, nunca é estática.

Está sempre em contínuo movimento, mudando incessantemente de onda para partícula e de partícula para onda, formando os átomos e as moléculas que, subsequentemente, criam o mundo material. É assombroso que todas as coisas estáveis e estacionárias que observamos no mundo material sejam compostas exclusivamente de ondas de energia em movimento incessante. Enquanto os físicos clássicos estudam objetos materiais no mundo tridimensional, os físicos quânticos estudam o comportamento dos elétrons, dos prótons, dos nêutrons e de centenas de partículas ainda menores denominadas *quarks*. As leis que regem o domínio clássico estão em oposição direta com a maneira como as coisas funcionam no nível subatômico do universo. A lei do movimento contínuo de Newton (todo universo é constante, exato e previsível) é questionada: no nível subatômico, as partículas não se movem de maneira contínua, mas em inesperados e inexplicáveis saltos quânticos. Além disso, no nível subatômico, as partes não determinam o comportamento do todo, mas é o todo que determina o comportamento das partes. Em virtude da causação não local, as partículas subatômicas são capazes de interagir ao longo de grandes distâncias no espaço-tempo, e jamais podem ser conhecidas com precisão. Assim, os processos reducionistas não podem explicar o comportamento das partículas subatômicas. Também a previsibilidade da segunda lei de Newton segundo a qual toda ação é acompanhada por uma reação igual e oposta é substituída pela concepção mais indeterminada de probabilidade estatística. Além disso, a objetividade newtoniana é substituída pela subjetividade quântica. A velha visão mecanicista, determinista e reducionista do mundo cai por terra. Assim, a substância fundamental do universo é a energia, e não a matéria.

O princípio da incerteza significa que a realidade depende do que escolhemos para medir. Mais especificamente, depende do conjunto de lentes que escolhemos para olhar através delas. Se o mundo externo é visualizado através de uma lente cultural de paradigmas aprendidos, poderá apresentar uma realidade tridimensional concreta: um mundo de partículas composto de objetos naturais. Se o mundo externo é visualizado sem as distorções de nossa lente cultural, ele apresentará apenas ondas de possibilidades energéticas. Vivemos em um universo subjetivo, isto é, em um universo de que somos coautores por meio de nossas escolhas perceptivas. Fomos condicionados pela visão newtoniana do mundo a acreditar em uma realidade exterior objetiva. Essa crença tinha vantagens, como a abdicação da responsabilidade: se vivemos em um mundo fixado, objetivo, somos vítimas de circunstâncias externas que estão além de nosso controle. Se o mundo tridimensional é subjetivo, então desempenhamos como seres perceptivos um importante papel como criadores de tudo isso que vemos e vivenciamos.[5] Como dizia Prigogine, "o que quer que chamemos de realidade, ela só nos é revelada por intermédio de uma construção ativa na qual participamos".[6]

Teoria do Caos

Ao redor da década de 1960, Edward Lorenz, do Instituto de Tecnologia de Massachusetts (MIT), desenvolveu um modelo que simulava no computador a evolução das condições climáticas. Dados os valores iniciais de ventos e temperaturas, o computador fazia uma simulação da previsão do tempo. Lorenz imaginava que pequenas modificações nas condições iniciais provocariam alterações igualmente pequenas na evolução do quadro como um todo. A surpresa: mudanças infinitesimais nas entradas podem ocasionar alterações drásticas nas condições futuras do tempo. Como dizia Lorenz: uma leve brisa em Nevada, a queda de 1° em Massachusetts, o bater de asas de uma borboleta na Califórnia podem causar um furacão na Flórida um mês depois.[7] Uma estrambólica variação em cadeia do chamado efeito dominó. Da previsão do tempo ao mercado de ações, das colônias de cupins à internet, a constatação de que mudanças diminutas podem acarretar desvios radicais no comportamento de um sistema veio reforçar a nova visão probabilística da física. O comportamento dos sistemas físicos, mesmo os relativamente simples, é imprevisível.[8] O estado final de um sistema não é um ponto qualquer; certos percursos parecem ter mais sentido do que outros ou ocorrem com maior frequência. Os chamados atratores estranhos (*strange attractors*) permitem que os cientistas prevejam o estado mais provável de um sistema, embora não quando precisamente ele vai ocorrer. É o que acontece com a previsão do tempo ou de um maremoto, por exemplo.

A palavra caos tem sido tradicionalmente associada à desordem. Nas mitologias e cosmogonias antigas, caos era o vazio escuro e ilimitado que precede à criação do mundo.[9] Desde tempos imemoriais, o ser humano se defronta com o desconhecido e o percebe como caótico e atemorizante. Desde os tempos de Descartes, a lógica e a racionalidade da ciência constituíram uma luta constante contra o caos: tornar o mundo conhecido e reduzir a incerteza.[10]

Contudo, na ciência moderna, caos significa uma ordem mascarada de aleatoriedade. O que parece caótico é, na verdade, o produto de uma ordem subliminar, na qual pequenas perturbações podem causar grandes efeitos graças à não linearidade do universo.[11] Para a ciência moderna, os fenômenos deterministas – que obedecem ao princípio da linearidade de causa e efeito – constituem uma pequena minoria nos eventos naturais. Tudo na natureza muda e evolui continuamente. Nada no universo é passivo ou estável. A noção de equilíbrio – tão cara à Teoria de Sistemas – constitui um caso particular e pouco frequente. Na verdade, não existem mudanças no universo. O que existe é mudança. O estado de equilíbrio, o determinismo e a causalidade linear são casos muito singulares em um universo primordialmente evolutivo, onde tudo é fluxo, transformação e mudança. No decorrer do século XX, a ciência passou da visão clássica de uma realidade em permanente estado de equilíbrio para uma visão de uma realidade sujeita a perturbações e ruídos, mas que tendia naturalmente a retornar ao equilíbrio, graças à abordagem sistêmica.

No seu começo, a Teoria Administrativa concebeu as organizações para funcionar como máquinas orientadas à minimização da incerteza e do ruído. A ordem, o controle, a estabilidade, a permanência, a previsibilidade e a regularidade eram requisitos fundamentais para a Teoria Clássica e para o modelo burocrático. Mais recentemente, as organizações passaram a ser vistas como sistemas sujeitos a pressões externas e oscilações que precisam ser amortecidas para que os sistemas possam retornar ao equilíbrio: o modelo universal é o de um sistema autorregulado, em que os desvios são identificados por sinalizações de retroação e então compensados, corrigidos, atenuados ou neutralizados, sempre por meio de mudanças incrementais. A ciência estava orientada à descoberta de certezas, e a desordem sempre foi depreciada. Todo conhecimento reduzia-se à ordem, e toda aleatoriedade era considerada fruto da humana ignorância.

Para a Teoria do Caos, a desordem, a instabilidade e o acaso no campo científico constituem a norma, a regra, a lei. A influência dessas ideias na Teoria Administrativa é marcante. Afinal, estamos ainda buscando a ordem e a certeza em um mundo carregado de incertezas e instabilidade. Os modelos de gestão baseados na velha visão do equilíbrio e da ordem estão caducos. Além do mais, quando se faz um esforço para integrar a administração com outras ciências, os resultados caminham em uma direção completamente diferente.[12] A ciência moderna mostra que o sistema vivo é, para si, o centro do universo, e sua finalidade é a produção de sua identidade. O sistema procura interagir com o ambiente externo sempre de acordo com uma lógica que prioriza a afirmação de sua identidade, ainda que para isto deva estar atualizando-a permanentemente.

A organização é, por natureza, ativa, e tanto provê e armazena energia quanto a consome. Ela produz entropia (a degradação do sistema e de si própria) ao mesmo tempo em que produz negentropia (a regeneração do sistema e de si própria). A organização é, simultaneamente, organização no sentido estrito (um processo permanente de reorganização daquilo que tende sempre a desorganizar-se) e auto-organização (processo permanente de reorganização de si mesma).

Teoria da Complexidade

Em 1977, Ilya Prigogine ganhou o Prêmio Nobel de Química ao aplicar a segunda lei da termodinâmica aos sistemas complexos, incluindo organismos vivos. A segunda lei estabelece que os sistemas físicos tendem espontânea e irreversivelmente a um estado de desordem ou de entropia crescente. Contudo, ela não explica como os sistemas complexos emergem espontaneamente de estados de menor ordem desafiando a tendência à entropia. Prigogine verificou que alguns sistemas, quando levados a condições distantes do equilíbrio – à beira do caos –, iniciam processos de auto-organização, que são períodos de instabilidade e de inovação dos quais resultam sistemas mais complexos e adaptativos. Exemplos desses sistemas adaptativos e auto-organizantes são os ecossistemas de uma floresta tropical, formigueiros, cérebro humano e a Internet. São sistemas complexos que se adaptam em redes (*networks*) de agentes individuais que interagem para criar um comportamento autogerenciado, mas extremamente organizado e cooperativo. Esses agentes respondem à retroação (*feedback*) que recebem do ambiente e, em função dela, ajustam seu comportamento. Aprendem da experiência e introduzem o aprendizado na própria estrutura do sistema. Em outras palavras, aproveitam as vantagens da especialização, sem cair na rigidez burocrática. Se, em vez de formigas, abelhas ou neurônios, considerarmos seres humanos reunidos em redes cooperativas, veremos que essa descoberta científica somente ingressou na Teoria Administrativa muito tempo depois, indicando que as organizações são sistemas complexos, adaptativos e que se auto-organizam até alcançar um estado de aparente estabilidade.

Prigogine elaborou uma teoria das estruturas dissipativas – também conhecida como teoria do não equilíbrio – para explicar a ordem por meio das perturbações que governa o fenômeno da evolução. Este é, basicamente, um processo de criação de complexidade por meio do qual os sistemas tornam-se progressivamente capazes de utilizar maiores quantidades de energia do ambiente para ampliação de suas atividades.

Assim, o domínio quântico é um domínio de perpétuo movimento. As pesquisas realizadas em várias disciplinas científicas demonstram que o universo é, de fato, um sistema auto-organizador – um sistema que está evoluindo para níveis maiores de complexidade e de coerência – um sistema com inteligência codificada em sua própria estrutura –, um sistema em que cada parte está infundida com a ordem implicada do todo. Para onde quer que olhemos, do microcosmo ao macrocosmo, vemos sinais de auto-organização. No nível microscópico, as bactérias estão continuamente se organizando em formas de vida sempre mais complexas. No nível cósmico, o universo progrediu desde o caos desordenado do *Big Bang* até uma estrutura complexa de galáxias e de planetas.[13]

A palavra complexidade tem sido utilizada para representar aquilo que temos dificuldade de compreender e dominar. A complexidade constitui uma nova visão das ciências. A velha Cibernética despertou a curiosidade dos cientistas. O emaranhado das ciências interdisciplinares levou à constatação de que a realidade que nos cerca apresenta segredos ainda não totalmente desvendados para a inteligência humana.[14] As fronteiras do conhecimento exploradas pelas teorias da complexidade – principalmente pela teoria do caos e teoria das estruturas dissipativas – levam a conclusões impressionantes. A Teoria da Complexidade é a parte da Ciência que trata do emergente, da Física Quântica, da Biologia, inteligência artificial e como os organismos vivos aprendem e se adaptam. Ela é um subproduto da teoria do caos. No estudo do comportamento das partículas fundamentais que constituem todas as coisas do mundo, a física quântica proporciona conclusões ambíguas e indeterminadas: como pode a realidade revelar-se ao ser humano por meio de um mundo de coisas concretas e determinadas se ela é constituída de aspectos indeterminados?[15] O mundo quântico tem as suas esquisitices. A lógica da ciência da complexidade substitui o determinismo pelo indeterminismo e a certeza pela incerteza. Os físicos tiveram de reconstruir as bases sobre as quais a ciência vinha se desenvolvendo desde o mundo mecânico, previsível e linear de Isaac Newton.[16] Há autores que pregam um paralelo entre o mundo da ciência e o mundo dos negócios, mostrando que, da mesma forma, também a Teoria Administrativa terá de se estabelecer sobre bases novas que definam a nova lógica para a atuação das organizações.[17] Para abordar os movimentos ondulatórios dos negócios, uma total recauchutagem da Teoria Administrativa seria uma ilusão ou o caminho certo?

Assim, o darwinismo organizacional, a Teoria dos *Quanta*, a Teoria da Relatividade, o Princípio da Incerteza, a Teoria do Caos e a Teoria da Complexidade vieram trazer uma nova conceituação da Ciência e da realidade em que vivemos.

Em resumo, a ciência moderna não está apenas descobrindo novos campos científicos, mas está redefinindo o próprio sentido do que seja ciência, como:[18]

- A ciência abandona o determinismo e aceita o indeterminismo e a incerteza, inerentes ao homem e às suas sociedades.
- A ciência abandona a ideia de uma simplicidade inerente aos fenômenos do mundo natural e abraça a complexidade também inerente ao homem e suas sociedades.
- A ciência abandona o ideal de objetividade como única forma válida de conhecimento, assumindo enfim a subjetividade, marca maior da condição humana.

Assim, a complexidade significa a impossibilidade de se chegar ao conhecimento completo a respeito da natureza. A complexidade não pode trazer certeza sobre o que é incerto. Ela pode apenas reconhecer a incerteza e tentar dialogar com ela.[19]

Mas o paradoxo é que, ao mesmo tempo, a Administração está também recebendo uma preciosa ajuda dos sistemas inteligentes baseados em computadores. Os fabricantes de soluções estão desenvolvendo ferramentas de apoio à tomada de decisão. A evolução tecnológica dos sistemas de gestão e a utilização da inteligência artificial estão proporcionando programas que imitam o processo de raciocínio usado pelos especialistas na solução de problemas em certo campo de atividades, e que são compostos de bancos de dados de fatos atualizados e de regras que os especialistas usam para fazer inferências sobre um problema e determinar o que precisa ser feito. Essas regras constituem o centro do sistema inteligente que funciona como base de apoio às decisões administrativas.[20] E, convenhamos, regras sempre constituem abordagens prescritivas e normativas típicas das antigas teorias administrativas. Isso significaria a manutenção do *status quo* da TGA por meio de novos enfoques proporcionados pela moderna tecnologia? Como dizia o velho Giuseppe Lampeduza, no seu livro *Il Gattopardo*: é preciso sempre mudar as coisas para que elas permaneçam como estão. Parece que não. Há muita coisa em jogo. A evolução da TGA promete ser profunda e inarredável.

QUINTA ONDA

A Era Industrial, que predominou nas nove primeiras décadas do século XX, cedeu lugar à Era da Informação. Nessa nova era, as mudanças e transformações passam a ser gradativamente mais rápidas e intensas. Sobretudo, descontínuas. A descontinuidade significa que as mudanças não são mais lineares ou sequenciais nem seguem uma relação causal (causa e efeito). Elas são totalmente diversas e alcançam patamares diferentes do passado. A simples projeção do passado ou do presente não funciona mais, pois as mudanças não guardam nenhuma similaridade com o que se foi. Como diz Joseph Schumpeter: a economia saudável é aquela que rompe o equilíbrio por meio da inovação tecnológica.[21] Em vez de tentar otimizar o que já existe, a atitude produtiva é a de inovar a partir daquilo que ele chamou de destruição criativa. Destruir o velho para criar o novo. Na visão de Schumpeter, os ciclos em que o mundo viveu no passado foram todos eles determinados por atividades econômicas diferentes. Cada ciclo – como qualquer ciclo de vida de produto – tem as suas fases. Só que essas ondas estão ficando cada vez mais curtas, fazendo com que a economia renove a si mesma mais rapidamente para que um novo ciclo possa começar.

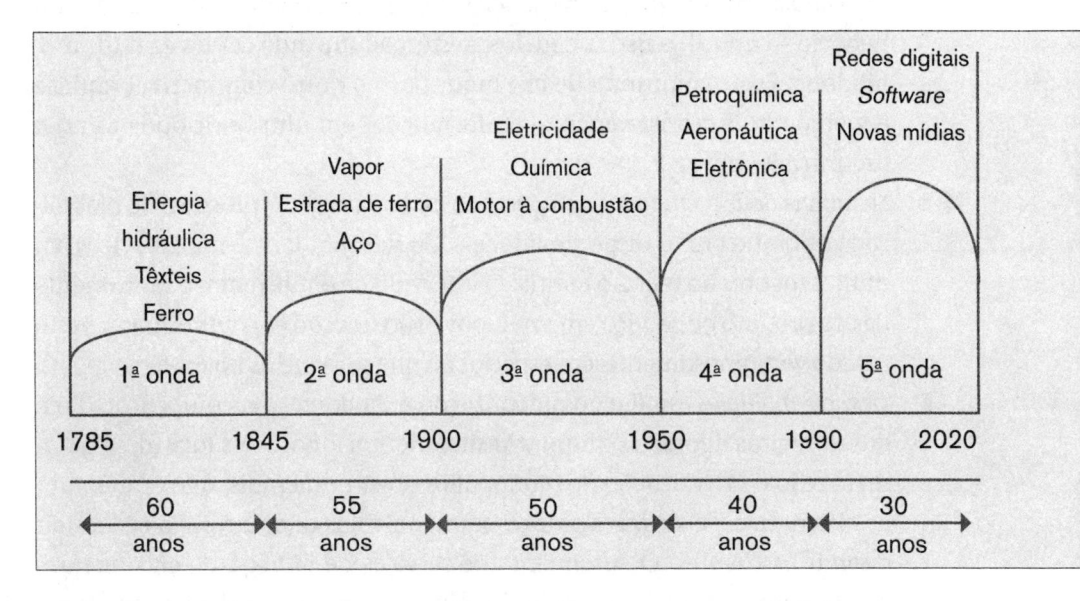

Figura X.1. O crescente ritmo de inovação: as sucessivas ondas de *Schumpeter*.

O elemento central da quinta onda é a Internet. A *World Wide Web* – WWW –, a rede mundial que interliga centenas de milhões de computadores de pessoas, equipes e organizações. E a inquebrantável lógica dessa nova onda é de que não há mais lugar para fazer as mesmas coisas do passado. Claro que precisamos conhecer o que foi feito no passado como base elementar para nosso conhecimento e para poder criar e inovar. Todavia, o que aprendemos no passado passa a ter pouco valor prático para o futuro, que se aproxima cada vez mais rapidamente. Trata-se de uma nova dimensão de tempo e de espaço à qual ainda não estamos acostumados.

Outro elemento central da quinta onda é a globalização dos negócios. Ela é um processo de mudança que combina um número crescentemente maior de atividades através das fronteiras e da tecnologia da informação, permitindo a comunicação praticamente instantânea com o mundo. E, de lambuja, promete dar a todas as pessoas em todos os cantos o acesso ao melhor do mundo. A globalização constitui uma das mais poderosas e difusas influências sobre nações, organizações, ambientes de trabalho, comunidades e vidas. Para Kanter,[22] quatro processos abrangentes estão associados à globalização:

- *Mobilidade de capital, pessoas e ideias*: os principais ingredientes de um negócio – capital, pessoas e ideias – estão adquirindo cada vez mais mobilidade. Estão migrando de um lugar para o outro com incrível rapidez e facilidade. A transferência de informações em alta velocidade torna o lugar irrelevante.
- *Simultaneidade – em todos os lugares ao mesmo tempo*: o processo de globalização significa uma disponibilidade cada vez maior de bens e serviços em muitos lugares ao mesmo tempo. O intervalo de tempo entre o lançamento de um produto ou serviço em um lugar e sua adoção em outros lugares está caindo vertiginosamente, em especial no que se refere às novas tecnologias.
- *Desvio – múltiplas escolhas*: a globalização é ajudada pela competição além das fronteiras apoiada por um trânsito internacional mais fácil, desregulamentação e privatização de monopólios governamentais, que aumentam as alternativas. O desvio significa inúmeras rotas alternativas para atingir e servir os clientes. O surgimento de serviços de entrega de encomendas em 24 horas em qualquer lugar do mundo substitui os serviços postais governamentais. O mesmo ocorre com o fax. Transferências eletrônicas de fundos substituem os bancos centrais. Os novos canais são mais universais, menos específicos ao local e podem ser explorados em qualquer lugar.
- *Pluralismo – o centro não pode dominar*: no mundo inteiro, os centros monopolistas estão se dispersando e sofrendo um processo de descentrali-

zação. O pluralismo reflete-se na dissolução e dispersão de funções para todo o mundo, independentemente do lugar.

Os quatro processos juntos ajudam a colocar um número maior de opções nas mãos do consumidor individual e dos clientes organizacionais que, em contrapartida, geram uma "cascata de globalização", reforçando mutuamente os ciclos de retroação que fortalecem e aceleram as forças globalizantes. Assim, pensar como o cliente está se tornando a lógica global de negócios. Além disso, dois fenômenos ocorrem simultaneamente: o regulamentado está se tornando desregulamentado (o que reduz o controle político), enquanto o desorganizado está ficando organizado (o que aumenta a coordenação dos setores).

Para vencer em mercados globais e altamente competitivos, as organizações bem-sucedidas compartilham uma forte ênfase na inovação, aprendizado e colaboração, por meio das seguintes ações:[23]

- *As organizações organizam-se em torno da lógica do cliente*: atendem rapidamente às necessidades e aos desejos dos clientes em novos conceitos de produtos e serviços e transformam o conceito geral do negócio quando as tecnologias e mercados mudam.
- *Estabelecem metas elevadas*: tentam definir os padrões mundiais nos nichos almejados e buscam redefinir a categoria a cada nova oferta.
- *Selecionam pensadores criativos com uma visão abrangente*: definem seus cargos de forma abrangente e não de forma limitada, estimulam seus funcionários a adquirir múltiplas habilidades, trabalhando em vários territórios e dão a eles as melhores ferramentas para executar essas tarefas.
- *Encorajam o empreendimento*: investem as pessoas de *empowerment* para que elas possam buscar novos conceitos de produtos e serviços, deixam que elas coloquem em prática suas ideias e reconhecem amplamente a iniciativa.
- *Sustentam o aprendizado constante*: promovem a ampla circulação de informações, acompanham os concorrentes e inovadores no mundo inteiro, medem seu próprio desempenho com base em padrões mundiais de qualidade e oferecem treinamento contínuo para manter atualizado o conhecimento de todos.
- *Colaboram com os parceiros*: combinam o melhor de sua especialização e da de seus parceiros, desenvolvendo aplicações customizadas para os clientes.

As organizações bem-sucedidas apresentam uma cultura que combina características aparentemente opostas: padrões rígidos e interesse pelas pessoas; ênfase em inovações proprietárias e uma habilidade de compartilhar com os parceiros. E seus principais ativos são os três Cs: conceitos, competência e conexões, que elas estimulam e repõem continuamente. Dessa maneira, essas organizações estão criando o *shopping center* global do futuro. E, no processo de globalização, elas tornam-se classe mundial: focalizadas externamente e não internamente, baseando-se no conhecimento mais recente, e operando confortavelmente através das fronteiras de funções, setores, empresas, comunidades ou países em complexas redes de parcerias estratégicas.

Assim, torna-se cada vez mais claro que o centro da sociedade moderna não é a tecnologia nem a informação. Estamos vivendo em uma sociedade de organizações que se torna cada vez mais complexa e interativa. O núcleo básico da sociedade moderna é a organização administrada. A instituição social constitui a maneira pela qual a sociedade consegue que as coisas sejam inventadas, criadas, desenvolvidas, projetadas e feitas. E a Administração é a ferramenta específica para tornar as organizações capazes de gerar resultados e satisfazer necessidades. Como diz Drucker, a organização não existe apenas dentro da sociedade. Ela existe para produzir resultados dentro da sociedade e principalmente para modificá-la continuamente. E o sucesso das organizações depende de administradores competentes. Daí avulta o papel do administrador. Ele não só faz as organizações funcionarem bem, como também faz que elas produzam resultados e agreguem valor. Mais ainda: ele muda constante e continuamente as organizações para ajustá-las proativamente ao ambiente cada vez mais mutável e imprevisível. O administrador figura duplamente como agente catalizador de resultados e como agente de mudança; agente de ação e agente de inovação. As novas abordagens da Administração estão trilhando por esse caminho.

CRONOLOGIA DOS PRINCIPAIS EVENTOS

Ano	Autores	Livros
1978	C. Argyris & D. Schon	*Organizational Learning: A Theory of Action Perspective*
1982	T. Peters & R. Waterman	*In Search of Excellence*
1983	Ralph H. Killmann	*Producing Useful Knowledge for Organizations*
1984	Paul Davies	*God and the New Physics*
1986	Karl E. Sveiby	*The Know-How Company*
	David Teece	*Profiting from Technological Innovation*

(Continua)

(Continuação)

Ano	Autores	Livros
1987	K. E. Sveiby & L. Tom	Managing Knowhow
1989	Karl E. Sveiby	The Invisible Balance Sheet
	Charles Handy	The Age of Unreason
	Richard Dawkins	The Selfish Gene
1990	Peter Senge	The Fifth Discipline
1991	Thomas Stewart	Brainpower
1992	W. Davidov & M. Malone	The Virtual Corporation
1993	W. J. Hudson	Intellectual Capital: How to Built it, Enhance it, Use it
	Hernan Bryant Mayard Jr. & Susan E. Mehrtens	The Fourth Wave: Business in the 21st Century
	Odd Norhaug	Human Capital in Organizations
1994	Thomas Stewart	Intellectual Capital
	Peter Senge	The Fifth Discipline Fieldbook
	Kevin Kelly	Out of Control: The New Biology of Machines, Social Systems, and the Economic World
	Robert W. Jacobs	The Real Time Strategic Change: How to Involve an Entire Organization in Fast and Far-Reaching Change
1995	Dorothy Leonard-Barton	Wellspring of Knowledge – Building and Sustaining the Sources of Innovation
	I. Nonaka & H. Takeuchi	The Knowledge-Creating Company
	Daniel Dennett	Darwin's Dangerous Idea
	R. Grenier & G. Metes	Going Virtual
	Charles Handy	Beyond Certainty
	J. Porras & J. Collins	Built to Last
	D. Leonard-Barton	Wellsprings of Innovation
1996	A. Brooking	Intellectual Capital: Core Asset for the Third Millenium
	Leif Edvinsson & M. Malone	Intellectual Capital: Realizing your Company True Value by Finding its Hidden Brainpower
	Art Kleiner	The Age of Heretics
	Joe Jaworski	Synchronicity
	J. Lipnack & J. Stamps	The Age of the Network
	R. S. Kaplan & D. P. Norton	The Balanced Scorecard
	Ralph D. Stacey	Complexity and Creativity in Organizations
1997	Clayton Christensen	The Innovator's Dilemma
	Thomas Stewart	Intellectual Capital: The New Organizational Wealth
	Karl E. Sveiby	The New Organizational Wealth: Managing and Measuring Knowledge-Based Assets
	Arie de Geus	The Living Company
	T. Koulopoulos, R. Spinello & T. Wayne	Corporate Instinct: Building a Knowing Enterprise for the 21st Century

(Continua)

(Continuação)

Ano	Autores	Livros
1998	Patrick Sullivan	*Profiting from Intellectual Capital: Extracting Value from Innovation*
	Nicholas Negroponte	*Digital Life*
	Thomas Davenport & Laurence Prusak	*Working Knowledge: How Organizations Manage What They Know*
1999	Peter Senge & others	*The Dance of Change: The Challenges of Sustaining Momentum in Learning Organizations*
2000	R. S. Kaplan & D. P. Norton	*The Strategy-Focused Organization*
	D. Tapscott, D. Ticoll & A. Lowry	*Digital Capital*

REFERÊNCIAS

1. DENNETT, D. Darwin's dangerous idea. New York: Simon & Schuster, 1995.
2. DARWIN, F. (Ed.). The life and letters of charles darwin, including an autobiographical chapter. London: John Murray, 1887.
3. SHELTON, C. Gerenciamento quântico: como reestruturar a empresa e a nós mesmos usando sete novas habilidades quânticas. São Paulo: Cultrix, 1997. p. 25.
4. SHELTON, C, op. cit., p. 159.
5. SHELTON, C, op. cit., p. 39-41.
6. SIFFERT, C. O maremoto. Negócios Exame, ed. 731, p. 44-7, jan., 2001.
7. LORENZ, E. N. The essence of chaos. Seattle: University of Washington, 1993. p. 181-4.
8. PRIGOGINE, I.; STENGERS, I. Order out of chaos: man's new dialogue with nature. Boulder: Shambhala, 1984. p. 38.
9. A herança da cultura grega é muito forte. Para os antigos gregos, o estado primitivo do mundo era o caos, a matéria que existia desde toda a eternidade sob uma forma vaga, indefinível, indescritível, em que os princípios de todos os seres particulares estavam confundidos. Para a mitologia grega, o caos era uma divindade rudimentar que só poderia procriar pela intervenção de uma força divina e eterna como os elementos do próprio caos: Eros, ou o Amor. Eros é o deus da união e da afinidade, e nenhum ser pode escapar de sua influência. No entanto, ele tem um oposto, ou adversário: Anteros, isto é, a apatia, a aversão, que separa e desune. A tensão entre Eros e Anteros era o que garantia a evolução do mundo e o impedia de voltar ao caos. Desde o início dos tempos, o ser humano se defronta com o desconhecido que, enquanto tal, é percebido como escuro, atemorizante, caótico. O medo do desconhecido – como o medo da morte – tem movido a humanidade na ciência, na arte e na filosofia. A busca tem sido sempre por tornar o mundo conhecido cada vez mais amplo, embora convivamos sempre com a noção de que o que conhecemos é infinitamente menor que o que desconhecemos do mundo e da vida.

10. A metodologia de Descartes consistia em princípios gerais simples: aceitar somente aquilo que seja tão claro em nossas mentes que exclua qualquer dúvida, dividir os grandes problemas em problemas menores, argumentar partindo do simples para o complexo e verificar o resultado final. Ao longo dos tempos, essa abordagem lógica e racional foi utilizada na ciência, principalmente ciências exatas e experimentais, com enorme êxito. Já nas ciências sociais e nos negócios, esse método demonstrou sérias limitações. Na Teoria Administrativa, o método cartesiano de análise foi intensamente utilizado. Esse tipo de abordagem (do mais geral para o mais específico) levou às estruturas hierarquizadas, modulares e departamentalizadas, tão comuns nas organizações tradicionais. Todavia, tem-se percebido a importância das relações entre os componentes da empresa, as mútuas influências nos processos de trabalho, a necessidade de visão integrada e a importância do lado emocional, afetivo, e não somente racional no processo decisorial. É a velha abordagem reducionista do passado.

11. O que parece caótica à primeira vista é produto de uma ordem subliminar, na qual pequenas perturbações podem causar grandes efeitos, em razão da não linearidade do universo. Uma borboleta voando na Califórnia pode provocar um tufão na Flórida. Para os defensores da Teoria do Caos, todos os resultados têm um causa. Esta precisa ser estudada a partir da Teoria das Probabilidades e não pelo determinismo causal.

12. PERRINGS, C. Biodiversity loss: economical and ecological issues. Cambridge: Cambridge University, 1997.

13. SHELTON, C, op. cit., p. 144.

14. CAMPBELL, J. Grammatical man: information, entropy, language and life. New York: Simon & Schuster, 1982.

15. KELLY, K. Out of control: the new biology of machines, social systems, and the economic world. Addison-Wesley, 1994.

16. LINDLEY, D. Where does the weirdness go? New York: Basic Books, 1996.

17. NÓBREGA, C. Em busca da empresa quântica. Rio de Janeiro: Ediouro, 1996.

18. BAUER, R. Gestão da mudança: caos e complexidade nas organizações. São Paulo: Atlas, 1999. p. 233.

19. BAUER, R, op. cit., p. 19.

20. HARMON, P.; KING, D. Expert systems: artificial intelligence in business. New York: John Wiley & Sons, 1985.

21. SCHUMPETER, J. A. The creative response in economic history. Journal of Economic History, p. 149-59, November 1947.

22. KANTER, R. M. Classe mundial: uma agenda para gerenciar os desafios globais em benefício das empresas e das comunidades. Rio de Janeiro: Campus, 1996. p. 32-46.

23. KANTER, R. M., op. cit., p. 55-6.

CRONOLOGIA DOS PRINCIPAIS EVENTOS RECENTES NA FÍSICA

Ano	Autores	Livros
1982	Ken Keyes, Jr.	The Hundredth Monkey
1983	Fritjof Capra	The Tao of Physics
	Paul Davies	God and the New Physics
	James Redfield	The Celestine Prophecy
1984	I. Prigogine & I. Stengers	Order Out of Chaos: Man's New Dialogue with Nature
	John Gribbin	In Search of Schroedinger's Cat: Quantum Physics and Reality
	J. C. Polkinghorne	The Quantum World
1986	Fritjof Capra	The Turning Point: Science, Society and the Rising Culture
1987	James Gleick	Chaos: Making a New Science
	T. Hey & P. Walters	The Quantum Universe
1988	S. W. Hawking	A Brief History of Time: From the Big Bang to Black Holes
1989	John Briggs & F. David Peat	Turbulent Mirror: An Illustrated Guide to Chaos Theory and the Science of Wholeness
	Fred Alan Wolf	Taking the Quantum Leap: The New Physics for Nonscientists
1990	M. Csikszentmihalyi	Flow: The Psychology for the Third Millennium
	Danah Zohar	The Quantum Self: Human Nature and Consciousness Defined by the New Physics
1992	Jack Stack	The Great Game of Business
1993	Nick Herbert	Elemental Mind: Human Consciousness and the New Physics
	Tom Chappell	The Soul of a Business: Managing for Profit and the Commom God
	Bart Kosko	Thinking: The New Science of Fuzzy Logic
	James Redfield	The Celestine Prophecy
1994	D. McNeill & P. Freiberger	Fuzzy Logic
	Danah Zohar	The Quantum Society: Mind, Physics, and a New Social Vision
1995	Daniel Dennet	Darwin's Dangerous Idea
	J. Horgan	The End of Science: Facing the Limits of Knowledge in the Twilight of the Scientific Age
	Stuart Kauffman	At Home in the Universe: The Search for the Laws of Self--Organization and Complexity
	Barry Oshry	Seeing Systems: Unlocking the Mysteries of Organizational Life
1996	James Redfield	The Tenth Insight
	Ken Wilber	A Brief History of Everything
1997	Fritjof Capra	The Web of Life: A New Scientific Understanding of Living Systems
	Harrison Owen	Expanding our Know: The Story of Open Space Technology

CAPÍTULO 21
Para onde vai a TGA?

OBJETIVOS DESTE CAPÍTULO

- Apresentar uma visão da Era da Informação e suas consequências na TGA.
- Expor as soluções emergentes, como melhoria contínua, qualidade total, reengenharia, *benchmarking*, equipes de alto desempenho e novas dimensões das organizações.
- Identificar os principais problemas da TGA, em função das correntes científicas atuais.
- Permitir algumas conclusões sobre os caminhos da TGA.

A Teoria Administrativa tem pouco mais de cem anos. Ela representa um produto típico do século XX. Contudo, nesse século, ela passou por grandes transformações ao longo de duas eras industriais que marcaram fortemente seus contornos. E agora, no novo milênio, a Teoria Administrativa enfrenta a forte turbulência da Era da Informação. Mudança e incerteza em ritmo acelerado são as suas principais características.

ERA DA INFORMAÇÃO: MUDANÇA E INCERTEZA

Tudo foi muito rápido. Em 1989, um físico nuclear inglês, Tim-Berners Lee, criou um programa que permitia que textos e figuras fossem transferidos e captados por qualquer computador ligado à rede: o hipertexto (nome abreviado como *http – hypertext transfer protocol*). Tim abre mão do lucro e torna sua criação um domínio público. Em 1991, surge a invenção da *World Wide Web* (www ou *Web*, que em português significa teia), o avanço tecnológico a partir do qual a internet se tornaria rapidamente um fenômeno mundial. Logo mais, em 1992, surge o primeiro *browser* – o *Mosaic* – que permite o acesso à rede a partir do *mouse* e eliminando os códigos de programação. A partir de então, a *Web* passou a proporcionar uma rede mundial cuja avalanche de dados provoca uma formidável explosão de informações. A chamada super-rodovia da informação virou as comunicações e o mundo dos negócios de pernas para o ar. Com isso, surgiu a rede interativa chamada de ciberespaço (*cyberspace*, termo criado por William Gibson em seu livro *Neuromancer*, em 1984).

A Era da Informação surgiu graças ao impacto provocado pelo desenvolvimento tecnológico e pela tecnologia da informação. Na Era da Informação, o capital financeiro cede o trono ao capital intelectual. A nova riqueza passa a ser o conhecimento, o recurso mais valioso e importante. As origens da sociedade da informação remontam ao final da década de 1960, quando o capital financeiro passa a desenvolver tecnologias revolucionárias que provocaram a fragmentação das cadeias de produção resultando em um novo desenho e distribuição espacial dos processos produtivos. Daí o surgimento das redes em torno das quais as funções e os processos estão cada vez mais organizados. Os fluxos financeiros globais, a teia de relações políticas e institucionais que governa os blocos regionais, a rede global da mídia que define a essência da expressão cultural e da opinião pública são exemplos dessas redes. Elas constituem a nova morfologia social de nossas sociedades, e a difusão de sua lógica altera radicalmente a operação e os resultados dos processos produtivos, bem como o estoque de experiência, cultura e poder. Assim, mercados livres e globalização constituem a referência. A capacidade de produzir mais e melhor não cessa de crescer. Mas se tal progresso produz muita riqueza, também traz consigo desemprego, exclusão e subdesenvolvimento. As tecnologias da informação encolhem o tempo e o espaço. Nada mais parece impossível. Mas cresce o sentimento de impotência diante dos impasses, da instabilidade e da precariedade das conquistas. O homem atual sente-se sem rumo. Nesse contexto, a produção econômica moderna espalha sua norma, o consumo é transformado em dever, um verdadeiro instrumento de busca da felicidade, um fim em si mesmo. O desempenho define o lugar social de cada um. O ser humano atual é performático, está voltado a recompensas de curto prazo e a qualquer preço, reduzindo a importância dada àquilo que toma tempo e à aceitação de sacrifícios que isso impõe.[1]

TABELA 21.1. UM PEQUENO COMPARATIVO DA NOVA E DA VELHA ECONOMIA[2]	
Aspectos da velha economia	Aspectos da nova economia
Os mercados mantêm-se estáveis. As empresas atuam nacionalmente e são organizadas hierarquicamente	Os mercados mudam dinamicamente. As empresas atuam globalmente e precisam organizar-se como redes integradas
A manufatura industrial é caracterizada pela produção em massa. A disponibilidade de capital financeiro e de trabalho determina o crescimento da organização	A produção flexível e de estrutura maleável caracteriza as novas fábricas. O conhecimento e a inovação criam o crescimento da organização
O progresso tecnológico é caracterizado pela mecanização e automação	O progresso tecnológico é caracterizado pela digitalização
As vantagens competitivas resultam de reduções de custo alcançadas por meio de aumento da eficiência	As vantagens competitivas resultam de inovações, redução do tempo de ciclo, melhoria da qualidade e redução de custos
As despesas com pesquisa e desenvolvimento (P&D) raramente ultrapassam 10% do total dos investimentos	A pesquisa e desenvolvimento (P&D) constitui o ingrediente essencial do sucesso da organização

DESAFIOS DA ERA DA INFORMAÇÃO

Na Era da Informação, doze temas básicos diferenciam a nova economia da velha economia:[3]

- *Conhecimento*: a nova economia é uma economia do conhecimento, graças à TI. Mas o conhecimento é criado por pessoas, apesar da inteligência artificial e de outras tecnologias da informação. O conteúdo de conhecimento integrado e agregado em produtos e serviços está crescendo significativamente: edifícios e casas inteligentes, carros inteligentes, rodovias inteligentes, cartões inteligentes (*smart cards*), celulares, etc. Mas, o que é o conhecimento? Ele é diferente da informação. Administrar o conhecimento é diferente de administrar a informação. Enquanto a informação se refere a um conjunto de dados organizados, agrupados e categorizados em padrões para criar significado, o conhecimento significa colocar essa informação em uso produtivo e habilitar a ação correta. Enquanto a informação é convertida em conhecimento por meio de processos humanos e sociais para compartilhar compreensão e significado em nível individual ou organizacional. Administrar a informação geralmente começa com a tecnologia baseada na solução, enquanto as pessoas, suas práticas de trabalho e sua cultura vêm depois. Administrar o conhecimento começa com a ênfase na importância das pessoas, suas práticas de trabalho e sua cultura de trabalho, antes de decidir qual a tecnologia a ser adotada como plataforma.

- *Digitalização*: a nova economia é uma economia digital. A nova mídia é a Internet. A informação está em formato digital em *bits*. A TI permite trabalhar uma quantidade incrível de informações comprimidas e transmitidas na velocidade da luz. A infoestrutura está substituindo rapidamente a estrutura tradicional das organizações.
- *Virtualização*: com a transformação da informação de analógica para digital, as coisas físicas podem tornar-se virtuais, como a empresa virtual, escritório virtual, emprego virtual, congresso virtual, realidade virtual, loja virtual, etc.
- *Molecularização*: a nova economia é uma economia molecular. A antiga corporação está sendo desagregada e substituída por moléculas dinâmicas e grupos de indivíduos e entidades que foram a base da atividade econômica.
- *Integração/redes interligadas*: a nova economia é uma economia interligada em rede, integrando moléculas em grupos que são conectados a outros para criar riqueza. As novas estruturas organizacionais em rede são horizontalizadas e conectadas pela *Internet*. Redes de redes, rompendo as fronteiras entre empresas, fornecedores, clientes e concorrentes.
- *Desintermediação*: as funções de intermediário entre produtores e consumidores estão sendo eliminadas, graças às redes digitais e ao comércio eletrônico. As informações *on-line* permitem que proprietários e compradores estejam conectados entre si, tornando dispensáveis os intermediários.

- *Convergência*: na nova economia, o setor econômico predominante deixou de ser a indústria automobilística para constituir a nova mídia, para a qual convergem as indústrias de computação, comunicação e conteúdo baseado em computador e telecomunicações digitais. A fábrica cedeu lugar ao mundo virtual.
- *Inovação*: a nova economia é uma economia baseada em inovações. Tornar os produtos obsoletos é o lema das organizações. Os ciclos de vida dos produtos estão se tornando cada vez menores, e a inovação passa a ser o diferencial das organizações bem-sucedidas.
- *Produ-consumo*: na nova economia, a distinção entre consumidores e produtores é pouco nítida. Na internet, todo consumidor torna-se produtor de mensagens, contribui para discussões, faz *test-drives* em carros ou visualiza o cérebro de um paciente no outro lado do mundo. Cada vez mais o cliente está atuando dentro dos processos organizacionais.
- *Imediatismo*: em uma economia baseada em *bits*, o imediatismo torna-se o elemento propulsor da atividade econômica e do sucesso comercial. A nova empresa é uma empresa em tempo real. O intercâmbio eletrônico de dados (*EDI = electronic data interchange*) interliga sistemas de computadores entre fornecedores e clientes, proporcionando concomitância de decisões e ações, e não mais decisões seguidas de ações seriadas.
- *Globalização*: a nova economia é uma economia global. Mundial e planetária. As organizações globais e empresas internacionais estão na pauta. O conhecimento e os negócios não conhecem mais fronteiras. A globalização é um fenômeno de geração espontânea, uma transformação revolucionária do sistema de mercado e das relações econômicas desencadeada pela internacionalização. Com os novos instrumentos de comunicação instantânea, que anularam as distâncias geográficas e ultrapassaram as fronteiras nacionais em escala e intensidade nunca imaginadas, os movimentos financeiros deixaram de ser instrumento político dos governos e passaram a alcançar níveis inéditos de geração e circulação de riquezas, universalizando aspirações, usos e costumes.
- *Discordância*: questões sociais sem precedentes estão começando a emergir, resultando em antagonismos e traumas e provocando conflitos que precisam ser administrados dentro de novas negociações.

TABELA 21.2. OS 12 TEMAS DA NOVA ECONOMIA[4]

Temas básicos	Organização	Tecnologia
1. Conhecimento: Há uma migração do músculo para o cérebro	O conhecimento agrega valor, receita e lucro e é acrescentado em toda a cadeia de valor	Proliferam as tecnologias do conhecimento, sistemas especialistas e inteligência artificial. Evolução dos sistemas de informações gerenciais para sistemas do conhecimento
2. Digitalização: A comunicação entre o ser humano e as organizações estão se tornando digitais	A comunicação interna passa de analógica (memos, relatórios, reuniões, telefonemas, fotocópias, projetos) para digital (via computador)	Mudança de tecnologias analógicas (TV, rádio, fotocopiadoras, câmeras, gravadoras, PBX) para digitais (computação)
3. Virtualização: As coisas físicas tornam-se virtuais, assim como instituições e relacionamentos	As organizações, corporações e equipes tornam-se virtuais. A interação é virtual	Visualização de dados, animação em tempo real e sistemas de realidade virtual oferecem retroação cinestésica
4. Molecularização: Substituição da produção em massa e de organizações por produção e organizações moleculares em rede	Fim da hierarquia de comando e de controle, mudança para estruturas moleculares baseadas em equipes Fortalecimento (*empowerment*) de indivíduos e equipes de trabalho	Sistemas e tecnologias orientados por objetos. *Softwares* baseados em blocos (como peças de Lego) para serem reutilizados e montados rapidamente
5. Redes interligadas: A nova economia é uma economia interligada em rede de conexões dentro e entre organizações	A nova empresa é uma empresa interligada em rede de componentes organizacionais modulares e independentes, e não mais pela hierarquia	Mudança da computação baseada no processamento central de dados para computação em rede. Ilhas de tecnologia são substituídas por redes de cliente/servidor
6. Desintermediação: Eliminação dos intermediários da atividade econômica	Eliminação de gerentes de nível médio e de agentes internos ou qualquer função intermediária de relações internas ou externas	Mudança de arquiteturas de computação hierárquicas e multiníveis para novos modelos interligados em rede
7. Convergência: Convergência de todos os setores-chave econômicos – computação, comunicação e conteúdo	Convergência das estruturas organizacionais responsáveis pelas tecnologias de computação, comunicação e conteúdo	Convergência das tecnologias de computação, comunicação e conteúdo
8. Inovação: É o principal propulsor da atividade econômica e do sucesso organizacional e a principal fonte de valor	Inovação como propulsora de produtos, estratégias, abordagens gerenciais e mudanças organizacionais. A única vantagem competitiva da organização é o aprendizado organizacional	A infoestrutura da empresa funciona como plataforma para operação e, principalmente, para a inovação

(Continua)

TABELA 21.2. OS 12 TEMAS DA NOVA ECONOMIA[4] (CONTINUAÇÃO)

Temas básicos	Organização	Tecnologia
9. Produ-consumo: Distinção entre clientes e produtores perde nitidez. Clientes envolvem-se no processo de produção, e a colaboração humana faz parte do depósito de conhecimento	Consumidores de informação e tecnologia tornam-se produtores. A colaboração das pessoas faz parte do recurso de informação multimídia das organizações. Os usuários tornam-se projetistas, criando eles mesmos novos *softwares*	Novas ferramentas tecnológicas permitem aos usuários criar sistemas e bancos de dados, substituindo o papel tradicional do especialista, tal como as planilhas eletrônicas substituíram as equipes de desenvolvimento
10. Imediatismo: A nova economia é uma economia em tempo real. O comércio eletrônico tem a velocidade da luz, e não mais a dos correios	A nova empresa é uma empresa em tempo real, ajustando-se contínua e imediatamente às novas condições. Os ciclos de vida dos produtos despencam	A tecnologia é aplicada para capturar informações *on-line* e atualizar os bancos de dados em tempo real, fornecendo um quadro preciso para o gerenciamento do processo
11. Globalização: O conhecimento não tem fronteiras e é o principal recurso organizacional	A nova empresa possibilita a independência do tempo e do espaço: ela redefine tempo e espaço para seus empregados e acionistas. O trabalho pode ser efetuado em vários locais, inclusive na casa dos funcionários. A rede torna-se um depósito para as comunicações livres do tempo. Redes de grupos de empresas cooperam globalmente para atingir objetivos de negócio	A rede corporativa global torna-se a espinha dorsal da empresa e o principal sistema de apoio às suas operações. Baseia-se em padrões e permite comunicação em tempo real e a comunicação para armazenar e enviar, necessária quando as pessoas estão distantes
12. Discordância: Contradições sociais estão surgindo. Cargos novos regiamente pagos *versus* empregados demitidos graças à falta de qualificação. Abismos estão aumentando entre os que têm e os que não têm, os que conhecem e os que não conhecem, os que têm acesso à super-rodovia e os que não têm	Profundas contradições organizacionais estão surgindo. Por exemplo: empregados precisam trabalhar duro, criar o valor da corporação, identificar-se com a equipe e com a empresa, mas não recebem nenhuma participação na riqueza por ela criada	É crescente o conflito entre arquiteturas de computação contrastantes, padrões concorrentes, sistemas antiquados *versus* o paradigma da nova tecnologia. Em muitas empresas, a função dos sistemas de informação está fora de alinhamento com o resto da organização

A chegada da Era da Informação trouxe um novo contexto e uma avalanche de problemas para as organizações. Pegou a maior parte das organizações totalmente despreparadas para a nova realidade. A velocidade e a intensidade das mudanças foram além do que se esperava. O diferencial entre o que as organizações estão fazendo e o que elas deveriam fazer tornou-se enorme e inultrapassável.[5] A solução? Recorrer a medidas extremas e rápidas para a busca da sobrevivência. E da excelência. Assim, começaram a surgir os modismos na Administração.

Método do caso

Em busca da excelência

Peters e Waterman fizeram em 1982 uma pesquisa sobre as empresas consideradas excelentes, como a Coca-Cola, IBM, McDonald's e Hewlett-Packard. Para ambos, as oito características principais das empresas excelentes são:[6]

1. *Propensão à ação*: as empresas bem-sucedidas valorizam a ação, o fazer acontecer e a implementação das ideias.
2. *Proximidade do cliente*: as empresas bem-sucedidas são orientadas ao cliente. O valor dominante é a satisfação do cliente por meio de um excelente serviço ou da inovação do produto. Os gerentes entram em contato direto com os clientes e aprendem suas necessidades. Vendas e pós-vendas são intensamente valorizados para conhecer o cliente e suas necessidades.
3. *Autonomia e espírito empreendedor*: a estrutura das empresas bem-sucedidas é desenhada para encorajar a mudança e inovação. As unidades organizacionais são pequenas para criar um senso de pertencer e de adaptabilidade. Dão plena liberdade às equipes para gerar novos produtos e serviços criativos.
4. *Produtividade por meio das pessoas*: as pessoas são consideradas as raízes da qualidade e produtividade nas empresas bem-sucedidas. Elas são encorajadas a participar nas decisões de produção, *marketing* e novos produtos. A habilidade de trabalhar em consenso preserva a confiança e o sentimento de família, que aumenta a motivação e facilita a inovação como a eficiência.
5. *Orientação para valores*: as companhias excelentes são claras quanto ao seu sistema de valores. Os gerentes e empregados sabem o que a

empresa pretende. Os líderes proporcionam uma visão do que deve ser feito e dão um senso de propósito e significado ao pessoal. Eles se envolvem em problemas de todos os níveis.
6. *Focalização no negócio*: as empresas excelentes agarram firme o negócio que elas conhecem e compreendem. São intensamente focalizadas nos seus negócios e fazem aquilo que elas sabem fazer melhor do que ninguém.
7. *Forma simples e staff enxuto*: a forma estrutural e sistêmica das empresas excelentes é elegante, simples e com pouco pessoal de *staff*. São subdivididas em pequenas divisões ou unidades estratégicas de negócios. A hierarquia vertical é extremamente compactada.
8. *Propriedades simultaneamente soltas e apertadas*: parece um paradoxo, mas as empresas excelentes utilizam controles apertados e severos em algumas áreas (para assegurar os valores íntimos da empresa) e controles frouxos e soltos em outras (os empregados são livres para experimentar, errar, inovar e assumir riscos). Elas mantêm seu código de ética, ao mesmo tempo em que permitem que os funcionários possam ajudar a organização a melhor atingir seus objetivos.

Na pesquisa, Peters e Waterman notaram que nenhuma das empresas excelentes alcançou padrões máximos nas oito variáveis, mas verificaram que a preponderância dessas variáveis constitui parte integrante de sua cultura administrativa. Os oito aspectos anteriormente relacionados com a excelência empresarial mostram uma nítida tendência ao enunciado de princípios universais de administração e, sem dúvida alguma, um retorno à abordagem prescritiva e normativa que a Teoria da Contingência sempre renegou. Exponha a sua opinião pessoal sobre o assunto.

SOLUÇÕES EMERGENTES

A Era da Informação trouxe a mudança e a incerteza. Como a mudança chegou para valer, as organizações passaram a fazer tentativas para acompanhá-la ou, pelo menos, não ficar muito longe dela. A sobrevivência das organizações estava em jogo. No final da Era Industrial Neoclássica, surgiram várias técnicas de intervenção e abordagens inovadoras de mudança organizacional. Algumas lentas e incrementais vindas da experiência japonesa (como melhoria contínua e qualidade total), outras pedagógicas e baseadas no mercado (como o *benchmarking*) e outras rápidas e revolucionárias como reação tipicamente americana (como a reengenharia). Sinais da busca de soluções práticas e eficazes que atendam às emergências impostas pelas rápidas mudanças e transformações do mundo moderno.

Melhoria contínua

A melhoria contínua é uma técnica de mudança organizacional suave e contínua centrada nas atividades em grupos de pessoas. Nenhum programa de melhoria organizacional é decretado de cima para baixo. Em geral, começa de baixo para cima, ou seja, da base para a cúpula, e estende-se ao longo prazo. Visa à qualidade dos produtos e serviços e privilegia a melhoria gradual e contínua por meio da intensiva colaboração e participação das pessoas. Trata-se de uma abordagem incremental e participativa para obter excelência na qualidade dos produtos e serviços a partir das pessoas.

A melhoria contínua começou com os círculos de qualidade ou círculos de controle de qualidade. Um círculo de qualidade é um grupo de 6 a 12 empregados voluntários que se reúnem semanalmente para decidir e resolver problemas que afetam suas atividades comuns de trabalho. A ideia-chave é que as pessoas que fazem o trabalho conhecem-no melhor do que ninguém para propor recomendações que melhorem seu desempenho. Os círculos de qualidade empurram a tomada de decisões para os níveis mais baixos da organização. Seus membros são livres para coletar dados e fazer pesquisas.

A filosofia da melhoria contínua deriva do *kaizen* (do japonês *kai*, que significa mudança, e de *zen*, que significa bom). *Kaizen* é uma palavra que significava um processo de gestão e uma cultura de negócios e que passou a significar aprimoramento contínuo e gradual, implementado por meio do envolvimento ativo e comprometido de todos os membros da organização no que ela faz e na maneira como as coisas são feitas. O *kaizen* é uma filosofia de contínuo melhoramento de todos os empregados da organização, de maneira que realizem suas tarefas um pouco melhor a cada dia. Fazer sempre melhor é uma jornada sem fim, baseada no conceito de começar de um modo diferente a cada dia, tendo como princípio o fato de que os métodos de trabalho podem ser sempre melhorados.[7] A abordagem *kaizen* não significa apenas fazer melhor as coisas, mas conquistar resultados específicos como a eliminação do desperdício (de tempo, material, esforço e dinheiro) e a elevação da qualidade (de produtos, serviços, relacionamentos interpessoais e competências pessoais), reduzindo os custos dos projetos, fabricação, estoques e distribuição e tornando os clientes mais satisfeitos.

Para o *kaizen*, nada é estático e tudo deve ser revisto e reanalisado continuamente. As melhorias não precisam ser grandes, mas devem ser contínuas, constantes e incrementais. A mudança é endêmica. Na realidade, o *kaizen* é uma maneira de pensar e agir baseada nos seguintes princípios:[8]

- Promover aprimoramentos contínuos.
- Dar ênfase aos clientes.
- Reconhecer os problemas abertamente.
- Promover a discussão aberta e franca.
- Criar e incentivar equipes de trabalho.
- Gerenciar projetos por meio de equipes multifuncionais.
- Incentivar o relacionamento entre as pessoas.
- Desenvolver a autodisciplina.
- Comunicar e informar a todas as pessoas.
- Treinar intensamente e capacitar todas as pessoas.

O *kaizen* foi o primeiro movimento holístico que pregou a importância das pessoas e das equipes por meio da participação e do comprometimento. O trabalho em equipe é essencial: todos os assuntos são responsabilidade de todas as pessoas. Há um compartilhamento da responsabilidade, que se torna solidária. Para tanto, o *kaizen* requer pessoas incentivadas, treinadas e preparadas para pensar crítica e construtivamente.

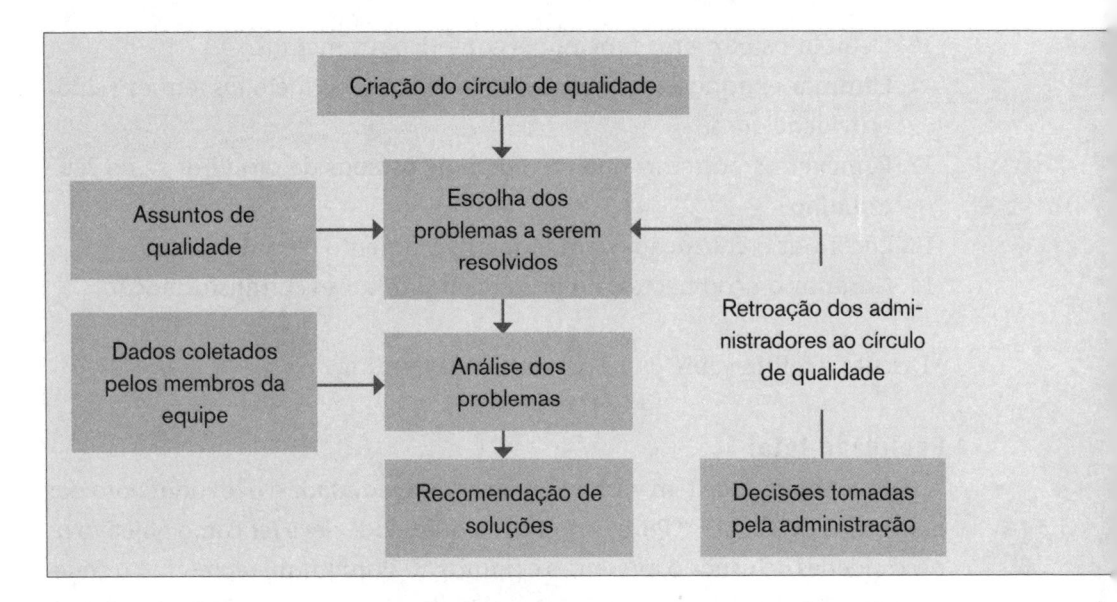

Figura 21.1. Processo dos círculos de qualidade.

Método do caso

Os 14 pontos de Deming para a produtividade gerencial[9]

O programa de melhoria contínua deve basear-se nos seguintes pontos:

1. Criar e publicar os objetivos e propósitos da empresa quanto à melhoria do produto ou serviço. A alta direção deve demonstrar constantemente seu total apoio ao programa.
2. A alta administração e todas as pessoas devem aprender e adotar a nova filosofia: não mais conviver com atrasos, erros e defeitos no trabalho.
3. Conhecer os propósitos da qualidade para melhorar os processos e reduzir custos.
4. Suspender a prática de fazer negócios apenas na base do preço.
5. Melhorar sempre e constantemente o sistema de produção e serviços, identificando e solucionando problemas.
6. Instituir treinamento no trabalho.
7. Ensinar e instituir liderança para conduzir as pessoas na produção.
8. Eliminar o medo de errar. Criar a confiança e um clima para a inovação.
9. Incentivar grupos e equipes para alcançar os objetivos e propósitos da empresa.
10. Demolir as barreiras funcionais entre departamentos.
11. Eliminar exortações à produtividade sem que os métodos tenham sido providenciados.
12. Remover as barreiras que impedem as pessoas de orgulhar-se do seu trabalho.
13. Encorajar a educação e o autoaperfeiçoamento de cada pessoa.
14. Garantir a ação necessária para acompanhar essa transformação.

Discuta e reflita sobre os 14 princípios de Deming.

Qualidade total

A palavra qualidade tem vários significados. Qualidade é o atendimento das exigências do cliente.[10] Para Deming, "a qualidade deve ter como objetivo as necessidades do usuário, presentes e futuras".[11] Para Juran, representa a "adequação à finalidade ou ao uso".[12] Para Crosby, é a "conformidade com as exigências".¹³ Feigenbaum diz que ela é "o total das características de um produto ou serviço referentes a *marketing*, engenharia, manufatura e manutenção, pelas quais o produto ou serviço, quando em uso, atenderá às expectativas do cliente".¹⁴ No fundo, os vários conceitos de qualidade falam o mesmo idioma por meio de vários dialetos. Por trás desses conceitos de qualidade está a figura do cliente, que pode ser interno ou externo. Em toda organização existe uma infinidade de cadeias de fornecedores e clientes: cada funcionário é um cliente do anterior (do qual recebe suas entradas) e um fornecedor para o seguinte (para o qual entrega suas saídas). A ideia de fornecedores/clientes internos e externos constitui o núcleo da qualidade total.¹⁵

Enquanto a melhoria contínua da qualidade é aplicável no nível operacional, a qualidade total estende o conceito de qualidade para toda a organização, abrangendo todos os níveis organizacionais, desde a base até a cúpula em um envolvimento total. Tanto a melhoria contínua como a qualidade total são abordagens incrementais para obter excelência em qualidade dos produtos e processos. O objetivo é fazer acréscimos de valor continuamente. Ambas seguem um processo composto das seguintes etapas:¹⁶

- *Escolher uma área de melhoria*: como redução da porcentagem de defeitos; redução no tempo de ciclo de produção; redução no tempo de parada de máquinas ou redução do absenteísmo do pessoal.
- *Definir a equipe de trabalho que irá tratar da melhoria*: a melhoria contínua e a qualidade total enfatizam o trabalho em equipe. São técnicas participativas para mobilizar as pessoas na derrubada de barreiras à qualidade.
- *Identificar os* benchmarks: *Benchmark* significa um padrão de excelência que deve ser identificado, conhecido, copiado e ultrapassado. O *benchmark* pode ser interno (de outro departamento, por exemplo) ou externo (uma empresa concorrente). O *benchmark* serve como guia de referência.
- *Analisar o método atual*: a equipe de melhoria analisa o método atual de trabalho para comparar e verificar como ele pode ser melhorado para alcançar ou ultrapassar o *benchmark* focalizado. Fatores como equipamento, materiais, métodos de trabalho, pessoas, habilidades são considerados nessa análise.
- *Estudo piloto da melhoria*: a equipe desenvolve um esquema-piloto para solucionar o problema e melhorar a qualidade e testa a sua relação de custo-benefício.

■ *Implementar as melhorias*: a equipe propõe a melhoria e a direção assegura sua implementação. A melhoria fortalece a competitividade da organização e aumenta a motivação das pessoas envolvidas no processo incremental.

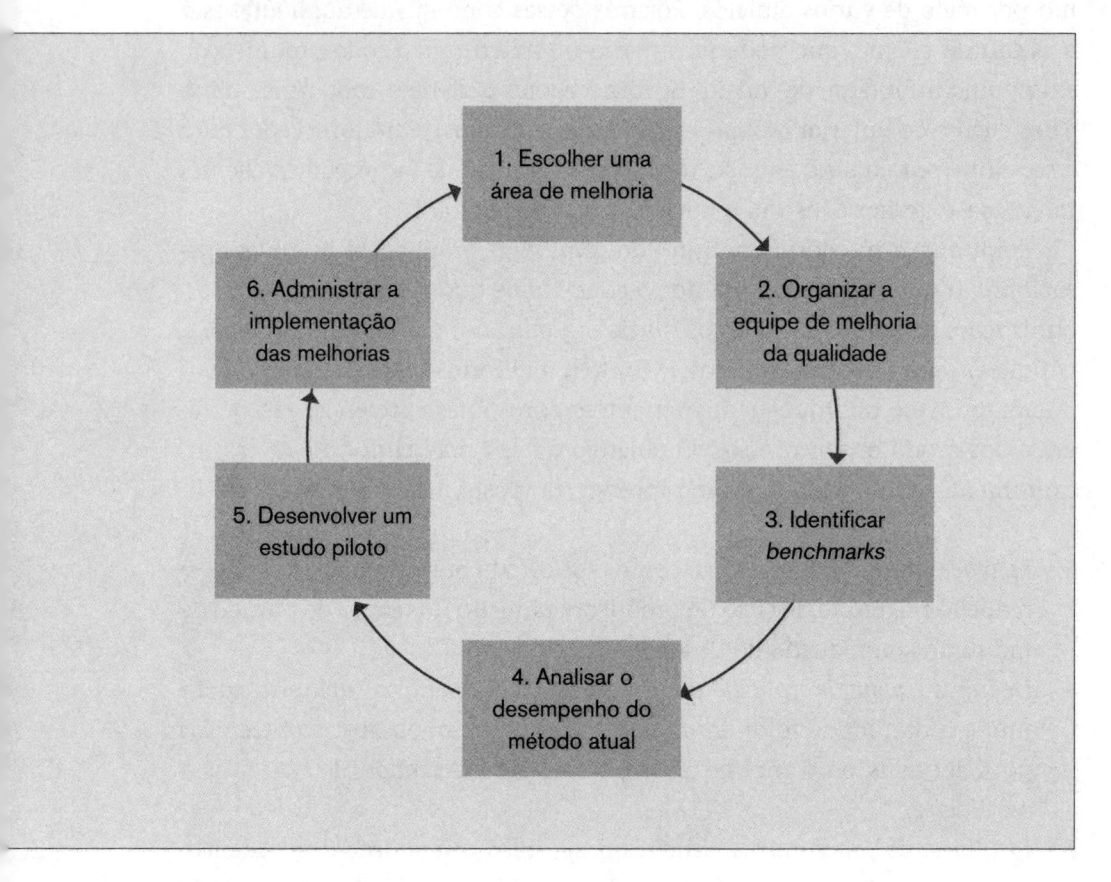

```
    1. Escolher uma área de melhoria
 6. Administrar a implementação das melhorias
    2. Organizar a equipe de melhoria da qualidade
 5. Desenvolver um estudo piloto
    3. Identificar benchmarks
    4. Analisar o desempenho do método atual
```

Figura 21.2. O processo de melhoria da qualidade.

O gerenciamento da qualidade total (*Total Quality Management* – TQM) é um conceito de controle que proporciona às pessoas, mais do que aos gerentes e dirigentes, a responsabilidade pelo alcance de padrões de qualidade. O tema central da qualidade total é simples: a obrigação de alcançar qualidade está nas pessoas que a produzem. São os funcionários, e não os gerentes, os responsáveis pelo alcance de elevados padrões de qualidade. Com isso, o controle burocrático – rígido, unitário e centralizador – cede lugar ao controle a cargo das pessoas envolvidas – solto, coletivo e descentralizado, como na Tabela 21.3.[17]

TABELA 21.3. O CONTROLE BUROCRÁTICO E O CONTROLE ADHOCRÁTICO		
Aspectos	Controle burocrático	Controle pelas pessoas
Propósito	Funcionários devem seguir as regras e os regulamentos	Funcionários devem estar comprometidos com a qualidade
Técnicas	Sistemas formais de controle, regras, hierarquia, inspetores de CQ, tecnologia	Cultura corporativa, equipes, autocontrole, socialização das pessoas
Desempenho	Padrões mensuráveis definem o desempenho mínimo Indicadores prefixados	Ênfase no alto desempenho e orientação dinâmica ao mercado
Estrutura organizacional	Estrutura alta e verticalizada Controles de cima para baixo Regras e procedimentos de coordenação e controle Autoridade da posição Departamento de CQ monitora a qualidade	Estrutura baixa e horizontal Influência mútua Objetivos compartilhados Valores e tradições Autoridade do conhecimento Todos monitoram a qualidade
Recompensas	Baseadas no resultado do funcionário no seu cargo	Baseadas no resultado do grupo e na equidade
Participação	Formalizada e estreita	Informal e ampla

A qualidade total muda o foco do controle externo para o interior de cada indivíduo. O objetivo é fazer com que cada pessoa seja responsável por seu próprio desempenho e que todos se comprometam a atingir a qualidade de maneira altamente motivada. A pergunta que se fazia antigamente era: Onde os problemas estão sendo resolvidos dentro da organização? Em que nível da estrutura organizacional? A triste constatação é de que em quase nenhum deles. O nível institucional tende a concentrar-se na solução dos problemas que representam prioridade na cúpula. O nível intermediário segue no mesmo caminho, pois os gerentes do meio do campo tendem a ajudar a alta administração na solução dos problemas que são importantes para ela. Os problemas operacionais que ocorrem na base da organização recebem pequena ou nenhuma atenção. A alta administração jamais fica sabendo de muitos dos problemas operacionais que impedem a produtividade nos níveis mais baixos e que ficam sem solução. A qualidade total focaliza exatamente os problemas operacionais, sem descurar-se dos demais.[18]

A qualidade total baseia-se no *empoderamento* (*empowerment*) das equipes. *Empowerment* significa proporcionar aos funcionários as habilidades e a autoridade para tomar decisões que tradicionalmente eram dadas aos gerentes. Significa também a habilitação dos funcionários para resolver os problemas do cliente sem consumir tempo para aprovação do gerente. O *empowerment* traz uma diferença significativa na melhoria dos produtos e serviços, na satisfação do cliente, na redução de custos e de tempo, trazendo economias à organização e satisfação às pessoas envolvidas.[19]

Os dez mandamentos da qualidade total são:[20]

1. *Satisfação do cliente*: o cliente é a pessoa mais importante da organização. Jamais deve ser tratado como importuno ou um receptor passivo dos produtos ou serviços da organização. O que seria de uma organização sem os clientes?
2. *Delegação*: tornou-se impossível administrar sem delegar competência. Delegar significa colocar o poder de decisão mais próximo da ação, para evitar gargalos ou demora das soluções.
3. *Gerência*: gerenciar significa liderar, e não impor ou controlar. Liderar significa mobilizar esforços, atribuir responsabilidades, delegar competências, motivar, debater, ouvir sugestões, compartilhar objetivos, informar, transformar grupos em equipes integradas e autônomas.
4. *Melhoria contínua*: a organização deve estar aberta às mudanças na sociedade, na tecnologia e às novas necessidades dos clientes. O aperfeiçoamento contínuo (*kaizen*) conduz à organização que se ultrapassa a cada momento. Quando a organização oferece mais do que lhe é cobrado, ganha a admiração de todos.
5. *Desenvolvimento das pessoas*: os funcionários buscam espaço e oportunidades na organização para demonstrar suas aptidões, capacidade profissional e reconhecimento. Ao satisfazer aspirações e necessidades das pessoas, a organização multiplica o potencial e a iniciativa das pessoas.
6. *Disseminação de informações*: todos os planos, metas e objetivos devem ser de conhecimento comum dentro da organização. A participação coletiva nas decisões implica ação coletiva na busca dos resultados.
7. *Não aceitação de erros*: a busca da perfeição deve ser uma preocupação constante, e o padrão de desempenho deve ser zero defeito ou nenhum erro. Esse princípio deve ser incorporado à maneira de pensar dos administradores e funcionários. Custa mais barato prevenir do que corrigir. Fazer certo pela primeira vez e fazer cada vez melhor na sequência. Quanto antes se descobrir o erro, tanto melhor.

8. *Constância de propósitos*: a definição de objetivos deve ser feita a partir de um planejamento participativo, integrado e baseado em dados corretos para obter comprometimento, confiança e convergência de ações na organização. Constância e perseverança são fundamentais.
9. *Garantia de qualidade*: a documentação escrita e acessível é fundamental para que se saiba qual é o caminho a percorrer e qual o caminho percorrido. É preciso investir em planejamento, organização e sistematização de processos.
10. *Gerência de processos*: as barreiras hierárquicas e departamentais devem ser eliminadas para facilitar a realização de mudanças. A ênfase nos processos utiliza o conceito de cadeia-fornecedor para eliminar barreiras entre as áreas da empresa, promovendo integração e eficiência no resultado final.

A *qualidade total* é aplicada a todas as áreas e níveis da organização e deve começar no topo da empresa. O comprometimento da alta administração é indispensável, pois há uma profunda mudança na cultura da organização.[21]

O gerenciamento da qualidade total trouxe técnicas como:[22]

- *Enxugamento* (downsizing): a qualidade total representa uma revolução na gestão da qualidade. Os antigos Departamentos de Controle de Qualidade (DCQ) e os sistemas formais de controle detinham e centralizavam essa responsabilidade. A qualidade total provocou um enxugamento (*downsizing*) dos DCQ e sua descentralização para o nível operacional. O *downsizing* promove a redução de níveis hierárquicos e um enxugamento organizacional para reduzir as operações à essência (*core business*) do negócio. O essencial é mantido e o acidental é transferido para terceiros que saibam fazê-lo melhor e mais barato (*terceirização*). O enxugamento substitui a antiga cultura baseada na desconfiança – e que alimentava um contingente excessivo de comandos e controles – para uma nova cultura que fomenta a iniciativa das pessoas.[23] O policiamento externo é substituído pelo comprometimento e autonomia, além do investimento em pessoas para melhorar a produtividade.
- *Terceirização* (outsourcing): é uma decorrência da filosofia de qualidade total. A terceirização ocorre quando uma operação interna da organização é transferida para outra organização que consiga fazê-la melhor e mais barato. As organizações estão transferindo para outras organizações atividades como malotes, limpeza e manutenção de escritórios e

fábricas, serviços de expedição, guarda e vigilância, refeitórios, etc. Empresas de consultoria em contabilidade, auditoria, advocacia, engenharia, propaganda, relações públicas, etc. representam antigas unidades organizacionais que foram terceirizadas para reduzir a estrutura e dotar a organização de maior agilidade e flexibilidade. A terceirização representa uma transformação de custos fixos em custos variáveis. E, na prática, uma enorme simplificação da estrutura e do processo decisório dentro das organizações e uma focalização maior no *core business* e nos aspectos essenciais do negócio.

▎ *Redução do tempo do ciclo de produção*: o ciclo de produção refere-se às etapas para completar um processo, como ensinar o programa didático a uma classe, fabricar um carro ou atender a um cliente. A qualidade total envolve a simplificação do ciclo de trabalho, remoção de etapas improdutivas e a queda de barreiras entre as etapas do trabalho e entre departamentos envolvidos. O ciclo operacional da organização torna-se mais rápido, e o giro do capital mais ainda. A redução do ciclo operacional permite a competição pelo tempo, atendimento mais rápido do cliente, etapas de produção mais encadeadas entre si, queda de barreiras e obstáculos intermediários. Os conceitos de fábrica enxuta e *Just-in-Time* (JIT) estão baseados no ciclo de tempo reduzido.

Método do caso

Os dez passos para a qualidade[24]

Para Juran, o programa de qualidade total deve basear-se nos seguintes passos:

1. Promover a conscientização da necessidade e oportunidade de melhorias.
2. Estabelecer metas de melhoramentos.
3. Organizar para atingir as metas: criar um conselho de qualidade, identificar problemas, selecionar projetos, formar grupos e equipes, designar coordenadores.
4. Prover treinamento a todas as pessoas.
5. Executar os projetos para resolver os problemas.
6. Relatar e divulgar o progresso.

7. Demonstrar reconhecimento às pessoas.
8. Comunicar os resultados.
9. Conservar os dados obtidos.
10. Manter o entusiasmo fazendo da melhoria anual parte integrante dos sistemas e processos normais da empresa.

Discuta e reflita sobre os dez princípios de Juran.

Reengenharia

A reengenharia foi uma reação ao abismo existente entre as mudanças ambientais velozes e intensas e a inabilidade das organizações em ajustar-se a essas mudanças. Para reduzir a enorme distância entre a velocidade das mudanças ambientais e a permanência das organizações tratou-se de aplicar um remédio forte e amargo. Reengenharia significa fazer uma nova engenharia da estrutura organizacional. Representa uma reconstrução, e não apenas uma reforma total ou parcial da empresa. Não se trata de fazer reparos rápidos ou mudanças cosméticas na engenharia atual, mas de fazer um desenho organizacional totalmente novo e diferente. A reengenharia baseia-se nos processos empresariais e considera que eles é que devem fundamentar o formato organizacional. Ela não pretende melhorar os processos existentes, mas a sua total substituição por processos inteiramente novos nem pretende automatizar os processos já existentes. Isto seria o mesmo que sofisticar aquilo que é ineficiente ou buscar uma forma ineficiente de fazer as coisas erradas. Nada de pavimentar estradas tortuosas, que continuam tortas apesar de aparentemente novas, mas construir novas estradas modernas. A reengenharia é totalmente diferente da melhoria contínua: a reengenharia pretende criar um processo inteiramente novo e baseado na TI, enquanto a melhoria contínua representa o aperfeiçoamento gradativo e lento do processo atual. Aquela vem de cima para baixo, enquanto esta ocorre de baixo para cima. A reengenharia é um movimento nitidamente americano e que caminha em sentido inverso ao da melhoria contínua.

Para alguns autores, a reengenharia é o reprojeto dos processos de trabalho e a implementação de novos projetos,[25] enquanto para outros é o repensar fundamental e a reestruturação radical dos processos empresariais visando a alcançar drásticas melhorias no desempenho de custos, qualidade, atendimento e velocidade [26]. Assim, a reengenharia fundamenta-se em quatro palavras-chave:[27]

- *Fundamental*: busca reduzir a organização ao essencial e fundamental: por que fazemos o que fazemos? E por que fazemos dessa maneira?
- *Radical*: impõe uma renovação radical, desconsiderando as estruturas e os procedimentos atuais para inventar novas maneiras de fazer o trabalho.
- *Drástica*: a reengenharia joga fora tudo o que existe na empresa. Destrói o antigo e o substitui por algo inteiramente novo. Nada aproveita do que existe.
- *Processos*: a reengenharia reorienta o foco para os processos, e não mais para as tarefas ou serviços nem para pessoas ou para a estrutura organizacional. Busca entender "o quê" e o "porquê", e não o "como" do processo.

A reengenharia está preocupada em fazer cada vez mais com menos. Seus três componentes são: pessoas, TI e processos. Um processo é o conjunto de atividades com uma ou mais entradas e que cria uma saída de valor para o cliente. As organizações estão focalizadas em tarefas, serviços, pessoas ou estruturas, mas não em seus processos. Ninguém gerencia processos. Na realidade, as organizações são constituídas de muitos processos fragmentados que atravessam os departamentos funcionais separados como se fossem diferentes feudos. Melhorar apenas tais processos não resolve. A solução é focalizar a empresa nos seus processos, e não nos seus órgãos. Daí virar o velho e tradicional organograma de pernas para o ar. Ou jogá-lo fora. Os processos empresariais básicos são:[28]

- Desenvolvimento do produto/serviço.
- Atendimento ao cliente.
- Fabricação e manufatura/operações.
- Logística.
- Gerenciamento de pedidos.
- Gestão de pessoas.
- Planejamento e alocação de recursos.
- Monitoração do desempenho organizacional.

Assim, a reengenharia de processos direciona as características organizacionais para os processos. As consequências para a organização são:[29]

- Os departamentos desaparecem e cedem lugar a equipes orientadas aos processos e aos clientes. A tradicional departamentalização funcional é substituída por redes de equipes de processos. A orientação internalizada para funções especializadas dos órgãos cede lugar a uma orientação voltada aos processos e para os clientes.

- A estrutura organizacional hierarquizada, alta e alongada passa a ser nivelada, achatada e horizontalizada. É o enxugamento (*downsizing*) da organização para transformá-la de centralizadora e rígida em descentralizadora, flexível e maleável.
- A atividade muda: as tarefas simples, repetitivas, rotineiras, fragmentadas e especializadas e o isolamento individual cedem lugar a equipes autogeridas com trabalhos multidimensionais e com ênfase na responsabilidade grupal, solidária e coletiva.
- Os papéis das pessoas deixam de ser moldados por regras e regulamentos internos para a plena autonomia, liberdade e responsabilidade.
- A preparação e o desenvolvimento das pessoas deixam de ser feitos por meio do treinamento específico, com ênfase na posição e no cargo ocupado, para se constituir em uma educação integral e com ênfase na formação da pessoa e nas suas habilidades pessoais.
- As medidas de avaliação do desempenho humano deixam de se concentrar na atividade passada e passam a avaliar os resultados alcançados, a contribuição efetiva e o valor criado à organização e ao cliente.
- Os valores sociais, antes protetores e visando à subordinação das pessoas às suas chefias, agora passam a ser produtivos e visando à orientação das pessoas para o cliente, seja ele interno ou externo.
- Os gerentes, antes controladores de resultados e distantes das operações cotidianas, agora se tornam líderes e impulsionadores, ficando mais próximos das operações e das pessoas.
- Os gerentes deixam de ser supervisores da ação e dotados de habilidades técnicas para orientadores e educadores dotados de habilidades interpessoais.

A reengenharia elimina os departamentos e os substitui por equipes de processos.[30] Ao enfatizar a importância dos processos horizontais das organizações e do seu tratamento racional, a reengenharia provoca, geralmente, reduções drásticas, fato que a torna ligada a demissões em massa decorrentes do *downsizing* e da substituição do trabalho humano pelo do computador.

Método do caso

Reengenharia da Casa das Flores

A reengenharia inova pelo fato de jogar fora os processos antigos e substituí-los por processos inteiramente novos e revolucionários. A Casa das Flores, uma empresa varejista, mudou toda a sua filosofia de venda de flores. Ela era freguesa de vários distribuidores e trabalhava com vendas por catálogo. O seu processo era o seguinte: comprava flores de um distribuidor (que comprava dos plantadores), montava os arranjos (conforme o catálogo de produtos) em caixas e os despachava para os clientes em seus caminhões. Era um processo caro e demorado, pois requeria um local para montar os pacotes e carros para a entrega aos clientes. Surgiu a ideia de fazer uma reengenharia do processo a partir de alianças estratégicas: por que não instruir o plantador a embalar as flores conforme o catálogo e por que não bater à porta da Federal Express para fazer entregas rápidas levando o buquê direto do plantador para a casa do cliente? A diretoria cortou os agentes intermediários, fechou a fábrica, vendeu os caminhões e dispensou pessoal. Fez alguns testes, imprimiu um novo catálogo e surgiu uma empresa enxuta, que se resume a um pequeno escritório onde os pedidos chegam por telefone e as ordens são expedidas tanto aos plantadores mais próximos do consumidor quanto à Federal Express, que transporta as flores durante a noite, quando seus carros estão praticamente vazios. O antigo processo levava nove dias, entre a entrega do plantador e a entrega ao consumidor. O novo processo reengendrado tem um ciclo de apenas dois dias, conforme a Figura 21.3.

Processo original

1º dia Plantador → 2º dia Caminhão → 3º dia Fornecedor → 4º dia Caminhão → 5º dia Distribuidor

6º dia Caminhão → 7º dia Vendedor → 8º dia Caminhão → 9º dia Entrega ao consumidor

Novo processo por meio da reengenharia

1º dia Plantador → 2º dia Entrega ao consumidor

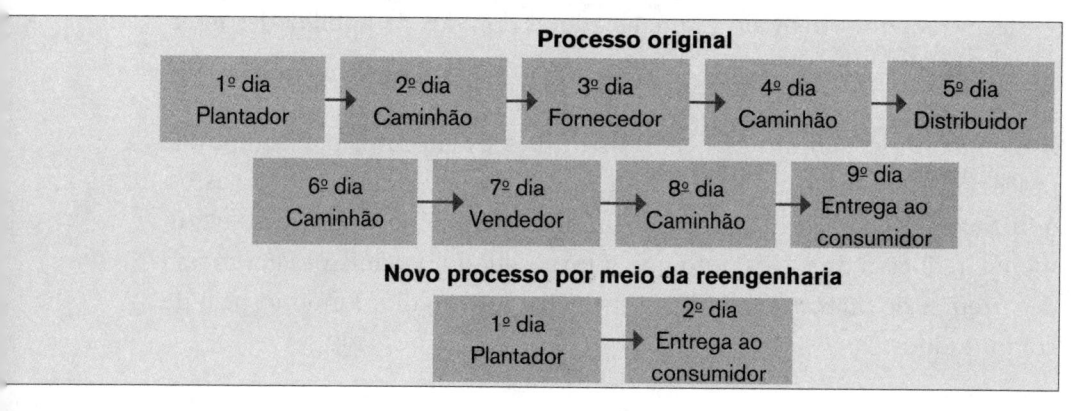

Figura 21.3. A reengenharia de processos da Casa das Flores.

Demonstre as economias envolvidas na Casa das Flores. Dê algumas ideias sobre como aplicar a reengenharia a outros processos empresariais.

Benchmarking

O *benchmarking* foi introduzido em 1979 pela Xerox para poder vencer uma onda de queda no mercado e de atraso em relação aos concorrentes japoneses. Segundo a Xerox, *benchmarking* é um "processo contínuo de avaliar os produtos, serviços e práticas dos concorrentes mais fortes e daquelas empresas que são reconhecidas como líderes empresariais".[31] Spendolini agrega que o *benchmarking* é um processo contínuo e sistemático de pesquisa para avaliar produtos, serviços, processos de trabalho de organizações que são reconhecidas como representativas das melhores práticas, com o propósito de aprimoramento organizacional.[32] Isto permite comparações de processos e práticas administrativas entre empresas para identificar o "melhor do melhor" e alcançar um nível de superioridade ou vantagem competitiva.

O *benchmarking* procura desenvolver a habilidade dos administradores de visualizar no mercado as melhores práticas administrativas das empresas consideradas excelentes (*benchmarks*) em certos aspectos, comparar as mesmas práticas vigentes na empresa focalizada, avaliar a situação e identificar as oportunidades de mudanças dentro da organização. A comparação costuma ser um saudável método didático. Desperta para as ações que as outras empresas estão desenvolvendo e que servem de lição e de exemplo, de guia e de orientação para os menos inspirados:[33]

O projeto de *benchmarking* exige que a organização defina três objetivos:[34]

▌ Detectar e conhecer suas operações e avaliar seus pontos fortes e fracos. Para tanto, deve documentar os passos e as práticas dos processos de trabalho, definir as medidas de desempenho e diagnosticar suas fragilidades.
▌ Localizar e conhecer os concorrentes ou organizações líderes do mercado, para poder diferenciar as habilidades e competências, conhecendo seus pontos fortes e fracos e compará-los a seus próprios pontos fortes e fracos.
▌ Incorporar o melhor, adotando os pontos fortes dos concorrentes e, se possível, excedendo-os e ultrapassando-os.

O *benchmarking* é constituído de 15 estágios, todos focalizados no objetivo de comparar competitividade, como na Tabela 21.4.

TABELA 21.4. OS 15 ESTÁGIOS DO *BENCHMARKING*[35]

Planejar	1. Selecionar órgãos ou processos para avaliar
	2. Identificar o melhor concorrente
	3. Identificar os *benchmarks*
	4. Organizar o grupo de avaliação
	5. Escolher a metodologia de coleta de dados
	6. Agendar visitas
	7. Utilizar a metodologia de coleta de dados
Analisar	8. Comparar a organização com seus concorrentes
	9. Catalogar as informações e criar um "centro de competência"
	10. Compreender os processos e as medidas de desempenho
Desenvolver	11. Estabelecer objetivos ou padrões do novo nível de desempenho
	12. Desenvolver planos de ação para atingir as metas e integrá-los na organização
Melhorar	13. Implementar ações específicas e integrá-las nos processos da empresa
Revisar	14. Monitorar os resultados e os melhoramentos
	15. Revisar os *benchmarks* e as relações atuais com a empresa-alvo

A principal barreira à adoção do *benchmarking* reside em convencer os administradores de que seus desempenhos podem ser melhorados e excedidos. Isto requer uma abordagem paciente e a apresentação de evidências de melhores métodos utilizados por outras organizações. O *benchmarking* requer comprometimento e consenso das pessoas. Seu principal benefício é a competitividade, pois ajuda a desenvolver um esquema de como a operação pode sofrer mudanças para atingir um desempenho superior e excelente.

TABELA 21.5. AS VANTAGENS DO *BENCHMARKING*[36]

Objetivos	Sem *benchmarking*	Com *benchmarking*
Competitividade	• Focalização interna • Mudanças por meio da evolução	• Conhecimento da concorrência • Mudanças inspiradas nos outros
Melhores práticas empresariais	• Poucas soluções • Manutenção das práticas atuais	• Muitas opções de práticas • Desempenho superior
Definição dos requisitos do cliente	• Baseada na história ou intuição • Percepção subjetiva • De dentro para fora	• Baseada na realidade do mercado • Avaliação objetiva • De fora para dentro
Fixação de metas e de objetivos	• Focalização interna e subjetiva • Abordagem reativa	• Focalização externa e objetiva • Abordagem proativa
Medidas de produtividade	• Perseguição de estimativas • Noção de forças e fraquezas • Caminho de menor resistência	• Solução de problemas reais • Compreensão dos resultados • Melhores práticas do mercado

Equipes de alto desempenho

Nunca se falou tanto em equipes como agora. As organizações estão migrando velozmente para o trabalho em equipe. O objetivo: obter a participação das pessoas e buscar respostas rápidas às mudanças no ambiente de negócios e que permitam atender às crescentes demandas dos clientes. Drucker já apontava as razões pelas quais as organizações estão adotando o trabalho em equipes:[37]

- As equipes permitem reunir no momento certo as pessoas certas de vários setores da estrutura formal para conjugar mais possibilidades contra a concorrência em casa e fora de casa.
- As equipes ajudam as organizações a modificar sua estrutura de custos porque eliminam as burocracias tradicionais ou impedem a criação de novas burocracias.
- Com as ferramentas de computação de grupos de trabalho interligados em rede, a pirâmide corporativa pode ser substituída por equipes interligadas em rede.
- O foco desloca-se do indivíduo que se reportava ao gerente para equipes que funcionam como unidades integradas de serviços.
- As equipes são, ao mesmo tempo, clientes e fornecedores de outras equipes internas e externas à organização. Como clientes, elas recebem insumos e informações das equipes de suprimentos e suporte, acrescentando-lhes valor agregado para – como fornecedores – fornecer e servir a outras equipes. Os insumos e informações com o valor agregado é consumido por outros clientes.

Mas não basta apenas criar e desenvolver equipes. É necessário conduzir as equipes a um desempenho excelente. Os principais atributos de equipes de alto desempenho são:[38]

- *Participação*: todos os membros estão comprometidos com o *empowerment* e autoajuda. Motivo: buscar sinergia de esforços.
- *Responsabilidade*: todos os membros se sentem responsáveis pelos resultados do desempenho. Motivo: alcançar solidariedade.
- *Clareza*: todos os membros compreendem e apoiam o propósito da equipe. Motivo: desenvolver o esforço conjunto.
- *Interação*: todos os membros comunicam-se em um clima aberto e confiante. Motivo: buscar maior comunicação.

- *Flexibilidade*: todos os membros desejam mudar para melhorar o desempenho. Motivo: tentar a adaptação rápida a novas circunstâncias.
- *Foco*: todos os membros estão dedicados a alcançar expectativas de trabalho. Motivo: buscar melhoria e aperfeiçoamento contínuos.
- *Criatividade*: todos os talentos e ideias dos membros são usados para beneficiar a equipe. Motivo: incentivar inovação e mudança.
- *Velocidade*: todos os membros agem prontamente sobre problemas e oportunidades. Motivo: buscar competitividade através do tempo.

> **DICAS**
>
> A ORGANIZAÇÃO COMO UM ESTÚDIO CINEMATOGRÁFICO
> Você já percebeu que todo final de um filme, novela ou noticiário de televisão termina com uma longa relação de protagonistas que rola na tela indicando quem participou de sua criação, planejamento e execução? O elenco começa com o nome do produtor (que reúne todos os recursos necessários), o diretor (que escolhe os participantes ou atores), o escritor ou redator, o elenco de protagonistas e coadjuvantes, roteiristas, cenaristas, cenografistas, iluminadores, modelistas, maquiadores, sonoristas e uma infindável relação de outros participantes que cuidam da adaptação, música, *merchandising*, etc. Quando o filme ou novela está pronto e concluído, toda essa equipe se dissolve e provavelmente no futuro alguns componentes dela se reencontrem com papéis diferentes em outra oportunidade. É que cada filme ou novela funciona como um projeto que tem início, meio e fim definidos. O negócio está em juntar múltiplas competências em cada projeto específico para que ele seja bem-sucedido no mercado. O futuro dirá se muitas organizações venham a se parecer com um estúdio cinematográfico, que escolhe projetos e define equipes de elevada competência para tocá-los com sucesso. Muitas organizações já estão fazendo isso.

NOVA LÓGICA DAS ORGANIZAÇÕES

A velocidade da mudança e os desafios do mundo globalizado estão conduzindo a um sentido de emergência quanto à adaptabilidade das organizações, como condição para que sobrevivam no novo ambiente de negócios. Desde que o enfoque sistêmico substituiu os princípios universais clássicos e cartesianos em que se basearam as teorias administrativas anteriores, está havendo uma nova abordagem e uma nova visão do futuro das organizações.

As tendências organizacionais no mundo moderno caracterizam-se por:

- *Cadeias de comando mais curtas*: a velha cadeia escalar de comando está na berlinda. A tendência é de enxugar níveis hierárquicos na busca de organizações não hierárquicas, enxutas e flexíveis. Compressão ou eliminação da hierarquia para proporcionar estruturas horizontais ou achatadas, que permitam vantagem competitiva em termos de fluidez e flexibilidade.
- *Menos unidade de comando*: o tradicional princípio do comando único está sendo questionado. A ascendência vertical (subordinação ao chefe) está cedendo lugar ao relacionamento horizontal (em direção ao cliente, seja ele interno ou externo). A ênfase horizontal no processo está ocupando o lugar da hierarquia vertical. A tendência atual é de utilizar equipes funcionais cruzadas, forças-tarefas e estruturas horizontais para aproximar o funcionário do cliente.
- *Amplitudes de controle mais amplas*: as organizações estão partindo para amplitudes administrativas mais amplas, que reduzem a supervisão direta e facilitam a delegação de responsabilidade e maior autonomia às pessoas.
- *Mais participação e* empowerment: a participação é o processo de transferir responsabilidades e decisões às pessoas. Os gerentes estão delegando mais meios para fortalecer as pessoas em todos os níveis para que elas possam tomar todas as decisões que afetam o seu trabalho. Com o *empowerment*, proporcionam-se maiores responsabilidade e autonomia às pessoas, que passam a trabalhar mais livremente e com um mínimo de supervisão direta.
- Staff *como consultor, e não como executor*: o *staff* executava serviços técnicos especializados ou assessoria na solução de problemas para a organização, assumindo, muitas vezes, o papel da linha. A tendência é de transformar o *staff* de prestador e executor de serviços em consultor interno. Quem deve executar é a linha. A função do *staff* é orientar a linha para que ela faça todo o seu trabalho, e não substituí-la em certas atividades.
- *Ênfase nas equipes de trabalho*: os antigos departamentos estão cedendo lugar a equipes de trabalho, definitivas ou transitórias. Essa aparente "desorganização" do trabalho significa uma orientação rumo à flexibilidade, agilidade, mudança e inovação.

- *A organização como um sistema de unidades de negócios interdependentes*: as organizações estão se estruturando sobre unidades autônomas e autossuficientes de negócios, cada qual atuando como um centro de lucro específico, com metas e resultados a alcançar. Para tanto, torna-se necessário um sistema de informação que proporcione a integração do todo organizacional.
- *Infoestrutura*: a nova arquitetura organizacional está interligada por meio da TI. A infoestrutura permite uma organização integrada sem estar concentrada em um único local. As pessoas podem trabalhar em suas casas ou em qualquer lugar e em qualquer tempo. Ela dispensa a antiga hierarquia, pois a informação está instantaneamente disponível no formato eletrônico e é oferecida para toda a organização para a tomada de decisões e ações competitivas. Cada equipe ou unidade de negócio funciona como um cliente ou fornecedor (ou servidor) ligado em rede, trabalhando em uma estrutura molecular, ágil e flexível.
- *Abrandamento dos controles externos às pessoas*: as organizações estão preocupadas com os fins (alcance de objetivos, resultados ou metas), e não mais com o comportamento das pessoas. Isso significa que os antigos controles externos (regras, regulamentos, procedimentos, horário de trabalho, etc.) estão sendo substituídos por conceitos como valores organizacionais, missão da organização, foco no cliente e que permitem orientar (e não fiscalizar ou bitolar) o comportamento das pessoas.
- *Foco no negócio essencial* (core business) e consequente eliminação do acessório, supérfluo ou acidental. Programas de enxugamento e terceirização são realizados para eliminar as aparas e reorientar a organização para aquilo que realmente ela foi criada: o seu negócio e o seu cliente.
- *Consolidação da economia do conhecimento*: a economia do conhecimento envolve uma porcentagem cada vez maior da força de trabalho. Significa a presença maior do trabalho mental e cerebral, em que predominam a criatividade e a inovação na busca de soluções novas, produtos novos, processos novos para agregar valor à organização e oferecer soluções criativas às necessidades do cliente. Significa que as pessoas deixam de ser fornecedoras de mão de obra para serem fornecedoras de conhecimentos capazes de agregar valor ao negócio, à organização e ao cliente.

A Teoria Administrativa está passando por um profundo revisionismo. O mundo mudou e muita gente acha que ela também deve mudar. Certamente. Mas, para onde? Em que direção? Algumas abordagens a seguir poderão mostrar os caminhos futuros da teoria administrativa.

Método do caso

Amazon: uma empresa virtual

Você quer comprar um livro, CD ou um brinquedo pela internet e sem sair de casa? Conecte-se com a *amazon.com*. É a maior livraria virtual do mundo. Mas ela não tem lojas físicas nem prateleiras, estandes ou estoques de artigos. A *megastore* virtual e global valia US$ 33 bilhões na bolsa de valores americana. Em pouco menos de três meses, o seu valor no mercado de capitais despencou para US$ 14 bilhões. Um ajuste técnico já esperado pelo mercado, pois não tem sentido uma empresa valer em bolsa cerca de 45 vezes o seu patrimônio contábil verdadeiro. Tanto mais, uma empresa como a Amazon, que nunca deu um dólar de lucro em sua curta e estrepitosa existência.[39] Tente explicar por que razão essa empresa vale tanto no mercado?

STAKEHOLDERS

É o nome dado aos grupos de interesses – ou partes interessadas – que afetam ou são afetados de alguma maneira pela organização. São também denominados públicos estratégicos, pois de modo direto ou indireto influenciam poderosamente os resultados da organização e, por essa razão, merecem um cuidado muito especial, pois podem oferecer vantagens ou exigir reparações. Seu relacionamento com a organização pode ser direto ou indireto, sem envolver necessariamente transações comerciais.

O administrador não pode ficar concentrado apenas no âmago de sua organização. Ele precisa também ter visão periférica, ou seja, olhar também para fora dela. E é lá que estão os *stakeholders*, que também precisam receber incentivos e retribuições da organização. Os *stakeholders* podem constituir um grupo mais direto (como acionistas, clientes, funcionários, instituições financeiras, fornecedores, agências reguladoras) e outro mais indireto (como comunidades, governo, mídia, grupos de interesse, concorrentes, associações de defesa de interesses e a própria sociedade).[40]

A importância ou relevância do *stakeholder* depende da conjugação de três fatores :[41]

- *Poder*: é a força ou poder coercitivo, utilitário ou regulatório que lhe permite se impor no seu relacionamento com a organização.
- *Urgência*: quando seu relacionamento é importante ou crítico para a organização e exige atenção imediata e relevante por possuir uma natureza sensível ao tempo.

- *Legitimidade*: quando seu relacionamento com a organização é protegido por um sistema de normas, leis, crenças e definições sendo percebido ou assumido de maneira legítima.

Um *stakeholder* inativo apresenta apenas um dos três fatores acima enquanto um *stakeholder* ativo reúne os três fatores, pois tem poder, urgência e legitimidade. É o caso do Ministério Público que pode mandar interromper (poder) imediatamente (urgência) o funcionamento de uma fábrica quando recebe queixas sobre violação de leis ambientais (legitimidade).

SUSTENTABILIDADE

Sustentabilidade significa fazer o hoje sem prejudicar o amanhã, ou melhor, fazer o hoje para melhorar cada vez mais o amanhã. Em outras palavras, sustentabilidade (do latim *sustinere* = manter vivo, defender, sustentar) é um conceito sistêmico relacionado à continuidade e à preservação dos aspectos econômicos, sociais e ambientais da sociedade.

A administração focada na sustentabilidade baseia as suas ações em três aspectos: a prosperidade da organização, a equidade social das comunidades onde ela atua e a qualidade ambiental. Em outras palavras, uma organização é sustentável quando olha para si mesma, para a comunidade e para o meio ambiente com o fito de ter longevidade e lucratividade, além de contribuir eficazmente para a melhor utilização e conservação dos recursos naturais e o bem-estar de seus colaboradores e consumidores. Investir em sustentabilidade é bom para o negócio, para a comunidade e para o planeta, pois promove resultados como redução de custos, melhoria da imagem corporativa e da reputação, identificação e geração de novas oportunidades de negócios.

A sustentabilidade é uma atitude organizacional e envolve:

1. *Sustentabilidade econômica,* por meio de:
   - Busca de eficiência para gerar resultados para proprietários, acionistas, dirigentes, funcionários, clientes, fornecedores e para a sociedade.
2. *Sustentabilidade social,* por meio de:
   - Incentivos para a atitude consciente das pessoas que nela trabalham.
   - Melhorias na comunidade onde está localizada e ações comunitárias no sentido de melhorar a qualidade de vida das pessoas.
   - Adequação da remuneração e das condições de trabalho dos seus colaboradores.
   - Busca de alternativas para a organização se inserir em outras cadeias produtivas

3. *Sustentabilidade ambiental,* por meio de:
   - Preservação do ecossistema e da biodiversidade.
   - Redução de perdas no processo produtivo por intermédio de medidas simples, como organização, limpeza, higiene, ordem e técnicas de produção mais limpas, a fim de incrementar ganho em eficiência, qualidade e redução de custos.
   - Redução na emissão de resíduos e de seu descartamento correto.
   - Redução do consumo de água e energia por meio do uso consciente desses recursos.

Tudo isso exige uma ação permanente de buscar novas oportunidades de crescimento e expansão nos negócios e aperfeiçoar de maneira contínua os processos de trabalho, passos indispensáveis para tornar as organizações cada vez mais viáveis, sustentáveis e competitivas.

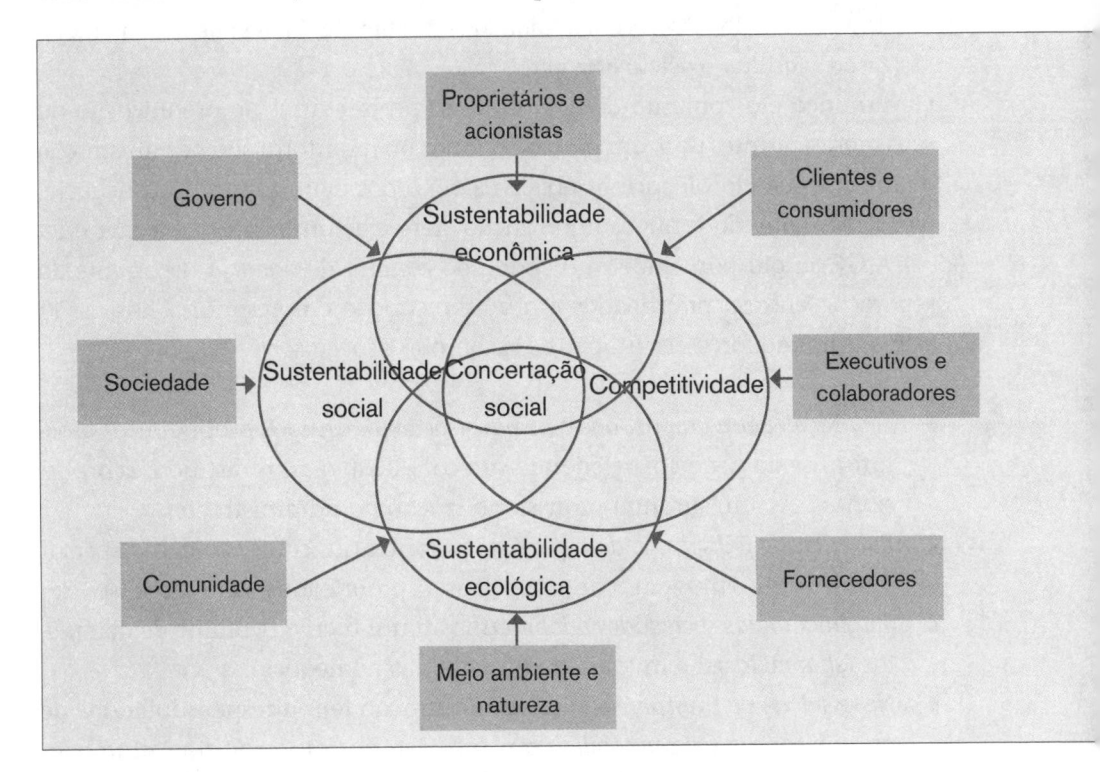

Figura 21.4. O jogo das pressões externas dos *stakeholders*.[42]

A sustentabilidade no seu contexto mais amplo é um assunto que domina a agenda do administrador *moderno*.

GOVERNANÇA CORPORATIVA

A sociedade moderna está cada vez mais exigindo mecanismos e procedimentos de transparência na prestação de contas dos resultados das ações administrativas das organizações. Proprietários, acionistas, investidores e demais públicos estratégicos (*stakeholders*) querem saber como os administradores de organizações estão agindo em função de seus variados interesses e como avaliar seu desempenho e resultados. Assim, a governabilidade é a capacidade de um público estratégico ou grupo de interesse poder monitorar e avaliar como as suas organizações estão sendo administradas e como os seus interesses e expectativas são levados em conta. A governança corporativa (GC) é a resposta para essa questão. Trata-se de um exercício de poder e de autoridade pelas partes interessadas. Segundo o Instituto Brasileiro de Governança Corporativa (IBGC),

> governança corporativa é o conjunto de praticas e relacionamentos entre os acionistas ou cotistas, Conselho de Administração, diretoria, auditoria independente e Conselho Fiscal com a finalidade de otimizar o desempenho da organização e facilitar o acesso ao capital.[43]

Governança é o conjunto de meios que os proprietários da organização ou seus representantes utilizam para direcionar ou monitorar sua administração e garantir que ela alcance os objetivos definidos definiram para o negócio. Negócio é a atividade que a organização oferece ao ambiente que a circunda.

A GC surgiu para superar o chamado conflito de agência decorrente da separação entre a propriedade e a administração empresarial. Aliás, a GC está ganhando força em função dos seguintes aspectos:

- *Separação entre propriedade e administração*: os antigos proprietários afastaram-se do negócio, delegando sua condução a administradores profissionais. Assim, surgiu a profissionalização na administração.
- *Pulverização e dispersão do capital*: os proprietários começaram a dispersar seus investimentos em outros negócios. A propriedade tornou-se dispersa.
- *Surgimento das sociedades anônimas*: com um incrível volume de acionistas (*shareholders*) e investidores envolvidos no negócio.
- *Necessidade de transparência*: a administração tem a responsabilidade de prestar contas (*accountability*) aos proprietários ou acionistas e também aos demais *stakeholders* envolvidos direta ou indiretamente no negócio da organização.
- *Monitoramento da atividade administrativa e avaliação dos resultados*: os proprietários ou acionistas precisam monitorar e avaliar os resultados oferecidos pela administração para avaliar o retorno de seus investimentos.

■ *Influência dos* stakeholders: a administração da organização precisa também atender às demandas e às expectativas de outros públicos externos direta ou indiretamente relacionados com o negócio a fim de preservar sua imagem, reputação e sustentabilidade.

Assim, a GC constitui um componente supraorganizacional situado acima da estrutura organizacional tradicional. Ela envolve uma estrutura de governo geralmente composta de um Conselho de Administração (dotado de um presidente que costuma ser o principal acionista e de vários conselheiros que representam os demais acionistas), um Conselho Fiscal (que avalia a administração dos riscos e dos resultados do negócio) e Auditoria Externa. O presidente da organização deve prestar contas ao Conselho de Administração.

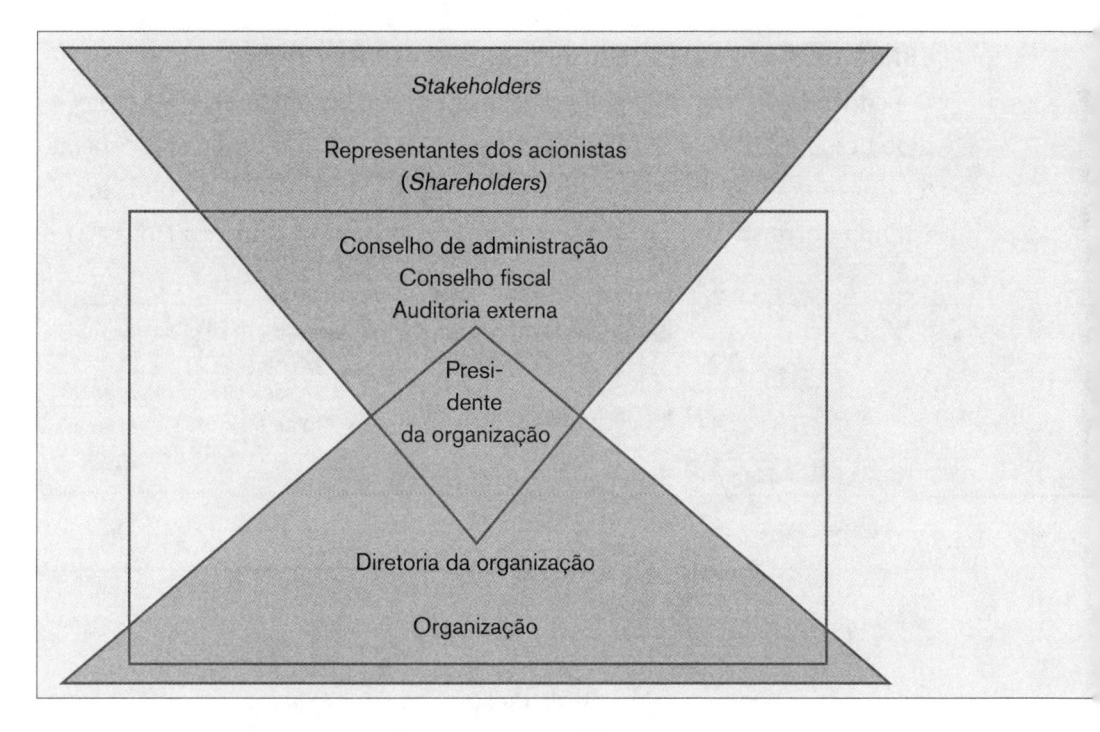

Figura 21.5. O esquema de Governança Corporativa.[44]

A GC trata das relações entre a administração da organização, o Conselho de Administração, os acionistas e outras partes interessadas, para definir como ajustar os interesses dos acionistas e dos dirigentes de cúpula.[45] Para tanto, a GC trata dos direitos e obrigações dos acionistas e define os meios pelos quais os provedores de capital da organização possam estar assegurados do retorno de seu investimento.[46] Ela define os objetivos da organização e a maneira de atingir esses objetivos para monitorar seu desempenho de maneira a maximizar a relação entre o retorno dos acionistas e os benefícios auferidos pelos seus executivos. Assim, a GC define os rumos da estratégia do negócio, operações, geração de valor e destinação dos resultados.[47]

O presidente e a diretoria executiva da organização seguem as diretrizes e decisões tomadas pelo Conselho de Administração cujos conselheiros se reúnem periodicamente para definir rumos, analisar os resultados organizacionais e definir as decisões globais a serem tomadas pela presidência e diretoria da organização. No fundo, o Conselho de Administração fornece o balizamento necessário para que os administradores da organização possam trabalhar da maneira estratégica e global.[48]

GRAUS DE MATURIDADE DA GOVERNANÇA CORPORATIVA

Dependendo da maturidade da organização, existem diferentes graus de GC, indo desde uma visão limitada exclusivamente aos interesses mais imediatos dos maiores acionistas até uma visão fortemente ampliada para todo o variado universo externo de *shareholders* e *stakeholders*, como na Figura 21.6.

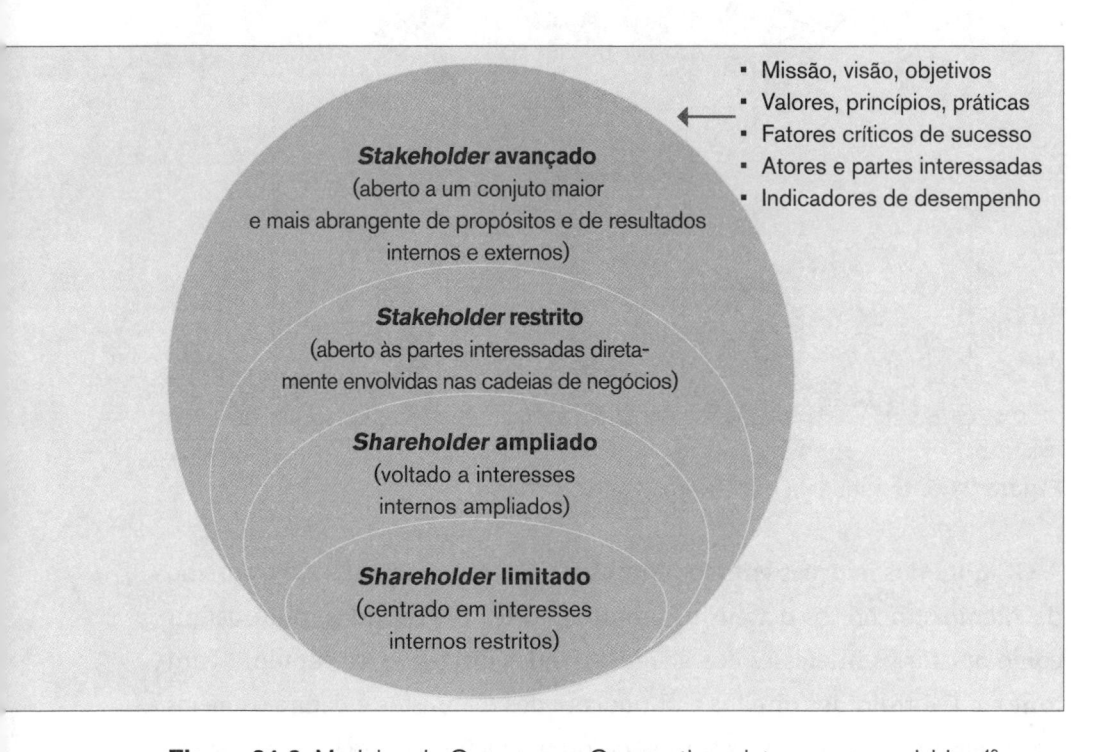

Figura 21.6. Modelos de Governança Corporativa e interesses envolvidos.[49]

A GC está se tornando um complexo processo de tomada de decisão que antecipa e ultrapassa a tradicional estrutura administrativa da organização. No fundo, o processo de governar a organização torna-se cada vez mais amplo e interativo e envolve todos os atores envolvidos no negócio, pois nenhum deles detém sozinho o conhecimento e a capacidade de recursos para tomar todas as decisões unilateralmente.

GESTÃO DO CONHECIMENTO E CAPITAL INTELECTUAL

Na era da informação, o recurso mais importante deixou de ser o capital financeiro para ser o capital intelectual, baseado no conhecimento. Trocando em miúdos, isto significa que o recurso mais importante na atualidade não é mais o dinheiro, mas o conhecimento. O capital financeiro mantém sua importância relativa, mas ele depende do conhecimento sobre como aplicá-lo e rentabilizá-lo adequadamente. O conhecimento ficou na dianteira de todos os demais recursos organizacionais, pois todos eles passaram a depender do conhecimento. Conhecimento é a informação estruturada que tem valor ou que agrega valor para uma organização. O conhecimento conduz a novas formas de trabalho e de comunicação, a novas estruturas e tecnologias e a novas formas de interação humana. E onde está o conhecimento? Na cabeça das pessoas. São as pessoas que aprendem, desenvolvem e aplicam o conhecimento na utilização adequada dos demais recursos organizacionais. Estes sim são estáticos, inertes e dependentes da inteligência humana que utiliza o conhecimento. O conhecimento é criado, desenvolvido e modificado pelas pessoas e é transmitido a partir da interação social, do estudo, trabalho e do lazer.[50] Assim, as organizações bem-sucedidas são aquelas que sabem conquistar e motivar as pessoas para que elas aprendam e apliquem seus conhecimentos à solução dos problemas e à busca da inovação rumo à excelência.[51] A organização baseada no conhecimento depende, portanto, da gestão do conhecimento. E o que é gestão do conhecimento? Um processo integrado destinado a criar, organizar, disseminar e intensificar o conhecimento para melhorar o desempenho global da organização.[52]

Há um sentido de urgência a respeito do conhecimento devido a cinco tendências, a saber:[53]

▪ *Intensidade do conhecimento*: o aumento do conteúdo de conhecimento incorporado em produtos e serviços está se tornando um fator crítico de produção. Em muitas indústrias, o conhecimento está se tornando mais importante que os tradicionais fatores de produção, como natureza, capital e trabalho. Cada vez mais as organizações estão dependendo do conhecimento para melhorar seus produtos, serviços, processos, reduzir seus tempos de ciclo, etc.

- *Obsolescência do conhecimento*: ao mesmo tempo em que a intensidade do conhecimento está aumentando nas organizações, também estamos experimentando um encurtamento do ciclo de vida do uso de alguns conhecimentos específicos, que se tornam rapidamente ultrapassados e obsoletos. No passado, poucas coisas mudavam. As pessoas ocupavam cargos durante todo o seu tempo de trabalho e a sua carreira e conhecimento se associavam indissoluvelmente a esses cargos. Atualmente, o trabalho das pessoas requer contínua aprendizagem de novos conhecimentos para sobreviver. O conhecimento está se tornando uma variável, e o aumento gradativo do índice de mudança está provocando um forte estresse nas pessoas.
- *Conexões globais*: estamos experimentando um aumento da velocidade e compressão do tempo, especialmente na internet. O tempo significa que os ciclos são medidos em meses, e não mais em anos. Graças à internet, temos um mundo conectado. O conceito de "aldeia global" de *Marshall McLuhan* tornou-se realidade. A internet elimina demoras em todos os níveis – entre trabalhadores, entre trabalhadores e gerentes, entre negócios e consumidores, entre parceiros e fornecedores de organizações, etc.
- *Aumento da produtividade no trabalho*: as pressões da concorrência global fazem que as organizações se tornem seletivas e focalizem quais os negócios em que pretendem se manter e quais os ativos intelectuais que devem ser competitivos. Em consequência, a melhoria e o aumento da produtividade do conhecimento por meio da força de trabalho estão se tornando os principais desafios dos negócios no século XXI.
- *Foco no crescimento*: a razão pela qual a produtividade do conhecimento está se tornando tão importante é que a inovação passou a ser o termo do crescimento na equação dos negócios. Redução de custos e aumento da produtividade estão se tornando um estilo de vida, e o crescimento está sendo o objetivo global a ser perseguido. Por essa razão, o conhecimento está se constituindo em uma tendência fundamental para as organizações.

Contudo, há que se reconhecer que o conhecimento é um recurso diferente dos demais. Ele não ocupa espaço físico; é um ativo intangível.[54] Em uma organização do conhecimento, os assuntos financeiros não representam o verdadeiro valor do negócio.[55] Existem ativos intangíveis – ainda não mensuráveis pelos tradicionais métodos da contabilidade – e que são identificados como "nossas pessoas", "nossos clientes" e "nossa organização". Sveiby propõe que o valor total dos negócios da organização seja calculado pelo valor dos clientes, valor da organização e valor de competências, respectivamente, e não apenas pelos ativos tangíveis que formam o capital financeiro. Assim, o capital intelectual é constituído por três aspectos intangíveis:[56]

- *Nossos clientes*: baseado no valor proporcionado pelo crescimento, força e lealdade dos clientes. Refere-se à estrutura externa, isto é, ao relacionamento com os clientes e seu impacto nos retornos e imagem e como essa estrutura pode ser expandida para incluir novas relações externas.
- *Nossa organização*: baseado no valor derivado de nossos sistemas, processos, criação de novos produtos e estilo administrativo. Refere-se à estrutura interna, que inclui sistemas e processos, ferramentas de negócios, marcas registradas e cultura organizacional.
- *Nossas pessoas*: baseado no valor da organização proporcionado pelo crescimento e desenvolvimento das competências das pessoas e como essas competências são aplicadas às necessidades dos clientes. Refere-se às competências e às habilidades dos funcionários para agir eficazmente em uma ampla variedade de situações.

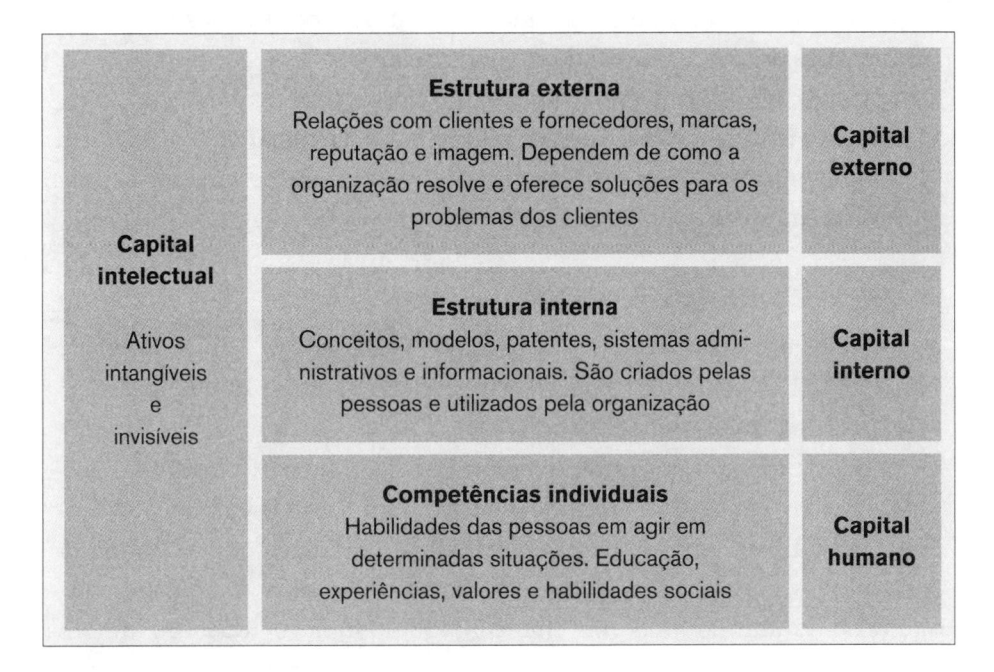

Capital intelectual Ativos intangíveis e invisíveis	**Estrutura externa** Relações com clientes e fornecedores, marcas, reputação e imagem. Dependem de como a organização resolve e oferece soluções para os problemas dos clientes	Capital externo
	Estrutura interna Conceitos, modelos, patentes, sistemas administrativos e informacionais. São criados pelas pessoas e utilizados pela organização	Capital interno
	Competências individuais Habilidades das pessoas em agir em determinadas situações. Educação, experiências, valores e habilidades sociais	Capital humano

Figura 21.7. Capital intelectual segundo Sveiby.

As organizações bem-sucedidas apresentam indicadores (como crescimento, renovação, eficiência e estabilidade) para gerir e monitorar seus ativos intangíveis, cujo valor, muitas vezes, supera o dos seus ativos tangíveis. Mais ainda: percebeu-se que administrar pessoas vem antes, durante e depois da administração de qualquer recurso organizacional, seja o capital, máquinas, instalações, etc.[57] Por essa razão, o investimento maior está sendo feito não mais em máquinas e ferramentas, mas no conhecimento das pessoas. Muitas organizações desenvolvem esquemas de educação corporativa e de universidades corporativas e virtuais para melhorar a gestão do seu capital intelectual. Os principais objetivos da educação corporativa são:[58]

- A universidade corporativa é um processo de aprendizagem, e não apenas um local físico.
- Oferecer oportunidades de aprendizagem que deem sustentação aos assuntos empresariais mais importantes.
- Oferecer um currículo fundamentado em três Cs: cidadania corporativa, contexto situacional e competências básicas.
- Treinar toda a cadeia de valor envolvendo todos os parceiros: clientes, distribuidores, fornecedores, terceiros, instituições de ensino superior, etc.
- Passar do treinamento conduzido pelo instrutor para vários e diferentes formatos de apresentação da aprendizagem.
- Encorajar e facilitar o envolvimento dos líderes com o aprendizado.
- Assumir foco global no desenvolvimento de soluções de aprendizagem.
- Obter vantagens competitivas para possibilitar que a organização possa entrar em novos mercados.

Método do caso

Capital intangível da Microsoft

A Microsoft tem um patrimônio real de US$ 7,2 bilhões, fatura US$ 16 bilhões por ano, lucra US$ 5,2 bilhões e valeu, em bolsa de valores, US$ 510 bilhões. Ou seja, seis vezes mais que a General Motors, que faturou US$ 162 bilhões, e nove vezes mais que a Microsoft. A GM, então a maior corporação do mundo moderno, não conseguia emplacar US$ 100 bilhões de dólares no mercado de capitais. Qual a razão? Ela tem um elevado capital patrimonial tangível. E a Microsoft? Explique o paradoxo.

TABELA 21.6. OS PRINCÍPIOS DA ORGANIZAÇÃO BASEADA NO CONHECIMENTO[59]

Item	Paradigma da Era Industrial	Paradigma da Era do Conhecimento
Pessoas	Geradores de custos ou recursos	Geradores de receitas
Fonte de poder para os gerentes	Nível hierárquico na organização	Nível de conhecimentos
Luta de poder	Operários *versus* capitalistas	Trabalhadores do conhecimento *versus* gerentes
Responsabilidade básica da gerência	Supervisionar os subordinados	Apoiar os colegas
Informação	Instrumento de controle	Recurso e ferramenta para comunicação
Produção	Operários processando recursos físicos para criar produtos tangíveis	Trabalhadores do conhecimento convertendo conhecimento em estruturas intangíveis
Fluxo de informação	Por meio da hierarquia organizacional	Por meio de redes colegiadas
Gargalos da produção	Capital financeiro e habilidades humanas	Tempo e conhecimento
Fluxo de produção	Sequencial e direcionado pelas máquinas	Caótico e direcionado pelas ideias
Efeito do tamanho	Economia de escala no processo produtivo	Economia de escopo das redes
Relações com clientes	Unidirecionais por meio do mercado	Interativas por meio de redes pessoais
Conhecimento	Uma ferramenta ou recurso entre outros	O foco do negócio
Propósito do aprendizado	Aplicação de novas ferramentas	Criação de novos ativos
Valor de mercado (das ações)	Decorrentes dos ativos tangíveis	Decorrentes dos ativos intangíveis

ORGANIZAÇÕES DE APRENDIZAGEM

O conhecimento não pode ficar ao sabor do acaso. Nem das oportunidades nem do acaso. Na verdade, o aprendizado e o desenvolvimento devem ser feitos nas atividades do dia a dia para associar o que se aprende ao que se faz na prática, e não podem ficar restritos a algumas semanas por ano durante cursos específicos de treinamento. O aprendizado deve ser organizado e contínuo, afetando e envolvendo todos os membros da organização, e não apenas alguns deles. As organizações bem-sucedidas estão se transformando em verdadeiros centros de aprendizagem. Por essa razão, recebem o nome de organizações de aprendizagem. São organizações que aprendem por intermédio de seus membros. O aumento do interesse no desenvolvimento de pessoas em todos os níveis da organização pode ser atribuído a três fatores:[60]

- Nas organizações de aprendizagem, as pessoas estão assumindo responsabilidades cada vez mais abrangentes. Os gerentes enfrentam um ambiente completamente novo e são responsáveis por um número maior de pessoas trabalhando em uma organização orientada aos processos. As habilidades e comportamentos pertinentes ao passado já não funcionam mais. É preciso mudar radicalmente ou enfrentar o fracasso.
- Está havendo um crescente número do que Drucker chama de trabalhadores do conhecimento. Isso significa que há vantagens em possuir *expertise* e habilidades de alta qualidade. O mercado está exigindo profissionais bem qualificados.
- Está havendo um forte reconhecimento a respeito da importância de recrutar, manter e desenvolver pessoas talentosas. Em um ambiente turbulento, nunca foi tão importante ter as pessoas certas para o trabalho e mantê-las, motivá-las e desenvolvê-las. É preciso desenvolver habilidades sempre, independentemente de quem a pessoa seja, do que faça, para quem faça ou onde faça.

Um dos pioneiros da aprendizagem organizacional foi Argyris.[61] Para ele, a aprendizagem organizacional ocorre em duas condições básicas. Primeiro, quando uma organização alcança o que pretende, isto é, quando passa a existir uma correspondência entre seu plano de ação e o resultado real. Segundo, quando uma defasagem entre o objetivo pretendido e o resultado alcançado é identificada e corrigida, isto é, a defasagem é transformada em correspondência. O aprendizado ocorre quando são criadas as correspondências ou quando as defasagens são corrigidas, primeiro por meio da análise e da mudança das variáveis e, em seguida, por intermédio das ações. Argyris salienta que a TI tem um papel crucial no sentido de ampliar a aceitação e a prática do aprendizado nas organizações. No passado, a abordagem de cima para baixo ganhou força com base no fato de que grande parte do comportamento não é transparente. A TI torna as transações transparentes. Portanto, o comportamento não é mais velado nem oculto. A TI cria verdades fundamentais, as quais não existiam antes. Em outras palavras, a TI está estimulando e incrementando a ética e o aprendizado nas organizações.[62]

O conhecimento depende da aprendizagem. Peter Senge (n. 1947) cunhou a expressão organização de aprendizagem. Senge propõe cinco disciplinas de aprendizagem como um conjunto de práticas para construir e melhorar a capacidade de aprendizagem nas organizações. As cinco disciplinas para a organização de aprendizagem são:[63]

- *Domínio pessoal*: é uma disciplina de aspiração. Consiste em aprender a gerar e manter uma tensão criativa em nossa vida. Envolve a formulação de um conjunto coerente de resultados que as pessoas desejam alcançar como indivíduos (sua visão pessoal) em um alinhamento realístico com o estado atual de suas vidas (sua realidade atual). Aprender a cultivar a tensão entre a visão pessoal e a realidade externa aumenta a capacidade de fazer melhores escolhas e alcançar melhor os resultados escolhidos.
- *Mudança de modelos mentais*: é uma disciplina de reflexão e questionamento para trazer à superfície, testar e melhorar nossas imagens internas do mundo. Focalizam o desenvolvimento de atitudes e percepções que influenciam o pensamento e a interação entre as pessoas. Ao refletir sobre aspectos internos do mundo, as pessoas ganham mais capacidade de governar suas ações e decisões.
- *Visão compartilhada*: é uma disciplina coletiva que visa estabelecer objetivos comuns. As pessoas aprendem a nutrir um senso de compromisso em um grupo ou organização desenvolvendo imagens do futuro que pretendem criar e os princípios e práticas orientadoras pelas quais elas esperam alcançar.
- *Aprendizagem de equipes*: é uma disciplina de interação grupal para aprendizagem em grupo. A aprendizagem é feita por meio de equipes e utiliza técnicas como diálogo e discussão para desenvolver o pensamento coletivo, aprender a mobilizar energias e ações para alcançar objetivos comuns e desenvolver uma inteligência e capacidade maior que a soma dos talentos individuais.
- *Raciocínio sistêmico*: é uma disciplina de aprendizagem e busca a visão de globalidade. A partir do *insight*, as pessoas aprendem melhor compreendendo a interdependência e mudança para lidar mais eficazmente com as forças que produzem efeitos em suas ações. Pensamento sistêmico é baseado na retroação e na complexidade. Sobretudo, mudar sistemas na sua totalidade, e não mudar apenas detalhes deles.

A aprendizagem organizacional é feita a partir dessas cinco disciplinas, capazes de fazer com que pessoas e grupos possam conduzir as organizações para a mudança e renovação contínuas.[64] Em suma, o aprendizado é positivo e é bom para as organizações. Ele conduz à inovação. Embora pareça um produto, a aprendizagem organizacional é um processo. E os processos não se revelam facilmente para que todos os vejam. Assim, é necessário desenvolver nas organizações uma mentalidade de aprendizagem contínua, como a sua principal vantagem competitiva.[65] Toda organização precisa inovar e aprender para enfrentar os desafios que bloqueiam o seu progresso. A vantagem competitiva de uma organização somente é sustentável a partir do que ela sabe, como ela consegue utilizar aquilo que sabe e a rapidez com que aprende algo novo. A aprendizagem organizacional requer uma cadeia integrada de líderes e de todas as pessoas que detêm o conhecimento adequado às necessidades da organização para que se construa uma organização maior que a soma de suas partes e que ultrapasse os resultados esperados.[66] O conceito tradicional de ensinar é diferente do de aprender: ensina-se transmitindo informações e aprende-se com as vivências. No primeiro, usamos somente o pensamento. No segundo, usamos os sentimentos e pensamentos. A aprendizagem humana é o resultado dinâmico de relações entre as informações e os relacionamentos interpessoais. O ciclo de aprendizagem vivencial envolve as seguintes fases:

- *Vivência*: isto é, a atividade. Aqui se utilizam técnicas de sensibilização, dinâmica de grupo, simulações, jogos lúdicos, jogos de empresa, técnicas experimentais ao ar livre, estudos de casos para trabalhar com conceitos, experiências e afetividade das pessoas, para promover mudanças no comportamento.
- *Relato*: é o compartilhamento de sentimentos e reações e observações com o grupo.
- *Processamento*: é a análise da experiência vivenciada.
- *Generalizações*: é a inferência de princípios sobre o mundo real.
- *Aplicação*: é o planejamento de comportamentos mais eficazes e da utilização de novos conceitos no cotidiano da atividade profissional.

Assim, a aprendizagem organizacional busca desenvolver o conhecimento e habilidades que capacitem as pessoas a compreender e a agir eficazmente dentro das organizações. Uma organização de aprendizagem constrói relações colaborativas no sentido de dar força aos conhecimentos, experiências, capacidades e maneiras de fazer as coisas que as pessoas devem utilizar. Melhorar os processos de comunicação que levam as pessoas a articular e refinar suas aspirações e objetivos para melhor alcançá-los.[67]

Para Geus, a organização bem-sucedida é aquela que aprende eficazmente. A habilidade de aprender mais rápido que os concorrentes pode ser a única vantagem competitiva sustentável. Quando a aprendizagem é encorajada, as pessoas tornam-se hábeis em:[68]

- *Desenvolver novas competências*: compreender o negócio e as causas e efeitos de certas decisões estratégicas.
- *Adquirir novos* insights: como os clientes poderão reagir aos esforços de *marketing* ou como a missão da organização influencia as decisões cotidianas das pessoas envolvidas.
- *Visualizar novos horizontes*: combinando os novos *insights* e competências para ajudar as pessoas a ver mais claramente o que elas devem alcançar e como devem alcançar.
- *Sentir-se recompensadas em seu trabalho*: ao aprender e desenvolver suas habilidades e talentos, as pessoas sentem-se mais satisfeitas e realizadas com aquilo que fazem. Quando as pessoas se sentem recompensadas pelo seu trabalho, elas tornam-se comprometidas com os objetivos da organização.

Em resumo, as organizações bem-sucedidas são organizações que aprendem eficazmente. Em uma economia na qual a única certeza é a incerteza e a única constante é a mudança, a única fonte certa de vantagem competitiva duradoura é o conhecimento. Quando os mercados mudam, as tecnologias se proliferam, os concorrentes se multiplicam e os produtos se tornam rapidamente obsoletos, organizações bem-sucedidas são aquelas que criam o novo conhecimento de modo consistente, disseminam-no amplamente pela organização e rapidamente o incorporam às novas tecnologias e aos produtos.[69] No entanto, a aprendizagem organizacional é algo mais do que apenas adquirir novos conhecimentos e percepções. É também crucial e mais difícil desaprender os antigos que perderam relevância e se tornaram ultrapassados.[70]

Método do caso

Duke University

A Duke University tem uma excelente reputação acadêmica e um centro médico mundialmente reconhecido. Ela considera as comunicações uma ferramenta crítica para a gestão da informação e utiliza intensamente a videoconferência no compartilhamento e intercâmbio de informações ao redor do mundo todo. O prestígio da Duke University põe os médicos do *staff* da faculdade em contínua demanda. A videoconferência é a chave para acessar esses *experts* em uma ampla gama de audiências, incluindo a mídia e os centros médicos de outras universidades, permitindo que os educadores interajam entre si e com toda a comunidade acadêmica. Por meio do ensino a distância, a Duke maximiza o poder da tecnologia em suas atividades de telemedicina. As aplicações de teleconsulta e de telerradiografia proporcionam acesso imediato ao conhecimento médico por parte de parceiros regionais e globais. E os pacientes podem beneficiar-se da consulta médica e do diagnóstico remoto. A Duke University é uma famosa organização de aprendizagem.

ESTRATÉGIA ORGANIZACIONAL

A estratégia é o padrão ou plano que integra os objetivos globais de uma organização, políticas e sequências de ações em um todo coerente. Uma estratégia bem formulada permite alocar e integrar os recursos organizacionais em uma postura única e viável baseada em suas competências internas para antecipar-se às mudanças ambientais e mover-se de maneira contingencial frente aos oponentes inteligentes.[71] A estratégia é sempre necessária para a organização comportar-se em um ambiente mutável, principalmente quando os demais atores inteligentes disputam os mesmos clientes e fornecedores afetando os objetivos organizacionais desejados. Assim, a estratégia constitui um padrão de comportamento, uma posição desejada e uma perspectiva futura. Recentemente, três orientações – escola empreendedora, escola de aprendizado e escola de configuração – passaram a predominar no campo da estratégia organizacional.

Escola empreendedora

É uma abordagem muito parecida com a escola do *design* que vimos no capítulo dedicado à Teoria da Contingência. A escola empreendedora focaliza o processo de formação de estratégia principalmente no líder máximo da organização. E, de lambuja, enfatiza aspectos subjetivos como intuição, julgamento, experiência e critérios. O processo de formação da estratégia é menos coletivo e menos cultural. Em outras palavras, é obra do executivo maior da organização.[72] O empreendedor tem papel fundamental no processo. O espírito empreendedor é cultuado, pois ele focaliza oportunidades; os problemas são secundários. Como lembra Drucker,

> cada um dos grandes construtores de empresas que conhecemos – dos Médici e dos fundadores do Banco da Inglaterra até Thomas Watson da IBM... tinha uma ideia definida, na verdade uma clara 'teoria do negócio', a qual instruía todas as suas decisões e ações.[73]

Para ele, a própria empresa é uma instituição empreendedora.

TABELA 21.7. DUAS DIFERENTES ORIENTAÇÕES ESTRATÉGICAS[74]

O administrador típico pergunta:	O empreendedor tende a perguntar:
• Quais os recursos que eu controlo?	• Onde está a oportunidade?
• Qual estrutura determina o relacionamento de nossa empresa com seu mercado?	• Como aproveitá-la?
	• De que recursos necessito?
• Como posso minimizar o impacto das outras empresas no meu desempenho?	• Como ganho controle sobre eles?
	• Qual estrutura é a melhor?
	• Qual oportunidade é apropriada?

A estratégia é visualizada como um processo visionário. O conceito fundamental é a visão: uma representação mental de estratégia que existe na cabeça do líder. Essa visão serve como inspiração e também como senso ou ideia guia daquilo que precisa ser feito. A visão costuma ser mais uma imagem do que um plano articulado em palavras e em números.

Há que se distinguir dois conceitos básicos: missão e visão. A missão refere-se à finalidade ou motivo pelo qual a organização foi criada e para o que ela deve servir. Ela significa a razão de existência de uma organização. Na prática, a missão organizacional deve responder a três perguntas básicas: Quem somos nós? O que fazemos? E por que fazemos o que fazemos? Assim, a missão envolve os objetivos essenciais do negócio e está geralmente focalizada fora da empresa, ou seja, no atendimento a demandas da sociedade, do mercado ou do cliente. Se os membros não conhecem a missão de sua organização, eles desconhecem por que ela existe e para onde ela pretende ir. Por outro lado, a visão é a imagem que a organização tem a respeito de si mesma e do seu futuro. É o ato de ver a si própria no espaço e no tempo. Geralmente, a visão está mais voltada para aquilo que a organização pretende ser do que para aquilo que realmente ela é. Dentro dessa perspectiva, a visão significa o projeto do que a organização gostaria de ser dentro de um determinado prazo de tempo e o caminho futuro que pretende adotar para chegar até lá. O termo visão é geralmente utilizado para descrever um claro sentido do futuro e a compreensão das ações necessárias para torná-lo rapidamente um sucesso. Assim, a visão organizacional representa o destino que se pretende transformar em realidade.[75]

As premissas básicas da escola empreendedora são:[76]

- A estratégia existe na mente do líder como perspectiva, especificamente um senso de direção em longo prazo, uma visão do futuro da organização.
- O processo de formação da estratégia é semiconsciente, enraizado na experiência e intuição do líder, quer ele conceba a estratégia ou a adote de outros e a interiorize em seu próprio comportamento.
- O líder promove a visão de forma decidida e até mesmo obsessiva, mantendo controle pessoal da implementação para poder reformular aspectos específicos, se necessário.
- Assim, a visão estratégica é maleável e tende a ser deliberada (na visão geral) e emergente (na maneira pela qual os detalhes se desdobram).
- A organização é igualmente maleável, uma estrutura simples e sensível às diretivas do líder.
- A estratégia tende a assumir a forma de um nicho, com um ou mais bolsões de posição no mercado protegidos contra as forças da concorrência direta.

Escola de aprendizado

De acordo com esta escola, as organizações aprendem ao longo do tempo. A formação da estratégia é um processo emergente e incremental de aprendizagem, tanto individual como coletivo. O aprendizado é visualizado sob o ponto de vista de processo, com seu foco principal no gerenciamento de mudanças, e não da estratégia. Weick[77] salienta que a administração está ligada aos processos de compreensão da experiência passada. O comportamento de aprendizado funciona assim: agir primeiro – fazer algo –, depois descobrir e selecionar o que funciona – compreender em retrospecto essas ações; finalmente, reter apenas aqueles comportamentos que parecem desejáveis. Toda compreensão origina-se na reflexão e no exame do passado. Assim, a realidade emerge da interpretação e atualização constantes de nossa experiência passada. Aprender não é possível sem agir. E, em suma, o mundo é decretado pela cognição da pessoa.

As premissas fundamentais da escola de aprendizado são:[78]

- A natureza complexa e imprevisível do ambiente associada ao conhecimento necessário à estratégia impede um controle deliberado. A formação da estratégia requer um processo de aprendizado ao longo do tempo.
- Embora o líder deva aprender por ser o principal aprendiz, em geral é o sistema coletivo que aprende.
- Esse aprendizado ocorre de forma emergente por meio do comportamento que estimula o pensamento retrospectivo para que se possa compreender a ação.
- Assim, o papel da liderança passa a ser não preconceber estratégias deliberadas, mas gerenciar o processo de aprendizado estratégico, pelo qual novas estratégias podem emergir.
- Dessa forma, as estratégias aparecem primeiro como padrões do passado, depois como planos para o futuro e, finalmente, como perspectivas para guiar o comportamento geral.

Para Prahalad e Hamel,[79] como a estratégia é um processo de aprendizado coletivo, ela depende de aprendizado, e este depende das capacidades, isto é, das competências distintivas. Mais recentemente, Hamel tem defendido a tese da estratégia como revolução:[80] as empresas não podem mais jogar simplesmente pelas regras do jogo; em vez disso, precisam mudar a base de competição em suas indústrias, subvertendo a ordem industrial e violando as regras vigentes.[81]

A corrida para a inovação está na base disso.[82] Contudo, existem autores que afirmam que a organização que aprende está restrita, pois tende a enfatizar aquilo que é constante e persistente, em vez do que é inovador e revolucionário. São autores interessados em teorias de sistemas caóticos ou desordenados como abordagem alternativa. A teoria do caos sugere que quase tudo pode acontecer, que a irregularidade é uma propriedade fundamental da organização, na qual pequenas perturbações eventuais podem provocar grandes efeitos. Portanto, o administrador não pode confiar em estruturas, sistemas, regras e procedimentos, mas precisa, em vez disso, estar preparado para a adaptação contínua de novas maneiras.

Na verdade, a escola de aprendizado representa uma força de contrapeso à tradicional cautela racional que por tanto tempo dominou a literatura e a prática da administração estratégica.[83]

Escola de configuração

A abordagem de configuração pode ser encontrada em todas as ciências sociais: ela parte do pressuposto de que cada organização tem a sua época e o seu lugar para explicar a dinâmica do comportamento.

A escola de configuração salienta que as organizações passam continuamente por estados de estabilidade seguidos por estados de ruptura, ou seja, configuração e transformação, a saber:

- *Configuração*: é o estado de ser que descreve a organização e o contexto que a cerca. Cada organização adquire uma configuração estável na qual diferentes dimensões agrupam-se sob determinadas condições para definir modelos ou tipos ideais.
- *Transformação*: descreve o processo de geração de estratégia para saltar de um estado para outro. É a ruptura. Quando submetida a pressões internas ou externas, a organização rompe seus padrões atuais e parte para a mudança, estabelecendo um patamar diferente para atuar.

As premissas fundamentais da escola de configuração são:[84]

- Quase sempre, uma organização pode ser descrita conforme algum tipo de configuração estável de suas características para um período. A organização adota uma forma de estrutura adequada a determinado tipo de contexto e utiliza determinados comportamentos que dão origem a um conjunto de estratégias.
- Esses períodos de estabilidade são interrompidos por algum processo de transformação – um salto quântico para outra configuração. A mudança quântica envolve a mudança de muitos elementos ao mesmo tempo.

Essa mudança pode ser rápida e revolucionária ou pode ocorrer de forma gradual e incremental.
- Esses estados sucessivos de configuração e períodos de transformação podem se ordenar ao longo do tempo em sequências padronizadas, descrevendo ciclos de vida de organizações.
- A chave para a administração estratégica é sustentar a estabilidade ou as mudanças estratégicas adaptáveis a maior parte do tempo, mas reconhecer periodicamente a necessidade de transformação e ser capaz de gerenciar esses processos de ruptura sem destruir a organização.
- Assim, o processo de geração de estratégia pode ser de vários tipos – concepção conceitual, planejamento formal, visão estratégica, aprendizado coletivo, análise sistemática, etc. –, mas cada tipo deve ser encontrado em seu próprio tempo e contexto. As próprias escolas de pensamento sobre formação de estratégias representam configurações particulares.
- As estratégias resultantes adquirem a forma de planos ou padrões, posições ou perspectivas, cada qual a seu tempo e adequando-se à situação.

Essas premissas são balizadas de um lado pelo chamado equilíbrio interrompido[85] e, de outro lado, o velho conceito de Darwin sobre mudança evolucionária. Assim, ocorre a estabilidade, crise e renovação da organização em um movimento sem fim entre crise e renovação, as quais as abordagens das demais escolas encaram como sequência, e não como ciclos de vida. Quase sempre, a renovação significa reestruturar ou reformular, e requer destruição ou remendos em diferentes estágios de desenvolvimento.[86] A obra de Chandler[87] que vimos no início do capítulo sobre a Teoria da Contingência trata exatamente desse ciclo vital.

Miles e Snow classificam os comportamentos corporativos para se relacionar com o ambiente em quatro categorias amplas, a saber:[88]

- *Estratégia defensiva*: preocupa-se com a defesa e estabilidade, ou seja, como isolar uma parcela do mercado para criar um domínio estável, um conjunto limitado de produtos é dirigido para um segmento estreito do mercado total. Para afastar os concorrentes, a organização pratica preços competitivos ou se concentra na qualidade. A eficiência tecnológica é importante, assim como o rigoroso controle da organização.
- *Estratégia exploradora*: é uma estratégia agressiva que busca ativamente novas e inovadoras oportunidades de produtos e mercados, mesmo que

isso possa afetar a lucratividade. É importante manter a flexibilidade, tanto em tecnologia como em arranjos organizacionais.
- *Estratégia analítica*: é uma estratégia dual e híbrida, que fica entre a defensiva e a exploradora, procurando minimizar o risco e, ao mesmo tempo, maximizar a oportunidade de lucro, de maneira equilibrada.
- *Estratégia reativa*: ao contrário das outras três alternativas, a organização reage intempestivamente ao ambiente. É um comportamento inconsistente e instável, residual, que surge quando uma das outras três estratégias é seguida de maneira inadequada. Constitui um sinal de fracasso.

Baden-Fuller e Stopford sugerem um modelo paulatino de rejuvenescimento para renovar continuamente as organizações no sentido de galvanizar (criar uma equipe no topo dedicada à renovação organizacional), simplificar (eliminar a complexidade desnecessária e confusa), construir (desenvolver novas capacidades e competências) e alavancar (manter o impulso e ampliar vantagens).[89] Doz e Thanleiser[90] verificaram que as empresas incluem esforços de transformação, reestruturação do portfólio, redução de tamanho e terceirização, *benchmarking* e aperfeiçoamento de processos e esforços de qualidade total. Encontraram períodos de intensa atividade que demandam alta energia focalizada em eventos decisivos, como seminários, retiros, reuniões de equipes e encontros entre gerentes e funcionários.

A escola da configuração traz certa ordem para o confuso mundo da formação de estratégia e explica melhor como as organizações vivem e sobrevivem em um mundo de negócios caracterizado pela contínua mudança e transformação. Ela explica que as organizações precisam produzir resultados e, para tanto, necessitam partir para todas as direções por algum tempo para sustentar sua criatividade, para depois se acomodarem durante um período para encontrar alguma ordem no caos resultante.[91]

CONCLUSÕES

As teorias administrativas apresentam diferentes abordagens para a administração das organizações. Cada uma delas reflete os fenômenos históricos, sociais, culturais, tecnológicos e econômicos de sua época, bem como os problemas básicos que afligiam e azucrinavam as organizações. Cada teoria representa as soluções administrativas encontradas para determinadas circunstâncias, tendo em vista as variáveis focalizadas e os temas considerados mais relevantes.

Contudo, dizer que uma teoria já está ultrapassada requer certa cautela. Mesmo a Administração Científica, a centenária pioneira da Teoria Administrativa, ainda hoje é indispensável na busca de eficiência e produtividade no chão da fábrica, para adequar e alinhar as organizações aos padrões mundiais de excelência. O futuro caminho da Teoria Administrativa está não no simples cancelamento das teorias anteriores, que se mostram cada vez mais ultrapassadas e obsoletas a cada dia que passa, mas na sua evolução ou revolução para novas e diferentes abordagens adequadas ao mundo atual.

Também, dizer que uma teoria administrativa está mais certa que a outra não é correto. Melhor seria dizer que cada teoria representa a focalização ou solução dentro da abordagem escolhida tendo em vista as variáveis selecionadas dentro ou fora das organizações. Prigogine e Heisenberg que o digam. Na verdade, ao longo dos tempos a Teoria Administrativa constituiu uma constante tentativa de reduzir a incerteza a respeito do funcionamento e da otimização das organizações. Ela apresenta várias maneiras e diferentes ângulos para visualizar e tratar um mesmo fenômeno organizacional. O administrador pode tentar resolver problemas administrativos dentro do enfoque neoclássico quando a solução neoclássica lhe parecer a mais apropriada de acordo com as circunstâncias ou contingências. Pode também tentar resolvê-los dentro do enfoque comportamental ou sistêmico se as circunstâncias ou contingências assim o aconselharem. Nisto reside o encanto da TGA: mostrar uma variedade de opções à disposição do administrador. A ele cabe o desafio de fazer a leitura da realidade, diagnosticar a situação e entrever a abordagem mais indicada a ser aplicada.

Caráter provocativo da Administração

Para as teorias anteriores, a Administração era encarada simplesmente como uma consequência, e não como causa. Ou seja, era considerada como uma resposta às necessidades atuais das organizações. Uma consequência. Hoje, ela é considerada uma criadora de novas oportunidades. Modernamente, percebe-se que é a Administração que produz e impulsiona o desenvolvimento econômico e social: o desenvolvimento econômico e social é o resultado direto e concreto da Administração. Os recursos econômicos tradicionais – natureza, capital e trabalho – já não fazem mais a diferença. A vantagem competitiva está além deles. Repetindo Drucker, não existem países desenvolvidos e subdesenvolvidos, mas apenas países bem administrados e subadministrados ou mal geridos. O mesmo ocorre com as organizações. A Administração constitui o motor principal dos países e organizações, e o seu desenvolvimento é a sua consequência direta. Ela é a causa.

Caráter universal da Administração

Além disso, a Administração está surgindo como a única instituição que é comum e que transcende as fronteiras dos diferentes países e organizações, apresentando um autêntico significado global e mundial. A Administração moderna não se pauta por limites ou fronteiras nacionais. Para ela, as fronteiras nacionais perderam a antiga relevância. Além do mais, o centro de nossa sociedade e de nossa economia não é mais a tecnologia, a informação nem a produtividade. O fulcro central está na organização: a organização administrada que maneja a tecnologia, a informação e a produtividade. A organização é a maneira pela qual a sociedade consegue que as coisas sejam feitas. E a Administração é a ferramenta, a função ou o instrumento que torna as organizações capazes de gerar resultados e produzir o desenvolvimento.

Gradativa ampliação do conceito de Administração

Com a gradativa expansão da Teoria Administrativa o administrador está absorvendo rapidamente novas incumbências e envolvendo novos atores no incrível processo de tornar as organizações mais bem-sucedidas. O administrador deve olhar não somente para baixo, onde estão os subordinados, mas também para cima, onde está a governança corporativa, que representa os proprietários e acionistas da organização. Precisa olhar para dentro da organização nos aspectos operacionais, táticos e estratégicos, mas também para fora dela, onde estão os *stakeholders*, vitais para garantir o sucesso organizacional. Precisa cultivar a responsabilidade financeira do negócio, como também a responsabilidade social e ambiental. Além dessa formidável inclusão de novas e diferentes variáveis no seu trabalho, o ambiente dos negócios está se tornando cada vez mais dinâmico, volátil, surpreendente e competitivo. O administrador precisa estar sempre e continuamente preparado para enfrentar muitos desafios ao seu redor.

Para Onde Vai a TGA?

Nível de atuação

Contexto
- **Estágio periférico**
  - Prestação de contas ao CA
  - Criação de vantagens competitivas
  - Desenvolvimento sustentável
  - Oferta de valor aos *stakeholders*

Organização
- **Estágio sistêmico**
  - Criação de estratégias
  - Atuação sistêmica e integrada
  - Gestão do capital intelectual
  - Inovação
  - Estrutura e cultura flexíveis e ágeis
  - Ética e responsabilidade social

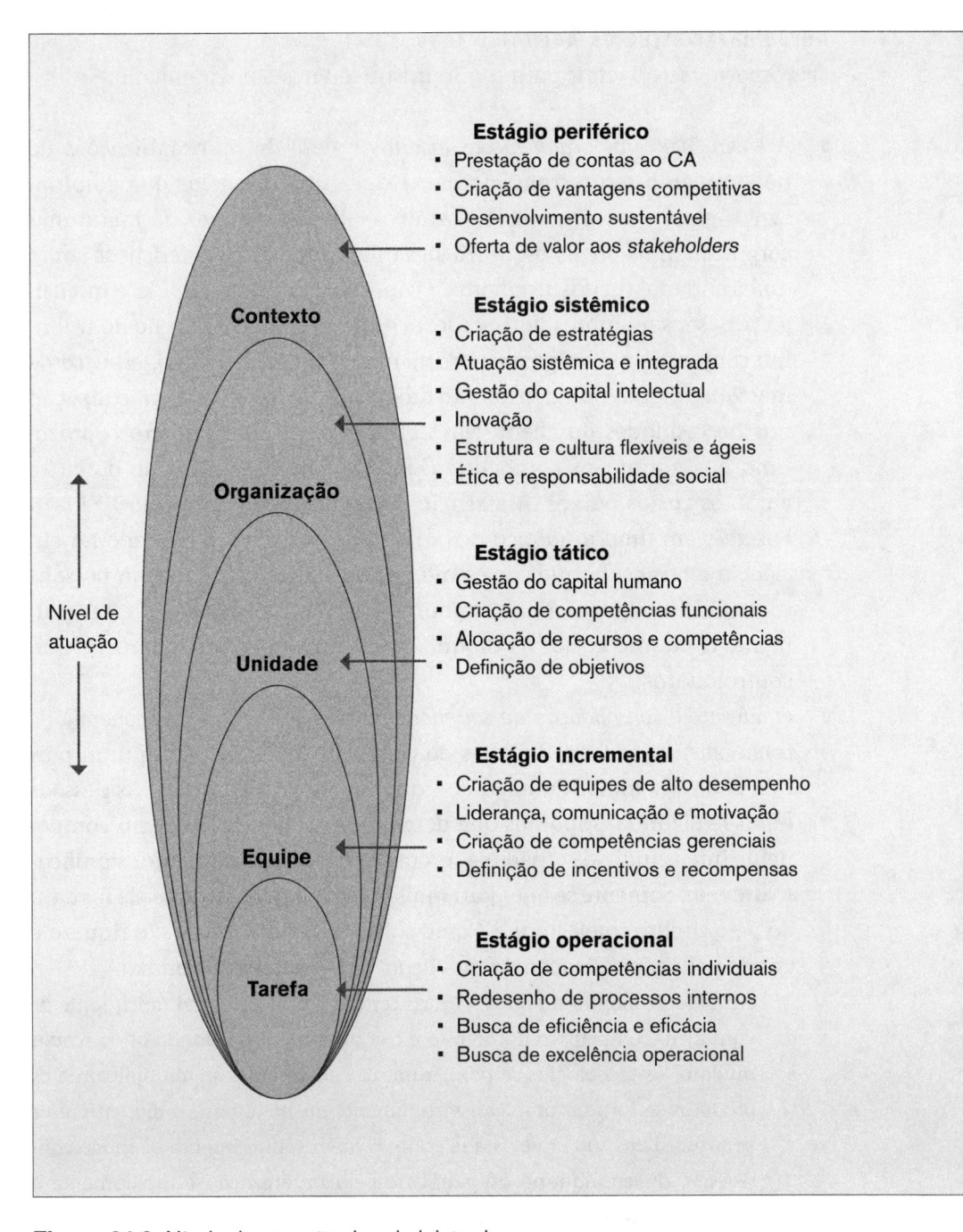

Unidade
- **Estágio tático**
  - Gestão do capital humano
  - Criação de competências funcionais
  - Alocação de recursos e competências
  - Definição de objetivos

Equipe
- **Estágio incremental**
  - Criação de equipes de alto desempenho
  - Liderança, comunicação e motivação
  - Criação de competências gerenciais
  - Definição de incentivos e recompensas

Tarefa
- **Estágio operacional**
  - Criação de competências individuais
  - Redesenho de processos internos
  - Busca de eficiência e eficácia
  - Busca de excelência operacional

Figura 21.8. Níveis de atuação do administrador.

Novos parâmetros da Administração

Seis aspectos serão vitais para a Administração neste novo milênio:

- *A emergência das organizações enxutas e flexíveis*: as organizações do novo milênio serão completamente diferentes daquelas que dominaram o panorama organizacional do século XX. Em vez da hierarquia corporativa, as novas organizações apresentarão características como ambiguidade, menos fronteiras e comunicação mais rápida e intensiva com seus membros, fornecedores e clientes. A valorização do trabalho conjunto em equipe em detrimento do individualismo, a busca de mercados globais em detrimento da atuação doméstica e a focalização nas necessidades do cliente em detrimento do lucro no curto prazo. Uma das vantagens competitivas será o tempo de duração do ciclo, e não os custos baixos. A essência da organização do século XXI será baseada em uma mudança de paradigma: do sucesso baseado na eficiência e nas economias de escala para o sucesso baseado em pessoas com conhecimentos. Assim, trabalho e aprendizagem serão essencialmente a mesma coisa. As organizações tornam-se educadoras, e não controladoras.

- *O advento e consolidação da sociedade do conhecimento e da economia do conhecimento*: os trabalhadores do conhecimento constituem uma parcela cada vez maior da força de trabalho das organizações. As pessoas estão realizando trabalhos que demandam conhecimento, e o componente intelectual das atividades organizadas deverá aumentar significativamente. Somente se agregará mais valor à organização se ele for criado pelo capital intelectual.[92] Como salienta Lester Thurow, "a riqueza é criada pela capitalização da inovação".[93] E acrescenta Nonaka,

    em uma economia na qual a única certeza é a incerteza, a única fonte de vantagem competitiva duradoura é o conhecimento. Quando os mercados mudam, as tecnologias se proliferam, os concorrentes se multiplicam e os produtos se tornam obsoletos virtualmente da noite para o dia, empresas bem-sucedidas são aquelas que criam o novo conhecimento de modo consistente, disseminam-no amplamente pela organização e rapidamente o incorporam às novas tecnologias e aos produtos.[94]

    Em síntese, empresas bem-sucedidas serão organizações que aprendem eficazmente.

- *Redução do prazo de validade do conhecimento*: o conhecimento é mutável e dinâmico, e a sua obsolescência é cada vez mais rápida. O prazo de validade do conhecimento é cada vez menor. A economia do conhecimento exige um aprendizado contínuo e ininterrupto para desenvolver qualificações cada vez mais amplas e complexas. As organizações estão aumentando seu compromisso com a educação e aprendizagem para gerir o conhecimento.
- *Empregabilidade ou ocupabilidade para a vida toda em vez de lugar do emprego para a vida toda*: o novo foco da capacidade das pessoas será diferente. O antigo contrato social implícito – emprego duradouro e em tempo integral com carteira assinada – está sendo substituído por um novo contrato psicológico: a manutenção de uma carteira diversificada de qualificações profissionais. A *empregabilidade* (capacidade de conquistar e manter um emprego) deixa de ser vitalícia e fixa para ser temporária e flexível. A segurança no emprego está sendo substituída pela aprendizagem. A organização deixará de ser a empregadora para ser a cliente. As pessoas deixarão de ser empregadas para se tornarem fornecedoras de conhecimento para uma ou várias organizações. O velho conceito de emprego passa a ser substituído pelo novo conceito de parceiro ou fornecedor de conhecimento.
- *Todas as pessoas deverão ser as administradoras da sua própria atividade*: a administração deixa de ser uma responsabilidade gerencial para se tornar uma necessidade individual, ou melhor, uma ferramenta profissional. A administração está passando a ser uma atividade de todas as pessoas e em todos os níveis da organização, em vez de ser uma área privativa dos dirigentes e gerentes como antigamente.
- *No futuro, o administrador deixará de ser avaliado pela capacidade de assegurar lucros à organização*: o mais importante será a habilidade de contribuir para os negócios atuais e criar e gerar novos negócios que garantam a permanência da organização em um mercado mutável e volátil. Agregar valor aos negócios atuais e inovar com novos negócios.

TABELA 21.8. PARADIGMAS DAS NOVAS ORGANIZAÇÕES		
Modelo do século XX	Aspectos	Protótipo do século XXI
Divisão de trabalho e cadeia escalar de hierarquia	Organização	Rede de parcerias com valor agregado
Desenvolver a maneira atual de fazer negócios	Missão	Criar mudanças com valor agregado
Domésticos ou regionais	Mercados	Globais
Custo	Vantagens competitivas	Tempo
Ferramentas para desenvolver a mente	Tecnologia	Ferramenta para desenvolver colaboração
Cargos funcionais e separados	Processo de trabalho	Equipes de trabalho interfuncionais
Homogênea e padronizada	Força de trabalho	Heterogênea e diversificada
Autocrática	Liderança	Inspiradora

Conceito de auto-organização

Dentro da teoria da complexidade, cada sistema vivo constitui para si o centro do universo. A sua finalidade é a produção de sua identidade. O sistema procura interagir com o ambiente externo sempre de acordo com uma lógica que prioriza a afirmação de sua identidade, ainda que para isto deva estar atualizando-a permanentemente. Daí decorrem três tipos de organizações auto-organizantes:[95]

- *Organizações auto-organizantes*: são organizações que adotam padrões de interação e conectividade entre as pessoas para fomentar o surgimento espontâneo de sinergias catalisadoras de novas oportunidades. Reconhecem a existência de contradições, ambiguidades e conflitos (isto é, desordem) e procuram utilizá-los em seu proveito, como fonte de aprendizado, criatividade e inovação. Seus membros apresentam alto grau de diferenciação, sem prejuízo de um alto grau de integração que confere identidade à organização como um todo. Não adianta administrar a organização sob condições instáveis: o que deve prevalecer é a auto-organização.
- *Organizações autopoiéticas*: são organizações que acreditam possuir em seus próprios recursos todo o potencial necessário para sua evolução. Buscam permanentemente atualizar sua identidade, em congruência com as mudanças em seu ambiente externo. Utilizam a criatividade, inovação e experimentação para desenvolver e aprimorar seus esto-

ques de conhecimento. A capacidade de auto-organização é um atributo inerente ao fato de a organização existir. O conceito de autonomia conduz ao conceito de *autopoesis* (do grego *poiein* = fazer, gerar), pelo qual os seres vivos são dotados de três características principais: autonomia, circularidade e autorreferência. O termo *autopoesis*, criado por Maturana,[96] indica a ideia de autocriação ou autoprodução. O sistema autopoiético define a si próprio e a função básica de cada compenente da rede é participar da produção dos demais componentes.

- *Organizações dissipativas*: a sinergia entre seus membros pode, a partir de uma determinada massa crítica, produzir autonomamente alternativas e caminhos inovadores. As organizações dissipativas interpretam as possibilidades de vir a sofrer uma "quebra de simetria" (ruptura estrutural) imposta pelo ambiente externo, sendo capazes de tirar partido de tal eventualidade, para redefinir inteiramente a sua estruturação interna. A auto-organização fornece a base para saltos qualitativos ou mudanças estruturais para criar uma nova plataforma organizacional.

O conceito de auto-organização está presente em todos esses três tipos de organização e permite sistematizar e dar sustentação científica a vários conceitos apresentados de forma dissociada pelas várias teorias administrativas ao longo deste livro. A organização é, por natureza, ativa, e tanto provê e armazena energia quanto a consome. Ela produz entropia (a degradação do sistema e de si própria), ao mesmo tempo em que produz negentropia (a regeneração do sistema e de si própria). Assim, a organização é simultaneamente organização no sentido estrito (um processo permanente de reorganização daquilo que tende sempre a desorganizar-se) e auto-organização (processo permanente de reorganização de si mesma). Em outras palavras, a organização é uma organização que organiza a organização necessária à sua própria organização.[97]

A auto-organização é uma forma de organização espontânea, livre e autônoma, que escapa do planejamento, da intervenção e do controle tradicionais. O tradicional foco no controle faz com que nos esqueçamos de que tudo no universo já é de alguma maneira auto-organizante. A transição total de uma organização tradicional para a auto-organização deve ser cautelosa e envolver um compromisso entre continuar a fazer aquilo que sempre foi feito (necessário às adaptações de curto prazo) e passar a fazer aquilo que nunca foi feito (necessário às adaptações de longo prazo). Isso conduz a um paradoxo: de um lado, a hierarquia e os processos formais de análise e planejamento são necessários para que aquilo que já é feito possa continuar sendo feito de forma eficiente e, por outro lado, essa mesma hierarquia e esses mesmos processos precisam ser enfraquecidos para que possam emergir as condições para uma auto-organização.[98] A auto-organização funciona para dar conta da desordem (transformando-a em ordem), mas não funciona (ou, pelo menos, não de forma eficiente) para dar conta da ordem. A auto-organização pode dar conta da rotina (da mesma maneira como o faz nos sistemas naturais, biológicos ou não), mas não de maneira tão eficiente quanto por meio de planejamento e controle.[99] Contudo, parece ser preferível sacrificar tais eficiências para alcançar alternativas de inovação, uma vez que nenhuma rotina pode perdurar indefinidamente em circunstâncias instáveis.[100]

Características das organizações

Como salienta Kanter, as empresas do novo milênio precisarão reunir simultaneamente cinco características fundamentais, os cinco Fs: *fast, focused, flexible, friendly* e *fun* (veloz, focada, flexível, amigável e divertida).[101] Indo nessa mesma direção, Crainer assegura os sete hábitos da nova organização:[102]

- *Flexível e de livre fluxo*: a organização eficaz de amanhã será reconstruída a partir do zero a cada dia.
- *Não hierárquica*: as hierarquias não desapareceram, e parece improvável que isso aconteça em futuro próximo. Mas elas foram drasticamente reduzidas, e as organizações tornaram-se mais enxutas e ajustadas. As organizações terão de continuar esse processo de des-hierarquização se desejam competir no futuro.
- *Baseada em participação*: os gerentes não têm todas as ideias. A nova organização reconhece isso – e há gerentes que reconhecem isso. O importante é buscar ideias e retroação de todos – dentro e fora da organização.
- *Criativa e empreendedora*: o processo de empreender impulsiona a busca de novas oportunidades, a habilidade da organização de se concentrar no ambiente externo e criar novos negócios.
- *Baseada em redes*: Andy Grove, principal executivo da Intel, comparou seu negócio ao mundo de espetáculos de Nova York, que tem uma força itinerante de atores, diretores, autores e técnicos, além do apoio de pa-

trocinadores experientes. Explorando essa rede é possível viabilizar uma produção. Talvez seja um sucesso estrondoso ou talvez seja esmagada pelos críticos. Inevitavelmente, o número de peças que conseguem se manter em cartaz por um longo período é pequeno, mas ideias novas e criativas continuam surgindo. As organizações bem-sucedidas não são mais conjuntos monolíticos de fatores de produção, mas redes de parceiros com elevada conectividade e desempenho excepcional. São sistemas virtuais.
- *Impulsionada por metas corporativas*: em lugar de metas funcionais restritivamente definidas. A missão e a visão organizacional estão em alta.
- *Utiliza tecnologia como um recurso chave*: a nova organização considera a tecnologia um de seus principais recursos, em vez de considerá-la um reduto de profissionais comercialmente ingênuos.

Expansão das comunidades virtuais

As organizações estão se apresentando dentro de novas características e peculiaridades. A TI e a Internet estão abrindo horizontes para que comunidades virtuais se espalhem de maneira dinâmica. As comunidades virtuais bem-sucedidas apresentam as seguintes características:[103]

- Regras claras para pertencer ao grupo e obediência a critérios para ingressar como membro.
- Uso dos recursos coletivos por meio de regras relacionadas com necessidades e condições locais. Todos devem se submeter às normas de uma minoria (em geral, os fundadores da comunidade).
- Os membros afetados pelas regras do grupo podem participar do processo de sua alteração.
- O direito dos membros de estabelecer e modificar as próprias regras é respeitado por todos.
- Há um sistema de monitoramento do comportamento dos membros para garantir a legitimidade da comunidade.
- Há um sistema progressivo de sanções, no caso de ofensa às regras estabelecidas de comum acordo, que vão desde advertências até o afastamento e execração pública.
- Os membros têm acesso a algum mecanismo de resolução de conflitos de baixo custo, como cortes de rito sumário, por exemplo.

Ingresse em qualquer comunidade virtual da internet e sinta de perto todas essas características descritas.

Competências das pessoas

As competências essenciais de uma organização constituem sua principal vantagem competitiva nos dias de hoje. A razão é simples: o mundo lá fora muda rápida e intempestivamente, e são as competências – e não os estáticos recursos tradicionais – que permitem a inteligência organizacional suficiente para adaptar-se agilmente às mudanças e aproveitar as oportunidades que surgem. As competências organizacionais compreendem todo o estoque e aplicabilidade do conhecimento organizacional e das habilidades que a organização conseguiu construir com o tempo.[104] Essas competências diferenciam e distinguem a organização das demais, pois imitá-las é uma tarefa difícil e exige investimentos.[105] Para que uma competência se torne uma fonte de vantagem competitiva sustentável, ela precisa reunir três condições: ser valiosa, rara e difícil ou custosa de ser copiada.[106] Como ativos intangíveis e invisíveis as competências organizacionais precisam ser identificadas e avaliadas para serem desenvolvidas, compartilhadas e devidamente utilizadas.

E onde estão essas competências? A maior parte delas está na cabeça das pessoas. Fazem parte do capital humano e do capital intelectual. Elas dependem do conjunto das competências individuais das pessoas que trabalham na organização.

Colateralmente, as pessoas precisarão aprender e desenvolver certas competências pessoais para atuarem nos novos ambientes de negócios das organizações, a saber:[107]

- *Aprender a aprender*: as pessoas devem contribuir construtivamente em tudo, desde como assegurar a qualidade dos produtos até como melhorar os processos organizacionais. Para tanto, elas precisam ter condições de utilizar um conjunto de técnicas, como analisar situações, questionar, procurar conhecer o que não compreendem e pensar criativamente para gerar opções. O objetivo é fazer que a atitude de aprender a aprender faça parte natural do modo como as pessoas pensam e se comportam no trabalho. O conhecimento das pessoas constitui um ativo intangível. Elas não são mais consideradas um elemento de custo no balanço patrimonial, mas parte integrante do seu capital intelectual.

- *Comunicação e colaboração*: o bom desempenho significava, antigamente, a execução de um conjunto de tarefas que eram repetitivas, e a qualificação profissional era associada a cada tarefa específica. Agora, as equipes constituem o fundamento das organizações flexíveis, e a eficiência das pessoas está cada vez mais vinculada com sua habilidade interpessoal de comunicação e colaboração.
- *Raciocínio criativo e solução de problemas*: a administração paternalista do passado assumia a responsabilidade de desenvolver os meios de aumentar a produtividade do trabalhador. Ela centralizava o pensar e o planejar. Hoje, espera-se que os funcionários do nível operacional descubram por si próprios como melhorar e agilizar seu trabalho. Para isso, precisam pensar criativamente, desenvolver habilidades de resolução de problemas e analisar situações, indagar, esclarecer o que não sabem e sugerir melhorias.
- *Conhecimento tecnológico*: conhecer tecnologia significava saber como operar o computador pessoal para processar textos ou análises financeiras. Agora, a ênfase está em usar o equipamento de informação que o conecte com os membros de suas equipes ao redor do mundo. As pessoas deverão usar computadores não apenas em suas tarefas relacionadas com o trabalho, mas principalmente para contatos com profissionais em todo o mundo, compartilhando as melhorias e recomendando melhorias em seus processos de trabalho. O computador será a principal plataforma de trabalho das organizações.
- *Conhecimento de negócios globais*: cada vez mais as pessoas deverão aprender novas habilidades técnicas e comerciais que levem em conta o ambiente competitivo global, que não permite prever com nenhuma certeza o que virá no futuro para a organização ou para o mercado. Nesse ambiente global e volátil, a capacidade de ver o todo sistêmico (*gestalt*) em que a organização opera torna-se indispensável para cumprir a exigência de se agregar continuamente mais valor à organização.
- *Liderança*: o novo imperativo é o desenvolvimento da liderança nas organizações. A identificação e o desenvolvimento de pessoas excepcionais capazes de levar a organização para o século XXI serão fundamentais. A criação de líderes de líderes será vital. E o segredo do sucesso estará cada vez mais nas pessoas.
- *Autogerenciamento da carreira*: as organizações estão transferindo para as pessoas o autodesenvolvimento e o autogerenciamento, para que

elas possam assumir o controle de suas carreiras e gerenciar seu próprio desenvolvimento profissional. Como as qualificações necessárias continuam a mudar e a evoluir, as pessoas de todos os níveis da organização assumem o compromisso de assegurar que têm as qualificações, o conhecimento e as competências exigidas tanto na atividade atual como nas futuras. Assim, a capacidade de gerenciar a própria vida profissional passa a ser considerada uma competência adquirida e necessária para deslanchar todas as outras competências exigidas no novo ambiente de negócios.

Profundo realinhamento e atualização de conceitos

Estamos rumo a uma nova teoria das organizações? Claro que sim. Os conceitos básicos da Teoria Administrativa estão sendo redefinidos e realinhados com a nova realidade. O conceito sistêmico de equilíbrio está sendo substituído por um tipo de circularidade entre ordem e desordem. A ideia de que simples e complexo são polos opostos em uma espécie de escala hierárquica que vai do simples (como uma máquina) até o mais complexo (como sociedades humanas) está sendo substituído por uma nova visão em que simplicidade e complexidade são conceitos complementares e conjugados, pois a simplicidade pode chegar a uma complexidade extrema com base em perturbações ínfimas.[108] Além disso, a noção de programa está sendo substituída pelo conceito de estratégia. Um programa representa uma sequência de etapas predeterminadas em um ambiente de muita ordem e pouca desordem. Já a estratégia é resultado do exame simultâneo das condições determinadas (ordem) e incertas (desordem) e cria a ação necessária. Essa ação só é possível onde haja ordem, desordem e organização, pois onde existe apenas ordem, restringem-se possibilidades e alternativas de ação, e onde existe apenas desordem a ação não passa de uma aposta no acaso.[109]

Assim, os sistemas vivos – e principalmente as organizações – constituem: tanto organização como eventualidade; tanto sistemas cibernéticos dotados de retroação (o metabolismo que assegura a *homeostase* e manutenção de sua constância interna a despeito das flutuações nas trocas com o ambiente), quanto sistemas capazes de lidar com a aleatoriedade (mudanças, novidades, acidentes, imprevistos). São capazes de se redefinir (auto-organizar-se) diante da aleatoriedade, isto é, de aprender. Assim, os organismos vivos são simultaneamente comandados por estruturas de conservação (invariância) e de auto-organização (transformação).[110]

Dentro dessas premissas, a Teoria Administrativa está temperando seus conceitos básicos em direção às seguintes tendências:

Planejamento

Em sua essência, a função de planejamento nas organizações sempre foi reduzir a incerteza quanto ao futuro e quanto ao ambiente. Agora, a nova função do planejamento é aceitar a incerteza tal como ela é e se apresenta. É impossível brigar com ela. E o que se busca hoje nas organizações para desafiar a incerteza é a criatividade e a inovação. As teorias da complexidade salientam que somente há criatividade quando se afasta do equilíbrio. Assim, a adaptação a um ambiente instável deve ser feita – não mais pelo retorno cíclico ao equilíbrio dentro de escolhas limitadas e restritas – mas por meio de maior liberdade de escolha escapando as limitações impostas pelo ambiente.

Por outro lado, o planejamento deve repousar nos seguintes aspectos dinâmicos:[111]

- *A base do novo planejamento muda*: o foco na estrutura organizacional (vertical e hierárquica) deve ser substituído por um processo fluido (horizontal e livre) no qual as informações, as relações que permitem a troca dessas informações e a identidade produzida no processo sejam mais importantes.
- *O foco na previsão passa para o foco no potencial*: o planejamento está deixando de lado a atenção exclusiva para cenários futuros e se deslocando decisivamente para a localização de potencialidades que a organização pode dinamizar e explorar.
- *A incerteza e a aleatoriedade conduzem à liberdade*: a liberdade significa a capacidade de autonomia das organizações para lidar com um contexto dinâmico e competitivo. A liberdade é o resultado de maior complexidade. Maior complexidade conduz a maior liberdade, que por sua vez leva a maior flexibilidade e maiores possibilidades de escolha. Consequentemente, a um maior potencial de estratégias.
- *Em um mundo imprevisível e caótico, no qual pequenas causas podem gerar grandes efeitos*: fica difícil distinguir antecipadamente quais aspectos serão táticos e quais serão estratégicos. De um modo geral, em um mundo turbulento, o estratégico e o tático confundem-se de maneira indissociável.

- *O processo estratégico torna-se mais importante que o conteúdo estratégico*: a maneira como as pessoas lidam com os assuntos adquire maior importância que as questões selecionadas e discutidas. Antigamente, passava-se a maior parte do tempo na análise e na montagem do planejamento detalhado. Agora, o foco está em vincular pessoas, unidades ou tarefas, embora não se possam determinar quais os resultados exatos a serem alcançados. Mais vale a união das pessoas que os assuntos tratados, embora estes sejam importantes.

Organização

A organização sempre constituiu a plataforma em que se sustenta a instituição. Em um ambiente estável e previsível, a estrutura tradicional pode continuar ainda prestando bons serviços. Mas esse tipo de ambiente está se constituindo em uma exceção. Contudo, em um ambiente instável, a organização que tem mais chances de sobrevivência deve ser também instável. E quanto mais instável ela é, tanto mais ela pode influenciar o ambiente. É neste sentido que tanto ambiente como organização podem coevoluir paralelamente.

A nova organização deverá levar em conta o seguinte:

- *Desmistificar a ideia de controle central a partir do topo*: a velha tradição de que deve haver uma cúpula centralizadora de todas as atividades organizacionais pertence ao passado. É interessante citar Morin,[112] que afirma que qualquer organização, biológica ou social, é simultaneamente cêntrica (por dispor de um centro decisório), policêntrica (por dispor de outros centros de controle) e acêntrica (por também funcionar de maneira anárquica, a partir das interações espontâneas entre seus membros). Assim, toda organização é simultaneamente ordem e desordem. Ela necessita ao mesmo tempo de continuidade e de mudança, de normas e de liberdade, de controle e de autonomia, de tradição e inovação, de ser e de devir. Ordem e desordem são mais parceiras que adversárias na consecução da auto-organização.
- *O papel da hierarquia deve ser redefinido*: o modelo tradicional e mecanicista está sendo substituído por formas de auto-organização (como a organização em rede). Assim, os mecanismos de integração – que de alguma forma sempre foram assegurados pelo controle hierárquico – também precisam ser redefinidos. A liberdade concedida aos membros organizacionais – como no *empowerment* – deverá acabar por levá-los a alcançar por si mes-

mos uma nova forma de integração. Mas, para que isso possa vir a ocorrer, será necessário que se promova uma estratégia organizacional global adequada que estimule a iniciativa, a cooperação, a criatividade e a sinergia.

Direção

A *direção* – como função administrativa – também está passando por uma formidável carpintaria. A maneira de dinamizar a organização, fazer que as coisas aconteçam, servir ao cliente, gerar valor e produzir e distribuir resultados relevantes para todos os envolvidos está passando por mudanças, a saber:

1. *O papel dos gerentes deve ser redefinido*: com o abandono da visão tradicional de que o direcionamento futuro da organização pode e deve ser estabelecido e capitaneado pelos gerentes. Isso significa um reajustamento das relações de poder. Não são mais os gerentes os guardiães do espírito de equipe corporativo, da visão compartilhada de futuro e da conservação da cultura organizacional e das crenças e valores da organização. Tudo isto está mudando. O novo papel da gerência consiste em fomentar a necessária instabilidade para o estímulo às potencialidades acêntricas latentes e para que possam surgir as condições de aprendizado e de trocas de informação a partir das interações. Trata-se de questionar permanentemente o *status quo*.

Em suma, a nova gerência deve assumir as seguintes atribuições:[113]

- Estímulo à desordem, pela introdução de novas ideias e informações, às vezes ambíguas, para gerar criatividade e inovação.
- Estímulo à autonomia, à iniciativa, à conectividade, à comunicação e à cooperação.
- Estímulo à identidade organizacional em permanente atualização.
- Percepção sempre renovada das circunstâncias ambientais.
- Os gerentes passam a comportar-se também como pesquisadores que estudam suas próprias organizações, não se limitando a focalizar apenas os aspectos mais aceitos e reconhecidos da cultura organizacional, mas tentando compreender o imaginário e o inconsciente da organização.
- Legitimar a desordem para mudar padrões de comportamento vigentes e estacionários e acionar a mudança.
- Atuar como *coaching*, impulsionando e dinamizando as ações das pessoas em direção a metas e alvos negociados e consensuais.

2. *O fluxo de informações deve privilegiar o aprendizado:* tanto a criação de novas informações como a circulação de informações já existentes devem produzir diferentes interpretações que permitam uma reflexão compartilhada e que levem a novas informações. Trata-se de retroação positiva. Isso significa uma amplificação por retroalimentação do potencial contido nas informações.[114] A gestão do conhecimento – passando pela universidade corporativa em direção ao capital intelectual – faz parte integrante desse quadro.

São as interações e conexões entre as pessoas que permitem novos e mais complexos padrões globais de comportamento. E esses novos padrões conduzem a novos desempenhos e a novas direções estratégicas. Daí o foco em equipes e na ampla participação das pessoas na dinamização dos negócios da organização.

Controle

Provavelmente, o controle é o aspecto administrativo que mais sofreu mudanças nos últimos tempos. Melhor dizendo: sofreu sérias restrições e limitações em favor da liberdade e autonomia das pessoas e da isenção de regras que balizam comportamentos e decisões e, principalmente ganhando foco na retroação e realimentação. A noção cibernética clássica de *retroação* é que permitiu chegar ao conceito de autonomia. A retroação – ou repercussão de um efeito sobre a causa que lhe deu origem – fez evoluir o conceito clássico de causalidade linear para uma causalidade em anel (circularidade), permitindo também conceber a causalidade interna (endocausalidade). É o caso da homeostasia nos seres vivos, isto é, a regulação que mantém a constância nos processos internos: um organismo vivo submetido a baixa temperatura exterior responde com a produção de calor interno, mantendo estável sua temperatura. O sistema emancipa-se das causalidades externas, ainda que sofra seus efeitos e influências.[115] Assim, controle está se tornando cada vez mais um autocontrole espontâneo que um controle externo imposto pela organização aos seus membros.

Profundo impacto da TI

A Tecnologia da Informação está promovendo uma nova ordem no mundo global. As empresas ponto.com definiram os padrões da chamada Nova Economia, revolucionaram a maneira de fazer negócios, criaram uma maneira de trabalhar e uma nova cultura de relacionamento entre as pessoas. A comunicação é o núcleo central. A internet, a intranet, a utilização do computador para integrar processos internos e externos (como *CRM, SCM, BIM, B2B, B2C*) estão modificando com uma rapidez incrível o formato organizacional e a dinâmica das organizações, como nunca se viu antes. A crescente virtualização das organizações é a decorrência disso. O desafio reside agora na busca incessante de novas soluções, e a essência da eficácia está se deslocando para a busca de redes e parcerias em conexões virtuais dentro de um contexto ambiental mutável. A organização passa a ser uma espécie de comunidade dentro do novo modelo organizacional já conhecido: hierarquias baixas, fronteiras fluídas, ênfase maior nos processos que na estrutura e equipes autônomas e autossuficientes. A estratégia organizacional agora se faz em um teatro de improvisação no qual os atores tentam diferentes cenários para desenvolver a história e criam novas experiências em cada ato que se sucede pela interação recíproca.[116] Isto lembra o teatro de Pirandello, com seus seis personagens à procura de um autor.

Simplificar e descomplicar para enfrentar a complexidade

No fundo, fazer a mudança, viver a mudança e encarar a complexidade e a incerteza de frente. Simplificar e descomplicar as organizações para desamarrá-las do entulho burocrático que ainda tolhe o seu funcionamento e sua dinâmica. Dar mais liberdade para as pessoas e desamarrá-las do entulho autocrático para que elas possam utilizar seu recurso mais importante: a inteligência, o talento e o conhecimento. E, quem sabe, ajudá-las a conquistar e a organizar o tempo livre para melhor viver a própria vida.[117] Isto significa melhorar a qualidade de vida das pessoas. Aquilo que Taylor chamava de princípio da máxima prosperidade para o patrão e para o empregado, hoje pode ser transferido e atualizado para o princípio da qualidade de vida nas organizações para melhorar a vida de todas pessoas envolvidas. Não só beneficiar o cliente ou usuário, mas todos os membros que participam direta ou indiretamente das organizações: fornecedores, trabalhadores e gerentes, clientes e usuários, investidores e capitalistas, intermediários, etc. Não só utilizar o produto ou serviço produzido pela organização, mas envolver todos os processos organizacionais, todos os sistemas internos e externos, tecnologias, etc. Enfim, utilizar toda a sinergia organizacional para melhorar a vida de todas as pessoas. E também das comunidades. É para isso que servem as organizações. E este é o papel fundamental da Administração.

Provavelmente, o foco principal da Teoria Administrativa está sendo redirecionado à melhoria da qualidade de vida dentro e fora das organizações. Seja nos aspectos relacionados ao conforto físico e psicológico, à satisfação pessoal de cada indivíduo, à transformação da atividade laboral individual e solitária em um trabalho de equipe integrado socialmente, à adoção de aspectos éticos e de responsabilidade social, a Administração de hoje é completamente diferente daquela de ontem, e certamente será diferente daquela que existirá amanhã.

Este é o mantra da teoria administrativa: gradativamente apontar novos rumos e proporcionar novas soluções para melhorar a qualidade de vida das pessoas e das organizações e, afinal de contas, tornar o mundo melhor. Um caminho sem fim.

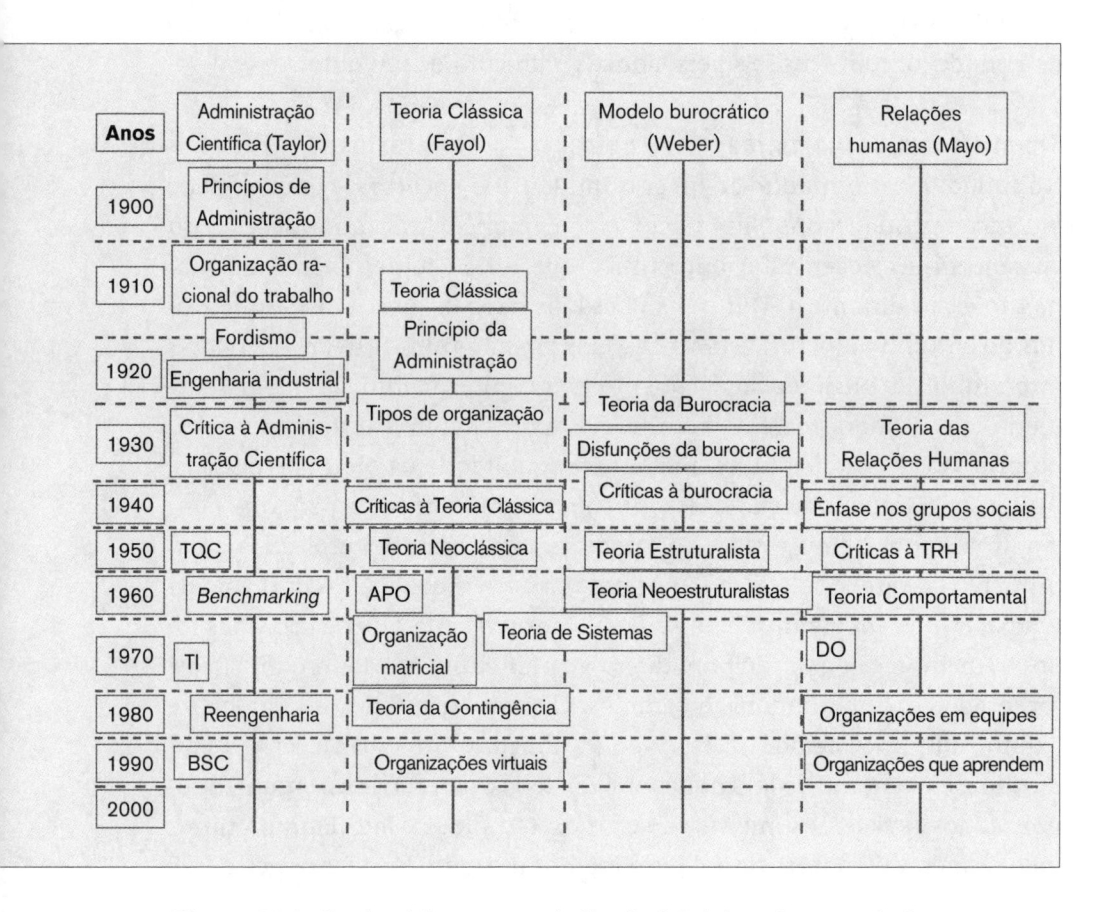

Anos	Administração Científica (Taylor)	Teoria Clássica (Fayol)	Modelo burocrático (Weber)	Relações humanas (Mayo)
1900	Princípios de Administração			
1910	Organização racional do trabalho	Teoria Clássica		
1920	Fordismo / Engenharia industrial	Princípio da Administração		
1930	Crítica à Administração Científica	Tipos de organização	Teoria da Burocracia	Teoria das Relações Humanas
			Disfunções da burocracia	
1940		Críticas à Teoria Clássica	Críticas à burocracia	Ênfase nos grupos sociais
1950	TQC	Teoria Neoclássica	Teoria Estruturalista	Críticas à TRH
1960	Benchmarking	APO	Teoria Neoestruturalistas	Teoria Comportamental
1970	TI	Organização matricial	Teoria de Sistemas	DO
1980	Reengenharia	Teoria da Contingência		Organizações em equipes
1990	BSC	Organizações virtuais		Organizações que aprendem
2000				

Figura 21.9. Os desdobramentos da Teoria Administrativa a partir de quatro pilares mestres.

Método do caso

A VA Linux Systems[118]

Imagine um jovem que, enquanto está cursando a faculdade, cria uma empresa para vender micros baratos, equipados com o Linux, um sistema operacional alternativo. Nas horas vagas, ele ajudou dois colegas – Jerry Yang e David Filo – a criar o projeto inicial do Yahoo, um famoso banco de dados com endereços da Web. Seus amigos tornam-se bilionários em alguns anos. Mas ele prefere seguir tocando a sua empresa, a VA Linux Systems. Destino cruel, não é? Nem tanto.

Estamos falando de Larry Agustin, o fundador da VA Linux Systems, que está sonhando com seus próprios bilhões de dólares. Hoje, o Linux – o sistema operacional criado pelo finlandês Linus Torvalds, com código-fonte aberto e distribuição gratuita pela internet e que segue o padrão Unix – começa a arregimentar um exército de fãs que preferem o sistema ao Windows, da Microsoft. De acordo com a IDC – uma empresa americana de pesquisas – a fatia de mercado de sistemas operacionais de servidores do Linux cresceu de 7 para 17% em apenas dois anos, no mundo todo. É o sistema operacional que mais cresce no mundo. Isso ajudou a fazer da VA Linux um dos empreendimentos de crescimento mais acelerado do universo tecnológico. Sua clientela inclui IBM, SGI e WinStar. Agustin afirma que a receita vem dobrando a cada trimestre, o que significa uma arrecadação superior a US$ 1 bilhão em vendas em menos de cinco anos. O Linux saiu do ambiente da internet e chegou às grandes empresas, graças ao seu sistema operacional de maior poder de processamento e facilidade de uso. É uma opção barata e estável que conquista mercados.

TABELA 21.9. ESQUEMA COMPARATIVO DAS TEORIAS ADMINISTRATIVAS

	Abordagens prescritivas e normativas				Abordagens explicativas e descritivas			
Aspectos principais	Teoria Clássica	Teoria das Relações humanas	Teoria Neoclássica	Teoria da Burocracia	Teoria Estruturalista	Teoria Comportamental	Teoria dos Sistemas	Teoria da Contingência
Ênfase:	Nas tarefas e na estrutura organizacional	Nas pessoas	No ecletismo: tarefas, pessoas e estrutura	Na estrutura organizacional	Na estrutura e no ambiente	Nas pessoas e no ambiente	No ambiente	No ambiente e na tecnologia, sem desprezar as tarefas, as pessoas e a estrutura
Abordagem da organização:	Organização formal	Organização informal	Organização formal e informal	Organização formal	Organização formal e informal	Organização formal e informal	Organização como um sistema	Variável dependente do ambiente e da tecnologia
Conceito de organização:	Estrutura formal como conjunto de órgãos, cargos e tarefas	Sistema social como conjunto de papéis	Sistema social com objetivos a alcançar	Sistema social como conjunto de funções oficializadas	Sistema social intencionalmente construído e reconstruído	Sistema social cooperativo e racional	Sistema aberto	Sistema aberto e sistema fechado
Principais representantes	Taylor, Fayol, Gilbreth, Gantt, Gulick, Urwick, Mooney, Emerson	Mayo, Follett, Roethlisberger, Lewin, Dubin, Cartwright, French, Zalesnick, Tannenbaum	Drucker, Koontz, Jucius, Newmann, Odiorne, Humble, Galinier, Schleh, Dale	Weber, Merton, Selznick, Gouldner, Michels	Etzioni, Thompson, Blau, Scott	Simon, McGregor, Barnard, Argyris, Likert, Cyert, Bennis, Schein, Lawrence, Sayles, Lorsch, Beckhard, March	Katz, Kahn, Johnson, Kast, Rosenzweig, Rice, Churchman, Burns, Trist, Hicks	Thompson, Lawrence, Lorsch, Perrow

(Continua)

(Continuação)

Características básicas da administração:	Engenharia Humana/ Engenharia de Produção	Ciência Social Aplicada	Técnica Social Básica e Administração por Objetivos	Sociologia da Burocracia	Sociedade de Organizações e Abordagem Múltipla	Ciência Comportamental Aplicada	Abordagem Sistêmica: Administração de Sistemas	Abordagem Contingencial: Administração Contingencial
Concepção do homem:	Homem econômico	Homem social	Homem organizacional e administrativo	Homem organizacional	Homem organizacional	Homem administrativo	Homem funcional	Homem complexo
Comportamento organizacional do indivíduo:	Ser isolado que reage como indivíduo (atomismo tayloriano)	Ser social que reage como membro de grupo social	Ser racional e social voltado ao alcance de objetivos individuais e organizacionais	Ser isolado que reage como ocupante de cargo	Ser social que vive dentro de organizações	Ser racional tomador de decisões quanto à participação nas organizações	Desempenho de papéis	Desempenho de papéis
Sistema de incentivos:	Incentivos materiais e salariais	Incentivos sociais e simbólicos	Incentivos mistos, tanto materiais como sociais	Incentivos materiais e salariais	Incentivos mistos, tanto materiais como sociais	Incentivos mistos	Incentivos mistos	Incentivos mistos
Relação entre objetivos organizacionais e individuais:	Identidade de interesses Não há conflito perceptível	Identidade de interesses Todo conflito é indesejável e deve ser evitado	Integração entre objetivos organizacionais e individuais	Não há conflito perceptível Prevalência dos objetivos da organização	Conflitos inevitáveis e mesmo desejáveis que levam à inovação	Conflitos possíveis e negociáveis Relação e equilíbrio entre eficácia e eficiência	Conflitos de papéis	Conflitos de papéis
Resultados almejados	Máxima eficiência	Satisfação do operário	Eficiência e eficácia	Máxima eficiência	Máxima eficiência	Eficiência satisfatória	Máxima eficiência	Eficiência e eficácia

Método do caso

Mudança.com[119]

Em um dia de dezembro, a gerente de recursos humanos da Módulo, empresa de segurança de dados sediada no Rio de Janeiro, recebeu um *e-mail* de seu chefe, que estava nos Estados Unidos: "Você leu o livro *Capital Intelectual*?" "Li", respondeu ela. "Então, vamos implementar". Menos de duas semanas depois, o organograma da Módulo estava totalmente transformado. A antiga estrutura hierarquizada – com diretores, gerentes e funcionários – virou pó. Ela deu lugar a uma outra estrutura, dinâmica e informal, na qual qualquer pessoa pode desempenhar qualquer função.

A Módulo é um exemplo de um fenômeno característico da Era Digital: uma pequena empresa que cresce e começa a conquistar fatias do mercado. A Módulo cresceu seis vezes em três anos. Nada em sua sede a diferencia de um escritório comum. Mas a aparência engana. A gestão da Módulo nada tem a ver com o tradicional. Lá, tudo funciona via internet: da compra de materiais à contratação de funcionários, da comunicação interna ao *marketing*, da agência de viagens ao advogado. Tudo por *e-mail*. A contratação de funcionários é feita pela internet. O banco de dados tem 15 mil currículos que são analisados por computador. O *marketing* também é feito pela internet. Toda semana, a Módulo envia por *e-mail* um boletim informativo eletrônico sobre segurança de dados para 5.500 pessoas. Inteiramente grátis. É o equivalente à propaganda boca a boca da era digital. O número de funcionários dobra a cada ano. É desses funcionários que vem o combustível para a transformação e expansão da empresa: ideias, ideias, ideias. A Módulo virou um banco de informações no qual se armazenam desde experiências de projetos até resenhas de livros. Se alguém ler um livro e achar interessante, basta colocar a resenha na rede e dividir o conhecimento. Todo mês eles escolhem um título e todo mundo é estimulado a ler o livro. A empresa está em constante treinamento, pois é preciso que haja um sentimento positivo em relação à mudança. A mudança é a regra. Para manter o clima de cooperação, as pessoas conversam muito, principalmente por multimídia: via fax, correio eletrônico, telefone e, às vezes, ao vivo. Algumas carregam *laptops* no colo quando se deslocam para o trabalho ou para suas casas. Todas as decisões são tomadas por consenso, nunca por votação. A harmonia é fundamental. O ritmo de trabalho é intenso e o horário dos funcionários é flexível. Cada pessoa trabalha quando quer.

A Módulo decidiu ser uma empresa global. Acompanhando a mudança no estilo de gestão e o salto global, os produtos da Módulo também mudaram. A empresa não desenha mais ferramentas para as empresas aplicarem a seus sistemas de segurança. Hoje, ela vai ao cliente, analisa o negócio e desenvolve um sistema adequado a ele. Sob medida. Com o crescimento do uso de redes, muitos sistemas cresceram sem se preocupar com a devida proteção. Esse é o negócio básico da Módulo: segurança de sistemas.

QUESTÕES
1. A Módulo é uma empresa digital? Por quê?
2. Explique como a internet transforma a gestão das empresas.
3. Por que mudar é a regra na Módulo?
4. Como é a integração das pessoas em uma empresa digital?

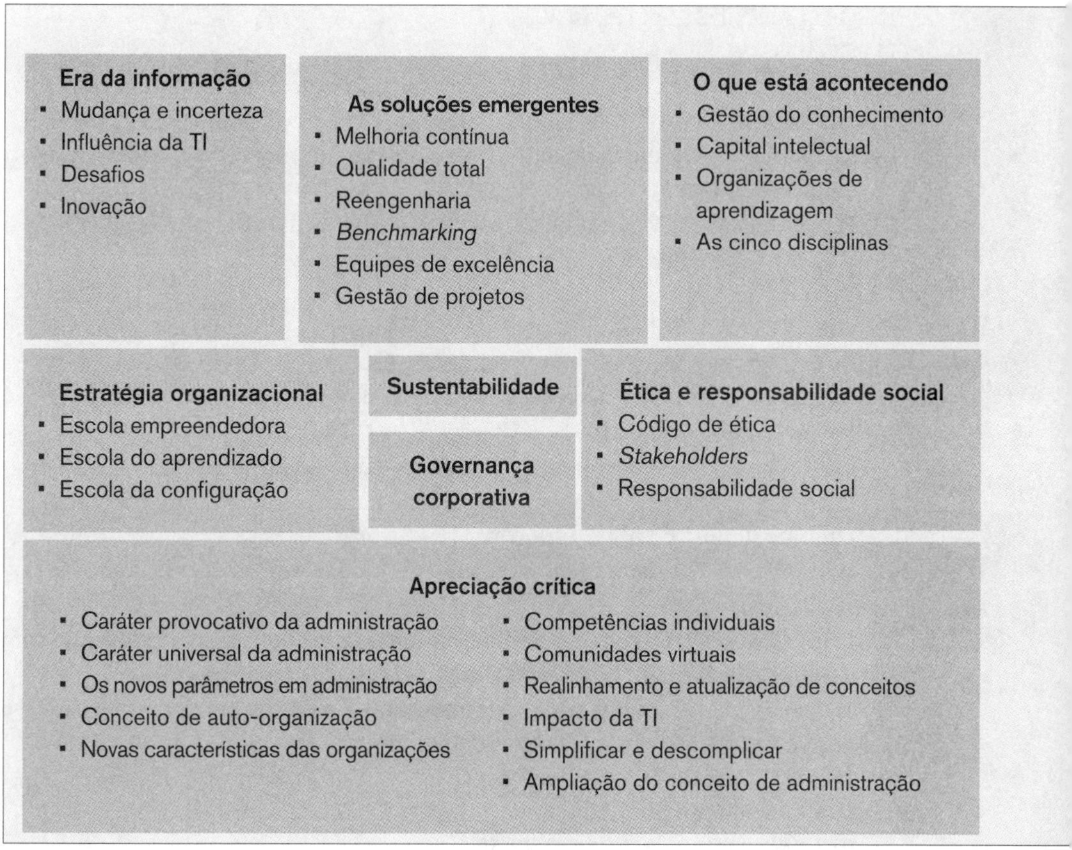

Era da informação
- Mudança e incerteza
- Influência da TI
- Desafios
- Inovação

As soluções emergentes
- Melhoria contínua
- Qualidade total
- Reengenharia
- *Benchmarking*
- Equipes de excelência
- Gestão de projetos

O que está acontecendo
- Gestão do conhecimento
- Capital intelectual
- Organizações de aprendizagem
- As cinco disciplinas

Estratégia organizacional
- Escola empreendedora
- Escola do aprendizado
- Escola da configuração

Sustentabilidade

Governança corporativa

Ética e responsabilidade social
- Código de ética
- *Stakeholders*
- Responsabilidade social

Apreciação crítica
- Caráter provocativo da administração
- Caráter universal da administração
- Os novos parâmetros em administração
- Conceito de auto-organização
- Novas características das organizações
- Competências individuais
- Comunidades virtuais
- Realinhamento e atualização de conceitos
- Impacto da TI
- Simplificar e descomplicar
- Ampliação do conceito de administração

Figura 21.10. Mapa Mental do Para Onde Vai a TGA?

REFERÊNCIAS

1. DUPAS, G. As tecnologias e o mito do progresso. O Estado de São Paulo, Espaço Aberto, 6 de Maio de 2000, p. A2.
2. TAPSCOTT, D.; TICOLL, D.; LOWRY, A. Digital capital. Boston: Harvard Business School, 2000.
3. TAPSCOTT, D. Economia digital: promessa e perigo na era da inteligência em rede. São Paulo: Makron Books, 1997. p. 50-81.
4. TAPSCOTT, D. Economia digital, op. cit., p. 75-80.
5. TOFFLER, A. Powershift: as mudanças do poder. São Paulo: Record, 1998.
6. Adaptado de: PETERS, T. J.; WATERMAN JR., R. H. In: Search of excelence: lessons from America's best-run companies. New York: Harper & Row, 1982.
7. OAKLAND, J. S. Gerenciamento da qualidade total – TQM. São Paulo: Nobel, 1994. p. 311.
8. WELLINGTON, P. Estratégias kaizen para atendimento ao cliente. São Paulo: Educator, 1999.
9. DEMING, W. E. Out of the crisis. Cambridge: Massachusetts Institute of Technology, 1982.
10. OAKLAND, J. S., op. cit., p. 20.
11. DEMING, W. E., op.cit.
12. JURAN, J. M. Juran on leadership for quality: an executive handbook. New York: The Free, 1989.
13. CROSBY, P. B. Quality is free: the art of making quality certain. New York: McGraw-Hill, 1979.
14. FEIGENBAUM, A. V. Total quality control: engineering and management. New York: McGraw-Hill, 1991.
15. Ver:
    - MIRSHAWKA, V. A implantação da qualidade e da produtividade pelo método do Dr. Deming. São Paulo: Makron Books, 1991.
    - BERGAMO FILHO, V. Gerência econômica da qualidade através do TQC. São Paulo: Makron Books, 1991.
    - CROSBY, P. Qualidade: falando sério. São Paulo: Makron Books, 1991.
16. CERTO, S. C. Modern management: diversity, quality, ethics, and the global environment. Boston: Allyn & Bacon, 1994. p. 563.
17. WALTON, M. The deming management method. New York: Dodd-Meade & Co., 1986.
18. CHIAVENATO, I. Os novos paradigmas: como as mudanças estão mexendo com as empresas. Barueri: Manole, 2007. p. 142-52.
19. TOMASKO, R. M. Downsizing: reformulando e redimensionando sua empresa para o futuro. São Paulo: Makron Books, 1992.
20. THOMAS, P. R.; GALACE, L. J.; MARTIN, K. R. Quality alone is not enough, AMA management briefing. New York: American Management Association, 1992.
21. CHIAVENATO, I., op. cit., p. 142-52.
22. TOMASKO, R. M., op. cit.
23. THOMAS, P. R.; GALLACE, L. J.; MARTIN, K. R., op. cit.

24. JURAN, J. M. A qualidade desde o projeto. São Paulo: Pioneira, 1992.
25. MORRIS, D.; BRANDON, J. Reengenharia: reestruturando a sua empresa. São Paulo: Makron Books, 1994. p. 11.
26. HAMMER, M.; CHAMPY, J. Reengenharia: revolucionando a empresa. Rio de Janeiro: Campus, 1994.
27. HAMMER, M.; CHAMPY, J. op. cit., p. 37-8.
28. DAVENPORT, T. H. Reengenharia de processos: como inovar na empresa através da tecnologia da informação. Rio de Janeiro: Campus, 1994. p. 234.
29. HAMMER, M.; CHAMPY, J. op.cit., p. 51-65.
30. CHIAVENATO, I. Manual de reengenharia, p. 29-31.
31. ROTHMAN, H. You need not be big to benchmark. Nation's Business, p. 64-5, dec., 1992.
32. SPENDOLINI, M. J. Benchmarking. São Paulo: Makron Books, 1993.
33. CAMP, R. Benchmarking: o caminho da qualidade total. São Paulo: Pioneira, 1993.
34. CHIAVENATO, I. Os novos paradigmas: como as mudanças estão mexendo com as empresas, op.cit., p. 144.
35. OAKLAND, J. S., op. cit., p. 185.
36. OAKLAND, J. S., op. cit., p. 184.
37. DRUCKER, P. F. Sociedade pós-capitalista. São Paulo: Pioneira, 1994.
38. SCHERMERHORN JR., J. R. Management. New York: John Wiley & Sons, 1996. p. 275.
39. BETING, J. A bolha furou? O Estado de São Paulo, Caderno de Economia, 22 de Agosto de 1999, p. B2.
40. BRITO, A. C.; TERRA, C. Posicionamento estratégico e a sistematização da gestão de stakeholders. Disponível em: <http://www.mvl.com.br>. Acesso em: 2009.
41. MITCHELL, R. K.; AGLE, B. R.; WOOD, D. J. Toward a theory of stakeholder identification and salience: defining the principle of who and what really counts. Academy of Management Review, n. 22, p. 853-86, 1997.
42. Adaptado de: CARVALHO, J. E. Rating social: análise do valor econômico-laboral nas organizações empresariais. Lisboa: Universidade Lusíada, 1999. p. 83.
43. Instituto Brasileiro de Governança Corporativa, IBGC. Disponível em: <http://www.ibgc.org.br>.
44. Adaptado de: CHIAVENATO, I. Administração: teoria, processo e prática. Rio de Janeiro: Elsevier/Campus, 2005.
45. BLAIR, M. M. For whom should corporations be run? An economic rationale for stakeholder management. Long Range Planning, v. 31, 1999.
46. SHLEIFER, A.; VISHNY, R. W. A survey of corporate governance. Journal of Finance, New York, v. 52, 1997.
47. HITT, M. A.; IRELAND, R. D.; HOSKISSON, R. E. Strategic management: competitiveness and globalization. Cincinnati: South-Western College, 2001.
48. CHIAVENATO, I.; SAPIRO, A. Planejamento estratégico: da intenção aos resultados. Rio de Janeiro: Elsevier, 2010. p. 296-7.

49. Adaptado de: ANDRADE, A.; ROSSETTI, J. P. Governança corporativa: fundamentos, desenvolvimento e tendências. São Paulo: Atlas, 2004. p. 37-8.
50. STEWART, T. A. Capital intelectual: a vantagem competitiva das empresas. Rio de Janeiro: Campus, 1998.
51. KOULOPOULOS, T. M.; SPINELLO, R. A.; WAYNE, T. Corporate instinct: building a knowing enterprise for the 21st century. Van Nostrand Reinhold, 1997.
52. DAVENPORT, T. H.; PRUSAK, L. Working knowledge: how organizations manage what they know. Harvard Business School, 1998.
53. ALAIRE, P. A. Managing for knowledge: the business imperative of the 21st century. Paper sobre o Papel da Xerox na TI, apresentado em Roma, nov., 1997. Ver: http://www.xerox.com.
54. LEONARD-BARTON, D. Wellspring of knowledge: building and sustaining the sources of innovation. Harvard Business School, 1995.
55. NONAKA, I.; TAKEUCHI, H. Criação de conhecimento na empresa. Rio de Janeiro: Campus, 1996.
56. SVEIBY, K. E. A nova riqueza das organizações: gerenciando e avaliando patrimônios de conhecimento. Rio de Janeiro: Campus, 1997. p. 9-12.
57. STEWART, T. A., op. cit.
58. MEISTER, J. C. Educação corporativa: a gestão do capital intelectual através das universidades corporativas. São Paulo: Makron Books, 1999.
59. Adaptado de SVEIBY, K. E. The new organizational wealth: managing and measuring knowledge-based assets. San Francisco: Berrett-Koehler, 1997. p. 27.
60. SENGE, P. The fifth discipline: the art and practice of the learning organization. New York: Doubleday, 1990.
61. CRAINER, S. Key management ideas: thinkers that changed the management world. New York: Pearson Education, 1999. p. 241-3.
62. ARGYRIS, C.; SCHON, D. Organizational learning: a theory of action perspective. Reading: Addison-Wesley, 1978.
63. SENGE, P., op. cit.
64. SENGE, P. et al. The fifth discipline fieldbook. London: Nicholas Brealey, 1994.
65. SENGE, P. et al. The dance of change: the challenges of sustaining momentum in learning organizations. New York: Doubleday/Currency, 1999.
66. SENGE, P. et al. The fifth discipline fieldbook, op.cit.
67. SENGE, P. ET AL. The fifth discipline fieldbook, op.cit.
68. GEUS, A. The living company. New York: Doubleday, 1997.
69. NONAKA, I. The knowledge-creating company. Harvard Business Review, p. 96, jul.-aug., 1991.
70. MEISTER, J. C., op. cit.
71. QUINN, J. B. Strategies for change. In: MINTZBERG, H.; QUINN, J. B. The strategy process: concepts, contexts, cases. Upper Saddle River: Prentice-Hall, 1996. p. 3.
72. COLLINS, O.; MOORE, D. G. The organization makers. New York: Appleton, Century, Crofts, 1970.

73. DRUCKER, P. F. Entrepreneurship in business enterprise. Journal of Business Policy, v. 1, n. 1, 1970. p. 5-10.
74. STEVENSON, H. H.; GUMPERT, D. E. The heart of entrepreneurship. Harvard Business Review, p. 86-7, mar.-apr., 1985.
75. CHIAVENATO, I. Administração nos novos tempos: os novos horizontes em administração. Rio de Janeiro: Campus, 2005. p. 247-54.
76. MINTZBERG, H.; AHLSTRAND, B.; LAMPEL, J. Safári de estratégia: um roteiro pela selva do planejamento estratégico. Porto Alegre: Bookman, 2000. p. 111.
77. WEICK, K. The social psychology. Berkeley: Addison-Wesley, 1979. p. 194.
78. MINTZBERG, H.; AHLSTRAND, B.; LAMPEL, J., op. cit., p. 156.
79. PRAHALAD, C. K.; HAMEL, G. Strategy as stretch and leverage. Harvard Business Review, 1990. Ver também: HAMEL, G.; PRAHALAD, C. K. Competing for the future. Boston: Harvard Business School, 1994.
80. HAMEL, G. Killer strategies that make shareholders rich. Fortune, p. 70-88, jun., 23, 1997. Ver também: HAMEL, G. Liderando a revolução. Rio de Janeiro: Campus, 1999.
81. HAMEL, G. Strategy as revolution. Harvard Business Review, p. 70, jul.-aug., 1996.
82. JONASH, R. S.; SOMMERLATTE, T. O valor da inovação: como as empresas mais avançadas atingem alto desempenho e lucratividade. Rio de Janeiro: Campus, 2000.
83. MINTZBERG, H.; AHLSTRAND, B.; LAMPEL, J. , op. cit., p. 166.
84. MINTZBERG, H; AHLSTRAND, B.; LAMPEL, J., op. cit., p. 224.
85. GOULD, S. J. The panda's tumb. New York: W.W. Norton, 1980; GOULD, S. J. Free to be extinct. Natural History, p. 12-6, aug., 1982.
86. HURST, D. K. Crisis and renewal: meeting the challenge of organizational change. Boston: Harvard Business School, 1995. p. 102-5.
87. CHANDLER JR., A. D. Strategy and structure: chapters in the history of the industrial enterprise. Cambridge: MIT, 1962.
88. MILLES, R. E.; SNOW, C. C. Organizational strategy, structure and process. New York: McGraw-Hill, 1978. p. 550-7.
89. BADEN-FULLER, C.; STOPFORD, J. M. Rejuvenating the mature business: the competitive challenge. Boston: Harvard Business School, 1992. Chapter 6.
90. DOTZ, Y. L.; THANLEISER, H. Embedding transformational capability. ICEDR, October 1996. Forum Embedding Transformation Capabilities, INSEAD, Fontainebleau, França, 1996, p. 10-1.
91. MINTZBERG, H. AHLSTRAND, B.; LAMPEL, J., op. cit., p. 231.
92. KIERNAN, M. J. 11 Mandamentos da administração do século XXI. São Paulo: Makron Books, 1998. p. 199.
93. THUROW, L. C. The future of capitalism: how today's economic forces shape tomorrow's world. New York: William Morrow, 1996.
94. NONAKA, I. The knowledge-creating company. Harvard Business Review, p. 96, jul.-aug., 1991.

95. KANTER, R. M. Quando os gigantes aprendem a dançar. Rio de Janeiro: Campus, 1997.
96. MATURANA, H. R. A respeito da teoria celular, do retrovírus e da percepção das cores.
97. MORIN, E. Ciência com consciência. Rio de Janeiro: Bertrand Brasil, 1996. p. 315.
98. BAUER, R. Gestão da mudança: caos e complexidade nas organizações. São Paulo: Atlas, 1999. p. 224.
99. STACEY, R. D. The science of complexity: an alternative perspective for strategic change process. Strategic Management Journal, v. 16, n. 6, p. 477-95, sept., 1995.
100. WEICK, K. E. Organizational design: organizations as self-designing systems. Organizational Dynamics, v. 6, p. 31-46, autumn 1977.
101. KANTER, R. M., op. cit.
102. CRAINER, S., op. cit., p. 61.
103. OSTROM, E. Governing the commons: the evolution of institutions for collective action. New York: Cambridge University, 1990.
104. Ver: PRAHALAD, C. K.; HAMEL, G. The core competence of the corporation. Harvard Business Review, v. 68, n. 3, 1990. p. 79-91.
105. HAMEL, G.; HEENE, A. (Eds.). Competence-based competition. New York: John Wiley & Sons, 1994. p. 111-47.
106. BARNEY, J. B. Looking inside for competitive advantage. The Academy of Management Executive, v. 9, n. 4, p. 49-61, 1995.
107. MEISTER, J. C., op. cit.
108. WHEATLEY, M. J. Liderança e a nova ciência: aprendendo organização com um universo ordenado. São Paulo: Cultrix, 1992. p. 122-3.
109. BAUER, R., op. cit., p. 54.
110. BAUER, R., op. cit., p. 54-5.
111. BAUER, R., op. cit., p. 225.
112. MORIN, E., op. cit., p. 180.
113. MORGAN, G. Imagens da organização. São Paulo: Atlas, 1996.
114. WHEATLEY, M. J., op. cit., p. 122-3.
115. BAUER, R. B., op. cit., p. 60.
116. KANTER, R. M. E-Volve: succeeding in the digital culture of tomorrow. Boston: Harvard Business School, 2001. Chapters 4, 5 e 6.
117. MASI, D. A emoção e a regra. São Paulo: José Olímpio, 1999.
118. MARDESICH, J. V. A linux systems. Fortune, p. 38, jul., 5 1999.
119. COSTA, M. Mudança.com. Exame, ed. 695, p. 116-8, 25 ago. 1999.

GLOSSÁRIO BÁSICO

Aprendizagem: é uma mudança ou alteração de comportamento em função de novos conhecimentos, habilidades ou destrezas incorporados no sentido de melhorá-lo.

Aprendizagem organizacional: é uma mudança ou alteração do comportamento organizacional em função de novos conhecimentos, habilidades ou destrezas incorporados pelos seus membros.

Ativos intangíveis: são os ativos organizacionais não mensuráveis pelos métodos tradicionais de contabilidade e que são identificados como as pessoas, clientes e a organização.

Base de conhecimento: é uma estrutura organizada de informação que facilita o armazenamento da inteligência no sentido de ser recuperada como apoio de um processo de gestão do conhecimento.

Benchmark: significa um padrão de excelência que deve ser identificado, conhecido, copiado e ultrapassado. Pode ser interno (de outro departamento, por exemplo) ou externo (uma empresa concorrente). O *benchmark* serve como guia de referência.

Capital de clientes: é o valor das relações de uma organização com seus clientes, incluindo a intangível lealdade de seus consumidores para a companhia ou produto, baseado na reputação, padrões de compra ou capacidade de compra do cliente.

Capital estrutural: são os processos, sistemas de informação e patentes que permanecem em uma organização quando os funcionários dela saem.

Capital humano: é o conjunto integrado de conhecimentos, habilidades e competências das pessoas em uma organização. Como o capital estrutural, o capital humano é possuído pelas pessoas que os detêm, e não pela organização que as emprega. O capital humano é uma parte renovável do capital intelectual.

Capital intelectual: é o valor total dos negócios da organização, calculado pelo valor dos clientes, valor da organização e valor de competências, e não apenas pelos ativos tangíveis que formam o capital financeiro.

Capital intelectual: é o conhecimento que tem valor para a organização. É constituído pelo capital humano, capital estrutural (ou financeiro) e pelo capital de clientes.

Círculos de qualidade: ou círculos de controle de qualidade (CCQ) são grupos de 6 a 12 empregados voluntários que se reúnem semanalmente para decidir e resolver problemas que afetam suas atividades comuns de trabalho.

Conhecimento: é o recurso mais importante da Era da Informação. Constitui um ativo intangível. Representa a familiaridade ou compreensão de ganhos através do estudo e da experiência.

Downsizing: vide enxugamento.

Enxugamento: é a redução de níveis hierárquicos de uma organização para manter o que é essencial e a aproximação da base em relação à cúpula. Geralmente é acompanhado de descentralização.

Equipes de alto desempenho: são equipes caracterizadas pela elevada participação das pessoas e pela busca de respostas rápidas e inovadoras às mudanças no ambiente de negócios e que permitam atender às crescentes demandas dos clientes.

Era Clássica: período situado entre o nascimento da teoria administrativa (com a Administração Científica), ao redor de 1900 até o final da Segunda guerra Mundial, em 1950. Caracteriza-se pela estabilidade e previsibilidade e a ênfase na industrialização.

Era Neoclássica: período situado entre 1950 até aproximadamente 1990 e que se caracteriza por mudanças e transformações e o foco de expansão da industrialização que precederam a era da informação.

Era da Informação: período iniciado ao redor da década de 1990, com o irrompimento da tecnologia da informação, da globalização dos negócios e de fortes mudanças que levaram à instabilidade e imprevisibilidade.

Gestão do conhecimento: é o processo sistemático de buscar, selecionar, organizar, destilar e apresentar informação no sentido de melhorar a compreensão de um empregado em uma área específica de interesse.

Globalização: é a extensão de uma organização para ambientes gradativamente mais amplos.

Informação: é um conjunto de dados contendo um significado.

Infovia: ou super-rodovia da informação, é uma rede digital de comunicações de altíssima velocidade que pode combinar telecomunicações, linhas de cabos, transmissão de micro-ondas e fibras óticas para proporcionar esquemas interativos de televisão, telefones, computadores e outros artefatos para interagir com bancos de dados ao redor do mundo.

Kaizen: (do japonês *kai*, que significa mudança, e de *zen*, que significa bom). *Kaizen* é uma palavra que significava um processo de gestão e uma cultura de negócios e que passou a significar aprimoramento contínuo e gradual, implementado por meio do envolvimento ativo e comprometido de todos os membros da organização no que ela faz e na maneira como as coisas são feitas. O *kaizen* é uma filosofia de contínuo melhoramento de todos os empregados da organização, de maneira que realizem suas tarefas um pouco melhor a cada dia. Fazer sempre melhor.

Melhoria contínua: constitui a aplicação da filosofia *kaizen* nos processos produtivos da organização. Começou com os círculos de controle de qualidade (CCQ) para tornar-se cada vez mais abrangente.

Organização de aprendizagem: é a organização que incentiva e encoraja a aprendizagem de seus membros, por meio do trabalho em equipe e forte interação social.

Organização global: é a que comercializa um produto padronizado no mundo todo, podendo seus componentes serem fabricados em diferentes países.

Outsourcing: o mesmo que terceirização.

Qualidade: é o atendimento das exigências do cliente; ou a adequação à finalidade ou uso; ou a conformidade com as exigências. O conceito de qualidade está intimamente ligado ao cliente, seja ele interno ou externo.

Qualidade total: ou gerenciamento da qualidade total (*Total Quality Management – TQM*), é um conceito de controle que proporciona às pessoas, mais do que aos gerentes e dirigentes, a responsabilidade pelo alcance de padrões de qualidade. O tema central da *qualidade total* é bastante simples: a obrigação de alcançar qualidade está nas pessoas que a produzem. Em outros termos, os funcionários, e não os gerentes, são os responsáveis pelo alcance de elevados padrões de qualidade.

Redução do tempo do ciclo de produção: significa uma simplificação dos ciclos de trabalho, eliminação de barreiras entre as etapas do trabalho e entre órgãos envolvidos para diminuir o tempo de produção. O *Just-in-Time* (JIT) é um exemplo.

Reengenharia: é o redesenho radical dos processos empresariais para cortar despesas, melhorar custos, qualidade e serviço e maximizar benefícios da TI, geralmente questionando o como e por que as coisas estão sendo feitas.

Tecnologia da informação: (TI) são processos, práticas ou sistemas que facilitam o processamento e transporte de dados e informações.

Teoria da complexidade: é o estágio da ciência atual que abandona o determinismo e aceita o indeterminismo e a incerteza; abandona a ideia da simplicidade dos fenômenos da natureza e abraça a complexidade; abando o ideal de objetividade como forma de conhecimento, assumindo a subjetividade, como condição humana. A complexidade significa a impossibilidade de se chegar a qualquer conhecimento completo.

Teoria do caos: salienta que tudo na natureza muda e evolui continuamente; nada no universo é passivo ou estável. Não há equilíbrio, mas mudança. A realizada está sujeita a perturbações e ruídos. O caos é uma ordem mascarada de aleatoriedade.

Terceirização: quando uma operação interna da organização é transferida para outra organização que consiga fazê-la melhor e mais barato. Significa uma transformação de custos fixos em custos variáveis e uma simplificação da estrutura e do processo decisório da organização.

www: *World Wide Web* ou teia mundial de interações.